하이에크, 자유의 길

하이에크의 자유주의 사상 연구

하이에크, 자유의 길

하이에크의 자유주의 사상 연구

민경국 지음

한울
아카데미

머리말

서로 다른 목적과 서로 다른 지식을 가진 수많은 인간들이 모두 자유 속에서 평화롭게 번영을 누리면서 공존을 가능하게 하는 사회제도와 그 원칙은 무엇인가? 이것이 사회철학이 해결하고자 하는 핵심적인 문제이다.

이 문제와 관련된 오늘날의 지배적인 패러다임은 프랑스 계몽주의 사상이다. 그것은 데카르트에서 비롯된 것으로, 정치철학에서는 홉스와 밀, 롤즈로 이어졌고, 경제학에서는 신고전파 후생경제학과 케인스 전통의 거시경제학, 법학에서는 벤담, 켈젠 등의 법실증주의로 나타났다. 이런 전통에서 빼놓을 수 없는 것이 마르크스, 그리고 마르크스 이전의 사회주의와 그 이후의 사회주의 전통이다.

프랑스 계몽주의 전통의 공통점은 인간이성에 대한 무한한 신뢰이다. 다시 말하면, 인간이성은 목적지향적으로 사회를 구성하고 계획할 수 있는 전지전능한 능력을 가지고 있다고 믿는 '구성주의적 합리주의(Constructivistic Rationalism)' 사상을 기본으로 한다. 이를 엔지니어 사상이라고 불러도 무방하다. 20세기를 지배했던 것도 이러한 합리주의 사상이었다.

구성주의적 합리주의가 최고 절정을 이루었던 것이 구소련과 동유럽의 사회주의였다. 사회민주주의 복지국가도 마찬가지이다. 사회주의가 붕괴되고 마르크스주의가 지적으로 해체된 이후에도 구성주의적 합리주의 사상의 위세는 약화되지 않았다. 모든 국가 정부들의 계획과 규제가 줄어들지 않고 있다는 것이 그 증거이다. 노동시장에 대한 정부의 규제, 교육 부문, 복지와 의료 부문, 연금 부문, 환경에 대한 정부의 규제도 줄어들 줄 모르고 있다. 경제사회에 대한 국가의 계획과 규제의 증가는 한국도 예외가 아니다. 정부지출도, 정부부채도 늘어나고 있다. 교육 부문, 언론 부문, 복지와 의료 부문을 비롯하여 기업규제, 노동규제 등에서 정부의 간섭이 증가했고, 주택·부동산 부문에 대한 정부의 계획과 규제도 급증했다. 그러나 이러한 계획과 규제의 결과는 치명적이다. 성공은 고사하고 개인적 자유의 유린과 사회적 갈등 그리고 빈곤이 그것의 결과였다.

자유주의에 대한 비판도 공산주의와 마르크스주의가 왕성하던 20세기와 전혀 다름이 없이 여전히 혹독하다. 자유주의가 호소력이 없는 것도 집단주의가 풍미하던 시기와 다름이 없다. 자유주의에 대한 비판의 배경도 구성주의적 합리주의 사상이다. 이 사상이 자유주의에 대한 오해를 불러일으켰다.

우리가 이러한 프랑스 계몽주의 전통으로서의 구성주의적 합리주의를 극복하지 않는 한, 자유주의의 기능원리는 물론 그 기능조건도 이해할 수 없고 인류는 자의적인 정부의 '보이는 손'으로부터 해방될 수도 없다. 서로 다른 삶의 목적과 서로 다른 지식을 가진 수많은 인간들이 번영을 누리면서 평화롭고 자유롭게 공존하는 사회질서를 기대할 수도 없다.*

구성주의적 합리주의를 대신할 사회철학적 대안이 존재하는가? 프랑스 계몽주의 전통의 대안이 비로 스코틀랜드 계몽주의이다. 이것은 애덤 스미스, 데이비드 흄, 애덤 퍼거슨 등이 개발한 계몽주의이다. 이 사상은 인간이성을 사회적 과정의 산물로 보는, 그리고 경험과 학습을 중시하는 '진화적 합리주의(Evolutionary Rationalism)' 사상이다. 이 사상은 인간이성은 사회질서를 목적합리적으로 설계하고 디자인하여 이를 인위적으로 구성할 수 있는 능력이 없다고 믿는다.

진화적 합리주의 사상은 유감스럽게도 프랑스 계몽주의 전통의 합리주의 사상에 의해 역사의 뒷길로 밀려나고 말았다. 그런데 이러한 스코틀랜드 계몽주의 전통을 되살려서 이를 발전시키고 심화시킨 인물이 바로 하이에크(Friedrich August von Hayek, 1899~1992)이다. 그는 인간, 인간과 사회의 관계, 법과 정치의 관계, 국가와 개인의 관계 등을 구성주의적 합리주의 사상과는 전적으로 다르게, 그리고 모든 학제를 종합하여 조명한 최초의 인물이었다. 마찬가지로 자유시장경제와 자유주의도 학제들을 종합하여 조명한 최초의 인물이었다.

영미와 유럽사회의 경제학계를 비롯하여 철학계, 법학계, 윤리학계 등 모든 학계는 물론 정계나 관료계 그리고 대중매체에서도 진화적 합리주의를 기반으로 하는 스코틀랜드 계몽주의 전통의 자유주의가 확산되지 못했다. 한국사회도 예외가 아니다. 한국사회는 다른 문화권보다 스코틀랜드 계몽주의를 아는 지식층이 더욱 더 얇다.

---

* 이러한 결론은 필자의 다양한 분야의 연구로부터 얻은 결과이다. 필자는 구성주의적 합리주의의 현대판으로서 존 롤즈(J. Rawls)의 『정의론』을 연구했다. 이것은 필자의 박사학위논문 주제였다(독일 프라이브르크 대학 경제학부). 그리고 신고전파 경제학의 오류를 밝혀낸 책, 『시장경제의 법과 질서』(1997)를 쓰기도 했다. 이 책은 신고전파 경제학과 오스트리아학파의 경제학을 비교한 책이다. 또한 『헌법경제론』(1993)에서 1986년 노벨 경제학상 수상자인 뷰캐넌(J. M. Buchanan)의 '계약론적 헌법주의'에 대한 연구를 통해서 구성주의적 합리주의의 문제점을 밝혀냈다. 그 밖에도 『자유주의와 시장경제』(2003)에서도 이 문제를 다루었다.

이 책은 진화적 합리주의 사상에 기반을 두고 이를 확대, 발전시킨 하이에크의 자유주의 원리를 재구성하는 데 그 목적이 있다. 그 원리는 인식원리, 질서원리, 법원리, 윤리적 원리 그리고 정치원리이다. 이런 재구성을 통해서 스코틀랜드 계몽주의 사상이 일천한 경제학계는 물론 법학계, 철학계 등 다른 학계에도 이 사상을 확산시키는 데, 그리고 진정한 자유주의가 한국사회에 확산되어 뿌리내리는 데 기여하고자 한다.

이 책을 쓰는 데 여러 학자들로부터 큰 도움을 받았다. 슈트라이트(M. E. Streit) 교수, 비트(U. Witt) 교수와 판베르크(V. Vanberg) 교수 등 독일의 경제학자와 영국의 정치철학자 그레이(J. Gray)와 배리(N. P. Barry), 그리고 독일의 과학철학자 부용(H. Bouillon)은 하이에크의 사상체계 전체를 이해하는 데 매우 큰 도움을 주었다. 차이틀러(Ch. Zeitler)의 도움도 빼놓을 수 없다.

필자가 심리적으로 의지하는 자유주의 학술단체가 있다. 필자가 1999년 창립하고 초대회장을 맡기도 했던 한국하이에크학회(Korean Hayek Society)가 그것이다. 이 학회는 자유주의 사상을 연구하고 홍보, 교육하여 한국사회를 자유사회로 발전시킬 목적으로 설립한 단체이다. 현재 40여 명으로 구성되어 있는 이 학회는 그래서 필자에게는 매우 소중한 연구단체이다.

끝으로 이 책의 발간을 흔쾌히 수락하고 발간에 수고를 아끼지 않은 도서출판 한울의 임직원 여러분께 심심한 감사를 드린다.

2007년 1월

호반의 도시 춘천 연구실에서 민경국

차례

서장_ 자유사회를 위한
하이에크의 유산

인류의 가장 큰 업적이면서 동시에 가장 큰 행운은 무엇일까? 답하기
쉽지 않다. 그런데 이 질문에 대해 아주 간결하고 확실하게 답한 인물이
있다. 그가 하이에크(Friedrich A. von Hayek, 1899~1992)이다. 그는
인류의 가장 큰 업적과 행운은 인류가 평화롭게 번영을 누리면서 공존
을 가능하게 하는 자유의 원칙을 갖게 된 것이라고 서슴없이 말한다.
하이에크는 그런 자유의 원칙을 분명히 하고 발전, 확산시키기 위해
일생을 바친 인물이다. 때문에 영국의 유명한 주간지 ≪이코노미스트
(The Economist)≫는 그를 가리켜 '20세기 가장 위대한 자유의 대변인'
이라고 일컬었다.

하이에크는 1992년 93세가 되던 해에 세상을 떠났다. 1920년대 말부
터, 비효율적인 것이 아니라 불가능하다고 그래서 결국에는 망하고야
말 것이라고 비판했던 사회주의가 실제로 무너지는 것을 눈으로 직접
목격하고 세상을 떠난 것이다.

그렇다면 하이에크가 자유사회를 위해 우리에게 남겨 놓은 유산은

무엇인가? 그가 태어나고 성장한 유럽 문화권에 남긴 유산은 무엇이며, 그가 비록 동양 문화권과는 직접적인 관련이 없다고 해도 동양사회, 특히 한국사회에 어떠한 유산을 남겼는가? 즉, 그의 자유주의 사상이 동아시아와 한국에 주는 시사점은 무엇인가?

결론부터 말하자면, 하이에크의 사상은 특정의 문화권, 특히 유럽이나 영미 문화권에만 관련된 사상이 아니라 동아시아권 그리고 한국에도 적용 가능한 사상이라는 것이 나의 입장이다.

우선 하이에크가 자유사회를 위해 남긴 유산이 무엇인가의 문제부터 살펴보자. 자유사회를 위해 그가 남긴 유산, 그만이 남겨 놓은 유산은 무엇인가? 그것은 네 가지로 나눠볼 수 있다(민경국, 1997; Macedo, 1999).

첫째는 자생적 질서 이론이고, 둘째는 지식의 한계에 관한 이론이다. 이 두 이론을 기반으로 하여 한편으로는 정치적 유토피아를 비판하면서 다른 한편으로는 자유사회의 존재 이유를 설득력 있게 설명하고 있다. 셋째, 법치주의 이론이다. 이를 통해 법과 자유의 상호의존성을 강조하면서 자유를 확립하고 이를 보호하기 위해서 법의 지배가 얼마나 중요한가를 역설하고 있다. 개인의 자유를 보호하기 위해서는 시민적 영역은 물론 경제부문에 이르기까지 광범위하게 법의 지배가 확립되어야 한다는 것이다. 넷째, 문화적 진화론이다. 자유주의는 문화적 진화의 선물로서 우리는 이러한 진화의 선물을 보호해야 한다는 것이다. 자유주의는 인간을 문명화된 사회로 이끌어간 가장 중요한 요인이 되었다는 것이 하이에크의 주장이었다.

1. 자생적 질서와 지식의 한계

하이에크가 자유사회를 기술하고 그 원리를 분명하게 하기 위해 정력을 기울여 개발한 것이 '자생적 질서' 개념이다. 이에 따르면, 인류에게 유익한 사회제도의 대부분은 인간이 의지를 가지고 계획적으로 만든 것이 아니라 자신들의 개별적인 목적을 추구하기 위해 서로 관계를 맺으려고 노력하는 과정에서 의도하지 않게 생겨난 결과물이다. 간단히 말해서, 자생적 질서는 인간행동에서 생겨난 것이기는 하지만 인간의 계획을 통해 만들어진 것이 아니다.

자생적 질서에 속하는 대표적인 것이 언어이다. 언어는 계획적으로 만든 것이 아니라 저절로 생겨난 것이다. 상관습(商慣習)은 사람들이 모여서 만들기로 작정하고 만든 것이 아니다. 사람들이 서로 간에 상거래를 하는 과정에서 뜻밖에 생겨난 것이다. 거짓 증언을 해서는 안 된다는 계명, 타인의 재산을 탐하거나 훔쳐서는 안 된다는 계명, 이런 것도 누가 계획해서 만든 것이 아니라 인간이 서로 관계를 맺으면서 행동하는 과정에서 생겨난 것이다. 자생적 질서에 속하는 것은 이 밖에도 예의범절과 같은 도덕규범, 관습법 그리고 화폐 등이다. 특히, 우리가 주목하는 것은 시장(市場)이다. 이것 역시 누군가 계획하여 만든 것이 아니라 사람들이 자신들의 목적을 추구하는 과정에서 뜻하지 않게 형성된 부산물(by-product)이다.

하이에크는 이러한 자생적 질서의 발견을 애덤 스미스, 데이비드 흄 그리고 애덤 퍼거슨 등이 확립한 스코틀랜드 계몽주의의 공로로 돌리면서 그들의 발견을 확대, 심화시켰다.

그런데 자생적 질서와는 전혀 상이한 사상이 있다. 프랑스 계몽주의 전통의 계획 사상이 그것이다. 이것은 인류에게 유익한 모든 제도는 엘리트들이 계획하여 만든 것이라고 믿는 사상이다. 이에 따르면, 질서를 위해서는 항상 계획이 필요하다. 완장을 차고 질서를 잡는 사람이 없으면 질서가 생겨나지 않는다는 것이다. 이는 데카르트, 홉스, 루소, 벤담, 케인스, 롤스로 이어지는 전통으로, 프랑스 혁명의 이념적 기초이기도 했던 프랑스 계몽주의는 파시즘과 나치즘 그리고 사회주의를 출산하는 데에서 최고 절정을 이룬다.

하이에크는 프랑스 계몽주의와는 달리, 질서를 창조하기 위해서는 창조자로서의 주권자가 필요하다는 생각을 버렸다. 더불어 이런 생각을 인간이성에 대한 무제한적 신뢰를 전제하는 '구성주의적 합리주의'라고 비판했다. 인간은 그 어떤 엘리트라고 해도 질서를 창조할 수 있을 만큼 전지전능하지 못하다는 것이다. 그는 프랑스 계몽주의를 비판하면서 질서를 잡는 주체가 없어도 저절로 질서가 생성되고 유지된다는 스코틀랜드 계몽주의 사상을 확대, 발전시키는 데 주력했다.

하이에크는 질서의 책임은 신의 의지라는 생각도 허무맹랑하다고 비판했다. 우주 질서의 최종 원인이 신이라는 생각 때문에 인간이 신격화되어 질서를 계획하려는 지적 자만이 생겨나게 되었다는 것이다.

하이에크는 현대사상의 핵심적 오류를 구성주의적 합리주의 전통에 따른 이성의 자만에서 찾고 있다. 이는 모든 질서가 인간의 계획에 따른 산물이고 인간에 의해 재구성될 수 있다는 사상이며, 좋은 질서가 되려면 반드시 인간이 목적의식을 가지고 질서를 계획해야 한다는 사상이다. 이 사상은 인간이성에 대해 이토록 신뢰하고 있다.

그러나 하이에크는 인간이성은 '구조적인 무지'를 특성으로 하고 있다고 주장한다. 이 구조적인 무지는 무엇인가? 무엇 때문에 사회질서를 계획할 수 없는가? 이 문제를 설명하기 위해서는 지식의 문제를 실명할 필요가 있다.

개개인들은 현장지식과 자신의 선호 그리고 자신의 독특한 기질을 기초로 하여 행동하고 자신들의 목적을 추구한다. 그들이 가진 현장지식은 자신에게 고유한 상황, 시시각각으로 변동하는 상황에 관한 지식 그리고 그들이 타인들과 갖는 고유한 관계들에 관한 지식이다. 특정 지역에 사는 사람들은 그 지역 사람들에 관한 지식과 그 지역 사람들끼리의 상호의존성과 네트워크에 관한 지식을 가지고 있는데 그런 지식이 현장지식, 지역적 지식이다. 그 지역 사람들의 가치나 전통에 관한 지식도 이에 속한다.

현장지식 또는 지역적 지식은 과학지식과는 달리 시간과 장소에 고유하고, 지역 사람들 또는 개별 인간에 고유한 지식이다. 그런 지식은 지역이나 인간 그리고 시점과 비교적 관계없이 적용되는 보편적 지식이 아니라 특수한 지식이라는 뜻이다. 과학지식은 한 장소에 모여 있다. 교과서나 도서관의 장서 속에 들어 있다. 그러나 현장지식, 지역적 지식은 각각의 직업 현장이나 지역에 분산(disperse)되어 존재한다. 하이에크는 이를 '지식의 분산(division of knowledge)'이라고 말한다. 인적으로나 장소적으로 또는 시간적으로 지식이 분산되어 있다는 사실, 이것이 '분업(division of labour)'의 원인이다.

그런데 우리가 주목하는 것은 이러한 현장지식 또는 지역적 지식의 성격이다. 이는 세 가지로 구분된다. 하나는 통계적으로 수집 가능한 지식이다. 가족의 수와 같은 지식이 그 예이다. 다른 하나는 통계적으로 파악할 수 없지만 말로는 표현할 수 있는 지식이다. 떡을 좋아한다든지, 쌀밥을 좋아한다든지 하는 것이 그것이다. 열성적인 인간, 성실한 인간 같은 인간의 성격에 관한 지식도 이에 포함된다.

마지막으로 '암묵적 지식'이 있다. 이는 통계적으로는 고사하고 말로조차도 표현할 수 없는 지식이다. 알고는 있지만 말로 표현할 수 없는 지식은 인간의 고유한 특성, 선호, 기술적 재주나 능력 등에 대부분 농축되어 있다. 어감, 정의감, 법감정 또는 공동체감(sense of community), 도덕감 등도 암묵적 지식에 속한다. 인간이 가지고 있는 지식 가운데 가장 큰 비중을 차지하고 있는 것이 바로 이 암묵적 지식이다. 이러한 지식은 '초의식적(super-conscious)' 성격을 가지고 있다. 의식조차 할 수 없는 지식, 즉 알고는 있지만 우리의 의식 속에서 드러나지 않는 지식이다(민경국, 2003).

인간이성의 구조적 무지는 이렇다. 첫째, 어느 누구도 자신에 관해서조차 전부를 알 수 없다. 즉, 무엇이 나의 행동을 규정하고 나의 생각과 관점을 지배하는가를 스스로도 모두 알지 못한다. 자기 자신의 생각과 행동을 지배하는 초의식적 지식은 자신의 의식세계에 등장하지 않기 때문이다. 따라서 인간은 자기 자신을 완전히 알지 못한다. 둘째, 누구나 타인을 완전히 알 수는 없다. 그들을 알기 위해서는 그들의 행동을 지배하는 지식 전부를 알아야 한다. 그러나 이는 불가능하다. 그 이유는 무엇보다도 그들이 가진 암묵적 지식의 존재 때문이다. 이런 지식은 그들의 몸속에 체화되어 있을 뿐이다.

인간이성의 구조적 무지와 정부의 계획 및 규제의 관계는 무엇인가? 정부의 전문가 또는 관료들이 성공적으로 질서를 계획하기 위해서는 각처에 분산되어 있는 지역적 지식 또는 현장지식을 전부 수집하여 이용할 수 있어야 한다. 그러나 수백만, 수천만 명이 제각기 가지고 있는 현장-지역적 지식을 전부 수집하는 데는 기술적인 불가능성이 존재한다. 그러나 더욱 중요한 것은 이러한 기술적인 불가능성이 아니라 원천적이고 절대적인 불가능성이다. 그 절대적 불가능성은 '암묵적 지식'의 존재 때문이다. 암묵적 지식은 정부의 전문가나 관료가 수집하는 것이 불가능하다. 개인들 스스로 말로 표현할 수도 없는 지식을 관료들에게 전달하는 것은 불가능하기 때문이다.

따라서 이러한 지식은 개개인들이 제각기 사용할 수 있도록 내버려두어야 한다. 이것이 지식의 사용과 관련된 행동의 자유이다. 이런 지식이야말로 개인들이 현장에서 생업을 성공적으로 이끌기 위해서는 없어서는 안 될 지식이다.

자유를 기반으로 하는 시장의 자생적 질서는 개인들에게 암묵적이고 초의식적인 지식의 자유로운 사용을 가능하게 한다. 시장의 자생적 질서에서는 개개인들이 제각기 가진 암묵적 지식을 적절히 이용할 수 있을 뿐만 아니라, 동시에 개인들이 각자 가지고 있는 지식을 다른 사람들도 이용할 수 있게 만든다. 타인들도 이용 가능하게 만드는 것, 그것이 가격구조와 관습, 관행, 도덕규칙 등과 같은 사회규범으로서의 행동규칙이다. 가격구조와 행동규칙, 이 두 가지가 개인들이 제각기 가지고 있는 현장-지역적 지식을 타인들에게 전달한다. 가격구조와 도덕규칙, 관행이나 관습 등과 같은 사회규범들은 자생적으로 형성되고, 수많은 사람들이 제각기 가지고 있는 고유한 지식들을 반영한다. 이것이 시장의 자생적 질서의 묘미이다.

개인들의 암묵적, 초의식적 지식을 정부가 정한 가격이나 규제가 반영할 수는 없다. 다만 소수의 관료나 전문가 집단의 지식만을 반영할 수 있을 뿐이다. 따라서 우리가 염두에 두어야 할 것은 시장에서 이용되는 지식은 정부가 사용하는 지식을 능가한다는 것이다. 시장이 정부보다 현명한 이유가 그 때문이다. 그런데 정부가 규제와 계획을 통해 이런 복잡한 자생적 질서에 간섭할 경우 그것은 성공할 수도 없을 뿐만 아니라 예상하지 못한 결과를 초래한다. 그 결과는 의도했던 것과는 정반대가 되기 일쑤이다. 그런 결과를 가져온 정책의 예를 들기는 어렵지 않다.

평준화 교육을 위한 정부의 엄격한 규제는 평준화는 고사하고 오히려 교육의 불평등을 초래했다. 즉, 돈 있는 집 자녀는 고수준의 과외와 해외유학으로 평준화 교육에서 생겨나는 교육의 부실을 극복할 수 있다. 그러나 돈 없는 집 자녀는 해외유학은 고사하고 사교육비도 조달할 수 없기 때문에 이로 인한 학력 격차가 생겨난다. 따라서 평준화 교육은 교육의 불평등을 야기했다.

부동산 가격의 인상과 이른바 '부동산 투기'를 막기 위한 정부의 부동산시장 개입은 도리어 부동산 가격을 인상시켰다. 더구나 주택시장 규제로 건설경기가 침체되어 서민층의 실업률만 증대했다. 이와 같이 정부의 개입은 그 의도가 아무리 좋다고 해도 의도한 목적 달성은 고사하고 엉뚱한 부작용만 초래하기 마련이다.

정부의 신도시 건설, 행정수도 이전과 같은 정책, 도시개발 정책, 지역개발 정책 등도 의도한 목적을 달성하기는 고사하고 오히려 마을 공동체를 파괴하여 이웃을 없애고 이웃 간에 맺어진 인연과 같은 사회적인 비공식 결속을 파괴했다.

우리가 주목하는 것은 인간에게 유익한 질서의 원천은 엘리트의 전문적인 과학지식이 아니라 보통사람들이 가지고 있는 현장지식 또는 지역적 지식이라는 것이다. 엘리트의 지식에 의한 계획은 대단히 위험하다는 것, 이것을 우리는 명심해야 한다.

하이에크가 자생적 질서와 인간이성의 한계에 관한 이론을 개발한 시대는 자유 자본주의에 대한 불신과 계획경제에 대한 신뢰가 지배하던 시기였다. 독일에서는 히틀러의 경제통제가 갈채를 받고 있었고, 구소련과 동유럽 사회주의 국가는 도덕적으로 보다 좋은 사회를 만드는 일에 열중하고 있었다.

하이에크는 자신의 마지막 저서 『치명적 자만(The Fatal Conceit:

Errors of Socialism)』에서 자유시장을 계획경제로 대체하려는 사회주의의 꿈을 '치명적 자만'이라고 비판했다. 이러한 계획사상의 근본적인 오류는 계획을 수립하고 이를 집행하기 위해 필요한 지식을 누구도 충분히 가질 수 없다는 엄연한 사실을 무시하거나 간과한 데 있다.

계획경제보다도 자유사회의 자유경쟁이 훨씬 더 효과적으로 경제활동을 조정할 수 있다. 왜냐하면 자유사회의 자생적 질서가 각처에 분산되어 존재하는, 어느 누구도 전부 수집·가공하여 이용하기 불가능한 현장지식의 이용을 가능하게 하기 때문이다. 가격구조와 사회규범, 이 두 가지가 시장경제와 함께 자생적으로 형성되어 각처에 분산되어 존재하는 현장지식을 반영한다. 자생적으로 형성되는 가격 그리고 관행, 관습, 전통을 함부로 다루어서는 안 될 이유가 그 때문이다.

2. 분배정의에 대한 하이에크의 입장

하이에크는 사회주의만이 잘못된 것이 아니라 사회민주주의도 잘못된 것이라고 주장한다. 사회민주주의의 이론적 바탕을 제공하는 케인스주의 그리고 '시장실패론'도 지식의 문제 때문에 추구하고자 하는 목표는 고사하고 예상하지 못한 부작용만 야기할 뿐이라는 것이다.

사회민주주의의 특징을 구성하는 것은 '분배정의'이다. 하이에크는 분배정의의 개념 그 자체도 잘못된 것일 뿐만 아니라 개인들의 보수의 분배를 정의롭게 만들려는 노력도 잘못된 것이라고 비판한다. 정의롭다거나 정의롭지 않다는 식의 평가는 행동과 관련해서만 의미가 있다. 즉, 분배정의를 말할 수 있기 위해서는 분배하는 사람이 있어야 한다. 그러나 시장경제에서는 모든 개인들의 소득이나 기업들의 소득을 계획하여 분배하는 사람이 없다. 경제적 보수는 그 어떤 계획의 산물도 아니다. 그것은 수많은 사람들의 상호작용에서 생겨나는 무의도적인 결과이다.

시장의 자생적 질서에서 개인의 성공과 실패는 노력과 능력에 의해서 결정될 뿐만 아니라 우연 또는 예측할 수 없는 다양한 사건들과 알 수 없는 수많은 타인들의 행동에 의해서도 좌우된다. 중요한 것은 개인의 성공과 실패를 계획하고 결정한 사람이 없다는 것이다.

이런 결과를 정의롭다거나 정의롭지 못하다는 식의 도덕적 판단으로 비판할 수 없다. 이런 비판이 가능하기 위해서는 시장에서 분배를 하는 실체를 전제해야 한다. 실체가 없음에도 이를 전제하는 것은 의인화의 오류이다. 분배정의의 개념은 시장의 자생적 질서에는 적합한 개념이 될 수 없다. 분배와 관련하여 사회적 책임을 말하는 것, 이것도 시장의 자생적 질서에는 적합한 개념이 될 수 없다. 시장경제가 산출하는 분배적 패턴에 대해 책임이 있는 사람이 없기 때문이다.

시장경제의 결과는 그 어떤 도덕적 잣대와도 부합하지 않는다. 그렇기 때문에 하이에크는 시장경제의 결과는—도덕적 관점에서 본다면—자의적이라고 믿고 있다. 이런 생각은 20세기 가장 위대한 사회민주주의의 대변자였던 철학자 존 롤즈(John Rawls)와 유사하다(Macedo, 1999: 293; 민경국, 2007). 그러나 롤즈는 도덕적 관점에서 볼 때 자의적인 분배의 결과를 정의로운 분배로 만들 것을 제안한다. 사회정의의 실현을 이러한 분배정의의 실현으로 간주한다. 서민들의 삶을 최대한으로 개선할 것을 요구하는 원칙, 불평등이라고 해도 그것이 서민들에게 유리하게 작용한다면 그러한 불평등은 용납해야 할 것을 요구하는 원칙, 즉 '차등원칙'이 롤즈에게 분배정의의 원칙이다.

그런데 개인의 소득을 결정하는 개인의 선천적인 능력이나 개성은 개인 스스로 만든 것이 아니라 행운의 여신의 제비뽑기 결과이다. 흥미롭게도 롤즈의 분배원칙에는 이런 것들은 개인의 소유가 될 수 없고 공유재산이어야 한다는 규범이 전제되어 있다. 그러나 우리의 타고난 능력이나 개성이 우리 자신의 공로가 아니라고 해서 그것이 공유재가 되어야 할 필연적인 이유는 없다.

롤즈의 분배정의는 시장의 분배결과가 도덕적으로 자의적이기는 하지만 그러한 분배를 그대로 놔두는 사회는 비난받아 마땅하다는 사회적 책임론을 전제하고 있다. 시장분배를 놔둘 경우 비난의 대상은 사회이다. 그래서 롤즈의 세계에는 분배정의 또는 사회정의 개념이 중심을 이룬다. 그러나 하이에크는 롤즈의 해결책에 동의할 수 없다. 분배적 결과가 도덕적으로 볼 때 자의적이라고 해도 그런 분배에 대해 비난받을 실체는 없다. 사회정의는 의미 없는 개념이다. 따라서 시장의 자생적 질서의 결과를 수용해야 한다.

사회주의자들은 시장의 분배결과를 수용하기 거부하면서 그들이 정의롭다고 믿는 특정의 분배원칙을 시장의 자생적 질서에 부과하여 재분배를 실현하려고 한다. 그러나 하이에크는 이런 노력에 반대한다. 반대의 논거는 재산에 대한 자연권이 아니라 자생적 질서의 성격 때문이다. 자생적 질서는 모든 사람들의 삶의 기회를 극대화하는 조건이다. 재분배는 이런 조건을 열악하게 만들 뿐이다. 분배목표가 무엇이든 그런 목표를 달성할 수 있기 위해서 필요한 모든 지식을 습득하는 것은 불가능하다. 분배목표를 달성하기는 고사하고 오히려 부작용만 발생할 뿐이다.

그러나 의료, 교육, 실업, 주택 그리고 최소의 소득과 같은 기본적인 편익의 부분에서 정부가 할 수 있고 해야 할 일을 전적으로 부정하는 것은 아니다. 무능력자, 결손가정, 극빈자 등에서 보는 바와 같이 처참

한 빈곤 문제에 국가가 동원될 수 있다. 이런 일은 정의의 문제가 아니라 국가의 단순한 봉사일 뿐이다.

그 형태가 무엇이든 평등주의적 사회정의는 대단히 사악한 생각이다. 달성될 수도 없고 오히려 하향평준화를 야기하거나 아니면 오히려 불평등을 심화시키기 때문이다. 더구나 시장경제의 분배적 결과를 바꾸려는 노력은 자유의 원칙으로서 법의 지배 원칙에도 위배된다.

3. 법치주의

하이에크 사상의 유산 가운데 중요한 두 번째 국면은 '법의 지배' 원칙이다. 이것은 자유주의의 정치적 이상이다. 법의 집행과 관련하여 국가는 언제나 강제와 결부되어 있다. 강제는 무서운 것이다. 그렇기 때문에 내용이 무엇이든 관계없이 '법'이라는 이름하에 무조건 이를 집행하도록 정부에게 강제권을 허용할 수는 없다.

여기서 중요한 문제 하나가 제기된다. 국가공권력을 이용하여 집행해도 좋은 법은 어떤 성격을 가지고 있어야 하는가의 문제가 그것이다. 이 문제에 대한 해답이 법의 지배 원칙 또는 법치주의이다. 하이에크는 법이 '법다운' 법이 되기 위한 조건을 상세히 설명하고 있다. 그 중요한 조건을 요약하면 다음 두 가지이다.

① 그것은 모든 사람들에게 예외 없이 보편적으로 적용되는 행동규칙이다. 이런 의미에서 일반적이다. 개인들의 특정한 사정이나 특수한 장소 및 시점을 고려하지 않는다.
② 그것은 목적이나 동기를 내포하고 있지 않은 그래서 발목적적인

행동규칙이다. 이런 의미에서 추상적이다. 이런 행동규칙들은 대부분 특정의 행동을 금지(예: 거짓말을 해서는 안 된다)하는 내용을 가지고 있다.

법이 이런 조건을 갖게 하는 원칙, 정부로 하여금 이런 조건을 갖춘 법에 따라 통치하도록 하는 원칙, 이것이 법의 지배 원칙이다. 이것은 사실상 '좋은 법'이 무엇인가를 판정하는 기준이다. 이런 의미로 법의 지배를 해석한 하이에크의 버전(version)은 법철학자로 유명한 미국의 풀러(L. Fuller)와도 유사한데, 이 두 석학의 법의 지배 개념은 20세기 가장 영향력을 가진, 그리고 가장 중요한 버전이다.

법의 지배에 관한 그들의 버전에서 특히 주목할 점은, 법은 어떤 특정의 도덕이나 행동목표 또는 동기를 달성하기 위한 수단이 아니라는 것이다. 법은 결코 수단적일 수 없다는 것, 법은 탈목적적이어야 한다는 것, 이것이 자유주의적 법치주의를 주장하는 사람들의 공통된 입장이다. 특정의 목적을 달성하기 위한 수단으로서의 법은 하이에크에게는 법이 아니다. 수단적 성격의 법을 기반으로 하는 질서는 자생적 질서와는 다른 성격을 가진 '조직(organization)'이다. 조직에서는 공동의 목적을 달성하기 위해 그 구성원들이 합의하여 행동한다.

시장경제의 분배결과를 수정하거나 바꾸고자 하는 모든 법규칙은 수단으로서의 법이고, 따라서 법의 지배 원칙을 위반한 법이다. 시장의 결과를 수정하는 법은 그 법규칙 속에 특정의 목적이나 행동동기를 내포하고 있기 때문이다. 하이에크는 이런 법을 자유의 법이 아니라 자유를 억압하는 법이라고 말한다.

영국의 유명한 정치철학자 오크쇼트(M. Oakeshott)는 법을 특정의 목적을 달성하기 위한 수단으로 여기는 사회를 '목적이 지배하는 사회

(teleocratic society)'라고 말한다. 이런 사회는 개인들이 각자 가지고 있는 지식의 효과적인 이용을 방해하는 사회이자, 개인들이 자신의 목적을 위해 자신들이 가진 지식에 따라 행동하기 어려운 사회이다. 목적이 지배하는 사회는 포퍼가 말하는 '열린사회'도 아니다.

법의 일반성-추상성의 조건은 흄-칸트 전통의 맥을 이어가고 있다. 법의 지배 사상은 원래 정의의 규칙에 관한 윤리학적 관점을 법률에 적용한 것이다. 칸트의 '지상명령(categorical imperative)'이 정의의 규칙의 특성을 말해준다. 일반적, 추상적 성격의 도덕규칙이 그것이다. 정의의 규칙에는 행동동기나 행동목적과 같은 내면적인 것들이 사상되어 있다. 이것은 개인들이나 인간그룹들이 처한 특수한 사정을 고려하지 않는다. 금지될 행동만을 기술한다.

중요한 것은 법의 지배 원칙의 사회적 역할이다. 즉, 왜 법의 지배 원칙이 중요한가의 문제이다.

첫째, 그것은 자유를 보장하고 증진하기 위한 원칙이다. 법으로 예외 없이 금지하는 행동은 개인의 자유와 재산 그리고 생명을 침해하는 행동이다. 따라서 법의 지배 원칙에 따르는 법은 자유를 제한하는 것이 아니라 자유를 보호하고 증진하는 데 그 목적이 있다. 법이 없으면 자유도 없기 때문이다. 특히 자유의 법은 자생적 질서의 기반이 되는 행동규칙이다. 따라서 법은 자유뿐만 아니라 질서와도 양립한다. 법의 지배 원칙은 자유와 법 그리고 질서의 삼위일체를 확립하는 원칙이다.

둘째, 법의 지배 원칙은 소유권법, 계약법 또는 불법행위법에서 보는 바와 같이 개인들이나 인간그룹들이 자신들이 정한 목적이나 좋은 삶을 자유로이 추구할 수 있는 틀을 마련해 준다. 법의 지배 원칙은 어떤 삶이 좋은 삶인가의 문제를 개인들에게 맡긴다. 이기적 목적을 추구할 것인가, 이타적 목적을 추구할 것인가를 결정하는 것도 개인에게 맡긴다. 국가는 이런 문제에서 중립적이다.

셋째, 법의 지배 원칙은 문명화된 사회를 가능하게 하는 원칙이다. 경제적인 번영은 물론 정신적 번영을 위한 사회의 틀을 제공한다. 오늘날 우리가 누리고 있는 물질적 번영과 비물질적 번영 그리고 도덕심의 발전도 자유를 보장하고 이를 증진하는 '법' 때문이다.

법의 지배 원칙이 왜 중요한가의 문제에 대한 네 번째 답변은 지식의 문제와 관련되어 있다. 법의 지배 원칙에 어긋나는 법은 시장경제의 분배적 결과나 또는 자원배분의 결과를 수정하기 위한 법이다. 이때의 법은 특정의 구체적인 목적을 달성하기 위한 수단이다. 이러한 수단화를 위해서는 시장과정의 결과에 관한 구체적인 예측이 필요하다. 어떤 법이 구체적인 목적을 달성하는 데 효과적인가에 관해 예측해야 하기 때문이다. 예측을 위해서는 시시각각으로 변동하는 상황에 관한 지식을 가지고 있어야 한다. 그러나 이런 지식은 현장지식이다. 그리고 대부분 암묵적이다. 따라서 이런 지식을 갖는 것은 불가능하다. 즉, 법의 수단화는 지식의 문제 때문에 가능하지 않다.

법의 지배 원칙에 해당되는 법규칙은 그 작성과 집행에서 이러한 지식을 필요로 하지 않는다. 따라서 우리의 구조적인 무지에 대한 적응이 법의 지배 원칙이라고 말할 수 있다. 하이에크는 1969년 그의 논문집, 『프라이브르크 대학 연구논문집(Freiburger Studien)』에서 이렇게 말하고 있다(Hayek, 1969: 38).

"구체적인 사실에 관한 우리의 지식이 제한되어 있기 때문에 우리는 추상적인 행동규칙에 예속되어 우리의 행동을 조정하는 수밖에 없다. 지식의 제한 때문에 우리는 우연히 알게 된 제한된 개별적인 요인들을 기반으로 하여 매번 의사결정을 내릴 수 없다."

4. 법치주의의 중요성

왜 법의 지배가 중요한가의 문제에 대한 다섯 번째 대답은 법의 지배에 해당되는 법은 장기적이고 안정적이라는 것이다. 왜냐하면 이런 법은 시시각각으로 변동되는 상황은 고려하지 않고 금지되어야 할 행동만을 규정하기 때문이다. 상황변동에 대한 적응은 개개인들에게 맡긴다. 개인들은 시시각각으로 변동하는 상황에 대한 지식을 용이하게 습득할 수 있고 이를 이용하여 적응에 필요한 지식을 산출해 낸다.

법의 안정성과 장기성은 대단히 중요하다. 법이 안정적이고 장기적이기 때문에 사람들은 자신은 물론 타인들이 무엇을 하지 말아야 하는가에 대한 확실한 기대를 형성할 수 있다. 따라서 법의 지배 아래에서 사람들은 안정적으로 상호관계를 형성할 수 있다.

그러나 법을 수단으로 여기는 경우 정부는 시시각각으로 변동되는 상황에 관한 지식을 가지고 법을 작성하고 집행해야 한다. 이는 지식을 습득하기가 불가능하다는 문제 이외에도 법을 자주 변경해야 한다는 문제점을 드러낸다. 법이 빈번히 변동할 경우 법의 불안정성이 증가되고 이로 인해 사람들의 미래가 불안정해진다. 따라서 사람들의 경제활동과 투자활동이 지체된다. 또한 법의 존엄성, 입법의 존엄성도 파괴된다. 이는 정치에 대한 불신으로 이어진다.

법을 특정의 목적을 위한 수단으로 여길 경우 법의 적용에서도 일관성이 없어진다. 시시각각으로 변동하는 구체적인 상황을 고려해야 하기 때문이다. 법 적용의 일관성이 없으면 사람들의 미래에 대한 기대가 대단히 불안정해진다. 정부가 어떻게 법을 적용할 것인지가 불확실하기 때문이다.

그러나 시시각각으로 변동하는 상황을 고려하지 않는 법, 즉 자유의 법은 법 적용의 일관성과 법 내용의 일관성을 유지할 수 있다. 이런 법 아래에서 사람들은 안심하고 자신의 지식을 마음껏 이용할 수 있다. 그 결과는 경제적 번영은 물론 정신적 번영이다.

법의 지배 원칙이 중요한 마지막 이유가 있다. 법의 지배 원칙에 저촉되는 기존의 법규칙은 개폐되기 때문에 개인의 자유 영역이 확대된다. 그리고 지금까지 법의 지배 원칙에 저촉되는 처분적 법(특정의 구체적인 목적을 위한 수단으로 여기는 법)의 집행에 적용되었던 국가의 강제권이 감소된다.

법의 지배를 충족하는 법규칙은 정의의 법인데 이것은 국가가 펼치는 모든 특혜나 차별을 배제한다. 이로써 평등을 확립해 준다. 다시 말하면 정의의 법규칙들은 공정한 게임규칙이다. 모든 개인들에게 동일한 행동반경을 제공한다. 법치국가는 그래서 공정하다.

법치주의는 차별을 금지하고 모든 사람들에게 똑같이 적용되기 때문에 이권을 추구할 동기가 생기지 않는다. 특혜를 받거나 인·허가를 받기 위한 부패도 없다. 규제의 혜택을 받기 위해 정치적 영향력을 행사할 어떤 동기도 발생하지 않는다. 차별적인 법, 특혜성을 가진 법의 경우에는 자신에게 유리한 방향으로 규제가 작동하도록 정치적 영향력을 행사하려는 동기가 매우 크다. 그러나 실질적 의미의 법치국가적 법의 작성이나 집행에서는 이런 동기가 약화된다.

정의의 규칙으로서 법의 원천에 관한 문제도 흥미롭다. 법은 정부보다 오래된 것이다. 이것은 정부가 법을 만드는 것이 아니라 오히려 정부는 법 아래에 있다는 것을 의미한다. 법과 입법을 엄격히 구분할 경우 비로소 자유가 가능하다. 하이에크는 법의 지배 원칙에 적합한 법은 입법을 통하기보다는 법관의 법과 같은 코먼 로(common law)

체계에서 훨씬 더 잘 달성될 수 있다고 믿고 있다.

하이에크는 민주주의는 결코 법의 지배를 달성하는 충분한 조건이 될 수 없다고 말한다. 오히려 민주정부의 활동을 법의 지배 원칙으로 제한해야 한다고 강조하고 있다. 그는 이런 맥락에서 '제한적 민주주의(demarchy, limited democracy)'를 제안하고 있다. 민주정부가 제한되지 못했기 때문에 의회에서 정한 모든 법은 그 내용이 무엇이든 '법'이라는 법 개념이 등장했고, 이런 법 개념으로 인해 형식적인 법치국가, 형식적인 법치주의가 생겨났다는 것이다.

하이에크는 자유의 이상으로서 실질적인 법치주의와 실질적인 법치국가의 의미를 자신의 법의 지배 개념으로 이해하고 있다. 이런 법의 지배를 실현하기 위해서 무엇보다도 중요한 것은 입법부의 입법 활동의 제한이다. 입법 활동을 제한하는 장치가 바로 법의 지배 원칙이다.

5. 문화적 진화

하이에크의 자유사회 이론의 핵심은 '자생적 질서'의 개념과 '법의 지배'이다. 이들이 중요한 이유가 있다. 첫째, 그 어떤 정신도 전부 수집하여 이용할 수 없는 분산된 지식의 이용을 가능하게 할 뿐만 아니라 개인들이 각자 가지고 있는 지식을 타인들도 이용할 수 있게 한다. 그런 역할을 하는 것이 가격과 자생적으로 형성된 행동규칙들이다. 둘째, 자생적 질서와 법의 지배 아래에서는 개인들이 각자의 인지 능력에 따라서 자신의 목표를 추구할 수 있다는 점이다. 그들의 삶의 방식, 좋은 삶, 이기적/이타적 동기의 선택 등은 그들이 스스로 개발하고 선택할 수 있다.

셋째, 개인들에게 시시각각으로 변동하는 자연적, 사회적 환경에 대해 자기들 나름대로 적응하게 한다. 이를 가능하게 하는 것은 한편으로는 가격과 행동규칙에 의해 전달되는 상황에 관한 지식의 도움이다. 그리고 다른 한편으로는 개인들 각자의 판단을 통해 습득하는 지식의 도움이다.

이처럼 자유사회는 상황변동에 대해 유연하게 적응할 수 있는 힘을 가지고 있다. 이런 힘 때문에 자유사회의 도덕규칙과 제도들은 장구한 진화적 과정을 거쳐 선택된 것이다. 문화적 진화의 선물이 바로 자유사회를 가능하게 하는 법과 도덕적 전통이다. 이 전통들은 인간의 이성에 의해 창조된 것도 아니고 그렇다고 인간의 본능으로부터 생겨난 것도 아니다. 그것은 장구한 역사적 과정을 거쳐 형성된 것이다. 보통사람들의 지식을 통해 형성된 것이지, 현명하고 훌륭한 엘리트의 계획의 산물이 아닌 것이다.

그런데 문화적 진화의 과정에서는 수많은 제도가 형성된다. 인도와 같은 카스트 시스템, 유교와 같이 서열과 계층을 중시하는 제도, 서자(庶子)의 사회적 차별, 여성에 대한 차별 등과 같은 제도와 전통이 형성된다. 이렇게 진화적으로 형성된 전통 가운데 하이에크가 중시하는 것은 자유를 보호하고 신장하는 제도와 전통이다. 이에 속하는 것이 개인의 자유에 대한 동등한 권리, 사유재산의 안정, 동의에 의한 재산의 이전, 계약의 자유, 연립의 자유 등을 보호하고 증진하는 도덕규칙과 제도이다.

하이에크는 문화적 진화를 규범적인 차원으로 승격시키는데, 그가 소중히 여기는 진화는 마케도(Macedo, 1999: 296)가 적절히 지적하고 있듯이 단순히 계획되지 않은 질서 그 자체를 말하는 것이 아니다. 그것은 자생적 질서의 진화, 즉 개인의 자유를 최고의 가치로 여기고 이러한 가치에 의해 지배되는 질서의 진화이다. 그래서 하이에크는 진화와 자생적 질서를 쌍둥이 개념이라고 말하고 있다.

우리가 이 대목에서 유의해야 할 것은 진화의 종착점이 자유주의를 의미하는 것이 아니라는 것이다. 진화 과정에서 수많은 계획되지 않은 질서가 형성되는데 하이에크는 그 질서들 가운데 바로 자유를 신장하고 보호하는 질서를 끄집어내어 이를 규범으로 승화시키고 있다.

하이에크는 자생적 질서로서 자유를 보장하고 신장하는 도덕과 시장경제를 야기한 문화적 진화를 이성과 본능의 중간에 위치한 사회적 과정으로 파악하고 있다. 이성의 중간에 있다고 해서 진화적 과정에서 형성된 것들이 인간이성에 의해 만들어진 것보다 열등하다는 것을 의미하지는 않는다. 문화적 진화 과정에서 형성된 도덕규칙과 제도들은 어느 하나의 정신이나 정신 그룹들이 도저히 소유할 수 없는 수많은 인간의 경험을 반영한 것이다.

따라서 인간에게 유익한 결과를 가져다준다고 판단되는 언어, 관습, 종교규칙, 도덕규칙과 시장 등과 같은 문화적 진화의 선물은 인간이성의 능력을 능가한다. 자생적으로 형성되는 도덕적 전통과 제도들에 대해 우리가 신뢰할 수 있는 이유가 그 때문이다.

하이에크는 자유의 기반이 되는 도덕규칙의 진화, 자생적 질서의 진화를 원시사회의 극복에서 찾고 있다. 그는 자유는 문명인의 가치라는 것을 강조하고 있다. 그리고 그는 자생적 질서, 자유의 가치를 반영하는 정의의 규칙을 원시 부족사회를 지배한 도덕과도 비교한다.

연대감, 나누어 먹기 모럴, 경쟁을 싫어하는 것, 그룹에 대한 애착심과 애정, 집단주의적인 사고, 감성적인 사고, 책임을 타인이나 집단에게 돌리는 것, 이런 것들은 호모 사피엔스의 신경구조와 본능이 형성되면서 점진적으로 생성된 태도이다. 인간은 사회주의 모럴을 기반으로 하여 15~30명의 부족과 혈연으로 구성된 원시사회를 이루면서 수렵과 채취 생활을 영위했다. 그들은 소규모 집단을 이루어 서로 도우면서 나누어 먹고 애정과 연대로 뭉쳤다. 인류가 이런 모럴 속에서 생활한 지는 수십만 년이나 된다. 시장 모럴 속에서 살기 시작한 지는 지금으로부터 100~300세대로 알려져 있다.

사회주의 모럴은 우리의 본능에 정착되어 생물학적 진화를 거쳐 오늘날에도 우리의 본능 속에 남아 있다. 사회생물학의 인식 대상이 바로 본능적인 인간행동, 본능적인 모럴과 같은 행동규칙, 본능적인 선호구조이다. 오늘날 이러한 본능을 구현하여 등장한 미시사회의 예를 들면 가족, 친족 관계, 동창회, 향우회, 친구 등이다. 취미클럽 등과 같은 소규모 공동체도 이에 속한다.

그러나 개인주의, 계약의 충실성, 사적 소유의 존중, 솔직성과 성실성 같은 시장 모럴은 배워서 습득한 것이다. 인구의 증가와 기술의 발전 그리고 특히 정착생활 등으로 인해 점차 자유주의 모럴이 형성되었다. 정의의 규칙이 점차 본능적인 모럴을 억누르면서 교환관계가 부족을 넘어 확대되기 시작했다. 도덕은 폐쇄된 도덕에서 열린 도덕으로, 차별적인 도덕에서 보편적인 도덕으로 변화되기 시작했다. 이런 변화와 더불어 부족과 소규모 지역 그리고 심지어 대규모 지역을 넘어서 시장이 확대되었다. 더불어 부(富)가 증가했고 이로 인해 늘어나는 인구를 부양할 수 있었다.

그런데 흥미로운 것은 낮모르는 사람들끼리도 분업과 협력을 가능하게 하는 추상적인 도덕규칙의 역할이다. 이타심과 연대성의 도덕을 실현하기 위해서는 타인들의 사정을 일일이 알아야 한다. 이타심의 잠재적 수혜자에 관한 지식이 역지사지(易地思之)의 조건이다. 그 지식은 도덕적 행위의 판단에서 행하는 중요한 역할로서 애덤 스미스가

『도덕감정론(The Theory of Moral Sentiments)』에서 강조하는 '동감의 원리'가 작동하기 위한 필수조건이다(민경국, 2007). 타인들을 알 수 있기 위해서는 그들이 우리가 들을 수 있고 볼 수 있고 느낄 수 있는 범위 내에 있어야 한다. 그러나 그 범위는 시간적으로나 공간적으로 매우 좁다. 멀리에 있는 사람들의 목소리를 들을 수도 없고 그들을 직접 볼 수도 그리고 만질 수도 없다. 그렇기 때문에 역지사지가 가능하지 않다.

그럼에도 멀리 있는 사람들과의 분업과 협력을 가능하게 하는 것이 정의의 규칙과 이러한 규칙을 전제하여 형성되는 많은 행동규칙들 그리고 가격구조이다. 문화적 진화는 따라서 우리의 인지능력의 생물학적 한계를 극복해 주고 있다. 즉, 문화적 진화는 우리의 이성을 능가함과 동시에 우리의 본능을 능가하고 있다.

그런데 우리가 주목하는 것은 오늘날과 같이 수백만, 수천만 명의 인구가 사는 거대한 자생적 질서에 15~30명의 소규모 그룹생활에 적응된 원시시대의 모럴을 적용하려는 노력이다. 그 노력의 결과가 복지국가, 분배정의, 민족주의 등이다.

그러나 이러한 이념을 실현하는 것은 불가능하다. 그 실현을 위해서는 현장지식을 필요로 한다. 그러나 어떤 지식인이나 정치가도 그런 현장지식을 사용할 수가 없다. 소규모 사회의 도덕을 대규모 사회에 적용하는 것은 불가능하다. 따라서 대규모 사회에서는 그런 도덕의 선택을 개인들에게 맡기는 것이 합리적이다. 법의 지배 원칙에 의해 지배되는 사회에서는 이타심이나 연대성의 감정을 충족시키기 위해 다양한 인간의 네트워크가 형성된다. 수많은 네트워크 속에서 인간은 자신들의 본능적인 도덕적 정서, 감성을 향유할 수 있다.

공동체주의자들이 공동체의 중요성을 강조하는 것은 옳다 그러나 그들의 치명적인 오류는 소규모의 공동체에 적용되는 도덕을 거대한 사회에 적용하려는 야심이다. 그들은 소아(小我)를 버리고 대아(大我)를 추구하라고 호소한다. 자기초월적 입장에서 사회를 바라보라고 요구한다. 자기와 공동체 전체와의 관계 속에서 자신의 행동과 목표를 정할 것을 요구하고 있다.

그러나 이러한 요구는 공허할 뿐이다. 왜냐하면 인간의 동기가 나쁘기 때문이 아니라 인간의 인지능력에 한계가 있기 때문이다. 이는 교육을 통해서도 극복할 수 없다. 때문에 도덕적 선택은 개인에게 맡겨야 한다. 이런 선택이 가능한 질서는 자유사회이다. 자유사회에서만이 이기심과 이타심의 조화가 가능하다. 그런 조화는 인간의 상호작용을 통해서 자생적으로 이루어진다. 공동체주의자들은 시장과 소규모 공동체의 역할을 인위적으로 분담시키려 하고 있다. 그러나 인위적 분담은 가능하지 않다. 법의 지배 아래에서 자생적으로 분담이 이루어질 수 있는 것이다.

정부가 해야 할 일은 자신이 할 일, 공동체가 할 일 그리고 시장이 할 일을 정하는 것이 아니다. 정부는 법의 지배 원칙을 실현하는 데 목표를 두어야 한다.

6. 하이에크와 동아시아 그리고 한국

하이에크는 21세 때 쓴 『감각적 질서(The Sensory Order)』에서부터 89세가 되던 해인 1988년의 마지막 저서 『치명적 자만』에 이르기까지 거의 70년 가까이 집필을 했지만 아시아에 관한 글은 남기지 않았다. 그의 글쓰기 무대는 유럽이었다. 하이에크의 자유의 철학은 서양적이기 때문에 이와 상이한 문화를 가진 아시아 및 한국사회와 별로 관련성이 없다고, 그리고 한국은 고유한 자본주의 발전모델을 개발해야 한다고 말하는 사람들이 있다. 그들은 정부의 역할을 강조하는 발전국가모델, 제3의 길, '공동체자유주의' 등을 개발하려고 한다.

마하티르(Mahathir), 리콴유(李光耀) 같은 아시아 지역의 지도자들만이 그런 주장을 하는 것은 아니다(Kukathas, 2000: 428). 한때는 하이에크와 같은 자유주의를 신봉했다가 제3의 길로 전향한 영국의 유명한 정치철학자 그레이(J. Gray)도 아시아나 유럽 국가는 하이에크의 자유주의와는 다른 독자적인 모델을 개발해야 한다고 주장한다. 공동체주의 정치철학자들도 아시아는 전통과 지역 그리고 문화가 서양과는 전적으로 다르기 때문에 하이에크와 같은 서구적 모델은 적합하지 않다고 주장한다.

이런 주장이 옳은가? 이 문제에 대한 옳은 해답을 준 가장 최근의 인물은 쿠카타스(Kukathas, 2000)이다. 하이에크가 비록 서구에서 자신의 사상을 개발했다고 해도 그의 사상은 대단히 국제적이고 보편적이다. 하이에크의 자유의 철학이 주는 메시지는 특정 문화와 독립적인, 보편적 성격을 가지고 있다. 왜냐하면 그의 정치이론에서 다루고 있는 자유사회의 개념은 거대한 사회, 국제적으로까지 분업과 협동이 이루어지고 있는 확장된 질서이기 때문이다. 확장된 질서로서의 열린사회에서 국경선은 중요하지 않다. 그가 제시하고 있는 이론이나 정책적 처방은 결코 특정의 문화권, 유럽이나 서구의 문화권에만 적용되는 것이 아니다. 스미스, 흄 그리고 퍼거슨과 같은 고전적 자유주의자들과 똑같이 하이에크의 관심도 보편적인 이론과 정책적 처방의 제시였다.

하이에크의 사상이 아시아와 한국에도 적용될 수 있다는 점을 보여줄 수 있는 실마리는 그가 중시하는 지역적 지식, 현장지식이다(Kuka thas, 2000: 421). 그에게 질서의 원천은 엘리트의 이른바 과학지식이 아니라 보통사람들이 생업에 종사하기 위해 터득한 현장지식, 자신들의 삶의 뿌리가 되는 지역적 지식이다.

물론 우리가 서구라는 지역과 아시아라는 지역 그리고 한국이라는 지역을 보면 아시아의 현장지식, 아시아의 지역에 관한 지식은 서구와 다른 것이 확실하다. 쿠카타스(Kukathas, 2000: 429)가 지적하고 있듯이 아시아 지역의 사람들이 추구하는 전통과 가치가 서구의 사람들이 추구하는 바와 다른 것도 사실이고, 또한 지역적인 전통과 문화 그리고 습속을 존중하고 이에 복종해야 한다는 것, 이것도 옳은 주장이다. 하지만 그렇다고 해서 아시아는 서구와 다른 발전모델을 개발해야 한다는 주장이 정당화되는 것은 아니다.

지식인들이나 정치인들은 아시아적 가치를 주장하고 아시아는 자신의 독자적인 모델을 추구해야 한다고 주장하지만, 그들은 하이에크가 말하는 바와 같은 구조적인 무지 때문에 지역적인 것, 현장적인 것에 대한 이해가 대단히 부족하다. 우리가 주목하는 것은 현장지식, 지역적 지식은 한 사회 내에서도 다르고 또 다양하다는 것이다. 쿠카타스 (Kukathas, 2000: 428)가 예시하듯이, 싱가포르 국내의 각 지역이나 각 개인들이 가진 현장은 서로 다를 뿐만 아니라 각 지역에 사는 사람들이 가진 지역적 지식과 현장지식도 역시 다양하다. 한국사회도 마찬가지이다. 각 지역에서 사는 사람들이 가진 인적, 물적, 정서적 네트워크에 관한 지식, 각 지역에서 사는 사람들이 가진 전통적 습관, 추구하는 가치는 물론이거니와 각 지역이나 직업현장에서 생업에 종사하는 사람들의 현장지식도 서로 다르다.

하이에크가 주장하는 것은 이런 현장지식, 지역적 지식이 발전의 원동력일 뿐만 아니라 질서의 원동력이라는 것이다. 그에게 좋은 사회는 엘리트의 전문적 지식에 의해 만들어진 질서가 아니다. 보통사람들이 생업에서 얻은 현장지식들, 그들이 삶을 영위하는 지역에서 얻은 지역에 국한된 지식을 이용하는 과정에서 자생적으로 형성되는 질서가 좋은 질서이다. 전문가의 지식은 개인들이 자기들에게 고유한, 다양한 상황변동에 적응하는 데에는 전혀 도움이 되지 않을 뿐만 아니라 오히려 방해가 된다. 생업을 꾸려가는 과정에서는 개인들이 갈고 닦은 현장지식이 시시각각으로 변동하는 상황에 대한 적응에 도움이 된다.

질서의 원천은 전문가의 지식에 의한 계획이 아니라 평범한 인간이 제각기 가지고 있는 지역적 지식 또는 현장지식이다. 이런 지식을 통해서 형성되는 질서가 자생적 질서이다. 그리고 그런 지식의 사용결과가 경제적, 사회적 그리고 도덕적 번영이다. 이런 현장지식과 지역적 지식의 중요성은 현대의 모든 사회에 적용된다. 서구뿐만 아니라 아시아에서도 마찬가지이다.

그런데 엘리트-사회공학자들의 눈으로 볼 때 평범한 인간의 사회적 삶은 매우 혼란스럽고 비효율적인 것처럼 보인다. 그러나 그것은 착각이다. 물론 그런 착각은 이유가 있다. 사회공학자들은 개개인들이 각자 가지고 있는 지역적 지식 또는 현장지식을 갖고 있지 못하기 때문이다. 다시 말하면 그것은 질서의 원천이 되고 있는 지역적 지식 또는 현장지식에 관한 무지에서 비롯된 것이다.

그런 무지에도 불구하고 사회공학자들은 자신들의 통계 지식만을 가지고 있으면 자기들 눈으로 볼 때 매우 혼란스럽고 무질서한 것처럼 보이는 인간관계들을 질서 있게 만들 수 있다고 믿는다. 그러나 엘리트가 그려내는 개혁의 청사진은 대단히 위험하다. 이런 위험성에 대한 하이에크의 경고는 서구사회는 물론 동양사회, 그리고 그 밖의 사회에도 타당하다. 그 이유는 인간은 현장지식, 지역석 지식 선부를 알 수 없다는 인간이성의 구조적 무지 때문이다. 구조적 무지는 동양인과 서양인을 불문하고 모든 인간에게 적용되는 보편적 명제이다.

계획과 규제를 전문으로 하는 지식인과 정부 엘리트도 교외, 도시, 마을이나 읍면과 같은 지역공동체들 내에 존재하는 인간들의 복잡한 상호의존성, 그들의 복잡한 공식·비공식 연결망(network)을 알지 못한다. 그들이 추구하는 목적, 그들이 제각기 가진 삶의 계획 그리고 그들의 가치나 그들 공동체의 오묘한 전통도 알 길이 없다. 그들의 생활 습성, 그들의 정신적, 물질적, 정서적 네트워크를 알 수가 없다. 알 수 없는 가장 중요한 이유는 이런 지식은 암묵적 또는 초의식적이기 때문이다.

이런 구조적인 무지에도 불구하고 농업정책이나 산업정책 그리고 지역개발정책, 국토개발정책 등에서 볼 수 있듯이 국가개발계획과 청사진을 통해서 질서를 만들려는 노력은 사람들의 삶을 개선해 주는 것보다 더 큰 비용을 가져다준다. 이런 모든 것들은 지금까지 누렸던 인적, 정서적 그리고 물질적 네트워크의 단절을 의미한다. 단절에서 오는 심리적, 정서적 비용은 측정이 불가능할 정도로 대단히 높다.

7. 정부주도 개발모델인가, 경제자유인가?

흔히 아시아 국가들은 자유시장의 자생적 질서를 통해서가 아니라 정부주도의 개발모델을 통해 발전했다고 주장한다. 그러나 이런 주장은 파월(Powell, 2004)이 국가개발계획이 동아시아의 기적을 창출했는가에 관한 최근의 논문에서 보여주고 있는 것처럼 착각이다. 발전의 원동력은 경제활동의 자유였다. 비록 동아시아 국가들에서 국가의 산업개발 계획이 존재했다고 하더라도 그들은 세계에서 가장 자유로운 시장경제를 가진 나라에 속했다. 캐나다의 프레이저 연구소가 발표한 세계의 경제자유도에 따르면 홍콩과 싱가포르는 1970년 이래 세계에서 경제적 자유가 가장 많은 나라 가운데 줄곧 서열 2위를 차지했다. 일본과 대만의 성장이 급격히 증가하던 1970년에는 경제자유도가 높기로 일본은 세계에서 6위, 대만은 16위였다. 그리고 당시 한국은 경제적 자유가 많은 상위 20%에 속했다. 경제자유도와 경제발전은 서로 긍정적인 관계를 가지고 있다는 것은 실증적으로나 이론적으로 확립된 것이다. 부의 원천은 '시장'이지 결코 '정부'가 아니다.

이런 수치는 동아시아 국가들이 비록 국가주도의 경제개발계획을 실시했다고 해도 성장이 낮은 나라와 비교할 때 훨씬 더 시장경제를 지향하는 나라였다는 것을 보여준다.

이와 같이 본다면 동아시아의 기적은 시장경제의 추진력 때문이었다. 시장경제는 각처에 분산되어 생성되는 지식의 이용을 가능하게 하기 때문이다. 이는 발전과 질서의 원동력이 각처에 분산되어 존재하는 현장지식, 지역적 지식이라는 하이에크의 사회사상을 입증해 준다. 동아시아에서도 그의 사상은 적용하기에 적합하다.

따라서 우리가 주장하는 것은, 아시아는 경제적 자유와 경제발전의 관계가 예외라는 주장은 적합한 주장이 아니라는 것이다. 파웰(Powell, 2004)이나 쿠카타스(Kukathas, 2000: 428)도 인정하듯이 자유는 동아시아에게 사치품이 아니라 발전의 원동력이었다.

필자의 저서 『자유주의의 지혜』(2007)에서 밝혔듯이, 우리가 주목해야 할 것은 한국경제는 정부주도의 개발모델의 성공결과라는 주장은 옳지 않다는 것이다. 그리고 동아시아의 발전은 독특한 '아시아적 가치'의 산물이라는 주장도 옳은 것이 아니다. 발전을 위한 가지는 사유재산권과 경제자유이다. '아시아적 가치'란 없다.

8. 자유냐 경제발전이냐

물론 동아시아 국가의 엘리트들이나 정치가들은 자유보다는 경제발전을 중시한다. 그들의 궁극적인 목표는 경제발전이다. 그들에게 문제는 그 목표를 달성하기 위한 방법이다. 아시아권의 지도자들이나 엘리트들은 경제발전이라는 목적에서는 일치한다. 다만 그 방법으로서 국제통화기금(IMF)이나 세계은행의 권고를 따를 것인가 아니면 시장과 정부의 혼합경제체제를 따를 것인가에 대해서 서로 다를 뿐이다.

그러나 하이에크의 사회사상은 이와 다르다. 그의 사상의 가장 중요한 이슈는 경제적인 것이 아니다. 그에게 경제를 건설하고 경제성장의 목표를 달성하는 문제는 중요한 것이기는 하지만 그것은 도출된 가치일 뿐이다. 가장 중요한 이슈이자 궁극적인 목적은 모든 종류의 자유였다. 언론의 자유나 출판의 자유, 양심의 자유와 같은 '정신적 자유'만이 아니라 경제활동과 같은 '행동의 자유'였다(민경국, 2007).

이런 자유가 중요한 이유가 있다. 하이에크는 자유를 기반으로 하는 시장경제는 그 어떤 체제보다도 더 큰 번영을 가져다준다고 주장한다. 즉, 경제적 자유가 주어지면 경제적 번영은 '자동적'으로 이루어진다는 뜻이다. 그러나 그는 자유의 중요성을 경제적 번영에서 찾지 않는다.

하이에크에게서 자유의 중요성, 자유의 존재이유는 인간의 문명이다. 자유를 통해서만이 문명이 가능하다고 보고 있다. 문명의 원천은 정부가 아니라는 것이다.

그렇다면 그에게 문명이란 무엇인가? 쿠카타스(Kukathas, 2000: 424)

가 확인하고 있듯이 문명이란 변화하는 세계에 적응하고 변화가 야기하는 문제를 해결하는 방법을 배우기 위한 조건이다. 하이에크는 이러한 적응과 배움을 '발전(progress)'이라고 보고 있다. 문명과 발전은 동일한 말이다. 문명과 발전은 인간 지성과 지식의 발전을 의미한다. 이들은 모두 미지의 새로운 영역의 돌진이다. 하이에크에게 발전이란 경제발전만을 의미하는 것이 아니다. 그것은 발전의 작은 부분일 뿐이다. 그리고 경제발전은 문명의 자동적 결과일 뿐이다.

우리가 주목하는 것은 동아시아의 최고 목적은 경제발전인 반면에 하이에크의 사회사상에서 최고의 가치는 자유라는 점이다. 경제발전은 자유의 자동적 결과이고 그것은 또한 인간 문명의 자동적 결과이다.

여기에 아시아의 정치지도자나 엘리트들의 가장 중요한 이슈와 하이에크의 접점이 존재한다. 이제는 아시아권에서도 자유를 가장 중요한 이슈라고 이해하는 것이 옳다고 본다. 이것은 아시아의 경제발전의 역사와도 일치한다. 한국의 경제발전도 자유의 덕택이지 국가주도 개발의 덕택이 아니다. 아시아적 가치는 없다. 자유는 인류 보편적 가치이다. 아시아의 새로운 전통은 자유이다. 이런 자유에서 동아시아가 최고의 목표로 여기는 경제적 번영이 이루어진다.

9. 연구대상과 연구목적

인류문명의 생성과 발전을 유도한 것은 두 가지로 구분될 수 있다. 첫째가 언어이다. 언어의 생성이야말로 인류가 침팬지와 같은 원시적이고 야만적인 삶을 극복하는 데 결정적인 역할을 했다. 둘째는 시장질서이다. 분화적 진화의 선물로서의 시장질서는 언어 다음으로 인간이 개미 사회나 침팬지 사회와 같은 폐쇄된, 그리고 계층적인 사회를 극복하는 데 결정적인 역할을 한 것이다. 이와 같이 언어와 시장질서가 다 같이 인류를 문명화된 사회로 이끌어가는 데 결정적인 역할을 했음에도 불구하고, 유독 시장질서만이 언어와 비교할 때 수많은 수난을 겪어왔다.

인류의 근대사만을 짚어본다고 해도 그 수난은 두 가지로 구분될 수 있다. 첫째, 사회주의로부터 시장질서는 시련을 당했다. 이른바 자본주의 체제를 붕괴시키고 그 대신 국가가 인간의 삶을 계획에 의해 조종하고 통제했다. 둘째, 시장경제질서를 완전히 제거시키지는 않았지만 국가계획에 의해 시장 과정이 조종·통제되었던 경우가 있다. 이러한 조종·통제는 그 방법에 따라 ① 나치즘과 같은 파시스트의 조종·통제, ② 케인스주의의 조종·통제, ③ 중상주의적 조종·통제, ④ 복지국가의 조종·통제 등 네 가지 유형으로 구분될 수 있다.

언어와 함께 시장질서는 인류를 개화시켜 문명화된 삶을 가능하게 했으면서도 그것은 다양한 조종·통제로부터 온갖 수난을 당했다. 이와 같이 시장경제질서에 가했던 박해는 그 형태가 무엇이든 관계없이 공통점을 가지고 있다. 그것은 국가지상주의에서 비롯되었다는 점, 그리고 프랑스 계몽주의에서 비롯된 '구성주의적 합리주의(Constructivistic Rationalism)', 즉 인간의 전지전능을 전제하고 있다는 점이다.[1]

그러나 1980년대 이후부터 매우 매혹적인 상황이 벌어지기 시작했다. 즉, 자유로운 시장경제, 민간주도의 경제, 시장의 개방화, 요약하면

---

1 구성주의적 합리주의 개념은 하이에크로부터 비롯된 것이다. 그것은 인간이성은 사회를 임의로 만들고 구성할 수 있는 능력을 가지고 있다고 믿는 사상이다 (Hayek, 1980).

자유사회를 확립해야 한다는 논의가 활발히 전개되기 시작했다. 이러한 논의의 절정은 인간에게 꿈같은 세계를 만들어주겠다던 소련과 동유럽의 사회주의가 몰락한 이후의 체제전환 시기이다.

한국사회도 이와 같은 흐름의 예외가 결코 아니었다. 30여 년 동안 한국사회를 지배한 것은 바로 국가지상주의였다. 이를 구현한 대표적인 예가 개발독재체제이다. 투자와 금융의 배분을 비롯하여 시장 과정의 미시적, 거시적 조종과 통제는 일반적이고 통상적인 국가행사였다. 이런 국가행사는 경제발전을 왜곡하고 경제의 번영을 억제하는 중요한 요인이었다. 그러나 오늘날에는 우리 사회에서도 개방화와 세계화 그리고 민간주도의 경제, 즉 자유로운 경제질서를 확립해야 한다는 논의가 활발하게 전개되고 있다.

이러한 논의에서 제기되고 있는 문제는 어떻게 자유로운 인간의 사회를 확립할 수 있느냐이다. 이것은 시장경제질서와 국가의 관계, 개인과 국가의 관계를 어떻게 정립해야 할 것인가 하는 문제와 연결된다. 즉, 자유사회 및 자유경제에서는 국가가 어떤 위치를 갖고 있어야 하는가의 문제이다. 이러한 문제를 해결하는 것이 오늘날 우리가 당면한 가장 중요한 과제일 것이다.

그러나 이 과제를 성공적으로 달성하기 위해서는 자유사회 및 자유주의를 이해하지 않으면 안 될 것이다. 이를 위해 우리가 하이에크의 자유주의 사회철학을 연구하는 것은 매우 유익한 작업이 아닐 수 없다. 그는 영국의 유명한 정치철학자 배리(Barry, 1979: ix)가 "금세기의 가장 중요한 사회철학자들 중 하나"로, 그리고 영국의 ≪이코노미스트≫가 "20세기 가장 위대한 자유의 대변인"으로 격찬한 인물이다.

1899년에 태어나 1992년에 이토록 비참하기 짝이 없는 우리의 세상을 등진 하이에크가 일생 동안 일관되게 가지고 있었던 학문적 야심은 서구 문명을 지배해 왔던 프랑스 '계몽주의 전통'에 의해 위태롭게 되었던 개인적 자유와 자유사회 그리고 자유경제를 유지하고 확립하는 데 있었다. 경제학자 겸 사회이론가이자 정치철학자로서 그는 '좋은 사회' 또는 '정의사회'를 자유사회로 간주했다. 이러한 관심 때문에 그는 자유주의의 기본원리와 원칙을 규명하려 했던 것이다.

하이에크가 60여 년 동안의 집필활동에서 집요하게 보여주고자 했던 것은 인간의 심성과 사회에 관한 이론이 없이 자유사회를 확립하고 유지하기 위한 원칙을 논의하는 것은 의미가 없다는 점이다. 구체적으로 말해서 시장 시스템의 기능원리를 파악하지 못하고 윤리, 법 또는 도덕을 운운하는 것은 의미가 없으며, '훌륭한' 경제윤리나 법관(法觀) 및 도덕관의 형성을 위해서는 인간의 심성과 사회에 관한 이론을 전제해야 한다는 점이다. 이러한 하이에크의 의도는 인간이나 사회에 관한 이론의 뒷받침이 없이 자유주의를 도출하려는 무수히 많은 철학자들과 비교할 때2 매우 고무적이고 바람직하다고 볼 수 있다.

하이에크가 자유사회의 원리를 뒷받침하기 위해 개발한 인간과 사회의 성격에 관한 이론은 진화적 인식론과 문화적 진화 이론이다. 따라서 우리는 하이에크의 사회철학을 '진화론적 자유주의 사회철학'이라고 부른다.

이 책의 목적은 하이에크의 '진화론적 자유주의 사회철학'을 재구성하여 이를 체계화시키고, 그것이 자유사회를 확립하고 유지하기 위해 우리에게 주는 이론적, 실천적 교훈을 정립하는 데 있다.

하이에크는 진화적 인식론에 근거하여 사회의 성격에 관한 이론으

---

2 예컨대 롤즈(Rawls, 1971), 노직(Nozick, 1972), 고티에(Gauthier, 1989), 맥킨타이어(MacIntyre, 1981) 등을 들 수 있다.

로서 문화적 진화 이론을 개발하고 있다. 따라서 하이에크의 지식이론을 규명하지 않고 그의 사회철학을 연구한다면,3 그의 사회철학의 정체성을 살리지 못할 것이다. 그 결과 '하이에크는 도대체 누구냐' 하는 문제에 대해 옳은 대답을 제공하지 못할 것이다. 더구나 이런 지식이론을 규명하지 않고는 자유사회의 성격과 원리를 제대로 이해할 수도 없다. 따라서 이 책에서는 하이에크의 지식이론을 사상체계의 다른 요소들과 연결시키는 데 역점을 두고자 한다. 이로써 그의 사회철학의 특수성이 드러날 것이다.

하이에크의 사회철학은 경험적-이론적 부분과 규범적-실천적 부분으로 구성되어 있다. 전자는 두 가지로 구성되어 있다. 첫째, 인간의 인지의 성격을 다루고 있는 부분, 둘째, 사회의 성격 및 그 기능원리를 비롯하여 인간행위의 성격을 다루고 있는 부분이다. 경험적-이론적 부분은 규범적-실천적 부분의 기초가 되는데, 이 후자의 차원은 하이에크가 '정의롭다'고 생각하는 자유사회와 자유경제의 규범적인 원칙들을 다룬다.

따라서 하이에크의 '진화론적 자유주의 사회철학'을 다음과 같은 순서에 따라 재구성하고자 한다. 제1장에서는 하이에크 사회철학의 인식론적 기반을 설명한다. 이 설명에서 다루는 대상은 자유주의 사회의 원칙들의 기반이 되는 첫 번째 요소인 인간의 성격에 관한 이론이다. 이 설명에서 특히 하이에크의 인지이론을, 그리고 이 이론을 기초로 한 그의 과학철학의 입장을 설명하고자 한다. 여기에서는 그의 사회철학의 출발점이 되고 있는 '인간이성의 구조적 무지'라는 가정과 '규칙

---

3 하이에크 사회철학의 어느 한 부분을 연구할 경우에도 마찬가지이다. 그의 지식이론은 그만큼 중요하다.

에 의해 인도되는' 인간사고의 특성을 설명한다.

제2~3장은 사회이론을 다룬다. 여기에서 다루는 사회이론이 하이에크가 자유로운 인간의 사회 및 자유로운 시장경제 원리의 기반을 구성하는 두 번째 요소이다. 그의 사회이론의 중심된 주제는, 사회질서에는 자연적인 질서도 아니고 인위적인 질서도 아닌 제3의 질서인 '자생적 질서'가 존재하고 있다는 것이다. 이러한 주제는 제1장에서 다룬 인간의 성격에 관한 이론인 진화적 인식론을 기초로 하여 분석될 것이다. 그리고 그의 사회철학의 또 하나의 중심 주제인 '규칙에 의해 인도되는 행위'를 역시 그의 지식이론과 연계시켜 다룬다.

제4~6장에서는 규범적-실천적 문제를 다루고자 한다. 여기에서는 하이에크의 자유주의 원칙, 즉 자유이론과 '자유를 보장하는 정의의 규칙'으로서의 법질서, 법치주의에 관한 이론을 설명하고자 한다. 이러한 설명도 역시 진화적 인식론과 사회의 성격에 관한 이론을 기초하고 있다.

마지막 제7장에서는 제1~6장까지 설명한 것들을 주제형식으로 요약하면서 하이에크의 '진화론적 자유주의 사회철학'이 우리에게 주는 이론적, 실천적 교훈을 정립하고자 한다.

제1장_ 하이에크의 자유주의 사상과
진화적 인식론의 기반

하이에크의 사회철학을 이해하기 위해서는 무엇보다도 그의 인식론적 바탕을 이해해야 한다. 왜냐하면 그가 개발한 자유의 철학은 인식론에 기초하여 도출된 것이기 때문이다. 특히 그의 사회철학의 기본적인 출발점으로서 전제되고 있는 '인간이성의 구조적인 무지'라는 가정은 그의 진화적 인식론에 의해 설명되고 있다. 그 밖에도 시장경제질서의 기능원리에 관한 그의 경험적 설명은 물론 사회질서를 어떻게 구성해야 할 것인가에 관한 설명도 그의 독자적인 인식론과 과학철학의 입장에서 도출되고 있다.

하이에크는 1921년까지 오스트리아의 비엔나 대학에서 법학박사 학위논문을 준비하는 동안 집필하고, 30년 뒤인 1952년에 비로소 발간한 저서 『감각적 질서: 이론심리학의 기초』(1952/1976a)에서 자신의 독자적인 인식론을 개발했다.[1] 그는 또한 1960년대 및 1970년대에도 인식론을 다루었다. 이에 관한 중요한 논문들은 「규칙, 인지 및 이해능력(Rules, Perception and Intelligibility)」(1967: 43~65), 「추상성의 우위 (Primacy of the Abstract)」(1978b: 35~49) 등이 있다. 하이에크는 이런 논문과 저서를 통해 독보적인 인식론을 개발하고 있다.

그리고 이러한 문헌에서 규명된 인식론을 기초로 하여 사회과학 방법론을 개발하고 있다. 예컨대 복잡한 현상에 관한 이론, 연역주의, 주관주의 등과 같은 오스트리아학파의 고유한 전통적인 방법론은 바로 그의 독보적인 인식론에서 도출된 것들이다. 그의 자유주의 사상이 돋보이는 것은 이 같은 특유하고 강건한 인식론을 바탕으로 하고 있기 때문이다.

그럼에도 하이에크에 관한 연구문헌에서는 이러한 사실들을 간과하는 경우가 많다.[2] 여기에서는 하이에크의 진화적 인식론(제2~3절) 및 이를 기초로 하여 개발한 사회과학 방법론(제4절)을 설명하면서 이를 평가하고자 한다.

1. 진화적 인식론의 인식대상

여기에서는 진화적 인식론은 무엇인지, 그것은 무엇을 연구대상으로 하고 있는지를 살펴본다. 그리고 이러한 인식론은 하이에크의 인식론과 어떤 관련성을 가지고 있는가를 분석한다.

---

1 이 책의 한국어판은 『감각적 질서』, 민경국 옮김(자유기업원, 2000)이다.
2 예외적인 인물들로, 부용(Bouillon, 1991), 와이머(Weimer, 1982: 241~285), 헤르만-필라트(Herrmann-Pillath, 1992: 145~186) 등이 있다.

1) 지식습득 과정으로서의 삶

1960년대 이후에 비로소 생명과학(science of life)으로 등장하기 시작한 진화적 인식론은 처음에 캠프벨(D. T. Campbell)에 의해 명명된 것이다. 진화적 인식론은 인식론 그 자체가 어떻게 진화하는가의 문제만을 다루는 과학이 아니다. 이것은 진화적 인식론이 다루는 다양한 대상들 중 하나일 뿐이다. 진화적 인식론의 대상을 폴머(Vollmer, 1987: 140~160)와 라트니츠키(Radnitzky, 1987a: 115)는 다음과 같이 매우 포괄적으로 설명하고 있다.

① 진화적 인식론은 인간은 물론 다른 동물에 이르기까지 모든 종(Species)의 인식을 다루는 포괄적인 인식론이다.
② 생물학적 및 문화적 진화 과정의 산물들을 비교, 연구 대상으로 한다. 진화적 과정의 산물들은 다음과 같다.
- 신체상의 인식도구들(신체, 시각, 청각 등)
- 재주, 기교, 노련미 등
- 전통
- 과학이론
③ 이러한 산물들 및 이 산물들을 산출할 수 있는 능력을 야기하는 발전 과정에 관한 연구이다.

이 산물들은 모두 진화 과정에서 생겨나는 지식을 내포하고 있는 것들이다. 따라서 진화적 인식론은 지식의 성장에 관한 다위니즘(Darwinism) 이론으로 풀이될 수 있다. 이 이론의 핵심적인 주제는 자연적 도태에서부터 과학적 인식에 이르기까지 동일한 메커니즘, 즉

'시행과 착오(오류의 제거)' 메커니즘 또는 '추측과 논박' 메커니즘이 작용한다는 것이다. 포퍼는 다음과 같이 말하고 있다(Popper, 1973: 289~290).

"모든 유기체들은 늘 밤낮으로 문제들을 해결하기 위해 동분서주한다. …… 문제의 해결은 시행과 착오의 방법에 따라 전개된다. 새로운 반응, 새로운 형태, 새로운 기관, 새로운 행동방식, 새로운 가설들이 실험을 통해 개발되고 그들은 오류의 제거를 통해 통제된다."3

시행과 착오 메커니즘은 기본적으로 모든 수준들, 즉 효소 및 유전인자에서 우리의 비판적 언어에 이르기까지 모든 수준에 동일한 다위니즘적 학습방법을 기술한다(Popper, 1973: 182~183). 그렇기 때문에 진화적 인식론을 '통일된 지식이론'이라고 부른다(Radnitzky, 1987a: 47~90, 특히 51~52). 이를 포퍼는 다음과 같이 극적으로 표현하고 있다(Popper, 1973: 312).

"아메바에서 아인슈타인에 이르기까지 지식의 성장은 동일하다."

이상과 같이 진화적 인식론은 모든 유기체의 지식(습득) 문제에 초점을 맞추고 있다. 이 문제를 모든 유기체들이 복잡한 환경 속에서 살아가

---

3 포퍼는 또한 다음과 같이 말하고 있다. "시행착오 메커니즘은 새로운 과학적인 문제의 등장 및 이에 따른 새로운 과학이론의 등장뿐만 아니라 새로운 행동형태, 심지어 살아 있는 유기체의 새로운 형태의 등장에도 적용될 수 있다"(Popper, 1973: 342).

는 데 제1차적인 문제로 간주한다. 그렇기 때문에 우리는 삶을 '지식습득 과정'으로 파악할 수 있다.

하이에크가 삶의 문제를 이와 같이 이해하는 점은 진화적 인식론을 합리주의적 구성주의 또는 순박한 합리주의의 기초가 되고 있는 고전적 인식론(고전적 합리주의와 고전적 경험주의)과 구분시켜 주는 중요한 기준들 중 하나이다.

2) 진화적 인식론

하이에크도 역시 중요한 인간의 문제를 어떠한 정신이라고 하더라도 겨우 일부분밖에는 알지 못하는 복잡한 환경 속에서 인간이 성공적으로 행동하는 방법을 아는 데 있는 것으로 간주하고 있다. 사회적 문제를 '지식의 문제(Knowledge-Problem)'로 보고 있다. 이런 시각은 공리주의나 롤즈의 사상, 주류경제학의 입장과 사뭇 다르다.[4] 이들은 모두 자원의 효율적 배분을 사회적 문제로 간주한다. 그들은 심지어 정의(正義)까지도 희소한 자원의 배분 문제를 해결하는 기능을 가지고 있는 것으로 간주한다.[5] 법과 도덕 그리고 모든 사회제도를 분배나 자원배분의 관점에서 파악하려는 것이다.

그러나 오스트리아학파의 전통이 그렇듯이 하이에크에서 '정의로운 행동규칙' 또는 법질서는 인간이 복잡한 환경 속에서 살아가는 데

---

[4] 그러나 흄과 스미스의 경우, 인간의 삶이 직면하는 지식의 문제를 고려하고 있다. 그러나 '정의로운 행동 규율'의 존재의미를 지식의 문제와 결부시키지 않는다. 주류경제학은 지식의 문제를 전혀 고려하지 않고 있다.

[5] 흄의 조건(Humean Condition)에 관한 간단한 언급에 관해서는 설헌영(1990: 49~81, 70) 참조.

필요한 지식의 문제를 해결해 주는 수단으로 간주된다. 이러한 시각에서 본다면, 전지전능한 인간이 사는 세계에서는 비록 자원이 희소하더라도 정의의 문제는 생겨나지 않는다(Hayek, 1980: 63). 따라서 우리가 항상 주목해야 할 점은 하이에크에게서 모든 사회제도는 지식의 문제라는 관점에서 파악된다는 것이다.

고전적 합리주의 및 경험주의와는 달리, 지식의 문제를 중시하고 있는 하이에크의 진화적 인식론은 어떻게 유기체들이 자신의 외부환경을 인식하고 있으며, 이 인식을 위한 도구들이 어떻게 형성되느냐 하는 문제를 다루고 있다. 과학적 설명 및 인식은 이러한 일반적인 문제에 대한 특수한 접근형태로 간주하고 있다. 이러한 문제를 설명하기 위해 그는 질서를 다음과 같이 세 가지로 구분하고 있다(Hayek, 1952/1976a: 39).

① 물리적 질서: 이것은 어느 한 유기체의 외부세계이다. 이 질서를 구성하고 있는 사건들은 그에게 자극(stimulus)으로서 작용한다.

② 신경질서: 유기체의 외부세계의 자극이 신경섬유에 가해진 충격들(impulses)의 질서이다.

③ 정신적 혹은 현상적 질서: 이는 감각적 인상들의 질서이다.

하이에크는 이상과 같은 질서를 설명할 때, 질서를 이를 구성하는 요소들 및 이들의 관계들의 합이라고 정의하고 있다. 따라서 우리가 주목해야 할 점은 질서는 이를 구성하고 있는 개별요소들의 단순한 합이나 또는 그들의 개별적인 특성과는 다르다는 점 그리고 개별요소는 오로지 자신이 속해 있는 질서 내에서만 의미를 갖는다는 점이다 (Hayek, 1952/1976a: 46; Clark, 1993: 117).

하이에크의 핵심적 주제는 다음과 같이 네 가지로 구분될 수 있다. 첫째, 물리적 질서와 다른 두 질서는 구조적으로 동일할 수가 없다. 둘째, 현상적 또는 정신적 질서와 신경질서는 엄격한 구조 동일성이 존재한다. 현상적 또는 정신적 질서는 두뇌와 신경 시스템의 생리학적 인 과정의 산물이다. 셋째, 신경질서는 감각적 특질(및 그 밖의 정신적 특질)을 산출하는 '분류도구'이다. 그것은 신경 시스템 내에서 이루어 지는 신경적 충격들 및 이들의 연결 시스템을 결정한다. 넷째, 분류도구 인 신경질서 및 이에 의해 결정되는 정신적 질서의 생성과 변동은 문제해결 과정인 시행과 착오를 거쳐 진화적으로 형성된다.

이러한 주제들을 통해 하이에크는 당시 오스트리아의 학계를 지배 하고 있었던 사회주의자 마하(E. Mach, 1836~1916)의 과학적 세계관에 대해 이미 어린 학창시절부터 강력히 도전하려고 했다. 그런데 하이에 크의 어린 시절에 현상주의 및 이로부터 도출되는 실증주의를 대변하 고 있었던 마하의 과학적 세계관을 마르크스주의와 연결시키려는 노력 이 있었다. 이런 노력의 장본인이 아들러(F. Adler)였다. 이로써 마하의 사상은 마르크스주의 및 사회주의를 옹호하기 위한 강력한 수단이 되었던 것이다.

하이에크가 『감각적 질서』라는 책을 쓰게 된 계기도 당시 지배적인 위치를 차지하고 있었던 마하의 사상이었다. 그는 이 사상에 도전하고 자 했다. 그러나 하이에크의 인식론은 이런 도전보다 훨씬 더 광범위한 의미를 갖고 있다. 그가 21세 때 개발한 인식론은 마하의 세계관을 넘어서 오늘날에는 이른바 생명과학의 기초를 형성한 것이다. 그리고 이런 인식론을 근간으로 하여 자유사회를 새로운 각도에서 정립하고 있다.

3) 정신과 육체

하이에크가 '감각적 질서'라고 말할 때 그것은 정신을 의미한다. 이때 정신과 육체의 관계를 어떻게 파악할 것인가 하는 문제는 고전적인, 그러나 아직까지도 미해결된 논쟁의 대상이다. 하이에크는 이 문제를 어떻게 해결하고 있는가?

그는 신경질서를 물리적 세계의 한 부분으로 파악하고 있다. 신경질서는 자신의 상위 시스템인 유기체와 외부환경인 물리적 질서를 연결시켜 주는 매개체이다. 유기체는 이러한 연결에 의해 비로소 자신의 외부환경 속에서 존립할 수 있는 가능성을 갖는다. 정신적 사건들이란 신경질서에서 이루어지고 있는 물리적 사건들의 특수한 질서로 간주한다. 이 물리적 사건들이란 전기화학적 신경활동이다.

그는 정신적 질서와 신경질서의 동질 동형성(isomorphism)을 주장하면서 정신과 육체의 이원론을 부인하고 있다(Hayek, 1952/1976a: 39~40). 인간의 주관적 체험이란 외부자극의 전달과정 및 시냅스(synapse)의 연결로 이루어진 신경질서 구조의 결과, 즉 신경 시스템의 생리학적 과정의 결과에 지나지 않는다는 것이다.

따라서 우리는 하이에크의 인식론을 '신경심리학적 일원주의(psy-choneural monism)'로 해석할 수 있다. 이런 그의 입장은 오스트리아 출신 동물행동학자 로렌츠(K. Lorenz)와 그의 후계자들의 인식론과도 일치한다. 그러나 이 일원주의는 포퍼나 에클스(J. C. Eccles) 등에 의해 대변되는 정신과 육체의 '상호작용주의(interactionism)'와 다르다.

하이에크가 신경심리학적인 일원주의를 채용하고 있다고 해서 이를 인식론적인 환원주의로 해석해서는 안 된다. 왜냐하면 신경구조는 계층적으로 복잡하게 형성되어 있고, 또한 신경구조의 계층적 복삽성이란 신경계의 보다 높은 단계에서는 낮은 단계에서와는 다른 새로운 특성들이 등장한다는 것을 의미하기 때문이다(Hayek, 1952/1976a: 56, 80, 137). 따라서 정신적 질서의 기본적인 특성은 단일 신경들끼리의 선형적인 인과관계의 분석에 의해서는 이해될 수 없다(Hayek, 1952/1976: 56). 이런 관점에서 보면 단순논리에 빠진 스킨너(F. A. Skinner)의 행동주의 심리학과도 전혀 다른 차원이다.

하이에크는 '정신'이라는 존재론적 범주를 강력히 부인함에도 불구하고 스스로 이 범주를 다른 범주와 병행해서 사용하고 있다. 왜 그리고 어떻게 이 범주를 사용하고 있는가? 그는 사고과정을 설명하기 위한 단순한 '보조 수단'으로 이 범주를 사용하고 있다. 그에 의하면 정신적 질서와 구조에 있어서 동일성을 가지고 있는 신경질서(두뇌의 작용)를 완전히 기술한다는 것은 불가능하다. 신경질서는 직접 관찰될 수 없고 오로지 추론할 수밖에 없다는 것이다. 이와 같이 정신이라는 범주를 편의상 사용하고 있기 때문에 그레이(Gray, 1986: 211)는 그를 '실용적인 이원론자(practical dualist)'라고 말하고 있다.

실용적인 이원론적 입장을 취함으로써 하이에크의 인식론은 두 가지 중요한 장점을 얻을 수 있다. 먼저, 우리는 어떤 비물리적 특질 —특정의 실체(substance) — 을 사고작용의 원인으로 간주하는 것을 피할 수 있다. 뿐만 아니라, 우리는 사고과정(Denkprozess)을 직접 다룰 수 없기 때문에 이를 간접적으로 신경적 작용과정의 결과로서 관찰할 수 있다.

하이에크가 신경질서와 구조적으로 동일하다고 보는 감각적 질서(정신적 질서)가 어떻게 생성되는가? 그리고 그것은 어떤 기능을 행사하는가? 이 문제를 다음 절에서 설명하고자 한다.

2. 생물학적 인식론

하이에크의 기본적인 주제는 사물을 인지할 수 있기 위해서는 이미 인지하기 위한 도구가 존재하고 있어야 한다는 것이다. 즉, 두뇌 속에 아무것도 없으면 어떠한 사물도 인지할 수 없다는 것이다.6 그는 이러한 주제와 관련하여 인지의 성격과 인지에 필요한 도구를 설명하고 있다. 그의 설명을 재구성해 보자.

1) 감각적 질서의 생성

감각적 질서로 표현되는 정신적 과정은 물리적 세계의 하부 시스템인 신경질서 내에서 이루어지는 물리적 사건의 특수한 질서이다. 그것은 유기체의 생존을 위한 필수 불가결한 질서이다. 이러한 감각적 질서의 원천은 무엇인가?

감각적 질서는 감각충격들의 질서와 구조적으로 동일하다. 이 감각충격들의 질서는 뉴런들끼리의 연결 시스템이다(Hayek, 1952/1976a: 52). 이 연결 시스템의 생성을 설명하기 위해서는 인간이 얻는 두 가지 경험을 구분할 필요가 있다. 감각 이전의 경험(pre-sensory experience)과 감각적 경험(sense experience)이 그것이다(Hayek, 1952/1976a: 165, 167).

감각 이전의 경험이란 우리의 감각과 의식이 형성되기 전에 경험하는 모든 것을 의미한다(Vanberg, 1994a: 97). 그러니까 이런 경험은 초의식적이다. 감각적 경험은 우리의 감각 인지를 기초로 하여 경험하

---

6 인간의 마음이 '비어 있으면' 자신의 환경을 인지할 수도 없고, 또한 행동할 수도 없다는 것을 의미한다.

는 모든 것, 즉 보고, 느끼고, 냄새 맡거나, 맛을 보거나 하는 등의 현상세계에 속하는 모든 것을 말한다. 이러한 인지가 감각 이전의 경험을 전제로 할 경우에만이 가능하다. 따라서 하이에크는 다음과 같이 말하고 있다(Hayek, 1952/1976a: 166).

> "…… 경험은 정신 또는 의식의 함수가 아니라 오히려 정신과 의식이 경험의 산물이다."

경험과정은 따라서 감각 또는 인지에서부터 시작되는 것이 아니라, 전자가 후자에 앞선다. 감각과 인지는 경험을 전제로 한다.7 따라서 감각 이전의 경험과 감각적 경험은 발생사적으로 볼 때, 전후 관계에 있다고 볼 수 있다(Bouillon, 1991: 77). 감각 이전의 경험은 인간 유기체에 의해 이루어지는 일종의 경험이다. 그것은 의식과 결부된 인지 도구를 갖기 전에 이루어지는 경험이기 때문에 이러한 경험을 의식 이전의 경험(vorbewußte Erfahrung)이라고 볼 수 있다(Hayek, 1959/1979: 292). 경험이 초의식적이다.

하이에크는 감각적 경험 또는 의식적 경험과 구분하기 위해 의식 이전의 경험을 '연결(linkage)'이라고 부르고 있다(Hayek, 1959/1979: 292). 연결은 신경충격들, 즉 생리학적 사건들의 연결들이다. 이들은 생리학적 각인(刻印) 또는 생리학적 기억이나 인상(image)이라고 볼 수 있다. 이러한 연결 시스템은 뉴런들의 연결 시스템, 바로 그것이다. 연결 시스템은 정신적 질서의 기초이다(Hayek, 1952/1976a: 112~118).

---

7 이때 경험은 의식 이전의 경험을 의미한다.

외부세계에 관해 비로소 의식적인 경험을 가능하게 하는 이 연결 시스템은 어떻게 형성되는가? 하이에크는 이를 설명하기 위해 중추신경계에서 뉴런들끼리 아직 어떠한 연결도 형성되지 않은 어느 한 인간 유기체를 가상하고 있다(Hayek, 1952/1976a: 61~64, 103). 자연에서 일어나고 있는 것은 물리적 사건들이다. 이들은 인간 유기체의 외부세계에서 상호작용할 뿐만 아니라, 이 인간 유기체에 작용하여 생리학적인 충격을 발생시킨다(Hayek, 1952/1976a: 8~12). 이들의 상호작용에 의해 감각적 특질들이 생겨나고 이 특질들은 전체로서 연결 시스템인 감각적 질서를 형성한다.8

외부의 사건들에 의해 발생되는 신경충격(또는 충격그룹)들과 그리고 이들이 발생할 때마다 항상(또는 빈번히) 이들에 수반해, 동시에 발생했던 사건들에 해당하는 충격 또는 충격그룹들(Hayek, 1952/1976a: 64, 69, 99~101, 139~140) 사이에 연계가 형성된다. 이 충격들(충격그룹들)의 연계는 뉴런들의 연결이다. 이러한 연결 시스템 속에는 이미 외부환경에 관한 '지식'이 내포되어 있다. 이 지식은 암묵적 지식(implicit knowledge)의 성격을 가지고 있다. 하이에크는 연결 시스템의 생성을 형태 발달론적으로 그리고 개체 발달론적으로 설명하고 있다(Hayek, 1952/1976a: 53).

"······ 이러한 연결 시스템은 종(種)의 발달과정과 개체의 발달과정
에서 일종의 경험이나 혹은 학습을 통해 습득되었다."

8 이 연결 시스템은 개별 뉴런들 또는 뉴런그룹들이 인간 유기체 자신의 외부
환경에서 생겨나는 서로 다른 자극들에 대해 반응하는 서로 다른 민감도의 결과이다.

다시 말하면 연결 시스템은 집단적 및 개별적 성격을 가진 진화적 과정의 산물로 간주한다. 모든 인간 유기체는 개체의 생성 과정을 거쳐 온 것이다. 이 과정은 개체에 고유한 것이고, 따라서 다른 어느 누구와도 동일하지 않다. 다른 한편 인간 유기체는 형태의 생성 과정을 거쳐 형성된 것이다. 이러한 과정에서 인간 유기체는 형태에 있어서 공통점을 갖게 된다.

따라서 누구나 인간 유기체는 한편으로는 개체 생성 과정을 거치기 때문에 단 한 번의 개별적인 감각적 질서를 갖기 마련이고, 다른 한편 형태발달 과정에 의해 서로 다른 개개인들의 감각적 질서들 사이에는 일치점들이 존재한다고 가정할 수 있다. 이 후자는 감각적 질서의 집단적, 즉 공통적인 요소의 원인이 된다. 이 두 가지 발생과정에서 형성된 연결 시스템 및 감각적 질서는 유전인자에 고착되어 있고, 따라서 한 세대에서 다른 세대로 유전적으로 전수된다. 이것은 인간 유기체의 유전적인 기질(氣質)을 형성한다.

우리가 감각적 질서를 지식의 담수자(淡水者)라고 말할 경우, 그것은 집단적인 지식과 개별적인 지식을 포함한다. 이것은 문화적 인식론에서 다루는 집단적인 지식 그리고 개별적인 지식 국면과 일치된다. 생물학적으로 결정되는 기질 또는 연결 시스템(감각적 질서)은 유전적인 사고범주를 형성한다. 이 범주는 사회문화적인, 따라서 집단적인 학습능력과 비유전적인 개별적 학습능력을 결정한다.

유전적으로 조건화된 연결망 내지 연결체계의 밀집도(density)에 따라 인간 유기체와 다른 유기체들과 구별된다. 밀집도가 높을수록 변별력이 그만큼 크다. 다른 유기체들이 가지고 있는 연결 시스템은 매우 단순하고 희박한 반면에, 인간 유기체의 그것은 조밀하고 복잡하다. 밀집도가 높을수록, 다시 말하면 그것이 복잡할수록, 변별력이 그만큼 크고, 따라서 환경에 대한 적응력이 그만큼 더 강하다.

2) 감각적 질서의 형성과 적극적 다위니즘

이상과 같이 감각기구 또는 감각적 질서의 형성에서 유기체 자체는
어떠한 역할을 하는가? 이 문제는 하이에크의 진화적 인식론이 적응주
의(adaptationism)와 적극적인 다위니즘(active Darwinism) 중 어떠한 입
장을 취하고 있는가 하는 문제와 일치된다.

앞에서 설명한 바와 같이 감각적 질서와 엄격히 동일한 구조를 가진
복잡한 신경들의 연결 시스템은 개별적인 신경들 및 신경그룹들이
인간 유기체 자신의 외부환경에서 생겨나는 서로 다른 자극들 및 자극
들끼리의 상호작용에 대해 반응하는 서로 다른 민감도의 결과로 해석
될 수 있다.

하이에크에 의하면 형태 발생적 및 개체 발생적인 진화 과정에서
연결 시스템의 형성에 적합한 충격들이 선별되고 또한 이들이 유전적
으로 고착된다.

감각적 질서의 이와 같은 형성과정에서 유기체는 어떠한 역할을
하는가? 하이에크는 이 문제에 대해 그의 저서 『감각적 질서』에서
분명한 해답을 제공하지 않고 있다. 그렇기 때문에 예컨대 부용(H.
Bouillon)은 입증할 근거를 대지 않고, 하이에크를 '적응주의자'로 해석
하고 있다.[9] 잘 알려져 있듯이 전통적인 생물학적 사상에 의해 대변되

---

9 그는 다음과 같이 말하고 있다. "하이에크에 의하면 유기체는 물리적 사건에
반응한다. …… 따라서 하이에크의 이론은 진화 생물학의 전통적인 견해에 해당된
다"(Bouillon, 1991: 120).

고 있는 적응주의에 따르면 유기체는 외부세계에 단순히 수동적으로 반응만 한다는 것이다.

이와 같이 진화 과정을 이해한다면, 두뇌와 감각도구는 순전히 외부세계의 사건들에 대한 수동적인 결과로 간주된다. 또한 유기체 자체도 적응과정의 수동적 부분으로 이해된다. 더 나아가, 적응이란 유기체의 외적 구조들의 단순한 투영과정으로 파악된다(Engels, 1989: 56). 유기체의 모든 행동들도 외부환경의 자극들에 대한 순수한 수동성의 결과로 해석된다. 이러한 반응성 및 수동성의 핵심 요체는 유기체가 외부환경에 대해 영향을 미칠 수 없음을 의미한다는 점이다.

이러한 적응주의적 입장은 인간 유기체에 관한 신고전파적 입장과 동일하다. 이 입장도 인간 유기체를 주어져 있는 여건에만 반응하는 것으로 파악하고 있다. 이러한 입장을 기초로 하는 이론이 균형이론이다. 적응주의적 입장은 또한 인간 유기체나 또는 모든 시스템이 외부세계의 영향에 대해 반응하는 패턴을 단순한 투입-산출 개념, 즉 인과적 개념으로 기술할 수 있다는 입장이기도 하다.

그러나 하이에크의 모든 문헌들을 고찰할 때 그를 적응주의자로만 해석할 수 없는 요소들이 매우 많다. 앞에서 설명한 바와 같이 그는 인간의 두뇌나 감각적 질서를 외부환경의 물리적 사건들의 영향의 결과로 간주하고 있기는 하더라도, 그는 이를 결코 이 영향에 대한 단순한 반영으로 간주하지 않는다.

그렇기 때문에 그의 인식론에서 유기체의 적극적인 역할을 고려하고 있다고 해석하는 것이 옳다. 하이에크가 명시적으로 밝히지는 않고 있지만, 외부세계의 영향은 유기체가 반응하기 위한 동기부여에 지나지 않고, 그 반응은 유기체 자신의 상태에 의해 좌우된다는 입장을 그는 견지하고 있다.[10]

따라서 그의 인식론적 입장을 '적극적인 다위니즘'으로 해석해야 할 것 같다. 포퍼 및 베히터호이서(G. Wächterhäuser) 등과 같은 포퍼리안들(Popperians)에 의해 명시적으로 대변되고 있는 이 입장에 따르면 두뇌와 감각기관들은 유기체들이 자신의 삶의 문제 및 생존문제를 해결하기 위해 외부세계에 적극적으로 영향을 미치려는 과정에서 형성된 무의도적인 결과로 간주된다. 슈트라이트(Streit, 1992) 및 판베르크(Vanberg, 1994b: 97)도 하이에크를 적극적인 다위니즘으로 해석하고 있다.

따라서 하이에크의 인식론적 입장에 따라 감각적 질서의 형성과정을 다음과 같이 재구성할 수 있을 것이다.[11] 즉, 두뇌와 감각기관은 인간 유기체가 자신들의 삶의 문제를 해결하기 위해 적극적으로 행동하는 과정에서 자생적으로 형성된 것으로 간주될 수 있다. 이러한 의미에서 두뇌와 인식도구들은 '자생적 질서'에 해당된다.

우리 조상들이 이들을 창출하는 데 목적을 두었던 것은 결코 아니다. 그들은 자신들의 생존문제의 해결을 목표로 한 것이었다. 이를 위해 외부환경에 대해 적극적으로 영향을 미치고자 하는 노력의 과정에서 우연히 감각적 질서, 두뇌 또는 그 밖의 감각기관들이 형성되었다. 적극적 다위니즘은 적응주의의 기초가 되는 적응 행동 대신에 문제해결 행동을 기초로 한다.

---

10 이에 관해서는 특히 행동규칙의 형성과정 및 시장 과정에 관한 그의 이론을 참조할 것.

11 이 재구성은 앞에서 언급한 부용에 의존한 것이다. 그의 저서(Bouillon, 1991: 120~122) 참조. 그의 적극적 다위니즘을 그대로 하이에크에게도 적용할 수 있다고 생각한다.

3) 감각적 질서와 인지: 이론의 형성

우리는 이상에서 어떻게 감각적 질서(신경들의 연결 시스템)가 형성되는가를 설명했다. 이제는 이 감각적 질서가 형성되었다고 전제하고, 이것이 감각적 인지 내지 감각적 경험과 관련하여 어떻게 기능하는가를 설명하고자 한다.

외부세계의 물리적 사건으로서 자극들이 인간 유기체의 수용기에 작용할 경우 이러한 작용에 의해 신경적 충격이 야기될 것이다. 그러나 이때 이 신경적 충격들은 어떠한 질적인 차이도 보여주지 않는다.[12] 현대적인 두뇌 이론에서 이를 '신경부호의 중립성'이라고 부른다(Roth, 1995: 80). 단일 뉴런들은 서로 질적인 차이가 없기 때문이다. 신경계에 의해 전달되는 신경적 충격들은 단순히 전기-화학적 신호일 뿐이다. 개별적인 신경충격들 또는 충격그룹들이 질적인 차이를 갖고, 이에 따라 이들이 분류되는 것은 복잡한 연결 시스템의 구조에서 이 충격들 또는 충격그룹들이 각자 차지하고 있는 위치이다.

다시 말하면 신경충격의 특질은 신경계 내에서 인과적으로 연결되어 있는 위상적(topological) 구조에 의해 규정된다(Hayek, 1952/1976a: 37~38, 110). 따라서 어느 한 신경충격이 중추신경에 전달되는 동안에 활성화되는 고유한 신경구조들, 즉 연결 시스템은 자극들의 질적인 신원의 비교기준이 된다. 따라서 감각적 자료의 의미는 두뇌 내에 있는

---

12 이러한 가설은 '고유한 신경에너지 이론'과 정면 배치된다. 이 이론에 따르면 감각적 자료의 의미는 신경에너지 그 자체가 가지고 있는 고유성에 의해 결정된다. 그러나 이 이론은 옳지 않다. 고유한 신경에너지 이론에 관해서는 하이에크(Hayek, 1952/1976a: 11) 참조.

것이지, 물리적 환경 내에 존재하는 것이 아니다.

그렇기 때문에 우리에게 이미 이미지나 흥분(sensation)과 같은 감각이 주어져 있고, 우리가 기억에 의해 이를 보유하는 것이 아니라, 생리학적 충격들을 감각으로 전환시켜 주는 것은 생리학적인 기억의 결과이다(Hayek, 1952/1976a: 53).13 이것은 사회과학의 방법론과 관련하여 매우 중요한 의미를 준다. 방법론적 주관주의가 그것이다.

이 생리학적 기억은 신경 연결 시스템 및 감각적 질서이다. 이것은 인간 유기체는 물론 기타 유기체들의 자신의 외부세계에 대한 감각적 인지 또는 감각적 경험을 위한 도구이다. 중추신경계의 신경적 구조에 의해 감각적 인지(경험)들이 질서정연하게 분류된다. 하이에크는 이런 인지를 다음과 같이 표현하고 있다(Hayek, 1952/1976a: 167).

"우리가 인지할 수 있는 모든 것들은 감각적 특질들의 질서를 통해 규정된다. 이 질서가 바로 범주를 규정하고 이 범주의 의미로 감각적 경험들이 이루어질 수 있다."

하이에크는 감각적 인지는 물론 지적 사고 또는 개념적 사고도 '분류행위(act of classification)'로 간주하고 있다(Hayek, 1952/1976a: 132~146 특히 145). 분류행위란 어떤 대상들을 어느 한 부류(class) 또는 그 이상의 부류들에 위치지우는 행위이다. 따라서 인지란 감각적 인상들끼리의

---

13 따라서 하이에크는 '기억 저장 이론'을 반대하고 있다. 기억 저장 이론에 따르면 새로운 정신적 실체가 정신이나 두뇌로 들어가 적절한 시기에 회생될 때까지 여기에 보유된다. 이 이론은 감각적 특질이 외생적으로 주어져 있다는 전제에서 출발한다(Hayek, 1952/1976a: 11).

관계들, 즉 질서를 형성하는 행위라고 볼 수 있다(Hayek, 1952/1976a: 61~76). 우리가 인지하는 것은 개별 대상들의 고유한 특질이 아니라 이들이 다른 대상들과 공통으로 또는 서로 다르게 가지고 있는 특질이 다(Hayek, 1952/1976a: 142). 이 분류도구는 어느 한 유기체가 도대체 무엇을 인지할 수 있는가를 결정하는 정신적 패턴의 예비품이다.

인지란 분류도구의 범주 내에서 감각적 인상들을 분류하는 데 있다. 분류도구가 없이는 인간 유기체는 물론 다른 모든 유기체들도 결코 자신의 외부환경을 인지할 수 없다. 유기체는 자극을 고립시켜 인지하는 것이 아니라, 이 자극이 다른 자극들과 연결되어 유기체에 작용할 경우에 생겨나는 것을 인지한다. 따라서 인지는 언제나 관계들의 인지이다. 어느 한 자극이 다른 자극들과 연결되어 유기체에 작용할 경우에 생겨나는 것은 무수히 많은 특징들을 보여줄 것이다. 그렇기 때문에 하나의 범주나 부류에 의해서는 외부환경이 인지될 수 없다.

이와 같이 인지는 항상 '분류하는 행위'이다.[14] 분류행위로서의 인지는 추상적인 인지이다. 그것은 구체적인 사건에 대한 인지가 아니라 앞서 있었던 사건들과 공통적인 것으로서 감각적 질서에 의해 추려내진 것에 대한 인지이다. 추상적 인지란 구체적인 사건들에서 추상화된 공통점을 재발견하는 행위이다. 이러한 추상적인 인지는 구체적인 사건들을 전체로 인지하는 것과 전혀 다른 성격의 인지이다.

하이에크는 유기체들이 이러한 인지능력을 가지고 있다는 것을 강력히 반대한다. 그에 의하면 인지란 항상 어느 한 사건의 단면들만을 인지하고, 인지된 이 단면들은 이 사건과 다른 사건들과의 상호작용의

---

14 이러한 의미에서 '형태인지'와 '분류하는 인지'는 동일하다고 볼 수 있다.

결과이다. 이러한 의미에서 인지란 구체적인 사건에서 감각적 질서와 관련이 있어 보이는 국면만을 추상화시킨다.

이와 같은 인지의 특성은 이미 생물학적으로 규정되어 있다. 유기체의 외부환경은 너무나 복잡하고 이를 구체적으로 인지한다는 것은 불가능하다. 따라서 유기체는 환경 부분들을 선별하지 않을 수 없다. 그렇기 때문에 감각적 인지는 언제나 선별적이다. 또한 그것은 결국 '해석(interpretation)'이라고 볼 수 있다(Hayek, 1952/1976a: 41, 166).

인지는 추상적 성격을 가지고 있다. 인지의 추상성은 인지될 대상들의 어떤 일반적 특성만을 인지한다는 것을 의미한다. 추상적 인지는 구체적인 사건들이 갖고 있는 추상화된 공통성을 반영한다(Hayek, 1952/1976a: 142~146; Hayek, 1971: 180). 이러한 추상성은 구체성과 대비된다. 구체적 인지는 구체적인 사건들을 일일이 낱개로 인지하는 것을 의미한다. 하이에크는 구체적인 사건들의 인지 가능성을 부인한다. 인지와 관련하여 추상성과 구체성의 구분은 의미가 없고, 인지는 항상 추상성과 관련되어 있다는 것이다.

요컨대, 우리는 오로지 사건들의 특정 국면들만을 인지할 수밖에 없다. 인지는 구체적인 사건에서 오로지 감각적 질서와 관련이 있어 보이는 어떤 국면들을 추려내는 것을 의미한다. 추려낸다는 의미에서 우리가 우리의 외부세계에 관해 알고 있는 모든 것은 이론적 성격을 가지고 있다. 유기체는 이 이론적 성격을 가진 지식, 즉 이론을 가지고 외부세계와 대결한다. 그리고 이러한 대결 과정에서 이 이론이 변화된다. 따라서 이미 가지고 있는 이론과 외부세계와의 대결의 결과가 이론의 변화이다(Hayek, 1952/1976a: 143).

이상과 같이 인지는 해석과 동일하고 또한 현실의 정확한 반영이 아니라는 의미에서 추상적이다. 외부세계의 모든 부분들 및 이들의 상호작용 모두를 인지하는 것도 아니고 또한 이 부분들 각각이 가지고 있는, 또는 이 부분들의 상호작용이 가지고 있는 고유한 특성이 인지되는 것도 아니다. 오로지 감각적 질서, 즉 이미 주어진 분류도구 또는 인지도구와 관련이 있어 보이는 국면만을 파악한다. 따라서 어느 한 대상에 대한 인지란 이미 이루어진 부류에 이 대상을 분류하는 행위의 결과이다. 다시 말하면 그것은 과거의 경험에 의해 형성된 분류도구에 기초한 결과로서 다른 대상들과의 추측된 가설적인 관계들이다.[15]

4) 지식의 주관성과 인지가능 영역

앞에서는 인간 유기체가 어떻게 외부환경의 사건들을 인지하느냐 하는 문제를 다루었다. 분류행위로서 인지는 해석과 동일하다. 이것은 현실의 정확한 반영이 아니라, 이미 가지고 있는 감각적 질서와 관련된 국면들을 추려내는 과정이다. 두뇌는 항상 현실의 복잡성을 축소시키는 역할을 한다. 외부세계의 부분들 자체가 가지고 있는 특성들 및 이들의 상호작용 전체를 파악하는 것이 아니라, 오로지 이들의 '국면'만을 파악한다.

따라서 인지란 어느 한 대상과 다른 대상들의 추측된, 가설적인 관계이다. 이 관계는 과거에 습득되었던 분류의 결과이다(Hayek, 1952/1976a: 176). 이러한 관점에서 본다면, 지식의 성격은 인지하는 주체에 의해 좌우된다고 볼 수 있다. 이러한 의미에서 인간 유기체가 가지고 있는 지식은 주관적인 성격을 가지고 있다. 하이에크의 이러한 인식론

---

15 이상과 같은 하이에크의 인지 이론적 관점은 현대적인 두뇌 이론의 관점과 동일한 시각이다. 특히 인지와 관련해서는 로스(Roth, 1995: 65~74) 참조.

적 주제는 오스트리아학파의 중요한 방법론적 입장인 주관주의적 방법론을 정당화시키고 있다.

복잡성을 축소하는 행위 또는 외부세계를 해석하는 행위는 고도의 창조성을 갖고 있다. 다시 말하면 인지는 현실에 대한 단순한 수용이 아니라, 이미 가지고 있는 인지구조에 비추어 행하는 현실에 대한 창조적인 해석의 결과이다. 따라서 개개인들의 인지를 어느 한 관찰자가 예측한다는 것은 불가능하다. 이러한 인지행위에 관한 하이에크의 주제는 시장 시스템의 기능원리를 설명하는 데 매우 중요한 역할을 한다.

우리의 지식이 주관적 성격을 가지고 있다는 사실 이외에도, 하이에크는 우리의 인지대상이 될 수 있는 외부세계의 특징을 설명하고 있다. 앞에서 설명한 바와 같이 인간 유기체는 특정의 자극을 고립시켜 인지하는 것이 아니라, 이 자극이 다른 자극들과 연결되어 발생할 경우에 비로소 그 자극을 인지한다. 그러나 이것은 인지 가능성의 필요조건일 뿐이다. 하이에크는 충분조건으로서 다음과 같은 조건을 들고 있다 (Hayek, 1952/1976a: 190).

"…… 어느 한 자극(외부세계의 사건들: 필자)이 다른 자극들과 연결하여 어떠한 규칙성도 없이 등장할 경우, 우리는 이들을 결코 우리의 감각에 의해 인지할 수 없다. 우리가 다른 사건들과 연결되어 어느 정도 규칙성을 보여주는 사건들만을 인식하는 것 같다. 우리는 불규칙적인 방법으로 등장하는 사건들에 관해서는 전혀 알지 못한다."

하이에크는 이로써 우리의 인지를 어느 한 영역에 국한시키고 있다. 다시 말하면 우리가 모든 것을 다 인지할 수 없다는 것이다. 오로지 다른 사건들과 연결되어 어떤 규칙성을 나타내는 그러한 사건들만을 인식할 수 있다는 것이다.

5) 감각적 질서와 재분류

앞에서 언급한 바와 같이 감각적 질서는 우리의 조상들이 겪은 감각 이전의 경험과 학습을 기초로 하여 형성된다. 감각적 질서는 감각적 경험의 전제조건이다. 이것이 없이는 감각적 경험이 불가능하다. 그러나 이 감각적 질서는 불변적인 것이 아니다. 또한 이것은 완벽한 것도 아니다. 요컨대 감각적 질서는 변동가능하고 또한 틀릴 수 있다(오류가능주의).

감각적 질서는 감각적 경험들에 의해 점진적으로 변동될 수 있고 또한 새로운 감각적 경험을 통해 학습될 수 있는, 즉 수정될 수 있는 질서이다. 하이에크는 이러한 변동과 수정을 '재분류(reclassification)'라고 부르고 있다(Hayek, 1952/1976a: 169). 감각적 질서 속에 하나의 새로운 분류를 창출한다(Hayek, 1952/1976a: 156).[16] 이러한 재분류는 두 가지 상황에 기인된다. 첫째, 기존의 분류도구에 의해서는 분류될 수 없는 대상이 다른 대상들과 반복적으로 등장하는 경우이다. 둘째, 기존의 분류 시스템이 좌절된 기대들을 만들어내거나 혹은 새로운 경험들에 의해 부인되는 믿음을 만들어내는 경우이다(Hayek, 1952/1976a: 169).

이 모든 경우의 재분류는 그의 신경생리학적 관점에서 볼 때, 새로운 신경적 연결의 창출 또는 잘못된 신경적 연결의 재구성과 동일하다.

---

16 예컨대 어느 한 화학자가 냄새(후각) 훈련을 하는 경우, 어느 누구도 지금까지 구분하지 못한 두 가지 냄새들을 구분하기 위해 훈련하는 경우이다.

이러한 시각은 신경생리학자 에델만(Edelman, 1987)이 제안한 신경다 위니즘(neural darwinism)에 해당된다.

우리가 하이에크의 인식론을 에델만의 신경 '그룹선별론(theory of group selection)'의 배후에서 고찰할 경우, 감각적 질서의 분류 및 재분류 이론을 다음과 같이 해석할 수 있을 것이다. 즉, 두뇌의 신경세포들은 그룹으로 모아져 다발을 형성하고 있다. 이 세포들은 물리적 사건들이 유기체에 미치는 영향들을 통해 선별된다. 여기에서 감각적 질서의 분류행위가 생겨난다. 외부세계의 사건들이 인간 유기체에 또 다른 영향을 미칠 경우 감각적 질서의 재분류 행위가 생겨난다.

하이에크의 이러한 재분류 이론은 감각적 질서에 대한 문화적 진화의 중요성을 말해주고 있다. 왜냐하면 감각적 질서는 생물학적 인지 도구뿐만 아니라 문화적으로 형성된 인지 도구, 즉 생물학적 및 문화적 인지 도구를 포함하는 시스템으로 파악할 수 있기 때문이다. 따라서 이제는 하이에크의 문화적 인식론을 설명하고자 한다.

3. 문화적 인식론

우리는 앞에서 인간의 인식 행위가 갖고 있는 생물학적 기초를 다루었다. 인간 유기체가 외부환경의 영향을 인지하고 이를 해석하기 위한 감각적 질서의 형성과 이에 따른 감각적 경험방법이 무엇인가를 다루었다. 감각적 질서는 학습과 경험을 통한 집단적 및 개별적 지식을 담은 그릇이다. 이것은 생물학적으로 형성된 것이다. 하이에크는 분류 도구 또는 인지도구를 '인지규칙'이라고도 부르고 있다.[17]

그러나 감각적 질서는 생물학적으로만 형성되는 것이 아니라 그것은 문화적으로도 형성된다. 감각적 질서는 이러한 지식을 담은 그릇이라고 볼 수 있다. 하이에크는 자신의 문화적 인식 이론에서 후천적으로 전수되는 지식의 문제를 분석하고 있다. 감각적 질서, 즉 분류도구를 구성하는 문화적 요소로서 그는 문화적인 행동규칙과 언어를 다루고 있다.

이러한 요소는 집단적인, 다시 말하면 사회문화적 진화 과정에서 모든 개개인들이 기억 속에 공동으로 가지고 있는 것이다. 이러한 지식과 함께 개별적 지식이 존재한다. 이것은 개개인들이 손수 습득한 인지규칙 또는 개개인들의 고유한 기질을 형성한다. 개개인들의 고유한 기억 속에 정착되어 있는 것이다.[18] 이들의 인지도구들[19]도 역시 두뇌 이론적으로 설명하고 있다. 이들은 신경세포들의 연결망에 농축되어 있다.[20] 이제 이러한 문화적 요소들을 살펴보자.

1) 감각적 질서와 문화적 행동규칙

감각적 질서와 문화적 진화의 관계를 이해하기 위해서는 하이에크가 문화적 진화를 어떻게 이해하고 있는지를 파악할 필요가 있다.

문화적 진화 이론은 하이에크 사회철학의 핵심이다. 그것은 다양한

---

17 이것은 공동의 인지규칙으로서 종족 발생적으로 형성된 유전적인 인지규칙과 대비된다.

18 이것은 개체 발생적으로 형성된 유전적인 인지규칙과 대비된다.

19 인지도구들은 인지규칙을 의미하고, 이것은 다시 행동규칙들과 대비되는 것이다.

20 앞에서 언급한 바와 같이 신경세포들의 연결망은 시간이 경과함에 따라 점차 밀집되어 간다는 하이에크의 주제는 생물학적 인식은 물론 문화적 인식에도 적용될 수 있다.

제도들, 관행, 연장, 노동방법 등을 비롯하여 의·식·주는 물론 예술, 종교, 과학 등이 시행과 착오를 거쳐 형성되는 과정을 기술한다. 이들은 모두 과거의 경험에 대한 적응물이다. 이들은 무수히 많은 인간의 상호 작용을 거쳐 형성된 지식의 축적물이다. 따라서 이들 속에는 세계에 관한 관점과 이론들이 농축되어 있다. 그렇기 때문에 이러한 문화적 요소들을 습득한다는 것은 바로 세계에 관한 이론과 관점을 습득하는 것과 다름이 없다. 이러한 습득이 정신적 질서를 구성한다. 하이에크는 이를 다음과 같이 표현하고 있다(Hayek, 1980: 34).

"정신은 …… 정신에 의해 만든 것이 아니라 오히려 (문화적 진화에 의해 형성된: 필자) 행동규칙으로 구성되어 있다."

그렇기 때문에 문화적 진화를 지식의 축적과정 및 지식의 사회적 전달과정으로 파악하고, 이 과정들을 사회적 학습으로 표현한다. 이러한 지식은 공동으로 개개인들의 기억 속에 담겨 있다(Vanberg, 1994a: 18).

하이에크의 두뇌 이론에 따라 이러한 지식은 생리학적으로 기억되거나 또는 생리학적으로 각인된다. 이러한 기억과 각인에 의해 감각적 질서를 형성한다. 이 감각적 질서의 형성은 앞에서 언급한 바와 같이 형태발생론적인 생물학적 학습과 대비된다. 이러한 생리학적인 각인에 의해 생물학적으로 형성된 연결망이 그만큼 복잡해지고 두꺼워진다. 이로써 세계를 분류하고 해석할 수 있는 역량이 확대된다. 이러한 점이 어린아이 그리고 다른 동물들의 감각세계가 성장한 인간의 감각세계와 다르다는 사실을 설명해 준다(Röpke, 1977: 116; Hayek, 1978b: 35; 민경국, 1993a: 162).

이러한 사회적 학습은 개별적 학습능력에 의해 좌우되는 것은 물론이다. 이 개별적 학습능력은 또한 유전적인 학습능력에 좌우된다. 개별적인 학습에서는 개인들 각자가 처해 있는 환경 가운데에서 관련이 있는 국면에 적응하는 학습이다. 이러한 학습을 통해 얻어진 것은 개개인들의 기질과 관련된 것이다. 이러한 학습은 학습능력이 유전적인 장치의 특성이라는 의미에서 생물학적 진화와 불가분의 관계를 가지고 있다. 그럼에도 학습되는 것은 각 개인들이 처해 있는 환경에 좌우된다 (Vanberg, 1994a: 19). 이러한 개별적인 학습에 의해 역시 신경구조 연결 시스템의 망이 두꺼워지고 이로써 감각적 질서가 복잡해진다.

사회문화적 진화도 역시 개개인들의 학습능력에 기초를 둔다. 이때 학습이란 사회적 인구 또는 그룹 내에서 관행과 관습 또는 기타 모든 문제 해결책들에 대한 사회문화적 수준의 학습이다(Vanberg, 1994a: 19). 이러한 학습은 다시 개별적인 학습을 조건지우고, 이를 규정한다.

이와 같이 진화의 산물인 행동규칙들과 마찬가지로 우리의 사고의 틀, 즉 특정의 사물들을 특정의 방식으로 분류하는 분류공식인 정신적 질서의 형성에 영향을 미치는 것이 언어이다.

2) 감각적 질서와 언어

하이에크는 문화적 진화 과정을 무수히 많은 경험들이 연장이나 행동형태 속에 농축되는 과정 또는 지식의 축적 및 전수과정으로 파악한다. 이러한 과정에서 중요한 것을 그는 언어의 습득으로 간주하고 있다. 언어는 지식을 전달해 주는 매개체로서 중요하다(Hayek, 1971: 43). 그러나 더욱 중요한 것은 언어의 습득과정과 동시에 이루어지는 암묵적 학습(implizites Lernen)이다. 무엇이 학습되는가?

언어구조는 세계의 성격에 관한 관점과 이론을 내포하고 있다. 따라

서 우리가 특정의 언어를 배움으로써 우리는 세계의 모습, 우리의 사고
틀을 습득하게 된다(Hayek, 1969: 80). 특정의 언어를 습득함으로써
우리는 문화적 행동규칙을 습득하는 경우와 마찬가지로 사물들을 분류
하는 분류공식, 세계의 모습과 세계에 관한 이론을 습득하게 된다.

하이에크의 이러한 주제는 이른바 훠프 가설(Whorf-Hypothese)과
동일하다(Vollmer, 1983: 141~146). 이 가설에 의하면 모든 언어는 세계
에 관한 특정의 시각을 포함하고 있고, 따라서 이것은 말하는 당사자의
관찰뿐만 아니라, 그의 인식 능력, 예컨대 그의 과학의 구조에까지도
영향을 미친다.

앞에서 언급한 문화적 학습과 마찬가지로 언어의 습득도 특정 종류
의 축적된 지식, 즉 우리의 감각기구에 농축되어 있는, 그리고 이미
존재하고 있는 분류공식의 존재를 전제로 한다. 다시 말하면 유전적으
로 정착된 지식은 개별적 학습과 사회·문화적 학습이 이루어질 수
있는 기초이자 또한 그 경계를 설정해 준다. 마찬가지로 언어의 습득도
유전적으로 정착된 이러한 경계를 바탕으로 한다.

문헌사적으로 볼 때 하이에크는 이러한 주장을 촘스키(N. Chomsky)
보다도 먼저 주장하고 있다.[21] 언어와 현실의 관계에 관련하여 하이에
크는 '순박한 현실주의'와 '초월적인 언어주의'의 중간에 위치하고
있다.[22]

---

[21] 촘스키(Chomsky, 1968: 69)는 언어의 습득은 '타고난 정신적 구조'를 전제로
한다고 주장하고 있다. 하이에크가 언어 문제를 다루고 있는 논문은 「규칙, 인지
및 이해능력(Rules, Perception and Intelligibility)」(1967)이다. 이에 관해서는 와트킨
스(Watkins, 1978: 3)를 참조.

[22] 순박한 현실주의는 현실의 구조가 언어를 규정하고 그 진위를 임의적으로 설
정한다는 입장인 반면에, 초월적 언어주의는 언어가 세계의 구조를 정한다는 입장

언어와 사고는 밀접한 관계에 있다는 하이에크의 주장은 의심의 여지가 없을 것이다. 언어는 사고의 디딤돌이자 이론적 인식의 디딤돌로서 작용한다. 예컨대 기퍼(H. Gipper)는 모든 고차원적인 사고 활동에는 언어가 참여한다고 말하고 있다. 러셀(B. Russel)은 모든 포괄적인 사상은 언어를 요한다고 말하고 있다. 슈미트(S. J. Schmidt)는 언어와 사고를 분리시키면 두 가지 모두 파괴된다고 주장한다(Vollmer, 1983: 141~146). 이 모든 주장은 언어와 사고의 상호의존성에 관한 하이에크의 입장을 뒷받침해 주고 있다.

이와 같이 하이에크가 언어의 중요성을 강조하기 때문에, 그리고 언어의 습득을 세계관 및 사고방법의 습득으로 간주하기 때문에, 그는 어의(語義) 분석에도 인색하지 않다(Hayek, 1969: 206~231).23 언어의 분석은 그에게 있어서 결코 말장난이 아니다. 언어는 이론적 및 정치적 귀결을 가지고 있기 때문이다. 그가 자신의 저서 『치명적 자만』에서 다양한 정치적 언어들을 다루면서 사회주의자들의 혼탁한 언어를 말하고 있는 것도 그의 언어 이론적 입장에 기인한 것이다.

'진화와 자생적 질서의 쌍둥이 이념'의 대표적인 예로서 언어를 들고 있는 하이에크는 문화적 규칙들과 같이 언어 속에 들어 있는 지식의 성격을 상세히 설명하고 있다.

이다. 이에 관해서는 폴머(Vollmer, 1983: 142) 참조.

23 여기에서 그는 구성주의적 합리주의자들의 언어를 분석하면서 진화적 합리주의자로서 자신의 언어를 분명히 하고 있다. 또한 하이에크(Hayek, 1988: ch.7) 참조.

3) 감각적 질서와 초의식적 지식

하이에크의 저서『감각적 질서』는 그의 인식론적 사상 전체의 핵심 부분일 뿐만 아니라 그의 '암묵적 지식'에 관한 이론의 기초이기도 하다(Nishiyama, 1994). 이 암묵적 지식에 관한 이론은 특히「규칙, 인지 그리고 이해능력」(1967: 43~65)과「추상성의 우위성」(1978a: 35~49)을 비롯하여 문화적 진화론과 관련되어 있는 그의 모든 문헌들의 핵심을 형성한다. '초의식적 지식(supra-conscious knowledge)'이라고도 부를 수 있는24 암묵적 지식과 명시적 지식(explicit knowledge)의 구분은 초의식적 규칙과 명시적 규칙의 구분과 일치된다. 이러한 구분은 초의식적 행동과 의식적 행동의 구분과도 일치한다.25 정신작용 또는 감각적 질서와 관련시킨다면 초의식적 지식은 초의식적인 인지규칙과 동일하다. 암묵적 지식 또는 초의식적 지식은 언어로 표현할 수 없는(unarticulable) 또는 언어로 표현되어 있지 않은(unarticulated) 지식이다. 하이에크는 이 초의식적 지식과 관련하여 다음과 같이 두 가지 가설을 제공하고 있다.

① 지식의 대부분은 명시적 지식이라기보다는 암묵적, 초의식적 지식이다. 따라서 인간은 말할 수 있는 것보다 더 많이 알고 있다(Hayek,

---

24 하이에크는 'unconscious', 'conscious' 및 'subconscious'로 구분한다. 마지막 개념은 심층심리학이나 분석심리학에서 적용되는 개념이다. 하이에크(Hayek, 1980: 49; 1978a: 45)에서 초의식이라는 개념을 사용하고 있다.

25 '무의식적 지식'이라고 할 경우 심층심리학이나 심리분석론에서 사용하는 개념으로 사용하여 혼돈의 여지가 있다. 따라서 '초의식적 지식'이라고 말하는 것이 혼돈의 위험이 없을 것 같다.

1971: 30; Polanyi, 1966: 4). 감각적 질서와 관련시켜 이 명제를 해석한다면, 이것은 감각적 질서를 구성하는 인지규칙들은 대부분 초의식적 규칙들로 구성되어 있다는 것을 의미한다. 다시 말하면 정신작용을 인도하는 규칙들은 대부분 초의식적 규칙들이라는 것이다(Hayek, 1980: 49; 1978b: 45; 1967: 43~44).

② 암묵적 지식은 명시적 지식보다 훨씬 더 근원적이다. 하이에크는 이 두 번째 명제를 정신작용과 관련하여 다음과 같이 표현하고 있다 (Hayek, 1952/1976a: 138).

"의식적인 경험은 훨씬 덜 의식적인 또는 초의식적인 이미지의 광범위한 기초에 의존한다."

그는 다시 산꼭대기에 비유하여 의식적인 경험과 초의식적인 경험의 관계를 설명하고 있다(Hayek, 1952/1976a: 139).

"의식적인 경험들은 이러한 관점에서 구름 위에 우뚝 솟은 산 정상과 비유할 수 있다. 산 정상은 눈에 보이지만 그러나 …… 보이지 않는 하부구조를 전제로 한다."

모든 개념적 사고 또는 인지는 이와 같이 암묵적인 지식을 기초로 한다. 정신의 인지활동은 언어로 표현할 수 없는 추상적인 인지규칙에 따른다. 이것이 없이는 인지할 수도 없고 생각할 수도 없다. 이러한 시각에서 본다면 데카르트(R. Descartes)의 명제, "우리는 생각한다. 고로 존재한다"는 완전히 옳은 명제는 아니다. 다음과 같이 이를 수정하는 것이 오히려 마땅하다. 즉, 초의식적인 인지규칙이 존재하고 있기 때문에 우리는 생각할 수 있고 존재할 수 있다. 우리의 의식과 명시적인 인식은 의식적으로 고안된 것도 아니고, 통제될 수도 없는 두꺼운 암묵적 차원 위에 놓여 있는 얇은 합판에 지나지 않는다(Weimer, 1982: 241~285). 그러면 이러한 초의식적인 지식의 기원은 무엇인가?

그것은 첫째, 앞에서 언급한 바와 같이 생물학적 진화에 기인한 것이다. 둘째, 나중에 설명하겠지만 개인적 수준에서 습득될 수 있다. 하이에크는 대표적인 예를 실용적인 능력에서 찾고 있다(Hayek, 1967: 44). 당구 치기, 이것은 수완 또는 기교에 해당된다. 피아노 연주도 역시 예술적 기교나 수완에 해당된다.[26] 이러한 수완이나 기교는 물론 기업가적 수완, 착상력, 지도력 등은 언어로 표현할 수는 없지만 행동으로 보여줄 수 있다. 이들은 모두 의식적인 사고 또는 합리적인 사고의 결과는 아니다.

이밖에 특히 하이에크가 강조하는 것은 사회문화적 산물로서의 행동규칙이다. 그는 대표적인 예로서 법감정(Rechtsgefühl), 정의감 및 어감을 들고 있다(Hayek, 1978b: 46). 어감의 경우 언어학적인 오류를 지적할 수 있지만, 이때 위반되는 문법규칙을 설명할 수 없다. 이러한 대표적인 예로서 하이에크는 문법규칙을 모르는 어린아이가 어른들의 말에서 문법적 오류를 지적하는 경우를 들고 있다. 정의감 및 법감정도 마찬가지이다. 이것은 구체적으로 언어로 표현되어 있지 않거나 또는 언어로 표현할 수 없다. 그러나 '정의로운 행동규칙'의 원천이 되는 이 감정에 비추어 이에 대한 위반을 확인하고 비판할 수는 있다(Hayek, 1969: 216; 1978b: 46~47).

---

[26] 자전거 타기, 야구나 배구 등 운동선수들의 기교, 연장 다루는 기교나 수완 등도 포함된다.

나중에 자세히 설명하겠지만, 정의감 또는 법감정과 같이 지금까지 언어로 표현되어 있지 않은 행동규범들을 언어로 표현하는 과정이 법의 진화 과정이다.

4) 감각적 질서와 개인적 지식

문화적 규칙들 속에 담겨져 있는 지식은 다수의 개개인들의 기억 속에 정착되어 이들이 공동으로 이용할 수 있는 데 반해 개개인들의 수준에서 축적된 지식은 오직 개인들 각자만이 이용할 수 있는 지식이다. 하이에크는 이러한 지식을 '장소 및 시간과 관련되어 있는 구체적인 상황에 관한 지식'이라고 말하고 있다(Hayek, 1952/1976a: 107).[27] 이러한 '국지적 지식'은 개개인들마다 서로 다르게 가진 시간적, 장소적 사실에 관한 지식으로 이해된다. 이러한 지식에 의해 인간이 서로 매우 다르다는 사실이 더욱 강화된다.[28] 개인들 각자가 고유하게 그리고 서로 다르게 가지고 있는 이 국지적 지식은 한곳에 모아져 있는 집단적인 지식이 아니다. 그것은 모든 개인들 사이에 제각기 흩어져 있다(Hayek, 1952/1976a: 104).

이러한 국지적 지식은 언어로 표현될 수 없고 따라서 포착될 수 없는, 즉 암묵적 지식과 그렇지 않은 명시적 지식으로 구분된다. 암묵적 지식은 명시적 지식보다 더 근원적인 지식이다. 하이에크에 의하면

---

27 하이에크는 '국지적 지식(local knowledge)'라는 용어를 사용하고 있다.

28 생물학적 진화, 특히 형태 발생적 진화에 의해 형성된 감각적 질서와 문화적 진화에 의해 형성된 감각적 질서에서는 개인들의 차이가 심하지 않다. 개체 발생적 지식 및 이 '국지적 지식'에 의해 인간개체들의 격차가 심화된다.

표 1.1 인지규칙의 분류

기원\n종류	생물학적 기원	문화적 기원
집단적 규칙	형태 발생적	문화적 규칙
개인적 규칙	개체 발생적	개별적 규칙

이러한 지식은 암묵적인 그리고 모든 인식에 영향을 미치는 추상적인 규칙에 기인한 것이다. 따라서 국지적인 지식도 역시 추상적인 규칙에 의해 결정된다고 볼 수 있다.

이러한 주제에 따른다면 부용의 논증에 동의하면서 국지적 지식과 암묵적 지식의 맥락을 다음과 같이 기술할 수 있을 것이다(Bouillon, 1991: 95).[29]

"어느 한 개인의 모든 지식은 시간과 장소적인 특수성 그리고 그 개인의 감각적 질서에 의해 규정된다. 이 감각적 질서는 인지될 정보를 분류하고 이로써 여기에서 형성되는 추측과 기대에 영향을 미친다."

그러나 정신적 질서 속에 이미 국지적 지식을 분류하는 인지규칙들 중에 개인적인 인지규칙이 내포되어 있어야 할 것이다.[30] 따라서 감각적 질서를 구성하고 이로써 외부세계의 사건들을 분류하고 해석하는 인지규칙들의 종류를 종합정리하면 <표 1.1>과 같다.

하이에크에 있어서 국지적 지식의 존재는 질서 이론적으로 그리고

---

[29] 이 추측과 기대를 언어로 표현할 수 없지만 그 자신의 행동을 통해서 이들을 평가할 수 있을 것이다.

[30] 이 인지규칙 자체도 역시 국지적 지식에 속한다고 볼 수 있다.

질서 정책적으로 매우 중요한 의미를 가지고 있다. 질서 이론적인 시각에서 국지적 지식의 존재는 자생적 질서 및 시장질서의 존재의의를 설명하는 데 중요한 요소이다. 질서 정책적 시각에서 국지적 지식의 존재는 인간이 어떻게 그리고 얼마만큼 사회를 조종·통제할 수 있느냐 하는 문제를 다루는 데 중요한 의미를 가지고 있다. 이 두 가지 사항에 관해서는 나중에 자세히 설명하기로 하고, 여기서는 하이에크의 감각적 질서 이론이 갖는 몇 가지 중요한 의미를 설명하고자 한다.

5) 두 가지 종류의 경험과 연역주의적 인식론

앞에서 설명한 바와 같이 감각적 질서는 감각 이전의 경험과 학습을 기초로 하여 형성된다. 이것은 생리학적 충격들의 연결 시스템으로 이해하고 있다. 이 감각적 질서는 감각적 경험의 전제조건이다. 이것이 없이는 감각적 경험이 불가능하다. 감각적 경험을 통해 인지되는 질서, 우리가 어느 한 세계를 하나의 질서라고 간주하는 경우, 질서는 우리의 정신(정확히 말해서 중추신경계)의 분류행위 또는 정리하는 행위의 결과이다. 감각적 경험은 이미 주어져 있는 분류 시스템에 의한 분류행위의 결과이다. 이 분류는 앞에서 본 바와 같이 해석과 동일한 의미이다. 하이에크는 다음과 같이 말하고 있다(Hayek, 1952/1976a: 167).

"어느 한 순간에 우리가 외부세계에 관해 알고 있는 것의 어떤 부분은 감각적 경험에 의해 습득된 것이 아니라, 우리가 경험할 수 있는 수단들 속에 내재되어 있다. …… 이와 같이 우리가 인지할 수 있는 모든 것은 우리의 감각적 특질들의 질서를 통해 결정되어 있다. 이 질서가 비로소 감각적 경험이 이루어질 수 있는 '범주'를 마련해 준다."

이것은 인식론적으로 두 가지 의미를 가지고 있다. 첫째, 하이에크는 칸트의 선험적인 범주관을 생물학적으로 해석하고 있다.[31] 하이에크는 비록 로렌츠(Lorenz, 1943: 235~409)를 인용하고 있지만 사실상 로렌츠보다 20여 년 앞서서 생물학적으로 칸트 사상을 재해석했다.[32] 다시 말하면 칸트의 범주관을 생물학적으로 해석한 최초의 인물은 로렌츠가 아니라 하이에크이다. 왜냐하면 하이에크는 그의 저서『감각적 질서』를 이미 1921년에 썼기 때문이다.

위에서 인용된 문장의 두 번째 의미는, 하이에크의 인식론은 경험주의적 또는 귀납주의적 입장이 아니라 연역주의적 입장임을 말해주고 있다는 것이다(Hayek, 1952/1976a: 167). 즉, 감각적 경험은 순수한 인지를 통해서 이루어지는 것이 아니라, 감각적 질서에 의해 분류된 인지에서 도출되어진다. 지식습득은 순수한 경험에 순수한 이성을 적용함으로써 이루어질 수 없다. 순수한 경험이란 있을 수 없다는 것이다.

이러한 정신이론에 따른다면 우리는 인간이란 분류의 틀 속에 내포되어 있는 아이디어를 받아들이기는 하지만, 정당화시킬 수 없고 오히려 내포하고 있는 이 분류의 틀 내에서 사유하게 마련이라고 말할 수 있을 것이다. 이러한 틀은 앞에서 언급한 바와 같이 불변적인 것은 아니다. 이것은 틀릴 수 있는 질서이다. 기존의 분류 틀에 의해 야기된 기대가 좌절되거나 또는 이에 의해 산출된 신뢰가 새로운 경험에 의해 부정될 경우, 감각적 질서의 재분류가 이루어진다. 이러한 재분류도

---

31 칸트의 '선험' 개념은 생물학적 해석에서 형태 발생론적으로는 사후적 경험(aposteori)이지만 개체 발생론적으로 선험이다.

32 하이에크가 『감각적 질서』를 쓴 시기는 1921년경이다. 부용(Bouillon, 1991: 102)은 로렌츠의 논문(Lorenz, 1943)을 하이에크의 생물학적 인식론의 중요한 원천으로 간주해도 좋다고 말하고 있지만 이것은 옳지 않다.

고전적인 경험주의적 의미인 순수한 인지에 의해 이루어지는 것이
아니다.

외부세계를 인지하고 해석하려는 정신의 노력은 전에 습득한 지식
을 전제로 한다. 하이에크의 지식습득 이론은 연역주의 이론으로 해석
될 수 있다. 그는 지식은 결코 귀납적으로 습득되는 것이 아니라는
포퍼의 주장을 전폭적으로 수용한다(Hayek, 1978b: 43). 포퍼는 이렇게
말하고 있다(Popper, 1972).

"귀납은 심리학적 사실도 아니고 일상생활의 사실도 아니며 과학적
절차의 사실도 아니다."

6) 인간 지식의 실제적 및 절대적 한계

하이에크의 인식론은 인간이 가지고 있는 지식의 불완전성에 대한
이론적 근거를 제시하고 있다. 그는 지식의 한계를 실제적 한계와 절대
적 한계로 구분하고 있다. 절대적 한계는 현상들에 나타나는 변수들의
수효가 인간정신에 의해 효과적으로 다루거나 확인될 수 있는 수효보
다 훨씬 크다고 하는 사실에 있다(Hayek, 1952/1976a: 185). 실제적
한계는 연결 시스템이 중추신경계 속에서 점차 창출하는 질서, 즉 분류
시스템이 불완전하다는 사실에 있다(Hayek, 1952/1976a: 108~109).

(1) 절대적 한계로서 그는 수학자인 괴델(K. Gödel)의 일반원칙을
들고 있다(Hayek, 1982b: 282~293). 이에 따르면 분류도구는 이에 의해
분류되는 대상들이 소유하고 있는 것보다 더 큰 복잡성의 구조를 가지
고 있어야 한다. 이로부터 하이에크는 두뇌는 자신보다 덜 복잡한 질서

의 작용만을 설명할 수 있다는 명제를 도출한다. 즉, 정신은 자기 자신의 작용을 완전히 설명할 수 없고 오로지 보다 높은 차원의 유기체만이 정신을 설명할 수 있을 뿐이라는 것이다. 이러한 견해는 인간이성은 스스로를 완전히 설명할 수 없다고 주장하는 흄(D. Hume) 및 칸트(I. Kant)와도 동일한 견해이다.

이러한 하이에크의 시각은 복잡성을 축소시키는 인지의 주관성과 이러한 인지의 진화적 성격을 의미하고, 동시에 그것은 확실한 지식의 가능성을 믿고 있는 데카르트 사상을 반박하는 시각이다(Hayek, 1980: 24~27; 1967: 60~63). 전체로서의 이성의 작용은 바로 이 이성 자신에 의해서는 완전히 설명될 수 없고, 오로지 '원리의 설명' 또는 '패턴인식'만이 가능하다. 이러한 하이에크의 입장은 그의 과학철학적 입장의 하나인 '복잡한 현상의 이론'과도 직접 연결되어 있다.

이러한 입장은 또한 규칙 시스템이나 수학과 같은 아이디어 시스템을 구성하는 개별요소들의 설명은 이 요소들의 상위 시스템에서 도출되어야 한다는 것을 의미한다. 다시 말하면 개별요소들은 이들로 구성된 시스템 내에서만 의미를 갖는다는 것이다. 그러나 이 시스템 자체의 의미는 이 시스템보다 더 높은 차원의 분류 시스템이 없으면 밝혀질 수 없다.[33] 따라서 합리적으로 설명될 수 없는, 궁극적으로 '주어진' 어떤 것이 있는 것이 당연하다. 따라서 외부세계를 모형화하고 탐지하려는 우리 정신의 노력은 불가피하게 '내재적 비판'의 과정이다. 이것은 과학적 탐구의 일관성 테스트, 질서 정책 이론 및 법이론의 '인식규칙'과 밀접한 관련성을 가지고 있다(Barry, 1979: 14).

---

[33] 이 분류 시스템도 역시 동일한 문제에 직면한다.

(2) 실제적인 한계는 인지도구의 불완전성에 기인한 것이다. 왜 이것이 불완전한가? 하이에크는『감각적 질서』에서 다음과 같이 설명하고 있다(Hayek, 1952/1976a: 108~110).

① 물리적인 자극으로부터 신경충격을 설정하는 수용기(受容器)가 불완전하게 선별적이다. 유기체의 수용기는 어떤 외부 사건에 대해서는 민감하고 다른 어떤 것에 대해서는 둔감하다. 또한 그 수용기는 물리적으로 상이한 자극들을 엄격하게 구분하지 못한다. 예컨대 물리적으로 상이한 사건들이 동일한 수용기를 자극시켜 동일한 감각 신경 섬유에 신경충격을 발생시키기도 하고 또한 이와 반대로 동일한 종류에 속하지만 서로 다른 수용기에 작용하는 물리적 자극들이 상이한 감각적 인상들로 기록되는 수도 있다(Hayek, 1952/1976a: 13, 108). 어떤 외부 사건들이 신경계에 기록되느냐 그리고 이들이 기록된다면 어떻게 기록되느냐 하는 것은 진화 과정에서 형성된 유기체의 주어진 구조에 달려 있다(Hayek, 1952/1976a: 107~108). 하이에크의 이러한 주제는 '추려내기' 주제이다. 추려내기 메커니즘은 이미 수용기 자체에 의해 조건화되어 있다.

② 물리적인 자극들 및 이들의 동시적인 등장 빈도수는 유기체가 존재해 온 특수한 환경조건에 해당되는 것이다. 따라서 유기체에 작용하는 자극들끼리의 관계들을 재생산하는 경우, 그 재생산은 국지적인 것이다. 그것은 외부세계 전체가 아니라 외부세계와의 어떤 부분만을 재생산한 것이다. 인지도구의 불완전성을 야기하는 이상 두 가지 원인들은 유기체와 유기체의 외부세계의 관계와 관련되어 있다. 그러나 인지도구의 불완전성 요인을 유기체의 내적 구조 자체에서도 찾을 수 있다.

③ 중추신경계가 안치되어 있는 유기체 내부의 환경이 신경연결체계의 형성에 중요한 역할을 한다. 왜냐하면 이 환경 속에서 중추신경계는 연결체계를 산출하는 신호들을 받기 때문이다. 중추신경계의 기능과 관계없이 형성되는 유기체 내의 사건들끼리의 관계 및 이들과 외부 사건들끼리의 관계는 중추신경계에서 형성될 질서의 형성에 중요한 역할을 한다(Hayek, 1952/1976a: 109).

④ 뉴런들끼리의 연결을 형성할 수 있는 중추신경계의 능력은 중추신경계의 모든 영역에서 일률적이지는 않다. 해부학적 구조상 어떤 연결의 형성은 쉽고, 또 다른 연결의 형성은 어렵다. 그 결과, 연결구조는 어떤 특정의 물리적 자극들을 명백하게 반영하는 신경충격들이라고 하더라도 그것은 자극들의 관계들을 실제로 재생산하는 데 방해하거나 왜곡하기도 한다(Hayek, 1952/1976a: 109).

⑤ 육체의 상이한 부분에서 들어오는 감각적 충격들을 전달하는 신경섬유들끼리의 연결체계들은 다중적(多重的)이다. 분류 시스템들도 다중적으로 그리고 계층적으로 형성되어 있다. 따라서 높은 수준으로 올라갈수록, 분류 시스템은 보다 포괄적이다. 그렇기 때문에 보다 높은 수준에 있는 중추신경계에서는 개별적인 자극들이 반영되지 않고 낮은 수준에서 형성된 자극들의 부류나 혹은 그룹들을 반영한다. 보다 높은 수준에서 이루어지는 분류는 낮은 수준에서 왜곡된 분류를 수정하지 않은 채 재분류한다.

하이에크는 이와 같이 왜 인간이성이 한계를 가지고 있는가를 설명하고 있다. 이러한 설명은 그의 사회철학의 기본적인 요소를 구성하고, 이 요소로부터 사회이론과 정책을 위한 명제를 도출하고 있다.

7) 제1~3절의 분석결과

하이에크의 사상에서 우리가 주목하는 것은 인간이 어떻게 자신의 환경을 인지하는가의 문제에 대한 하이에크의 이론이다. 이것은 진화적 인식론이다. 이 분야는 새로운 과학 분야에 속하는 생명과학의 한 부분이다. 비판적 실재주의와 실용적인 이원론을 대변하고 있는 하이에크는 생명과학으로서의 진화적 인식론과 일치하여 인간(및 기타의 모든 생명체)의 삶의 문제를 지식의 문제로 간주하고 있다.

하이에크는 칸트나 포퍼와 함께 인간의 인지를 지속적인 이론형성으로 파악하고 있다. 이러한 인지과정은 그의 『감각적 질서』의 매력적인 연구대상이었다.

이를 간단히 요약하면 환경에 대한 인지를 뜻하는 이론은 다음과 같은 성격을 가지고 있다.

- 외부세계의 복잡성이 축소된다.
- 일상적인 감각적 인상들은 기억 이미지(memory image) 또는 범주에 분류되어 각 부류에 귀속된다. 이러한 귀속과정 또는 분류과정에서 이 범주들 또는 분류 틀이 보완되고 수정되기도 하며 때로는 새로운 형태적 인상(또는 범주)이 형성된다.
- 추상적인 사고규칙들 또는 인지규칙들이 이용된다. 이들은 생물학적 및 문화적인 학습을 통해 배워서 습득한 것이기는 하지만 초의식적이다. 왜냐하면 이들은 의식적인 사고과정을 조종하지만 이 의식적 사고과정에서는 등장하지 않기 때문이다.

이러한 인지적 특성으로 인해 인간이 가지고 있는 지식은 주관적이고, 또한 진화적 성격을 가지고 있을 뿐만 아니라, 그 인지는 선별적 성격을 가지고 있다. 다시 말하면 인간은 모든 대상들 또는 모든 외부자 극들을 전부 일일이 인지하는 것이 아니다. 선별적으로 인지한다. 그렇 기 때문에 인간이 가진 지식이란 언제나 오류일 가능성을 가지고 있다. 또한 그것은 부분적 지식이다. 인간은 모든 것을 다 알지 못하는 이유가 이런 인지의 성격 때문이다. 오류의 가능성, 무지, 부분적 지식, 이 세 가지 요소가 인간성 그 자체를 구성한다.

그렇다고 해서 인간이 전혀 합리적인 행동을 할 수 없는 것은 아니다. 하지만 합리적인 행동의 가능성은 완전한 것이 아니고 극도로 제한적 인 것도 아니다. 합리적 행동은 인지와 마찬가지로 규칙에 의해 인도된 다. 그 합리성은 구조적으로 틀릴 수 있기 때문에, 인식원리로서 비판이 중요하다.

이상과 같은 하이에크의 인식론은 매우 다양한 사회철학적 의미를 내포하고 있다. 질서 이론적 의미가 그 하나이다. 질서 정책적 의미가 그 두 번째이다. 그리고 마지막으로 과학철학적 의미가 있다. 인식론의 질서 이론적 의미는 인간의 인식방법과 그 특징이 사회질서와 어떤 관련성을 가지고 있느냐 하는 문제를 제기한다. 질서 정책적 의미는 인간의 지식의 한계를 고려할 경우, 어떻게 사회질서를 인위적으로 형성할 수 있는가의 문제를 제기한다. 이 두 가지 문제는 제2~6장에서 다룰 문제이다. 하이에크의 인식론이 가진 과학철학적 의미는 다음 절에서 설명하고자 한다.

4. 하이에크의 과학철학

하이에크는 과학적 인식을 인간의 일반적인 인식의 특수한 사례로 간주하고 있다. 따라서 하이에크의 과학철학적 입장은 앞에서 설명한 그의 인식론과 밀접한 관련성을 가지고 있다. 뿐만 아니라 일반적으로 과학철학은 사회질서 정책과도 밀접한 관련성을 가지고 있다. 다시 말하면 사회에 관한 과학적 인식방법들은 제각기 중요한 정치적 의미를 가지고 있다. 그렇기 때문에 과학과 사회질서의 양립성 문제가 제기된다.

우리가 주목해야 할 것은 자유주의는 모든 과학철학적 입장과 양립하는 것이 아니라는 것이다. 예컨대 케인스주의의 과학철학 또는 리카디안적 과학철학은 자유주의 사회질서와 양립되지 않는다. 데카르트 이래의 과학철학은 자유주의와 양립할 수 없다. 여기에서는 앞에서 설명한 하이에크의 진화적 인식론을 기초로 하여 그의 과학철학적 입장을 설명한다.

1) 자연과학과 사회과학

하이에크의 과학철학적 입장 중 첫 번째가 사회과학의 방법과 물리학의 방법은 근본적으로 다르다는 입장이다. 그는 자연과학, 특히 물리학의 방법을 인간사회에 관한 지식을 비롯한 모든 종류의 지식의 진정한 원천으로 간주하는 사상을 '과학주의(scientism)'로 간주하고 있다.[34]

---

34 여기에서 '과학주의적(scientistic)'과 '과학적(scientific)'을 구별해야 한다. 후자는 특정의 문제를 연구하는 가장 적절한 방법을 결정함에 있어서 편견으로부터 자

하이에크는 두 가지 논거를 가지고 이 과학주의를 비판하고 있다.

(1) 사회적 현상은 복잡성을 그 특징으로 하고 있다. 그에 의하면 물리학은 기본적으로 단순한 현상을 다루는 과학이다. 이때 단순한 현상이란 소수의 변수들끼리의 인과관계로 표현하는 법칙으로 설명될 수 있고 관찰 가능한 현상을 의미한다. 그러나 사회현상은 복잡한 현상이고 따라서 관찰이 쉽지 않을 뿐더러, 구체적으로 예측하기가 불가능한 현상이다. 이와 같이 그 복잡성에 있어서 완전히 다른 현상을 단순한 현상만을 다루는 물리학적 방법에 의해서 다룰 수 없다는 것이 하이에크의 입장이다.[35] 이러한 입장에서 그는 '복잡한 현상에 관한 이론'을 개발하고 있다.

그러나 이때 그가 말하는 물리학은 고전물리학을 의미한다. '신과학'으로 통칭되는 현대물리학에서는 물리적 현상 역시 매우 복잡한 현상으로 파악한다. 따라서 자연과학과 사회과학을 인식대상의 복잡성에 따라 구분한다는 것은 현대적인 물리학에 비추어볼 때는 중요하지 않다.[36]

(2) 사회과학과 자연과학을 구분시켜 주는 중요한 요소는, 이 두 분석 영역의 여건들(data)을 감각적 질서(정신)가 서로 다르게 '분류'한

유로워야 한다는 것을 의미한다.

[35] 물리학과 유사한 방법에 의해 사회현상을 다루려는 태도에 대한 비판에 관해서는 주로 하이에크(Hayek, 1959/1979)를 참조.

[36] 신과학을 대표하는 인물은 프리고진(I. Prigogine), 얀치(E. Jantch) 등이다. 이들의 이론은 '복잡한 현상의 이론'에 속하는 물리학이다.

다는 점이다. 자연과학에서는 관찰된 대상들의 물리적, 객관적 특성에 따라 이들을 분류한다. 물리학자들은 물리적 대상들끼리의 관계를 기술하는 이론들에 의해 외부세계를 재구성한다. 따라서 자연과학의 자료는 인지하는 주체와 독립적인, 그리고 인지하는 주체의 감각기관에 의존하지 않는 물리적, 객관적 속성으로 이루어진다. 그렇기 때문에 자연과학에서는 계량과 수리를 중시하고 또 모든 과학적 명제를 수리적, 계량적 명제로 작성하는 것을 매우 중시한다.

그러나 사회과학의 자료는 자연과학의 자료와는 전혀 다르다. 사회과학은 사물들끼리의 관계를 다루는 것이 아니라 인간과 사물의 관계, 혹은 인간과 인간과의 관계를 다룬다. 따라서 사회과학에서 자료가 되는 것은 인간이 타인들(사물들)에 대해 갖는 태도, 견해, 신념과 같은 것들이다. 이들은 개개인들의 정신 작용을 통해 산출된 것들이다. 따라서 사회과학의 자료는 인지하는 주체(즉, 개인들), 인지하는 정신적 태도에 좌우된다고 볼 수 있다. 그들은 인지하는 정신과 결코 독립적으로 존재할 수 없다. 이런 의미에서 사회과학의 자료는 주관적이다. 사회적 과정에서는 인간의 태도와 신념 및 견해들과 같은 주관적인 요소들만이 있을 뿐이다. 사회과학은 인간이 사물들 및 다른 인간에 관해 어떻게 생각하는가를 다룬다. 인간이 가지고 있는 지식은 이들이 세계에 관해 무엇을 생각하고 있는가에 관한 지식이다. 따라서 이러한 지식들은 대부분 계량화시킬 수 없는 지식들로 구성되어 있다. 하이에크는 이러한 사실을 무시하고 물리학에서처럼 수량적 측정에 의한 정확한 명제를 제공하려는 사회과학적 방법을 역시 과학주의의 또 다른 국면으로 이해하고 있다.

계량화와 단순한 현상의 전제를 특징으로 하는 고전물리학적 방법이 성공적인 결과를 얻게 되자 정치학, 경제학 및 사회학의 분야에도 이 방법을 적용하려는 열광이 나타났다. 이러한 열광의 기원, 다시 말하면 과학주의의 기원은 18세기 프랑스의 계몽주의에서 찾을 수 있다. 하이에크는 이렇게 말하고 있다(Hayek, 1952/1976a).

"19세기 동안 사회사상을 전환시켰고 또한 현대에서 두 가지 지적인 강력한 양대 세력이 된 사회주의 및 실증주의는 바로 프랑스의 파리에서 성장한 과학자들 및 엔지니어들에서 유래되었다."

과학주의를 가장 명료하게 정식화하고 현대사에 이르기까지 강력한 영향력을 행사한 사람은 19세기 초의 사회학자이자 수학자인 콩트(A. Comte)이다. 이러한 영향을 직·간접적으로 받은 것이 주류경제학의 핵심을 이루고 있는 계량경제학, 거시경제학 그리고 신고전파의 후생경제학이다. 이들은 모두 제2차 세계대전 이후 과학주의적 유토피아의 유산을 강력하게 후원했다. 이들은 제2차 세계대전 이후의 통화정책 및 재정정책의 이론적 뒷받침을 해주었다.[37] 이 과학주의적, 엔지니어적 접근법의 핵심은 측정 가능한 여건들에 몰두하고 있다는 점이다.

그러나 자연과학과는 달리, 경제학과 그 밖의 사회과학에서 계량화할 수 있는 데이터의 규모는 매우 제한되어 있다. 오직 측정 가능한 것에만 관심을 집중시키게 되면 그것은 중요하지만, 그러나 계량화할 수 없는 사실들을 무시하는 결과를 낳는다. 따라서 하이에크에 따르면 과학주의는 두 가지 차원에서 인류의 문명에 유해한 결과를 초래했다

---

[37] 과학주의가 경제학에만 영향을 미친 것은 아니다. 법학에도 영향을 미쳐 법실증주의의 기초를 형성하는 데 기여했다.

(Barry, 1979: 16). 지적인 피해와 정치적인 피해가 그것이다.

지적인 피해는 사회과학에서 지식의 축적을 방해한다는 점이다. 하이에크의 이러한 비판은 시장경제질서의 원리를 올바로 파악하지 못하는 주류경제학에 대한 비판과 연결된다. 사회과학의 올바른 발전을 방해하는 것이 수리경제학과 계량경제학, 통계학 그리고 이들을 기초로 하는 다양한 이론 구성이다.

정치적 피해는 엔지니어 사상의 초래이다. 이는 사회 전체를 물리적 세계의 대상들을 직접 통제할 수 있는 것과 똑같은 방법으로 직접 통제할 수 있는 대상으로 간주하는 정신이다. 이러한 정신은 권위주의적 및 비자유주의적 가치 체계와 밀접한 관련성을 갖는다.

이상과 같이 물리학과 사회과학을 엄격히 구분하는 하이에크의 입장은 오스트리아학파의 전통 중 하나인 주관주의 방법론과 밀접한 관련성을 가지고 있다.

2) 주관주의와 이해방법

주관주의는 인간의 활동대상들 또는 환경 요소들은 개개인들이 이들에 관해 생각하는 것과 독립적으로 존재한다는 의미인 '객관적 사실'이 아니라는 것을 의미한다. 이들은 개개인들이 이미 가지고 있는 분류도구에 의한 해석의 결과이고, 따라서 개개인들이 가지고 있는 지식은 그들 각자의 주관과 결부되어 있다. 따라서 사회과학의 영역에서 인간의 주관적인 믿음과 관계없는 사회적 현상에 관한 진정한 명제란 있을 수 없다.

예컨대 개개인들이 어떤 행동을 범할 때마다 목에 어떤 쇠고랑을 차게 할 경우, 이러한 사실은 객관적 사실이다. 그러나 이러한 객관적 지식은 우리에게 사회적 맥락에 관해 어떠한 것도 말해주지 않는다. 관련된 지식은 그 쇠고랑을 보상이나 또는 처벌로서 차고 있느냐 아니냐 하는 것이다. 이 맥락을 배리(Barry, 1979: 93)는 이렇게 말하고 있다.[38]

"외적 대상에 대한 인간의 행동뿐만 아니라 인간 간의 모든 관계들 및 모든 사회제도들은 인간이 이들에 관해 무슨 생각을 갖고 있느냐에 의해서만 이해될 수 있다."

따라서 사회적인 현상들에 관한 설명을 제공할 경우 주관주의는 개개인들이 가지고 있다고 믿고 있는 지식에서 출발해야 한다(Hayek, 1952/1976a: 82). 인간행동도 개인들 각자가 처한 상황에 관한 이들의 분류행위, 즉 해석에 의해 좌우되는 것으로 간주된다. 이 주관적인 해석은 하이에크에 있어서 단순한 수동적인 해석을 의미하는 것은 아니다. 그는 인간정신을, 외부환경을 1 : 1 관계로 인지한다는 의미인 수동적인 필터로 간주하지 않는다. 오히려 이를 적극적인 필터, 다시 말하면 창조적인 해석행위로 이해하고 있다. 그는 앞에서 언급한 바와 같이 '적극적인 다위니즘'을 전제로 하고 있다.

사회과학자가 인간행동을 이해하기 위해서는 이해의 대상이 되고 있는 인간의 정신 속에 존재하는 분류도구를 알아야 할 것이다. 따라서 사회과학자가 어떻게 이러한 지식을 습득할 수 있는가 하는 문제가

---

[38] 연장, 도구들, 법, 경제제도들 그리고 화폐 등과 같은 문화적 요소들은 이들을 이용하는 개개인들의 의도 및 목적과 분리해서 객관적으로 말하는 것이 의미가 없다. 화폐가치도 완전히 개개인들의 태도와 견해에 달려 있다.

생겨난다. 인간행동의 단순한 경험적 관찰은 충분하지 않다. 왜냐하면 과학적 자료들을 분류하기 위해서는 분류 시스템이 이미 존재하고 있어야 하고, 이에 의해 비로소 그와 같은 관찰이 이루어지기 때문이다. 하이에크는 이러한 경험주의 또는 귀납주의를 반대하고 있다.

하이에크는 그의 은사인 미제스(L. Mises)와 같이 '이해방법(Verstehende Methode)' 또는 '성찰방법(introspective method)'을 따르고 있다 (Hayek, 1959/1979: 52; 1952/1976a: 86). 그에 의하면 사회과학자는 관찰의 대상이 되고 있는 인간의 정신과 유사한 정신을 가지고 있기 때문에 분류 시스템에 관한 지식을 얻을 수 있다(Hayek, 1959/1979: 33).

다시 말하면 "우리가 우리의 주관적인 경험에서만이 알고 있는 방법과 동일한 방법으로 인간이 외부의 자극들을 분류하기 때문에" 또는 그들이 "우리와 동일한 방법으로 자신들의 감각적 인상을 분류하기 때문에"(Hayek, 1959/1979: 30; 1952/1976a: 8) 우리는 그들의 행동을 이해할 수 있다는 것이다. 이와 같이 이해의 조건을 관찰자인 사회과학자의 정신과 관찰대상이 되고 있는 인간의 사고 사이의 '동형(Isomorphie)'에서 찾고 있다(Graf, 1978: 12).

따라서 이러한 성찰적 방법의 한계는 관찰자가 비유를 형성할 수 있는 능력의 한계에 있다고 볼 수 있다.[39] 그렇기 때문에 하이에크는 우리가 정신병을 앓고 있는 사람이나 완전히 낯선 환경에 있는 인간의 행동을 이해한다는 것은 가능하지 않다고 본다(Hayek, 1952/1976a: 91). 하이에크는 행동 대상들의 분류를 직접적으로 경험적인 관찰에 의해

---

[39] "우리는 다른 사람들의 의식적인 행동을 설명할 때 그들의 행동을 우리 자신의 생각에 비유하여 해석한다"(Hayek, 1952/1976a: 86; 1952/1979: 33, 42).

인식되는 것으로 보지 않고 이를 '선험적으로 주어진 것'으로 간주하고 있다. 그는 이와 같이 연역주의를 사회과학의 유일한 방법으로 생각하고 있다. 성찰적 방법을 통해 행동형태들을 얻는다. 하이에크는 사회과학의 첫 번째 목적을 다음과 같이 말하고 있다(Hayek, 1952/1976a: 182).

"우리는 우리 자신의 사고에서 '선험적으로' …… 모든 가능한 합리
적인 행동형태들의 분류를 도출할 수 있다."

선험적으로 알고 있는 이러한 행동부류(classes of behaviour)를 기초로 하여 사회과학자는 복잡한 현상들의 구조적인 맥락을 의미하는 가설적인 모델을 구성한다. 이것을 사회과학자의 두 번째 과제로 간주할 수 있다.

하이에크는 여기에서 사회과학과 자연과학의 차이점을 설명하고 있다. 그에 의하면 사회과학은 직접적으로 관찰될 수 없는 복잡한 현상의 구조를 직접적으로 알려진 그리고 '당연한' 요소들로 재구성한다.[40] 하이에크는 이러한 방법을 미제스에 의존하여 '합성적(synthetisch, kompositiv)'이라고 부르고 있다(Hayek, 1959/1979: 48, 300, fn.32).

이에 반해 자연과학은 주어진 관찰 가능한 전체에서 출발하여 이 전체를 구성하고 있는 관찰 가능하지 않은 요소들을 추론해 낸다. 사회과학은 사회적 현상을 설명하기 위해 도입되는 인간행동들의 상호작용 패턴들(Hayek, 1959/1979: 48)[41]을 개개인들의 행동을 결정하는 주관적

---

40 요소들이란 개인들 및 이들의 행동을 의미한다. 또한 '당연한'이란 '선험적으로 알려진'을 의미한다.
41 상호작용 패턴은 '복잡한 현상들의 구조적 맥락의 원리'이다.

인 여건에 관한 명제에서 구성한다. 시장 시스템과 관련시켜 이 합성적 방법을 설명한다면 이 방법은 개개인들에서 출발한다. 이들이 실제로 가지고 있다고 믿는 지식, 즉 주관적 여건[42]과 이에 의해 결정되는 행동으로부터 시장의 복잡한 구조를 도출한다. 이것이 '아래로부터 위로'의 분석방법이다.[43] 이 구조의 특성과 규칙성은 직접적인 관찰에 의해서는 확립될 수 없다. 따라서 도출된 구조나 그 특성 또는 규칙성은 객관적으로 주어진 여건들이 아니라, 사회과학자가 상상에 의해 머릿속에서 재구성한 것(지적인 재구성)일 따름이다.

하이에크에 의하면 이러한 사회과학 방법의 연역적 성격으로 인해 이론들은 객관적 사실에 비추어 증명될 수도 없고 반증될 수도 없다. 이들은 오로지 일관성에 입각하여 검증될 수 있을 뿐이다(Hayek, 1952/1976a: 98; 1959/1979: 169~170). 따라서 가정들이 옳다면 이들로부터 도출되는 이론들도 옳다고 볼 수 있다. 옳은 가정을 찾아내는 과제가 성찰적 방법이다. 이 성찰적 방법은 하이에크에 있어서 가설의 '발견적 맥락'이자 동시에 가설의 진위를 결정하는 기준이다.

이상과 같이 하이에크는 미제스의 이른바 '행동이론(praxeology)'의 전통인 선험주의 전통을 이어 받고 있다. 그러나 그의 과학철학적 입장은 이것으로 끝나는 것은 아니다. 그는 선험주의 전통을 벗어나서, 특히 포퍼의 영향을 받아 '반증주의(falsificationism)'를 수락하고 있다. 그러나 하이에크는 이러한 기준을 유일한 것으로 간주하지 않고 있다. 왜냐하면 사회이론의 경험적 검증은 매우 복잡한 것이기 때문이다.

---

42 이러한 주관적 여건들은 이해방법에 의해 알려진다.
43 거시경제학, 신고전파 경제학은 이에 반해 '위로부터 아래로'의 분석이라고 말할 수 있다.

따라서 그에 의하면 과학자들은 경험적으로 검증될 수 없는 가설의 핵심에 의존해야 한다.

3) 프리드만과 하이에크의 실증주의 논쟁

배리(Barry, 1979: 23~24)가 자세히 설명하고 있는 바와 같이 하이에 크의 이러한 방법은 프리드만(M. Friedman)의 실증경제학 방법론과 현격한 차이가 있다. 이미 잘 알려져 있듯이 프리드만의 방법론의 요체 는 세 가지로 구분될 수 있다.

① 경제학은 물리학처럼 계량화라는 의미인 객관화할 수 있는 현상 을 다루는 실증과학이다.
② 실증경제학은 가설을 세우고 사실에 비추어 테스트될 수 있는 장래의 사건들에 관한 예측을 하는 과학이다. 그 예측은 실증과학의 정의에 따라 통계·계량화 방법에 의해 테스트된다.
③ 가정의 진위는 중요하지 않다. 중요한 것은 객관적인 사실에 비추어 검증될 수 있는 장래의 사건을 예측한다.

오스트리아학파가 그렇듯이, 하이에크는 이러한 방법론에 대해 매 우 적대적이다. 그는 이 방법론을 '과학주의'라고 비판하고 있다. 이러 한 방법론과 밀접한 관련성을 가진 것이 행동주의 심리학이다. 이것도 역시 명확하게 관찰 가능하고, 측정 가능한 행동만을 규명하려 한다. 하이에크는 성찰적 방법을 부인하고 있는 행동주의 심리학을 '순박한 이론'으로 간주한다(Hayek, 1952/1976a: 25~30).
통계적, 계량적 방법에 대해 매우 적대적인 오스트리아학파의 일반적인 전통을 확립하고 있는 하이에크의 주관주의의 가장 완벽한 표현은 그의 제자였던 라흐만이다(Lachmann, 1977: 4). 그는 비용을 잃어버린 기회로, 이자율을 개개인들의 시간선호의 표현으로 정의하고 있다. 예컨대 정부의 통계청이 다양한 국가들의 자본재고량을 비교하는 자료들을 산출한다. 그 수치들은 객관적인 것처럼 보이지만 그러나 주관적인 요소들을 다분히 포함하고 있다. 수치가 정확하냐 하는 문제 이전에 수치를 계산하는 방법이 중요한 문제이다. 자본재고량을 계산하기 위해서는 개별 기업에게 자신의 공장과 시설의 가치가 얼마인가를 물어야 한다. 이 가치는 이들이 장차 얼마의 수익을 가져올 것인가에 관한 평가에서 도출된다. 어느 누구도 장래의 가격을 예측할 수 없기 때문에 이 가치는 주관적인 평가일 수밖에 없다.

하이에크는 주관주의 이론을 과거의 주관주의 이론과는 달리 가치 이론에만 적용하는 것이 아니라 이를 확대시켜 법이론, 제도 이론에도 적용하고 있다. 이러한 적용은 법은 내적 관점에서 이해되어야 한다는 것을 의미한다(Barry, 1979: 26). 법의 이러한 이해 방법에 따라 하이에크는 '코먼 로' 체계 내에 내재되어 있는 법 원리를 찾아내려 하고 있다. 이러한 방법은 법원, 상벌 또는 명령과 같은 제도의 보이는 효과만을 규명하려는 실증주의 방법과 다르다. 실증주의 방법을 고수할 경우, 개개인들의 행동을 위한 안내자로서 법규칙들이 가지고 있는 의미를 파악하지 못한다.

하이에크는 이해의 방법을 가설의 발견적 맥락이자 동시에 정당화 맥락, 즉 옳고 그름의 판단 기준으로 간주하고 있다. 그러나 이해의 방법에 대한 일반적인 비판이 지적하고 있듯이 판단 기준으로서의 이해 방법은 무의식적인 편견이나 선입관 때문에 위험성이 있는 것은 분명하다. 그렇기 때문에 실증주의자들은 객관적인 데이터에 비추어

이론들을 테스트함으로써 편견이나 선입관을 제거시키려고 하고 있다.

그러나 하이에크는 이론들을 체계적으로 테스트할 객관적인 데이터 자체란 있을 수 없을 뿐만 아니라, 이 경험적 데이터는 우리가 검증하고자 하는 이론보다 훨씬 더 복잡하기 때문에 테스트의 가능 영역이 매우 적다고 본다. 이 후자의 주장과 밀접한 연관을 갖고 있는 것이 그의 '복잡한 현상의 이론'이다.

4) 복잡한 현상과 사회과학

하이에크는 위버(Weaver, 1967: 163)와 마찬가지로 모든 현상들을 복잡한 현상과 단순한 현상으로 구분하고 있다(Hayek, 1972). 단순한 현상은 설명될 변수들을 확인하고 관찰할 수 있는 현상이다. 관찰된 사건을 결정하는 중요한 요인들을 직접 관찰할 수 있고 계량화할 수 있다. 따라서 이러한 현상을 수량적으로 정확하게 그리고 상세히 예측할 수 있고 또한 설명할 수 있다. 이러한 예측과 설명은 경험적으로 검증될 수 있다. 하이에크는 물리학의 인식대상들을 단순한 현상으로 간주하고 있다.

그러나 사회적 현상에서는 무수히 많은 변수들이 관련되어 있고, 따라서 이 복잡한 사회적 현상을 단순한 현상을 다루는 것처럼 다룰 수 없다. 복잡한 현상의 경우에는 오로지 '패턴인식'만이 가능하다는 것이다.

하이에크는 이러한 주제를 그의 저서『감각적 질서』에서 설명하고 있다. 그에 의하면 인간의 감각적 질서는 외부세계에서 흔히 생존을 위해 중요한 것으로서 선별된 그리고 규칙적으로 등장하는 국면, 즉 외부세계의 '패턴'만을 인시할 수 있다(Hayek, 1952/1976a. 7).[44] 왜냐하면 생물학적으로 규정된 인간의 인식 능력의 한계 때문이다.

캠프벨(Campbell, 1966: 81~106)의 입장과 유사한 입장을 취하고 있는 하이에크는 앞에서 언급한 그의 생물학적 인식론에 기초하여 이 패턴인식을 설명하고 있다. 그의 설명을 다음과 같이 재구성할 수 있을 것이다. 즉, 서로 다른 사건들의 다양한 조합들이 동일한 효과를 야기할 수 있다. 이것이 바로 이 조합들을 동일한 부류의 일원으로 만든다. 사건들 간의 효과 맥락들의 이러한 부류 또는 패턴은 개별적인 사건들 자체와 그리고 이들이 등장하는 조합과는 관계가 없다. 왜냐하면 이들도 역시 다른 사건들 및 조합들에 의해서도 야기될 수 있기 때문이다. 우리는 항상 이러한 패턴만을, 말하자면 복잡한 현상들의 관련 국면만을 인식할 뿐이다(Hayek, 1952/1976a: 179~182).

하이에크의 이 주제를 따른다면 사회현상에 관한 개별적인 예측을 하려는 노력의 정당성이 존재하지 않는다고 볼 수 있다. 우리는 오로지 패턴(모습)만을 예측할 수 있을 뿐이다. 예컨대 시장질서라고 부르는 것은 개개인들의 행동에서 생겨나리라고 예측할 수 있는 일종의 패턴이다. 그러나 재화와 용역의 상대가격과 같은 특수한 개별적인 수량적 국면은 예측될 수 없다.

'자생적 질서 이론'도 역시 이러한 패턴인식 또는 패턴예측에 기초하고 있다. 포퍼의 예측과 설명의 논리적인 유사성을 인정하는 하이에크는 패턴예측 및 패턴인식을 '원리의 설명(explanation of principle)'으로 바꾸어 부르기도 한다(Hayek, 1952/1976a: 43, 182~184). 패턴예측과 마찬가지로 원리의 설명도 역시 개별적인 현상을 설명하는 데 초점을

---

44 여기에서 하이에크는 '패턴예측(pattern prediction)' 및 '패턴인식(pattern recognition)'을 말하고 있다.

맞추는 것이 아니라 패턴을 설명하는 데 초점을 맞춘다.

개별적인 현상은 개별적인 상황, 즉 개별적인 초기조건과 주변조건 또는 개별적인 '여건들'에 의해 결정되는 현상이다. 따라서 상세한 설명 또는 예측을 위해서는 개별적인 현상을 규정하는 모든 요소들을 알고 있어야 한다.[45] 그러나 원리의 설명과 패턴예측에서는 모든 요소들에 관한 지식을 필요로 하지 않는다. 오로지 어느 한 패턴이 발생하거나 또는 존속하는 일반적인 조건을 아는 것만으로 충분하다. 따라서 우리가 복잡한 이론을 적용하기 위해서는 구체적인 정보는 필요가 없고, 다만 일반적인 정보만을 필요로 한다. 하이에크는 이렇게 말하고 있다(Hayek, 1972: 17; 민경국 편역, 1989: 74).

"어느 한 상황에 이런 이론을 적용하기 위해서 우리가 알아야 할 모든 것은 데이터들이 일반적인 종류의 특정 성격을 가지고 있다는 점이다. …… 우리가 오로지 개별적인 현상을 도출하는 것이 아니라 패턴과 같은 종류만을 도출하는 데 만족하는 한 개별적인 특성을 알 필요가 없다."

이러한 복잡한 현상의 이론을 하이에크는 왓킨스에 의존하여(Hayek, 1972: 17; 민경국 편역, 1989: 74; Watkins, 1972: 331) '대수학적 이론 (algebraische Theorien)'이라고 부르고 있다(Barry, 1982: 17). 이러한 이

---

45 예컨대 시장 시스템의 경우, 첫째, 개별 경제주체들이 계획을 수립할 때 적용되는 지식, 둘째, 인간의 규범적 및 동기적 구조, 셋째, 경제주체들의 행동 잠재력, 넷째, 행동 잠재력의 이용도, 다섯째, 계획의 실현과 계획의 변동이다. 이에 관해서는 슈미트헨(Schmidtchen, 1987: 127) 참조.

론의 표본으로서 하이에크는 월라스에 의존하여 경제 시스템의 변수들 간에 존재하는 일반적인 관계들[46]을 기술하는 데 사용되는 연립 방정식 시스템을 들고 있다(Hayek, 1972: 27; 민경국 편역, 1989: 84). 이 방정식은 일반적인 패턴을 기술하고 있다. 이러한 일반적인 종류의 패턴은 사실에 관한 일반적인 가정을 전제하여 예측(설명)될 수 있다는 것이다. 그러나 특정 상품의 가격과 수량을 예측·설명하기 위해서는 우리가 알 수조차 없는 개별적인 상황에 관한 지식을 필요로 한다.

5) 복잡한 현상의 이론과 진화 이론

이상과 같이 과학적 설명과 예측은 오로지 사건들의 패턴이나 원리에만 국한될 수밖에 없다는 하이에크의 복잡한 현상의 이론은 자신의 진화적 인식론의 인식결과를 기초로 하고 있다. 즉, 진화는 설명될(또는 예측될) 사건들의 모든 초기조건들 및 주변조건들을 인식할 수 없고, 오로지 선별된 조건들만을, 그것도 심지어 설명·예측될 사건들의 패턴만을 인식할 수밖에 없는 인간의 인지도구를 발생시켰다.

복잡한 현상의 이론은 어떤 구체적인 결과에 관한 예측에 초점을 맞추는 것이 아니라 발생할 수 없는 것이 무엇인가에 관한 예측에 초점을 맞춘다. 따라서 예측은 이러한 의미에서 언제나 '소극적(negative)' 성격을 가지고 있다. 이론은 나타나지 않을 사건들을 배제시킨다. 그것은 정의로운 행동규칙과 동일한 기능을 가지고 있다. 이것도 역시 특정의 행동을 적극적으로 규정하는 것이 아니라 이를 배제시킨다.

---

46 특히 모든 재화들의 수량과 가격들의 관계.

다시 말하면 그것은 금지적 성격을 가지고 있다.

하이에크는 소수의 변수들끼리의 인과관계라는 의미의 '법칙'을 찾으려는 노력을 강력히 반대하고 있는[47] 복잡한 현상의 이론에 속하는 대표적인 이론을 다윈의 진화 이론으로 간주하고 있다(Hayek, 1972: 21~25, 35~36). 이 진화 이론은 '진화 법칙'을 찾는 데 초점을 맞추고 있는 것이 아니라,[48] 다음과 같은 두 가지 점에 초점을 맞추고 있다는 것이다. 첫째, 생물학적 현상의 패턴을 제시한다. 그것은 진화의 결과에 관한 예측을 목표로 한 것이 아니라 진화의 원리에 관한 설명을 목표로 하는 이론이다.[49] 둘째, 소극적인 예측을 목표로 한다. 소극적 예측이란 예컨대 말이 갑자기 꼬리 달린 새끼를 낳을 가능성을 배제시킨다거나(Hayek, 1972: 23), 특허 제도의 도입은 동질적인 상품의 생산을 배제시킨다는 식의 예측을 의미한다.

그러면 이러한 복잡한 현상의 이론은 경험적인 검증 가능성 내지 반증주의와 어떤 관련성을 갖는가? 하이에크에 의하면 패턴예측 또는 원리의 설명, 다시 말하면 특정의 일반적인 조건하에서 특정 종류의 패턴이 형성된다는 명제는 반증 가능한 명제로서(Hayek, 1972: 10~11) 반증주의적 기준을 적용할 수 있다. 예컨대 개의 꼬리를 수세대 동안 계속해서 잘라내어 꼬리 없는 개가 태어났다면, 다윈의 이론은 반증된 것으로 간주될 수 있다는 것이다.

---

[47] 하이에크는 켈젠(H. Kelsen)에 의존하여 법칙을 소수의 변수들 간의 인과관계로 규정하고 있다(예: 수요법칙, 승수효과). 하이에크의 입장은 사회과학에서는 이러한 법칙이란 존재할 수 없다는 것이다. 그것은 물리학에서나 존재한다고 보고 있다.

[48] 진화 법칙이란 존재하지 않는다는 것이다.

[49] 진화의 원리는 혁신, 선별, 확산 과정의 상호작용에 관한 원리이나.

그러나 복잡한 현상의 이론은 구체적인 모습이 아니라 일반적인 모습을 예측하거나 설명하기 때문에 그러한 예측과 설명은 무수히 많은 개별적인 상황과 양립하게 되고, 따라서 경험적 내용이 그만큼 적다. 예측과 양립하는 현상들의 영역이 매우 크고 따라서 반증 가능성이 매우 적을 것이다.[50]

그렇다고 해서 복잡한 현상의 이론은 별로 쓸모가 없는가? 포퍼리안의 반증주의를 이론이 과학성을 갖추기 위해서 반드시 충족되어야 할 기준이라는 의미에서 절대적 기준으로 간주한다면 아마도 그렇다고 답변할 것이다.[51] 그러나 하이에크는 반증주의가 중요한 기준이라고는 하더라도 사회이론의 경험적 검증은 매우 복잡하다고 주장하고 있다. 그 이유를 그는 두 가지에서 찾고 있다. 첫째, 우리가 연역적으로 구성한 사회적 현상에 관한 이론을 반증하는 데 기초가 되는 경험적 데이터들 자체도 복잡한 현상에 속한다. 둘째, 경험적 데이터들은 현실 그 자체에서 유래하기 때문에 이들의 복잡성의 정도는 우리가 검증하려고 하는 이론의 복잡성보다도 훨씬 더 크다.

따라서 하이에크에 의하면 사회과학에서 연역적으로 도출된 이론들의 경험적 내용이 아주 적다고 하더라도 이들의 타당성을 인정해야 한다. 이러한 주제에 따르면 사회과학자는 경험적으로 검증 가능하지 않은 가설들의 중심된 핵심 골자(core, gist)에 의존해야 한다(Hayek, 1972: 17).

---

50 하이에크는 패턴예측을 스크리벤(M. Scriven)에 의존하여 아직 알려져 있지 않은 미래의 사건들에 좌우되는 예측이라는 의미의 '가설적 예측'이라고 말하고 있다(Hayek, 1972: 17).

51 배리(Barry, 1979: 30)는 하이에크가 반증주의를 절대적인 기준으로 수락하고 있다고 해석하고 있다.

이러한 시각에 따라 하이에크는 과학의 발전을 두 가지 측면에서 파악하고 있다(Hayek, 1972: 17~18). 첫째, 우리의 이론을 될 수 있는 한 반증 가능하게 작성한다. 둘째, 반증 가능 정도가 필연적으로 감소하는 영역으로 진입해 들어간다. 이 후자의 발전은 복잡한 현상의 영역으로 진입함으로써 감수해야 할 희생이다.52

6) 지식의 진화와 비반증주의

허치슨(Hutchison, 1981: 216)은 하이에크의 방법론적 입장은 두 가지 국면을 거쳐 발전해 왔다고 주장하고 있다. 그에 의하면 하이에크는 처음에는 미제스의 선험주의를 채용했다가 나중에는 포퍼의 영향을 받아 반증주의를 채용했다. 그레이(Gray, 1986)는 애초부터 일관되게 미제스보다는 포퍼에 가까운 방법론을 채용했다고 주장하고 있다. 그러나 이러한 주장은 옳지 않다.

하이에크는 처음에 미제스의 영향을 받기는 했지만 완전히 그의 방법론과 일치한 것은 아니고, 또한 포퍼의 영향을 받기는 했지만 미제스의 방법을 완전히 포기한 것은 아니다. 그는 포퍼와 미제스의 과학철학적 입장을 조합하려고 노력했다. 따라서 배리(Barry, 1979: 40)의 해석이 이들보다 더 옳은 해석으로 볼 수 있다. 그에 의하면 하이에크는 미제스의 선험주의와 포퍼의 반증주의를 배합시키고 있다. 그렇기 때문에 하이에크의 철학체계를 포퍼리안 시각에서 검증하려는 모든 노력은 로이(Loy, 1988)가 자세히 분석하고 있듯이 빈번히 난관에 부딪친다.

---

52 하이에크는 이러한 주제를 그의 저서(Hayek, 1952/1976a: 171~172)에서도 논의하고 있다.

하이에크의 방법론은 커츠너(I. M. Kirzner)를 대표로 하는 미국적인 신오스트리아학파의 입장과도 다르다. 이 입장은 미제스의 선험주의를 일관되게 추종하고 있다. 그러나 하이에크는 미제시안들과는 달리 경험적인 검증을 완전히 부인하지 않지만 이 선험적 요소 역시 매우 중시하고 있다. 그는 이 중요성을 그의 저서 『감각적 질서』에서 다음과 같이 기술하고 있다(Hayek, 1952/1976a: 171).

> "과학은 이와 관련된 대상들의 정의 속에 모든 지식들이 구체화되어 있는 궁극적인 상태로 전진해 나아간다. 이 정의 속에 들어 있는, 대상들에 관한 모든 옳은 명제들은 분석적이거나 동의어 반복적이고, 따라서 어떠한 경험에 의해서도 반증될 수 없다. 어떤 대상이 그래야 되는대로 행동하지 않았던 것을 목격했다고 할 경우, 그러한 관찰은 오로지 그것이 그럴 것이라고 생각되었던 종류의 대상이 아니었음을 의미할 뿐이다."

이것이 아마도 포퍼리안의 반증주의를 놀라게 하는 명제일 것이다. 따라서 하이에크의 비반증주의를 좀 더 자세히 설명하고자 한다.

포퍼리안의 과학철학의 핵심은 반증에 의해 과학은 점차 현실의 부분과 국면을 점차 더 잘 파악할 수 있다는 점이다. 그러나 하이에크는 과학이 경험적 검증에서 면제되는 상태로 진화해 간다고 말하고 있다. 현대적인 두뇌 이론, 예컨대 에델만(Edelman, 1987: 291~311)의 신경다위니즘과도 일치하는 그의 두뇌 이론에 따르면 학습은 신경구조 내에서 이루어진다는 것이다. 왜냐하면 환경과 신경계 사이에 이미 개발되어 있는 지도들(map), 즉 감각적 질서는 환경이 어떠한 모습인가에 관한 기대로 구성되어 있고, 이 기대가 인간행동을 안내해 준다(Hayek,

1952/1976a: 120~122). 이러한 기대가 잘못된 것으로 판명되면 유기체는 지도들을 적응시켜 학습한다. 이것은 물론 포퍼리안들이 구상하고 있는 지식의 진화 속에서 이루어지는 선별메커니즘의 한 형태이다. 이 선별메커니즘은 바로 경험적인 반증과 동일한 것이다. 진화에서의 선별과 경험적인 반증은 서로 같고 연관성을 가지고 있다.

그러나 하이에크는 한 발자국 더 나아간다. 앞에서 언급한 바와 같이 신경구조는 계층적으로 구성되어 있고, 따라서 분류 시스템도 계층적으로 구성되어 있다. 계층구조의 상부로 올라갈수록 지식 처리 과정이 점차 복잡해져 간다. 헤르만-필라트(Herrmann-Pillath, 1992: 154)가 확인하고 있듯이 그것이 복잡하면 복잡할수록 유기체가 환경에 의해 야기된 교란으로부터 점차 더 많이 면역되어진다.

따라서 우리가 이러한 주제를 상이한 동물들, 즉 하등동물과 고등동물에 적용한다면, 반증과 선별은 하등동물의 경우에 있어서 형식적으로 상동관계를 가지고 있다고 볼 수 있다. 그러나 이론을 산출하는 동물의 경우, 즉 고등동물로서의 인간의 경우 그의 신경구조는 매우 복잡하고 따라서 이러한 상동관계가 적어진다고 말할 수 있다. 왜냐하면 이론이 틀렸다고 하더라도 그 이론을 고수하려 하기 때문이다(Herrmann-Pillath, 1992: 154; Vollmer, 1983: 124).

앞에서 인용된 문장에서 볼 수 있듯이 하이에크는 과학은 '궁극적으로' 동의어 반복적인 상태로 전진해 나간다고 말한다. 그렇다면 이 말은 어떠한 새로운 지식도 환경과의 상호작용에서 결코 생겨나지 않는다는 것을 의미하는가? 아니다. 헤르만-필라트가 확인하고 있는 것처럼 하이에크의 주장은 결코 이를 의미하는 것은 아니다(Herrmann-Pillath, 1992: 154; Sugden, 1993: 415). 어느 한 대상이 이미 주어진 이론에 적합하지 않으면 인간은 놀라워하거나 경이롭게 여긴다. 이것은 새로운 개념의 개발이 필요하다는 것을 의미한다. 이러한 놀라움과 경이로움은 학습을 야기하고, 비록 '궁극적인 상태'가 가까이에 있다고 하더라도 이러한 학습이야말로 지식의 진화의 중요한 원인이 되는 요소이다.

하이에크가 지적하고 있는 요지는 두뇌와 환경 사이에 존재하는 상호작용의 형식적인 구조는 반증이라는 구조가 아니라는 사실이다. 왜냐하면 이론이란 앞에서 설명한 바와 같이 세계를 범주화하기 위한 기초이기 때문이다. 다시 말하면 이론이란 반증될 수 있는 명제들을 비롯하여 모든 형태의 명제들의 기초가 될 존재론을 규정하기 때문이다. 하이에크의 이러한 입장은 그의 저서 『감각적 질서』에서 다음과 같이 표현되고 있다(Hayek, 1952/1976a: 169~170).

> "대상들은 새로이 분류하거나 혹은 이들을 새로이 정의할······ 계기가 되는 새로운 경험들을 위해서는 필연적으로 이 대상들에 관해 배울 수 있는 그 무엇을 전제로 한다. 이때 후자는 이와 같이 정의된 대상들에 관해 우리가 말할 수 있는 그 어떤 것에 의해서도 반박될 수 없다. 따라서 ······ 우리의 지식 중에는 비록 경험의 결과이기는 하지만 경험에 의해 통제될 수 없는 부분이 있다. 왜냐하면 그것은 서로 다른 대상들을 구별하고 또한 우리의 명제들이 준거하는 ······ 원리를 구성하기 때문이다."

7) 분석결과

하이에크의 인식론은 두 가지 부분으로 구성되어 있다. 하나는 어떻게 인간이 자신들의 환경을 인지하느냐 하는 문제를 다루고 있다. 다른 하나는 어떻게 사회과학이 복잡한 현상으로서의 사회적 현상을 다룰 수 있느냐 하는 문제를 다루고 있다. 이 문제에 관한 하이에크의 입장을 4절에서 다루었다. 그의 입장 중에서 중요한 요소를 다음과 같이 요약할 수 있다. 하이에크의 입장은 선험주의의 대표자인 미제스와 반증주의의 대표자인 포퍼의 중간에 위치하고 있다.

• 사회과학에 의해 다루어질 대상은 인간의 태도와 신념 및 견해들과 같은 주관적인 요소들이다. 그렇기 때문에 자연과학처럼 계량화가 가능하지 않다.
• 사회과학은 사회적인 현상들에 관해 설명할 때, 인간 개개인들이 각자 가지고 있다고 믿는 주관적인 지식에서 출발해야 한다.
• 사회과학의 인식대상은 매우 복잡한 현상이다. 따라서 이를 구체적으로 설명하거나 예측할 수 없다. 하이에크는 이러한 현상에 대한 설명은 이 현상의 원리에 국한시킬 수밖에 없고 또한 예측도 구체적인 예측이 아니라 패턴(모습)예측에 국한시킬 수밖에 없다고 한다. 이러한 설명과 예측은 언제나 소극적인 명제, 즉 발생되지 않을 사건들에 대한 명제를 제공한다.[53]

하이에크는 패턴예측과 원리의 설명 결과를 토대로 하여 사회질서를 의도적으로 개선할 것을 제안하고 있다. 그는 인간의 이성이 비록 제한되어 있다고 하더라도 이와 같은 예측과 설명이 가능한 것으로

53 이상과 같은 주제를 기초로 하여 경제학을 구성할 경우 그 경제학은 다음의 논의에서 알려지게 되겠지만 주류경제학과 정면 대결하는 오스트리아학파의 경제학이 된다.

여기고 있다. 나중에 자세히 설명하겠지만 그는 결코 진화 낙관주의자
는 아니다. 인간의 제한된 이성에 의해서 진화적인 실패의 원인을 규명
하고 이 실패를 제도의 패턴예측과 원리의 설명에 의해 시정할 수
있는 것으로 여기고 있다.

　이상과 같은 주제는 과학은 겸손해야 하고, 특히 과학은 일상생활에
서 삶을 영위해 가는 개개인들이 각자 가지고 있는 지식을 존중해야
한다는 도덕적 의미를 가지고 있다. 하이에크의 주제는 과학의 힘에
의해 사회의 미래를 구체적으로 예측하고 이를 기초로 하여 사회를
조종·통제하려는 노력에 대한 경종이다. 이러한 도덕적 원리는 다양한
사회이론들을 배제시키는 역할을 한다. 즉, 이 원리를 무시하는 사회이
론은 개인적 자유를 무시하는 이론에 속하는 것으로 간주된다.

제2장_ 하이에크의 자유주의 사상과
자생적 질서 이론

하이에크의 인식론적 주제들이 자유사회의 원리를 도출하려는 그의 사회철학의 첫 번째 기둥이라고 한다면 자생적 질서 이론의 주제들은 두 번째 기둥으로서 사회의 성격에 관한 이론적 주제들이다. 이들은 그의 인식론적 주제들을 바탕으로 하여 정립되고 있다. 자생적 질서 이론은 진화적 인식론과 함께 하이에크의 사회철학을 다른 사회철학과 구분시켜 주는 중요한 요소이다.

특히 하이에크의 자유주의 사상을 자유주의 이론이 되게 하는 것이 이 '자생적 질서(spontaneous order)'의 개념 및 이와 결부된 이론이다. 이와 같이 매우 중요한 요소인 자생적 질서 이론의 주제들을 설명하는 것이 제2장의 목적이다. 우선 질서라는 개념을 살펴보자.

'질서'라는 개념은 사회과학에서 처음으로 생겨난 개념이다. 아우구스티누스(Augustinus, 353~430)가 정치이론에 적용하고 확대시킨 것으로 알려진 이 개념은 스코틀랜드 계몽주의 철학자들이 즐겨 사용하다가 프랑스 계몽주의자들에 의해 뒤로 밀려난 이후 사회과학에서 점차 잊혀갔다. 이 개념을 다시 부활시켜 사회철학의 핵심적 개념으로 정착시키는 데 기여한 인물들 중 하나가 하이에크이다. 그는 질서를 다음과 같이 규정하고 있다(Hayek, 1980: 57; 1969: 164, 207).

"무수히 많은 요소들끼리 존재하고 있는 관계들 전체 중에서 일부분을 알게 되면 나머지 부분들에 관해 들어맞을 가능성이 크거나 적게 가진 기대들을 형성할 수 있는 상황"

즉, 질서를 인간이 타인들의 행동에 대한 기대를 형성할 가능성이라고 정의하고 있다. 그리고 그런 가능성은 클 수도 있고 적을 수도 있다.[1] 따라서 질서는 정도 개념(grade concept)으로 파악한다. 개인들의 주변 환경의 모습이나 행동패턴에 관한 기대의 형성 가능성 여부는 질서가 잡혀 있느냐 그렇지 않으냐를 판단하기 위한 중요한 기준이다.[2]

이와 같이 하이에크가 기대의 가능성을 질서 개념의 핵심 요소로 간주하는 이유는 무엇인가? 개개인들이 자신들의 계획을 수립하고 이를 성공적으로 달성하기 위해서는 타인들의 행동에 대해 기대를 형성할 수 있어야 한다. 따라서 인간의 공존 여부는 바로 질서의 존립 여부에 달려 있다고 볼 수 있다. 그렇기 때문에 인류학자, 에반스-프리

---

[1] 그렇기 때문에 하이에크는 질서를 정도 개념으로 파악하고 있다. 하이에크 (Hayek, 1969: 169 주석 7) 참조. 들어맞을 기대를 전혀 형성할 수 없는 상태는 무질서일 것이다.

[2] 리들(Riedl, 1975: 20)은 질서를 "내적인 법칙에 따른 독립적인 변수들의 의미있는 맥락"으로 규정하고 있다. 스테빙(Stebbing, 1933: 228)은 "우리가 일견의 요소들이 어떻게 질서 잡혀 있는지를 안다면 우리는 추론할 기반을 갖게 된다"고 말한다.

차드도 다음과 같이 말하고 있다(Evans-Pritchard, 1954: 49).

"사회적인 삶에서 일종의 질서가 존재하고 있음은 분명하다. 이것이
없으면 우리들 중 어느 누구도 일상적인 활동을 할 수 없거나, 심지어는
가장 기본적인 욕구까지도 충족시킬 수 없다."

질서의 중요성에 대한 인식은 오늘날 생물학에서조차 강조되고 있
다. 예컨대 진화적 인식론의 발전에 매우 큰 기여를 하고 있는 오스트리
아 출신 생물학자 리들은 질서라는 개념을 보편적 개념으로 간주하면
서 질서의 중요성을 다음과 같이 거론하고 있다(Riedl, 1975).

"이러한 개념을 포기할 수 있는 영역이란 존재할 수 없다. 질서 없이
는 세계란 상상할 수도 없고, 질서 없는 세계는 인식될 수도 없다. 질서
없는 세계는 의미도 없다."

이와 같이 질서의 중요성을 강조하면서 동시에 다음과 같이 말하고
있다(Riedl, 1975: 20).

"(질서가 이와 같이 중요하기 때문에: 필자) 만약 이 세상에 질서가
없다면 이를 촉진시켜야 한다."

그의 이 말은 중요한 질서 정책적인 의미를 내포하고 있다.[3] 그러나

---

3 리들은 이와 같이 질서의 중요성을 강조하면서도 질서 정책적 의미를 다루지는
않고 있다.

질서 정책을 진지하게 다루기 위해서는 ① 어떻게, ② 어떠한 조건하에서 질서가 형성되고, ③ 어떠한 기능을 행사하는가의 문제를 다루어야 할 것이다.4 이 문제의 분석이 사회질서 이론의 중심 대상이다.

하이에크는 첫 번째 문제와 관련하여 자생적 사회질서 이론을 구상하고 있다. 사회질서의 생성과 관련된 이론에서 그는 '자생적 질서'를 두 가지 하부현상으로 구분한다. 즉, 행동질서(order of action)와 행동규칙 시스템(rules of conduct)이 그것이다(Hayek, 1969: 164~169).

그의 사회질서 이론의 중심된 주제는 사회질서에는 어떤 권위에 의해서 의도적으로, 인위적으로 계획되어 형성된 질서 이외에도 자생적으로 무의도적으로 형성된 질서가 있다는 점이다.

이 질서는 인간이 의도하지 않았는데도 불구하고 저절로 생성되고 성장된 질서이다. 이 질서는 애덤 스미스, 데이비드 흄, 애덤 퍼거슨(A. Ferguson) 등 스코틀랜드 도덕철학자들의 이른바 '인간행동의 결과이지 인간계획의 결과가 아닌'(퍼거슨) 질서(Hayek, 1969: 97~107), '보이지 않는 손'(스미스)에 의해 형성된 질서이다.5

이러한 질서의 존재를 보지 못했거나 간과한 많은 사상가들은 모든 사회질서는 계획된 것이고, 계획하는 사람들이 그런 권위를 가지고 있다고 가정함으로써 질서라는 개념은 어떤 권위를 연상시켜 주기 때문에 이 개념이 경시되었다(Hayek, 1980: 58). 그러나 자생적 질서의 존재로 이런 오해를 제거시킬 수 있다. 왜냐하면 자생적 질서는 질서를

---

4 질서 정책에 대한 하이에크의 사상에 관해서는 제3장에서 상세히 다루고자 한다.

5 '보이지 않는 손'의 개념을 현대 철학에 최초로 도입한 인물은 노직일 것이다 (Nozick, 1972 참조).

미리 계획하는 어떤 권위를 전제하지 않기 때문이다.

자생적 질서의 존재는 이론적 및 정책적인 새로운 문제를 제기하고 있기 때문에 제2장에서는 자생적 질서의 생성과 그 특징을 상세히 설명한다. 이때 자생적 행동질서와 이 질서의 기초가 되는 행동규칙 시스템을 구분하여 설명하고자 한다.

자생적 질서라는 용어 자체를 하이에크는 처음으로 그의 저서 『자유의 헌법(Constitution of Liberty)』(1960)에서 사용하고 있기는 하지만 이와 유사한 개념을 이미 1937년의 논문 「경제학과 지식(Economics and Knowledge)」에서 사용하고 있다. 따라서 그는 자생적 질서에 관한 주제를 오래 전부터 다루어왔음을 알 수 있다.[6]

1. 자생적 질서와 사회문화적 진화

하이에크의 사회철학에서 진화적 인식론과 나란히 중추적 역할을 하고 있는 자생적 질서는 어떠한 성격을 가지고 있는가의 문제를 살펴보자.[7] 이 자생적 질서와 반대되는 개념이 조직(Organization)인데 그것은 조직과 어떤 차이가 있는가? 그리고 자생적 질서의 개념이 갖는 질서 이론적 의미는 무엇인가? 이 질서의 특징은 시스템 이론과 어떻게 결합될 수 있는가? 이러한 문제들을 다루고 마지막으로 자생적 질서의

---

6 하이에크(Hayek, 1971: 160; 1952/1976b: 33~54)에서 가격 시스템을 '자발적으로 성장된 시스템'이라고 말하고 있다. 그러나 명칭 그 자체는 폴라니로부터 전용하고 있다(Polanyi, 1948: 237~268).

7 자생적 사회질서라고 말할 때 특별한 지적이 없는 한, 여기에서는 그것을 행동질서의 의미로 사용고자 한다.

지식이론적 의미를 규명하고자 한다.

1) 자생적 질서와 인위적 질서

하이에크는 자생적 질서의 성격을 '조직'과 대비시키면서 설명하고
있다. 그는 이 두 가지 형태의 질서에 관한 비교를 1963년 「질서의
종류(Zwei Arten der Ordnung)」라는 논문에서 상세히 다루고 있다
(Hayek, 1969: 32~46). 두 가지 질서의 구분이 얼마나 중요한가 하는
점을 1980년 세 권으로 구성된 저서 『법·입법 그리고 자유(Law, Legis-
tation and Liberty)』의 제1권 『규칙과 질서(Rules and Order)』에서도 확인
할 수 있다(Hayek, 1980: 57).8

> "이 책에서 규명하려는 중심된 개념은 …… 특히 만들어진 질서와
> 성장된 질서로 표현되는 두 가지 종류의 구분이다."

그는 조직을 '의도적으로 배열하는 행동(arrangement)의 결과'로 파
악하는 반면에, 자생적 질서를 '성장된, 스스로 생성되는 내생적 질서'
또는 '요소들끼리 이루어지는 상호간의 적응'에 의해 야기되는 질서로
표현하고 있다(Hayek, 1969: 144; 1980: 77, 57).

하이에크는 사회적 영역에 자생적 질서가 존재하고 있고, 의도적인
조직행위가 없다고 하더라도 오로지 "상호적응 메커니즘에 의해서
인간 활동들이 효과적으로 조정된다"(Hayek, 1971: 192)는 사실을 발견

---

8 이 책의 영문판은 1973년에 발표되었다. 여기서는 독일어판을 기초로 하여 인
용한다.

한 공로를 스코틀랜드의 도덕철학자들에게 돌리고 있다. 그는 이들의 사회이론적 발견에 의해 비로소 시장질서 이론과 경제 이론의 기초가 형성되었음을 강조하고 있다(Hayek, 1969: 163).

하이에크는 질서의 자생적인 형성과정은 진화적인 과정을 그 특징으로 하고 있음을 강조하고 있다. 새로운 행동방식 또는 새로운 특질의 생성 과정(혁신 과정), 이들의 선별 과정(테스트 과정), 선별된 것들의 확산 및 유지 과정이 그것이다. 진화의 이러한 하부 과정들의 상호작용 과정을 바로 자생적 질서의 형성 과정으로 간주하고 있다(Röpke, 1977). 하이에크는 이러한 두 가지 현상, 즉 진화와 그리고 질서의 자생적 형성에 관한 이념을 '쌍둥이 이념'이라고 말하고 있다(Hayek, 1969: 128). 이 쌍둥이 이념은 결국 개개인들이 서로 다른 행동 과정에서 무의도적으로 전체적인 결과인 자생적 질서를 형성한다는 것을 의미한다.[9]

시스템 이론적 시각에서 하이에크가 또한 '스스로 조직되는', '스스로 규제되는', '스스로 유지되는' 질서로 간주하는 자생적 질서의 성격을 조직과 비교함으로써 그 특성이 더욱 두드러진다. 앞에서 언급한 바와 같이 조직은 의도적인 배열(안배 또는 배치)에 의한 결과이다. 하이에크는 조직을 '계획된 질서'와 동일시하고 있다. 이것은 계획하는 이성에 의해 만든 질서이다. 인위적(künstlich, artificial) 질서로서 조직은 조직구성원들이 공동으로 달성해야 할 '구체적인 알려진 목적'을 가지고 있다. 이러한 조직목적을 위해서 조직구성원들에게 각기 위치와 직능을 할당한다. 그러나 자생적 질서는 구성원들이 공동으로 달성

---

9 이때 스코틀랜드의 도덕철학자인 퍼거슨(A. Ferguson)을 인용하여 자생적 질서를 "인간행동의 결과지만 하지만 인간 계획의 결과가 아닌" 질서로 설명하고 있다.

해야 할 공동 목적을 가지고 있는 것이 아니다(Hayek, 1980: 61). 구성원들은 제각기 서로 다른 목적들을 가지고 있다.

자생적 질서에서는 개개인들의 행동들이 자생적으로 조정된다. 이러한 의미에서 자생적 질서는 스스로 조정되는 질서인 반면에, 조직과 같은 인위적인 질서에서는 개개인들의 행동이 외부의 인위적인 조정행동에 의해 조정되는 질서이다. 따라서 그것은 외생적 질서이다.

자생적 질서에서는 개개인들이 서로 다른 목표들을 추구한다. 그렇기 때문에 폴라니는 이를 다중심(多中心)의 질서라고 부른다. 다중심이란 분권화라고 말해도 된다. 이는 개인들의 자율성을 말한다. 이에 반해 조직과 같은 인위적 질서에서는 구성원들이 공동으로 달성할 구체적인 목표가 존재하고 있기 때문에 조직을 단일중심 질서라고 부른다(Polanyi, 1948). 어느 한 정신에 의한 결정을 다른 모든 사람들이 따르는 경우, 이들은 그 정신을 중심으로 움직인다고 볼 수 있다. 단일중심이란 이런 의미이다.

이러한 인위적 질서로서의 조직질서의 대표적인 예로서 우리는 결사체들, 클럽들 그리고 각종 이익단체와 같은 조직들을 비롯하여 정당조직, 정부조직, 사법부나 입법부 조직을 들 수 있다. 이들은 모두 제각기 특수한 목적을 가지고 인위적으로 조직된 질서들이다. 이 밖에도 중앙집권적인 경제질서가 이에 속한다.

자생적 질서의 대표적인 예는 시장질서이다. 시장질서에서는 구성요소로서 기업, 가계 또는 이익단체와 같은 조직을 포함한다. 따라서 자생적 질서는 그 구성요소로서 개인들만으로 구성되어 있는 것은 아니다. 조직 자체가 자생적 질서의 구성요소가 될 수 있다. 우리가 포괄적인 '자생적 질서'를 말할 때, 이 질서 속에는 앞에서 언급한 사적 조직뿐만 아니라 정부조직, 사법조직, 입법조직 모두를 포함한다.

표 2.1 두 종류의 질서

특징 질서의 종류	자생적 질서	조직 질서
행동조정	자생적 조정	인위적 조정
목표	공동 목표의 부존, 다중심적 질서	공동 목표의 존재, 단일중심적 질서
추상성	추상적 질서	구체적 질서
예	시장질서, 도덕, 화폐, 법, 언어	중앙집권적 경제질서, 이익단체
열림성	열린사회	폐쇄된 사회
규모	거대한 사회	소규모 사회

이들도 역시 자생적 사회질서에는 개인들과 동일한 수준에 있는 구성
요소들이다. 국가도 역시 자생적 사회질서 내에 존재한다(Hayek, 1969:
32~46; 1980: 36~38). 그것은 자생적 질서의 외부에 존재하는 어떤
상위 기관이 아니다.

또 다른 예로 관습과 관행과 같이 저절로 생겨나는 행동규칙들도
있다. 언어와 화폐도 자생적 질서의 대표적인 예이다. 법관의 법 또는
코먼 로도 이런 자생적 질서의 대표적인 예이다.

2) 제3의 질서로서의 자생적 질서

사회질서를 자연적 질서(physei)와 인위적 질서(taxis)로 구분하는 이
분법적 사고의 연원은 기원전 5세기 소피스트학파에서 찾을 수 있다.
이러한 사고가 아리스토텔레스를 경유하여 유럽사상의 본질적인 요소
가 되었다. 하이에크는 이분법적 사고가 잘못되었음을 강조하면서 이
러한 사고 때문에 매우 위험한 역사적 결과를 가져왔다고 생각하고

있다(Hayek, 1969: 97; 1980: 36~38).

뿐만 아니라 이분법적 사고는 인간사회를 이해하는 데 불충분하다고 생각했다. 왜냐하면 이분법은 다음과 같은 두 가지 서로 다른 명제를 가능하게 하기 때문이다.

① 자연적 질서는 인위적인 것과는 달리 '인간행위'에 의해 생성된 것이 아니다.
② 자연적 질서는 인위적인 것과는 달리 '인간계획'에 의한 결과가 아니다.

따라서 이들 중 어떤 명제를 취하느냐에 따라 주어진 사회적인 현상을 두 가지 질서로 동시에 파악할 우려가 있다. 그것이 인간행동의 결과이면 인위적인 것이고, 또한 바로 이 현상이 인간계획의 결과가 아니라면 자연적 질서로 파악하게 된다. 따라서 어느 질서가 자연적이냐, 아니면 인위적이냐의 문제는 두 명제 중 어느 하나를 택하느냐에 따라 좌우된다. 요컨대 위의 두 가지 명제 중 어떤 명제를 택하느냐에 따라 동일한 사회적 현상을 어느 때는 인위적 질서로, 또 어느 때는 자연적 질서로 파악하게 된다.

이를 좀 더 자세히 설명하기 위해 시장질서의 예를 들기로 하자. 앞에서 언급한 바와 같이 시장질서는 언어나 코먼 로 같은 자생적 질서이다. 하지만 시장질서를 위의 두 명제 중에서 첫 번째 명제로 관찰한다면 그것은 분명히 인위적 질서이다. 왜냐하면 그것은 인간행동에 의해 형성된 것이기 때문이다. 두 번째 명제로 파악한다면 인위적 질서가 아니다. 왜냐하면 그것은 인간계획의 결과가 아니기 때문이다. 그것은 오히려 자연적 질서이다.

자생적 질서는 인간행동의 결과이기는 하지만 인간계획의 결과는 아니기 때문에 이 질서는 두 가지 명제 중 어느 하나를 택하느냐에 따라 인위적 질서나 또는 자연적 질서로 간주될 수 있다. ①의 명제에 따르면 자생적 질서는 인간행동에 기인한 것이기 때문에 인위적 질서로 볼 수 있고, ②의 명제에 따른다면 그것은 자연적 질서로 볼 수 있을 것이다. 따라서 하이에크는 제3의 개념으로서 자생적 질서 개념을 제안한다.

이상과 같은 질서의 삼분법에 따르면, 자연적 질서는 — 인간사회에 국한시킨다면 — 계통발생 기간 동안의 생물학적인 진화적 선별과정에서 유전적으로 고착된 사회적 행동의 본능적 형태 또는 본능적 가치와 태도에 의해 형성되는 질서로 간주될 수 있을 것이다. 이러한 본능에 의한 사회적 상호작용의 결과로서 형성된 자연적 질서는 이미 잘 알려져 있듯이 사회생물학의 인식대상이다(Wilson, 1975; Dawkins, 1976).

자생적 질서는 바로 문화적 진화론의 인식대상이다. 이 질서에 관한 설명원리가 애덤 스미스의 '보이지 않는 손'에 의한 설명원리이다. 이에 반해 인위적 질서는 조직(정부조직, 기업, 이익단체 등)으로서 알려진 공동의 목적을 달성하기 위한 질서이다.

자생적 질서가 존재하고 있다는 사실의 발견에 의해 비로소 사회과학의 존재가치가 인정되기 시작했다. 오로지 인위적 질서만이 존재한다면, 이를 만든 인간의 심리만을 연구하는 것으로 족할 것이다. 사회질서가 어느 한 지배자의 의지에 의해 만들어진 것으로 여긴다면 지배자의 심리를 연구하는 심리학으로 족할 것이고, 신(神)의 의지에 의해 만들어진 것이라면 신을 연구하는 것으로 충분할 것이다.

따라서 하이에크는 이분법적 사고공식은 사회과학의 과제를 이해하는 데 최대의 장애물이었다고 말하고 있다. 그는 이러한 장애물을 제거

표 2.2 세 가지 질서의 특징

자연적 질서	인위적 질서	자생적 질서
본능	이성	본능과 이성의 중간
낭만주의(마르크스주의), 공동체주의	구성주의적 합리주의: 프랑스 계몽주의, 공리주의, 주류경제학(거시 경제학 신고전파 경제학, 사회계약론)	진화적 합리주의(비판적 합리주의), 스코틀랜드 계몽주의, 오스트리아학파

시키는 데 결정적인 기여를 한 것을 스코틀랜드 계몽주의자들의 공로로 여기고 있다(Hayek, 1969: 97~98).

3) 자생적 질서와 지식의 이용

제3의 범주로서 자생적 질서는 인간이 각자 자신들의 이해관계를 추구하는 과정에서 이들의 의도와는 관계없이 형성된 질서이다. 물론 이러한 질서가 형성되기 위해서는 제3장에서 설명할 추상적인 행동규칙, 즉 특정의 행동국면을, 시간적, 장소적 또는 인적인 특수한 상황을 고려하지 않고, 무조건 금지하는 형태의 행동규범들의 준수를 전제로 한다. 하이에크는 이런 행동규칙을 '정의로운 행동규칙'이라고 부르고 있다.

이러한 행동규칙들이 존재하고 있는 조건하에서 형성되는 자생적 질서와 관련하여 하이에크는 인식론적 시각에서 두 가지 서로 관련이 있는 명제를 제시하고 있다. 첫째, 자생적 질서는 인위적인 조정에 기초한 모든 조직과 비교할 때 훨씬 더 복잡한 질서이다. 왜냐하면 이러한 질서는 개개인들에게 조직질서보다 더 많은 지식의 이용을 가능하게 하기 때문이다. 둘째, 이것은 이 자생적 질서의 구체적인 내용을 규정할 수 있는 가능성을 포기해야 한다는 것을 의미한다. 이 두 가지 명제를 좀 더 자세히 살펴보자. 이를 설명하기 위해서 우리는 먼저 지식의 종류를 구분할 필요가 있다.

(1) 하이에크는 지식을 두 가지로 구분하고 있다. 첫째는 과학적 지식이다. 이 지식은 한 장소로 모아 놓을 수 있는 지식이다. 이 지식은 일종의 '법칙적' 지식이다. 둘째는 특수한 장소, 특정의 시점 및 특정의 인간과 결부되어 있는 지식이다. 이러한 지식은 각처에 흩어져 있는 특수한 지식이다.[10] 이러한 지식은 앞에서 설명한 바와 같이 개인적 지식 또는 국지적 지식이다. 이러한 지식들은 언어로 표현할 수 있는 지식 및 언어로 표현할 수 없는 지식들로 구성되어 있다. 이러한 지식은 세상에 관한 사실(fact)로 구성되어 있는 것이 아니라 개개인들이 세상에 관해 어떻게 생각하고 있는가에 관한 지식으로 구성되어 있다. 이러한 지식들은 계량화할 수조차 없는 지식이다. 사회 전체에 흩어져 어느 한 정신에 의해서 한군데로 뭉쳐 놓을 수 없는 개인적 지식들은 한데 뭉쳐 놓을 수 있는 '조직 가능한' 지식보다 훨씬 더 많다.[11]

하이에크는 이러한 지식이 개인들 사이에 시간적, 장소적으로 흩어져 있는 것을 '지식의 분산(division of knowledge)'이라고 표현하고 있다. 이러한 지식의 분산 때문에 '분업(division of labour)'이 가능하게 되었다. 그의 이러한 인식은 구성주의적 합리주의의 인식과 판이하게 다르다. 구성주의적 합리주의는 '분업'에 초점을 맞추고 있다. 왜냐하면

---

10 공병호는 필자와의 대화에서 이 지식을 '장사하는 지식'이라고 표현했다.
11 이러한 사실은 계량경제학과 거시경제학의 한계를 분명히 보여주고 있다.

희소한 자원을 욕구에 어떻게 배분하는 것이 효율적인가 하는 문제에 대한 해결책으로서 분업을 상정하고 있기 때문이다. 그러나 하이에크는 오스트리아학파의 전통에 따라 '지식의 문제'에 초점을 맞춘다. 배분문제는 지식의 문제 이후에 존재하는 문제로 간주하고 있다. 분업 이전에 이 지식의 분산에 초점을 맞춘다.

자생적 질서는 어느 누구도 한 장소에 집적시킬 수 없는 이러한 개인적 지식의 사용을 가능하게 한다. 그렇기 때문에 인위적인 질서, 즉 명시적인 지식의 사용만을 가능하게 하는 질서보다 훨씬 더 복잡하다.

(2) 자생적 질서는 각처에 흩어져 있는, 어느 한 정신에 의해서도 집적시킬 수 없는 이러한 국지적 지식의 이용에서 생겨나기 때문에 그 질서의 구체적인 내용을 규정할 수 없다. 우리는 오로지 일반적인 패턴만을 이론적으로 재구성할 수 있을 뿐이다. 이 주제는 자생적 질서는 복잡한 현상이고 따라서 그것은 앞에서 거론한 하이에크의 '복잡한 현상에 관한 이론'과 밀접한 관련성을 가지고 있다. 따라서 자생적 질서 이론은 복잡한 현상의 이론이라고 볼 수 있다. 이러한 이론은 단순이론과 다르다. 단순이론은 복잡한 현상을 단순화시켜 만든 이론이다. 복잡한 현상은 단순이론에 의해서는 설명될 수 없다. 단순이론의 대표는 주류경제학이다. 이것은 자생적 질서의 구체적 결과를 규정하려고 한다.

또한 하이에크의 주제는 질서 정책적으로 중요한 의미를 갖고 있다. 질서의 구체적인 내용을 규정할 수 없기 때문에, 자생적 질서를 어떤 구체적인 목적을 달성하기 위한 수단으로 간주할 수 없고 오로지 일반적인 모습을 형성할 수밖에 없다. 그렇기 때문에 정의와 관련하여 자생적 질서에서는 노직(R. Nozick)의 의미의 '종말상황 지향적인' 성격을 가진 모든 정의의 원칙 또는 그 밖의 원칙(예컨대 신고전파의 배분적 효율성 원칙 등)을 적용할 수 없다. 다시 말하면 사회적 과정의 결과를 수정하거나 바꾸거나 개선하고자 하는 모든 정책은 자생적 질서에는 적용할 수가 없다. 그런 정책은 불가능하다.

이러한 불가능성은 앞에서 논의한 인간이성의 한계에 기인한 것이다. 그렇기 때문에 구체적인 종말상황이 소망스럽고 이를 달성하고 싶은 의욕과 의지가 제아무리 크다고 하더라도 이러한 근원적인 불가능성 때문에 그 달성이 결코 가능하지 않다.

특히 우리가 주목하는 것은 하이에크는 이런 지식의 문제 때문에 사회주의 계획경제가 불가능하다는 것을 강조했다는 것이다.

4) 자생적 질서와 스스로 유지되는 체계

하이에크는 자생적 질서의 성격을 체계이론적 개념세계와 연결시키고 있다. 시장질서와 같은 자생적 질서를 스스로 조직하는, 스스로 창출하는 또는 스스로 유지되는, 환경에 열린 시스템으로 간주하고 있다. 하이에크는 '자기유지', '자기산출', '자기조직'을 동일한 의미로 사용한다(Hayek, 1969: 149, 152, 164, 209; 1980: 58; 1981b: 215).[12] 자생적 질서의 특징을 보다 명확하게 이해하기 위해 이 개념들을 자세히 살펴보자.

체계이론적 문헌에서는 이들 개념들을 분명히 다르게 사용하고 있다. 스스로 조직하는 혹은 스스로 창출되는 시스템은 특정의 초기조건

---

12 이 개념들의 독일어 표현은 다음과 같다. Selbsterhaltung, Selbsterzeugung, Selbstorganisation.

과 주변조건이 주어지면 자발적으로, 스스로 생성되는 시스템이다
(Hejl, 1982; 1985: 5). 원래 스코틀랜드 계몽주의 도덕철학자들, 특히
애덤 스미스가 최초로 사용했던 이 개념들을 생물학에서는 매우 우호
적으로 적용하고 있다(Ashby, 1962: 233~278).

그러나 중요한 점은 자기조직하는 시스템들은 스스로를 유지하지
못한다는 점이다. 왜냐하면 시스템의 구성요소들이 자기조직하는 과정
에서 대체되지 못한 채 소멸하기 때문이다. 이 문제는 스스로 유지하는
시스템들 속에서 해결된다. 이 시스템들은 서로 순환적으로 연결되어
있는 요소들로 구성되어 있다. 어느 한 요소는 다른 요소를 위한 조건이
고, 이것은 다시 또 다른 요소의 전제조건을 형성하여 결국 마지막
요소는 처음의 요소를 위한 전제조건을 형성하는 식으로 시스템 요소
들이 순환적으로 연결되어 있는 시스템이다(Hejl, 1985: 5). 따라서 스스
로 유지되는 시스템은 시스템 요소들이 스스로 창출되는 식으로 '조작
적으로 차단된(operational geschlossen)' 시스템 또는 자기완료적 시스템
이다.

이와 같이 하이에크가 자생적 질서를 스스로 조직하는, 따라서 자생
적으로 생성하는 시스템만으로 파악하는 것이 아니라 그 이상의 의미
로 파악하려 하고 있다. 즉, 그는 자생적 질서 및 시장질서를 스스로
규제하여 내생적으로 스스로 안정화하려는, 그리고 스스로 유지하려는
시스템으로 파악하고 있다.

5) 자생적 질서와 자기준거적 시스템

'구성주의 인식론'의 창시자로 알려진, 그리고 루만(N. Luhmann)의
시스템 이론에도 영향을 미친 마투라나(N. Maturana)는 자기준거적

(self-referential) 시스템이라는 개념을 제안하고 있다(Hejl, 1985: 190). 이것은 살아 있는 시스템에 내재되어 있는 자기규제의 특수한 성격을 표현하는 개념이다. 이 개념과 관련하여 하이에크의 관점을 설명하는 것은 의미가 있을 것이다.

마투라나는 스스로 규제하는 시스템의 한 특수한 형태로서 자기준거적 시스템을 시스템 요소들의 상태를 '조작적으로 차단된' 방식으로 변동시키는 시스템으로 정의하고 있다(Hejl, 1985: 6). 조작적으로 차단된 시스템이란 외부 영향에 대한 시스템의 반응을 단순한 투입-산출 개념으로는 설명할 수 없는 시스템을 의미한다. 그 반응은 시스템의 내적인 상태에 거의 전적으로 좌우되어 있고 외생적 영향이란 경우에 따라 매우 복잡한 내적인 변동을 위한 촉진제에 지나지 않을 뿐이다(Hejl, 1985: 7).

마투라나는 이러한 성격을 가진 시스템을 두뇌 시스템에서 찾고 있다(Roth, 1995: 21, 312). 두뇌의 인지는 현실을 적극적으로 구성하는 과정으로 파악하고 있다. 하이에크의 의미로 본다면 이것은 현실을 적극적으로 해석하는 과정과 일치된다. 이러한 의미에서 하이에크의 두뇌 이론은 마투라나의 이론과 유사하다. 후자에 의하면 두뇌는 스스로 모든 분류과정을 개발한다.[13]

자기준거 시스템의 이러한 성격에 따른다면 스스로 유지되는 시스템들은 자기규제적 또는 자기준거적 시스템이다. 그러나 반대로 자기

---

13 자기준거 시스템은 X란 무엇인가와 같은 문제는 주어진 질서 내에서만 의미가 있고, 이러한 한계 내에서 그것은 어느 한 사건이 이것이 속해 있는 동일한 질서에 속하는 다른 사건들과의 관계와 관련되어 있다는 논리와 동일하다. 하이에크 (Hayek, 1952/1976a: 4~5) 참조.

규제적, 자기준거적 시스템이 자기유지적 시스템은 아니다. 즉, 두뇌는 자기규제적, 자기준거적 시스템이기는 하지만 스스로 유지되는 시스템은 아니다. 왜냐하면 두뇌의 물리학적, 생리학적 기반은 육체의 모든 기관들의 상호작용에 의해 유지되기 때문이다. 그러나 유기체 그 자체는 스스로 유지되는 시스템이다.

이와 같이 스스로 조직하는 시스템이기는 하지만 스스로 유지되는 시스템이 아닌 것은 '베나르 세포(Benard-cell)'이다. 액체의 층 밑을 균일하게 가열하면 6각형의 미립자 형태의 세포들이 자생적으로 형성되어 위아래로 움직인다. 이 미립자를 베나르 세포라고 부른다. 이 세포들이 일종의 규칙적인 패턴을 형성한다(Roth, 1995: 67).[14] 따라서 베나르 세포들은 외적인 어떠한 강제가 없이도 내적인 과정에 의해 일종의 질서형태를 취한다. 그러나 이러한 질서는 스스로 조직되는 것이기는 하지만 스스로 유지될 수는 없다. 왜냐하면 세포들이 스스로 열을 가할 수 없기 때문이다. 열을 가하는 것은 순전히 외생적인 것이다. 가열을 중단하면 즉시 베나르 세포들로 구성된 질서는 붕괴된다. 이 질서는 지속적인 가열에 완전히 예속되어 있다. 이것은 자신의 일부도 아니고 자신에 의해서도 형성되지 않는 환경에 완전히 예속되어 있다. 이런 의미에서 이 질서는 타율적이다.

이러한 물리학적 또는 화학적인 자기조직 시스템과는 달리 생명체는 자기조직 시스템이자 그것은 동시에 스스로 유지하는 시스템이다. 그것은 자율적인 시스템이다. 그것은 외부환경과 재료와 에너지를 교환하고 이 교환을 규제한다. 이를 통해 적극적으로 자신의 질서상태를

---

14 이 맥락과 관련된 중요한 문헌은 프리고진·스텐저스(1993: 302~308)이다. 프리고진은 1977년 노벨 화학상 수상자이다.

유지하려고 한다. 생명체의 특징적인 능력은 스스로 유지할 수 있는 능력이다.

인간의 사회부문에서의 자생적 질서를 자연의 유기체와 유사한 것으로 파악할 수는 없을 것이다. 그러나 자생적 사회질서는 외부의 충격과 소용돌이에 대해 저항하고 이에 대해 방어하여 스스로를 유지할 수 있는 비상한 능력을 가지고 있기 때문에 이러한 능력은 유기체들의 놀라울 정도로 큰 내적인 조절능력을 연상시키는 것은 당연하다. 이러한 능력은 자생적 질서가 그 어느 정신도 사용할 수 없는 엄청난 규모의 지식을 분권적으로 사용가능하게 하는 데 기인한 것이다.

따라서 하이에크가 자생적 질서를 자기준거적 자기조직 시스템이자 스스로 유지되는 시스템으로 간주하고, 이에 비유하여 자생적 질서를 설명하려 하는 것은 결코 놀라운 일이 아니다.

6) 자생적 질서, 자기갱신 시스템과 열린 시스템

하이에크는 자생적 질서 개념을 자기갱신(autopoiesie)의 원리와 동일한 개념으로 이해하고 있다. 자기갱신의 원리는 최근 시스템 이론가들에 의해 매우 큰 주목을 받고 있는 원리이다(Zeleny, 1980: 1~41). 자기갱신적인 시스템은 자기조직, 자기산출, 자기유지를 특징으로 하는 모든 종류의 시스템을 의미한다(Zeleny, 1980: 4; Jantsch, 1979: 66). 이에 반해 타자갱신적(allopoietisch) 시스템은 자기 자신과는 다른 것을 산출하는 시스템이다.[15]

---

15 시스템 이론의 문헌들을 보면 자기갱신적 시스템과 나란히 '산일구조의 형성 원리', '요동을 통한 질서'의 개념 등이 존재한다(Jantsch, 1979/1992). 이들도 역시

하이에크는 자생적 질서를 외부세계에 대해 열려 있는 시스템으로 간주하고 있다(Hayek, 1969: 149, 152, 164; 1980: 58; 1981b: 215). 폐쇄된 시스템은 자신의 외부 시스템과 고립되어 있는 시스템이다. 그러한 시스템은 외부와의 접촉이 없이 작용한다. 그것은 자신의 환경으로부터 어떠한 정보나, 재료 및 에너지를 가져오지 않고, 오로지 시스템 요소들이 애초에 가지고 있는 정보에 의존한다. 폐쇄된 시스템과 열린 시스템의 중간단계에 있는 시스템은 에너지 및 재료와 관련하여 외부세계와 전혀 교환이 없고 오로지 정보와 관련해서만 외부세계에 대해 열려 있다. 이러한 시스템은 사이버네틱 시스템으로 간주된다(Berta-lanffy, 1968: 43). 어느 한 시스템이 자신의 환경과 고립되어 있을 경우 신속히 정지 상태에 도달한다. 이러한 상태가 균형 상태이다.

시스템이 환경에 대해 열려 있을 경우, 그 시스템은 정보, 에너지와 재료를 도입할 수 있다. 이러한 열린 시스템은 결코 정지상태로 가지 않고 내적 복잡성의 증가, 즉 진화가 이루어진다. 그러한 시스템은 자신과 외부세계의 관련성에서 생겨나는 문제를 꾸준히 찾아내고, 이를 해결한다. 그렇기 때문에 특히 포퍼가 지적하고 있듯이 폐쇄된 시스템에서 열린 시스템으로의 전환은 시스템과 시스템의 요소들의 문제해결 행동을 그 특징으로 한다. 환경에 열린 시스템은 앞에서 언급한 스스로 유지되는 시스템의 특징이다. 그것은 또한 자기갱신적 시스템과도 일치된다.

자생적 질서와 비유될 수 있는 개념들이다(민경국, 1997: 105).

7) 분석결과

하이에크는 자연적 질서와 조직이라는 질서 이외에 제3의 질서로서 자생적 질서를 도입하고 있다. 자생적으로 질서가 형성되고 있고, 사회에 이와 같이 형성되는 질서가 존재하고 있다는 생각은 합리주의 사상에 의해 오랫동안 밀려났고 경시된 사상이다. 이 자생적 질서는 그 질서를 구성하는 요소들이 공동의 알려진 목적을 가지고 있는 것이 아니라 이들이 각자 자신들의 목적을 추구하는 과정에서 무의도적으로 형성되는 질서이다.

이러한 질서는 추상적 질서이다. 우리는 오로지 그와 같은 질서의 일반적인 모습만을 기술(記述)할 수 있을 뿐이다. 패턴예측, 원리의 설명은 이런 기술을 의미한다. 이러한 질서에서는 우리는 오로지 일반적인 구조만을 예측할 수 있기 때문에 어떤 구체적인 개별적 사건들이 발생할 것인가를 예측할 수 없다.

자생적 질서는 그 어느 정신에 의해 이용될 수 있는 지식보다도 훨씬 더 많은 지식의 이용을 가능하게 하기 때문에 그 질서는 내적 변동이나 외적인 변화를 흡수하여 이를 제압할 수 있는 놀라운 힘과 능력을 가지고 있다. 그렇기 때문에 하이에크는 자생적 질서를 스스로 유지되는 질서, 자기갱신적 질서로 간주하고 있다. 이러한 질서는 또한 자기준거적 질서이다. 그러나 외부환경에 열려 있는 '자율적인' 질서로서의 자생적 질서는 균형적 시스템이 아니다. 그것은 '불균형으로부터 멀리 있는' 질서이다. 이상과 같은 특징을 가진 자생적 질서의 대표적인 예가 시장질서이다.

2. 시장의 자생적 질서: 주류경제학과 하이에크

하이에크는 자생적 질서의 대표적인 예로서 시장질서를 들고 있다. 그는 자생적 질서에 관한 일반이론을 시장질서 이론보다 나중에 개발하고 있다. 그는 1930년대에는 주로 좁은 의미의 경제학의 연구에 초점을 맞추었다.[16]

그러나 1940년대 이후에는 사회철학이라고 말할 수 있을 만큼 넓은 의미의 경제학에 속하는 자생적 질서의 일반이론을 개발했다. 따라서 자생적 질서의 일반이론을 이해하기 위해서는 시장질서 이론을 이해해야 할 것이다.

여기에서는 자생적 질서로서의 시장질서의 기능원리를 중심으로 설명하고자 한다. 특히 그의 사상체계 전체의 기초가 되고 있는 인식론적 시각에서 이를 다룰 것이다.

하이에크는 우리가 제1장에서 거론하여 정리한 인식론을 기초로 하여 시장질서 이론, 특히 시장질서의 기능원리를 정립하고 있다. 그의 사상은 1970년대 이후, 특히 1980년대에는 배분이론적 주류경제학의 대안으로서 오스트리아학파의 인식론적 시장질서 이론의 기초를 형성하고 있다.

1) 카탈락시 개념

하이에크는 경제(economy, Wirtschaft)라는 용어 대신에 카탈락시

---

[16] 예컨대 경기변동론, 가격이론 및 자본론.

(catallaxy, Katallaxie)라는 용어를 사용하고 있다(Hayek, 1969: 224~227). 이러한 개념사용을 선호하는 이유는 조직과 자생적 질서의 구분에 기인한다. 경제라는 용어는 어원사적으로 볼 때 'oikos'와 'nomia'라는 두 용어의 합성인 'oikonomia'에서 유래된 것이다(Halbweis, 1984: 14~16). 이 용어는 원래 가정관리 또는 가계경영을 의미한다.17 이것은 계층적으로 조직된 질서이다. 이러한 용어는 무수히 많은 조직들의 상호작용 구조(사회경제, 국민경제 또는 세계경제)에까지도 적용되었다. 가계경제를 지칭하여 사용하던 개념이 국가단위의 또는 세계단위의 경제에까지 확대 적용된 것이다.

하이에크는 적용할 수 없는 영역인 시장질서에 이러한 용어를 사용함으로써 생겨나는 '언어적 혼란'을 피하기 위해 '카탈락시'라는 용어를 사용한다. 왜냐하면 시장질서를 지칭하기 위해 '경제'라는 용어를 사용하면 이로써 성격상 자생적 질서인 시장질서를 조직으로 혼돈할 우려가 있기 때문이다(Hayek, 1969: 225). 언어분석은 단순히 말장난이 아니다. 왜냐하면 하이에크가 주장하고 있는 바와 같이 언어 속에는 이미 세계관이 내포되어 있기 때문이다.

카탈락시는 '교환하다', '공동체에 수용하다' 또는 '적이 친구가 되다'라는 그리스어 'katallattein'에서 유래된 용어이다. 카탈락시로서의 시장질서는 조직도 아니고 따라서 어떤 특정의 공동 목적을 위해 이용되는 질서가 아닌 자생적 질서이다. 사실상 카탈락시는 무수히 많은 경제단위체들, 예컨대 개인들, 기업, 가계 등에 의해 이루어진 하나의 연결망이다. 이 망은 의도적으로 만들어진 것이 아니라 자생적으로

---

17 당시 가계의 경제적 기초는 농업이었다. 따라서 이때 가계는 농가(Oikos)를 의미한다. 이에 대해서는 웨버(Weber, 1923/1952) 참조.

형성된 것이다.

자생적 질서로서 카탈락시는 공동의 목적을 갖고 있지 않기 때문에, 개개인들이 각자 다양한 목표들을 추구할 수 있는 질서이다. 시장질서는 공동의 목적에 기초하지 않고 상호성(교환)을 기초로 하고, 따라서 시장참여자들 상호간의 편익을 위해 서로 다른 목표들의 조정을 기초로 한다.

이와 같은 시장에 관한 이해는 뷰캐넌(Buchanan, 1979)의 이해와도 일치되고 있다. 그는 경제학을 공생학(symbiotics)으로 표현하고 있다. 이것은 시장관계의 상호성을 강조하기 위해 사용한 용어이다. 공생학은 하이에크의 교환학(catallatics)에 해당되는 용어이다. 그러나 주류경제학적 후생경제학에서는 시장경제를 자생적 질서로 간주하지 않고 조직으로 간주하고 있다. 뿐만 아니라 인간 활동을 선택으로 기술하고 있다. 그렇기 때문에 개인적 수준에서나 사회적 수준에서 언제나 '선택의 논리'를 이용하고 있다. 교환과 밀접한 관련성을 가지고 있는 '상호작용주의'가 배제되어 있고, 또한 '과정'에 초점을 맞추는 것이 아니라 '종말상황(end-state)', 즉 균형 상태에 초점을 맞추고 있다.

이러한 카탈락시가 어떻게 기능하고 이를 어떻게 파악해야 할 것인가? 이 문제와 관련된 하이에크의 사상 구조를 소위 주류경제학과 비교하면서 설명하고자 한다.

2) 배분의 문제와 지식의 문제

오늘날 경제학을 지배하고 있는 흐름은 월라시안 균형이론이라고 볼 수 있다. 이 경제학은 최적화 및 균형 상태를 기술하는 경제학이다. 이러한 경제학을 허치슨(Hutchison, 1981)은 고전경세학자 리카도(R.

Ricardo)의 이름을 이용하여 '리카디안 경제학(Ricardian Economics)'이라고 부르고 있다.

하이에크는 1937년 이전에는 바로 이러한 경제학의 테두리 내에서 가격이론, 자본론 및 경기변동론을 분석했다. 그는 이와 같이 좁은 의미의 경제학을 분석했다. 이러한 분석에서 당시에는 아직 발간되지 않았던 그의 『감각적 질서』에서 다룬 인간의 인식문제는 어떠한 역할도 하지 않았다. 그렇기 때문에 1937년 이전의 하이에크의 경제사상은 '비(非)하이에크적 사상'이라고 부를 수 있다. 그러나 그는 1937년부터 넓은 의미의 경제학을 추진하기 시작했고, 1952년이 돼서야 비로소 발간된 그의 저서 『감각적 질서』의 내용이 시장경제의 분석에서 중요한 역할을 수행하기 시작했다.

그는 1937년 「경제학과 지식(Economics and Knowledge)」이라는 논문을 시발로 하여(Hayek, 1952/1976b), 그 후 다양한 논문을 발표했다.18 이들을 통해 시장경제에 대한 새로운 인식을 제공해 주었다. 그는 월라시안 균형이론과 후생경제학을 비판하면서 이러한 경제학과 완전히 결별하고 말았다. 그 대신 '하이에크적 사상'이라고 부를 수 있는 '스미시안 경제학(Smithian Economics)', 즉 진화론적 경제학을 개발한다.

주류경제학의 기본적인 요소는 여건들(data)이 사전적으로(ex ante), 즉 시장 과정에 앞서 미리 주어져 있고 '객관적으로' 알려져 있다는 가정이다. 여기에서 제기되는 문제와 이에 대한 후생경제학의 묵시적

---

18 「사회에서의 지식의 이용(The Use of Knowledge)」(1945), 「경쟁의 의미(The Meaning of Competition)」(1946), 「발견적 절차로서의 경쟁(Competition as a Discovery Procedure)」(1968).

또는 명시적 대답은 다음과 같이 기술될 수 있을 것이다.

(1) 여건들이란 무엇인가? 이들은 두 가지로 구분되어진다. 첫째, 개별 경제주체들 자신의 여건이다. 이들은 개별 경제주체가 직면하고 있는 외부환경들을 의미한다. 개별 기업을 중심으로 파악한다면 외부환경은 자신의 경쟁자들의 행동과 계획들, 수요자들의 선호 및 이에 따른 수요곡선, 생산함수 그리고 요소시장 참여자들의 계획과 행동 등이다. 둘째, 전체 경제적 수준에서 볼 때, 이 여건들은 총합된 사회 전체의 선호시스템 및 이를 충족시킬 수단들(이들은 생산가능 곡선으로 표현한다)이다. 후생경제학은 이러한 여건들이 주어져 있고 완전히 알고 있다고 가정하고 있다.

(2) 그러면 이러한 여건들이 누구에게 알려져 있는가? 후생경제학에서는 개별 경제주체들 수준의 여건들에 관해 관찰의 대상이 되고 있는 (모델 내에 존재하고 있는) 개별 경제주체들은 물론 분석하는 경제학자들(후생경제학들)도 완전한 지식을 가지고 있는 것으로 가정하고 있다. 이 지식은 의심의 여지가 없는 지식으로 간주한다. 이러한 지식에는 오류의 가능성이 전혀 존재하지 않는다.

이상과 같은 가정에 입각하여 분석하는 경제학자는 두 가지 과제를 수행하고 있다. 첫째, 개별 경제주체의 최적 행동대안을 확인하고 있다. 이것을 개별 경제주체의 균형으로 기술될 수 있다. 둘째, 전체 경제적인 선호 시스템과 생산가능성에 관한 완전한 지식을 전제로 하여 분석하는 경제학자는 수학적인 최적화 계산을 통해 전체 경제적인 균형점을 찾아낸다. 이때 균형점은 구체적인 가격-수량 구조로 표현된다.

'객관적으로' 주어져 있고 알려져 있다고 가정되는 개별 경제적인 여건들 또는(그리고) 전체 경제적인 여건들이 변동하면 새로운(개별 경제적 또는 전체 경제적인) 균형점을 계산해 낸다. 복잡하고 정교한 방정식 시스템을 작성하여 확인된 해답들(가격-수량 구조로 표현된다)이 현실적인 인간의 행동의 합리성 정도와 현실적 시장의 성공 여부를 판단하는 기준이 된다.

주류경제학의 이러한 분석은 하이에크의 분석과 매우 현격한 차이가 있다. 주류경제학은 개인적 수준에 있어서나 사회적 수준에 있어서 경제적 문제를 배분문제로 파악하고 있다. 그것은 지식을 설명할 필요성이 있는 문제로 간주하지 않고 있다. 개인적 수준이나 사회적 수준에서 똑같이 지식의 문제는 전혀 존재하지 않는 것으로 여기고 있다.

행동주체들이 불완전한 지식을 가지고 있다고 가정하는 모델에서도 현상을 분석하는 경제학자가 이들의 정보결핍을 확인할 수 있는 것으로 간주된다. 그것은 경제학자는 완전한 지식을 가지고 있는 것으로 간주하고, 그가 위에서 행동주체들을 내려보고, 그들의 정보결핍을 진단할 수 있다는 것을 의미한다. 경제학자가 행동주체들보다 박식하고 현명하다고 가정하고 이러한 가정에서 이론을 전개하는 것을 하이에크는 '지식의 오만'이라고 부르고 있다. 이러한 이론전개는 '위로부터 아래로'의 분석이다.

이것은 과학 및 과학자의 겸손이라는 덕성과 배치된다. 이러한 과학자의 오만은 자유사회를 위해서는 매우 부적합하다. 그것은 자유의 적이다.

그러나 하이에크는 개인적 수준에서나 사회적 수준에서 경제적(사회적) 문제를 지식의 문제로 간주하고 있다. 이러한 지식의 문제는 분석의 대상이 되고 있는 경제주체에게나 분석하는 학자에게 모두 공통된 문제이다. 주류경제학에서는 지식을 설명이 필요한 문제로 간주하지 않는 반면에, 하이에크에 있어서는 지식의 문제야말로 그의 사회철학은 물론 시장경제 이론에서도 핵심적인 문제로 간주한다. 그에게 있어서 지식은 인간이 인지하려 하는 행위의 보편적 문제이다.

칸트나 포퍼에게 있어서와 마찬가지로 하이에크에 있어서도 인지는 끊임없이 이론을 형성하는 과정이다. 이 인지과정 자체가 하이에크의 저서 『감각적 질서』의 매력적인 대상이다. 제1장에서 자세히 설명한 바와 같이 인지라는 의미에 있어서의 지식은 다음과 같은 방법으로 습득된다.

① 지식은 외부의 복잡성이 축소되어짐으로써 얻어진다.
② 지식은 일상적으로 얻는 감각적 인상들이 이미 가지고 있는 인지구조, 즉 기억 이미지에 의해 해석되고 분류되어 얻어진다. 이 해석과 분류과정에서 인지구조의 요소들이 보완되고 수정될 수 있다. 또는 경우에 따라서는 완전히 새로운 형태인상이 창출되기도 한다.
③ 추상적인 사고규칙을 이용하여 얻어진다. 이 사고규칙은 유전적으로 및 후천적으로 습득된다. 그러나 이 규칙은 의식되지 못한다. 왜냐하면 이 규칙에 의해 의식적인 사고과정이 조종되기 때문이다.

인지의 이러한 특징은 인간이 가지고 있는 지식의 진화적 성격과 주관적 성격 그리고 지식의 선별성을 설명해 준다. 지식의 주관성은 인지하는 주체를 떠나서는 의미가 없다는 것, 지식은 부분적인 지식이라는 점을 설명해 줄 뿐만 아니라, 하이에크가 반복적으로 강조하고 있듯이 인간의 구조적인 무지를 정당화시키고 있다. 인간이 무지하다는 것, 인간의 이성이 한계가 있다는 것은 천성적이고, 인간성 그 자체에 이미 구조화되어 있는 것이다(Hayek, 1969: 170, 223; 1971: 30~48; 1980: 27~30).

인간의 구조적인 무지라는 가정은 앞에서 언급한 주류경제학의 가정과 정면 대결한다. 리카디안 경제학으로서의 주류경제학은 데카르트의 합리주의 전통과 고전물리학을 마음껏 흡입·섭취하여 자라난 경제학이다. 하이에크의 이러한 가정이 시장 과정의 설명에 어떠한 의미를 가지고 있느냐 하는 문제는 이 책에서 해결하고자 하는 문제이다.

3) 진화적 과정으로서의 시장과정과 시장균형

리카디안 경제학의 특징은 시장을 균형으로 파악하고 있다는 점이다. 균형 개념은 고전물리학의 특징을 가늠하는 잣대이다. 주류경제학에서는 균형을 구체적인 가격-수량 구조로 표현하고 있다. 이 구조가 배분적 효율성을 표현하는 것이다. 주류경제학은 시장의 성공여부를 시장이 최적배분을 기술하는 방정식 시스템의 올바른 해답을 얼마나 정확하게 발생시키느냐에 의해 측정한다. 주류경제학자가 구체적인 수량-가격 구조로 표현되는 이 해답을 어떻게 찾아내느냐의 문제는 다음에 자세히 설명하기로 하자.

주류경제학은 균형을 강조하고 시장을 균형으로 파악하여 이를 구체적인 가격-수량 구조로 표현하고 있다. 그러나 하이에크는 균형을 배분적 개념으로 정의하는 대신에 지식이론의 관점에서 정의하고 있다. 그에게 있어서 균형이란 개개인들의 주관적인 지식들이 수렴하여 일치된 상태이다. 이러한 상태에서는 모든 개개인들의 행동과 계획들이 일치된 상태이다. 그러면 시장 과정이 이러한 상태에 얼마나 가까이 접근하는가?

하이에크는 구조적인 무지를 특징으로 하는 인간의 상호작용 과정에서 이러한 상태에 도달하는 경우는 지극히 극단적인 경우 또는 순간적인 경우에 해당되는 것으로 간주한다. 나중에 커츠너(I. M. Kirzner)와 비교하면서 자세히 설명하겠지만, 하이에크에게 행동들이 완전히 조정되어 있고 따라서 개개인들이 각자가 가지고 있는 지식들이 동질적으로 되는 균형 상태를 허구적인 것으로 간주하고 있다. 그는 시장 과정을 조정 과정(coordination)과 탈조정 과정(decoordination)의 상호작용 과정으로 파악하고 있다.

이러한 과정에서 시장의 내적인 구조가 복잡해져 간다. 이러한 의미에서 시장 시스템은 살아 있는, 역사를 가진, 따라서 진화적 시스템이다. 진화적 과정은 자기복잡성의 증가의 표현이다. 균형은 시스템 이론의 시각에서 볼 때 죽은 시스템의 특징이다. 그것은 복잡성이 단순성으로 전환되는 시스템의 특징이다.

하이에크의 시장질서 이론은 균형 상태를 기술하거나 균형조건을 기술하는 데 초점을 맞추는 것이 아니다. 그는 또한 시장을 완전조정이라는 의미의 균형으로 전진해 가는 과정으로도 파악하지 않는다. 그는 시장 과정을 조정 과정과 탈조정 과정의 상호작용으로 파악하고 있다. 그래서 그의 이론은 균형이론이 아니라 과정 이론이다.

4) 폐쇄된 시스템과 열린 시스템

주류경제학은 시장 시스템을 폐쇄된 시스템으로 간주하고 있다. 무엇에 의해 폐쇄되어 있는가? 그것은 전체 경제적인 여건, 즉 전체 경제적인 선호 시스템과 부존자원이 주어져 있다고 가정함으로써 이들을 문제시하지 않고 있다. 그러나 시장 시스템을 진화적 시스템으로 파악할 경우 전체 경제적인 여건들은 시장 시스템의 내생적 변수로 간주된다. 이들은 시장 시스템의 내적인 과정에 의해 비로소 형성된다. 따라서 이들은 시장 시스템에게 주어진 것으로 파악될 수 없을 뿐만 아니라 또한 존재하고 있는 것으로 간주될 수도 없다.

시장을 균형으로 파악하지 않고 진화적 과정으로 파악하기 위해서는 전체 경제적인 여건에 관한 가정을 포기해야 한다. 이 가정은 폐쇄된 시스템의 특징이자 균형 시스템의 특징이다.

폐쇄된 시스템과는 달리 열린 시스템의 특징은 그것이 자신의 외부 세계로부터 영향을 받는다는 점이다. 다시 말하면 전체 경제적으로 욕구와 수단이 객관적인 외생적 요인들에 의해서도 형성된다.[19] 시스템 내에서 작동하는 과정들이 시스템 밖에 있는 이러한 요인들에 의해 촉진된다. 이런 식으로 시장 과정은 외부세계에 대해 열린 시스템으로서 작용한다. 시장 시스템은 외부세계와 상호작용 관계에 있다. 시장 과정에서 시스템의 외부세계가 주류경제학이 전제하고 있는 폐쇄된 시스템의 특징이 되고 있는 전체 경제적인 여건의 자리를 제공한다.

외부환경에 열린 시스템의 특징은 시스템이 자신과 자신의 외부세계의 관계 속에서 생겨나는 문제점들을 끊임없이 찾아내고 이들을 해결한다는 점이다(Röpke, 1977: 13).

5) 단순한 시스템과 복잡한 시스템

주류경제학은 시장 시스템을 단순한 시스템으로 파악한다. 그것은

---

19 정보, 재료 및 에너지를 외부세계로부터 공급받는다. 차단된 시스템은 시스템 요소들이 애초에 가지고 있는 정보에만 의존한다.

성격상 복잡한 현상을 고전물리학처럼 소수의 변수들끼리의 선형적인 인과관계로 환원시키고 있다. 이러한 환원주의적 방법이 소위 여타의 조건들이 일정하다는 가정의 도입이다. 이러한 가정을 통해 시장 과정의 결과를 구체적으로 예측하고 설명하려 하고 있다. 그러나 복잡한 현상과 관련하여 그러한 가정을 도입하여 얻은 인식결과는 의미가 없다. 왜냐하면 그 가정은 현실성을 갖고 있지 않기 때문이다.

하이에크는 시장현상을 복잡한 현상으로 파악하고 있다. 또한 그는 이러한 현상을 '조직화된 복잡성'의 부류에 속하는 것이라고 생각하고 있다. 조직화된 복잡성이라고 말할 때 '조직화된'이란 복잡한 구조의 성격은 이 구조를 구성하고 있는 요소들의 성격과 이 성격의 상대적인 빈도수에 의해 좌우될 뿐만 아니라 이 요소들이 서로 관계를 맺고 있는 방법에 좌우된다는 것을 의미한다(Hoppmann, 1988: 119, 108; Hayek, 1972: 13; 1975: 12~21).

이상과 같이 복잡한 현상으로서의 시장 과정을 분석하기 위해서는 어떤 특정의 구체적인 인과관계를 찾아내려는 노력을 포기해야 한다. 이러한 노력은 '과학주의'의 소산이다. 이러한 노력이 성공할 수 있으려면 인간이성의 한계를 초월한 어떤 능력을 필요로 하거나 분석의 대상이 단순한 시스템이어야 한다.

복잡한 현상을 구체적인 인과관계로 해석하기 위해서 여타의 것이 일정하다는 식의 가정을 도입하는 것은 의미가 없다. 이러한 도입에 의해 얻은 인식을 복잡한 현상에 정책적으로나 이론적으로 적용할 수 없다. 복잡한 현상은 단순한 현상의 이론에 의해서는 이해될 수 없다. 그것은 복잡한 현상의 이론에 의해서만 이해될 수 있을 뿐이다. 이러한 이론은 '패턴예측' 또는 '원리의 설명'에만 국한한다.

6) 배분적 효율성의 확인 불가능성

주류경제학은 인간을 계산기로 파악하고 있다. 완전한 지식을 가진 인간은 극대화 내지 극소화 방법을 계산에 의해 확인해 낸다. 또한 주류경제학은 사회적 문제를 배분문제로 간주하고, 시장의 사회적 기능을 사회적인 계산문제로 환원시키고 있다.

그러나 하이에크는 주어진 자원의 최적 배분의 문제를 부차적인 문제로 간주한다. 그에게 있어서 사회적 문제는 결코 전체로서 존재하지 않고 각처에 흩어져 있는, 그리고 결코 어느 누구도 한데 뭉쳐 놓을 수 없는 지식을 최선으로 사용할 수 있게 하는 질서가 무엇인가의 문제이다(Hayek, 1952/1976b: 103~104).

이와 같이 지식의 문제를 개인적 및 사회적 문제로 간주하는 하이에크는 생명과학적 차원을 경제학에까지 적용한 인물로 볼 수 있을 것이다. 또한 그는 오스트리아학파의 지식경제학을 확대·발전시킨 인물로 간주될 수 있을 것이다(Böhm, 1989: 201~213).

후생경제학은 계량화 방법에 의해 최적 배분 또는 이에 해당하는 가격-수량 구조를 계산해 내고 있다. 이를 위해서는 전체 경제적인 여건들을 확인해 내야 할 것이다. 이를 확인하기 위해서는 경제 과정의 모든 참여자들의 여건들을 계량화라는 의미에서 객관화시켜야 한다.

그러나 경제학자에 의해 계량화될 수 있는 지식과 전통적인 이론에서 설명되지 않은 경제 시스템에 존재하는 지식 사이에는 커다란 차이가 있다. 신고전파 이론에서 배분적 관점에 따른 균형을 계산 가능한 가격과 비용으로 표현하는 것은 불가능하다. 필요한 지식은 관찰자에게 주어져 있지 않다. 이것은 경제에 흩어져 있는 형태로 존재한다.

주어진 자원을 최적으로 배분하기 위해 필요한 가격과 비용에 관한 지식은 시장 과정 자체의 작용에 의해 비로소 습득된다. 오스트리아학파에게 있어서 비용은 전적으로 주관적 현상이다. 비용은 상품생산에 필요한 관찰 가능한 화폐비용이 아니라 동일한 자원의 대안적 이용에서 잃어버릴 산출의 가치, 즉 기회비용이다. 이러한 대안적 이용은 오로지 행동하는 자에게만 알려져 있을 뿐이다.

따라서 경제학의 과제는 최적화 모델을 작성하는 데 있는 것이 아니라 각처에 흩어져 있는 지식들이 개개인들에게 어떻게 전달되는가, 다시 말하면 지식의 발견과 확산 과정에 관한 문제를 연구하는 것으로 간주된다. 하이에크는 시장 시스템을 배분적 기계로 파악하는 것이 아니라 의사소통 시스템 내지 발견적 절차로 파악하고 있다. 하이에크의 이런 인식은 우리의 경제학 발전과 그리고 정책을 위해 대단히 중요하다.

7) 시장 시스템과 자생적 질서 및 인위적 질서

주류경제학의 핵심적 요체가 되고 있는 균형이론은 사회적인 문제를 조직의 문제로 파악하여 이를 해결하려 하고 있다. 균형이란 마치 모든 목표들, 즉 사회적 후생함수와 개별 경제주체들의 활동들을 포함하는 어느 한 인간의 계획에 의거하여 수행되는 인간 활동의 결과인 것처럼 간주하고 있다.

그렇기 때문에 시장 과정에 의해 산출되는 배분적 패턴은 '인간행위의 결과이지 인간계획의 결과'가 아니라는 사실, 이것은 진화 이론의 시각에서 본 시장이론의 핵심적 주제인데, 이를 망각하거나 무시하고 있다. 이 주류경제학은 조직질서만을 알고 있을 뿐 자생적 질서를 망각하거나 무시하고 있다.

인간행동을 지배하는 질서의 원천으로서의 조직과 그리고 시장경제의 배분적 패턴을 지배하는 자생적 질서 내지 스스로 조정되는 시스템으로서의 카탈락시를 구분하지 못하고 있는 사실은 후생경제학에서 더욱 자세히 알 수가 있다. 후생경제학은 파레토 최적을 도출하기 위해 카탈락시에 조직이라는 개념을 적용하고 그 결과를 현실 경제의 배분적 결과와 비교하여 시장실패라는 사례들을 확인해 내고 있다.

이러한 경제학은 구성주의적 합리주의를 기초로 하고 있는 경제학이다. 경제를 목적이 지배하는 것, 즉 조직으로 간주한다. 경제를 모델화하고 모델화된 경제의 배분문제를 의사결정 문제로 취급한다. 관찰자인 후생경제학자는 해결책이 존재하느냐 또는 존재하지 않느냐, 존재한다면 어떤 조건하에서 존재하느냐를 찾아내려고 한다. 시장을 과정으로 파악하는 '스미시안 경제학'은 시장질서를 자생적 질서로 간주한다. 이러한 경제학의 전통은 오스트리아학파의 경제학에 의해 계승되어 왔다.

8) 위로부터의 분석과 아래로부터의 분석

앞에서 설명한 바와 같이 주류경제학은 전체 경제적인 여건들이 분석하는 학자에게 알려져 있다는 가정에서 출발하고 있다. 그러나 하이에크는 자신의 인식론에 기초하여 이러한 여건들에 관한 지식을 어느 한 정신이 갖는다는 것은 실제적으로도 불가능하고 또한 절대적으로도 불가능하다는 것을 설명하려 하고 있다.

신고전파의 주류경제학처럼 관찰하는 학자가 모든 것을 알고 있다는 가정에서 출발하여 시장경제를 분석할 경우, 그러한 분석은 '위로부터 아래로'의 분석에 지나지 않는다. 진정한 개인주의 또는 주관주의를 채용하여 학자가 시장 과정을 분석하려고 할 경우 이러한 가정을 버리고 시장참여자들이 가지고 있다고 믿는 그런 지식에서 출발해야 한다. 또한 이때에도 개개인들이 완전한 지식을 가지고 있다는 가정을 버려야 한다. 그들이 자신들의 환경 여건에 관해 '객관적인' 완전한 지식을 가지고 있다는 가정에서 출발할 경우에는 시장 과정을 분석할 수 없다. 왜냐하면 시장에 참여하기도 전에 모든 것을 완전히 알고 있다면 단순한 계산에 의해 시장참여자의 '행동'은 끝날 것이기 때문이다. 이와 같은 가정에서 출발하는 이론은 과학주의에 지나지 않는다. 이와 같은 가정은 적실성을 가지고 있는 가정도 아니다.

앞에서 언급한 바와 같이 인간이성의 구조적인 무지는 학자는 물론 정치가, 관료 그리고 시장참여자들 모두에게 적용된다. 따라서 경제학자가 시장 과정을 진정으로 분석하고자 한다면 그리고 그가 오만한 태도를 버리고 지식의 겸손이라는 덕성을 가지고 있다면, 그는 시장참여자들 자신이 가지고 있다고 믿는 지식과 또한 이들 스스로가 주어져 있다고 간주하는 것에서 출발해야 한다. 이들 스스로가 주어져 있다고 간주하는 여건을 그들의 '주관적인 여건'이라고 부른다.

주관적인 여건이란 경제주체들이 타인들의 행동에 대해 형성하는 기대는 물론 그 밖에 자신들 계획과 관련이 있는 객관적인 상황에 관해 스스로 가지고 있다고 믿는 지식이다. 완전한 객관적인 지식을 기초로 하여 경제주체들이 계획을 세우는 것이 아니라 주관적인, 따라서 가상적인 여건을 기초로 하여 계획을 세운다. 하이에크는 이를 다음과 같이 말하고 있다(Hayek, 1952/1976b: 66).

> "외부세계와의 관계로서 기대를 비롯한 모든 정보는 필연적으로 주관적 성격을 갖는다."

이와 같이 사회를 분석할 때 학자가 가지고 있는 지식에서 출발하지 않고, 분석의 대상이 되고 있는 시장참여자들이 스스로 가지고 있다고 믿는 지식에서 출발하는 분석을 '아래로부터 위로'의 분석이라고 부른다. 이러한 분석이 지식의 오만을 피할 수 있다. 학자가 자신이 가지고 있는 지식에 대해 겸손한 태도를 보여줄 때 이러한 분석이 가능하다.

9) 분석결과

이상에서 우리는 하이에크의 시장질서 이론과 주류경제학의 시장질서 이론을 비교·설명했다. 이 설명을 도표로 그리면 다음과 같다.

표 2.3 하이에크와 주류경제학의 비교

하이에크	주류경제학
지식의 문제	배분문제
과정 이론(시장 과정)	균형이론
열린 시스템	폐쇄된 시스템
복잡한 시스템	단순한 시스템
아래로부터의 분석	위로부터의 분석
지식의 겸손	지식의 오만
과학적	과학주의적

다음 절에서는 하이에크가 시장 과정을 지식이론으로 파악할 경우 시장 과정과 관련하여 어떠한 인식을 제공하고 있는가 하는 문제를 다루고자 한다.

3. 지식이론의 시각에서 본 시장의 작동원리

앞에서 설명한 바와 같이 시장 과정을 이해하기 위해서는 무엇보다도 다음과 같은 세 가지 전제에서 출발해야 한다. 첫째, 인간이성의 구조적 무지, 둘째, 아래로부터 위로의 분석, 셋째, 구체적인 개별적 현상에 관한 설명 대신에 '원리의 설명'과 '패턴예측'이다.

하이에크는 지식이론의 시각에서 다음과 같이 묻고 있다. 첫째, 구조적인 무지에도 불구하고 인간이 복잡한 환경 속에서 성공적으로 계획들을 수행할 수 있는 이유는 무엇인가? 하이에크는 이 문제를 중심으로 시장의 조정 과정과 진화 과정을 설명하고 있다. 이 과정에서 중요한 역할을 하는 것이 가격구조와 행동규칙이다. 이들은 모두 인간의 구조적 무지를 약화시켜 주는 역할을 한다. 행동규칙과 관련한 설명은 다음 장으로 미루고 우선 가격의 기능을 설명하고자 한다. 하이에크가 지식이론의 관점에서 묻고 있는 두 번째 문제는 개개인들이 어떻게 지식을 습득하고 이용하는가의 문제이다.

이 두 가지 문제를 중심으로 하이에크의 경제사상을 살펴보자.

1) 시장질서와 가격 시스템

앞에서 설명한 바와 같이 하이에크는 인간은 자신의 구조적인 무지 때문에 불가피하게 어둠 속에서 살지 않으면 안 된다는 가정에서 출발하고 있다. 인간의 행동은 본질적으로 불확실한 기대와 지식을 기초로 하여 이루어지고 있다는 것이다. 이것이 그의 사상의 핵심적 기초가 되는 지식의 문제이다. 인간이 사회 속에서 성공적으로 자신들의 목표를 달성하기 위해서는 전혀 알지 못하는 타인들의 행동과 계획들 내지 이들이 갖고 있는 지식들을 알아야 한다. 그러나 이러한 지식들은 각처에, 개별적으로 광범위하게 흩어져 있다. 따라서 이러한 지식들이 전달되는 메커니즘이 필요하다. 이 메커니즘이 바로 가격 시스템이다.

가격구조 속에는 개별 경제주체들이 자신들 각자의 현재와 미래 상황에 관해 갖고 있는 기대와 지식이 담겨져 있다. 다시 말하면 가격들은 어느 누구도 전체로서 알 수 없는 각처에 흩어져 있는 '사실에 관한 지식'을 담고 있다. 이들은 다양한 수요자들의 지식들은 물론 공급자들이 자신들의 이해관계를 관철시키는 데 필요한 그들 각자가 가지고 있는 지식들을 통합하고 있다. 따라서 가격들에 의해 통합된 지식은 '집단적인' 지식이라고 볼 수 있다. 집단적인 지식이란 개개인들이 고유하게 가지고 있는 지식 또는 개개인들의 두뇌 속에 들어 있는 지식이 아니라 오히려 이들의 상호작용에 의해 형성된 지식이라는 점에서 집단적 지식이다.

이 가격 틀 속에는 라일(Ryle, 1949)의 의미의 '암묵적 지식'까지 내포되어 있다. 암묵적 지식을 가격이라는 명시적 지식으로 전환한 것이다. 그렇기 때문에 가격형성 과정을 암묵적 지식을 언어로 표현하는 과정이라고 부를 수 있다. 가격의 성격이 이와 같다면 시장 과정의 미시적 조종 및 분배정의에 따른 시장 과정의 조종은 중대한 문제점이 생겨난다는 것을 알 수 있다.

하이에크가 이러한 가격형성에서 각별히 강조하고 있는 것들 가운데 하나가 모든 시장들은 상호간 연결되어 있기 때문에 가격들도 상호간 의존하고 있다는 점이다. 이 상호의존성은 시장 시스템이 전체로서 기능한다는 점이다. 왜냐하면 개별 경제주체들이 자신들의 지식과 기대에 기초하여 형성한 주관적인 재화세계의 단면들(수요자들 각자의 재화세계의 단면, 공급자들의 공급 세계의 단면들)이 서로 겹치기 때문이다

(Hayek, 1952/1976b: 115).[20]

이것은 시장 시스템을 임의로 분할할 수 없고, 부분시장 분석이 온당하지 못함을 의미한다. 가격의 상호의존성은 또한 실천적인 의미를 가지고 있다. 하버드학파의 독과점규제법에서는 '관련시장' 개념에 입각하여 법 규율을 작성하고 있다. 관련시장 개념은 바로 부분시장 개념과 동일하다.[21] 그러나 이러한 부분시장 개념의 정립은 난센스이다.

상호의존적인 가격구조는 알려져 있지 않은 개인들 사이에 광범위하게 흩어져 있는 현장지식들을 알려져 있지 않은 모든 사람들로 하여금 이용할 수 있게 한다. 그것은 인간의 무지를 정복해 준다.[22] 이로써 시장참여자들의 계획과 행동의 조정이 가능하게 된다. 물론 가격 시스템이 일정한 것은 아니다. 그것은 수요 측면과 공급 측면의 시장참여자들이 가지고 있는 주관적인 여건들 및 지식[23]을 반영하기 때문에 이들이 변동하면 가격 시스템도 변동된다.

2) 가격 시스템과 정보의 성격

그러면 가격 시스템이 전달하는 정보는 어떤 성격을 가지고 있는가?

---

[20] 미제스도 역시 가격의 상호의존성을 강조하고 있다. 이에 관해서는 호프만 (Hoppmann, 1988: 337) 참조.

[21] 독과점규제법에서는 '사업자 분야'라는 용어를 사용하고 있다.

[22] 가격의 이러한 기능은 노동가치 이론에 의해서는 이해될 수 없다. 이에 관해서는 하이에크(Hayek, 1981b: 229) 참조.

[23] 개개인들이 타인들의 행동에 관해 갖게 되는 기대들 및 그 밖에 이들이 자신들의 계획과 관련이 있는 객관적인 상황에 관해 그들이 갖고 있다고 믿는 지식을 말한다.

앞에서 언급한 바와 같이 그것은 모든 시장참여자들이 가지고 있는 주관적인 지식 및 기대들을 뭉쳐 놓은 것이다. 시스템 이론적으로 본다면 의사소통 매개체로서 화폐와 함께 가격 시스템은 현실의 복잡성을 축소시켜 준다고 볼 수 있다.24 어느 누구도 알고 있으리라고 예상할수도 없고 또한 실제로 알 필요도 없는 무수히 많은 수요와 공급조건들을 합성시킨 것이다. 그것은 경제사회적 현실을 추상화시킨 것으로 볼 수 있을 것이다(Hayek, 1981a). 따라서 가격 시스템이 전달하는 지식은 추상적인 성격을 가지고 있다.25

① 그것은 인간이 무엇을 원하는지를 말해주고 있을 뿐, 왜 원하는지 그리고 원하는 바를 어떻게 실현시킬 것인지를 알려주지 않는다.

② 가격관계들은 개별 경제주체들에게 상대적인 희소성에 관한 정보를 알려주지만 어떻게 희소성을 해결할 수 있는지를 알려주지 않는다.

③ 가격관계들은 개별 경제주체들의 목표들을 평가하고 있지만 목표들의 실현을 위해 구체적으로 어떻게 해야 할 것인지를 말해주지 않는다.

예컨대 어느 한 기업이 혁신을 할 경우, 그 혁신은 시장에서 테스트되어진다. 테스트의 결과는 가격으로 표현된다. 가격에 의한 표현은 이 혁신가의 금전적인 결과(금전적인 외부효과)로 축약될 수 있다. 그러나

---

24 가격 시스템의 형성과 밀접한 관련성을 가지고 있는 화폐도 현실을 축소시키는 기능을 가지고 있다. 화폐는 시간적으로는 가치 유지기(Werthalter), 객관적으로는 가치 측정기, 사회적으로는 교환수단으로 간주될 수 있다.

25 현실에 대한 가격 시스템의 추상화 과정은 두뇌작용이나 정신작용과도 동일하다.

이 결과는 성공 또는 실패의 규모(외부효과의 규모)만을 말해줄 뿐이다. 성공했을 경우 혁신된 행동을 계속해야 할 것인지 왜 성공을 했는지를 가격 시스템은 말해주지 않는다. 실패했을 경우, 실패의 원인이 무엇인지 그리고 성공하기 위해서는 어떻게 해야 할 것인지를 말해주지 않는다(Hoppmann, 1988; Hayek, 1981b: 229).

그렇기 때문에 경제주체들은 예컨대 자신의 자산가치의 손실(부정적인 외부효과)을 알고 있다고 하더라도 이 부정적인 외부효과의 원인을 모르는 것이 상례이다. 마찬가지로 이 새로운 상황에 어떻게 적응해야 하는지를 알지 못한다. 지식의 분산에 기초를 두고 있는 시스템에서는 이와 같은 종류의 정보는 자동적으로 전달되는 것이 아니다. 그것은 발견되어져야 한다.

금전적인 외부효과에 의해 정보가 부호화된 형태로 전달되기 때문에 일반균형을 가능케 하는 데 필요한 상대가격을 통해 조종·통제하려는 간섭주의는 성공할 수 없다. 또한 가격이 최적 생산기술로 결정한다거나 또는 최적 행동을 결정한다는 신고전파의 주제는 전혀 타당하지 않다.

이와 같이 가격 시스템은 추상적인 지식을 전달해 주고 있기 때문에 그것은 경제주체들이 가격을 해석할 수 있는 여지를 남겨놓고 있다.26 이러한 해석은 그들이 가지고 있는 지식구조 내지 인지구조에 따라 다를 것이다. 따라서 동일한 가격이라고 하더라도 이 가격에 대한 반응은 경제주체들마다 서로 다르게 된다.

월라시안 균형이론에서는 경제주체를 가격순응자로 간주하고 있다.

---

26 가격의 추상성 때문에 가격은 최적 생산기술을 결정한다거나 또는 '가격이 최적 행동을 결정한다'는 식의 신고전파적인 주제는 타당하지 않다.

이것은 가격을 있는 그대로 인지한다는 의미에서 객관적으로 인지한다는 것을 의미한다. 이는 인간의 두뇌는 백지상태(tabula rasa)이고, 따라서 환경에 의해 이것이 채워진다는 고전적인 경험주의를 바탕으로 하고 있다.

그러나 하이에크의 감각적 질서 이론에 의존한다면 동일한 가격에 대해 경제주체들은 서로 다르게 해석하고 이런 해석에 따라 행동하기 때문에 그들의 행동도 역시 다를 것이다.[27] 특히 혁신적인 노력이 강한 시장참여자들일수록 시장신호를 서로 다르게 해석할 가능성이 더욱더 크다.

금전적인 외부효과의 형태인 자산가치의 변동의 의미에서의 추상성을 가진 시장신호를 감지하면, 경제주체들은 자신의 인지적인 능력에 따라 변화의 원인 규명과 함께 특히 부정적인 외부효과를 극복하기 위해 다양한 행동방식을 테스트하려고 할 것이다. 이러한 테스트의 결과는 결국 가격의 추상적인 지식신호 및 이에 따른 자산가치의 변동으로 표현된다.

지금까지 설명한 것을 요약하면 가격 시스템은 다양한 수요 조건들 및 공급 조건들을 합성시킨, 따라서 현실의 복잡성을 축소시켜 주는 추상적인 지식신호를 경제주체들에게 전달해 준다. 시장의 진화 과정을 이해하기 위해서는 가격은 구체적인 행동을 지정해 준다는 균형이론의 가정을 버려야 한다.

---

27 이러한 해석의 결과와 그에 따른 행동을 통해 시장에 다시 이러한 지식이 투입되어 이로써 가격형성에 영향을 미치고, 이 가격은 또다시 이 해석의 옳고 그름을 판단할 것이다.

3) 진화 과정과 외생적 변수의 내생화

1937년 자신의 논문「경제학과 지식」에서 하이에크가 주장하고 있
듯이 일반균형 이론 및 이를 기초로 하는 후생경제학의 기본적인 생각
은 모든 시장에 수요와 공급 조건들이 주어져 있을 경우에 배분과정을
재구성하려고 하는 데 있다. 이와 같은 방법으로 균형모델의 안정성을
확립하는 것이 가능하게 되었다. 일반균형 이론이 확립되면서 역시
오늘날 주류경제학에서 확고한 위치를 차지하고 있는 챔벌린-로빈슨
의 부분분석도 마찬가지의 가정을 전제하여 배분과정의 재구성 및
안정성의 확립 가능성에 초점을 맞추고 있다.

이러한 접근법들은 개인적 선호, 생산함수, 생산요소의 양과 질을
시장 과정이 적응해야 할 외생적 여건들로 간주하고 있다. 후생경제학
의 과제는 외생적으로 주어져 있다고 가정되는 이 여건들에 시장 과정
이 얼마나 잘 적응하는가를 '종말상황적' 기준인 정태적인 파레토 효율
성 기준에 의해 판단하여 분석하고 있다.

일반균형 이론의 이러한 기본적 생각의 테두리 내에서 하이에크는
일반균형의 특징을 나타내는 가격과 수량의 조합들이 재생산될 수
있음을 잠정적으로 보여주고 있다.28 이를 위해 그는 균형을 모든 시장
참여자들의 계획들 및 이에 따른 행동들이 상호간 양립한 상태로 정의
하고 있다. 다시 말하면 경제주체들의 지식과 기대들이 상호 일치된
상태로 규정하고 있다.29 따라서 이러한 상태에서 경제주체들은 그들

---

28 잠정적으로 보여주고 있는 하이에크의 시도를 마치 그가 균형 과정의 대변인
자인 것처럼 오해하고 있다.

29 이러한 개념은 가격-수량 구조를 객관화시키려는 일반균형 개념과는 달리 주

의 계획을 변동시킬 이유가 없을 것이다. 그러면 이러한 균형모델이 배분적 패턴의 변화를 어떻게 설명하는가?

일반균형 모델에서는 외생적으로 주어져 있다고 가정하는 여건들을 변동시켜 배분적 패턴의 변화를 설명하려 하고 있다. 이러한 설명에 의하면 시장 시스템은 외생적으로 변동된 새로운 여건에 접근되어 적응하고, 이러한 적응에 의해 새로운 균형이 이루어진다는 것이다. 이와 같이 예컨대 생산함수의 변동, 따라서 공급조건의 변동을 외생적으로 이루어지는 것으로 가정하고, 이 외생적 변동을 가격형성(균형가격형성)에 도입하고 있다.

이러한 접근법이 사실상 오늘날 우리 대학의 모든 경제학 교과서의 내용 중 99%를 차지하고 있다. 하이에크가 주장하고 있듯이(Hayek, 1952/1976b: 60) 이러한 접근법의 중요한 특징은 균형적인 배분적 패턴을 애초부터 일시적인 것이거나 과도기적인 것으로 취급하지 않는다고 하는 점이다. 따라서 배분적 패턴의 변화를 외생적인 쇼크에 의해 설명하지 않으면 안 된다. 그 결과 외생적 쇼크 그 자체는 설명되지 않은 채 내버려두게 된다.

그러나 하이에크는 첫째로 이러한 균형과정론의 접근법을 강력히 부인하고 있다. 모든 개개인들의 기대와 지식이 수렴되어 완전한 조정이 이루어지는 경우는 어느 한순간에 이루어질 수 있거나 또는 아주 짧은 과도기적 현상으로만 상정될 수는 있다. 일반적으로 시장 과정을 균형과정으로 파악하려는 시도를 버려야 한다. 둘째로 그는 경쟁적인 시장행동 자체에 의한 조정 과정은 배분적 패턴의 변화에 반영되고

관주의적 개념이다. 또한 경제주체들의 지식의 불완전성을 고려하고 있다.

있는 쇼크들을 스스로 창출할 수 있는 역량을 포함하고 있다고 주장하고 있다. 하이에크는 신고전파의 경제이론과는 완전히 다른 새로운 이론적 방향을 다음과 같이 기술하고 있다(Hayek, 1978: 181).

"…… (기존의: 필자) 경제이론은 경쟁과정의 성격을 진정으로 이해하는 데 애초부터 방해받고 있는 것 같다. 왜냐하면 그것은 희소한 재화의 공급을 '주어져 있다'는 가정에서 출발하고 있기 때문이다. 그러나 어떤 재화가 희소한 재화이고, 어떤 것들이 재화인지 그리고 이 재화들이 얼마나 희소하고 가치 있는 것들인지는 경쟁이 발견해야 할 것들이다."

이로써 하이에크는 신고전파 경제학이 여건으로 간주하고 있는 모든 수요-공급 조건들을 내생적인 변수들로 간주하고 있다. 변화를 내생적 요인에 기인한 것으로 간주하고 있다. 그에게 있어서 시장 시스템은, 모든 진화적인 시스템들이 그렇듯이, 환경에 열린 시스템이다(Hopp-mann, 1988: 107~108, 125). 왜냐하면 신고전파가 도입하고 있는 외생적으로 주어진 여건을 통해 차단된 시스템의 가정을 그는 포기하고 있기 때문이다. 그에게 있어서 이러한 여건은 주어진 것도 아니고 존재하고 있는 것도 아니다. 왜냐하면 그것은 시장 과정에서 비로소 형성되기 때문이다.

4) 시장질서의 지식습득 과정과 경쟁과정

일반균형 이론이 시장 시스템을 주어진 여건에 의해 차단되어 있는 폐쇄된 시스템으로 간주하고 또한 경쟁을 주어진 여건에 적응하여 균형점에 도달하는 '결정주의(determinism)' 내지 '기계주의(mechan-ism)'로 파악하게 된 결정적인 요인은 지식의 문제를 전제하지 않고 있다는 사실이다.

다시 말하면 시장의 진화적 과정을 설명하지 못하는 근본적인 이유는 지식의 문제가 이미 해결된 것으로 전제하기 때문이다. 물론 주류경제학 자체 내에서도 월라시안 경제학의 완전한 정보가정을 비판하면서 불완전한 지식의 문제를 도입하고 있기는 하다. 그러나 지식의 문제를 배분문제로 환원시켜 최적화 모델을 작성함으로써 관찰자는 완전한 지식을 가지고 있다고 전제하고 있다. 이것은 지식의 오만을 의미한다.

주류경제학은 또한 지식의 불완전성도 매우 부정적으로 평가하고 있다. 그러나 하이에크는 멩거나 미제스 등과 같은 오스트리아학파의 전통에 따라 인간의 지식의 불완전성을 부정적으로도 긍정적으로도 평가하지 않는다. 그에게 있어서 그것은 하나의 불변적인 사실로서 중립적인 것이다. 따라서 그는 불완전한 지식을 완전 지식이라는 이상적인 상태로부터의 격차로 간주하지 않는다.[30]

하이에크는 오히려 인간의 불완전한 지식은 정상적인 것이고 또한 이로 말미암아 경쟁과정 및 시장의 진화 과정이 발생되는 것으로 간주하고 있다. 수요자들의 선택행위에 의해 공급자들끼리 경쟁관계가 생성된다. 왜냐하면 그들은 자신들의 구매력을 선호된 공급에 지불하기 때문이다. 여기에서 수요자들과 공급자들 사이에 '교환과정'(Hopp-mann, 1967: 77~94, 특히 88)이 형성된다.

---

30 완전한 지식 상태를 구상하여 이를 기준으로 간주하고 현실의 지식 상태를 판단하는 것은 '위로부터 아래로'의 분석을 의미한다. 이것은 지식의 오만을 의미한다.

이러한 과정에서 특히 중요한 것은 가격 시스템이 제공하는 지식신호의 집단적 지식과 대비될 수 있는[31] 수요자들의 주관적인 지식이다. 이것은 그들 자신들의 독자적인 주관적인 재화세계를 결정한다. 이 세계는 주관적인 여건이다. 시행과 착오과정을 통한 학습과정을 통해 부단히 주관적인 재화세계가 변동한다. 재화세계를 구성하는 요소는 재화들에 대한 대체 가능성들이다(Streit and Wegner, 1989: 183~200).

개인들의 주관적인 지식은 서로 다를 것이고, 따라서 그들의 재화세계의 단면들도 서로 다를 것이다. 이러한 지식은 어느 누구에게도 전체로서 결코 주어질 수 없다. 시장거래를 통한 조정 과정은 분업뿐만 아니라 지식의 분할을 반영하는 것으로 간주된다. 불완전한 지식은 분업의 동반자이지, 분업을 방해하는 요인이 아니다.

이러한 지식이론적 시각에서 하이에크는 경쟁과정을 수요 측과 공급 측에서 시장참여자들이 지식을 습득하는 과정에 의해 생성되는 것으로 간주한다. 따라서 완전한 지식을 전제로 하는 소위 '완전 경쟁'은 사실상 경쟁이 끝난(존재하지 않는) 상태일 뿐이다.

지식습득 과정에 의해 경쟁과정이 어떻게 생성되는가를 좀 더 자세히 설명하고자 한다. 이로써 어떻게 시장의 내부구조가 복잡해져 가는가를 파악할 수 있을 것이다. 수요자들이 지식습득과 이에 따른 주관적인 재화세계의 변동은 공급자들에게는 일종의 압박으로 작용한다. 다시 말하면 경쟁의 교환과정에서 공급자들끼리의 경쟁의 '평행과정'이 생겨난다(Hoppmann, 1967: 88). 왜냐하면 수요자들의 재화세계의 변동은 그들의 대체 가능성의 변동을 의미하기 때문이다.

---

31 앞에서 설명한 지식신호를 참조.

이러한 시각에서 지식을 찾으려는 공급 측의 지식습득 과정이 유발된다. 이 압박의 결과는 무엇보다도 금전적인 외부효과의 형태, 즉 공급자들의 자산가치 또는 소유권 가치의 변동이다. 앞에서 언급한 바와 같이 가격 시스템이 제공하는 정보는 '추상적인' 가격신호이다. 이 신호는 직접적으로 공급자가 가지고 있는 자산가치나 소유권 가치의 변동규모만을 알려줄 뿐이다.

따라서 공급자는 금전적인 외부효과의 변동에 대한 구체적인 행동 반응을 결정하기 위해서는 또 다른 지식을 필요로 한다. 예컨대 왜 수요가 감소했는지,[32] 판매증가를 위한 구체적인 행동방법은 무엇이 있는지 등을 탐색해야 할 것이다. 이러한 지식습득 과정은 공급자들 간의 모방경쟁 및 혁신경쟁으로 나타난다. 지식습득 결과인 공급방안들 또는 공급혁신들을 통해 수요 측의 반응들이 검증되어야 한다. 검증의 결과는 또 다시 추상적인, 따라서 해석의 여지를 필요로 하는 금전적인 외부효과의 형태로 나타난다.

이상과 같이 교환과정과 평행과정의 상호작용 과정으로 이해될 수 있는 경쟁과정은 지식의 불완전성 및 이로 인한 지식의 습득과정을 전제로 할 경우에만 이해될 수 있다. 수요 측의 '지식사용'에 의해서 공급자들의 경쟁관계가 야기되고 공급 측의 '지식사용'은 공급자들끼리의 경쟁행동을 야기한다(Hayek, 1952/1976b: 103~121). 이러한 경쟁행동은 수요 측의 반응에 의해 평가된다.

수요 측과 공급 측의 지식습득 과정 및 지식사용 과정은 항상 조정과정 중에서 이루어진다. 따라서 이 과정들은 조정 과정과 분리되어서

---

32 이러한 진단을 위한 지식은 성공적인 새로운 행동 가능성을 탐색해 내기 위한 중요한 전제 조건들 중 하나이다(Streit and Wagner, 1989: 195).

는 생각될 수 없다. 이 과정들을 조정 과정과 분리시킨다면, 경쟁을 이해할 수 없다. 조정 과정이 필요 없으면 지식습득과 그 사용과정은 의미가 없다. 또한 후자가 없으면 조정 과정이 생겨날 수도 없다.

그렇기 때문에 하이에크가 조정 과정을 강조하는 것은 결코 우연이 아니다. 그것은 시장 과정의 본질이다. 지식이론의 관점에서 경쟁과정은 지식 탐색과정과 가격형성 과정에서 이루어지는 지식의 사용과정과 통제과정을 포함하고 있다.[33] 이러한 관점에서 시장의 내적 구조의 복잡성이 증가한다. 시장 시스템의 자생적 질서는 지속적으로 변동하는 진화적 시스템의 특징적인 성격을 갖고 있다.[34]

5) 시장질서의 경쟁과 발견적 절차

경쟁에 대해 매우 비판적인 태도를 취한 학파는 역사학파 및 사회주의학파이다. 이들은 경쟁을 모든 '사회악'의 근원으로 간주하고 있었다. 이에 반해 월라시안 균형이론은 경쟁을 '완전 경쟁'으로 이해하고 있었다. 그러나 하이에크는 경쟁의 의미를 지식이론적 시각에서 '발견적 절차'로 파악한 최초의 학자이다.[35]

---

33 개별 경제주체들의 상황과 장래의 행동 조건의 평가에서 개발되는 그들의 소망 가격들은 시장 과정에서 테스트되어진다. 테스트의 결과에 따라 실현되어지기도 하고, 경우에 따라서는 수정되어야 한다.

34 "진화적 과정은 시스템의 자기 복잡성의 증가의 표현이다. 다시 말하면 진화적 시스템은 역사를 가진 시스템이다"(Röpke, 1977: 43).

35 하이에크가 이 개념을 최초로 사용한 논문은 1968년의 「발견적 절차로서의 경쟁(Der Wettbewerb als Entdeckungsverfahren, 영문판: Competition as a Discovery Procedure)」이다(Hayek, 1969: 249~265; 1978: 179~190 참조). 그러나 이 개념과 유사하게 사용한 그의 최초의 논문은 「경쟁의 의미(Meaning of Competition)」라는

경쟁을 인간사회의 보편적 현상으로 파악한다면 모든 사회적 부문들에서 이루어지고 있는 경쟁은 발견적 절차로 간주될 수 있을 것이다. 학문적 경쟁, 정치적 경쟁, 경제적 경쟁 또는 좁은 의미에서의36 문화적 경쟁 등은 발견되어지는 것이 무엇이냐에 따라 다를 것이다. 여기에서는 경제적 경쟁, 즉 카탈락시 사회의 경쟁과 발견적 절차를 다루고자 한다.

발견적 절차는 이 용어 자체에서 알 수 있듯이 지식이론적 내용을 내포하고 있다. 이것은 수요 측과 공급 측에서 이루어지고 있는 지식의 탐색과정이다. 하이에크는 이를 다음과 같이 표현하고 있다(Hayek, 1969: 249).

"경쟁은 경쟁이 없으면 알려지지 않거나 또한 …… 이용되지 못하게 될 사건들을 발견하기 위한 절차이다."

이러한 발견적 절차를 진화 이론적 용어로 표현한다면 진화 과정의 세 가지 하부과정의 상호과정으로 해석할 수 있을 것이다(Röpke, 1980: 124~154; Streit and Wagner, 1989: 196). 혁신 과정, 선별 과정, 모방에 의한 확산 과정이 그것이다. 시장에서 발견되어지는 것은 하이에크가 분류하고 있는 두 가지 종류의 지식, 즉 조직될 수 있는 지식(과학적 지식)과 조직될 수 없는 지식(사실에 관한 지식) 중에서 후자의 지식이다. 이 지식이 폴라니가 말하는 개인적 지식(personal knowledge)이다.

논문이다. 이 논문은 하이에크(Hayek, 1952/1976b)에 수록되어 있다.

36 좁은 의미의 문화개념을 여기에서는 행동규범 또는 법규범으로 사용하고자 한다.

월라시안 경제학에서처럼 모든 것이 알려져 있는 세계에서는 발견적 절차란 필요가 없을 것이다. 하이에크는 발견적 절차의 존재조건을 다음과 같이 표현하고 있다(Hayek, 1969: 248).

"(경쟁은: 필자) 경쟁하는 사람들의 행동을 결정하는 중요한 상황들을 알지 못하는 (경우에 필요하다: 필자)"

우리의 지식은 완전하지도 않고 무제한적이지도 않다. 그러나 시장 시스템은 완전한 지식을 기초로 하여 완전히 질서가 잡혀 있는 그리고 폐쇄된 것으로 간주될 수는 없다. 시장 시스템은 끊임없이 변동하는 환경과의 지속적인 대결에서 문제를 찾아내고 이를 해결하는 열린 시스템이다(Hayek, 1969: 171). 이 시스템 속에서 개개인들은 '구조적인 무지'와 싸워야 한다.[37]

우리의 지식이 제한되어 있을 경우에[38] 비로소 새로운 지식의 등장을 기대할 수 있다. 진화는 희소성의 현상이다. 지식의 희소성이 없으면, 지식이 제한되어 있지 않으면, 우리의 무지가 무제한적이 아니라면,

---

[37] 우리의 지식은 무제한적인 것이 아니라 항상 제한되어 있다. 기껏해야 잠정적으로만 옳을 뿐이다. 현재의 특정 문제를 옳게 해결하기보다는 오히려 더 나쁘게 해결하는 경우가 빈번하다. 경험이 가르쳐주고 있듯이 기존의 지식은 언제나 개선된 지식으로 대체될 수 있거나 또는 진부한 지식으로 되기 십상이다. 지식이란 모두 다 그렇다. 구체적인 상황과 관련된 지식뿐만이 아니라 재화나 용역에 구체화될 수 있는 과학적 지식, 자연과학적 지식도 마찬가지이다.

[38] 또한 법규범이나 행동 규율 또는 그 밖의 도구나 연장에 내포되어 있는 지식도 마찬가지이다. 모든 지식들은 그 원천이나 존립 기간에서는 다를지라도 잠정적이라는 점에서는 다르지 않다. 제아무리 용의주도하게 정당화된 지식이라고 하더라도 역시 마찬가지이다.

새로운 문제에 대한 해결책의 공급, 즉 혁신도 가능하지 않고 선별 메커니즘도 의미가 없을 것이다.

6) 발견적 절차와 과학철학적 의미

"알려져 있지 않은 세계로의 탐색 여행"(Hayek, 1952/1976b: 133)으로서의 발견적 절차가 갖는 사회과학의 방법론적 귀결은 무엇인가? 방법론적 귀결은 이미 앞에서 설명한 바와 같이 구체적인 설명과 예측의 '절대적인' 불가능성이다. 구체적인 예측을 위해서는 특수한, 개별적인 상황들에 관한 지식을 필요로 한다. 이러한 지식을 미리 가지고 있을 경우에만이 구체적인 개별사건에 관한 예측이 가능하다(Hayek, 1969: 170, 250). 그러나 우리의 지식의 제한성 때문에, 어떤 구체적인 문제들이 장차 생겨날 것인지, 어떤 종류의 자원이나 지식이 얼마만큼 이 문제들을 해결하기 위해 동원될 것이지는 사전적으로 세세히 알려져 있지 않다. 이것은 비로소 발견적 절차에 의해 발견되어질 뿐이다. 그렇기 때문에 경쟁과정의 결과를 구체적으로 예측하려는 모든 노력은 '지식의 오만(pretense of knowledge)'을 전제로 한 노력이다(Hayek, 1975: 12~21).

이러한 노력의 대표적인 이론체계가 주류경제학이다.[39] 또한 시장과정에서 발견된 지식이 최선의 지식인지를 말하는 것도 불가능하다. 시뮬레이션 방법도 전혀 도움이 안 된다. 왜냐하면 시뮬레이션을 위해서도 모든 것을 알고 있는 어느 한 정신이 존재해야 하기 때문이다.

---

[39] 예컨대 잘 알려져 있듯이 시장구조-시장행동-시장결과 패러다임인 하버드학파의 '산업조직론'이 있다.

진화 과정의 결과들이 최적인가를 확인하기 위해서는 완전한 지식을 기초로 한 최적성의 기준을 가지고 있어야 한다. 그러나 그러한 정신은 존재하지 않는다. 나중에 자세히 설명하겠지만 시카고학파는 효율성 기준을 가지고 진화적 과정의 구체적인 결과를 판단하려 하고 있다. 이러한 판단은 갖고 있지도 않은 완전한 지식을 가지고 있는 것처럼 행동하는 지식의 오만을 전제로 한 것이다.

하이에크는 인간의 구조적인 무지 때문에 구체적인 설명·예측을 포기하고 그 대신 '원리의 설명' 또는 '패턴예측'을 제안하고 있다. 패턴예측과 원리의 설명은 발견적 절차가 발생하기 위한 일반적 조건에 관한 예측·설명이다.

모든 개개인들이 자신의 자원과 지식 및 상상력 그리고 창의적인 지적 역량을 자신들의 경제적 문제를 해결할 수 있도록 법질서가 이들에게 허용한다면, 자발적인 행동질서 및 행동조정이 가능케 되고, 개개인들은 각자 자신들의 목표를 달성할 수 있으며 또한 광범위한 새로운 지식을 산출하게 된다.

따라서 하이에크는 경쟁으로서의 발견적 절차의 효율성을 어떤 구체적인 계량적 수치로 작성하는 것이 아니라 문제 해결책들의 다양성에 두고 있다. 요컨대 시장 시스템의 조정력과 진화력에 두고 있다. 이러한 조건을 개인적 자유의 원칙에 입각한 법질서로 간주하고 있다.

7) 하이에크와 합리적 기대론

앞에서 설명한 바와 같이 오스트리아학파, 특히 하이에크 사상의 기본적인 출발점은, 인간행동은 미래지향적이고 따라서 인간행동은 주관적인 기대에 의존한다는 사실이다. 이러한 유사한 이론체계가 주류경제학의 합리적 기대 이론이다. 이 이론에서 지식의 문제를 '기대'라는 이름으로 다루고 있다. 지식의 문제를 다루고 있는 이론체계는 역시 주류경제학에 속하는 '정보경제학'이다. 모두 균형이론에 속하는 이들 두 가지 이론체계가 하이에크의 '지식경제학'과 어떤 관련성이 있는가?

월라시안 균형이론에서는 완전한 정보(지식)라는 이상적인 상태를 기준으로 하여 현실의 경제주체들의 지식수준을 평가한다. 이 이상적인 상태와 차이가 있을 경우, 그 차이를 정보의 결핍으로 판정한다. 이러한 판정은 현실의 인간과는 다른 차원에 있는 완전한 정보를 가진 관찰자의 존재를 전제로 한다. 하이에크는 이러한 방법을 '위로부터 아래로'의 분석이라고 부른다. 이것은 기술공학에 해당하는 방법이고, 따라서 '과학주의'라고 부른다. 이러한 방법은 사회적 수준에도 적용한다. 후생경제학이 바로 이러한 방법을 채용한다.

합리적 기대 이론은 이러한 방법과는 달리 관찰자, 즉 학자와 관찰의 대상이 되는 경제주체들, 즉 피관찰자들을 구분하지 않고 있다. 관찰자와 피관찰자 모두가 동일한 지식수준을 가지고 있는 것으로 간주한다. 그들은 미래의 경제변수들에 대한 기대로서 진정한 모델을 구성한다. '진정한 모델'을 구성하기 위해 다음과 같은 가정을 도입하고 있다.

첫째, 경제주체들은 관련된 필요한 이론(가설 내지 하이에크가 의미하는 과학적 지식)과 관련된 필요한 단순 명제를 알고 있다. 단순 명제는 관련 이론('…라면' 요소와 '…이다'라는 요소)의 '…라면(if)' 요소에서 열거되고 있는 주변조건 및 초기조건(하이에크가 의미하는 사실에 관한 지식)을 의미한다.

둘째, 장래의 경제변수들에 대해 경제주체들의 주관적인 확률분포가 객관적인 확률분포와 동일하다. '합리적' 기대라는 용어 자체가 보여주고 있듯이 체계적으로 잘못된 예측(잘못된 이론이나 또는 충족되지 못한 주변조건들 때문에 생겨나는 예측)이란 있을 수 없다. 오류가 생겨났다면 그것은 '우연적인' 것으로 간주한다.

이러한 가정에 입각하여 장래의 경제적 변수들의 변화 가능성들을 완벽하게 예측하여 기대를 형성한다. 그러나 이 기대는 이미 주관적 성격을 갖고 있는 것이 아니라 '객관적' 성격을 가지고 있다. 따라서 하이에크의 의미의 기대와 합리적 기대 이론의 기대는 그 성격에 있어서 전혀 다르다. 기대치를 계산해 내기 위해서는 경제변수들의 장래의 변동 가능성들을 '구체적으로' 예측해야 한다. 그리고 이러한 구체적인 예측을 위해서는 초기조건과 주변조건들을 상세히 명시화할 수 있어야 한다. 그러나 우리가 주목하는 것은 이 조건들은 각처에 흩어져 어느 누구도 전체로서 긁어모을 수 없는 '사실에 관한 지식'이라는 것이다. 그렇기 때문에 모든 특정한 사정들을 확인한다는 것은 불가능하다. 이러한 실제적인 불가능성과 나란히 다음과 같은 절대적인 불가능성이 있다. 즉, 조건들 및 여건들을 상세히 할 수 있기 위해 필요한 지식은 시장 과정에 의해 비로소 발생된다. 그렇기 때문에 우리가 개별적인 변수들의 수치를 알아내기에 필요한 지식은 우리가 예측하고자 하는 개별 사건들이 이미 발생한 경우에 비로소 가질 수 있다.

합리적인 기대 이론이 전제하고 있는 개별 경제주체의 지식수준은 '발견적 절차'로서의 경쟁을 필요로 하지 않을 정도로 높은 이상적인 수준이다. 합리적 기대 이론이 전제하는 인간은 시장의 결과를 구체적으로 예측할 수 있는 능력을 지닌 인간이다. 합리적인 기대 이론은 이러한 결함 이외도 정보와 비용을 도입하지 않고 있다는 결함을 가지고 있다.

이러한 비용을 고려하지 않을 경우 합리적 기대 이론은 '합리적'일

수 없을 것이다. 비용문제를 고려하여 지식문제를 인식대상으로 하고 있는 것이 스티글러(G. Stigler) 전통의 '정보경제학'이다. 따라서 이제는 신고전파의 정보경제학과 하이에크의 사상을 비교하고자 한다.

8) 하이에크의 지식경제학과 신고전파의 정보경제학

신고전파의 전통에서 적용되고 있는 정보비용은 '일상적인 거래비용'과 다름없다. 일상적인 거래비용은 다음과 같은 정보를 수집·가공하는 데 따르는 비용이다(Kiwit, 1994: 111~113).

- 거래의 파트너가 누가 될 것인가?
- 어떤 교환조건이 서로 수락될 수 있는 조건인가?
- 거래대상의 특성이 계약한 대로인가?

개개인들이 갖고 있는 이러한 당면한 문제를 해결하기 위해서는 지식의 습득이 필요하다. 다시 말하면 지식습득은 이러한 문제를 해결해 주고, 또한 개개인들의 불확실성을 축소시켜 준다. 그러나 지식습득을 위해서는 비용이 필요하다. 이 비용은 사실상 의사소통 비용이라고 볼 수 있다.

이와 같이 지식습득 과정에서 한편으로는 효용이 생겨나고 다른 한편에서는 비용이 생겨나기 때문에, 신고전파 경제학은 다음과 같이 묻고 있다. 얼마만큼 지식을 습득하는 것이 최적이냐? 이 문제의 해답으로서 정보경제학은 한계분석에 따라 한계편익과 한계비용이 동일할 때까지 지식습득을 증가시켜야 한다는 최적화 정보 규칙을 작성하고 있다(Stigler, 1971: 66).

이와 같이 정보경제학은 지식을 상품과 동일하게 취급하면서 상품 선택의 경우와 마찬가지로 선택의 순수 논리를 지식습득에도 똑같이 적용하고 있다. 그러나 지식의 문제에 대한 신고전파적인 이러한 해답은 정보경제학의 확립에 기여한 애로우(K. J. Arrow)까지도 비판하고 있듯이 근원적인 모순에 빠진다. 정보는 습득하여 이용하기 전에는 그 가치를 알 수가 없다. 따라서 한계효용을 계산할 수 있으면, 비용을 들일 필요가 없이 이미 그 정보를 가지고 있는 셈이 된다(Arrow, 1971: 148).[40]

지식은 효용의 평가와 그 이용을 분리시킬 수 있는 것이 아니다. 따라서 지식의 습득에 최적화 모델을 적용할 수 없다. 이러한 패러독스를 회피하면서 동시에 일반균형 이론을 견지하기 위해서는 경제주체의 탐색노력이 지향해야 할 정보다발이 일정불변하고 외생적으로 주어져 있다는 가정을 도입해야 한다. 이 정보다발 그 자체는 개별 경제주체들이 적응할 객관적인 여건들이다.

이러한 모델의 문제점은 첫째, 모델에 내재돼 있는 경제주체들은 정보의 수집과 해석에서 자율성을 갖고 있지 않다는 점이다. 주어져 있는 사실 그 자체를 정보로서 수용한다는 의미에서 그들은 정보수집과 해석에서 수동적인 입장을 취한다. 이러한 인간상은 고전적인 경험주의에 해당하는 인간상이다.

이러한 정보이론적 접근은 하이에크의 인식론적 입장과 정면으로

---

[40] 이러한 이유 때문에 애로우는 배분론적 관점에서 이러한 패러독스를 정보에 대한 중앙집권적인 결정이 필요하다는 간섭주의 정책을 옹호하기 위해 적용하고 있다. 그러나 그의 이러한 결론은 지식은 각처에 흩어져 있고 또한 예측할 수 없는 방향으로 변동한다는 하이에크의 지식의 문제와 대립된다.

충돌한다. 앞에서 언급한 바와 같이 주관주의적 접근법에 따라 인간은 정보의 해석과 수집에서 자율성을 가지고 있다.

이러한 시각에서 정보는 객관적으로 주어진 사실이 아니라 주관적인 인식 행위를 통해서 비로소 가공되어야 한다. 또는 그러한 가공은 창조적인 인식 행위에 의해서도 이루어질 수 있다. 이러한 활동 자체는 새로운 정보를 개인적인 지식구조 또는 인지 시스템과 연결시키려는 노력의 결과이다.

둘째, 자율성을 가진 경제주체는 자신의 지식 상태를 자기 나름대로 평가해야 할 것이다. 신고전파에서는 준거점으로서 완전히 알고 있는 어느 한 관찰자를 전제로 하고 있고, 그가 경제주체들의 정보상태를 평가한다. 정보경제학에서도 역시 경제주체들이 적응해야 할 객관적인 여건을 준거 틀로 간주하고 있다.[41] 이러한 준거 틀에 의해 합리성 정도를 측정한다. 이러한 합리성 모델은 적합하지 않다. 남아 있는 것은 따라서 주관적인 합리성 개념이다.

하이에크의 지식이론에 따르면 주체적인 자율성을 가진 경제주체는 만족스럽다고 생각하는 지식수준(만족수준)을 스스로 규정한다. 이 수준에 도달할 정도까지 지식습득을 계속한다. 그러나 이 수준은 정태적이지 않다. 지식습득에 의한 성공의 빈도수, 과거에 체험된 지식 상태에 따라 이 수준은 변동한다. 따라서 만족수준은 균형이론에 의해서는 설명될 수 없는 동태적 성격을 갖는다.

---

41 경제주체는 이를 역시 준거 틀로 간주하고 있다. 따라서 그는 이런 관찰자의 입장에 있으면서 동시에 제한적으로 알고 있는 행위자의 입장을 취하고 있다. 그렇지 않으면 지식습득 최적화 규칙을 적용할 수 없을 것이다(Streit and Wegner, 1989: 185 참조).

9) 하이에크와 커츠너의 과정 이론의 비교

미제스의 제자인 뉴욕 대학의 커츠너(I. M. Kirzner)도 하이에크와 마찬가지로 주류경제학의 분석적, 논리적 균형이론에 대한 비판에서 출발하여 미국적 오스트리아학파를 형성하는 데 독보적으로 기여하고 있는 학자이다. 여기에서는 인식론적 관점에서 그의 구상을 하이에크와 비교한다.[42]

(1) 커츠너 이론의 기본 구조

그는 시장 시스템은 장기적으로 모든 계획들이 완전히 조정된 상태를 달성하는 성향을 가지고 있는 것으로 간주하고 있다.[43] 이러한 조정을 가능하게 하는 요소를 그는 기업가적 정신에서 찾고 있다. 그는 미제스처럼 인간행동을 '로빈스적'인 극대화 행동[44]과 기업가적 요소로 구분하고 있다. 로빈스적 행동은 알고 있는 주어진 목표수단의 테두리 내에서의 행동(최적화 행동)을 의미한다. 기업가적 요소는 바로 이 테두리 자체의 변동 또는 수단들과 목표들의 새로운 평가를 야기하는 행동이다.

---

[42] 커츠너의 대표적인 저서는 *Competition and entrepreneurship* (Chicago, 1973)〔독일어판: *Wettbewerb und Unternehmertum* (Tübingen, 1978), 한국어판: 이성순 옮김, 『경쟁과 기업가 정신』(한국경제연구원, 1995)〕이다. 이 글에서는 독일어판을 기초로 하여 인용했다. 그 밖에도 *Perception, Opportunity and Propit, Studies in the Theory of Entrepreneurship* (Chicago, 1979) 등이 있다.

[43] 균형의 정의는 하이에크와 일치한다. 그러나 시장 과정이 이러한 종말상황으로 진전된다는 사고 방법은 하이에크와 다르다.

[44] 로빈스(L. Robbins)의 이름을 붙여 명명된 행동이다. 왜냐하면 로빈스는 경제학을 주어진 수단과 목표들의 최적화를 찾는 것으로 간주했기 때문이다.

이론적 개념으로서 순수한 기업가를 '차익거래자(arbitrageur)'로 간주한다. 그의 활동은 미발견된 차익거래 가능성을 찾아내고(finding) 가격 차이를 더듬어 내는 데 있다. 이때 '차익거래' 개념을 그는 매우 광범위하게 파악하고 있다.[45] 차익거래의 예를 들면 남보다 싸게 사서 남보다 덜 비싸게 파는 경우이다. 또는 원료를 가공하여 어떤 재화를 생산할 경우, 원료 구입비와 생산된 재화의 값의 차이로 구현된다. 모든 생산과 판매는 이런 차익거래적 의미를 내포하고 있다. 그 차익은 새로운 가치 창출이다. 모든 이윤은 새로운 가치 창출이다.

이러한 차익거래의 가능성을 활용함으로써 기업가들은 순수 이윤을 얻을 뿐만 아니라 일반적으로(일상적으로) 아직 인지되지 못한 기회에 관한 필요한 정보가 확산된다. 이로써 관련된 가격들이 점차 수렴하게 되고 가격관계가 적응하여, 결국 개개인들의 계획들이 수렴된다는 것이다.[46]

여기에서 특히 중요한 것은 차익거래가 가능한 모든 기회들은 불완전한 계획조정으로 간주한다는 점이다. 불완전한 계획조정이 생겨나는 원인은 불완전한 지식이다. 즉, 무지(ignorance)에서 비롯된 것이다. 그런데 우리가 주목하는 것은 커츠너에게 무지란 있는 것을 알아차리지

---

45 특정 시점에서 존재하는 가격 차이뿐만 아니라 현재와 장래 가격의 차이 및 예상된 두 장래 가격들의 차이까지 포함한다. 가격 차이는 하나의 상품과 관련된 차이뿐만 아니라 원료가격과 이 원료를 이용해 생산된 최종 생산물의 가격 차이 혹은 서로 다른 상품 품질 간에 존재하는 가격 차이까지도 포함한다.

46 예컨대 A장소에서는 재화 X를 100원에, B장소에서는 이 재화를 200원에 판매하고 있지만 시장 참여자들은 이 가격 차이를 알지 못한다. 기업가가 이를 알아차린다면 그는 A장소에서 120원에 사서 B장소에 180원에 판매한다. 이로써 그는 60원의 이익을 얻게 된다. 또 다른 기업가들도 이를 알아차리게 되면 이 기업가들끼리 경쟁함으로써 결국 일물일가의 원칙에 도달한다.

못하는 것을 표현하는 의미로 사용하고 있다는 것이다.47 기업가의 활동을 이미 존재하고 있지만 인지하지 못한 차익거래 기회를 포착하는 활동으로 간주하고 있다. 따라서 커츠너의 기업가적 요소란 적극적으로 시장 과정을 균형에서 멀어지게 하는, 새로운 이윤기회를 창출하는 요소가 아니라 반사적이고 소극적인 요소로 간주될 수 있다. 그는 다음과 같이 말하고 있다(Kirzner, 1978: 59).

"나는 기업가를 무(ex nihilo)에서 아이디어를 창조하는 원천으로 보는 것이 아니라 이미 존재하고 있으며 발견되기를 기다리는 기회를 찾는 사람으로 간주한다."

따라서 커츠너의 기업가적 정신이란 불균형을 균형으로 만드는 과제를 가지고 있다. 이윤은 불균형에서만 존재하고 있기 때문에 이윤을 획득함으로써 무의도적으로 시장의 불균형이 균형으로 전환된다.48 커츠너가 생각하는 시장질서의 기본적인 구조의 이러한 특성은 하이에크와 어떤 관련성을 가지고 있는가를 살펴보자.

(2) 결정주의 세계관

커츠너의 균형 개념은 모든 가격격차가 발견되어 제거된 상태로 규정되고 있다. 시장참여자들의 기대가 완전히 일치하고 또한 외부 상황과 양립되어 있다는 의미에서 개개인들의 계획이 완전히 적응되어

---

47 "Ignorance of knowledge ······ is simply the expression and the evidence of a sheer failure to notice what ist there to be seen"(Kirzner, 1979: 145).
48 보다 자세한 논의는 민경국(1993a: 55~57, 220~226) 참조.

있는 상태이다. 이러한 상태는 사실상 동질적인 세계로 간주될 수 있을 것이다. 그는 시장 과정이 정보습득 과정에 의해 이러한 상태가 장기적으로 달성되는 것으로 간주하고 있다. 시장 과정에서 이루어지는 모든 인간의 행동은 무의도적으로 이러한 균형 상태에 도달한다는 것이다.

따라서 커츠너의 이론은 결정주의적 세계관을 전제하고 있다고 볼 수 있다. 기업가들의 이윤추구 행위는 바로 불균형을 균형으로 만드는 행위로 해석될 수 있다. 이러한 세계관은 하이에크의 입장과 완전히 다른 입장이다. 그는 시장 과정을 균형지향적 과정으로 파악하지 않고 균형과 불균형의 혼합과정으로 파악하고 있다. 조정이론적으로 해석한다면 시장 과정은 조정 과정과 탈조정 과정의 혼합과정으로 파악하고 있다.

(3) 행동에 관한 가정

커츠너의 이론에서는 인간의 혁신적인 활동이 존재하지 않는 세계를 전제로 하고 있다. 왜냐하면 일반균형이 달성되기 위해서는 시장 과정에 모든 행위의 격차를 제거시키기 위한 기회만이 존재해야 하고 또한 시장참여자들의 관련 지식을 수렴시킬 수 있는 지식습득만이 존재해야 하기 때문이다.

혁신활동은 지식의 격차 및 행동의 격차를 발생시킨다. 이러한 활동이 없는 세계에서는 일반균형 이론의 경쟁이 없는 상태가 궁극적으로 달성되고, 완전한 조정상태, 이윤이 존재하지 않는 상태가 달성된다.

그러나 새로운 것을 탐색하고 혁신을 실험하려는 체계적인 자극이 시장 과정 속에 내재되어 있다. 이윤이 감소하면, 새로운 것을 찾으려는 혁신적 활동이 야기된다. 혁신은 일반적으로 혁신자의 경제적인 생존을 위한 여지를 확장해 준다. 반면에 그것은 경쟁 상대방의 생존가능성을 제한한다.

따라서 시장에서는 행동의 차이들을 제거시키는 경제적 활동과 새로운 차이들을 발생시키는 경제적 활동이 동시적으로 지배한다. 전자의 활동은 조정지향적으로 작용하고 후자의 활동은 탈조정을 야기한다. 따라서 여기에서 우리는 세 가지 인간행동 유형을 구분할 수 있다.

- 로빈스적 인간→ 균형 상태
- 미제적 인간→ 균형지향적
- 슘페터적 인간→ 불균형

커츠너는 미제스적 인간을 전제로 하여 시장 과정을 균형지향적으로 파악하고 있다. 하이에크는 슘페터적 및 미제스적 인간의 혼합으로 시장 과정을 파악하고 있다.

(4) 인지적 특성과 시장 과정 이론

커츠너의 이론이 전제하고 있는 인간은 정보의 습득과 해석에 있어서 매우 수동적이다. 예컨대 동일한 상품의 가격 차이를 주관적으로 해석하지 않고, 즉 인간이 각자 나름대로 해석하지 않고 액면 그대로 수용한다. 커츠너의 인간은 정보경제학에 전제하고 있는 인간과 동일하다.

이에 반해 하이에크의 시장과정론이 전제하고 있는 인간은 모든 정보들을 자신이 가지고 있는 인지구조에 비추어 재해석하는 적극적, 창조적인 인지활동을 전개한다.

10) 분석결과

이상에서 자유사회의 원리를 도출하기 위해 제안하고 있는 사회의 성격에 관한 이론으로서 자생적 사회 질서 이론을 설명했다. 제1절에서는 자생적 질서의 일반이론을, 제2절과 제3절에서는 자생적 질서의 경제적 국면인 시장질서의 기능원리를 분석했다.

자생적 질서에 속하는 시장질서에 관한 하이에크의 이론은 기본적으로 지식이론을 기초로 하여 구성된 이론이다. 그는 시장이 해결하고자 하는 문제를 배분문제로 해석하는 것이 아니라 지식의 문제로 해석한다. 이러한 문제의 시각으로 인해 주류경제학을 근본적으로 바꾸어 놓고 있다.

주류경제학은 리카디안 전통의 경제학으로서 합리주의적 시장이론이다. 그것은 최적화 모형과 균형모델을 특징으로 한다. 하이에크는 이 두 가지 모델을 지식이론의 시각을 통해 경제학의 밖으로 밀어내고, 그 대신 진화론적 시장이론을 개발하고 있다. 이 이론이야말로 우리가 이제부터라도 답습해야 할 이론이다.

그러나 일반적으로 자생적 질서 및 그 경제적 국면인 시장질서에서 '발견적 절차'가 이루어지고 어느 누구도 전체로서 가질 수 없는 지식의 사용이 가능하게 되기 위해서는, 다시 말하면 자생적 질서 및 시장 시스템이 생성되기 위해서는, 일정한 조건이 필요하다. 무조건적으로 이들이 형성되는 것이 아니며, 특정의 제도적 장치가 필요하다. 이 문제를 설명하는 것이 다음 제4절의 목적이다.

4. 자생적 질서와 행동규칙

앞에서 설명한 바와 같이 사회과학의 설명 대상이자 동시에 사회정
책의 형성 대상이 되고 있는 사회현상을 하이에크는 '복잡한 현상'이라
고 부르고 있다. 우리는 사회현상의 복잡한 구조를 단순히 일련의 사실
로 파악하는 것이 아니라 일련의 관계들, 질서 잡힌 구조 또는 구조화된
것으로 인지한다.

이때 우리는 우리 감각의 직관적인 능력에 의해서 또는 정신 내지
중추신경계에 의해 형성된 가설적인 이론들의 도움을 받아 사회적
사건들의 상호작용 과정에서 형성되는 반복적인 패턴들을 구분할 수
있다. 이러한 구분의 결과로서 하이에크는 반복적인 패턴들 또는 구조
를 '자생적 질서'와 '조직'으로 구분하고 있다.

그런데 우리가 주목하는 것은 이러한 규칙성은 무조건적으로 형성
되는 것은 아니라는 것이다. 규칙적인 사회적 패턴은 사회질서의 구성
요소들의 행동들을 지배하는 행동규칙들이 존재할 경우에만이 비로소
가능하다. 다시 말하면 자생적 질서 및 카탈락시가 형성되어, 여기에서
발견적 절차 내지 진화적 과정이 형성될 수 있기 위해서는 이에 '적합
한' 행동규칙이 전제되어야 한다.

이것은 어느 한 게임이 성립되기 위해서는 게임 참여자들이 준수할,
그리고 그 게임에 적합한 게임규칙이 전제되어야 한다는 사실과 동일
한 맥락을 가지고 있다.

그렇기 때문에 게임규칙 내에서 이루어지는, 또는 행동규칙의 틀
내에서 이루어지는 사회적 현상(사회적 행동질서)을 파악하기 위해서는,
그리고 사회적 현상을 조종하기 위해서는, 또 다른 사회적 현상에 속하
는 행동규칙의 현상을 분석해야 할 것이다. 사회적 행동질서는 행동규

칙들과 무관한 것이 아니라 이 두 가지 사회적 현상은 서로를 조건지우고 있다. 그렇기 때문에 하이에크는 물론이거니와 프라이브르크학파, 즉 '질서자유주의'의 창시자인 오이켄(Eucken, 1952/1991)은 '질서의 상호의존성'을 말하고 있다.

하이에크는 특히 행동질서와 '행동규칙 질서'를 합하여 '전체 질서'로 표현하고 있다. 행동규칙 질서는 이 전체 질서의 부분 질서이고, 또한 행동질서도 역시 이 전체 질서의 부분 질서로 파악하고 있다.

사회적 현상으로서의 행동규칙 현상에 관한 이론은 따라서 질서 이론의 핵심을 이룬다. 주어진 행동규칙 내에서 이루어지는 사회적 현상으로서의 행동질서의 연구는 완전한 질서 이론이 될 수 없다.

사회적인 행동규칙의 현상을 어떻게 파악해야 할 것인가? 그는 사회적인 행동규칙의 현상도 다른 현상과 마찬가지로 복잡한 현상으로 파악하고 있다. 그렇기 때문에 그의 법이론 또는 행동규칙에 관한 이론도 지식이론과 분리된 이론이라고 볼 수 없다. 그의 지식이론의 핵심을 다시 한 번 언급하면 다음과 같다.

세계에 관한 우리의 지식은 사건들의 부류들(classes of events)이고, 따라서 우리는 한 부류나 부류들의 관계에 관한 지식만을 가질 수 있을 뿐 이 부류나 부류들의 관계를 구성하고 있는 개별적인 요소들에 관한 상세한 지식을 가질 수 없다. 이것을 다른 말로 표현하면 관찰하는 경제학자가 경제적 세계에서 시장관계라고 알려진 질서를 추상화시키는 것과 동일하다.

이러한 방법은 오이켄의 이른바 '질서로의 사고(Denken in Ordnung)' 또는 '질서로의 인식'과 동일한 의미이다(Eucken, 1952/1991). 행동규칙에 관한 이론가도 역시 행동규칙 현상에서 이 현상을 규정하는 요소들을 끄집어내어 행동규칙 질서(시스템)를 지적인 재구성 과정을 통해

재생산한다. 예컨대 코먼 로 시스템은 사법적 판단들의 단순한 집합이
아니라 행동규칙의 추상적 시스템으로 이해된다.

하이에크는 복잡한 현상으로서의 사회적 행동규칙 현상에 관해 첫
째, 행동규칙의 사회적 기능에 관한 주제, 둘째, 행동규칙의 종류, 셋째,
이 행동규칙들의 생성 과정과 관련된 주제를 제안하고 있다. 이 세
가지 주제들 가운데 전자의 두 가지 주제와 관련된 하이에크의 설명을
재구성하고자 한다. 세 번째 주제는 제4장에서 다루어진다.

하이에크가 제시하는 이 주제들은 하이에크가 자신의 자유주의 원
리를 설명하기 위한 요소들이다. 이들은 그의 '진화론적 자유주의 사회
철학'에서 자생적 질서의 중요한 요소이다.[49]

1) 인간이성의 한계와 행동규칙의 역할

행동규칙이 사회적으로 어떠한 의미를 갖는가? 왜 인간사회에서
행동규칙이 필요한가? 이러한 문제제기는 모든 사회과학, 특히 질서경
제학 및 법이론이나 정치철학이 해결해야 할 중심된 문제제기이다.
이 문제제기에 대한 하이에크의 해답을 찾기 위해서는 그의 '진화론적
자유주의 사회철학'의 첫 번째 기둥이자 동시에 기본적인 출발점이
되고 있는 인성에 관한 이론의 핵심적 주제 중 하나인 '인간이성의
한계'라는 주제에서 출발해야 할 것이다. 사회경제적인 상호작용에서
인간이성의 한계 또는 지식의 한계와 불완전성은 다음과 같은 요소로

---

[49] 첫 번째 기둥은 제1장에서 설명한 인간이성의 구조적 무지와 이를 설명하기
위한 진화적 인식론이고, 두 번째 기둥은 제2장 1~3절에서 설명한 자발적 사회
질서 이론이다.

구성되어 있다(Mestmäcker, 1985).

- 무수히 많은 타인들의 계획과 목적 및 이들의 행위에 관한 지식.
- 자신들의 행위가 타인들에게 미치는 영향과 이 영향에 대한 그들의 반응에 관한 지식.
- 자발적으로 생성되는 이러한 상호작용에서 실제로 이루어지는 전체 질서에 관한 지식.

개개인들이 성공적으로 목적을 달성할 수 있기 위해서는 이상과 같은 지식을 전달하는 사회적인 메커니즘이 필요하다. 이 메커니즘 중 하나가 바로 가격기구이다. 앞에서 설명한 바와 같이 그것은 추상적인 지식신호를 제공한다. 다시 말하면 무엇을 해서는 안 되는가에 관한 지식을 제공한다.

또 다른 메커니즘이 바로 행동규칙이다. 이것은 인간에게 무엇을 할 것인가에 관한 지식을 제공하는 것이 아니라 무엇을 해서는 안 되는가에 관한 '소극적인' 지식을 제공한다. 행동규칙에 의해 조종되는 행동은 구체적인 목표와 수단에 관한 구체적인 지식, 즉 적극적인 지식에 따르는 행동과 다르다. 전자의 행동국면은 규칙과 결부된 행동인 반면에, 후자의 행동국면은 목적과 결부된 행동이다. 이와 같이 소극적인 지식을 전달하는 행동규칙의 대표적인 예를 들면 소유권법, 계약법, 불법행위법과 같은 공식적인 행동규칙 및 관습이나 관행, 도덕규칙 또는 종교규칙과 같은 비공식적인 행동규칙들이 있다. 이러한 행동규칙들은 무엇을 해야 하는가 하는 적극적인 지식, 또는 원인과 결과에 관한 적극적인 지식을 전달하기보다는 오히려 무엇을 해서는 안 되는가 하는 '소극적인' 지식을 전달한다. 이들의 존재는 왜 특정의 가능성들이 발생하지 않는가를 말해준다. 이러한 의미에서 행동규칙은 과학이론(가설)과 동일한 기능을 가지고 있다. 포퍼(Popper, 1971: 382)가 주장하고 있듯이 이론이란 왜 특정의 가능한 사건들이 발생하지 않는가를 말해준다.

이와 같이 행동규칙을 특정의 행동가능성의 출현을 배제시키기 때문에 개개인들이 처한 환경의 복잡성이 축소된다. 시스템 이론적으로 볼 때 그것은 불확실성을 흡수하고, 정보를 산출한다. 과학이론은 우리가 갖고 있는 구체적인 지식의 영역을 넘어서 존재하고 있는 세계를 알려주는 것과 마찬가지로, 행동규칙도 하이에크가 주장하고 있는 바와 같이 "구체적으로 알고 있지 않은 외부환경을 지배할 수 있는 중요한 수단이다"(Hayek, 1969: 177). 추상적인 행동규칙은 특정의 행동가능성을 일반적으로 배제시키기 때문에 개개인들은 자신의 환경에 적응할 수 있다.[50]

이러한 사실은 제도에 관한 겔렌(Gehlen, 1961)의 인류학적 이론에서도 중요한 역할을 한다. 제도들은 자연적인 본능에 대한 대체물이라는 생각에 기초하고 있는 겔렌은 문화적인 제도들의 존재 의미를 다음과 같이 설명하고 있다. 즉, 여타의 동물들과 비교할 때 인간행동은 본능에 의해 훨씬 덜 예정되어 있다는 것이다. 이것은 비트(Witt, 1987)의 말을 빌리면 인간은 다른 동물과 비교할 때 본능의 주권에서 상대적으로 훨씬 더 해방되어 있다는 것을 의미한다. 그에 의하면 인간행동은 가변적이거나 가소적이기 때문에 다변적인 환경에 더 잘 적응할 수 있다.

---

50 예를 들면 그것은 빨간불이 켜져 있을 때 건너가서는 안 된다는 신호와 동일하다. 이러한 신호에 의해 행인들은 교통 사정에 관한 '적극적인' 지식을 갖지 않고서도 교통사정에 적응할 수 있다.

인간행동의 이와 같은 열림성 및 가소성은 매우 다양한 삶의 조건에 대한 인간의 적응을 가능케 한다는 것이다.

그러나 겔렌에 의하면 이런 가소성은 자신의 문제를 발생시킨다. 다시 말하면 행동의 열림성과 가소성은 타인들의 행동과 관련하여 불확실성을 야기하고 또한 그 열림성과 가소성은 어떻게 행동할 것인가에 관해 지속적으로 의사결정을 내려야 할 부담을 준다는 것이다. 그에 의하면 사회적으로 공감된 행동패턴 내지 행동의 규칙성(행동규칙)이라는 의미의 제도는 바로 이 두 가지 문제를 해결하는 데 봉사한다. 법이나 소유권제도, 가족제도 등과 같은 제도들은 타인들의 행동을 보다 더 잘 예측할 수 있도록 해준다는 것이다. 그렇기 때문에 그는 다음과 같이 말하고 있다(Gehlen, 1964: 43; Witt, 1987: 156).

"모든 제도들에 내재하고 있는······ 이러한 기능은 가장 숭고한 문화적 특성들 중 하나이다. 만약 제도들이 없어진다면 행동의 안정성도 사라지게 된다. 인간은 아주 당연한 곳에서마저도 의사결정에서 발생하는 정보의 과잉 부담을 짊어지게 될 것이다."

하이에크도 겔렌과 마찬가지로 행동규칙들은 복잡한 상황에서의 의사결정을 용이하게 해준다는 점을 강조하고 있다. 왜냐하면 이들은 의사결정자들이 주의를 기울여야 할 상황의 범위를 제한시켜 주기 때문이다. 이로써 더 잘 의사결정을 내릴 수 있다는 것이다.[51]

---

51 하이에크(Hayek, 1969: 171)는 이렇게 말하고 있다. "행동규율들은 고려되어야 할 상황들의 영역을 중요한 상황들의 영역으로 제한시킴으로써 의사결정을 가능케 해준다."

"행동규칙은 우리의 구조적인 무지를 처리하기 위한 수단이다. ……
전지전능한 인간끼리는 행동규칙이 필요 없을 것이다. 이러한 사실을
무시한 채, 도덕 및 법질서를 연구한다면, 그러한 모든 연구는 핵심적인
문제를 소홀히 하게 된다."

공리주의 그리고 이를 계승하는 주류경제학은 인간사회의 문제를
자원의 희소성으로 간주하고 모든 제도를 자원배분의 효율성의 관점에
서 바라보고 있다. 대부분의 사회철학도 이러한 사고방법에 기초하고
있다. 예컨대 마르크스주의, 롤지안(Rawlsian) 그리고 그 밖의 계약론적
사회철학이 그렇다. 그러나 하이에크에서 사회적인 문제는 인간정신에
의해서는 겨우 일부만이 파악될 수밖에 없는 복잡한 환경 속에서 어떻
게 행동할 것인가 하는 것, 즉 행동하는 방법을 아는 데 있다.
물론 하이에크는 희소성이라는 엄연한 사실을 무시하지 않는다. 또
한 희소성의 해결책으로서 그는 분업의 중요성을 무시하는 것도 아니
다. 그러나 그에게 희소성과 분업 이전에 존재하는 지식의 문제 또는
지식의 분산 문제가 더 중요한 것들이다. 그에 의하면 전지전능한 인간
이 사는 세계에서는 정의란 불필요하다.
행동규칙의 사회적 기능을 요약하면, 정의는 모든 추상화(abstraction)
와 마찬가지로 어떠한 과학발전에 의해서도 완전히 제거시킬 수 없는
구체적인 사실에 관한 영구적인 무지에 대한 적응이다(Hayek, 1981a:
63). '정의로운 행동규칙'이 복잡성을 축소하고 정보를 산출하는 기능
을 행사하기 때문에 인간은 자신의 환경을 보다 잘 예측할 수 있고,
이로써 이들의 계획들이 자생적으로 상호간 조정되어 성공적으로 달성
할 가능성이 매우 높아진다.

2) 두 가지 종류의 인간행동과 사회질서

이상과 같이 행동규칙은 불확실성을 축소시키는 기능을 가지고 있다. 인간이 이러한 행동규칙에 따르는 경우에만이 각자 타인들의 행동을 예측할 수 있고, 이 예측을 기초로 하여 계획을 수립할 수 있다. 하이에크는 이러한 행동국면을 '규칙에 따르는 행동'으로 간주하고 있다. 이러한 행동은 막스 베버(M. Weber)의 '가치합리적 행동'과 동일하다. 가치합리적 행동은 어느 한 행동의 옳고 그름에 관한 '의견(Meinung, opinion)'에 기초를 둔 행동이다.52 하이에크는 이러한 행동국면과 나란히 목적합리적 행동을 설명하고 있다.

목적합리적 행동국면은 주류경제학 및 후생경제학, 특히 하이에크가 '구성주의적 합리주의'라고 부르는 사상에서 강조하고 있다. 이에 따르면 인간의 행동은 오로지 목적합리성에 의해서만 인도된다. 목적합리적 행동은 구체적인 목적과 수단에 관한 지식 및 목적-수단 사이에 존재하는 인과관계에 관한 지식을 전제로 한다.

그러나 하이에크는 인간행동은 목적합리성에 의해 인도될 뿐만 아니라 특정의 행동방식을 선호하거나 싫어하는 비교적 지속적인 태도를 의미하는 규칙에 의해서도 인도된다는 점을 중시하고 있다. 목적합리적 행동은 구체적인 시간 및 장소와 관련된 구체적인 상황 및 목적과 결부되어 있다. 이러한 행동과 규칙에 따르는 행동은 다음과 같이 구별

---

52 의견이란 여러 가지 형태의 행동이 소망스럽다든가 혹은 소망스럽지 못하다든가에 관한 견해를 의미한다. 이 견해에 기초하여 특정인의 행위를 시인하거나 부인한다. 오로지 행동방식만을 관계하는 이러한 의견은 구체적인 목적과 결부되어 있지 않고 따라서 그것은 어떤 구체적인 행위를 결정하지 않는다. 이에 관해서는 하이에크(Hayek, 1981a: 29) 참조.

될 수 있다.

(1) 규칙에 따르는 행동은 규칙 속에 들어 있는 지침을 따르는 행동인 반면에, 목적지향적인 행동은 특정의 알려진 수단과 특정의 소망스러운 구체적인 목적과의 인과적 관계에 따르는 도구적인 행동이다. 이러한 차이는 헌법정책 및 경제정책과 밀접한 관련성을 가지고 있다. 규칙지향적인 경제정책(입법정책)과 그리고 종말상황 지향적인, 즉 결과지향적인 경제·입법정책의 구분이 그것이다.

(2) 목적지향적인 행동은 단기적 결과를 달성하기 위한 것이고, 규칙지향적인 행동은 장기적인 결과(추상적, 일반적 결과)를 위한 것이다. 규칙지향적인 행동은 절차지향적인 행동이다. 행동규칙은 구체적인 목적과 관계없고, 오히려 다양한 목적들이 서로 조정될 수 있는 절차를 규정한다. 목적지향적인 행동은 도구적 성격을 가지고 있기 때문에 달성하고자 하는 목적이 달성되면 이에 필요한 도구로서의 행동은 의미가 없다. 목적지향적인 행동은 '의견(opinion)'이 아니라 '의지(will)'를 전제로 한다. 의지는 의견과는 달리 특정의 구체적인 결과를 달성하고자 하는 것을 의미한다(Hayek, 1981a: 29; 1969: 217~223).

목적지향적인 행동은 시시각각으로 변동된다. 왜냐하면 구체적인 목적이 달성되면 의지가 소멸되고, 그 목적이 달성되지 못하면 새로운 의지가 형성되기 때문이다. 그렇기 때문에 목적지향적인 행동은 질서의 형성에서는 아무런 의미가 없다(Hayek, 1969: 170). 시장 과정 또는 자생적 질서의 형성을 가능하게 하는 것은 인간이 목적합리적으로 행동하기 때문이 아니라 행동의 다소의 불변성을 야기하는 행동의 규칙성 때문이다.

동일한 문화적인 경험을 기초로 하여 유사한 기대가 형성되고, 여기에서 질서가 형성된다. 이 질서로 인해 또 다시 기대의 형성을 가능케 하고 기대의 안정성이 이루어진다는 것이다. 이로써 비로소 개개인들의 서로 다른 목적들, 계획들의 조정이 가능하게 된다. 이러한 조정의 기초가 되는 것이 규칙에 따르는 행동이다. 하이에크는 목적합리적 행동이 자생적 행동질서의 형성에 기여하는 것이 아니라 가치합리적인 행동이 이에 기여하는 것으로 간주한다. 가치합리적인 행동은 목적합리적인 행동을 가능케 하는 행동으로 간주하고 있다.

그러면 이와 같이 사회질서의 형성을 가능하게 하는 행동규칙은 어떤 것들이 있는가를 살펴보자.

3) 두 가지 종류의 행동규칙

사회경제적인 수준의 행동규칙들은 어떠한 것들이 있는가? 이 문제를 설명하기 전에 우선 개인적 수준의 행동규칙과 사회적 행동규칙을 간단히 구분할 필요가 있을 것 같다. 어떤 종류의 규칙이든, 규칙은 반복적인 선택 문제를 해결하기 위한 표준적인 해결책이다. 규칙은 이런 점에서 그때그때마다 새로이 의사결정을 내리는 행위와 구분된다 (Vanberg, 1994b: 158).

개인적 행동규칙은 개개인들이 자신의 사적인 삶을 조직하는 경우에 직면하게 되는 반복적인 선택의 문제를 해결해 주는 해결책인 데 반해, 사회적인 행동규칙은 반복적인 상호작용 문제, 즉 개개인들이 사회적인 상호작용 관계에서 공동으로 직면하게 되는 문제에 대한 해결책이다(Vanberg, 1994b: 159).

그렇다고 이 행동규칙들이 분리된, 서로 배반적인 범주로 이해될 수는 없다. 어느 한 개인이 주로 자신의 개인적인 삶을 조직하기 위해 채택한 행동규칙은 동시에 사회적 기능을 행사한다. 이와는 반대로 주로 사회적인 행동의 조정에 기여하는 행동규칙은 사적인 삶을 조직하는 데 기여한다.

이와 같이 개인적 행동규칙과 구분되는 사회적인 행동규칙[53]은 어떤 종류가 있는가? 하이에크의 문화적 진화 이론에서 핵심을 이루는 것은 바로 사회적 행동규칙에 관한 인식이다. 그는 앞에서 설명한 두 가지 종류의 질서의 구분에 준하여 각기 두 가지 질서가 필요로 하는 행동규칙의 차이점을 강조하면서 사회적 행동규칙을 구분하고 있다. 그는 조직과 자생적 질서의 차이는 이 두 질서에 각각 지배하고 있는 두 가지 종류의 규칙이나 법과 밀접하게 관련되어 있다고 주장하고 있다.

앞에서 언급한 바와 같이 조직은 조직이 달성하고자 하는 알려진 구체적인 목적을 가지고 있다. 이러한 조직의 목적을 위해 필요로 하는 행동규칙과 '정의로운 행동규칙'이 어떤 관점에서 서로 다른가 하는 문제는 자생적 질서 및 조직의 개념적 구분과 밀접하게 관련되어 있음을 암시하고 있다. 그러면 이 두 가지 질서에 각각 적합한 행동규칙의 성격은 무엇인가?

---

53 이러한 구분은 세 가지 설명 문제를 구분하는 데 도움을 준다. ① 왜 그리고 어떤 상황에서 어느 한 개인이 자신의 행동을 사적인 규칙에 의해 제한하는 것이 유익하냐? ② 왜 그리고 어떤 상황에서 개개인들이 사회적 행동규칙에 예속할 것을 합의하는 것이 유익하냐? ③ 왜 그리고 어떤 조건하에서 어느 한 개인이 사회적 규칙에 따르는 것이 유익하냐? 첫 번째 문제는 사적인 행동규칙의 존재 가치, 두 번째 문제는 사회적 행동규칙의 존재 가치, 세 번째 문제는 도덕률에 준수하려는 개인의 기질인 도덕성(morality)의 존재이유와 관련된 문제이다. 이에 관해서는 판 베르크(Vanberg, 1994b: 159~161) 참조.

하이에크는 두 가지 형태의 행동규칙, 즉 자생적 질서의 기초가 되는 행동규칙과 조직의 기초가 되는 행동규칙의 차이를 이 두 가지 행동규칙의 생성기원의 차이와 절대적으로 동일한 것으로 간주하지 않는다. 그에 의하면 자생적 사회질서의 기초가 되는 행동규칙 가운데에는 자발적 기원을 가진 것들 이외에도 의도적으로 도입된 것들이 존재할 수 있다(Hayek, 1969: 17~20; 민경국 편역, 1989: 237~240). 즉, 두 가지 종류의 행동규칙의 성격상 차이는 생성기원과는 관계없이 규정될 수 있다(Vanberg, 1994b: 114~115).

일차적으로 하이에크는 명칭을 서로 다르게 붙이고 있다. 자생적 질서의 기초가 되는 행동규칙을 도덕철학적 개념을 도입하여 '정의로운 행동규칙(rules of just conduct)'이라고 부르는 반면에, 조직의 기초가 되는 행동규칙을 '조직 규칙'이라고 부르고 있다. 그는 조직의 기초가 되는 행동규칙의 성격을 다음과 같이 표현하고 있다(Hayek, 1980: 73).

"조직 내의 행동을 지배하는 규칙들의 특징이 되는 것은 조직 전체에게 부여된 과제를 수행하기 위한 규칙이다. 이 규칙은 규정된 구조(조직: 필자)에서 각 개인이 차지하고 있는 위치가 명령에 의해 결정되어 있고 또한 각 개인이 지켜야 할 규칙들은 그가 할당받은 위치와 명령자가 그에게 부여한 특정의 목적에 의해 좌우된다. …… 따라서 조직규칙들은 불가피하게 명령을 보완한다. 다시 말하면 명령으로는 완전히 채워지지 않은 갭은 조직규칙들에 의해 채워진다."

이러한 조직규칙의 특성을 감안한다면 그것은 조직구성원들이 각자 할당받은 역할에 따라 각기 다르고, 또한 명령에 의해 결정된 목표에 비추어 해석되어야 할 것이다. 이상과 같은 조직규칙의 성격을 좀 더 상세히 설명할 필요가 있다.

앞에서 설명한 바와 같이 자생적 질서와 조직의 특징들 중 하나가 바로 각기 그 구성원들이 공동으로 추구해야 할 어떤 공동의 목표가 존재하고 있느냐의 여부이다. 자생적 질서는 그 구성원들이 공동으로 추구할 목표가 존재하지 않는다. 개개인들이 제각기 자신들의 목표를 설정한다. 이에 반해 조직에서는 조직구성원들이 추구할 공동의 목표가 존재한다. 그렇기 때문에 하이에크는 자생적 질서를 포퍼에 의존하여 열린사회로 규정하고 있는 반면에, 조직을 닫힌 사회로 규정하고 있다.

이러한 조직에서는 극단적인 경우 그 구성원들이 모두 조직목표에 완전히 예속되어 있다. 그들은 자신들의 목표와 지식에 따라 행동할 가능성을 전혀 가지고 있지 않다. 비록 그들이 자신들의 개별적인 목표를 추구할 수 있고, 또한 이를 위해 자신들이 가지고 있는 지식을 동원할 수 있다고 하더라도 그것은 미리 작성된 공동의 목표와 양립할 수 있는 한에서만 가능하다. 따라서 조직 규칙의 성격은 다음과 같이 세 가지로 설명될 수 있다.

① 조직규칙은 명령에 의해 규정된 구체적인 조직목표를 달성하기 위한 수단이다.

② 조직규칙은 명령에 의해 구성원들에게 할당된 기능을 전제로 하고, 이 기능수행을 위한 수단이다.

③ 조직규칙은 조직구성원들의 기능과 위치에 따라 서로 다르게 적용된다. 조직규칙은 명령에 의해 규정된 목표 및 기능에 비추어 해석되어진다.

조직규칙은 구체적인 특정의 행동을 수행하도록 내려지는 지시와 동일하다. 이러한 사회조직의 대표적인 예가 관료조직이다. 이러한 사회는 완벽한 '명령'에 의해 지배되는 사회이다(민경국, 1993b: 180～189). 중앙집권적 경제체제의 모든 법규칙이 이런 내용의 행동규칙으로 구성되어 있다. 경제에 대한 계획과 규제를 뒷받침하는 법규칙도 이런 조직규칙의 성격을 가지고 있다.

조직규칙의 성격을 가진 규칙의 대표적인 예가 공법(public law)이다. 이러한 법규칙은 언제나 달성하고자 하는 구체적인 목표와 동기를 내포하고 있다. 그렇기 때문에 하이에크는 이러한 사회를 '목적이 지배하는 사회'라고 부르고 그 대표적인 형태를 중앙집권적인 경제 질서에서 찾고 있다(Hayek, 1981a: 31). 이와는 대조적으로 자생적 질서의 기초가 되는 행동규칙은 조직규칙과 논리적으로 구분시켜 주는 다수의 특징을 가지고 있다.

(1) 그것은 사회구성원들이 공동으로 달성하고자 하는 알려진 구체적인 목표나 동기를 내포하고 있지 않다. 이러한 의미에서 그것은 '추상적' 성격을 가지고 있다. 이 추상적 행동규칙은 조직의 기초가 되는 '구체적' 성격을 가지고 있는 조직규칙과는 달리, 인간행동을 '적극적으로' 규정하지 않는다.

다시 말하면 그것은 인간행동들을 어떤 사회적인 구체적 목표를 달성하기 위한 방향으로 조종·통제하지 않는다. 오히려 그것은 특정의 행동방식을 금지하는 '소극적' 성격을 가지고 있다. 다시 말하면 그것은 어떤 목적이나 동기 또는 어떤 구체적인 상황을 고려하지 않고, 특정의 행동방식을 금지한다. 따라서 그것은 목적과 독립적(end-independent)이다. 그것은 특정의 결과를 지향하여 이를 달성하려는 행동규칙이 아니라, '절차지향적' 행동규칙이다. 자생적 질서의 기초가 되는 행동규칙은 특정의 목적을 위한 것이 아니라 오히려 다양한 인간이 다양한 목적들을 추구할 수 있게 한다. 그렇기 때문에 이를 하이에크는 '다목적 도구(multi-purpose-tools)'라고 말한다(Hayek, 1981a: 38, 58; 1969: 177).[54]

(2) 이것은 '일반적(general, universal)' 성격을 가지고 있다. 이 '일반적' 성격이란 사회의 모든 구성원들에게 똑같이 적용된다는 것을 의미한다. 이것은 알려져 있지 않은 불특정한 다수의 인간 및 사례들에 적용되어야 한다. 조직규칙은 조직구성원들마다 그들이 명령에 의해 할당된 위치에서 명령에 의해 할당된 목적과 기능에 따라 제각기 서로 다르게 적용된다. 이런 점에서 조직규칙은 편파적이고 특수적 성격을 가지고 있고, 또한 그것은 차별적으로 적용된다(Hayek, 1980: 73).

(3) 그것은 오로지 허용된 행동범위를 설정한다. 해서는 안 될 행동이 무엇인가를 말해준다. 금지되지 않은 행동은 개개인들의 자율적 선택에 맡긴다. 따라서 이것은 개개인들이 자유로이 행동할 수 있는 행동영역을 설정한다. 이 영역을 '자유영역' 또는 '보호된 영역'이라고 부른다(Hayek, 1981a: 58~59). 이 영역에서 모든 개개인들에게 자유로이 자신의 지식을 개발하고 이를 이용할 수 있다. 그렇기 때문에 하이에크는 행동규칙을 '자유를 보장하는 행동규칙'이라고 부르고 있다. 이것은

---

54 반복적으로 생겨나는 문제의 해결을 위한 수단이다. 그는 행동규칙을 특수한 목적을 위해 만든 것이 아니라 일반적인 목적을 위해 만든 칼이나 해머와 비유하고 있다.

모든 개개인들에게 타인들로부터 무엇을 기대할 수 있고, 자신들의 목적을 위해서 무엇을 이용해도 좋은가, 자신들에게 열려진 행동반경이 무엇인가를 말해준다.

이상과 같은 특징을 가진 행동규칙은 여러 가지가 있다. 도덕규칙, 전통, 관습이나 관행, 종교 규칙 등이 그것이다. 그리고 사법(영미법적 전통에 따르면 민법 및 형법을 포함한다)의 대부분도 이런 성격을 가진 행동규칙이다. 사법은 구체적인 목적과 관계없는 이러한 '일반적 정의로운 행동규칙'으로 구성되어 있다.

그러나 이러한 질서형성에서 특히 중요한 점은 개별적인 행동규칙들이 개별적으로 작용하여 자생적 질서를 형성하는 것이 아니라는 점이다. 개별적인 행동규칙은 다른 행동규칙들과의 맥락에서 기능한다. 개별적인 행동규칙은 다른 행동규칙들과 '적절히' 조합될 경우에만 이 질서를 형성하는 기능을 발휘할 수 있다(Hayek, 1969: 144~160). 행동규칙들은 전체로서 작용한다. 행동규칙들의 임의의 전체가 반드시 자생적 행동질서를 형성하는 것이 아니기 때문에 이 행동질서를 생성시키는 행동규칙들은 하나의 '시스템'이 되도록 조합되어야 한다(Hayek, 1969: 150).

이러한 사실은 정의로운 행동규칙의 성격과 함께 매우 중요한 실천적 의미를 가지고 있다. 이 실천적 의미와 아울러 왜 자생적 질서의 기초가 되는 행동규칙이 정의로운 행동규칙인가 하는 윤리적 문제도 역시 실천적 의미와 중요한 맥락을 가지고 있다. 이러한 실천적 의미는 제5장에서 체계적으로 종합하여 설명하기로 하고, 여기에서는 이 일반적 행동규칙의 종류를 설명하고자 한다.

4) 일반적인 행동규칙의 종류

자생적 질서의 기초가 되는 일반적 행동규칙은 어떠한 종류가 있는 가? 하이에크는 이를 체계화하지 않고 매우 산발적으로 언급하고 있다. 따라서 여기에서는 이를 체계화시키고자 한다.

하이에크는 행동규칙을 크게 언어로 표현된 행동규칙(articulated rules of conduct)과 언어로 표현되지 않은 행동규칙(unarticulated rules of conduct)으로 구분하고 있다. 이러한 구분은 일반적으로 구분되고 있는 바와 같이 성문법과 불문법의 구분보다 훨씬 더 근원적이다. 하이에크는 자생적 질서의 제도적 기초를 형성하는 일반적인 행동규칙들 중에는 아직 언어로 표현되지 않은 행동규칙, 즉 암묵적인 행동규칙이 존재하고 있음을 강조하고 있다.

이러한 행동규칙의 존재에 관한 그의 주제는 앞에서 설명한 바와 같이 개인적 수준에서 개인적인 인지와 개인적 행동을 지배하는 규칙들 중에는 언어로 표현되지 않은 규칙들이 존재하고 있고, 이들이 바로 언어로 표현된 규칙들의 기초가 된다는 그의 독창적인 주제와 일치된다. 그에 의하면 인간의 모든 사고와 인지 그리고 개인적인 모든 행동은 오로지 알려진 규칙들의 의도적인 적용으로부터 도출된 결과라는 고전적인 합리주의 사상은 잘못된 견해이다. 인간의 인지와 사고 및 행동은 '초의식적인' 혹은 암묵적인 규칙에도 기초를 둔 것이고 또한 특히 이러한 기초에서만이 의식적인 알려진 규칙의 적용이 가능하다는 것이다. 그렇기 때문에 이 암묵적 규칙을 하이에크는 '초의식적 규칙(supra-conscious rule)'이라고 부르고 있다(Hayek, 1967: 60; 1980: 47~50).

사회경제적인 수준에서도 역시 하이에크는 암묵적인 행동규칙이 존재하고 있다고 주상한다. 정의로운 행동규칙 또는 일반적인 행동 규칙이라고 해서 모두가 언어로 표현되어 있는 것은 아니다. 하이에크에 있어서 '법'이란 언어로 표현되어진 행동규칙뿐만 아니라 아직 언어로 표현되어 있지 않은 행동규칙까지도 포함된다.

이러한 행동규칙들은 법 시스템에 '암묵적으로' 내재되어 있거나 또는 행동규칙들을 서로 일관되게 만들기 위해 찾아져야 할 것들이다. 또한 이들은 기존의 '명시적인' 행동규칙 시스템들에 의해서는 어떤 법적 분쟁을 해결할 수 없을 경우에 우선적으로 찾아내어야 할 행동규칙이다.

하이에크는 언어로만 표현되어 있거나 또는 법제화되어 있는 정의로운 행동규칙들은 언어로 표현되어 있지 않은 행동규칙들을 언어로 표현한 것에 지나지 않는 것으로 간주하고 있다(Hayek, 1978b: 84; 1969: 216). 그는 이 암묵적인 행동규칙의 대표적인 예로서 어감과 나란히 정의감 또는 법감정을 들고 있다.

어감이란 아직 언어로 표현되지 않았지만 문법규칙에 따라 말할 수 있는 능력이다. 이와 유사하게 그는 정의감 또는 법감정을 '언어로 표현할 수는 없지만 행동규칙에 따라 행동할 수 있는 능력'으로 표현하고 있다(Hayek, 1978b: 46).

"우리 자신의 행동이나 타인들의 행동이 정의로우냐 아니냐를 판단할 수 있는 능력은 우리의 행동을 지배하는 고도의 추상적인 규칙들의 소유에 기초한 것이다. 그러나 우리는 그들의 존재를 알지 못하고 심지어 이들을 말로 표현할 수조차도 없다."

하이에크의 정의감은 흄(D. Hume)의 자연적 정의와 유사성을 가지고 있다고 볼 수 있다. 흄에게 있어서도 정의감은 행동규칙 또는 법규범

을 판단하는 기준이 된다. 그에 의하면 법규범이 사회에서 인정받으려
면 이것은 정의감에 부합되어야 한다. 정의감과 부합되지 않으면 법의
준수를 기대할 수 없고 따라서 법의 붕괴 및 사회의 붕괴가 초래된다는
것이다.

하이에크는 흄보다 한발 더 앞서서 이 정의감이 기존의 언어로 표현
된 행동규칙의 변동을 어떻게 가능하게 하는가를 설명하려 하고 있다.
예컨대 특정의 행동규칙을 의심할 경우, 그것은 이 행동규칙이 우리의
판단을 인도하고 있는 말로 표현되지 않은 행동규칙과의 비일관성이
존재하고 있다는 것을 의미한다.

만약에 우리가 정의롭다고 생각했던 어느 한 규칙이 다른 사례에서
는 정의롭지 않다고 말할 경우 그것은 우리가 정의롭다고 간주하고
있는 것을 적절히 규정하지 못한 잘못된 규칙이거나, 아니면 그 규칙을
언어로 표현할 때 우리의 판단을 인도하고 있는 규칙을 잘못 표현한
것이라는 것을 의미한다.

언어로 표현된 기존의 정의로운 행동규칙들은 이 묵시적인 규칙들
을 언어로 표현한 것들이라는 것이 그의 주제이다. 따라서 그는 문화적
진화를, 특히 암묵적인 규칙들을 명시적인 규칙들로 전환시키는 과정,
즉, '말로 표현하는 과정(Prozeß der Artikulation)'으로 간주하고 있다
(Hayek, 1969: 217; 1980: 110~112). 이러한 표현 과정 중 하나를 '법관
의 법'으로 알려진 코먼 로의 형성과정으로 간주하고 있다. 이 문제는
규칙의 형성과 변동에 관한 진화 이론적 문제이기 때문에 나중에 자세
히 설명하고자 한다.

언어로 표현된 행동규칙들 가운데 위반하는 경우 공식적 제도에
의해 처벌이 뒤따르는 행동규칙이 있다. 이 공식적 처벌 기관이 국가이
다. 이런 행동규칙을 공식적 행동규칙이라고 부른다. 제도경제학에서

는 공식적 제도라고도 부른다. 대표적인 예가 민법과 형법이다. 비공식적인 행동규칙들은 위반한다고 해도 국가의 제재가 초래되지 않고 비난과 같은 비공식적 처벌이 뒤따른다. 비공식적인 행동규칙들은 관습과 관행, 단순한 전통 그리고 도덕규범과 종교규범 등 무수히 많다. 공식적인 행동규칙만이 국가의 강제적 독점에 의해 실시될 수 있다.

인간의 일상적인 상호작용 과정에서 공식적인 행동규칙들보다도 더 중요하다. 비공식적인 행동규칙들이 전혀 존재하지 않는다면 사회는 기능할 수 없다. 다시 말하면 개인들끼리의 상호작용이 가능하지 않다. 특히 주목하는 것은 두 가지이다. 첫째, 비공식 규칙들은 자생적으로 형성된다는 것이다. 따라서 행동규칙 자체도 자생적 질서이다. 자생적 질서는 두 가지 국면을 전부 포함하여 사용할 수 있다. 그 하나는 행동규칙들의 테두리 내에서 자생적으로 질서가 형성되는 행동질서와 그리고 다른 하나는 이런 자생적 행동질서의 생성을 가능하게 하는 행동규칙이다. 우리가 주목해야 할 두 번째는 자생적 질서의 기초가 되는 행동규칙으로서 일반적인 정의로운 행동규칙 가운데 법규칙들 대부분은 이런 비공식 규칙을 성문화한 것에 지나지 않는다. 우리가 확인하고자 하는 것은 비공식 규칙이 사회질서의 대들보이고 공식적 규칙은 비공식 규칙을 보완하는 역할에 지나지 않는다.

5) 자생적 질서에서의 조직

이미 앞에서 설명한 바와 같이 자생적 질서를 구성하고 있는 요소는 개인들뿐만 아니라 조직들까지도 포함된다. 이 조직들은 기업이나 각종 이익단체들과 같이 사적 조직과 정당, 정부, 의회 및 사법부와 같은 국가조직을 포함한다. 이들은 이중적인 행동규칙에 예속되어 있다고 볼 수 있다.

첫째, 조직은 각자 자기 나름대로 조직규칙에 의해 지배된다. 이 조직규칙은 그 조직의 내적 구조를 형성한다. 이 조직규칙에 의해 조직 내의 조직구성원들의 활동들과 과제들을 조정한다. 이러한 조정은 자발적으로 이루어지는 것이 아니라 인위적으로 이루어진다. 이 조직규칙들은 하나의 단위체로서 조직을 형성한다. 이들은 조직의 구성원들끼리의 상호관계들을 지배한다. 이로써 조직이 각각 가지고 있는 목표를 달성하고자 한다.

둘째, 조직들은 일반적 정의로운 행동규칙들에 예속되어 있다. 이 행동규칙들에 의해 하나의 단위체(법적 실체)로서의 조직들끼리의 외적 행동이 조정된다. 이들에 의해 조직들의 보호된 영역의 경계선이 형성된다(Hayek, 1980: 165~166). 조직규칙들은 내적인 조정(인위적 조정)을 위한 것이라면, 일반적인 정의로운 행동규칙들은 조직들의 외적인 조정(자생적 조정)을 위한 것이다.

이와 같이 조직들의 행동이 이중적인 제한을 받는 것은 자연인에게도 마찬가지이다. 자연인으로서 개개인들은 사적인 행동규칙을 가지고 있다. 이러한 행동규칙에 의해 개인의 사고방법, 인식방법 등과 같은 개인의 기질이 결정된다. 이 기질은 개개인의 외부환경에 대한 인지를 형성함과 동시에 그의 행동을 결정한다. 개인의 외적 행동을 제한하는 것이 사회적 행동규칙이다. 즉, '정의로운 행동규칙'이다.

자생적 질서의 구성요소로서 조직들은 '강제'에 의해 형성된 것이 아니라 '자율적으로', 즉 자진하여 형성된다. 이러한 형성과정도 역시 사회과학의 중요한 인식대상이다. 자생적 질서인 시장 시스템에 국한시킨다면 대표적인 조직은 기업이다. 그것은 시장 시스템의 하부조직이다.

배분이론적인 균형분석에서는 기업을 주어진 것으로 전제한다. 그것은 기업을 이윤을 극대화하는 수동적인 로봇처럼 취급한다. 그러나 진화 이론적 시각에서 볼 때 기업조직은 주어진 것이 아니라 문제해결절차로서 그것은 시장 시스템 내의 진화 과정을 통해 혁신되고 선별·확산된다. 이러한 과정에서 다양한 내부구조가 형성된다. 이 형성과정에 관한 대표적인 이론이 코즈(R. H. Coase)와 윌리암슨(J. Williamson) 등에 의해 개발된 신제도경제학의 중요한 부분이다(Coase, 1937: 384~405). 이 이론을 여기에서 자세히 설명할 수는 없지만, 다만 강조하고자 하는 바는 조직으로서의 기업의 변동과 생성은 조직의 기초가 되는 조직규칙의 변동 및 생성과 밀접한 관련을 갖고 있다는 것이다. 이러한 조직규칙은 기업의 상위시스템인 자생적 행동질서로서의 시장 시스템에 의해 조종된다. 이 조종이 경쟁 메커니즘이다. 이 경쟁 메커니즘은 또 다시 일반적인 행동규칙에 의해 조종된다.

이익단체나 그 밖의 인간그룹의 조직도 거대한 사회의 한 구성요소로서 강제에 의하지 않고 자율적으로 형성된다. 기업조직과 마찬가지로 이러한 조직들도 문제해결 절차이다. 조직은 개개인들이 자신의 개별적인 이익을 성공적으로 달성하기 위한 수단으로서 등장한다. 이러한 조직들의 생성 과정과 확장과정에 관해 올슨(M. Olson)이 집중적으로 개발했고 그 후 신정치경제학의 중요한 인식대상이 되었다.

특히 이러한 조직들이 정치과정에 미치는 부정적인 영향에 대해 하이에크는 각별한 관심을 가졌다. 여기에서 강조하고자 하는 바는 이익단체와 같은 조직들은 자연인보다도 일반적인 정의로운 행동규칙에 의해 더 많이 제한을 받아야 한다는 점이다.[55]

조직 규칙과 조직들의 외적 행동을 규제하는 규칙의 구분을 우리가 국가 또는 정부라고 부르는 특수한 조직과 관련시킬 경우, 그 구분은 각별한 의미를 갖는다. 하이에크는 자생적 사회질서 속에 조직으로서의 국가를 포함시키고 있다.[56] 따라서 국가는 사회와 동일한 것이 아니고 사회의 밖이나 또는 상위에 존재하는 것도 아니라고 볼 수 있다.

여기에서 특히 강조하고자 하는 바는 조직으로서의 국가기관들은 각자 조직규칙을 가지고 있다는 점이다. 이 조직규칙은 공법이다. 따라서 자생적 사회질서에서 정부조직은 자생적 사회질서의 기초가 되는 일반적인 정의로운 행동규칙에 예속되어 있을 뿐만 아니라 조직규칙(공법)에 의해 예속되어 있다.

6) 분석결과

이성의 한계를 특징으로 하고 있는 인간의 사회에서 이들이 서로 상호작용을 하기 위해서는 각자 타인들의 행동에 관한 기대를 형성할 수 있어야 한다. 다시 말하면 이들의 행동에 관한 지식을 전달하는 메커니즘이 있어야 한다. 이러한 메커니즘이 가격기구와 행동규칙이다. 이런 두 메커니즘의 존재로 인해 인간은 구조적인 무지에도 불구하고 타인들과 협력하여 제각기 자신들의 삶의 목적을 수행해 갈 수 있다.

하이에크는 행동규칙의 역할을 바로 인간이 처한 복잡한 환경을

---

55 하이에크는 조직화된 그룹들에게 법적 인격을 허용하여 이들에게 자연인이 소유하고 있는 모든 권리를 허용하는 것을 강력히 반대하고 있다(Hayek, 1967: 306, 309; 1981b: 124~129) 참조.

56 가계, 농가, 기업, 회사, 법인 단체 그리고 다양한 결사들 및 정부를 포함하는 모든 공공 조직들은 보다 포괄적인 자생적 질서 속에 통합되어 있다(Hayek, 1980: 70~72).

축소시켜 주는 데에서 찾고 있다. 이러한 행동규칙들은 제2절에서 설명한 두 가지 종류의 질서에 준하여 역시 두 가지로 구분하고 있다. 조직의 기초가 되는 조직규칙과 자생적 질서의 기초가 되는 '일반적인 정의로운 행동규칙'을 대비한다면 다음과 같다.

- 목적 대비 탈목적
- 차별 대비 보편
- 지시적, 명령적 성격 대비 금지적 성격

자생적 질서의 기초가 되는 행동규칙들은 탈목적적이고, 금지적 성격을 가지고 있다. 또한 국가는 물론 모든 사람들에게 똑같이 적용되기 때문에 그들은 다목적 수단으로 간주된다. 이러한 행동규칙들의 대표적인 예를 들면 도덕규칙, 종교규칙, 단순한 관습, 관행과 같은 비공식적인 행동규칙들과 민법과 형법을 포함하는 사법들[57]과 같은 공식적인 행동규칙들이 그것이다. 일반적인 행동규칙들은 반드시 성문화되어질 필요가 없다. 또한 이들은 반드시 언어로 표현되어져 있을 필요도 없다.

조직규칙은 자생적 질서의 기초가 되는 행동규칙의 성격과 정반대의 성격을 가지고 있다. 조직규칙은 모든 사적 조직을 비롯하여 정부조직을 구성하는 규칙들이다. 특히 후자의 조직규칙을 공법이라고 부른다. 이에 속하는 대표적인 예는 헌법, 행정법 등이다.

하이에크는 앞에서 언급한 특징을 가진 '일반적인 정의로운 행동규칙'이 어떻게 생성되고 변동되는가를 설명하기 위해 문화적 진화 이론

---

57 영미법 전통과 하이에크의 분류방법에 따르면 사법(私法)은 민법과 형법을 포함한다.

을 도입하고 있다. 이를 설명하기 전에 제5절에서 자생적 질서의 대표적인 예에 속하는 시장질서의 기초가 되는 행동규칙을 설명하고자한다. 이 행동규칙이 흔히 자본주의의 도덕적, 제도적 또는 법적 기초라고 부르는 것들이다.

5. 시장경제의 기능원리와 기능조건

이상에서 우리는 자생적 사회질서의 기초가 되는 행동규칙의 성격을 설명했다. 이제는 자생적 사회질서의 한 요소이자 동시에 자생적질서의 대표적인 예인 시장질서와 행동규칙 시스템의 관계에 관해설명한다. 이를 설명하기 위해 시장 시스템의 기본적인 기능원리에관해 먼저 살펴보자.

1) 시장 시스템의 자기통제와 자기조정

앞에서 언급한 바와 같이 우리는 허치슨(T. W. Hutchison)의 구분에따라 경제학을 두 가지로 구분할 수 있다. 리카디안 경제학과 스미시안경제학이 그것이다. 리카디안 경제학은 시장질서를 인위적으로 계획하여 만든, 그리고 구성원들이 달성할 공동의 목적을 가진 '조직'으로간주하고 이를 이론적으로 재구성하려는 경제학을 의미한다. 이러한경제학을 이론적 기초로 하여 정책적 처방을 제시하기 위해 확립된것이 후생경제학이다.

리카디안 경제학은 시장경제를 균형으로 파악하고 균형모형을 작성하는 종말상황적 이론이다. 그리고 균형이 달성될 수 있는 조건들을 찾는 데 몰두한다. 특히 라카디안 경제학은 엘리트 전문가가 경제를 계획하고 규제하는 데 필요한 지식을 완전히 가지고 있다고 믿고 있다.

이러한 경제학과는 달리 시장을 균형으로 파악하는 것이 아니라 과정으로 파악하는 이론이 스미시안 경제학이다. 이런 전통의 충실한 사상이 하이에크의 자생적 질서 개념이다.

그런데 우리가 주목하는 것은 자생적 질서에서 어떤 메커니즘 때문에 질서가 자생적으로 형성되는가의 문제이다. 이것은 대단히 흥미로운 문제이다. 사회주의자들이 자본주의가 무너진다고 누차 예언했지만 무너지지 않고 꿋꿋이 생존하여 인류에게 번영을 가져다주고 있다. 그 이유가 무엇인가? 흔들림 없이 시장경제의 자생적 질서가 가능한 이유는 두 가지 과정 때문이다. 즉, 자기조정(self-coordination)과 자기통제(self-control)가 그것이다. 그리고 시장 과정에서 생성되는 경제활동의 패턴도 역시 그 두 가지 사회적 요소의 진화적 산물이다.

자기조정은 자율적인 인간 혹은 조직들끼리 이루어지는 거래망 내에서 이루어진다.58 정치적인 도움, 국가의 도움이 없이도 개인들의 서로 다른 목적과 계획들이 서로 모순 없이 조정되는 과정이다. 그리고 자기 통제는 외부의 도움이 없이도 개개인들의 잘못된 행동이 걸러지고 잘못된 지식의 사용을 통제하는 메커니즘이다.

그런데 이런 두 가지 메커니즘이 저절로 형성되기 위해서는 개인들의 자율성이 필요하다. 즉, 사적인 행위자들이 스스로 목적을 설정하고 이를 추구하며 자기 책임으로 의사결정을 내리는 조건이 그것이다. 따라서 개인의 자율성은 자기조정 및 자기통제와 함께 시장 시스템의

---

58 이하의 설명은 주로 슈트라이트(Streit, 1995)에 의존한 것이다.

3대 특성이다. 이 세 가지 요소가 시장경제에서 자생적으로 질서를 야기한다.

자기조정이 이루어지는 거래망은 매우 복잡하고 분화가능하며 또한 변동한다. 그 망은 고도의 정보적 특성을 가지고 있다. 다시 말하면 모든 거래와 함께 희소성에 관한 정보가 산출되고 가공되고 확산되어진다.

소비자, 요소 공급자 및 생산자로서 행하는 행위자들의 의사결정은 상호의존적이다. 그렇기 때문에 개별적으로 개인들이 각자 내리는 의사결정들은 지속적으로 꾸준히 조정되어야 한다. 이런 조정이 없이는 개개인들의 계획이 성공할 수가 없다. 행동조정은 개인들이 자신들의 계획을 달성하기 위한 필수적인 조건이다. 하이에크가 항상 행동조정을 강조하는 이유가 바로 여기에 있다. 조정은 교환 또는 거래, 즉 계약을 통해 이루어진다.59

시장 시스템의 자기통제는 시장참여자들의 잘못된 행동과 계획을 감시하고 새로운 지식과 새로운 행동방식을 찾아내도록 유도하는 과정이다. 이런 통제과정과 밀접한 관련을 가진 것이 경쟁이다. 그렇기 때문에 시장 시스템의 건설적 기초를 경쟁에서 찾고 있다.

그런데 우리가 주목하는 것은 이런 통제메커니즘이 작동할 수 있기 위한 효과적인 조건이다. 그것은 시장참여자들(예: 수요자들)이 교환 파트너들(공급자들)이나 교환 대상들을 교체시킬 수 있는 가능성이다. 공급자가·나쁜 재화를 비싼 값으로 판매하는 경우, 소비자들은 항의하

---

59 행동조정의 중요성을 강조하고 있는 것은 하이에크 이외에도 프라이브르크학파 모두의 공통된 견해이다. 예컨대 오이켄(W. Eucken), 호프만(E. Hoppmann) 그리고 최근에는 슈트라이트(M. E. Streit) 등이 있다.

거나 등을 돌려 그 공급을 막는다. 소비자들은 이와 같이 공급자의 교환조건들을 평가할 수 있는 입장에 있게 되면 시장경제에서 정부의 도움을 받지 않고서 시장행동을 효과적으로 통제할 수 있다.

따라서 경쟁은 사적 자율성의 이용에서 생겨나고 동시에 이 자율성을 통제한다. 기업가적 의사결정은 수요자들의 선택행위에 의해 보상받거나 처벌받게 된다. 이로써 동시에 기업가들의 잘못된 의사결정의 부정적인 결과가 제한된다. 요컨대 경쟁을 통해 권력이 통제된다 (Hoppmann, 1977: 38).

경쟁은 시장참여자들을 압박하여 새로운 지식, 새로운 행동빙식을 창출하도록 한다. 그리고 성공적인 지식을 모방하여 습득하게 한다. 잘못된 지식의 사용을 처벌한다. 이로써 지식의 오류를 발라내게 하는 것도 경쟁이다. 이와 같이 경쟁은 지식을 발견하고 이를 확산시킬 뿐만 아니라 지식의 사용도 통제한다. 이러한 통제와 연결된 상벌은 소득과 자산의 변동으로 구성되어 있다.

자기조정과 자기통제를 통해 잠정적인 배분패턴 및 분배패턴이 생성된다. 이들이 카탈락시라고 부르는 자생적 질서를 반영한다. 이러한 질서를 야기하는 시장 시스템은 '스스로 조직하는 시스템'이다. 또한 앞에서 설명한 바와 같이 시장 시스템은 '스스로 유지되는 시스템'으로 간주되고 있다. 그것은 스스로를 '안정화시키는' 시스템이다(Röpke, 1977: 375; 1980: 140~150).

이러한 기능적 특성이 생겨나는 이유는 개개인들이 주어진 행동가능성에 의해 변화된 환경에 적응하기 때문일 뿐만 아니라 그들은 자연적 및 사회적 환경에 대한 지금까지 알려져 있지 않은 창조적인 반응을 가능케 하는 새로운 지식을 배우고 개발할 수 있다는 사실에 기인한다.

모든 진화적 시스템이 그렇듯이 진화적인 시장 시스템은 자신의 복잡성을 지속적으로 변동시킨다. 어느 한 시스템의 진화란 학자, 관료 또는 정치가 등 어떠한 인간도 장래의 상황을 예측할 수 없고 소망스러운 어떤 구체적인 방향으로 조종할 수도 없다는 것을 의미한다. 왜냐하면 진화적인 시스템의 복잡성 때문이다.[60] 그러나 정부엘리트나 학자와 같은 지식인들이 어느 한 시스템을 어떤 구체적인 방향으로 조종하고 통제할 수 있기 위해서는 그 시스템은 불변적인 인과관계에 관한 적극적인 지식을 통해 기술할 수 있어야 한다. 다시 말하면 고전물리학적 단순한 시스템을 전제할 경우에만 가능하다.

그러나 복잡한 시스템은 구체적인 인과관계의 의미로 그 기능방식을 적극적으로 기술할 수가 없다. 지금까지 우리가 얻은 경험에 기초하여 예상할 필요가 없는 것이 무엇이냐, 다시 말하면 발생되지 않을 것이 무엇인가에 관한 예측만이 가능하다. 이것이 복잡한 시스템의 특징이다. 예측은 적극적인 예측이 아니라 소극적인 예측에 국한된다.

하이에크는 이런 예측의 가능성 문제를 집착했다. 그 이유는 구성주의적 합리주의자들이 시장경제를 완벽하게 설명하고 예측할 수 있고 이를 기반으로 시장경제의 분배결과와 그리고 자원배분의 결과를 개선하고 조종하고 변동할 수 있다고 믿었기 때문이다.

복잡한 시스템에 대한 하이에크의 이런 인식은 현대적인 시스템이론이나 사이버네스틱과 일치된다. 그의 설명은 예컨대 베이츤(G. Bateson)의 용어를 빌리면 인과적 설명이 아니라 '사이버네스틱적인 설명(cybernetical explanation)'에 해당된다. 이 설명은 왜 이것 또는 저것이 발생했느냐가 아니라 시스템이 특정의 가능한 행동방식을 배제하는

---

60 하이에크의 복잡한 현상의 이론을 염두에 두라.

어떤 제한에 예속되어 있느냐를 묻는다. 사이버테스틱적인 설명은 언제나 소극적이다(Bateson, 1967: 29~32; Ashby, 1974: 193; Hayek, 1969: 147, 155). 이러한 설명원리의 대표적인 예가 다윈의 진화 이론이다. 그것은 어떤 유기체가 생겨나는가를 설명하기 위한 이론이 아니다. 그것은 발생하지 않을 것이 무엇인가를 말해주는 이론이다.

2) 시장질서의 자기조정과 법질서

시장 시스템의 이상과 같은 특성에서 출발할 경우 이러한 시스템의 기능방식을 위해서는 어떠한 제도나 규칙이 필요한가 하는 문제가 제기된다.

앞에서 설명한 바와 같이 행동규칙이나 제도는 시장참여자들에게 방향을 제시하고 이로써 이들을 '지식의 문제'로부터 다소간 해방시켜 주거나 또는 그들의 환경의 복잡성을 축소시켜 준다. 뢰프케는 이를 소극적인 환경통제라고 부르고 있다(Röpke, 1977: 57; 민경국, 1993a: 202~204). 지식의 문제는 다음과 같이 요약될 수 있을 것이다.

시장참여자가 타인들의 행동에서 규칙성을 인지하고 이런 인지로부터 그들의 장래 행동에 관한 기대를 형성할 수 있는 가능성이 없는 경우 그는 방향을 잡지 못하고 배회할 수밖에 없을 것이다. 이런 경우 목적합리적인 행동이 불가능하다. 행동에서의 규칙성은 행동규칙을 통해 가능하다. 공동으로 지키는 행동규칙의 존재는 개인들이 서로 상대방의 장래 행동에 대한 기대의 형성을 가능하게 하고 이로써 타인들과 성공적인 협력과 협조가 가능하다.

따라서 우리가 주목하는 것은 개개인들이 스스로 정한 목표를 자기 책임으로 추구할 수 있는 경제 시스템에서 행동규칙의 존재 및 이에 대한 준수가 성공적인 협조를 위한 필요조건이다.

그런데 행동규칙은 오로지 발생하지 않을 행동이 무엇인가만을 말해주기 때문에 타인들이 취하지 않을 행동에 대한 소극적인 기대만을 가능하게 한다. 구체적으로 그들이 어떤 행동을 할 것인가에 관한 기대는 개인들의 인지능력에 따라 판단하는 수밖에 없다. 이를 시스템 이론적으로 해석하면 행동규칙은 개개인들에게 그들의 경제적 환경을 소극적으로 통제해 준다. 이런 소극적 통제만으로는 개개인들이 자신의 경제적 환경을 지배할 수 없다. 적극적인 통제가 필요하다. 이런 적극적 통제는 개개인들의 인지 능력에 맡긴다.

따라서 행동규칙은 개개인들이 자신들의 인지적 능력에 따라 스스로 환경을 통제할 영역을 설정한다. 그리고 이 영역 내에서 개개인들은 자신들의 인지능력을 동원하여 경제적 환경을 인지하고 이에 따라 자신의 환경의 변화에 대처한다(Röpke, 1977: 57~58; 1980: 126). 행동규칙이 인간의 인지 능력의 한계와 관련하여 얼마나 중요한 역할을 하고 있는가를 보여주는 대목이다. 행동규칙의 역할에 관한 이런 인식을 정립한 것이 하이에크의 중요한 공로가 아닐 수 없다.

하이에크는 사회의 진화 과정에서 시장에 의한 조정을 가능케 하는 다양한 행동규칙들이 형성되는 것을 보여주고 있다. 이들 중 공식적인 행동규칙들이 있다. 그 밖에 관행이나 관습과 같은 비공식적인 행동규칙들이 존재한다. 이들이 일상적인 경제 과정에서 공식적인 행동규칙들보다 더 중요하다.

여기에서는 우선 공식적인 행동규칙에 관해 설명하고자 한다. 시장 시스템과 관련하여 인간의 행동을 경제적 관계에서 제한하는 공식적인 행동규칙들은 구체적인 경제시스템의 경제헌법(economic constitution)을 형성한다. 이러한 행동규칙들은 라흐만(Lachmann, 1977: 85)이 표현하고 있듯이 시장질서의 외적인 제도들이다. 왜냐하면 이들에 의해 법적인 틀이 구속력을 갖고 주어지기 때문이다. 이 범위 내에서 시장참여자들이 행동한다. 이 법적인 틀 그 자체는 그들에 의해 변동될 수 없다. 이 변동은 코먼 로 전통에서는 사법적 의사형성 과정의 결과이다. 그러나 그 변동은 적어도 오늘날에 있어서는 사법적-정치적-입법적인 의사형성 과정의 결과로서만이 가능하다.

경제헌법이라고 부르는 이 법적 틀은 기능적으로도 이해될 수 있다. 시장경제 시스템의 구성적인 요소로서 간주되는 이 법적 틀의 도움에 의해 자기조정과 자기통제가 가능하게 되고 또한 이것들이 확립될 수 있다. 이러한 법적 틀은 하이에크에 있어서 최고의 가치로 인정되는 '개인의 자유'를 보장하고 동시에 개개인들의 지식의 문제를 감소시키는 행동규칙이다.

이 행동규칙은 앞에서 설명한 바와 같이 '정의로운 행동규칙'의 성격을 가지고 있어야 한다. 이러한 법이야말로 법치국가적 법이다.

정의로운 행동규칙은 지식의 문제와 관련하여 두 가지 기능을 충족시킨다. 첫째, 그것은 기대를 안정화시킨다. 일반적인 행동규칙은 개개인들의 자유영역을 확립하고, 해서는 안 될 행동과 해도 되는 행동을 구분하기 때문에 그들은 기대할 필요가 없는 타인들의 행동방식을 확인할 수 있게 해준다. 이러한 정보 내용을 갖고 있기 때문에 일반적인 행동규칙은 경제주체들의 지식의 문제를 감소시켜 준다. 둘째, 일반적인 행동규칙은 목적론적인 행동규칙이 아니다. 목적과 의도가 사상되어 있기 때문에 행동가능성에 관한 새로운 지식의 개발과 사용을 가능케 한다.

자기조정을 법적으로 보장할 때 중요한 것은 일반적인 행동규칙의 내용을 구성하는 세 가지 요소이다.

① 사적 소유권의 규정 및 확립: 이러한 권리의 소유자는 이 권리를 자기 책임으로 교환에 이용하고 또한 자격이 없는 사람들의 이용을 배제시킨다. 물론 하이에크는 일반적인 행동규칙의 내용을 구성하는 소유권에 재산뿐만 아니라 로크(J. Locke)가 규정하고 있는 바와 같이 '생명 및 자유'까지도 포함시킨다(Hayek, 1980: 148). 이와 같이 소유를 규정한다면 소유권은 개개인들의 자유 다발 또는 행동가능성들을 포함한다.

이러한 하이에크의 소유권 개념은 오늘날 '재산권 경제학'에서 적용되고 있는 소유권 개념과 동일하다고 볼 수 있다. 사적 소유권은 잠재적인 거래 대상 및 이러한 권리 소유자가 사용할 수 있는 개인적인 영향력 범위의 경계선을 확립한다.

② 계약의 자유: 개개인들은 타인들과의 협력을 통해서만 자신들의 목적을 추구할 수 있는 경우에는 이들의 계획들은 계약의 협상을 통해서만 조정될 수 있다. 이를 위해서는 경제주체들의 자율성이 확립되어야 할 것이다. 이들에게 동일한 법적 지위가 허용되어야 한다.

③ 계약법은 사적인 합의를 달성했을 때 개개인들을 지원해 주는 반면에 불법행위법(tort law)은 소유권의 침해를 처벌하기 위한 과제를 가지고 있다. 이에 관련된 것이 책임 규칙이다.[61]

일반적인 행동규칙의 내용을 구성하는 이들 요소들은 하이에크가 정의로운 행동규칙을 설명하기 위해 인용하고 있는 흄의 '자연법의 세 가지 원칙'인 소유의 안정성, 합의에 의한 이전의 원칙, 약속 이행의

---

[61] 보다 상세한 설명에 관해서는 박세일(1993)을 참조.

원칙에 해당된다고 볼 수 있다(Hayek, 1969: 239). 이러한 원칙은 오이
켄의 시장을 구성하는 원칙과 동일하다(Eucken, 1991). 이 원칙들은
언어로 표현되어 법제화된 민법의 중요한 구성요소들이다. 민법은 이
원칙들을 충족시키는 법규칙들이다. 따라서 이러한 원칙들에서 생겨나
는 '사회적인 코스모스'를 뵘(Böhm, 1966: 75~151)은 '사법사회(private
law society)'라고 부르고 있다.

소유권법 규칙 및 이와 관련된 민법 규칙들은 시장질서의 자기조정
을 확립할 뿐만 아니라 타인들의 침해로부터 개개인들이 법적으로
보호받을 수 있는 개인적인 영역 또는 사적인 영역을 규정한다. 이로써
이들은 개개인들의 갈등을 예방하는 기능을 가지고 있다. 경제주체들
사이에 갈등이 생겨날 때, 이러한 일반적 행동규칙들은 갈등을 해결해
준다.

이와 같이 일반적 행동규칙으로서 사법규칙들은 시장 시스템의 자
기조정을 확립하고 갈등을 예방하거나 혹은 최소한도로 갈등을 해결하
는 데 기여함으로써 시장경제에서 '자유와 질서'를 조합하는 데 도움을
준다.

3) 시장질서의 자기통제와 법질서

시장질서의 자기통제는 경쟁행동을 필요로 한다. 그렇기 때문에 시
장질서의 기초가 되는 원리를 경쟁으로 간주한다(Hoppmann, 1988:
315; 1977: 4). 경쟁은 자원 배분과 분배의 문제인 소유권의 이용을
조종한다. 그러나 경쟁은 경제현상일 뿐만 아니라 동시에 그것은 경제
적 권력을 통제하기 위한 수단이다.

앞에서 설명한 바와 같이 신고전파 경제학에서는 경쟁을 가격 이론

의 문제로 환원시키고 있다. 하이에크는 일반균형 모델에 도전을 한다. 이 도전의 수단이 바로 '발견적 절차로서의 경쟁' 개념이다. 이 개념이야말로 자생적 질서와 자기통제 현상을 위한 경쟁을 아주 적합한 방법으로 파악할 수 있게 하는 결정적인 개념이다(Streit, 1995: 15).

자기통제로서의 경쟁은 시장의 수요와 공급 측이 행동의 자유와 자율성을 이용하는 과정에서 발생한다. 그러나 일반적인 행동의 자유에서 반드시 경쟁이 생겨나는 것은 아니다. 이 행동의 자유는 경쟁적으로 활동하지 않을 자유까지도 포함된다. 따라서 '경쟁심' 또는 '승부욕'이 전제되어야 한다. 그렇기 때문에 하이에크는 시장 사회의 구성원들이 자본가적 및 경쟁적 태도를 소유하고 있어야 한다고 가정하고 있다(Hayek, 1987a: 227~235; 1981b: 108~110). 그러나 모든 구성원들이 처음부터 이러한 태도가 필요한 것은 아니다. 이들 중 소수나 이 태도를 가지고 성공적이면 이 태도는 자발적으로 확산된다(Hayek, 1981b: 109).

행동의 자유는 이와 같이 경쟁하지 않을 자유를 포함하고 있을 뿐만 아니라 그것은 타인들의 경쟁하고자 하는 자유를 제한하거나 또는 타인들이 경쟁에 기여하는 방식으로 행동할 가능성을 제한하기 위해 사용될 수도 있다. 경제주체들은 계약에 기초하여 경쟁제한에 동의할 수도 있다. 따라서 경제 시스템 내에서 자기통제 요소로서 경쟁이 소망스럽다면, 경쟁자유를 법에 의해 보호하는 것이 필요하다. 이러한 보호목표를 실현하고자 하는 것이 경쟁 정책 또는 경쟁질서 정책이다. 경쟁자유를 보호하기 위한 법규칙은 앞에서 언급한 바와 같이 일반적인 행동규칙의 성격을 가지고 있어야 한다. 이러한 법규칙에 의해 경쟁제한으로 간주되는 행동은 당연히 금지되어야 한다.

4) 시장 내적인 제도: 관습과 관행

법규칙은 현대 국가에서 국가의 독점적인 강제권에 의해 집행되는 행동규칙이다. 이러한 의미에서 그것은 외적 제도라고 볼 수 있다. 그러나 시장 시스템에는 이러한 제도 이외에도 경제가 스스로 정한 행동규칙들이 존재하고 있다. 그것은 사법주체들(private law subject)의 행동결과이다. 이러한 의미에서 이러한 제도를 내적 제도라고 부른다.[62] 제도와 행동규칙을 우리는 같은 의미로 사용하고자 한다.

경제가 스스로 창출하는 법의 대표적인 예는 일반거래약관이다. 그것은 기업이나 그 밖의 경제 조직들에 의해 집행되는 내적 제도의 대표적인 예이다. 통상적인 거래 관습은 두 번째 범주에 속하는 대표적인 예이다. 이러한 거래 관행은 관습법으로 발전하여 일반거래약관과 마찬가지로 국가의 사법판결의 기초가 될 수 있다.

도덕규칙, 종교규칙 등도 마찬가지로 시장경제의 발달과 함께 자생적으로 생성되고 성장된 소중한 규칙들이 있다. 이런 내적 제도들의 예는 무수히 많다. 그 목록을 임의로 확대시킬 수 있다. 앞에서 구분된 범주들의 구분은 분명하지 않을 수 있다. 뿐만 아니라 내적 제도들은 관습법으로서 외적 제도에 가까울 뿐만 아니라 입법자에 의해 외적 제도로 전환시킬 수 있는 예들이 매우 많다(Hayek, 1981b: 17).

외적 제도와 똑같이 내적인 제도의 기능도 개개인들의 행동을 안내하는 방향지표를 제공하는 것이다. 그들은 시장 행동에서 경제주체들의 지식의 필요성을 감소시켜 주는 기능을 행사한다.

---

62 내적 제도와 외적 제도의 구분은 라흐만(L. v. Lachmann)에서 비롯된 것이다.

이러한 행동규칙들도 앞에서 언급한 사법규칙과 마찬가지로 자생적 질서에 적합한 특성을 가지고 있다. 일반성과 추상성이 그 특성이다. 행동규칙들이 모든 개개인들에게 똑같이 행동제한을 규정해야 한다. 다시 말하면 그들은 불특정 다수의 사례에 적용될 수 있어야 한다. 그렇기 위해서는 행동규칙들은 어떻게 행동해서는 안 되는가를 규정해야 한다.

거래 당사자들이 그러한 행동규칙을 지키리라고 예상할 수 있으면, 계약의 개시, 계약의 협상 및 계약의 통제로부터 발생하는 거래비용이 감소된다.

5) 시장질서와 도덕적 기풍

시장질서가 안정성을 갖고 지속적으로 유지되기 위해서는 앞에서 언급한 사법이나 관습 및 관행만을 가지고는 충분하지 않다. 이 밖에도 무수히 많은 행동규칙들, 도덕적 기풍(ethos)이라고 부를 수 있는 신념과 태도가 필요하다. 어떠한 신념과 태도가 필요한가? 하이에크의 문헌 속에 들어 있는 것들을 정리하면 다음과 같다(Hayek, 1981b: 223).

- 계약을 충실히 지키는 태도에 대한 도덕적 시인.
- 소유권 존중을 높이 평가하는 심성.
- 타인들에게 미치는 피해에 대한 책임의식을 높이 평가하는 심성.
- 열심히 노력하는 자에 대한 존중심.
- 앞서가는 자들(혁신가), 나보다 더 나은 실적을 공급하는 자들에 대한 존중심.

시장질서의 유지 및 자유로운 인간의 사회를 유지하기 위해서는 이러한 도덕적 심성 이외에도 다음과 같은 것들에 대해 긍정적인 태도가 필요하다.[63]

- 자신과 자신의 가족에 대해 책임지는 것을 좋아하는 태도.
- 미래의 불확실성에 대한 낙관적인 태도 또는 위험부담에 대한 긍정적인 태도.
- 소득 불균등에 대한 긍정적인 태도.
- 경쟁을 긍정적으로 바라보는 태도.

시장사회에서 인간이 이상과 같은 도덕적 기품, 또는 행동규칙을 내재화하여 가지고 있을 경우에 시장은 안정적이고 번창할 수 있다. 이러한 기품이 결여되어 있는 상황에서는 시장경제질서에 필요한 법적, 제도적인 장치를 도입한다고 해도 그것은 유지되기가 매우 어렵다.

특히 우리가 주목하는 것은 시장경제의 기반이 되고 있는 암묵적 행동규칙이다. 이런 암묵적 규칙은 대부분 도덕적 기품으로 표현될 수 있다. 암묵적 행동규칙이야말로 그 규모에 있어서나 그리고 그 역할에 있어서 말로 표현되어 있는 행동규칙들보다도 훨씬 더 큰 역할을 한다.

---

63 도덕적 심성의 문제에 대한 중요하고 흥미로운 분석에 관해서는 김정호·김경환·하영원(1994) 참조.

6) 분석결과

자생적 질서로서의 시장질서가 형성되고 유지되기 위해서는 무수히 많은 행동규칙들이 필요하다. 이런 행동규칙들을 제도라고 부른다.

- 민법과 형법을 포함하는 사법질서(私法秩序)
- 관습과 관행 또는 그 밖의 시장 내적 제도

이들은 사법주체들의 서로 다른 행동들 및 계획들을 조정하는 역할을 가지고 있다. 즉, 이들은 시장 시스템의 자기조정을 가능케 하는 행동규칙들이다.

- 반경쟁제한법(독점규제및공정거래에관한법률): 이것은 시장 시스템의 자기통제를 가능하게 하는 행동규칙이다. 이것은 전자와는 달리 비교적 늦게 발달된 법이다.
- 도덕적 기품 또는 그 밖의 긍정적인 태도들: 이러한 행동규칙들 또는 심성체계는 앞서 설명한 행동규칙의 생성과 유지에 기여한다. 즉, 이것은 시장경제질서의 유지와 그 안정성에 기여한다.

이 모든 제도들은 모두 문화적 성격을 가지고 있는 것들이다. 이들을 전제할 경우에 시장질서는 스스로 조정되고 스스로 통제하는 질서가 된다. 다시 말하면 이러한 법적 제도적 및 도덕적 조건들이 갖추어져 있는 경우에 비로소 애덤 스미스의 '보이지 않는 손'이 작용한다. 개개인들이 무의도적으로 모든 개개인들의 이익이 증진된다. 이러한 사실들을 무시하거나 또는 경시했던 것, 따라서 분석의 대상에서 행동규칙이나 제도를 배제시켰던 것이 월라스-드브뢰-애로우 전통의 주류경제학이다. 이 경제학은 제도적인 진공상태를 남겨 놓았다. 그러나 하이에크는 바로 이 진공을 제거시키기 위해 법적 제도적인 장치를 그의 분석에 명시적으로 도입했고, 또 이를 분석의 핵심으로 간주한 것이다.

그러면 이러한 행동규칙들이 어떻게 형성되는가? 이 문제에 대한 하이에크의 해답을 분석하는 것이 다음 제3장의 목적이다.

제3장_ 하이에크의 자유주의 사상과
법과 제도의 진화

지금까지 자생적 사회질서의 조건이 되고 있는 행동규칙의 특징을 설명했다. 이제는 이 규칙들이 어떻게 생성되고 변동하는가 하는 문제를 다루고자 한다. 이 문제는 하이에크의 자유주의 철학의 세 번째 구성요소이다.

그가 이 문제를 다루기 시작한 것은 1960년대부터이다. 그는 특히 이 시기에 발표한『자유의 헌법』을 비롯하여 1967년 논문집『철학, 정치학 및 경제학 연구(Studies in Philosophy, Politics and Economics)』에 실려 있는 다양한 논문들에서 행동규칙의 형성에 관한 이론을 정립하고 있다. 그 후 이 이론을 더욱 심화시켰고 그 결과가 세 권으로 되어 있는『법·입법 그리고 자유』이다. 1988년에 발표한 저서『치명적 자만』에서 이 이론은 최고 절정을 이루고 있다. 그는 행동규칙, 제도 또는 도덕률을 인간행동에 의한 결과이지 인간계획의 결과가 아닌 것, 다시 말하면 행동규칙의 생성을 문화적 진화의 결과로 간주하고 있다.

행동규칙의 형성에 관한 그의 진화론적인 인식은 다음과 같은 가정에서 출발하고 있다(Hayek, 1979: 11; 1981b: 211).

"문화적 진화 과정은 문화와 이성이 상호작용하면서 개발되는 과정의 결과이다."

그는 또한 다음과 같이 말하고 있다(Hayek, 1981b: 211; 1988: 215).[1]

"문화는 자연적인 것도 아니고, 인위적인 것도 아니며 유전적으로 전달되는 것도 아니고, 합리적으로 고안된 것도 아니다."

하이에크는 이와 같이 문화적 진화를 이성과 본능의 중간에 위치해 있는 과정으로 간주하고 있다. 그것은 인간의 상호작용을 지배하고 사회와 문화 및 경제에서 질서를 발생시키는 도덕규칙 및 전통의 형성 과정이다. 그는 이러한 문화적 요소들 및 이들을 기초로 하고 있는 자생적 질서를 수천 년 동안 인류의 역사적 과정에서 이루어진 발전과정의 산물로 간주하고 있다. 이러한 과정은 인간이 흔히 이러한 질서가 어떻게 기능하는지를 이해하지도 않고 또한 이 질서에 대한 어떠한 성찰도 하지 않은 채, 특정의 행동방식을 학습하는 과정으로 이해하고 있다.

이와 같은 문화적 진화 과정을 하이에크는 어떻게 이론적으로 구상하고 있으며 이 구상의 문제점은 무엇인가? 이 문제를 중심으로 하이에

---

[1] 이와 관련하여 하이에크(Hayek, 1983a: 164~192, 특히 173) 참조.

크의 문화적 진화 사상을 규명하고자 한다(2절). 이 문제를 설명하기 전에 우선 행동규칙들의 형성에 관한 이론들에 어떠한 종류가 있는가를 설명하고자 한다. 왜냐하면 이로써 하이에크 제도 이론의 특성이 밝혀질 것이기 때문이다. 이어서 문화적 진화와 생물학적 진화의 차이를 설명한다(3절). 그리고 마지막으로 코먼 로 전통의 법이 어떻게 진화하는가를 설명하고자 한다(4절).

1. 행동규칙의 형성에 관한 접근법

행동규칙의 형성을 설명하기 위한 이론적 접근법은 크게 개인주의적 방법과 집단주의적 방법으로 구분될 수 있다. 이 두 가지 방법은 행동규칙뿐만 아니라 모든 사회적인 현상(집단적인 총합현상)을 설명하기 위한 경쟁적인 관계에 있는 방법들이다.

1) 개인주의적 방법과 행동규칙의 형성

개인주의적 방법은 '보이지 않는 손'의 설명원리와 '계획하는 이성'의 설명원리로 구별될 수 있다.

(1) '보이지 않는 손'의 설명원리

이 원리는 설명될 사회적 현상을 계획적인 설계의 결과로 해석하는 대신에, 개인들이 자신들의 관심을 관철시키기 위해 그들이 행동하는 과정에서 저절로, 즉 자생적으로 생성된 결과로 해석한다. 이 원리의 기본적인 국면은 다음과 같이 요약될 수 있을 것이다.

① '보이지 않는 손'의 개념은 높은 지혜를 가진 실체가 개인들의 행동의 뒷전에 보이지 않게 숨어서 이들의 행동을 조종하여 질서를 잡고 있다는 것을 의미하기 쉽다. 중세의 질서사상이 이러한 의미로 '보이지 않는 손'의 개념을 사용하고 있는 듯하다. 그렇기 때문에 판베르크(Vanberg, 1984b: 115~146, 특히 117)가 옳게 지적하고 있듯이 이 명칭은 각별히 훌륭한 개념은 아닌 것 같다.

그러나 이 개념이 중요한 첫 번째 국면은 제도들 또는 행동규칙들, 보다 일반적으로 표현한다면 사회적인 총합패턴은 오로지 두 가지 종류의 변수에 의해서만 설명되어질 수 있다는 것이다. 하나는 어느 한 특정의 주변조건이다. 다른 하나는 개인의 사적인 의도, 목적 및 행동이다. 설명과정의 출발점으로 간주되는 상황을 기술할 때 이 두 가지 이외에는 어떠한 것도 전제하지 않는다(Ullmann-Margalit, 1978: 263~291, 271). 이러한 설명형태는 방법론적 개인주의이다.

② '보이지 않는 손'의 설명원리의 두 번째 국면은 설명되어질 현상들의 속성이다. 그것은 인간의 행동에 의해 야기되는 효과들(현상들)은 이들의 의도와는 관계없다는 점이다. 그러나 이것은 '보이지 않는 손'의 설명원리의 필요조건일 뿐이다. 따라서 부수적 효과라는 의미에서의 무의도적인 결과라는 사실은 '보이지 않는 손'의 설명원리에서 각별한 의미를 갖고 있지 못하다. 중요한 것은 무의도적인 결과가 질서정연한 구조를 의미한다는 점이다. 즉, 그것은 임의의 무의도적인 결과가 아니라 사회적으로 유익한, 목적에 부합되는 결과이다(Barry, 1982: 7~58, 특히 26). 이것이야말로 '보이지 않는 손'의 설명원리와 불가분의 연관을 맺고 있는 것이다.

③ 이러한 집단적 효과가 무의도적으로 형성될 경우, 개개인들이 이 효과를 예측했느냐, 예측할 수 있었느냐 하는 것은 중요하지 않다.

그들은 오히려 이 효과를 예측하지 못했고, 예측할 수 없었던 것이 일반적이다. 이것이 '보이지 않는 손'의 설명원리의 세 번째 국면이다.[2] 이 설명원리는 설명되어질 총합효과가 개개인들이 자신들의 개인적인 이익을 추구하는 과정에서 체계적으로 형성된다는 사실을 기초로 한다. 이러한 생성에서 특히 중요한 점은 개개인들이 이 집단적인 효과와 관련하여 어떠한 합의도 하지 않고, 또한 어떤 중심된 기관이 이들의 행동에 의해 이러한 총합효과가 발생하도록 조종하지도 않는다는 점이다(Vanberg, 1984b: 118)

④ '보이지 않는 손'의 네 번째 국면은 이론구성과 관련을 맺고 있다. 이 설명원리의 과제는 한편으로는 개인의 행동과 다른 한편으로는 무의도적인 사회적 귀결 사이에 존재하는 인과관계의 맥락을 이론화하는 데 있다. 다시 말하면 그것은 총합과정 또는 총합메커니즘을 지적으로 구성하는 데 있다. 이때 개개인들의 개별적인 행동들은 '투입'의 의미를 갖고, 이 투입으로부터 무의도적으로 생성되는 전체 패턴은 '산출'로서의 의미를 갖는다(Ullmann-Margalit, 1978: 270).

이상과 같이 '보이지 않는 손'의 설명원리는 방법론에 있어서 개인주의, 분석대상으로서 사회적으로 유익한 총합결과 그리고 이 총합결과에 관한 행위자들의 예측불가능성 및 개개인들의 행동과 총합패턴 사이의 인과관계의 맥락에 관한 해석이라는 네 가지 요소로 구성되어 있다.[3]

---

2 하이에크가 문화적 진화 이론에서 강조하고자 하는 바가 바로 이 점이다.

3 이러한 원리를 최근 철학에 채용한 인물은 노직(R, Nozick)이다. 그는 이 원리에 의해 국가 존재의 의미를 해석하고 있다.

(2) '계획하는 이성'의 설명원리

이것은 '보이는 손'에 의한 설명원리이다. 이 설명원리는 사회적 현상을 이성과 의도의 산물로 간주한다. 그러나 이 원리는 '보이지 않는 손'의 설명원리와 일치되는 국면을 가지고 있다. 그것은 엄격히 개인주의적으로 구성될 수 있고 또한 동일한 행동 가정에 기초하고 있다. 이러한 설명원리는 사회적인 구조의 패턴을 의도적인 그리고 집단적인 합의나 또는 중앙집권적인 의사결정의 결과로 해석한다.

따라서 의사결정이나 합의에 필요한 충분한 정보 내지 지식의 존재를 전제로 하고 있다. 바로 이러한 비현실적인 전제 때문에 스코틀랜드 계몽주의 및 오스트리아학파, 특히 하이에크는 '계획하는 이성'의 설명원리를 구성주의로 비판하고 있다. 이것은 완전한 이성을 전제로 하는 사상에 속한다. 행동규칙을 집단적인 의사결정의 산물로 간주하는 것이 사회계약론이다.

2) 집단주의 방법과 행동규칙의 형성

'보이지 않는 손'의 설명원리와 마찬가지로 기능주의도 역시 총합된 구조, 질서 잡힌 구조나 제도 혹은 행동패턴을 설명하려고 한다. 기능주의도 이 설명대상들을 계획된 고안의 결과가 아니라고 보는 점에서는 '보이지 않는 손'의 설명원리와 일치한다.[4] 그러나 보다 근원적인 점에서 양자는 다르다. 설명되어질 현상들을 개개인들의 노력의 자발적인 결과로서 설명하는 것이 아니라, 사회적인 집단을 적응 능력을 가진

---

4 기능주의 이론에 관해서는 판베르크(Vanberg, 1986: 75~100) 참조.

실체로서 전제한다.

이 실체는 자신의 존립, 자신의 균형 내지 자신의 목표를 달성하는데 도움이 되는 구조, 패턴 또는 제도를 발생시킬 수 있는 능력을 가지고 있는 것으로 간주된다. 기능주의 설명원리는 제도 혹은 행동규범이나 행동패턴을 집단에게 주는 기능에 의해 설명하려고 한다. 설명되어질 현상들의 등장과 이 현상들의 기능을 이론적으로 연결시키기 위한 중요한 가정은 묵시적으로 전제되어 있거나 혹은 전혀 설명되어 있지 않다. 그러나 연결 매개변수의 가능성으로서 두 가지가 존재한다. 이 두 가지 방법에 따라 개인주의적 혹은 합리주의적 기능주의와 집단주의적 기능주의로 분류된다(Vanberg, 1984a; 1984b).

(1) 합리주의적 기능주의

설명되어질 현상들의 효과(기능)는 그룹의 구성원들이 인지하고, 이 소망스러운 효과 때문에 이 현상들이 발생하거나 유지되는 것으로 해석한다. 이것은 일종의 자연적 선별이 아니라 '인위적 선별'이다. 이 선별과정은 ① 개개인들의 합의나 또는 집단적인 의사결정과 같은 '조직화된' 행동에 의해 이루어지거나 ② 그룹 구성원들이 특정의 합의나 사전적인(ex ante) 조정이 없이 각자 행동한다고 해도 모두가 특정의 행동패턴이나 제도를 원하고 있고 이로써 이들이 생성·유지된다.

전자의 경우는 앞에서 언급한 '계획하는 이성'의 설명원리와 동일하다. 이러한 설명원리에서 설명되어야 할 것은 어떻게 의도적인 합의 또는 중앙집권적인 조정이 이루어지는가 그리고 이러한 과정에 의해서 어떻게 제도나 행동패턴이 발생되는가의 문제이다. 후자의 경우에 있어서는 제도 또는 행동패턴의 효과가 개개인들의 동기로 간주될 수 있음을 보여주어야 한다. 그러나 이때 중요한 것은 올슨(Olson, 1968)[5]

이 보여주고 있듯이 '공공재화적 문제'를 피해야 할 것이다. 이 문제는 모든 구성원들이 특정의 제도 또는 행동패턴대로 행동할 경우 이들이 알려진 소망스러운 효과를 가질 수 있다는 가정에서 모든 구성원들이 이러한 효과를 달성하기 위해 이들에 따라 행동할 것이라는 결론을 도출하는 데 있다(Vanberg, 1984b).

(2) 집단주의적 기능주의

집단주의적 기능주의는 제도들이나 행동패턴들의 효과 또는 기능 그리고 이들의 생성 및 유지의 연결매체를 '자연적 선별'로 간주하고 있다. 이때 자연적 선별은 어느 특정의 행동패턴 및 제도를 수용하고 있는 그룹이 행사하는 기능이 경쟁적인 그룹과 비교할 때 생존 기회나 혹은 그 밖의 다른 면에서 성공을 높여주고, 이로써 이 행동패턴 및 제도 자체의 유지에도 기여한다는 것을 의미한다. 이러한 기능주의는 사회적 그룹이나 집단 대신에 '자연적 선별' 과정을 전제로 하고 있다.

이 선별 메커니즘에 의해서 왜 특정의 행동패턴이나 제도들이 존속 하는가 또는 왜 이들이 생성되었는가를 설명하려 한다. 이때 특히 중요한 것은 이 존속은 행동하는 개개인들의 이해관계 및 의도와는 독립적이라는 점이다. 전수되어질 수 있는 현상이 왜 등장하는가 하는 문제에 관한 한, 이 기능주의적 진화 이론은 서로 다른 변이체들이 우연적으로 발생한다는 가정에서 출발한다. 이 변이체들은 체계적인 선별의 대상들이다.

---

5 이 책의 한국어판은 『집단행동의 논리』, 윤여덕 옮김(청림출판사, 1987)이다.

이상에서 설명한 것을 종합한다면, '계획하는 이성'의 설명원리와 개인주의적 또는 합리주의적 기능주의 원리는 공통적인 이론적 접근법을 갖고 있다. 이들은 모두 합리주의적 이론이라고 볼 수 있다. 이들은 이성에 대한 신뢰라는 점에서 비판적 합리주의에 속하는 '보이지 않는 손'의 설명원리와 근본적으로 다르다. 이러한 관점에서 볼 때, 하이에크가 이러한 접근법을 '가짜 개인주의'로 비판하고 있는 점은 결코 우연이 아니다(Hayek, 1952/1976b: 9~48). 하이에크는 이 접근법을 '보이지 않는 손'의 설명원리와 경쟁관계에 있는 원리로 간주하고 있다.

합리주의적 제도이론의 대표적인 것이 사회계약론이다. 이 이론은 인간의 사회질서를 창조의 산물로 파악하는 이론들 중 하나이다. 다음에서 이 이론에 대한 하이에크적 입장을 재구성하고자 한다.

3) 합리주의 이론: 사회계약론의 구조

사회계약론의 개념은 제도들의 생성을 합의의 결과로 설명하는 접근법이다. 이 접근법은 '계획하는 이성'의 설명원리와 동일하다. 그것은 홉스에 거슬러 올라간다. 이에 대해 최근 많은 저자들이 다시 관심을 갖고 이를 상세히 재구성하고 있다. 이들 중 가장 대표적인 인물이 1986년 노벨 경제학상 수상자인 뷰캐넌(J. M. Buchanan)이다. 그는 어떻게 합의를 통해 사회질서의 기초가 되는 행동규칙들이 생성되는가를 설명하기 위해 두 가지 전제에서 출발하고 있다.

첫째, 인간행동에 관한 가정이다. 그는 '합리적 행동'을 경제원칙이라고 불리는 신고전파의 '합리성 공준'이라는 의미로 파악할 수 있다는 가정에서 출발한다. 이 공준은 잘 알려져 있는 바와 같이, 인간은 자신들에게 주어져 있는 대안들을 비용과 효용의 계산에 기초하여 비교하고 순위를 정해 최선의 것을 선택한다는 것을 의미한다.

둘째, 인간행동을 억제·제한하는 어떠한 행동규칙도 존재하지 않는, 이른바 '만인에 대한 만인의 투쟁 상태'인 자연 상태를 전제하고 있다. 뷰캐넌의 인식목적은 이러한 상황에서 어떻게 인간행동을 제한하는 행동규칙이 생성되는가를 보여주는 데 있다.

자연 상태에서 개개인들은 자신들에게 주어져 있는 인적 및 비인적 자원을 동원하여 생산하고 절도행위를 하며, 또한 타인들의 침입 및 절도를 방어하려고 할 것이다. 개개인들의 이러한 노력의 과정에서 '아나키에서의 균형' 또는 '자연적 분배'가 형성된다.

이러한 상태에서 협상은 모든 개개인들에게 유익할 것이다. 왜냐하면 협상을 통해 절도행위를 중단한다면 방어노력에 사용된 자원을 생산에 투입할 수 있기 때문이다. 따라서 합리적인 인간은 소유권과 행동을 제한하는 행동규칙을 규정할 것이다. 이로써 평화로운 교제와 거래가 가능할 것이다. 그러나 모든 사람들은 합리적이기 때문에 행동규칙을 위반할 충동을 갖고 있다(죄수의 딜레마). 따라서 그들은 행동규칙의 준수를 확립할 수 있는 집행기관을 설치하려고 할 것이다(보호국가). 이러한 기관의 설치로 인해 모든 계약 참여자들은 효용과 효율성의 증가를 경험할 것이다.

뷰캐넌의 이러한 이론은 다양한 문제점을 내포하고 있다.[6] 하지만 여기에서는 사회계약론이 가지고 있는 여러 결함 중의 하나인 '인간이성의 한계'라는 하이에크의 주제와 관련된 것에 초점을 맞추어 분석하고자 한다.

---

[6] 이 문제점은 민경국, 『헌법경제론: 진화론적 자유주의 시각에서 본 계약론적 헌법주의』(강원대학교 출판부, 1993)에서 상세히 분석했다.

사회계약론의 핵심적 가정은 인간이 지극히 포괄적인 지식을 가지고 계약에 참여하고 있다는 점이다. 헌법적 계약의 기초는 자연적 균형 상태다.[7] 이에 따르면 이러한 상황에서 모든 개개인들은 현재와 장래의 소비·생산 가능성을 확실하게 예측할 수 있다. 이 균형 개념은 신고전파의 전형적인 균형에 해당된다. 균형의 존재는 모든 외생적인 여건들이 불변적이고 객관적으로 알려져 있으며 또한 모든 개개인들의 기대들이 성취된 상태이다. 다시 말하면 모든 개개인들이 다른 사람들의 행동과 반응방식에 관해 완전히 그리고 확실하게 알고 있다. 이러한 상태에서는 어느 누구도 새로운 기술이나 새로운 자원들의 탐색을 통해 자신의 입지를 개선하려고 노력하지 않는다.

어느 한 균형의 존재와 안정성을 위해서는 실제로 '완전한 지식'이라는 가정이 필요조건인지 아니면 서로 부합되는 기대(기대의 일치)라는 가정이 이를 위해 충분한 조건인지 여러 가지 의견이 있을 수 있을 것이다. 어쨌든 뷰캐넌의 사회계약론에서는 계약 참여자들이 계약을 통해 경험할 수 있는 효용의 증대와 효율성 장점에 관한 지식과 상호간의 반응방식에 관한 지식을 가지고 있다. 따라서 계약 참여자들이 계약을 위해서 가지고 있어야 할 지식에 대한 요구가 매우 높다.

하지만 뷰캐넌의 이론에서는 계약 참여자들이 포괄적인 지식을 가지고 있기 때문에 서로 다른, 심지어 서로 충돌하는 이해관계들이 드러나게 되고 이로써 합의가 위태롭게 될 것이다. 그와 같은 믿을 만한 정보를 개개인들이 가지고 있기 때문에 합의가 어려워진다.

---

7 이러한 균형 상태는 모든 것들이 알려진 상태, 모든 개개인들이 가지고 있는 지식 및 기대들이 일치된 상태이다.

4) 합리주의 이론의 인식론적인 문제

하이에크는 인간의 이성은 구체적인 상황에 관한 불변적인 무지를 특징으로 한다는 가정에서 출발하고 있다. 이러한 구조적인 무지를 고려한다면 개개인들이 불완전한 지식에도 불구하고 어떻게 목적합리적으로 행동할 수 있느냐의 문제가 제기된다. 하이에크에 있어서 실제로 인간은 의도적으로 추구하는 목적에 의해서만 인도되는 것이 아니라 행동규칙에 따라 행동한다. 이 행동규칙에 따라 어떤 행동양식은 거부되고 또 다른 것은 선호된다. 따라서 행동규칙은 목표와 수단을 평가하는 일종의 평가 기준이다. 이러한 행동규칙은 성공적인 목적합리적인 행동을 하기 위한 틀을 형성한다.

앞에서 자세히 설명한 바와 같이, 인간행동은 목적과 결부된 국면과 가치지향적인 국면을 포함하고 있다. 목적지향적인 행동은 구체적인 목적을 지향하는 의지를 전제로 한다. 목적이 달성되면 의지는 소멸된다. 이에 반해 가치지향적인 국면은 특정 종류의 행동형태들에 대한 혐오 또는 선호, 즉 '의견'에 기초를 둔 행동 국면이다. 이것은 구체적인 상황에서 구체적인 목적들 및 방법들의 선택을 유도한다.

인간은 사고에서조차 이미 규칙에 의해 인도된다. 세계를 관찰하고 이를 평가할 때, 인간은 모든 구체적인 상황들과 사실들을 고려하지 않는다. 그는 어느 한 상황 중에서 어떤 국면들만을 자신의 행동 결정과 관련된 것으로 간주하고 이를 추려냄으로써 그 상황을 추상화한다. 이러한 추상화는 의식적인 선택을 통해 이루어지는 것이 아니라 스스로 통제할 수 없는 메커니즘에 의해 이루어진다.

이러한 메커니즘은 생물학적 영역을 기초로 하고 있다. 하이에크는 『감각적 질서』에서 왜 우리가 이성의 능력을 과대평가해서는 안 되고,

또한 이성을 무(無)에서 사회형태를 완전히 고안하는 데 이용할 수 없는가 하는 점을 분명히 하고 있다. 인간은 규칙 시스템 또는 인지규칙으로 구성되어 있는 두뇌에 의해 해석된 감각적 인상을 통해 자신의 환경을 인지한다. 이러한 해석은 세상에 관한 객관적인 인식을 가져오는 것이 아니다. 그것은 주관적 성격을 가지고 있다. 그렇다고 인지는 반드시 사실과 다르다고도 볼 수 없다. 인지와 현실 사이의 일치성이 존재한다. 이러한 의미에서 볼 때 하이에크는 가설적인 현실주의자인 반면에 급진적인 주관주의자는 아니다. 이것이 그의 진화론적 인식론의 중요한 내용이다. 그럼에도 불구하고 감각적 인상은 불완전하고 또한 결코 어느 한 상황의 복잡성 전체를 파악할 수 없다.

우리는 결코 특수한 사실들 및 사정들 모두를 알지도 못하고 또한 의사결정에 참작할 수 없기 때문에, 인간행동도 역시 규칙에 의해 인도되어야 하는 것이 필연적이다. 그에게 있어서 이 규칙들, 특히 그가 의미하는 '일반적인 정의로운 행동규칙'도 인간의 구조적인 무지에 대한 필연적인 적응인 것이다(Hayek, 1969: 171).[8]

"행동규칙은 고려되어야 할 상황들의 영역을 중요하다고 판명되는 상황 부분으로 제한한다. 이로써 비로소 의사결정이 실제로 가능하게 된다."

중요한 점은 개개인들이 따르는 규칙들이 반드시 알려질 필요는 없다는 것이다. 실제로 언어로 표현되지 않은(언어로 표현될 수조차 없는)

---

8 이와 유사한 설명에 관해서는 하이너(Heiner, 1983: 560~595, 특히 567) 참조.

규칙들이 많다. 따라서 여기에서 우리는 개개인들의 행동의 '규칙성'이라고 표현하는 것이 적합하다. 규칙성이란 행동질서를 구성하는 요소들이 규칙에 따라 행동한다는 것을 의미할 뿐이다. 이러한 규칙성을 명시적으로 표현하고 말로 전달하기 위해서는 인간의 지혜와 언어가 필요하다.

실제로 이러한 정신적인 능력으로 인해 인간은 행동규칙들을 서로 알려주고 가르쳐줄 수 있었다. 또한 행동규칙에서 벗어난 행동을 교정할 수 있게 되었을 뿐만 아니라 적절한 행동에 관한 서로 다른 의견들을 결정할 수 있게 되었다(Hayek, 1980: 66).

5) 분석결과

이상에서 우리는 행동규칙의 형성에 관해 사회과학 문헌에서 흔히 접할 수 있는 네 가지 설명원리를 설명하고 특히 합리주의 이론의 문제점을 하이에크의 인식론에 기초하여 재구성했다. 행동규칙을 설명하는 이론은 다음과 같다.

- '보이지 않는 손'의 설명원리
- '계획하는 이성'의 설명원리
- 개인주의적 기능주의
- 집단주의적 기능주의

전자의 세 가지 방법은 모두 개인주의에 기초한 것이다. 마지막 방법은 집단주의에 기초한 것이다. 전자의 세 가지 방법이 공통적으로 개인주의를 기초로 하고 있다고 하더라도 그 설명원리의 기본적인 가정은 분명히 다르다. '보이지 않는 손'의 설명원리는 인간이성의 한계를 명시적으로 고려하고 있는 데 반해, '계획하는 이성'의 설명원리와 개인주의적 기능주의는 합리주의를 기초로 하고 있다. 이를 도표로 정리하면 다음과 같다.

표 3.1 행동규칙의 설명원리

	개인주의	집단주의
자연적 선별	보이지 않는 손 (스코틀랜드 도덕철학)	집단주의적 기능주의
인위적 선별	계획하는 이성(사회계약론), 개인주의적 기능주의	

이러한 접근법은 모두 신고전파 경제학의 발전으로 인해 오랫동안 잊어버렸던 제도들을 문제의 변수로 간주하고 있다. 그들은 신고전파 경제학의 '제도적 공백'을 제거해 주고 있다.[9]

중요한 것은 하이에크가 이상과 같은 설명원리들에 관해 어떠한 생각을 가지고 있느냐의 문제이다. 하이에크는 합리주의 이론을 최소한 조직질서의 기초가 되는 행동규칙의 형성을 설명하기에 적합한 이론으로 간주하고 있다. 반면에 '보이지 않는 손'의 설명원리를 자생적 사회질서의 기초가 되는 행동규칙의 형성을 설명하기에 적합한 이론으로 간주하고 있다.

집단주의적 기능주의도 역시 사회구성원들이 완전한, '객관적인 지

---

9 알버트(Albert, 1977: 177~225, 특히 203)는 이를 제도주의혁명이라고 말하고 있다.

식'을 가지고 있다는 가정을 도입하지 않고 행동규칙을 해석한다는 점에서는 '보이지 않는 손'의 설명원리와 일치된다. 그러나 집단을 행위의 주체로 간주한다는 점에서 일관되게 개인주의를 전제하는 하이에크의 사상과 맞지 않는다.

다음 절에서는 하이에크의 문화적 진화 이론의 구조를 설명하고 그 문제점을 규명하고자 한다.

2. 문화적 진화론의 구조

앞에서 설명한 바와 같이 하이에크는 자생적 사회질서의 기초가 되는 행동규칙의 형성을 합리주의에 의존하는 사회계약론적 접근을 적용하지 않고 문화적 진화론의 접근법을 채용하고 있다. 사회계약론은 진화에 의해 이성과 목적합리성이 완결되었고, 또한 인간은 완결된 두뇌에 의해 문화를 창출할 수 있었다는 가정을 전제로 하고 있다. 그러나 하이에크는 이러한 가정을 수용하지 않는다. 자생적 사회질서의 기초가 되는 행동규칙은 완만한 진화 과정의 산물로 간주한다. 이러한 과정에서 어느 한 정신이나 두뇌가 아는 것보다 훨씬 더 많은 경험과 지식이 농축되었다는 것이다.

문화적 진화는 채택되었던 관행들이 보유되어지는 과정으로 파악된다. 보유되는 이유는 관행들이 이를 지키는 그룹으로 하여금 다른 그룹을 압도할 수 있게 했기 때문으로 설명하고 있다. 자생적 사회질서에 적합한 행동규칙은 사회계약론에서 가정하고 있는 것처럼 인간의 공식적인 합의나 합리적 선택에서 생겨난 것이 아니었다는 것이다.

인간의 이성 또는 두뇌는 문화의 외생적인 요소가 아니라 오히려 내생적인 요소로 간주된다. 문화적 진화 과정에서 인간의 이성과 문화가 동시에, 그리고 상호작용을 통해 개발된다는 것이다. 하이에크는 자생적인 사회질서의 기초가 되는 행동규칙들의 형성을 가능하게 하는 과정의 진화적 및 무의도적 성격을 강조한다. 우리가 이들을 선별했다고 말하기보다는 이들이 우리를 선별했다고 말하는 것이 옳다. 이와 같이 이들은 우리의 생존을 가능하게 했다는 것이다.

자생적 사회질서의 기초가 되는 행동규칙에 내재되어 있는 초개인적인 지식 또는 집단적인 공동의 지식이란 세계에 관한 공동의 지식 또는 환경에 관한 공동의 지식을 의미한다. 이러한 지식은 앞에서 설명한 바와 같이 반드시 명시적 지식일 필요는 없다. 또한 그것은 인과관계에 관한 적극적인 지식도 아니다. 행동규칙들은 인간과 인간을 둘러싸고 있는 세계 사이에 존재하고 있는 무수히 많은 인과적 상호관계를 말해주지 않는다. 단순히 소극적인 지식만을 전달해 줄 뿐이다.

이러한 행동규칙들이 어떻게 생성·변동되는가? 이 문제에 대한 하이에크의 대답을 재구성하면서 이 대답에 내재되어 있는 문제점을 규명하는 것이 제2절의 목적이다.

1) 문화적 진화의 두 가지 메커니즘

하이에크의 문헌을 면밀히 검토하면, 그는 문화적 진화의 두 가지 메커니즘을 연상하고 있음을 간파할 수 있다. 첫 번째가 '보이지 않는 손'의 설명원리이고, 두 번째가 '집단주의적 기능주의' 원리이다. 이 두 가지 메커니즘에 관한 그의 논의를 재구성하고자 한다.

하이에크에 의하면 행동규칙들의 발전과정은 어느 한 그룹 구성원이 종전까지 수행해 온 행동방식에서 이탈하면서부터 시작된다. 이 이탈은 일종의 혁신에 해당한다. 이 혁신이 전통적인 관행과 경쟁하거나 또는 다른 혁신들과 경쟁하는 과정에서 다른 구성원들이 수용하게되면 이것은 새로운 행동패턴 또는 새로운 행동의 규칙성(새로운 행동규칙)이 된다. 하이에크에 의하면 대부분의 문화적 진화 과정은 개인들다수가 전통적인 행동패턴들 가운데 어떤 것들을 위반하고 새로운행동패턴에 따라 행동함으로써만이 가능했다(Hayek, 1979: 21~22; 1981b: 218). 기존의 구조에서 빠져나온 사람이 도입하는 혁신의 성공에 관해 하이에크는 다음과 같이 기술하고 있다(Hayek, 1979: 32~33; 1981b: 225).

"(그 혁신의 성공은: 필자) 새로운 행동규칙들이 어떤 공식적인 표결을 통해서가 아니라 이들이 점차 많은 사람들에 의해 수용됨으로써결국 사회의 승인을 얻을 수 있게 되느냐의 여부에 의해 좌우된다."

하이에크의 이러한 진화론적 구상은, 개개인들이 새로운 행동형태와 관행들을 개별적으로 실험하고 다양한 행동대안들 중에서 특정행동방식들이 점차 확산되어 지배적인 행동규칙이 되어가는 과정을기술하고 있다. 이때 지배적인 행동규칙들이라고 하더라도 이들은 또다른 행동방식들과 언제나 경쟁에 노출되어 있다. 하이에크는 특히개개인들이 행동패턴들이나 관행들을 스스로 실험할 수 있도록 사회가열려 있는 것을 행동규칙의 혁신을 위한 중요한 전제조건으로 간주하고 있다(Hayek, 1971: 47, 79; 1969: 149).

이러한 설명방법은 첫째, 모든 행동규칙의 생성은 지금까지 지배되어 온 행동규칙에서 이탈하여 개개인들이 각자 자신들에게 유익한행동을 변형시키는 과정, 둘째, 이러한 행동변형이 일반적인(보편적인)

행동규칙으로서 실시되는 선별·모방 과정을 통해서 설명될 수 있다는 입장이다. 일반적으로 적용되는 행동규칙의 생성과 변동은 무의도적이다. 다시 말하면 사회적 규범들의 생성과 변동은 개개인들의 의도 및 관심과는 독립적으로 이루어진다.

하이에크의 이러한 진화론적 구상은 개개인들이 특정의 사회적 상황을 문제의 상황으로 인지하고 문제해결책으로서 특정의 행동방식들을 실험하고 이들이 자신들에게 유익할 것이라고 기대할 경우에는 이들을 모방하고, 또한 상황이 변동할 때에는 자신들에게 불리하게 된 관행들을 포기하고 새로운 것들을 수용한다는 의미에서 개인주의적 방법을 기초로 하고 있다.

그러나 하이에크는 선별기준 및 선별과정과 관련하여 이러한 해석과 나란히 또 다른 해석을 제안하고 있다. 그는 행동규칙들이 형성되고 확산된 이유를 이들을 지켰던 그룹들이 다른 그룹들보다 더 번창하고 성장했던 사실 및 이들을 실천한 그룹이 성공적이라는 사실에서 찾고 있다(Hayek, 1979: 21, 23, 31). 문화적 진화는 알려져 있지 않은 그리고 완전히 우연한 이유 때문에 수용된 관행들과 도덕규범들로부터 그룹들에 의해 얻은 서로 다른 편익에 의해 조종되는 '거름' 과정의 결과라는 것이다. 문화적인 행동규칙들은 이들로부터 개개인들이 얻는 편익에 의해 조종되는 개별적인 선별의 결과가 아니라 그룹선별의 결과로 간주되고 있다.

그룹선별은 문화적 규범들의 사회적 효과와 이들의 등장 및 존속을 서로 직접 연결시키는 과정으로 간주하고 있음을 말한다. 이와 같이 하이에크는 행동규칙들이 진화하게 된 것을 이들을 실시한 그룹들이 보다 성공적이었고 다른 그룹들을 대체했기 때문으로 설명하고 있다. 선별과정과 관련하여 개별 선별과정에서는 그룹 내에서 서로 경쟁적인 행동형태들이 동시에 실시되고 이들 중에서 개인들 각자가 자기 나름대로 선택한다. 그러나 그룹 선별과정에서는 그룹들의 서로 다른 제도들 및 관행들이 실시되고, 이들 그룹들이 경쟁한다. 따라서 그룹 선별과정은 '질서들의 경쟁' 또는 '체제 경쟁'이라고 볼 수 있다. 이 그룹선별과 관련하여 하이에크는 그룹들에 대한 선별은 "그룹들이 가지고 있는 질서의 특징에 의해 이루어진다"고 말하고 있다(Hayek, 1969: 145; 1980: 67). 이때 그룹들은 공동의 문화적인 규칙들에 의해 정의된다. 이러한 그룹개념은 생물학에서 사용되고 있는 종(species)에 해당하는 개념이다.

하이에크는 개별선별론과 그룹선별론이 상호작용 관계에 있는 것으로 파악하면서도(Hayek, 1971: 46), 행동규칙들의 장기적인 운명을 결정하는 것은 그룹선별로 보고 있다. 왜냐하면 특정의 행동규칙에 의해 지배되는 그룹이 존립할 수 있느냐를 결정하는 것은 이 행동규칙들이 개개인들에게 주는 편익이 아니라, 이들에서 발생하는 행동질서의 효율성이기 때문이다(Hayek, 1969: 146; 1980: 107).[10]

하이에크는 그룹선별은 생물학적 진화에서는 큰 역할을 하고 있지 않지만, 문화적 진화는 주로 그룹선별에 의해 이루어진다고 주장한다(Hayek, 1981b). 문화적 학습 과정으로 파악될 수 있는 이러한 진화 과정에서 형성된 행동규칙들 및 제도들 속에 학습을 통해 얻어진 지식들이 농축된다. 이 지식들 때문에 인간의 공동생활을 위한 질서가 개선될 수 있고 확대될 수 있다는 것이다. 자생적 질서가 점차 확대됨으로써 이를 지배하고 있는 행동규칙의 추상성과 보편성도 증대해 가고, 이로

---

10 "다양한 행동규칙들의 진화적 선별은 이들에 의해 야기된 질서의 생존 능력에 의해 결정된다"(Hayek, 1969: 146).

써 이들을 이해하기가 점차 어려워져간다.

문화의 내용을 자발적으로 습득하고 전달하는 속도는 유전적인 과정과 비교할 수 없을 정도로 빠르다. 라마르크적 진화 이론을 대변하고 있는 하이에크는 인류사회는 그룹들의 경쟁에 의한 그룹선별의 압력을 받아서 결국 오늘날과 같은 거대한 사회 또는 자생적 질서를 개발했다고 본다. 인류의 후생과 문명을 가능케 한 질서가 바로 시장질서 및 이것의 기초가 되고 있는 도덕규범, 법규범이라는 것이다. 이러한 제도들 그리고 이들을 기초로 하는 시장 시스템의 형성과 확대는 인류문명에서 언어의 생성 다음으로 가장 중요한 진화로 간주하고 있다.

이상의 설명을 종합하면, 하이에크는 스코틀랜드 도덕철학자들의 전통에 따라 개인주의 원리를 기초로 한 '보이지 않는 손'에 의해 사회적인 행동규칙 또는 사회적인 행동패턴이나 제도들이 생성된다고 설명하고 있다. 이러한 설명원리는 '자생적 질서와 진화의 쌍둥이 이념'에 충실한 원리일 것이다. 이 원리에서 중요한 요소가 바로 개인적 선별이다. 행동규칙은 개개인들에게 편익을 제공하기 때문에 선별되었고 진화되었다는 것이다. 그러나 하이에크는 이러한 개인적 선별 대신에 그룹선별을 제안하고 있다. 이에 따르면 행동규칙은 이들을 수용한 그룹들이 성공적이었기 때문에 진화한 것으로 해석될 수 있다.

그렇기 때문에 예컨대 판베르크(Vanberg, 1986)는 하이에크의 주장을 집단주의적 기능주의로 해석하고 있다(Gray, 1986: 52~55, 116~145; Sugden, 1993: 393~424, 특히 400). 이에 따르면 사회적인 행동패턴이나 제도들의 존재를 사회 시스템의 존립을 위한 이들의 기여(기능)에 의해 충분히 설명할 수 있다는 것이다. 하이에크가 이러한 설명원리를 채용함으로 인해 그의 이론체계는 많은 학자들이 지적하고 있듯이 일관성이 없을 뿐만 아니라 스코틀랜드 도덕철학의 전통과 결별하는 체계로 보일 수 있을 것이다. 이러한 결별은 이 전통에 영향을 받아 종의 진화를 개체 수준에서 이루어지는 과정에 관한 이론적 가정에 기초하여 설명하려고 했던 다윈의 사상을 떠나 그룹선별을 제안했던 생물학자들〔예컨대 윈-에드워즈(V. C. Wynne-Edwards)〕의 연구 프로그램과 동일하다.

그러나 이러한 방법론을 채용함으로써 하이에크의 이론체계는 장점을 가지고 있다. 즉, 사회구성원들이 완전한, 따라서 '객관적인' 지식을 가지고 있다는 가정을 도입할 필요가 없다는 점이다. 왜냐하면 행동규칙은 이것의 명시적인 내용이나 효과가 개개인들에게 알려질 필요가 없이 시스템 기능을 충족시킬 수 있기 때문이다(Hayek, 1981a: 63). 그러나 이러한 방법론은 문제가 없지 않다. 문제가 무엇인지를 이제부터 설명하고자 한다.

2) 그룹선별론과 자율적인 진화 과정

앞에서 언급한 바와 같이 하이에크는 집단주의적 방법론을 채용하고 있다. 그가 개인주의적 방법론을 피하고 문제해결 과정으로서 그룹선별을 채용하고 있는 이유를, 문제해결 과정은 개개인들의 자발적인 적응이나 과정 혹은 조직화된 행동과정에 의해 설명할 수 없는 부분이 있다는 가정에서 찾고 있다. 따라서 이러한 집단주의는 '자율적인' 진화 과정의 존재를 전제한다. 이러한 이론적 전략은 진화 과정에서 작용하는 사회적 그룹을 하나의 단위체로 간주한다.

사회적인 집단의 수준에 자율적인 진화 과정이 존재하고 있다는 사상을 선험적으로 거부할 수는 없다. 오히려 이것을 이론적인 유용성 내지 설명능력에 입각하여 평가해야 할 것이다. 현대 생물학에 있어서도 다윈이론의 개인주의와 달리 개별 유기체의 수준 위에 있는 진화 과정('인구'의 진화)과 개별 유기체의 수준 내에 있는 진화 과정('유전인 자'의 진화)에 대해 정식화하는 이론적 접근법들이 존재하고 있다. 여기 에서도 역시 다양한 모델들의 이론적인 경쟁이 선험적 논거에 입각하 여 결정되는 것이 아니라 설명능력을 기초로 하여 판명되고 있다.

그룹선별론의 문제점은 그룹 자체를, 문제를 인식하고 문제를 해결 하는 행동단위체로 간주하고 있다는 점이다. 이것이 과연 가능하냐 하는 문제가 그룹선별론에 제기되는 일차적인 문제이다. 그룹을 조직 에 의해 통일적인 행동을 할 수 있는 능력을 가진 것으로 생각할 수 있기에 적합한 경우는 그가 언급하고 있는(Hayek, 1979: 20) 인류역사 의 초기 단계이다. 이러한 원시사회에서는 인류가 무수히 많은 소규모 의 독립적인 무리를 형성하여 살았다. 이 부족사회 무리들은 제각기 하나의 단위체로서 서로 경쟁하며 삶을 영위하지 않으면 안 되었다. 무리의 구성원들은 집단주의자들이었다. 개개인들은 집단과 일체감을 가지고 있었다(Sugden, 1993: 401). 그러나 오늘날과 같은 거대한 국가 구조에서는 이러한 그룹선별 사상은 별로 설득력을 갖고 있지 않다. 제각기 문화에 의해 규정된 그룹들의 경쟁, 구체적으로 표현한다면, 질서들의 경쟁이나 체제 간의 경쟁은 원시사회의 그룹들 간의 경쟁만 큼 그렇게 치열하지도 않다. 그와 같은 '자율적인 그룹선별론'이 최대 한 적용될 수 있는 영역은 시장의 기업들일 것이다. 시장에서는 서로 다른 조직형태를 가진 기업들이 서로 경쟁하고, 이 경쟁과정에서 기업 들이 도태되거나 선별된다. 그러나 하이에크가 이러한 시장 과정의 경쟁에 관한 생각을 문화에 의해 규정된 그룹경쟁에 직접 전용할 경우 일련의 문제들이 제기된다(Vanberg, 1984b: 83~112).

첫째, 그룹들의 경쟁에서 체계적으로 '적절한' 행동규칙을 수용하여 실시되고 있는 그룹이 선별되느냐 하는 문제가 제기될 수 있다. 시장 과정에서 '보이지 않는 손'이 작용하기 위해서는 앞에서 언급한 바와 같이 일반적인 정의로운 행동규칙이 존재하고 있어야 한다. 이러한 조건이 존재할 경우에 비로소 시장의 경쟁에 의해 야기되는 선별압력이 왜곡되지 않고, 따라서 기업들의 존립이 시장성공에 의해 결정된다.

그러나 국가경쟁 또는 체제나 질서들의 경쟁은 경쟁조건에 있어서 시장경쟁과 다르다. 전자와 같은 경쟁에서는 그룹들이 자신들이 채용한 행동규칙 시스템의 질(qualities) 때문에 다른 그룹들을 밀어내고 승리하는 것이 아니라 그들이 군사적인 잠재력에 더 많은 자원을 이용하여 군사적 침입을 주저하지 않기 때문에 승리할 수 있다. 전쟁은 인류역사에서 압도적인 것이었다. 하이에크가 무시하지는 않지만 중시하지도 않는(Hayek, 1980: 216) 이러한 가능성을 우리가 염두에 둔다면, 다이아몬드(A. M. Diamond)가 지적하고 있는 바와 같이(Hayek, 1980: 216) 폭력을 행사할 의지와 능력을 기초로 한 전쟁에 의해 자유로운 열린사회의 기초가 되는 행동규칙들이 이러한 자연적 선별에 의해 생성될 수도 있고 생성될 수도 없을 것이다. 다시 말하면 자연적 선별은 모든 가능한 행동규칙들의 생성과 존립을 설명할 수 있게 된다.

따라서 하이에크의 자연적 선별론은 사실상 내용이 없는 것이라고 말할 수 있다. 왜냐하면 어느 한 이론이 경험적 내용을 갖기 위해서는 가능한 사실들을 배제시켜야 하기 때문이다. 이론의 과제는 특정의 가능한 사건들을 배제시키고, 이로써 일어날 수 있는 가능한 사건들의 범위를 설정하는 데 있다.

둘째, 그룹선별론이 전제하고 있는 선별기준의 문제이다. 시장 시스템의 경쟁과정에 의한 선별기준은 비용과 수익이라는 두 가지 측면에서 관련되어 있다.[11] 최소한 비용을 충당할 수 있는 수익을 얻지 못하는 조직형태를 가진 기업은 장기적으로 도태된다. 이와 같이 시장경제에서 자기통제의 요체가 되는 선별기준은 분명하다. 그러나 질서의 경쟁 또는 국가 경쟁과 같은 그룹경쟁의 선별기준은 분명하지 않다. 이 문제를 설명하기 전에 기능주의가 범하기 쉬운 또 다른 문제, 즉 공공재화적 문제를 먼저 다루고자 한다.

3) 그룹선별과 공공재화적 문제

하이에크의 자율적인 그룹선별과 관련하여 제기될 수 있는 두 번째 문제점은 그의 이론체계의 내적인 균열이다. 그는 한편으로는, 문화적 진화론에서 설명하고자 하는 사회적인 행동의 규칙성은 사회적으로 확산된 개개인들의 행동방식이라고 주장한다. 그는 그런 주장을 하면서 다른 한편으로 이 사회적인 행동규칙에 의해 야기되는 집단적인 효과(즉, 기능)가 그 행동규칙의 선별을 위해 중요하다고 간주하고 있다. 이 두 가지 측면이 서로 충돌하고 있다. 하이에크는 이렇게 말하고 있다(Hayek, 1969: 145; 1980: 67).

"행동규칙의 전수는 개개인들의 수준에서 이루어지면서 …… 선별은 선별된 행동규칙에서 생겨나는 질서의 크고 작은 존립 능력에 기초하여 이루어진다."

이런 주장을 하고 있는 것을 보면 그는 말리노브스키(B. K. Malinow-

---

11 이러한 의미에서 볼 때 비용 측면만을 고려하는 거래비용은 한계가 있다.

ski)와 같은 인물들의 기능주의적인 인류학에 전적으로 동감하고 있는 것 같다. 어떠한 제도도 유용한 기능을 행사하지 않으면 존립할 수 없다는 주장이 기능주의적 인류학의 공통된 주장이다. 그러나 이러한 주장이 아무리 그럴듯하게 보인다고 해도 그것은 '완전한 이론적 명제'가 될 수 없다. 완전한 이론적 명제가 되기 위해서는 왜 개개인들이 그러한 사회적인 기능을 행사하는 행동규칙을 따르는가 하는 문제에 대한 대답이 있어야 한다.

일반적인 이해관계가 존재한다고 하더라도 이것이 직접 이를 충족시키는 사회제도를 생성시키는 것은 아니다. 왜냐하면 하이에크가 매우 큰 애정을 갖고 있는 올슨(M. Olson)이 보여주고 있듯이, 공공재화적 문제가 생겨나기 때문이다. 이에 따르면 그룹에게 유익한 결과를 가져온다고 해서 반드시 공동의 욕구를 충족시키는 공공재화의 자발적인 생성을 기대할 수 없다. 왜냐하면 무임승차와 같은 행위의 문제가 생겨나기 때문이다. 따라서 이런 행위가 존재할 경우 '사회적으로 합당한' 행동규칙의 채택을 방해할 것이다. 이미 잘 알려진 사회적 딜레마와 합리성 함정이 여기에 감춰져 있다.

물론 하이에크도 이러한 사실을 무시하지는 않는다. 이미 앞에서 설명한 바와 같이 개인주의적 접근법의 의미로 그는 재량적인 기회주의적 의사결정 대신에 규칙에 따르는 행동을 전제하고 있고, 또한 사회적인 학습과 모방 이론적 입장을 도입하고 있다. 특히 그는 종교와 가정의 역할을 중시하고 있다. 종교와 가정은 전통과 행동규칙의 자발적인 준수를 가능하게 하기 때문이다.

따라서 하이에크는 이런 무임승차의 행위를 억제하는 요소로서 인간이 살아오는 과정에서 형성된 행동규칙의 내재화를 강조하고 있다. 재산권에 대한 경외심, 타인의 인격과 명예를 존중하고 신실하고 성실해야 한다는 도덕적 원칙의 내재화가 그것이다. 이런 규칙을 지키지 않을 경우 심리적인 자괴감과 자책감 그리고 양심의 가책 등으로 괴로움을 당한다. 물론 이런 것이 현대사회와 같이 거대한 사회에서 얼마나 큰 역할을 하는가는 경험적인 문제이다.

4) 그룹선별과 선별기준

하이에크는 문화적 진화를 성공이 결정되는 경쟁과정으로 이해하고 있다. 이성에 의해 조정되는 과정이 아니라는 것이다. 그에 의하면 문화적 진화는 그룹에게는 유익하지만 개개인들의 희망과는 대립될 수도 있는 행동규칙이나 전통이 선별되는 과정이다.

그러나 선별기준 그 자체도 인위적으로 만든 기준이 아니라 문화적 진화 과정 자체의 내생적 기준으로 볼 수 있다. 따라서 선별기준의 생성을 위한 문화적 진화는 제도를 선별하는 문화적 진화의 위에서 이루어지는 진화라고 불러도 무방하다. 이 선별기준에 의해 서로 다른 제도들 또는 행동규칙들, 좀 더 나아가서 서로 다른 사회적인 전체 질서들의 경쟁이 판정되기 때문이다.

하이에크는 문화적 선별기준을 그룹의 번영과 성장에서 찾고 있다. 그는 이러한 기준을 특히 자신의 저서 『치명적 기만』에서 강조하고 있다. 그는 '유익한 전통'이나 행동패턴을 "이들을 준수하는 그룹들의 성장을 가능케 하는" 것으로 간주하고 있다(Hayek, 1988: 136). 그는 진화 과정에서 형성된 "행동규칙들은 주로 인구의 증가에 적합하게 됨으로써 형성·유지되었다"고 말하고 있다(Hayek, 1988: 134).

이와 같이 하이에크는 문화적 진화에서 결정적인 역할을 하고 있는 것으로 간주되는 그룹선별에서, 선별기준을 그룹의 성장 내지 확장에서 찾고 있다. 행동규칙들이 형성되고 확산된 이유는 "이들을 따랐던 그룹들이 다른 그룹들보다 더 크게 성장했기 때문이다"(Hayek, 1979: 21, 23). 그런 성장을 가능하게 한 이유가 무엇인가? 그것은 무엇보다도 경제적 번영이다. 그룹 구성원을 먹여 살릴 수 있는 역량이 제도의 선별을 결정하는 요인이다.

이것이 그룹 성장과 행동규칙의 인과적 맥락에 관한 하이에크의 가설이다. 이에 따르면 시장 시스템과 같은 자생적 사회질서의 기초가 되는 행동규칙은 부의 증가를 가져오고, 이로써 인구의 증가를 초래한다. 인구의 증가는 전문화와 분업을 가능케 한다. 이런 하이에크의 주장은 지극히 옳은 주장이다. 자유가 발전하고 시장경제가 발달할수록 경제가 번영하고 특히 환경, 교육, 건강과 같은 수많은 비경제적 요소들의 개선과 발전을 야기했다. 인류의 삶에 필요한 지식의 개발과 발전은 자본주의의 덕택이 아닐 수 없다.

이러한 인과적 맥락에서 우리가 주목하는 것은 부의 증가와 인구의 증가 사이의 관계에 관한 하이에크의 가설이 타당하냐 하는 점이다. 과거에는 부의 증가와 인구의 증가는 밀접한 관계를 가지고 있었다. 이는 생물체의 경우에도 해당된다. 먹을 것이 많으면 생물체의 번식이 증가한다.

그러나 오늘날 생물체와는 달리 인간사회에서 부의 증가와 인구증가 사이에는 항상 정의 관계가 존재한다고 볼 수 없다. 고도의 확장된 질서인 유럽 사회를 볼 때, 오히려 우리는 인구의 감소를 목격할 수 있다. 고도로 발전되고 경제적으로 성공한 사회질서에서 개개인들은 보다 적은 수의 자녀를 선호하는 반면에 덜 발전된 사회질서에서는 개개인들이 더 많은 자녀를 선호한다. 가장 높은 인구 성장을 가진 그룹들의 지리적 분포와 가상 발전된, 다시 말하면 하이에크의 의미에 있어서의 가장 확장된 질서를 가진 그룹들의 지리적 분포를 비교할 때 그룹선별론의 타당성이 의심된다(Witt, 1994: 178~189).

그룹의 성장은 이와 같이 내부의 인구 증가에 의해 성장할 수도 있지만 좋은 제도를 가진 그룹으로 다른 그룹의 구성원들이 이주함으로써 그 그룹이 확장될 수도 있을 것이다. 하이에크는 실제로 이러한 이주 이론을 제안하고 있다. 그는 이러한 모델에 의해 유럽 사회의 등장을 설명하려고 한다. 시장질서의 기초가 되는 행동규칙에 의해 지배되는 어느 한 영역에서 경제적 부가 증가하면 인구의 유입이 증가하고 이로써 분업과 전문화가 더욱 더 심화된다. 이로 인해 이 지역의 인구밀도가 증가한다. 이로써 시장이 다른 지역에까지 확대되어 분화의 가능성이 더욱 더 증대한다.

하이에크는 이러한 발전을 유럽 사회의 형성에서 찾고 있다. 그렇지만 이러한 이론은 개인주의적 방법에 의해 설명될 수 있고, 집단주의적 기능주의의 설명은 의미가 없다. 극히 예외적인 경우를 제외하고는 자연적 및 정치적 국경선이 엄격하게 적용되고 있는 현대사회에서는 이주 이론에 의한 설명 가능성은 극히 제한되어 있다.

5) 그룹선별과 그룹의 정의

그룹선별론은 사회적 그룹이 그룹 구성원들이 지키고 있는 공동의 문화에 의해 정의될 수 있고 따라서 특수한 인습이나 관행은 특수한 사회적 그룹과 연결되어 있다는 것을 전제로 한다. 이러한 전제에 따르면 하나의 행동규칙은 그것이 소속되어 있는 사회적 그룹의 확대와 결과로서만이 확산될 수 있을 것이다. 그러나 서그던(Sugden, 1993: 400)이 지적하고 있듯이 행동규칙들은 이런 식으로 연결되어 있는 것이 아니다. 서그던은 그 예를 영어(英語)에서 찾고 있다. 영어는 과거에 특수한 인종 그룹의 언어였다가 이제는 인종적으로 볼 때 영국 사람이 아닌 사람들의 언어가 되었다. 따라서 영어의 확산을 설명하기 위해서는 그룹들의 경쟁을 고려해서는 안 되고, 오히려 언어들의 경쟁을 고려해야 한다는 것이다.

마찬가지로 행동규칙들과 관련해서도 경쟁은 그룹들의 경쟁이 아니라 규칙들 간의 경쟁으로 파악되어야 할 것이다. 어느 한 그룹이 다른 문화권의 행동규칙들을 모방하여 이 문화권에 흡수될 수 있다. 이런 식으로 행동규칙들이 확산되고, 그 대신 이들을 도입·모방한 그룹이 원래 가지고 있었던 행동규칙들은 소멸된다.

그러나 이러한 모방과정을 설명하기 위해 집단주의 방법론을 도입할 필요는 없다. 개인주의 방법론을 모방 이론에 적용할 경우, 자발적인 모방과 조직을 통한 모방이 있을 수 있을 것이다. 따라서 그룹선별론을 이용하여 어느 한 그룹의 행동규칙의 쇠퇴, 또는 그 그룹의 전래된 문화의 쇠퇴는 그 그룹의 내적인 인구감소에 기인한 것이라고 말하는 것은 전적으로 옳지 않다.

하이에크가 어느 한 그룹의 행동규칙의 쇠퇴를 인구의 감소에 기인한 것이라고 말한다면, 이러한 그의 이해는 생물학적 진화의 모습과 문화적 진화의 모습을 동일시하는 결과를 초래하는 것이 된다. 생물학적 진화에 따르면 어느 물리적, 신체적 또는 본능적 특질의 전수와 보유는 선천성과 유전성에 의해 결정되고, 따라서 인구(종족)의 번식에 의해 좌우된다.

6) 문화적 진화와 행동규칙의 자생적 형성

앞에서 설명한 바와 같이 하이에크가 문화적 진화에서 그룹선별을 강조하고 있다고 하더라도 그는 결코 스코틀랜드 도덕철학의 전통에 따른 '보이지 않는 손'의 설명원리를 무시하지 않는다. 또한 이러한 전통을 고수하는 것이 그의 이론체계의 일관성을 유지하기에 적합하다. '보이지 않는 손'의 설명원리는 전통이나 행동규칙의 선별기준을 개인적인 수준에서 찾고 있다.

그러나 하이에크는 이러한 설명원리를 명시적으로 행동규칙의 형성에 적용하지 않고 있다. 이에 반해 많은 학자들, 예컨대 서그던(Sugden, 1989: 85~97)은 특히 그룹내부에서 어떻게 행동규칙이 생성되는가를 게임이론적인 접근법에 기초하여 설명하려 하고 있다. 이러한 노력도 역시 문제가 없는 것은 아니다.12 그러나 그룹선별론과 '보이지 않는 손'의 설명원리가 문제가 많다고 하더라도 행동규칙의 자생적 형성, 즉 문화적 진화 사상을 버리고 창조 이론적인 입장을 고수하는 것은 잘못된 것이다.

인간의 이성에 의해 창조된 것이 아니라 진화적 과정의 산물로 간주될 수 있는 행동규칙들의 전형적인 예로서 도덕규범, 종교규범, 관습이나 관행들을 비롯하여 시장의 교환과정을 규제하는 상법 그리고 소유권 규칙이나 계약 규칙들과 같은 로마법적 전통을 가진 법질서를 들 수 있다. 이들은 국가의 강제력의 도움이 없이도 상업의 발달과 더불어 진화한 것으로 풀이될 수 있다.

---

12 게임이론은 '호모 이코노미쿠스'를 전제로 하기 때문에 하이에크는 이를 '가짜 개인주의'로 규정하고 있다(Hayek, 1952/1976b).

이들은 장기적인 역사적 과정에서 시장 과정의 진화와 함께 형성된 것들이다. 최근 벤슨(Benson, 1967: 644~661)이 보여주고 있듯이 코먼 로 및 구미 각국의 오늘날의 민법체계의 바탕은 바로 상인들 및 제조업 자들 간의 상호작용 과정에서 형성된 관습법을 바탕으로 한 것이다. 따라서 하이에크는 다음과 같이 말하고 있다(Hayek, 1980: 116).

"궁극적으로 열린사회를 가능하게 했던 법의 진화의 단계를 우리가 추적할 경우 그 단계를 우리는 만민법(ius gentium), 상인법(the law merchant) 및 항구와 시장의 관행에서 찾아야 한다."

사법규칙을 담아 놓은 사법 법전이 존재하고 있다고 하더라도 진화 적 과정에 의해 이것이 형성되었다는 가설을 무시할 수 없다. 다음과 같은 엄연한 사실이 이를 뒷받침해 준다. 즉, 민법전을 보면 매우 방대 하다. 대부분의 인간은 이 법전의 내용은 물론 개별 조항들을 명시적으 로 알고 있지 않음에도 불구하고 그들은 이 법들을 지킨다. 이런 현상은 사회계약론자들이 주장하는 것처럼, 이 법전을 의도적인 입법과정의 결과로 파악할 경우에는 설명될 수 없다. 오히려 그것은 이들을 장구한 역사적 과정의 진화적 산물로 파악할 경우에만이 이해될 수 있는 현상 이다.

뿐만 아니라 오늘날 지배적인 공법, 특히 행정법과 비교하면 진화적 접근의 중요성이 더욱 더 선명해진다. 공법사회에서는 민법사회와는 달리 법의 내용을 알지 못하면 전혀 행동할 수 없다. 왜냐하면 공법은 오로지 의도적인 입법의 결과이기 때문이다.

오로지 입법의 중요성을 강조하는 사람들은 특히 죄수의 딜레마 또는 사회적 딜레마를 상소한다. 아마도 이것이 하이에크와 뷰캐넌의

사상의 중요한 차이점들 중 하나일 것이다. 이제 이 문제를 분석하고자
한다.

7) 죄수의 딜레마: 하이에크와 뷰캐넌

합리주의 이론에 따르면, 개개인들은 규칙의 위반에서 편익을 얻을
수 있다면 언제나 그들은 규칙을 위반하려고 한다. 하이에크에 대한
비판자들, 예컨대 뷰캐넌 및 판베르크는, 이러한 딜레마는 반복적인
상호작용과 도덕적, 윤리적인 고려에 의해 완화될 수 있다고 하더라도
이 딜레마 때문에 '보호국가'가 필요하다고 주장한다. 보호국가는 외적
질서로서 개개인들이 합의한 소유권을 실시할 과제를 가지고 있다.
그들은 하이에크가 바로 이러한 근본적인 문제를 충분히 고려하지
못했다고 비판하고 있다(Buchanan, 1978: 25~39; Vanberg, 1981: 24;
1986: 85).

이러한 비판은 하이에크의 규칙 생성의 결정적인 요인, 즉 구조적
무지라는 가정을 간과한 결과이다. 합목적적으로 행동할 수 있기 위해
서 인간은 자신이 무엇을 해서는 안 되는가를 말해주는 행동규칙을
따른다. 죄수의 딜레마적인 상황을 인식하기 위해서는 목적합리성이
전제되어야 한다. 즉, 개개인들은 이에 해당하는 상호작용의 결과에
관한 믿을 만한 기대를 형성할 수 있어야 한다. 그러나 행동들이 규칙이
나 규범에 의해 인도될 경우에만이 이러한 기대를 형성할 수 있다.
이 맥락에서 흥미로운 것은 하이에크의 주장이다(Hayek, 1969: 159).

"규범은 이러한 규범을 지킬 경우에만이 우리가 예상할 수 있는,
그리고 우리는 겨우 부분적으로만 알고 있는 …… 사실상의 규칙성에

대한 적응이다."

앞에서 설명한 바와 같이 뷰캐넌의 사회계약론에서는 인간이 서로 다른 행동대안들 중에서 알려진 효과를 기초로 하여 선택한다. 그러나 하이에크는 한 발짝 더 나아가 그와 같은 목적합리성의 전제조건을 설명하고 있다. 행동규칙들을 지킬 경우에 비로소 인간은 결과를 예측할 수 있는 행동을 선택하고 예측할 수 없는 결과를 가진 행동들을 피할 수 있다(Hayek, 1969: 159). 이러한 행동규칙들은 불확실한 상황을 더듬어 나갈 수 있는 방향지표의 역할을 한다.

그렇다고 해서 죄수의 딜레마가 전혀 이론적 대상이 될 수 없다는 말은 아니다. 왜냐하면 인간은 죄수의 딜레마로 기술될 수 있는 상황에 빈번히 처하게 된다는 것은 논쟁의 여지가 없기 때문이다. 의심할 여지 없이 집행기관이 없으면 집행기관이 있는 경우보다 규칙위반이 더 빈번할 것이다.

하이에크도 역시 이 문제를 알고 있다. 그러나 그는 이것을 사회적 상호작용의 분석을 위한 출발점으로 간주하지 않는다. 반면에 뷰캐넌은 이를 출발점으로 간주하고 있다. 하이에크에게 출발점은 규칙의 준수에 의한 예측가능성의 창출이다. 따라서 그에게 있어서 인간행동에 기초하고 있는 것은 객관적인 합리성도 아니고 제한된 합리성도 아니다. 그것은 규칙에 따르는 행동, 즉 '규칙합리성'이라고 볼 수 있다.

8) 분석결과

하이에크의 경우 행동규칙의 형성과 변동은 문화적 진화 과정 속에 정착되어 있다. 이 문화적 진화 과정 속에서 인간의 이성과 인류의 문화가 동시적으로 그리고 상호작용하면서 개발된다는 것이다(Hayek, 1981: 211). 모든 합리주의 이론들이 범하고 있듯이 우리는 인간이성이 먼저 개발되고 이 이성에 의해 문화가 형성된 것이라는 오류를 범해서는 안 된다.

이러한 과정 속에서 개개인들한테 규칙 또는 행동의 규칙성이 형성되고, 이러한 규칙들이 효과적인 사회질서를 야기한다.13 하이에크의 사상에서 특징적인 것은 규칙적인 행동(행동규칙)과 사회질서(행동질서)의 엄격한 구분이다. 이러한 구분은 그 어떤 다른 이론이나 사상에서도 볼 수 없는 구분이다. 이러한 구분을 필요 없는 것으로 여기는 모든 사상은 자생적 행동질서의 존재를 무시하는 사상이다. 그것은 오로지 조직질서만을 보고 있을 뿐이다.

사회질서의 결정적인 특징은 그것이 행동규칙의 형성과정 속에서 개개인들로 하여금 상호간의 행동에 관한 기대의 형성을 가능케 하고, 또한 이들의 행동의 조정을 가능케 한다는 점이다.

여기에서 중요한 것은 이러한 행동규칙들이 어떻게 형성되는가 하는 문제이다. 하이에크는 그룹선별론을 적용하여 행동규칙들의 선별을 설명하려 하고 있다. 이 그룹선별론은 다음과 같다. 개개인들은 어떤 이유에서든 관계없이 질서를 야기하는 규칙들을 따른다. 생존능력이 없는 질서를 가진 그룹들은 장기적으로 존재하지 않을 것이다. 예컨대 구성주의 사상을 전제로 하는 합리주의 사상이나 원시사회에 대한

---

13 반드시 그런 것은 아니다. "이 맥락에서 더욱 더 중요한 것은 요소들의 행동에서 모든 규칙성이 실제로 전체질서를 보장하는 것은 아니다"(Hayek, 1980: 66). 예컨대 엔트로피 법칙 혹은 열역학 제2법칙, 사람을 보면 죽이거나 도망가는 행동 등. 이에 관해서는 하이에크(Hayek, 1980: 67; 1969: 145) 참조.

낭만을 극적으로 미화하고 있는 사회주의 사상에 기초한 사회질서는 장기적으로 소멸할 것이다.

중요한 것은 다음과 같은 사실이다. 어느 누구도 왜 이러한 행동규칙들이 생존능력을 가진 질서를 야기하는가를 알 필요도 없고, 알지도 못한다. "미리 이러한 결과를 고안하지도 않았고, 우연히 적절한 행동규칙들을 채택한 인간이 다른 문명보다 우월한 복잡한 문명을 개발했"을 뿐이다(Hayek, 1969: 42).

그러나 이러한 그룹선별 과정이야말로 하이에크의 사상 가운데 문제가 가장 많은 요소이다. 첫째, 그것은 그의 사상체계의 일관성을 상실시키는 요소이다. 그의 사상체계의 다른 요소들, 예컨대 자생적 질서 및 시장질서의 기능원리는 방법론적 개인주의의 입장에서 설명되고 있다. 그의 과학철학적 입장은 바로 개인주의적 입장이다. 그룹선별론의 도입은 하이에크가 흄, 스미스 및 퍼거슨 등의 스코틀랜드 계몽주의 전통 및 멩거에서부터 유래한 오스트리아학파에게 보여준 충실성과 정면충돌하고 있다.[14]

둘째, 행동규칙을 판단하고 평가할 기준이 불명확하다는 점이다. 그는 인구의 증가에서 그룹선별 기준을 찾고 있다. 이러한 기준은 과거, 특히 산업사회 이전의 사회에서나 적용 가능한 기준이다.

셋째, 그룹선별은 인구의 증감에 의해 행동규칙의 유지와 확산을 설명하고 있다. 이러한 설명은 경쟁을 그룹경쟁으로 파악하고 있는 데에 기인한 것이다. 그러나 경쟁은 행동규칙들끼리의 경쟁으로 파악해야 한다. 이들은 모방에 의해 확산되고, 이 모방에 의해서 어느 한

---

14 이 점을 분명하게 밝힌 인물은 판베르크(Vanberg, 1986)이다.

그룹이 다른 문화권에 흡수된다. 이러한 모방가능성은 정보통신기술의 혁명에 의한 정보흐름에 의해 더욱 더 커진다. 모방의 경우도 자발적 모방과 인위적 모방이 있을 수 있다. 전자는 보이지 않는 손의 원리로 설명될 수 있지만 후자의 경우는 집단적인 의사결정이 필요하다.

넷째, 하이에크의 문화적 진화론의 핵심이 되고 있는 그룹선별론은 이러한 문제점 이외에도 또 다른 문제점을 가지고 있다. 그것은 코먼 로와 같은 '법관의 법'의 진화를 설명할 수 없다는 점이다.

하이에크의 사상체계는 그룹선별에 의존하지 않는 것이 일관된 그리고 견고한 사상체계가 될 수 있다. 그렇기 때문에 그의 마지막 저서인 『치명적 기만』에서는 그룹선별론을 그의 사상체계의 필수적인 요소로 간주하지 않고 있는 듯하다. 오히려 그는 이 그룹선별론을 임시방편으로 이해하고 있는 듯한 인상을 보여주고 있다.[15] 여전히 방법론적 개인주의가 압도적이고 이에 따라 그룹선별이 아니라 개별적 선별에 치중하고 있다.

3. 문화적 진화와 생물학적 진화

우리는 문화적 진화에 관한 하이에크의 사상적 구조를 분석했다. 이 사상적 구조에서 특징적인 것은 제3의 질서로서의 자생적 질서의 형성과 이에 적합한 행동규칙의 형성에 관한 문제이다. 하이에크는 이런 문화적 진화와 생물학적 진화를 엄격히 구분하고 있다. 인간사회

---

15 이러한 입장에 관해서는 서그던(Sugden, 1993: 402~403) 참조.

와 관련하여 생물학적 진화가 적합한 시대는 원시사회라는 것이다.

애덤 스미스가 자신의 『도덕감정론(The Theory of Moral Sentiments)』에서 명확하게 구분하고 있듯이 하이에크도 두 가지 종류의 도덕을 엄격히 구분하고 있다. 연대감, 사회정의 또는 이웃사랑과 같은 도덕, 타인을 도와주어야 한다는 '적극적인 도덕'과 타인의 재산과 자유 그리고 신체를 존중하고 이를 침해해서는 안 된다는 도덕, 약속을 지켜야 한다, 거짓을 해서는 안 된다는 등의 '소극적 도덕'을 구분하고 있다. 특히 적극적인 도덕은 소규모 사회의 도덕인 데 반해 소극적인 도덕은 대규모 사회, 열린사회 또는 확장된 사회의 도덕적 기반이라는 것도 분명히 하고 있다. 적극적인 도덕은 생물학적 진화의 선물로 소극적 도덕을 문화적 진화의 선물로 이해하고 있다. 이로써 하이에크는 자유 사회와 시장경제는 생물학적 진화의 선물이 아니라 문화적 진화의 선물이라는 것을 분명히 하고 있다.

이제는 이러한 문화적 진화를 생물학적 진화와 비교하고자 한다. 생물학적 진화는 하이에크의 의미의 자연적 질서의 형성에 관한 진화이다. 우선 생물학적 진화와 문화적 진화의 차이점과 유사점을 밝혀본다. 이어서 생물학적 진화에서 형성된 대표적인 두 가지 자연적 질서를 설명하고자 한다. 다음에 이 두 가지 질서와는 아주 판이하게 다른 인간사회의 진화 과정을 설명한다. 이로써 우리는 인간의 사회의 독특한 특성을 밝혀낼 수 있을 것이다. 특히 주목할 점은 자유사회와 시장경제의 도덕적 기반이 문화적 진화의 선물이라는 하이에크의 주장이다.

이미 앞에서 설명한 바와 같이 진화 사상의 기원은 법과 도덕 및 화폐와 같은 문화적 요소의 연구에서 비롯된 것이다. 우리가 주목하는 것은 문화적 진화 사상이 생물학적 진화 사상보다 먼저 생겨났다는 것이다. 애덤 스미스, 데이비드 흄 그리고 애덤 퍼거슨 등, 스코틀랜드 계몽주의자들이 진화 사상을 개발했다. 이 진화 사상의 대표적인 표현이 자생적 행동질서와 자생적 규칙질서를 모두 포함하는 자생적 질서이다. 행동규칙과 행동규칙의 테두리 내에서 이루어지는 행동질서가 모두 진화적으로 형성된다. 하이에크가 염두에 둔 것은, 자유사회는 인간의 의지에 의해 계획적으로 만든 것이 아니라 진화적으로 형성되었음을 보여주는 것이다. 그런데 생물학은 문화과학의 진화적 개념을 도입하여 생물세계의 진화를 분석하려 한 것이다. 다윈이 그런 일을 주도했다. 그렇기 때문에 하이에크는 스코틀랜드 도덕철학자들을 '다윈 이전의 다위니스트들(Darwinisten vor Darwin)'이라고 말하고 있다 (Hayek, 1969). 따라서 생물학이 진화 이론을 먼저 개발하고 이를 사회에 적용했다는 식의 역사적 해석은 잘못된 것이다. 이것이 잘못이라는 것은 '유전적'이라는 생물학적 용어마저도 19세기 초 독일의 법사학자들에 의해 만들어졌다는 사실이 입증한다.

생물학이 사회과학으로부터 진화 개념을 도입하고 있다고 하더라도 그것은 공통점은 물론 상이점을 가지고 있다. 사회이론으로서 진화이론, 즉 문화적 진화 이론은 생물학적 진화 이론과는 독립적인 위치를 지니고 있다는 사실을 하이에크는 강조하고 있다. 진화 이론적 사회과학과 생물학은 엄격히 구분해야 한다는 것이다.

언제나 과학의 이원주의와 사회과학의 독자성을 강조하는 하이에크의 입장은 본받을 만한 가치가 있다. 즉, 사회과학은 자연과학이 될 수도 생물학이 될 수도 없다.

1) 상이성과 유사성

하이에크는 생물학적 진화와 문화적 진화의 차이를 여러 글에 분산시켜 다루고 있다. 특히 그가 그 차이를 집중적으로 다루고 있는 글은 그의 마지막 저서 『치명적 자만』과 1978년 논문 「인간 가치의 세 가지 근원(Three Sources of Human Value)」이다. 이 논문은 세 권으로 되어 있는 『법, 입법, 그리고 자유』의 제3권 『자유인의 정치질서 (Political Order of a Free People)』의 부록으로 수록되어 있다. 그가 구분하고 있는 차이점을 정리하면 다음과 같다.

첫째, 문화적 진화와 생물학적 진화는 전수과정의 성격에서 서로 다르다. 생물학적 진화에서 전수 또는 전달은 유전적인, 따라서 선천적 성격을, 반면 문화적 진화에서 그것은 학습에 의한 후천적 성격을 가지고 있다. 따라서 문화적 진화의 전수과정은 라마키즘(Lamarckism)적이다(Hayek, 1981b: 213; 1988: 25).

생물학적 진화에서 전달은 유전적인 조합을 거쳐 후손의 생산을 통해 이루어진다. 그것은 다위니즘(Darwinism)이다. 따라서 생물학적 진화에서 보유 및 확산은 후손의 증가에 의해 결정된다. 다시 말하면 개체의 재생산 능력이 생물학적 진화의 결정적인 요인이다. 따라서 종족의 번식과 종족의 증가는 생물학적 진화에서 결정적인 역할을 한다. 이에 반해 문화적 진화에서 문화적 요소들의 보유와 확산은 종족의 증가에 의해 이루어지기보다는 다른 인간그룹에 의한 모방과 학습에 의해 결정된다.

둘째, 전수과정의 속도에서 문화적 진화와 생물학적 진화는 서로 다르다. 문화적 진화의 전수과정은 학습에 의한 것이고, 그것은 유전적인 전수보다도 훨씬 더 신속하다(Hayek, 1988: 25). 여기에다 언어의 발달은 이 전수과정의 중요한 수단이다. 그렇기 때문에 문화적 진화는 생물학적 진화를 능가하고 이를 압도한다.

그렇다고 문화적 진화가 생물학적 진화와 완선히 독립적인 것은 아니다. 문화적 진화는 생물학적 진화에 의해 조건화되어 있다. 그 조건화의 정도는 동물에 따라 서로 다르다. 극단적인 경우 완전히 유전적인 본능에 억제되어 있는 경우와 인간처럼 이로부터 상당히 독립되어 있는 경우가 있다. 그럼에도 불구하고 인류의 문화적 역량 그 자체는 유전적인 원천에 기인한 것이다. 예를 들면 언어능력은 생물학적으로 이미 규정되어 있다. 문화적 행동규칙을 수용하고 학습할 수 있는 능력 그 자체도 본능적으로 이미 규정되어 있다.

셋째, 진화의 차원에서 서로 다르다. 생물학적 진화에서는 유기체의 재생산 능력을 증가시키는 특성, 생리적, 신체적, 물리적 특질이 유전적으로 기초되어 있다. 반면에 문화적 진화에서 그룹이나 사회의 경쟁적인 장점은 전통, 관행, 관습, 도덕규칙 또는 그 밖의 행동규칙에서 도출된다.

그러나 유전 물질과 문화적인 행동규칙에서의 돌연변이(혁신)는 모두 우연성에 의해 지배된다. 이때 우연성이란 구체적으로 또는 객관적으로, 적극적으로 혁신을 예측할 수 없음을 의미한다.

선별되는 것은 생물학적 진화에서는 유전적인 조합들 및 이로 인한 유전적인 행동규칙들인 반면에 문화적 진화에서는 사회질서를 위한 비유전적, 비본능적인 행동규칙들이다.

생물학적 진화에서 도태는 유기체의 죽음을 의미한다. 그러나 문화적 진화에서 도태는 행동규칙이나 문화적 요소들의 소멸을 의미한다. 이들이 개체인 인간을 대신하여 죽는다. 따라서 문화적 진화에서는 죽느냐, 사느냐의 문제가 아니라 순전히 적응의 문제이다.

이상과 같이 문화적 진화와 생물학적 진화의 차이에도 불구하고, 다음과 같은 다양한 유사한 점들이 존재하고 있다. 즉, 생물학적 진화론과 문화적 진화론은 모두 진화의 일반적인 공식인 변이(혁신)와 선별 및 전달(혹은 보유) 과정에 의존하고 있다는 점이 그 첫 번째 유사점이다. 두 가지 진화는 마르크스주의의 진화 이론이나 또는 역사학파의 역사주의가 포함하고 있는 것과 같은 역사적 발전법칙을 포함하지 않는다.

두 가지 진화 이론은 모두 원리의 설명 또는 패턴설명이나 패턴예측에 초점을 맞추고, 상세한 예측·설명을 포기한다는 것이 두 번째 유사점이다. 왜냐하면 인간이성의 한계를 잘 알고 있기 때문이다. 혁신과 같은 진화 과정을 예측할 수 있다면, 그 혁신은 사실상 혁신이 아니다. 혁신은 새로운 것이다. 혁신을 미리 예측해서 안다면 그것은 새로운 것이 아니다. 하이에크는 이러한 유사점을 복잡한 현상의 이론에서 상세히 다루고 있다. 다윈의 진화 이론은 종의 진화법칙을 찾는 것이 아니라는 것을 강조하면서 사회과학의 진화 이론도 발전법칙을 찾는 것이 아님을 강조한다.

문화적 진화 이론에서 패턴예측이나 원리의 설명은 구체적, 개별적 설명은 아님에도 불구하고 이러한 설명과 예측은 '규칙지향적인' 입법정책에 의해 사회를 개선하는 데 도움을 준다.

생물학적 진화론과 문화적 진화론은 모두 어떤 상태를 설명하기 위한 상태이론(endstate-theory)이 아니라 과정을 설명하기 위한 과정이론(process-theory)이라는 점이 세 번째의 공통점이다. 진화라는 개념 자체가 말해주고 있듯이, 그것은 변동을 의미한다. 따라서 분석대상도 역시 변동 그 자체이다. 이들은 모두 '있음(Sein)'을 기술하는 것이 아니라 '됨(Werden)'의 과정을 설명하고자 한다.

이러한 의미에서 볼 때 진화 이론은 생물세계나 인간세계를 통틀어 설명하려는 '통일된 이론(unified theory)' 또는 종족을 모두 포괄하는 이론이라고 볼 수 있다(Radnitzky, 1987a: 11). 그렇기 때문에 하이에크가 생물세계를 설명할 경우나 인간세계를 설명할 때 이 진화 이론에 의존하려는 것은 결코 우연이 아니다.

문화적 진화와 생물학적 진화의 유사점은 다음과 같은 사실에 의해 더욱 두드러진다.

(1) 모든 삶이란 '문제'의 해결과정으로 파악할 수 있다. 바로 이 점이 움직이지 않는 물체와 '생명'을 구분하는 기준이다. 이때 '문제'란 생존문제뿐만 아니라 생명체의 삶의 보금자리를 개선시키기 위한 노력에서 생겨나는 모든 문제를 포함한다. 모든 생명체는 생존문제만 가지고 있는 것은 아니다. 이 생존문제는 극단적인 문제일 뿐이다. 이 문제를 극복한 경우에는 보다 좋은 삶을 추구하려 한다.

(2) 삶이란 희소성을 야기한다. 이 희소성은 배분론적, 인식론적 희소성을 포함한다. 이러한 희소성은 경쟁을 발생시키기 마련이다. 따라서 삶이 있는 곳에는 언제나 경쟁이 있기 마련이다. 경쟁은 생물세계에서나 인간세계에서나 '피할 수 없는' 현상이다. 이러한 의미에서 진화에 분석의 초점을 맞추고 있는 인물이 알치안이다(Alchian, 1977: 127).

이러한 경쟁에서 당면하게 되는 문제들에 대한 해결책들이 혁신되고, 선별되고, 확산된다. 다시 말하면 경쟁은 하이에크가 말하고 있듯이 '발견적 절차'이다. 문제의 해결은 또 다른 희소성과 이에 따른 또 다른 문제를 발생시킨다. 다시 말하면 다윈의 성공은 희소성을, 따라서 종이나 그룹에 직면하는 문제들을 발생시킨다. 문제해결 → 문제의 등장 → 문제의 해결과 같은 일련의 연속은 인간세계나 생물세계에 일치된 현상이다. 문제의 등장은 상당 부분 무의도적인 현상들이다.

(3) 이 문제들은 주어진 자원들의 배분문제보다도 더 근원적인 문제

를 포함한다. 지식의 문제가 그것이다. 따라서 하이에크는 삶의 문제(또는 사회질서 정책의 문제)를 지식의 문제로 간주한다. 이때 지식이란 유기체가 현재 직면한 문제를 다룰 수 있게 하는 현실의 단면에 관한 지식을 의미한다. 이 지식은 시간 및 장소와 관련된 구체적인 상황에 관한 지식, 즉 국지적인 지식(사실에 관한 지식)뿐만 아니라, 이론적인 지식을 포함한다. 또한 이러한 지식은 적극적인 지식뿐만 아니라 소극적인 지식을 포함한다.

(4) 유기체의 장기적인 문제는 단기적인 문제들을 해결하기 위한 장치의 개발과 관련되어 있다. 진화는 바로 장기적인 문제를 해결하기 위한 장치의 개발과정으로 풀이될 수 있다. 문화적 진화에서는 제도나 사회적 행동규칙의 개발과 관련되어 있는 반면에, 생물학적 진화는 감각적 도구를 비롯하여 유기체의 생리적 특성의 형성과 관련되어 있다(Radnitzky, 1987a: 47~90, 특히 50~52).

생물학적 진화는 생화학적 또는 유전적 기술을 선별한다. 그것은 또한 초보적인 감정, 기질 또는 가치들을 선별한다. 이 행동규칙은 사회적 행동규칙의 초보적 형태이다. 이 행동규칙에 의해 자연적 질서가 형성된다. 자연적 질서는 동물세계는 물론 인류의 형태발생 초기의 세계이다. 이들 세계의 특징을 살펴보자.

2) 다윈 이전의 다위니스트들

사람들은 진화론의 근원을 찰스 다윈의 생물학적 진화론에서 찾고 이러한 진화 이론에 힌트를 얻어 사회과학에 응용해 온 것이라고 믿고 있다. 진화 이론이라고 하면 언제나 다윈과 연결해야 한다는 믿음이 생겨난 것이다. 이런 인상을 준 것은 스펜서(H. Spencer)를 비롯한 19세기 '사회적 다위니즘'과 오늘날 사회생물학이다.

그러나 우리의 지성사를 훑어보면 그런 믿음은 잘못이라는 것이 들어난다. 이런 잘못을 분명하게 밝힌 인물이 하이에크이다. 그에 의하면 문화적 진화 이론에서 힌트를 얻어 생물세계에 적용한 것이 다윈의 진화론이라는 것이다. 문화적 진화 이론이 먼저 생겨났고 생물학적 진화 이론이 나중에 생겨난 것이다. 이 문화적 진화 이론의 개척자는 하이에크가 입증하고 있듯이[16] 스코틀랜드 도덕철학자들과 이들의 선배학자 맨더빌(B. Mandeville, 1670~1733)이다.[17] 하이에크에 의하면 맨더빌과 함께[18] 시작된 진화 사상의 전통은 사회과학에서 흄, 버크, 스미스, 그리고 대륙의 헤르더(J. G. v. Herder), 사비니(F. K. v. Savigny)와 같은 역사학파가 확립했다는 것이다.[19] 그들은 "성공적인 관행과 관습, 도덕규칙과 같은 행동규칙들이 사회에 정착되고 인간의 상호관계를 안내한다"(Hayek, 1969)는 견해를 대표하고 있었다.

이런 진화 사상을 다윈이 생물학의 유기체에 적용했다. 그런데 불행하게도 다윈의 생물학적 진화 사상에서 힌트를 얻어 19세기 형성된

---

16 진화 사상을 발견한 것이 다윈이 아니라, 법과 언어 그리고 도덕과 같은 문화적 요소를 설명하기 위해 진화론적 접근을 시도했다는 것을 말해주는 하이에크의 문헌은 하이에크(Hayek, 1971; 1988)이다.

17 맨더빌의 유명한 저서는 『벌꿀 우화(The Fable of Bees)』(1714)이다. 그는 이 책에서 사적 악이 공적으로는 덕이라고 주장하여 당시 도덕주의자, 특히 종교지도자들의 도덕주의를 비웃었다. 그런 이유로 그의 책은 판매금지되는 불운을 맞기도 했다.

18 하이에크는 '맨더빌 박사'라는 제목으로 논문까지 쓰고 있다(Hayek, 1969).

19 하이에크는 이들을 '다윈 이전의 다위니스트들'이라고 부르고 있다.

것이 스펜서의 사회적 다위니즘 그리고 오늘날 윌슨(Wilson, 1975)이나 도킨스(Dwakins, 1976)의 사회생물학이다.

하이에크는 오스트리아학파의 창시자였던 그리고 자신의 은사였던 멩거와 함께 스코틀랜드 계몽주의자들의 진화 사상을 계승하고 있다. 하이에크는 유기체와 자연계의 생물학적 진화와 인간사회의 문화적 진화는 분명히 다르다는 것을 강조하고 있다. 다시 한 번 강조하기 위해 위에서 한 얘기를 반복해서 써도 좋다면, 문화적 진화는 생물계의 진화와는 달리 인간의 관계를 위한 행동규칙의 형태로 후천적으로 습득된 특질이 전달되는 과정이다. 하이에크는 문화적 진화를 선천성에 초점을 두는 다위니즘이 아니라 '라마키즘(Lamarckism)'을 흉내 내는 과정이라고 본다(Hayek, 1988).

하이에크는 문화적 진화는 생물학적 진화와는 다르다는 것을 인식해야 한다고 강조한다. 그들이 서로 다르다는 인식이야말로 사회발전의 이해를 위한 기본이고 또 모든 현대사회이론을 위해서도 매우 중요한 인식이기 때문이다. 물리학이나 생물학의 방법을 인간이 사는 세계에 적용할 수 없다. 인간은 물리현상이나 생물현상에서 볼 수 없는 문화를 가지고 있다.

3) 생물학적 진화와 원시적 인류사회

하이에크는 오늘날과 같은 거대한 사회가 형성되기까지의 과정을 발생 단계에 따라 두 가지 과정으로 구분하고 있다. 첫째가 수렵·채취사회에서 부족사회로의 길이다. 둘째는 부족사회에서 거대한 사회로의 길이다. 이러한 과정에 관해 하이에크는 그의 논문 「인간 가치의 세 가지 근원」[20]과 「과대평가된 이성」(1983) 그리고 저서 『지명적 자만』

등에서 설명하고 있다.

하이에크는 자생적 사회질서, 거대한 사회 내지 열린사회가 어떻게 부족사회에서 진화해 왔는가를 설명하기 위해 18세기 스코틀랜드의 도덕철학자들, 특히 흄의 의미의 '가상적 역사'를 도입하고 있다(Hayek, 1988: 69; 1981: 212; 1969: 54).[21] 이 이론은 '어떻게 사건들이 과거에 발생할 수 있었을까'에 관한 이론이다. 이 이론은 개별적인 사건들의 개별적인 특성들에 초점을 맞추는 것이 아니라 패턴설명 또는 원리의 설명에 초점을 맞춘다. 따라서 이러한 가상적 역사는 현상들이 과거에 발생할 수 있었으리라고 추측되는 가설적인 과정을 재구성한다(Hayek, 1969: 154; North, 1991).

이 이론은 신고전파 경제학에서 적용되고 있는 가상적 이론(as-if-theory)과 동일한 것은 아니다. 이 이론에서는 현실을 설명하기 위해 개개인이 정보비용 및 의사결정 비용을 완전히 계산할 수 있다는 가정 하에서 모델을 작성한다. 물론 이때 선택과정이 실제로 어떻게 보이는가 하는 문제는 도외시한다(Witt, 1987: 78). 가상적 역사 이론에서 인간행동을 기술하기 위해 합리적 선택 이론보다는 오히려 사이먼(H. Simon)의 만족수준 이론(aspiration-theory)과 흡사한 행동이론을 채용하고 있다(Witt, 1987: 139~147).

사회질서의 기본 문제는 현대 인간에게 있어서나 인류의 조상들에게 있어서나 동일하다. 변동하는 환경 속에서 평화로운 사회질서의

---

20 이 논문은 하이에크(Hayek, 1981b: 209~236)와 민경국 편역(1989: 7~55)에 수록되어 있음.

21 왜냐하면 행동규율의 변동에 관한 기록들이 특히 선사시대에는 매우 적기 때문이다. 이에 관해서는 노스(North, 1991: 77) 참조.

유지가 바로 그 기본문제이다. 그룹에서는 언제나 갈등이 있게 마련이다. 따라서 될 수 있는 한 이를 피하거나 억제시키는 것이 중요하다. 이것은 규칙을 따를 경우에만이 가능하다(Hayek, 1980: 108; Radnitzky, 1987b: 13). 뿐만 아니라 그룹 구성원들의 협동도 중요하다. 이러한 협동에 의해 비로소 기대들의 충족이 가능하게 된다. 그러나 이러한 충족도 역시 구성원들이 규칙을 따를 경우에만 가능하다.

인류의 초기단계인 원시사회에서 인간은 어떻게 그리고 어떤 질서를 유지했는가? 원시사회의 대표적인 질서형태는 수렵·채취 군단 또는 부족사회와 같이 소규모 사회, 얼굴과 얼굴을 맞대고 사는 사회(face to face society)이다. 15~40명 정도의 성인들로 구성된 수렵·채취 군단 생활은 유인원적 영장동물과 매우 흡사하다. 이 규모는 놀라울 정도로 표준적이었다. 그룹들은 장소를 바꾸어가면서 수렵·채취를 통해 생활을 영위했다.

이러한 원시사회의 질서원리는 무엇인가? 라트니츠키(Radnizky, 1987a: 62)가 주장하고 있는 것처럼 수렵·채취 군단과 부족사회의 사회생활을 지배했던 질서원리는 침팬지의 정치와 매우 흡사하다. 초기 인간과 침팬지는 동일한 생태학적 보금자리를 공유했다. 지배와 복종의 원리가 압도적인 질서원리였다. 그룹 결속에 의해서만 존립할 수 있었다.[22] 이것은 계층적 질서를 의미한다.

원시인들은 개인주의자가 아니라 집단주의자였다. 따라서 연대규범이 압도적인 도덕 시스템이었다. 분배원리는 필요에 따른 분배 및 노동가치 이론적 분배원리였다. 지도자 또는 수령은 누가 얼마만큼 받을

---

22 왜냐하면 침팬지와 같이 인간도 역시 생물학적 무기를 갖고 있지 않기 때문이다.

것인가를 결정했다. 나누어먹기 식 원리가 존재한다. 선물 행위도 존재했다. 침팬지 군단과 같이 사적 소유권 규칙도 작용했다. 교환이 이루어졌다. 그러나 이 교환은 오늘날과 같은 비인적 내지 익명의 교환이 아니라 아는 사람들끼리의 교환이다.

이상과 같이 지배와 복종의 원리를 주축으로 하는 원시사회의 질서가 유지되는 메커니즘은 인적(personal)인 것이었다. 사적 영역과 공공 영역의 구분이 전혀 없었다. 함께 일하고 함께 나누어 갖는 삶이 주축을 이루었다. 그룹 규모가 그룹의 존립에 결정적인 역할을 했다. 따라서 하이에크의 진화적 선별기준인 인구의 규모는 이 원시사회의 진화적 메커니즘을 설명하기에 적합하다고 볼 수 있다.

인류는 얼굴과 얼굴을 맞대고 사는 사회 속에서 300만 내지 400만 년 동안 살았다(Hayek, 1979: 19; Radnitzky, 1987a: 14). 이러한 삶을 지배하고 있었던 규범 시스템은 이러한 삶에 적응되었고, 또한 이와 같이 오랜 기간 동안 인간의 상호작용을 지배했기 때문에 인간의 본능 속에 깊이 고착되었고, 따라서 아직도 오늘날의 인간의 본능적 감정 속에 정착되어 있다는 것이다. 하이에크는 이러한 감정을 타고난 우리의 본능이라고 말하고 있다(Hayek, 1979: 194~198; 1981a: 23). 본능적인 태도, 가치 및 행동 형태들은 지금까지 유전적으로 세대에서 세대로 전수되는 것으로 간주되고 있다.[23]

23 이에 반해 라트니츠키는 이러한 감정을 '준본능적 감정'으로 간주한다. 그에 의하면 이 감정이 본능으로 되기 위해서는 300만~400만 년은 너무 짧다는 것이다.

4) 문화적 진화와 자유주의의 문명화된 사회

도덕규범으로서 집단주의 및 연대 시스템을 주축으로 하는 사회질서는 인구의 증가, 자원의 희소성의 증가 그리고 이들 요인에 의해 야기되는 기술적인 외부 불경기 등과 같은 환경변화에 적응할 수 없었다.[24] 따라서 300만 내지 400만 년 동안 지속되어 온 소규모 사회의 도덕규범 시스템을 극복하는 것이 인류 문명의 새로운 과제였다. 이러한 과제를 극복하기 위해서 어떠한 변화가 어떻게 가능했는가?

하이에크에 의하면 거대한 사회로의 진화는 이러한 그룹선별 과정에서 소규모 사회의 도덕 시스템과 나란히 새로운 도덕 시스템의 생성에 의해 가능했다. 문화적 거름 과정을 통해 특정의 행동규칙 시스템이 점차 추상화 및 일반화되어 왔다는 것이다. 다시 말하면 추상적인 행동규칙 시스템이 관철된 것은 이를 실시하는 그룹들이 원시 사회의 도덕 시스템을 적용하는 그룹보다도 더 성공적이었기 때문이라는 것이다.

새로운 도덕 시스템의 질서원리는 연대가 아니라 라트니츠키(Radnitzky, 1987a: 72)가 표현하고 있듯이 정직의 규범 시스템이다. 이 규범 시스템은 계약의 충실성, 사적 소유의 존중, 솔직성 등과 같이 흄이 정의의 규칙, 하이에크가 정의로운 행동규칙으로 표현했던 도덕률을 의미한다(Hayek, 1979: 26~29). 이런 추상적인 행동규칙들은 개개인들에게 어느 누구도 침범할 수 없는 자유의 영역을 확립해 준다. 자유의

---

[24] 인구가 급진적으로 증가하고 자원의 희소성이 커졌을 때 비로소 수렵·채취에서 정착된 농업경제로의 전환이 이루어졌고 또한 비로소 배제적인 공동소유 제도가 형성되기 시작했다. 배제적 공동소유는 생산자원의 이용에서 그룹 구성원들 이외의 다른 잠재적인 이용자들(예컨대 다른 부족 출신들)을 배제시키는 것을 의미한다. 이에 관해서는 노스(North, 1988: 85) 참조.

도덕이라고 불러도 무방하다. 이런 도덕이야말로 인간에게 문명화된 삶을 가져다준 도덕이다.

이러한 추상적인 도덕률에 의해 지배되는 사회의 인간은 원시사회의 인간과는 전혀 다른 생활 모습을 보여준다(Hayek, 1979: 29~35; 1981a: 194~198; Radnitzky, 1987a: 69~74).

첫째, 연대 모럴에 의해 지배되는 원시사회에서는 구성원들이 공동으로 노력하고, 기쁨과 불행을 같이하며, 또한 위험에 공동으로 대처함으로써 구성원들이 통합되었다. 추장의 명령에 의해 개개인들의 행동이 공동의 목적을 위해 조종·통제된다. 그러나 추상적인 행동규칙에 의해 지배되는 사회에서는 개개인들이 스스로 자신의 목적을 설정하고 이를 위해 자신의 지식과 수단을 투입한다. 이러한 사회는 공동의 목적 대신에 다양한 개별적인 목표 설정을 허용하는 다원적인 사회이다.

둘째, 부족사회에서는 구성원들끼리, 즉 서로 낯익은 사람들끼리 선물을 교환한다. 품앗이라고 부르는 상호성도 역시 아는 사람들끼리의 일종의 교환행위이다. 이것은 상호간의 자선주의(reciprocal altruism)와 동일하다(Wilson, 1975: 120~121). 따라서 이러한 원시사회에서도 일종의 사적 소유 구조가 존재했을 것으로 추정된다(Hayek, 1971: 169; Radnitzky, 1987a: 63; Hirschleifer, 1990: 649~664). 그러나 추상적인 행동규칙에 의해 지배되는 거대한 사회로 전환되면서 교환은 점차 비인적인, 익명의 형태를 취한다. 다시 말하면 서로 모르는 사람끼리 교환이 이루어진다. 교환의 인적, 시간적 및 장소적 범위가 점차 확대되어 오늘날과 같이 세계적 범위로까지 확대되었다. 추상적인 행동규칙의 적용 영역은 범세계적이다. 교환 범위가 폐쇄성에서 열림성으로 전환되었다.

셋째, 이와 같이 열려 있는 사회에서는 비인격적인 가격 신호와 추상적인 행동규칙에 의해 개개인들의 행동과 목적들이 조정된다. 반면에 부족사회에서는 인적인 신호에 의해 이들이 조정된다. 열린사회의 질서는 비인적 메커니즘에 의해 유지된다. 그렇기 때문에 이러한 사회를 익명의 사회로 간주한다.

그러나 인류가 거대한 사회의 기초가 되는 추상적인 행동규칙에 예속되어 살아온 지는 겨우 100세대 내지 300세대밖에 되지 않는다. 그렇기 때문에 이 행동규칙 또는 도덕규범은 아직 우리의 유전인자 속에 정착되지 않았다. 따라서 열린 거대한 사회의 기초가 되는 이러한 도덕규범은 유전적으로 전수되는 것이 아니라 학습을 통해 전수된다.

원시사회의 진화는 주로 생물학적 진화단계이다. 원시적인 형태는 물론 원시적인 가치 및 태도의 형태들은 대부분 당시의 환경조건하에서 유전적으로 고착되었다. 이들은 사회적인 상호작용을 통해 관찰 가능한 질서를 형성한다. 이들은 앞에서 언급한 바와 같은 '자연적 질서'의 기초이다.

제3의 질서로서의 자생적 질서를 반대하고 그 대신 본능적인 감정을 중시하는 사람들은 바로 이상과 같은 소규모 그룹의 인간관계들 및 가치들을 낭만적으로 해석하여 이들을 찬사한다. 이러한 사상은 특히 독일 역사학파의 모체가 되고 있는 뮐러(A. Müller)를 중심으로 한 낭만주의학파에서 비롯되었다. 하이에크는 대표적인 인물로 루소와 이의 철저한 후계자인 마르크스를 들고 있다. 사회정의 또는 사회복지국가의 기본적인 도덕체계는 바로 자연적 질서의 원시적 본능에서 우러나온 것이다.

어쨌든 하이에크는 연대감과 이타심을 기초로 하는 원시적인 부족사회에서 추상적인 규칙의 준수를 기초로 하는 사회로의 진화를 그룹선별론에 의해 설명하려 하고 있다. 앞에서 본 바와 같이 그룹선별론에서 그는 진화적 선별기준을 그룹의 성장에서 찾고 있다. 인구의 성장에 의한 진화적 선별기준은 오늘날과 비교한다면 문화적 진화의 초기단계에 적용될 수 있다. 서그던(Sugden, 1993: 401)이 지적하고 있는 바와 같이 이를 적용할 수 있는 경우로서 두 가지를 들 수 있다.

첫째, 원시적인 부족사회와 같이 그룹들이 분명하게 경계가 지워져 있고, 이들이 집단으로서 서로 경쟁하고 있는 경우이다. 이러한 경쟁의 가장 분명한 것이 민족국가들끼리의 전쟁이다. 그러나 개인적 소유권과 같이 번영을 창출하는 행동규칙들이 군사적인 승리를 이끌어주는 행동규칙들과 똑같은지는 분명하지 않다. 실제로 하이에크 자신도 이와 같이 분명하지 못한 사실을 인정하고 있다. 전쟁이라는 비상 시기에는 연대를 기초로 하는 전(前) 자유주의적(pre-liberal), 즉 원시사회적인 도덕률이 추상적인 행동규칙에 대한 존중을 기반으로 하는 자유주의적 도덕률보다도 더 기능적일지 모른다는 것이다(Hayek, 1981a: 153; 1988: 19).

둘째, 인간그룹들이 소규모로 형성되어 이들이 서로 고립된 채 삶을 영위하고 있는 경우 이들은 서로 관계를 갖고 있지 않지만, 어떤 그룹은 성장하고, 다른 그룹들은 소멸할 수 있다. 그룹선별은 이러한 세계에서는 가능할지 모른다. 예컨대, 보다 효과적인 사냥기술을 발견한 수렵·채취 군단은 성장할 것이다. 희소성이 심한 경우 효과적이지 못한 수렵기술을 가진 군단은 소멸할 것이다.

이와 같이 침팬지와 같은 영장동물의 그것과 유사한 삶의 형태를 가지고 있었던 인류의 문화적 초기단계에서는 하이에크의 그룹선별론이 보다 잘 적용될 수 있다. 그러나 그룹들 간에 평화적인 상호작용이 존재하고 있는 경우에는 앞에서 설명한 바와 같이 행동규칙들이 한 그룹에서 다른 그룹으로 전달되는 것이 가능하다. 이와 같은 경우에는 그룹들의 경쟁이라기보다는 행동규칙들의 경쟁이 기본적인 경쟁의 특성이다. 이러한 과정에서 행동규칙의 생성과 선별 및 확산과정은 개인주의적으로 설명될 수 있다. 그것은 첫째, 개인적 모방에 의한 다른 그룹들의 행동규칙의 도입, 둘째, 집단적인 모방에 의한 도입이다. 후자는 공공선택의 이론적 대상이다.

5) 시장경제 생성의 의미와 문명화된 삶

원시 부족사회에서 거대한 사회로의 문화적 진화 과정에서 생겨난 가장 두드러진 것은 시장경제질서의 진화이다. 시장경제질서는 문화적 진화의 선물이자 또한 그것은 거대한 사회 내지 열린사회의 전제조건이다. 어떠한 구체적인 공동의 목적이 없이도 평화로운 공존을 가능하게 한 결정적인 계기는 교환과 상업의 도입이었다(Hayek, 1981a: 151). 그렇기 때문에 독일 프라이브르크학파의 질서자유주의의 창시자 중 한사람인 뵘(F. Böhm)은 시장질서를 평화의 질서로 간주하고 있다.

시장질서에 의해 가능하게 된 평화로운 공존은 소규모의 부족공동체를 넘어서 다른 공동체와의 공존으로까지, 오늘날에는 범세계적으로까지 '확장'되었다. 그렇기 때문에 하이에크는 시장경제질서를 '공동체에 누구든 수용한다' 또는 '적을 친구로 만든다'라는 의미인 '카탈락시'라고 부르고 있다. 적을 친구로 만들고, 원하면 누구나 공동체의 일원으로 만듦으로써 확장된 질서가 가능하다. 이러한 확장된 질서가 범세계적으로 확대된 국제적 분업이다. 시장경제의 세계화가 전형적인 확장된 자생적 질서이다. 이런 자유의 국제질서 때문에 오늘날 우리는 전대미문의 세계적인 평화 속에서 살고 있다.

확장된 실서로 인해 서로 나른 문화 공동체들이 상호간 평화롭게

공존·협력할 수 있게 되었다. 시장질서는 확장된 질서를 위한 전제조건
이다. 시장질서가 없이는 인류는 범세계적으로까지 확장된 질서를 갖
지 못했을 것이다. 이 확장된 질서로 인해 우리는 개별 정신이나 집단이
알 수 있는 것을 초월할 수 있게 되었다.

얼굴과 얼굴을 마주 보고 있는 소규모의 원시사회는 '좁혀진 사회'이
다. 이러한 사회는 누구나 알아볼 수 있다. 이것은 '중간우주(meso-
cosmos)'와 같다. 우리의 감각도구를 통해 접근 가능한 경험의 세계이
다. 그러나 확장된 질서는 감각도구에 의해 직접 우리가 알 수 있는
질서는 아니다.

인간은 비로소 과학이론에 의해 이 중간우주를 초월한 확장된 사회
를 알 수 있다. 그러나 이를 상세히 알 수는 없고 오로지 추상적으로,
다시 말하면 패턴형식으로만 알 수 있을 뿐이다. 서로 얼굴을 마주
보고 있는 소규모 사회를 초월할 수 있게 한 것이 확장된 질서라면,
중간우주와 과학이론의 관계는 이 소규모 사회와 확장된 질서의 관계
와도 유사하다고 볼 수 있을 것이다.

그러나 우리가 주목하는 것은 가격구조와 공동으로 지키는 추상적
인 행동규칙의 존재이다. 가격과 행동규칙의 존재 때문에 우리의 감각
적 영역을 넘어서 알지 못하는 사람들과 거래를 할 수 있다. 이런
과정을 이론화하는 것이 과학이다.

교환은 개개인들의 구체적인 공동의 목적이 없이도 평화로운 공존
을 위한 첫 번째 단계이다. 교환이 비인적인 교환으로 대체됨으로써
새로운 질서, 즉 시장질서가 형성되었다. 이 질서에서는 개개인들이
서로를 알 필요도 없고 또한 서로를 알고 있지도 못하지만 그러나
그들은 소유권법, 불법행위법 및 계약법과 같은 추상적인 규범의 테두
리 내에서 시장 과정을 통해 상호간 적응한다. 이러한 자생적 질서는

서로 다른 목적들을 조정할 뿐만 아니라 거대한 익명의 사회구성원들이 서로 다른 목적을 추구하고 또한 이들이 서로 다름에도 불구하고 다른 사람들의 노력으로부터 이익을 얻는다.

이러한 평화적 협조는 추상적인 규범의 존재뿐만 아니라 인간이 서로 다르다는 사실에 기인한다. 인간의 이러한 분화 또는 차이는 문화적 진화에 의해 야기된 것이다. 이것은 종의 생물학적 진화를 통해 야기된 분화보다도 더 심대하다(Radnitzky, 1987a: 58; 1987b: 17).

하이에크는 사람들이 매우 다르고 서로 보완적인 능력을 소유하고 있다는 사실에 의해 현대사회가 가능하게 되었다는 점을 강조하고 있다. 이것이 바로 분업을 합리적으로 만든 것이다. 그리고 또한 분업, 사적 소유권 및 교환은 고대사회 이후부터 이미 존재하고 있었다는 것은 놀라운 일이 아니다.

그러나 마르크스주의자들은 분업과 시장질서의 생성을 원죄(原罪)로 간주하고 있다. 이러한 가치판단은 수렵·채취 군단의 규범체계로의 귀환을 의미한다. 그들이 기초하고 있는 기본적인 가정은 인류학적 교훈과 모순된다.

추상적인 행동규칙으로서의 정직성 규범 시스템을 채택한 그룹들은 다른 규범(연대 규범 시스템)을 따랐던 그룹들보다도 훨씬 성공적이었고 이들을 압도하게 되었다. 이러한 규범체계의 생성은 인류문명의 생성과 발전을 유도한 언어의 생성에 뒤이은 제2의 혁명으로 간주될 수 있다.

6) 자유사회의 진화와 종교

거대한 사회의 기초가 되는 노넉규범 시스넴으로서 성식성 규범 시스템을 수용했던 그룹들이 다른 행동규칙, 즉 연대 규범 시스템을 채택한 그룹들보다 성공적이었기 때문에 이 규범 시스템이 선별되고 확산되었다. 그들은 왜 이 규범 시스템이 성공적이었는지를 알 필요도 없고, 알 수도 없었다. 따라서 인류는 자신의 의지와는 무관하게 개화되었다고 볼 수 있다. 이러한 규범 시스템 속에서 인간이 살아온 지는 겨우 100내지 300세대밖에 되지 않는다. 그렇기 때문에 이 행동규칙은 아직 우리의 본능에 고착되지 못했고 학습을 통해 비로소 습득된다. 이러한 습득과정에서 중요한 역할을 한 것이 무엇인가?

하이에크는 자생적 사회질서의 기초가 되는 도덕규범 체계를 유지하고 전수하는 데 중요한 역할을 한 것은 종교라고 본다. 왜 초자연적 실체인 종교가 필요했는가? 추상적인 도덕체계는 수렵·채취 군단과 같이 누구나 서로를 알고 있는 그룹의 도덕체계와 밀접히 관련되어 있는 우리의 본능적 도덕을 억압하는 도덕체계이다. 이러한 도덕체계는 원시사회의 소규모 그룹의 도덕체계와는 달리 우리에게 특정의 행동을 적극적으로 규제하는 것이 아니라 특정의 행동을 금지하는 추상적인 행동규칙의 성격을 가지고 있다. 그래서 자유의 도덕률이라고 불러도 무방하다. 이는 개개인들에게 자율적인 영역을, 그 어느 누구도 침범해서는 안 될 자유의 영역을 확립해 준다.

그러나 유감스럽게도 그러한 도덕체계는 우리의 본능적인 욕망을 충족시키지 않는다. 그렇기 때문에 인류는 이러한 추상적인 도덕체계를 좋아하지 않는다. 서로 나누어먹고 서로 보살피고 서로 감싸주는 연대성과 이타심의 도덕을 더 좋아한다. 이러한 이유 때문에 추상적인 규범을 싫어하는 사람들이라고 해도 그런 도덕규범을 믿고 따르도록 하기 위해서는 초자연적인 설명에 의해 이를 정당화시켜야 할 필요가 있었을 것이다. 이러한 필요성으로부터 자본주의 도덕률에 대한 종교적 정당성이 생겨난 것이다. 따라서 인류의 문명은 "무수히 많은 신앙들에 힘입은" 것이라고 말할 수 있다(Hayek, 1982a: 28; Radnitzky, 1987a: 231~232).

이러한 신앙 시스템들은 바로 종교이다. 종교는 사회질서의 유지와 관련하여 두 가지 기능을 행사한다. 첫째, 그것은 사회질서의 기초가 되는 행동규칙들에 대한 그룹구성원들의 존중심, 경외심을 강화시키는 역할을 한다. 다시 말하면 도덕규범에 대한 내재화를 촉진시킨다. 이로써 그것은 소위 '죄수의 딜레마' 문제를 해결한다. 둘째, 종교는 도덕규범의 문화적 전수를 가능케 한다. 이 전수를 통해 도덕규범이 시간적으로 확산되어진다. 다시 말하면 종교는 전통의 시간적 유지에 기여한다.

하이에크는 기독교가 자유로운 사회질서 및 시장질서의 유지와 보호에 기여한 바를 강조하고 있다. 기독교는 인류문명이 전개될 수 있었던 역사적인 주변조건들 중 하나로 간주되고 있다. 이 종교가 바로 소유권 모럴, 정직성 그리고 가족 모럴, 개인의 책임, 절약 등과 같은 모럴을 가르쳐주었고, 이로써 시장경제의 진화는 물론 자유로운 사회질서의 진화가 가능했다는 것이다.

이러한 정직성 규범 시스템에 대한 종교적인 뒷받침이 없었더라면, 현대적인 자유의 체계, 자유사회와 시장사회는 존재하지 않았을 것이다(Hayek, 1988: 56~57, 136~137). 이 종교는 2,000여 년 전에 이미 사적 소유권 제도가 완전히 개발되었던 지역에서만이 생성·발전되었던 것이다(Radnitzky, 1987a: 19). 그렇기 때문에 자유사회와 시장경제 그리고 개인의 자유는 기독교의 생성과 함께한다고 볼 수 있다.

이와 같이 종교적인 뒷받침에 의해 사적 소유권 — 보다 일반적으로 표현한다면 개인의 권리에 내포되어 있는 의미로서 타인의 이용을 배제시킨다는 의미 — 의 배타석 의미보나는 이 권리에 대한 타인들의 존중이라는 도덕적 의미가 더욱 강조하게 되었다. 다시 말하면 종교적 뒷받침은 개인적 권리의 배타성보다는 오히려 그 권리의 소중함과 신성함을 인간의 정신 속에 정착시키는 데 기여한 것이다.

하이에크의 이러한 종교적 관점은 애덤 스미스나 오이켄(W. Eucken)의 관점과 일치한다. '일반적인 정의로운 행동규칙'의 원천을 스미스는 신에게서 찾았다. 오이켄이 교회를 질서를 유지하고 확립하기 위한 중요한 추진력으로 간주했던 것은 결코 우연이 아니다. 이들은 모두 자유로운 사회질서 및 카탈락시를 신학적으로 정당화시키고 있다. 하이에크에 의하면 그와 같은 종교적 뒷받침은 매우 중요하다. 심지어 오늘날에도 많은 사람들은 시장질서가 고유하게 가지고 있는 유익한 특성을 인식하지 못하고 있다. 따라서 우리는 시장질서의 안정성을 유지하기 위해 오늘날 더욱 더 종교를 필요로 한다는 것이다. "이러한 신념을 상실하게 되면 그로 인해 커다란 어려움이 생겨난다"는 것이다 (Hayek, 1988: 137).

이상과 같이 하이에크의 주장을 요약하면 사적 소유와 가정을 선호하고 또한 이들을 중시하는 종교적 신념으로 인해 시장 시스템이 유지되어, 그것이 문화적 진화에 의해 선별된 시스템이 될 수 있을 만큼 오랫동안 살아갈 수 있게 되었다는 것이다. 그는 종교적 아이디어들을 특정 형태의 사회제도들이 존립할 수 있느냐 없느냐를 결정하는 중요한 요소로 간주하고 있다. 그는 신념체계 내지 이념체계(idea system)의 중요성을 강조하고 있다. 이러한 의미에서 볼 때 그는 관념주의적 색채를 전제하여 자신의 자유주의 이념을 개발하고 있다고 볼 수 있다(Kley, 1994: 93; 민경국, 1993a: 311).

이러한 주장과 관련하여 중요한 것은 왜 어떤 종교들은 확산되어 세계적인 종교가 되었는가 하는 문제이다. 하이에크는 그 이유에 대한 설명을 제공하고 있다. 그에 의하면 지난 2,000년 동안 존재했던 그리고 존재하고 있는 종교들을 창시했던 인물들 중 많은 인물들은 가정과 소유권을 부인했지만, 그러나 살아남은 종교들은 소유권과 가족의 신성함을 지지하는 종교들뿐이다(Hayek, 1988: 137). 즉, 시장질서 및 자유로운 인간사회로의 진화적 진로에서 중요한 역할을 담당했던 것은 오로지 사적 소유와 가족의 신성함을 허용하는 종교뿐이었고 기능적으로 시장제도와 양립할 수 없는 모든 종교들(예컨대 공산주의, 마니교 등)은 소멸되었다는 것이다. 그렇다면 왜 사적 소유와 가족을 중시하는 종교가 선별되는가? 하이에크는 진화적 선별을 위한 기준으로서 '인구 증가'를 들고 있다.

하이에크는 『치명적 기만』에서 기독교 구약성서 「창세기」의 "너의 자손을 증가시킬 지어다"라는 구절을 문화적 진화의 기준을 구현시킨 구절로 간주하고 있다. '생육하고 번창하라'라는 성서의 가르침을 구현한 것이 시장경제이다. 그것은 두 가지 측면에서 그렇다. 한편으로는 자유시장경제의 바탕이 되고 있는 도덕규칙이다. 성서의 제5~10계명이 그것이다. "살인해서는 안 된다", "간음해서는 안 된다", "도둑질해서는 안 된다", "이웃에게 불리한 거짓 증언을 해서는 안 된다", "네 이웃의 집이나 아내나 종이나 소나 나귀나 할 것 없이 너희 이웃의 소유는 어떤 것도 탐내서는 안 된다." 이런 도덕규칙은 시장경제의 중요한 기반이다. 이런 도덕적 규칙을 기반으로 하는 시장경제는 인간을 먹여 살릴 수 있는 번영의 기반이다. 기독교가 세계종교로 된 것은 그것이 사적 소유권과 가족의 신성함을 인정하고 이로써 인류의 성장에 기여했기 때문이다.

하이에크의 사상의 기본적인 가정은 클라이(Kley, 1994: 93)가 주장하고 있듯이 물질주의적 입장이다. 따라서 하이에크의 사상은 종교적인 이념이 사회 시스템의 존립을 결정한다는 관념주의와 어떤 종교를 사람들이 취하느냐를 결정하는 요인을 인구의 성장 및 부의 성장으로 간주하는 물질주의의 혼합으로 간주할 수 있을 것이다.

이러한 '모순된' 혼합을 도외시한다고 하더라도, 종교적 신념이란 하이에크가 인정하고 있듯이 과학적 명제와 똑같은 의미에 있어서의 진리가 아니다. 그것은 증명할 수도 없고 검증할 수도 없다(Hayek, 1988: 137). 그것은 심지어 신비이자 미신으로 분류될 수도 있다. 따라서 그가 스스로 인정하고 있듯이 초자연적인 신학적 설명은 오로지 '상징적인 진실'로서 간주될 수 있을 뿐이다(Hayek, 1988: 137).

7) 문화적 진화와 가족

인간은 다른 어떤 동물보다도 유년시절이 매우 길다. 하이에크는 인간의 유년기의 연장을 생물학적인 마지막 진화로 파악하고 있다. 유년시절의 연장은 학습기간의 연장과 같다. 따라서 인간이 문화를 발전시킬 수 있는 능력을 갖게 된 요인 중 하나를 바로 유년시절의 연장과 이에 따른 학습기간의 연장으로 간주하고 있다.

이 유년기간 동안 인간의 학습은 주로 가족 내에서 이루어지고 있다. 따라서 가족은 행동패턴과 삶의 지식의 진화라는 의미에 있어서의 문화적 진화 그리고 시장질서 및 자유로운 인간의 사회를 위해 매우 중요한 기능을 행사한다. 가족은 자유로이 성장된 제도들 중 하나이다.

하이에크는 가족이 여러 기능을 갖고 있다고 설명한다. 첫째, 한 세대에서 다음 세대로 물질적인 자산뿐만 아니라, 시장질서 및 자유로운 인간의 사회를 위해서는 없어서는 안 될 행동패턴들을 전달하는 기능을 한다. 문화적 요소들의 전달은 물질적인 것의 전달과 불가분의 관계를 가지고 있다. 왜냐하면 비물질적인 유산을 보유하기 위해서는 외적 삶의 형태(즉, 물질적인 유산)의 계속성이 필요하기 때문이다 (Hayek, 1971: 110~111). 따라서 유산의 사회적 반환이나 상속에 대한 지나친 과세는 이러한 문화적 진화와 자유로운 사회의 유지를 위해 적절한 것은 아니라고 본다.

둘째, 하이에크는 가족제도가 자녀들 및 사회에 미치는 유익한 효과를 언급하고 있다. 어린 자녀를 스스로 양육하는 사람들은 그들의 삶에 대한 책임감을 더욱 더 느끼고, 보다 직접적으로 그들의 삶을 배려하려고 한다. 이러한 책임감과 배려하고자 하는 부모의 마음씨는 플라톤적인 공산주의에서와 같이 국가에게 자녀들의 교육을 맡기는 제도에서는 찾아볼 수 없는 것이다.

따라서 하이에크에 의하면 부모들은 경제적인 의사결정에서나 그 밖의 문제에서 장기적인 관점을 채택하여 의사결정을 내리는 경향을 갖게 된다. 이러한 성향은 사회전체에 유익한 결과를 초래한다. 왜냐하면 이러한 성향은 자원의 왜곡된 배분 및 낭비를 감소시키기 때문이다. 하이에크는 이를 다음과 같이 표현하고 있다(Hayek, 1981a: 25).

> "부모들이 주거지나 직업을 선택하는 경우, 자신들의 의사결정이 자녀들의 장래에 미치는 효과를 고려한다는 것은 인적 자원의 이용을 예측가능한 장래의 변동에 적응시키려는 데 있어서 중요한 요인이다."

셋째, 하이에크는 시장질서 및 자유사회는 가족제도가 없이는 가능하지 않다는 점을 강조하고 있다. 왜냐하면 가족은 남성의 야성적인 성적 욕구를 길들여 억제시키는 데 기여하기 때문이다. 그는 가족제도를 사적 소유권과 비유하고 있다. 사적 소유권은 새산권경제학적 의미로 볼 때 사적 영역 또는 제3자의 침해로부터 보호된 영역(protected domain)이다. 국가는 물론 어느 누구도 이 영역을 침해해서는 안 된다. 따라서 그것은 '신성한' 영역이라고 볼 수 있다. 마찬가지로 가정도 역시 제3자의 성적 침해로부터 보호되는 '보호영역'이라고 볼 수 있다 (Hayek, 1987b: 35~47).

이상과 같이 가족제도는 도덕, 취향 및 지식을 세대 간 전달하는 기능, 부모의 신중한 의사결정을 유도하는 기능 및 성적 욕구를 억제하는 기능을 행사한다.

8) 이성과 본능의 결탁

이상에서 우리는 인류의 두 가지 사회, 즉 자연적 질서와 자생적 질서를 비교·설명했다. 자연적 질서는 원숭이 사회와 같은 사회이다. 이 사회는 인류의 초기단계에서 인류가 겪어온 사회이다. 이러한 사회의 기초가 되는 도덕체계는 주로 연대규범 원리로 구성되어 있다. 이러한 사회는 인적 사회, 얼굴과 얼굴을 마주하고 있는 폐쇄된 사회이다. 이러한 사회는 공동체주의를 창설하는 데 기여한 미국의 유명한 철학자 매킨타이어(MacIntyre, 1981)의 공동체주의가 실현된 사회이다. 그는 자유주의는 이기적인 인간을 전제하고 있기 때문에 이런 사회는 연대규범이 소멸되고 사회의 붕괴를 초래한다고 주장한 인물이다. 그러나 공동체주의는 원시 부족사회를 의미할 뿐이다. 이러한 사회 속에서 인류는 자신의 역사의 대부분을 소비했다. 그렇기 때문에 연대규범의 원리는 인간의 유전인자 속에 정착되어 있고, 유전적 결합에 의해 세대 간 전수된다.

이런 원시사회의 도덕을 거대한 사회에 적용할 것을 강력히 촉구하는 것이 공동체주의이다. 그러나 이것은 잘못된 생각이다. 거대한 사회에 소규모 사회의 도덕을 적용할 경우 이런 도덕 자체도 해체될 뿐만 아니라 거대한 사회의 기초가 되는 정직성 규범까지도 파괴된다. 하이에크는 이런 파괴과정을 그의 저서 『법·입법 그리고 자유』의 제2권 『사회정의의 허구(The Mirage of Social Justice)』에서 자세히 설명하고 있다. 사회정의는 원시사회의 본능적 도덕이라는 것이다. 이런 도덕을 거대한 자생적 질서에 적용할 수 없다는 것을 강력히 주장하고 있다.

인류의 원시사회는 침팬지 사회와 같이 준사회적(quasi-social)이다. 그러면 인류초기의 준사회성이 어떻게 초사회성(ultra sociality)으로 변동하게 되었는가? 개미나 꿀벌과 같은 곤충사회는 종(種) 내적인 경쟁이 존재하지 않는다. 불임성 때문이다. 종의 내부에서 경쟁이 지배하고 있는 침팬지와는 달리 사회적 곤충들은 초사회성을 갖게 원리이 불임성과 그리고 종의 내부에 경쟁의 부존이다. 그런데 인류도 침팬지와 같이 종 내적 경쟁을 특징으로 한다. 그럼에도 불구하고 인류가 원시사회와 같은 준사회성을 극복하고 오늘날과 같은 초사회성을 갖게 된 이유는 무엇인가? 그것은 다른 동물에서 찾아보기 어려운 문화적 진화의 길에서 찾을 수 있다.

매킨타이어의 공동체주의 및 마르크스주의의 사회질서를 현대와 같이 거대한 사회에 적용하기 위해서는 아마도 인간이 종 내적 경쟁을 하지 못하도록 유전적으로 일개미와 같은 불임계층이 존재해야 할 것이다. 그러나 인류는 이런 식으로 진화하지 않았다. 불임계층의 생성을 야기하는 생물학적 진화 대신에 문화적 진화가 생겨난 것이다. 수렵·채취 기간이 지난 후에는 신체구조와 신경구조의 생물학적 진화가 생겨나지 않았다. 그 대신 새로운 진화가 생겨났다. 그것이 문화적 진화이다.

문화적 진화는 생물학적 진화에서 형성된 본능적인, 따라서 유전적인 행동규칙의 엄격한 조종으로부터 벗어나는 계기를 마련했다. 다시 말하면 인류는 유전인자의 독재로부터 매우 자유롭게 된 것이다. 이 결과가 자연적(본능적) 질서의 극복과 자생적 사회질서의 새로운 출현이다.

이러한 사회에서는 인간의 사회적 행동이 추상적인 신호에 의해 조종된다. 추상적인 신호는 비인적(unpersönlich) 신호이다. 이러한 신호를 제공하는 것은 추상적인 행동규칙들이다. 이러한 행동규칙들은 후천적으로 전수된다. 이 전수에서 가장 중요한 기능을 행사하는 것이 침팬지 사회에서 수렵·채취 사회로의 전환기에 생성된 언어이다.

이러한 행동규칙들의 생성과 함께 등장한 것이 하이에크가 인식론적으로 해석하고 있는 '발견적 절차'로서의 시장경제질서이다. 이러한 질서의 형성은 인류가 문명의 길, 즉 초사회성을 가진 확장된 질서로의 전환을 가져온 두 번째 길이다(첫 번째 단계는 언어의 형성이다). 이 시장경제질서 및 이에 따른 자유로운 인간사회의 등장은 인류역사에서 언어의 생성만큼이나 중요한 의미를 가지고 있다. 이러한 질서의 확대와 유지는 이 질서의 기초가 되는 도덕규범을 초인격적인 것으로 승화시키는 데 중요한 역할을 한 종교(특히 기독교)와 가족제도의 덕택이다.

마지막으로 우리가 주목하는 것은 자유와 자유를 보장해 주는 행동규칙은 인간의 이성에 의해 만들어진 것이 아니고 또한 그들은 본능의 소산도 아니라는 것이다. 그것은 문화적 진화의 결과이다. 따라서 자유주의와 시장경제는 이성과 본능의 중간에 위치해 있다. 그러나 인류의 역사는 빈번히 본능과 그리고 이성이 결탁하여 시장경제와 그리고 자유주의의 발전을 방해했다.

4. 하이에크의 법의 진화 사상

이미 앞에서 언급한 바와 같이 자생적 질서의 기초가 되고 있는 일반적인 행동규칙들은 공식적인 행동규칙과 비공식적인 행동규칙으로 구분된다. 공식적인 행동규칙은 강제권을 독점하고 있는 국가에 의해 강제적으로 집행되는 행동규칙이다(Hayek, 1980: 105). 자생적 질서의 기초가 되고 있는 공식적인 행동규칙은 민법과 형법을 포함하는 사법질서(Private Law Order)이다. 그러면 이러한 법은 어떻게 형성되는가? 사실상 이 문제는 '그룹선별론'에 의해서는 설명하기가 매우 어렵다. 하이에크는 이 문제를 그룹선별론과 관계없이 그의 저서『법·입법 그리고 자유』의 제1권인『규칙과 질서』에서 분석하고 있다. 그의 분석을 재구성하고자 한다.

이미 이런 재구성을 하고 있는 문헌이 있다. 그중에 라트나팔라(Ratnapala, 1993: 201~226)의 재구성은 매우 두드러진다. 그의 생각은 하이에크의 법사상을 이해하는 데 큰 도움이 된다. 그가 재구성한 것을 기반으로 하여 하이에크의 법의 진화 사상을 체계화하고자 한다. 이런 체계화는 법을 이해하는 데 유익한 출발점이 될 수 있다고 본다.

1) 법의 이분법의 결함과 제3의 법: 노모스

일반적으로 법을 자연법과 실정법으로 구분하는 경향이 있다(최종고, 1985: 19).[25] 이러한 이분법은 기원전 5세기 고대 그리스의 소피스트학

---

[25] 법사상사 교과서에서도 항상 이와 같은 이분법을 적용하면서도, 12세기 잠시 등장했다가 구성주의의 등장으로 밀려난 스코틀랜드 계몽주의 철학에 바탕을 두고

파에 기인하고 아리스토텔레스에 의해 전수된 이후 유럽사상을 지배해 온 행동질서의 이분법과 동일하다. 자연적 질서와 인위적 질서의 이분법이 그것이다.

이러한 법의 이분법에 따라 인간에 의해 의도적으로 만들어진 것으로 볼 수 없는 모든 법은 '자연적인' 것으로 간주했다. 또는 그것을 신비스러운 것, 신에 의해 제정된 것으로 여겼다. 이러한 법관(法觀)은 고대사회에서는 물론이거니와 오늘날의 많은 원시 부족사회에서도 공통적으로 견지되고 있는 것이다.

애당초 그리스에서는 세 가지 개념이 존재하고 있었다. '피사이(physei)'는 자연을, '노모스(nomos)'는 인습이나 관행을 의미하는 컨벤션(convention)을, 그리고 '테사이(thesei)'는 의도적인 결정(deliberate decision)을 뜻하는 것이었다. 이러한 세 가지 개념이 지속적으로 관철되었더라면 노모스는 자연적인 것도 아니고 인위적인 것도 아닌 제3의 법을 지칭하는 것으로 사용되었을 것이지만 유감스럽게도 그렇지 못했다. 만약 이 개념이 사용되었더라면 그것은 로마의 만민법(ius gentium), 상법 및 항구나 시장의 관행과 같이 '인간에 의한 무의도적인 결과'로서의 법 현상을 설명하기에 적합했을 것이었다.

그러나 노모스와 테사이를 혼용하여 사용함으로써 제3의 개념인 노모스는 소멸되어 버리고, 그 결과 모든 법들을 자연적이거나 또는 인위적인 것으로 분류되었다. 기원전 2세기에 문법학자(文法學者)였던 겔리우스(Aulus Gellius)는 피사이와 테사이를 각각 라틴어인 자연적인 것(naturalis)과 실증적인 것(positivus)으로 번역했다(최종고, 1985: 37).

있는 노모스를 분명하게 구분하지 않고 있다.

대부분의 유럽 언어에서 사용하는 용어인 자연법과 실정법은 이러한 번역으로부터 기인한 것이다.

중세의 스콜라학파는 인간행위의 결과이지만 인간계획의 결과가 아닌 법의 존재를 분명히 인식하고 있었지만 이를 '자연적인 것'으로 분류했다(최종고, 1985: 37~38).[26] 이것이야말로 법의 진화 사상의 시발점이 되었지만 16~17세기에 등장한 구성주의적 합리주의의 영향으로 이 시발점이 밀려났다. 이로써 이성이나 자연법 개념이 완전히 변동되었다. 16~17세기 합리주의 혁명 이전에는 이성을 적절한 행동규칙을 아는 것, 또는 행동방식의 허용 여부에 관한 '의견'과 관련된 것으로 이해했다. 따라서 이성 개념은 해서는 안 될 것에 관한 지식을 의미했다. 이러한 이성은 진화의 핵심적 결과이고, 또한 가치합리성을 뜻하는 것이었다(Hayek, 1969: 219; 1980: 38).[27]

그러나 합리주의 혁명으로 인해 이성 개념을 명백한(명시적인) 전제조건에서 논리적으로 행동규칙을 도출할 수 있는 능력으로 사용했다. 이와 같이 이성 개념이 변동함으로써 자연법의 관점도 원래의 의미(즉, 인위적이 아닌 모든 것)를 버리고 이제는 그것이 합리주의적 자연법 또는 이성법(理性法)으로 변동되었다. 그로티우스와 그의 후계자들의 이러한 새로운 법의 관점도 마찬가지로 합리주의 혁명으로 인해 생겨난 또 다른 이성 개념에 따른 법의 관점으로서의 법실증주의와 대립한다. 이 이성 개념은 목적합리성이다. 이것은 특정의 상황에서 특정의 행동이 특정의 결과를 가져오리라는 지식을 의미한다(Hayek, 1969:

---

26 하이에크는 여기에서 16세기 이탈리아의 철학자 몰리나(Luis Molina)의 '자연가격'의 예를 들고 있다.

27 그는 이 두 저서에서 로크(J. Locke)를 인용하고 있다.

219; 1980: 38).

　모든 법은 이성에 의해 만들어진 것이거나 또는 최소한 이성에 의해 정당화될 수 있다는 생각과 관련하여 합리주의적 자연법과 법실증주의는 서로 동일하다. 그러나 전자는 선험적인 전제에서 법은 논리적으로 도출될 수 있다는 가정에서 출발한다. 그러나 후자는 법을 소망스러운 인간목표를 달성하는 데 미치는 효과에 관한 경험적 지식을 기초로 하여 만들어진 것으로 간주한다(Hayek, 1980: 38).

　데카르트의 이상과 같은 구성주의적 합리주의 이후에 맨더빌(B. Mandeville), 흄(D. Hume), 퍼거슨(A. Ferguson) 그리고 스미스(A. Smith) 등에 의해 새로운 초석이 형성되기 시작했다. 이들이 스코틀랜드 계몽주의를 창설한 도덕철학자들이다. 그들은 자연법에 의해서라기보다는 당시 영국의 코먼 로(common law)의 전통에 의해 자극을 받았다. 그들은 인간의 의도적인 계획의 결과(인위적인 것)로 볼 수 없고, 또한 인간의 어떠한 행동이 없이도 생겨나는 것(자연적인 것)으로도 볼 수 없는 그런 법의 존재를 보았던 것이다. 이로써 그들은 애당초 그리스에 존재하다가 소멸된 노모스라는 개념을 재생시켰다. 그들의 이런 공로는 대단하다. 그들의 사상을 지성사가 고스란히 이어받아 이것이 정치사에 영향력을 행사했더라면 인류의 현대사는 지금보다 훨씬 더 풍요로웠을 것이다.

　그러나 유감스럽게도 자생적 행동질서의 기초가 되는 자생적 법질서 이론, 즉 노모스 이론은 영국의 본 고장에서 데카르트의 구성주의 후손으로서의 법실증주의에 기초를 둔 공리주의 사상의 형성으로 인해 불운을 맞이하게 되었다.

　그러나 다행이도 미력하기는 했지만 노모스 이론은 대륙의 법사학파 및 언어사학파들을 통해 생명력을 얻었다. 스코틀랜드 도덕철학자들의 법의 진화론적 접근법에 생명력을 불어넣은 것은 특히 헤르더, 사비니 등 독일학자들이었음은 잘 알려진 사실이다. 이러한 전통을 멩거를 거쳐 바로 하이에크가 체계적으로 확대·발전시키고 있다.

2) 두 가지 종류의 법의 형성

법이 어떻게 형성되는가? 법의 형성과정을 두 가지로 구분할 수 있을 것이다. 첫째, 집단적인 의사결정과정, 둘째, 법관들의 개인적인 의사결정과정이다. 전자는 법의 형성을 전문으로 하는 단체의 의사결정을 통해 법이 형성되는 과정이다. 이러한 단체의 대표적인 예가 오늘날 우리가 목격할 수 있는 의회민주주의의 입법부이다. 후자는 사회구성원들의 갈등을 중재하고 해결하는 법관들의 의사결정이다. 법률들이 사법적(司法的) 의사결정과정이나 또는 사법적인 추론 과정의 결과로서 생성된다. 이때 법관들은 개별적, 독립적으로 판결을 내린다. 따라서 이러한 의미에서 법의 형성과정을 개별적인 의사결정과정으로 볼 수 있다. 이러한 과정에서 형성된 법체계가 코먼 로이다.

하이에크는 집단적인 의사결정과정에 의해 형성되는 법의 성격에 대해 매우 비판적이다. 프랑스 계몽주의의 전통에 따른 '주권재민 사상'을 기초로 하는 민주주의 정치제도는 자생적 질서의 기초가 되는 법을 형성할 수 없다는 것이다. '공공선택론'의 인식대상이 되고 있는 이러한 법의 형성과정에 의해서는 개인의 권리를 보장하는 것이 아니라 오히려 지배자들의 특수한 목적에 봉사하는 그런 법이 형성된다는 것이다(Hayek, 1980: 169~173).

복지국가의 등장도 오늘날의 의회민주주의에 부여된 입법권의 결과로 간주하고 있다. 의회민주주의의 무제한적인 입법권으로 말미암아 사법(私法) 영역이 침식당하고 이로써 개인적 자유가 심각하게 위태롭게 되었다는 것이다. 이와 같이 오늘날의 의회민주주의에 대한 하이에크의 비관적인 입장은 매우 흥미롭고 또한 진지하지만 자세한 설명은 나중으로 미루고자 한다. 다만 여기에서는 집단적인 의사결정에 의한 사법의 형성가능성에 대해 하이에크가 매우 비관적이라는 점만을 확인하고자 한다.

하이에크는 '법관의 법', 즉 법관에 의해 형성되는 법에 대해 매우 우호적인 입장을 취하고 있다. 코먼 로가 그것이다. 왜냐하면 그것은 '의지'에 의해 사회구성원들을 지시하고 조직하려는 의회나 왕으로부터 완전히 독립되어 있는 사법부의 판결과정의 결과이기 때문이다 (Hayek, 1980: 120). 코먼 로는 그것이 사회에 어떤 특수한 정치적 목적을 부과하지 않는다는 점에서 정치적으로 중립적이라는 것이다. 다시 말하면 법관들의 의사결정과정에서 형성되는 행동규칙들은 자생적 사회질서의 기초가 되는 사법(私法)이라는 것이다.

하이에크의 코먼 로의 기본적인 모델은 순수하게 사적인 규칙을 창출하는 모델과 비슷하다. 법과 법원은 주권자의 창조물이 아니라 오히려 주권자를 비롯하여 모든 개개인들이 지켜야 할 진화된 제도, 문화적 진화의 결과로 간주하고 있다. 코먼 로는 입법 이전에 이미 존재하고 있으며 또한 그것은 이미 존재하고 있는 '암묵적인' 사회적 행동규칙이나 관습에 의존한다.28 다시 말하면 법관은 언어로 아직 표현되어 있지 않다는 의미에서 있지 않은, 따라서 비로소 발견되어야 할 행동규칙들에 의존한다. 뿐만 아니라 법관은 선례로서 과거의 판결

---

28 하이에크는 코먼 로를 노모스, 진화적인 법, 사법(私法), 민법 또는 법관에 의해 만들어진 법이라고 말하고 있다.

에도 적극적으로 의존한다.

이제 어떻게 코먼 로와 같은 법관의 법, 하이에크가 테시스와 대비시켜 노모스라고 부르는 법이 형성되는가 하는 문제를 설명하고자 한다 (Hayek, 1969: 211~215; 1980: 120~130, 171~173).

3) 코먼 로의 생성 과정: 발견적 절차

이상에서 설명한 바와 같이 코먼 로와 같은 법관의 법은 '그룹선별론'을 통해 이해될 수 있는 것이 아니다. 왜냐하면 그것은 법관의 재판 과정 혹은 사법적 추론 과정의 결과이기 때문이다. 법관의 법을 이해하기 위해서는 이러한 과정을 파악해야 할 것이다. 이 과정을 설명하기 위해 앞에서 설명한 바를 다시 연상할 필요가 있다.

행동규칙의 형성과 발전은 하이에크에 있어서 문화적 진화 과정에 정착되어 있다. 문화적 진화 과정에서 인간의 이성과 인간의 문화가 동시적으로 그리고 상호작용을 하면서 개발되는 것으로 간주하고 있다 (Hayek, 1981b: 211). 이러한 과정에서 개개인들의 행동규칙과 행동의 규칙성이 형성된다. 이 행동규칙들은 잘 작동하는 사회질서를 야기한다.[29]

하이에크에서 중요한 것은 인간의 '규칙에 따르는 행동'과 사회질서의 구분이다. 다시 말하면 행동규칙 질서(법질서)와 행동질서의 구분이다. 그에게서 사회질서의 중요한 특징은 행동규칙은 개개인들이 타인들의 행동에 관한 기대를 형성할 수 있게 하고 또한 계획들 및 행동들을

---

[29] 반드시 이런 사회질서를 야기하는 것은 아니다. 반드시 야기한다고 주장한다면 그 주장은 진화 낙관주의적 입장이다.

상호 조정시킬 수 있다는 점이다.

그러나 항상 조정만이 존재하는 것은 결코 아니다. 인간의 상호작용 과정에서는 항상 갈등도 있게 마련이다.[30] 이러한 갈등은 개인들 상호 간의 기대들이 서로 충분히 양립되지 않은 경우에 발생한다. 이러한 갈등은 바로 법의 생성을 위한 촉매이다. 다시 말하면 갈등은 인간들이 특정 종류의 행동을 적용하지 않고, 따라서 특정 상황에서 예측가능한 방법으로 행동하리라는 기대의 좌절로부터 비롯된다. 이러한 기대는 행동규칙들을 공동으로 지킬 경우에만이 형성된다.

코먼 로 체계를 가진 사회에서 이러한 갈등을 해결하기 위해 사법적 판결에 도달하는 방법은 마치 구성주의적 합리주의를 기반으로 하는 법이론에서처럼 일련의 명백한 전제조건들로부터 판결을 도출하는 데 있는 것이 아니다.[31] 사법적 추론은 오히려 언어로 표현되지 않은 사회적 행동규칙에 의존하는, 그리고 과거 사례들의 추론과 그 결과를 응용하는 그런 '훈련된 직관'에 기초를 두고 있다(Hayek, 1980: 110, 139, 159).

코먼 로의 재판관은 자신의 '훈련된 직관'을 이용하여 분쟁을 해결함에 있어서 어떤 과제를 가지고 있는가? 하이에크의 법사상을 재구성한 라트나팔라(Ratnapala, 1993: 212~214)에 의존한다면 재판관은 다음과 같은 세 가지 과제를 가지고 있다.

재판관의 첫 번째 과제는 어느 한 특정의 사건에서 기대들을 갖게

---

30 외부환경이 심각하고 지속적으로 변동하는 경우, 특히 공동으로 지키는 비공식적인 행동규칙의 형성이 어려운 경우 등이 그것이다.

31 하이에크에 의하면 이러한 논리적 추론 과정에 의한 판결은 허구이고 또한 허구적임에 틀림없다. 왜냐하면 사실상 법관은 결코 이런 식으로 재판하지 않기 때문이다. 이에 관해서는 하이에크(Hayek, 1980: 159) 참조.

해주었을 어느 한 규칙을 확인해 내는 과제이다. 이러한 과제는 '무엇이 정당한 기대였느냐' 하는 문제의 해결이다(Hayek, 1980: 133).

둘째, 기존의 행동규칙들이 부적합하게 되었고 따라서 어떤 기대들이 정당한가를 알 수 없게 된 새로운 상황이 등장했을 경우에는, 재판관은 과거의 판결에 의해 생겨난 불완전한 원칙들로부터 새로운 행동규칙들을 언어로 표현해 낸다.

셋째, 기존의 행동규칙들이 갈등을 야기하는 경우 이들이 서로 양립될 수 있도록 이들을 개선한다.

두 번째와 세 번째의 과제는 첫 번째 과제와는 달리 '정당한 기대가 무엇이었느냐' 하는 문제가 아니라 '어떠한 기대가 정당한 것으로 간주되어야 하느냐' 하는 문제의 해결이다.

재판관은 기존의 갈등을 해결하고 또한 장래의 불특정 다수의 갈등들을 예방할 과제를 가지고 있기 때문에 이들에 적용할 수 있는 원칙들을 언어로 표현하여 개별사건들을 판결한다. 더구나 그가 어느 특정의 사건에 대한 판결을 위해 언어로 표현한 행동규칙은 다른 행동규칙들과 양립해야 할 것이다. 그렇지 않으면 오로지 혼란만이 야기된다.

따라서 재판관은 개별사건들을 해결할 때 유사한 장래의 사건들에도 적용될 행동규칙을 언어로 표현해야 할 뿐만 아니라 또한 이를 관련된 다른 일련의 행동규칙들과 양립하도록 표현해야 한다(Hayek, 1980: 141). 따라서 법관이 이러한 과제를 수행하는 과정에서 형성되는 법들은 어느 누구도 계획하지 않은 자생적 질서를 유지하고 개선하는 기능을 갖게 된다. 분쟁의 해결노력은 자생적 사회질서를 외부의 환경변화에 적응시키는 과정의 일부라고 볼 수 있다. 재판과정은 기대들을 일치시키고 갈등을 해소해 주는 행동규칙들을 찾아내는 선별과정이라고 볼 수 있다(Hayek, 1980: 162). 이러한 의미에서 하이에크는 재판을

'발견적 절차'라고 부르고 있다.

이 발견적 절차는 앞에서 설명한 시장 과정과 관련된 발견적 절차와 함께 제2의 발견적 절차라고 볼 수 있다. 이 발견적 절차는 '사실에 관한 지식'을 찾아내는 시장 과정의 발견적 절차와는 달리 행동규칙, 즉 적절한 법과 같은 행동규칙을 찾아내는 절차이다. 시장 과정과 관련된 발견적 절차는 자생적인 '행동질서'가 진화하는 과정의 핵심인 반면에 재판과 관련된 발견적 절차는 자생적인 '법질서'가 진화하는 과정의 핵심이다. 이 발견적 절차는 기대들과 전체질서(즉, 행동질서와 법질서)를 연결시켜 주는 것들 중 하나이다. 사법적 판결 또는 법의 사법적 추론 과정으로서의 발견적 절차의 특징을 리쯔(M. Rizzo)는 두 가지로 구분하고 있다(Rizzo, 1985: 865~884).

① 그것은 점진적이다. 사법적 추론은 과거의 행동규칙들을 전면 부정하는 것이 아니라 이들을 근거로 하여 수정 또는 개선한다.[32]
② 발견적 절차의 결과는 목적을 내포하지 않는다. 리쯔는 하트(H. L. A. Hart)를 인용하여 그 이유를 다음과 같이 설명하고 있다(Rizzo, 1985: 872). 첫째, 재판관은 어떤 목적함수도 없이 재판을 시작한다. 그는 이미 판결된 사건들에 유추하여 추론한다. 둘째, 재판관들은 결과를 무시하고 원칙들을 고수한다. 왜냐하면 결과에 대한 예측이 가능하지 않기 때문이다.

이러한 재판관들의 재판행위는 '규칙을 따르는 행동'과 동일하다.

---

[32] 이것은 개혁의 점진주의를 의미한다.

규칙을 따르는 행동은 앞에서 설명한 바와 같이 목적을 따르는 행동처럼 '비용-편익' 분석에 입각한 행위와는 달리 옳고 그름에 관한 '의견'을 따르는 행동이다. 이러한 재판행위의 결과로서 형성되는 법의 성격은 무엇인가? 이 문제를 살펴보자.

4) 법의 진화 과정과 법의 성격

법의 진화 과정은 재판관들의 사법적인 추론 과정의 산물이다. 이러한 추론 과정에서 생성되는 법의 성격은 어떠한가. 하이에크는 이 성격은 '법의 발견적 절차'의 특성과 밀접한 관련성을 가지고 있는 것으로 생각하고 있다. 갈등을 해결하고 또한 장래의 갈등을 예방하기 위한 법을 찾아내는 발견적 절차로서의 사법적 추론의 특징은 첫째, 기존의 판결들을 유추한다는 점이다. 따라서 이것은 행동규칙들의 일반화 과정이라고 볼 수 있다. 이 일반화 과정은 무수히 많은 알려져 있지 않은 장래의 사건들에도 적용될 수 있는 행동규칙을 언어로 표현한다는 것을 의미한다(Hayek, 1980: 85~86; 1981a: 66~69).

둘째, 재판관들은 특정의 정치적 목적, 즉 목적함수를 갖고 있지 않기 때문에 그들의 판결의 결과에 대해서는 관심이 없다. 만약 그들이 목적함수를 가지고 판결한다면 그 판결은 그들이 가지고 있는 정치적 목표를 달성하기 위한 성격을 가진 법을 형성시킬 것이다. 이러한 법은 특정한 개인에게 특정한 행동을 하도록 하는 명령과 동일하다.

재판관들은 특정의 결과에 관심을 갖고 있지 않고, 서로 다른 목표를 가진 개인들 사이의 평화(즉, 갈등해소)를 유지하는 데 관심을 가지고 있기 때문에, 이들의 욕구나 목적과 관계없는, 따라서 추상적인 성격의 행동규칙을 언어로 표현한다. 그렇기 때문에 재판관이 언어로 표현하여 법으로 승화시킨 행동규칙들은 금지적 성격, 즉 특정의 행동국면만을 금지시키는 성격을 가지고 있다. 그들은 특정인에게 적극적인 의무를 부과하지 않는다(Hayek, 1981a: 62~66).

이상과 같이 일반성 및 추상성을 가진 행동규칙들은 자발적 행동질서의 형성에 기여한다. 진화적 법이 이러한 성격을 갖고 있지 않으면 그 법은 자발적인 행동질서의 형성에 기여할 수 없다(Hayek, 1980: 121~123, 136~138). 이러한 행동규칙들을 공동으로 지킴으로써 개개인들은 타인들이 특정의 행동방식들을 취하지 않으리라는 정당한 기대를 형성할 수 있다.

셋째, 재판관들의 법의 발견은 기존의 다양한 판결들에서 출발하기 때문에 그들의 판결 및 이에 따라 언어로 표현된 법이 다른 판결들 및 다른 법들과 양립하느냐의 여부가 검증된다. 다시 말하면 재판관들은 어느 한 특정의 행동규칙이 다른 것들과 서로 양립하도록 표현한다(Hayek, 1980: 139~141). 그렇지 않으면 그 결과는 무질서이다. 무질서란 갈등 이외에는 아무것도 아니다.

넷째, 재판관들의 사법적 추론 과정은 목적과 결부된 '의지'에서 출발하는 것이 아니라 가치와 결부된 '의견'에서 출발한다. 따라서 진화적 법의 성격은 사회에 존재하고 있는 옳고 그름에 관한 의견을 반영하여 이를 언어로 표현한다(Hayek, 1969: 217~223; 1981a: 28~31; 1980: 25~26, 117).

재판관들이 언어로 표현하여 법으로 승화시키는 과정에서 형성되는 법들이 이와 같은 성격을 가지고 있는 이유를 하이에크는 법의 사법적 추론 과정인 발견적 절차의 특성에서 찾고 있다. 재판관들은 목적함수[33]를 갖고 재판하는 것이 아니라 서로 다른 목적을 가진 개인들 사이의 갈등을 해결하고 또한 이를 예방하려는 의도에서 재판을 한다.

그렇기 때문에 그들의 재판은 어떤 특정의 정치적 목적을 달성하기 위한, 이런 의미에서 목적지향적인 성격을 갖는 것이 아니라 규칙지향적인 성격을 갖는다. 이러한 성격의 결과로서 형성된 법들은 일반성, 추상성 및 일관성의 성격을 갖는다. 이러한 성격들이 바로 진화적 법의 정당성과 권위의 원천이다.34

따라서 법에 관한 법관의 추론 과정은 결국 내재적 비판(immanent critic) 또는 보편화 테스트(universalization test) 과정으로 이해될 수 있다 (Hayek, 1981a: 62~69; 1980: 161). 하이에크는 영국의 코먼 로 체계에서 이러한 과정을 발견했고 이를 규범적인 과정으로 승격시키고 있다. 이러한 과정을 규범으로 승격시키는 이유를 자유에서 찾고 있다. 그는 이러한 과정에서 형성된 행동규칙을 그가 최고의 사회적 가치로 간주하고 있는 자유를 보장하는 행동규칙으로 간주한다.

이러한 내재적 비판은 재판관이 적용할 확립된 법이 없는 갈등을 다룰 때에 특히 중요한 역할을 한다.35 이와 같은 경우에도 재판관은 자신의 이념이나 자신의 희망에 부합하는 법을 선포할 수 없다. 그는 무수히 많은 알려져 있지 않은 잠재적인 사건들에 적용할 수 있는 행동규칙, 즉 일반적, 추상적인 행동규칙 그리고 동시에 행동규칙체계에 기초를 두고 있는 기존의 행동질서와 부합하는 행동규칙을 확립하여, 위와 같은 사건을 다루어야 한다. 그렇기 때문에 이러한 경우에

---

33 즉, 정치적 목표나 또는 특정의 욕구를 충족시키겠다는 뜻(will)을 가지고 재판하는 것이 아니다.

34 이 점에 관해서는 제5장에서 상세히 다루고자 한다. 코먼 로의 정당성과 그 권위의 원천에 관해서는 리쪼(Rizzo, 1985: 868~869) 참조.

35 적용할 법이 없는 경우란 분쟁당사자들이 모두 정당한 기대를 가지고 있지만 이들의 기대들이 충돌하는 경우를 의미한다.

재판관은 사실상 법을 만드는 것(law-making)이 아니라 법을 발견한다 (law-discovering)고 말할 수 있다(Hayek, 1980: 166).

그러나 법의 진화 과정은 특정 종류의 법이 형성되지 못한다. 왜냐하면 사법적 추론 과정은 개인들 사이의 분쟁으로부터 시작되기 때문이다. 따라서 법은 아리스토텔레스가 정의와 관련하여 말한 것처럼 '타인들에 대한(other-regarding) 행위'만을 다룬다(Hayek, 1980: 217 주석 9). 하이에크에 의하면 재판관은 개인들 사이의 분쟁을 해결하는 과제를 가지고 있기 때문에 법규칙들은 오로지 타인에 대한 행위에만 관련할 수밖에 없고, 타인들과는 명백히 관련이 없거나 또는 전혀 이들에게 피해를 끼치지 않고 사람들이 자진해서 하는 협력 같은 것은 결코 법에 의해 다루어질 수 없다(Hayek, 1980: 141).

하이에크의 진화론적 입장은 장단점을 가지고 있다. 장점은 그가 자신에 대한 다음과 같은 비판으로부터 면제받을 수 있다는 점이다. 그는 『자유의 헌법』에서 일반적 행동규칙은 개인적 자유를 보장하기 위한 충분조건으로 간주할 수 있다고 말하고 있다.[36] 그러나 이러한 주장에 대해 많은 비평가들은 일반적인 행동규칙이라고 하더라도 그것은 극단적으로 그리고 불필요하게 강제적이라고 비판을 했다. 이러한 대표적인 예로서 종교적인 신앙을 들고 있다. 즉, 압도적인 기독교적인 사회에서 일요일의 스포츠를 금지시킬 경우 카톨릭 신자들은 이러한 금지에 의해 피해를 본다(Barry, 1979: 93).[37]

------

[36] 하이에크는 그의 『자유의 헌법』에서 제안한 법의 지배 원칙은 자유를 보장하기에 충분한 조건으로 간주하고 있다. 이러한 해석에 관해서는 특히 배리(Barry, 1979: 92) 참조.

[37] 그 밖에도 배리는 영국의 이민법을 들고 있다. 또한 다리 밑에서 잠자는 것을 금지시킬 경우 거지들만 이 금지에 의해 피해를 본다.

그러나 하이에크는, 재판관은 오로지 타인에 대한 행위만을 다룬다고 말함으로써 그에 대한 이러한 종류의 비판은 타당하지 않다고 볼 수 있다(Hayek, 1980: 141; Hoy, 1984: 72). 하지만 하이에크가 『법·입법 그리고 자유』의 제1권 『규칙과 질서』에서 취하고 있는 새로운 입장은 여러 가지 문제점을 내포하고 있다. 만약 법이 오로지 타인들에게 영향을 미치는 행동들만을 다룬다면, 하이에크의 진화적 모델에서는 호이 (Hoy, 1984: 72)가 지적하고 있듯이 예컨대 동물에 대한 가혹행위를 금지하거나 삼림(森林)보호를 위한 법이 생성될 수 없을 것이다.

자진해서 하는 행동이 타인에게는 어떠한 영향을 미치지 않고 오로지 그러한 행동을 하는 당사자에게만 영향을 미치는 행동은 재판관이 다루어야 할 문제가 아니라고 할 경우, 노동안전법 또는 공장법(工場法) 같은 법의 생성을 어떻게 설명할 수 있을 것인가? 호이가 예를 들고 있듯이 고용자와 그리고 위험한 가스나 화학물질을 다룰 피고용자가 가스마스크를 착용할 필요가 없다고 자진해서 합의를 보았다고 할 경우 이러한 합의는 합의한 당사자에게만 영향을 미칠 뿐이다. 따라서 이 경우 고용자가 피고용자에게 가스마스크를 마련해 주어야 한다는 법은 결코 생성되지 못할 것이고, 또한 국가가 이러한 요구를 하는 것을 정당화시킬 수 없을 것이다. 그럼에도 불구하고 하이에크는 노동안전법이나 공장법에 대해 반대할 이유가 없다고 말하고 있다(Hayek, 1981b: 158).

우리의 이상과 같은 지적은 하이에크의 진화적 모델에 한계가 있음을 말해줄 뿐만 아니라 동시에 하이에크의 법이론에 일관성이 약하다는 것을 말해준다.

5) 사법적 판결의 복잡성과 예측가능성

성문법 체계에서든 불문법 체계에서든, 재판과정은 매우 복잡한 현상이다. 재판과정에 영향을 미치는 요소는 재판관, 원고와 피고를 비롯하여 여론 및 법률학자들이다. 이들의 상호작용과정에서 판결이 생성된다. 재판과정은 복잡한 현상이고 따라서 재판판결을 예측하는 것은 위의 두 체계에서 모두 용이한 것은 아니다.

그러나 불문법 체계에서보다도 성문법 체계에서 그 예측이 보다 용이하다는 것이 일반적인 견해이다. 성문화가 사법적 판결의 예측가능성을 증가시켜 준다는 확신이 바로 성문법 제도를 채택한 배경이고, 코먼 로 선통 대신에 입법화(Gesetzgebung)의 전통이 지배하게 된 배경이다.

더 나아가 이러한 확신은 성문화되어 있는 것만이 법적인 효력을 가져야 한다는 요구를 야기했다. 이러한 요구의 강력한 표현의 예가 베카리아(C. Beccaria)의 유명한 법언인 "법이 없는 곳에서는 죄가 없다"라든가 또는 로크의 "자유로운 사회에서는 모든 법은 미리 선포되어야 한다"라는 주장이다.

하이에크는 이러한 주제들에 대해 비판하고 있다. 그의 비판의 초점이 되고 있는 것은 이 주제들의 기반이 되고 있는 인식 이론의 입장이다. 이 주제들은 사회적인 행동규칙들은 모두 언어로 표현하여 성문화시킬 수 있는 능력을 인간이 가지고 있다는 구성주의적 합리주의의 가정에서 출발하고 있다.

어느 한 시점에서 행동규칙을 모두 언어로 표현하여 성문화한다는 것은 불가능하다. 인간이성의 한계 때문이다. 성문화된 법은 사실상 무수히 많은 행동규칙들 중 소수에 불과한 행동규칙들일 뿐이다.[38]

재판관이 자신의 판결을 오로지 이 소수의 행동규칙들만을 적용하는 데 국한한다는 것(명시적인 전제로부터의 논리적인 도출)은 항상 법조문의 자구(字句)해석을 의미할 뿐이다.

이러한 자구해석에 따른 판결은 일반적인 기대들을 좌절시키기 일쑤이다(Hayek, 1980: 160~161).39 이러한 좌절로 인해 대중이 분개하는 현상을 우리는 빈번히 목격할 수 있다. 이러한 현상은 특히 자구해석에 내재돼 있는 경직성에 기인한 것이다.40

따라서 하이에크는 사법적 판결의 예측가능성은 성문법 체계에서보다도 코먼 로 체계인 불문법 체계에서 더 크다고 말하고 있다. 재판관이 법조문에 따라 재판하는 것보다는 '법의 정신'에 따라 재판하는 것이 사법주체들의 기대를 더 잘 충족시켜 주기 때문이라는 것이다(Hayek, 1980: 160). 재판관은 소수의 성문화된 행동규칙에 따라 재판하는 것이 아니라 언어로 표현되어 있지 않은 행동규칙까지도 포함하는 전체 행동규칙 체계를 기반으로 하여 재판하기 때문이다.

이로써 재판관은 언어로 표현되어 있지 않은 행동규칙들을 원용하여 언어로 표현된 행동규칙들의 빈틈을 채울 수 있을 뿐만 아니라 비록 언어로 표현된 행동규칙들이 명확한 해답을 준다고 하더라도

---

38 언어로 표현되어 있거나 또는 성문화된 행동규칙의 수효는 전체 행동규칙들과 비교할 때 매우 제한되어 있다.

39 일반적인 기대의 좌절은 일반적인 법감정과의 상충을 의미한다. 이러한 상충은 두 가지 형태로 표출된다. 일반적인 법감정으로 볼 때에는 유죄임에도 불구하고 무죄의 판결이, 또는 무죄임에도 불구하고 유죄의 판결이 도출된다.

40 재판을 소수의 명시적인 전제로부터의 논리적인 도출로 간주하는 것 자체도 적실성을 갖고 있지 않다. 그것은 허구일 뿐이다. 재판관은 실제로 이렇게 하지 않는다. 이에 관해서는 하이에크(Hayek, 1980: 159) 참소.

이들이 일반적인 정의감과 상충되는 경우 그의 판결을 수정할 수 있다.

6) 사법적 판결과 법의 진화

재판과정은 재판관, 원고와 피고 그리고 변호인들의 상호작용과정 (의사소통과정) 또는 의견형성과정이다. 이러한 의견형성과정에 영향을 미치는 외생적 요소는 여론과 학자들 그리고 정치가나 관료들이다. 이러한 외적인 영향력 행사과정을 포함하는 재판과정은 매우 복잡한 현상이다. 따라서 코먼 로 체계의 법의 생성 과정도 매우 복잡한 현상이 다.[41]

하이에크는 코먼 로 체계와 같은 불문법 체계에서든 성문법 체계에 서든 이러한 복잡한 재판 '과정' 및 법의 생성 '과정'을 이론화하지 않고, 다만 그 과정의 결과에 더 큰 관심을 가지고 있다.

우리가 재판과정 내지 법의 언어적 표현과정을 진정으로 이론화하 기 위해서는 첫째, 이 판결에 영향을 미치는 모든 행위주체들의 행동동 기와 이들이 처한 상황을 이론화해야 할 것이다. 둘째, 이러한 동기와 상황에서 어떠한 행동이 산출되는가를 이론화해야 할 것이다. 이러한 두 가지 이론화는 개별 행동주체와 관련되어 있다.

따라서 셋째, 개개인들의 상호작용과정을 이론화해야 할 것이다. 이 이론화는 개개인들의 행동들의 사회적 수준과 관련되어 있다. 이 수준의 분석은 재판과정에서 생성되는 재판의 결론 및 법의 형성에 관한 명제를 제공한다.

---

41 성문법 체계의 재판과정도 역시 복잡한 현상이다.

이러한 이론화 작업은 아직까지 미숙한 단계에 있다. 그러나 비교적 체계적인 연구문헌들이 점차 증가하고 있기는 하다. 대표적인 예를 들면 애런슨(P. H. Aranson)을 비롯하여 러빈(P. H. Rubin), 프리스트(G. L. Priest), 구드만(J. C. Goodman), 포스너(R. Posner) 등이다. 이들은 모두 미국의 법경제학자들이다(Aranson, 1986: 51~84).[42] 이들의 분석의 초점은 코먼 로 체계에서 재판과정을 통해 '배분적 효율성'을 보장하는 법이 생성된다는 것을 이론화하는 데 있다. 이들은 모두 신고전파의 후생경제학에 초점을 맞추고 있는 법경제학자들이다. 이 법경제학은 하이에크와는 달리 진화 낙관주의를 전제하고 있다.

독일학자들의 예를 들면 방겐하임(G. v. Wahgenheim)이다. 그는 프라이브르크 대학 경제학 박사학위논문 「법의 진화: 법형성에서 빈도수에 좌우되는 행위의 원인과 효과에 관한 경제학적 분석」(1995)[43]에서 사법적 판결과정을 분석하고 있다. 이것을 아마도 가장 체계적인 문헌으로 간주해도 무방할 것 같다. 그는 오스트리아학파에 충실하게 쓰고 있다.

오스트리아학파로서 그리고 하이에키안적인 법경제학자로서 재판과정과 법의 진화를 분석한 학자의 예를 들면 벤슨(B. L. Benson)을 비롯하여 리쪼(M. J. Rizzo), 애커만(B. A. Ackerman) 등을 들 수 있다(Ackerman, 1984). 이들은 모두 행위이론적으로 사법적 판결 및 법의 진화를 이론화하지 않지만 신고전학파적 법경제학과는 달리 하이에크처럼 '일반적 행동규칙'의 생성에 초점을 맞추고 있다. 오스트리아학파의 법경제학은 개인적 자유와 이를 보장하는 일반적 행동규칙을 사회

---

42 그는 이 논문에서 본문에 언급된 인물들의 이론을 평가하고 있다.

43 그의 학위논문은 1993년에 쓰였고 1995년에 발간되었다.

적 규범으로 간주하는 데 반해 신고전파적 법경제학은 '배분적 효율성'에 초점을 맞추고 있다.

위에서 언급한 바와 같이 사법적 판결에 영향을 미치는 모든 행위자들의 상호작용과정을 분석할 경우에 부당한 판결 또는 정의롭지 못한 행동규칙의 생성요인을 밝혀낼 수 있고, 이로써 사법질서 또는 법적 서비스 시장의 문제와 이를 해결할 수 있는 질서 정책적 실마리를 찾을 수 있을 것이다.

7) 하이에크는 진화 낙관주의자인가?

하이에크는 법을 어떤 정신에 의한 입법과정의 산물로 간주하는 것이 아니라, 코먼 로의 전통에 따라 사회의 암묵적인(implicit) 행동규칙 및 과거의 판결에 기초한 재판관들의 법적인 추론의 결과로 파악하고 있다. 이러한 결과를 그는 일반적인 정의로운 행동규칙이라는 규범적 기준에 비추어 테스트하고 있다. 이러한 테스트의 결과로서 그는 법관의 법이 제정법보다 더 잘 자유를 보장한다고 주장한다. 이러한 진화론적 주제에 대해 많은 비판을 할 수 있을 것이다.

인간이 타인들의 행동에 관해 기대를 형성하기 위한 기반이 되고 있는 행동규칙들이 생성되는 상호작용과정은 인간이나 인간그룹들이 타인들을 강제하여 지배하려는 노력에 언제나 노출되어 있다. 그렇기 때문에 마르크스주의자들은 모든 사회적 구조들은 압도적인 사회계급에 의해 부과된 불평등을 반영한다고 주장하거나 또는 여성주의자 (feminist)처럼 가정과 관련된 행동규칙들이나 그 밖의 사회적 행동규칙들은 남성의 이해관계에 의해 결정되어 왔다고 주장하는 것이 결코 무리는 아닐 것이다. 누군가가 이러한 주장을 한다고 해서 그를 마르크스주의자나 또는 여성주의자로 분류할 필요는 없을 것이다.

예컨대 벤담(J. Bentham)을 비롯한 공리주의자들도 19세기 초에 법체계 속에 잠복되어 있는 무수히 많은 깨끗하지 못한 요소들을 지적했다. 독일 프라이브르크 대학의 질서자유주의, 즉 독일적인 신자유주의의 창시자인 오이켄(W. Eucken)도 역시 행동규칙의 자발적인 성장 내지 진화적 형성에 대해 매우 비판적이었다. 그는 거래관행을 비롯하여 일반거래약관(allgemeine Geschäftsbedingung)들, 즉 그가 "스스로 창출된 법"(Eucken, 1952/1991: 51)이라고 부르는 것들 중에는 권리와 의무의 분배가 시장참여자들의 어느 한편에 일방적으로 유리하게 형성된 것들이 있음을 강조하고 있다. 그는 이러한 관행이나 제도들의 형성가능성을 시장의 지배적 권력에서 찾고 있다. 이와 같은 권력은 사법적인 추론 또는 판결에도 영향을 미쳐 진화적 과정에서 형성된 것으로 인정하는 민법체계의 존재까지도 유명무실하게 만든다는 것이다.

하이에크도 예외는 아니다. 그도 역시 코먼 로가 특정의 사회계층의 이익의 보호와 촉진에 기여하는 방향으로 성장되어 왔던 점을 결코 무시하지 않는다. 여기에서 우리는 문화적 진화에 대한 그의 신뢰가 무제한적이 아님을 알 수 있다. 그는 문화적 진화의 실패를 다음과 같이 세 가지로 설명하고 있다(Hayek, 1980: 123~124).

① 재판관의 법형성은 매우 완만하여 완전히 새로운 환경변화에 대한 사회질서의 법적 적응이 신속하지 못하다.
② 재판관의 판결은 일단 내려지면, 그것이 잘못되어 소망스럽지 못한 결과가 생겨난다고 해도 이를 바꾸어놓기가 어렵다.
③ 재판관의 법형성은 특정한 그룹의 이해관계에 유리한 방향으로 이루어질 수 있다.

성장된 법을 왜곡시켜 주는 세 가지 이유들 중에서 특히 세 번째 이유와 관련하여 그는 다음과 같이 말하고 있다(Hayek, 1980: 124).

"가장 흔한 이유는 정의의 일반적인 요구조건을 충족하지 못하는 것을 정의롭다고 간주하는 전통적인 관점을 믿고 있는 어느 한 특정 계급의 손아귀에 법의 진화가 좌우되는 데에 있는 것 같다."

하이에크는 대표적인 예로서 주인과 노예의 관계, 지주와 소작인의 관계, 그리고 조직화된 상인그룹과 고객의 관계와 관련된 행동규칙을 들고 있다. 이 행동규칙들은 당사자들 중 어느 한편의 견해와 그의 특수한 이익을 통해 형성된다는 것이다. 코먼 로 재판관들은 물론 법률가들까지도 이러한 법의 형성과정에 기여했다.

하이에크의 진화적 모델은 다음과 같은 두 가지 의미를 가지고 있다. 첫째, 그의 진화 사상은 무제한적인 진화 낙관주의가 아니라는 것이다. 둘째, 법이란 진화적으로 형성된 사회적 관행을 반영한 것이라고 본다면, 일반거래약관이나 그 밖의 상거래에 필수적인, 그러면서 비공식적인 행동규칙들, 즉 오이켄의 의미의 "스스로 창출된 법들" 중에도 권리와 의무의 분배에서 어느 한 시장참여자 측을 불리하게 하는 것들이 있다는 것을 우리는 추론할 수 있을 것이다. 따라서 비공식적인 행동규칙이 생성되는 사회적 과정의 수준에서도 무제한적으로 진화 낙관주의를 신봉할 이유가 존재하지 않는다.

이상과 같이 하이에크는 공식적인 행동규칙의 언어적 표현과정(articulation process)인 법의 진화 과정과 비공식적인 행동규칙의 진화 과정, 이 두 가지 진화 과정의 수준에 대한 무제한적인 낙관주의를 부여하지 않고 있다. 그러나 하이에크가 이러한 제한적인 진화 낙관주의 입장을 취하고 있음에도 불구하고, 많은 학자들은 그를 '무제한적인 진화 낙관주의자'로 해석하고 있다. 대표적인 예를 들면 앞에서 언급한 바와 같이 합리주의 전통에 기인한 사회계약론을 현대적으로 재구성하는 데 기여한 뷰캐넌 및 뷰캐넌과 하이에크를 서로 결합·절충하려고 애쓴 판베르크는 하이에크를 무제한적 진화 낙관주의자로 잘못 해석하고 있다(Buchanan, 1978: 30~39; Vanberg, 1981).44 그레이(J. Gray)는 뷰캐넌이 이와 같이 비판하고 있기 때문에 하이에크가 이 비판에 대한 대답으로서 위와 같은 진화적 실패요인을 제시하고 있다고 말하고 있다. 그러나 그레이의 해석은 잘못된 것이다. 왜냐하면 하이에크는 문화적 진화의 이러한 실패요인을 이미 1973년 영문판 『규칙과 질서』에서 밝히고 있는 반면에 하이에크에 대한 뷰캐넌의 비판은 훨씬 뒤인 1977년에 쓴 논문이기 때문이다(Buchanan, 1977)

이상과 같이 내재적인 요인 때문에 법관의 법은 언제나 자생적 사회질서의 유지와 형성에 기여할 수 없다면 법의 '발견적 절차'를 재구성하지 않으면 안 될 것이다. 그렇기 때문에 하이에크는 이상적인 헌법모델을 구성하고 있다. 이 문제에 대해서는 제6장에서 상세히 다루고자 한다.

8) 분석결과

우리가 제3장에서 보여주려고 한 것은 하이에크의 진화 사상이다. 그의 진화 사상은 두 가지 의미가 있다. 하나는 인간은 이성의 한계

---

44 또한 박영은(1993: 135~185)도 진화 낙관주의로 이해하고 있다. 이 저서에 대한 민경국(1993: 112~117)의 논평 참조.

때문에 의도적으로 계획에 입각하여 사회를 설계하고 인위적으로 이상 사회를 만들 수 없다는 것이다. 이것은 이미 사회주의 계획경제가 몰락했다는 사실에 의해 입증되고 있다. 그러면 인류에게 기여하는 행동규칙과 제도들이 어떻게 형성되었는가?

자유사회와 시장경제는 인간의 의지에 의해 계획적으로 만든 것이 아니라 장구한 역사적 과정에서 자생적으로 형성된 것임을 보여주기 위해 그는 진화 사상을 적용했다. 이것이 그의 진화 사상의 두 번째 의미이다. 즉, 자유사회와 시장경제는 문화적 진화의 선물이지 인간이성에 의해 만든 질서가 아니라는 것이다. 수많은 도덕과 행동규칙들이 서로 경쟁하는 과정에서 시장경제의 기반이 되는 도덕과 법 그리고 제도들이 다른 도덕과 행동규칙을 밀어내고 확산되었다는 것이다.

제4장_ 하이에크의 자유주의 사상과

자유론

우리는 지금까지 하이에크의 진화적 인식론과 아울러 그의 문화적 진화 이론의 질서 이론적 의미, 다시 말하면 문화적 진화 이론의 경험적 부분을 설명했다. 이 부분은 존재에 대한 문제(Frage nach Sein)를 해결하고자 하는 설명이론이다.

그의 설명이론은 다음과 같은 세 가지 요소로 요약될 수 있을 것이다. 첫째, 인성에 관한 이론으로서 진화적 인식론과 여기에서 도출된 인간 이성의 한계 및 규칙에 의해 조종되는 사고, 둘째, 사회적 성격에 관한 이론으로서 자생적 질서 이론, 그리고 셋째, 자생적 질서 이론과 문화적 인식론에서 도출된 규칙에 따르는 인간행동, 즉 행동규칙의 생성과 변동에 관한 이론이다.

하이에크는 이러한 경험적 이론에 그치지 않고 문화적 진화 이론의 규범적 측면을 개발하고 있다. 규범적 측면(Frage nach Sollen)은 어떠한 사회가 '좋은' 또는 '옳은' 사회인가에 관한 명제를 제공해 준다. 그것은 자유사회의 원칙들에 관한 명제이다.

그의 문화적 진화 이론의 규범적 의미, 즉 자유사회 및 자유경제질서의 정치적 원칙들의 의미는 세 가지로 구분될 수 있다. 자유이론, 법이론, 사회질서의 개선이론이다.

하이에크는 이러한 이론들을 그가 문화적 진화 이론을 개발하기 전에 이미 개발했고 이들을 진화 이론에 접목시키려 했던 노력은 나중에 이루어졌다. 제4장의 목적은 하이에크의 문화적 진화 이론을 기초로 하여 그의 규범적 의미를 재구성하여 이를 체계화하는 데 있다.

1. 자유주의의 규범적 가치: 개인적 자유

하이에크의 사회철학에서 전제하고 있는 기본적 가치규범은 개인적 자유(persönliche Freiheit, personal liberty)이다. 그는 이 가치규범을 최고의 사회적 기본가치로, 그리고 다른 도덕적 가치들의 전제조건으로 간주하고 있다. 이는 그 어떤 가치와도 바꿀 수 없는 가치이다. 그래서 자유주의이다. 자유주의란 자유가 중요하다는 뜻이다.

하이에크가 자유에 대해 최고의 가치를 부여하게 된 시대적 배경은 1930년대 전후의 사회상이다. 이미 잘 알려져 있듯이 당시의 시대상황은 '자유의 상실'이었다. 전체주의가 인류세계의 정치, 사회, 경제 및 문화를 지배하고 있었다. 집단주의의 최고절정은 소련을 비롯한 동유럽의 사회주의, 히틀러의 나치즘, 미국의 케인스주의와 복지국가주의였다. 이들 이념은 하나의 공통점이 있다. 구성주의적 합리주의가 그것이다. 그것은 전문엘리트는 이상사회를 계획하고 실현할 수 있는 지적 능력을 소유하고 있다는 이념으로, 전지전능한 인간이성의 존재를 빈는 사상이다. 그것은 일면 전체주의 사상과도 일치한다.

이에 대항하여 싸우겠다는 일종의 지적인 선전포고가 바로 하이에크의 유명한『노예의 길(The Road to Serfdom)』(1944)이었다.[1] 이 저서는 하이에크를 세계적으로 유명하게 만들었다. 그리고 특히 이 저서를 계기로 하여 그는 당시까지 좁은 의미의 경제학을 버리고 넓은 의미의 경제학, 즉 사회철학을 다루기 시작했다. 그는 잃어버린 자유를 되찾아 인류를 멸망의 위기에서 구출하기 위해 자유의 중요성을 끊임없이 강조했다. 이러한 노력의 결정판이 1960년의『자유의 헌법』이다.

어떠한 정당에도 가입하지 않고 어떠한 정치활동에도 가담하지 않은 채 오로지 학문에만 전념했던 하이에크는 자유주의의 실현을 위한 끊임없는 집필활동의 결과, 1975년 이후 3년 동안 세 권으로 되어 있는『법·입법 그리고 자유』를 발간했다. 제1권은『규칙과 질서』, 제2권은『사회정의의 허구』, 제3권은『자유인의 정치질서』이다.

그는 최고의 가치로 여기고 있는 개인적 자유 및 자유주의를 인간의 이성에 의해 고안된 것도 아니고 본능적인 인간행동의 소산으로도 간주하지 않는다. 그에게 있어서 자유주의는 이성과 본능의 중간에 위치하고 있는 문화적 진화의 선물로 간주하고 있다. 이것이 우리가 앞에서 설명한 하이에크의 문화적 진화론의 핵심이다.

제1절에서는 문화적 산물로서의 자유를 하이에크는 어떻게 이해하고 있는가 하는 문제에 초점을 맞추어 설명하고자 한다.

---

1 이 책의 한국어판은『노예의 길』, 김이석 옮김(나남출판, 2006)이다.

1) 하이에크의 자유 개념

하이에크의 사회철학에서 자유의 개념은 중요한 역할을 한다. 수많은 저서와 논문에서 자유라는 말이 자주 등장하는 것이 그 증거다. 그의 자유 개념에서 우리가 주목하는 것은 그 개념의 두 가지 측면이다. 하나는 소극적 측면이고, 다른 하나는 적극적 측면이다.

소극적 측면으로서 하이에크는 『자유의 헌법』에서 자유를 "누구나 타인들의 의지를 통해 자의적인 강제에 예속되어 있지 않은 상태"라고 정의하고 있다(Hayek, 1971: 14). 강제로부터 보호하기 위해서는 사회에 사는 사람들은 타인들에게 강제를 행사하지 못하도록 막아야 한다. 이런 자유의 개념에 중요한 것은 '자의(恣意)'이다. 그렇기 때문에 그는 자유를 "타인들의 자의에 좌우되지 않는 상태"라고 한다. 그리고 자유란 항상 인간과 인간과의 관계와 관련되어 있다. 혼자 사는 곳에서는 자유란 개념이 존재할 수 없다. 자유의 유일한 침해는 타인에 의한 강제이다.

이 밖에도 하이에크는 자유를 자의적인 강제가 없는 상태뿐만 아니라 '자의적인 행동제한'이 없는 상태도 포함하는 포괄적인 개념을 제시하기도 한다. 그가 왜 이런 포괄적인 개념을 제시하는가? 강제만을 가지고는 자유를 완전히 기술할 수 없기 때문이다. 강제는 특정의 것을 행하지 않을 수 없게 만드는 것을 표현한다. 그러나 타인들이 특정의 것을 행하는 것을 가로막기 때문에 이를 할 수 없는 경우가 있다. 이것도 자유의 위반이다. 이런 위반을 표현하는 것이 자의적으로 행동을 막고 제한하는 것이다(Hayek, 1971: 15~16). 따라서 하이에크에서 어느 한 개인의 부자유한 상태는 그가 특정 방식으로 행동하도록 강요당하는 경우뿐만 아니라 특성의 행동을 하시 못하도록 저지당하는 경우이다.

그런데 자유를 행동을 제한하는 것이 없는 상태라고 말할 경우 개인
의 희망을 달성하는 것을 가로막는 모든 장애물이 없는 상태라고 정의
할 위험성이 있다. 예를 들면 어느 한 수요자가 경쟁적인 수요자의
수가 증가하여 해당 물건을 구입하지 못했을 경우가 있을 수 있다.
수입 자유화로 인해 농민의 공급확대가 저지되는 경우도 있을 수 있다.
이런 해석은 물론 하이에크의 자유 개념과 맞지 않는다. 그러나 정부가
인허가 제도로 인해 시장진입을 막는 경우 이것은 경제활동을 저지하
는 자유의 위반이다. 이웃에 가게를 차리려고 하는데 기존의 가게들이
이를 저지하는 경우도 자유를 위반하는 행동제한이다.

자의적인 강제가 없는 상태로서의 자유 개념만이 위험이 없이 사용
할 수 있는 개념이기는 하지만 그러나 절대적이지 않다. 왜냐하면 수많
은 관계들을 맺고 있는 인간들로 구성되어 있는 사회에서 모든 강제를
완전히 제거하는 것은 가능하지 않기 때문이다. 하이에크의 주요 관심
은 자유를 강제가 없는 상태로 규정하는 것이 아니라 사람들에 대한
타인들의 강제를 될 수 있는 대로 많이 줄이는 인간 조건을 확립하는
일이다. 그는 이를 다음과 같이 말하고 있다(Hayek, 1971: 15).

"자유사회의 정치적 과제는 강제나 또는 강제의 해로운 효과를 완전
히 배제할 수는 없다고 하더라도 그들을 될 수 있는 대로 줄이는 것이어
야 한다."

하이에크에서 자유란 무질서를 의미하는 것도 아니고 만인의 만인
에 대한 투쟁 상태도 아니다. 그것은 방임을 뜻하는 것도 아니다. 만약
방임적이라면 어느 한 개인이 타인의 재산이나 생명 그리고 자유를

침해하는 것도 그의 자유라고 부를 수 있다. 그러나 이것은 자유가 아니다. 왜냐하면 그의 행동으로 인해 다른 사람의 자유의 행사가 방해되기 때문이다. 따라서 자유란 개인들 모두가 서로를 침해할 수 없는 울타리를 필요로 한다.

이 울타리를 만들어주는 것이 '정의로운 행동규칙'이다. 그것은 무엇이 정의로우냐 하는 것을 규정하는 것이 아니라, 정의롭지 못한 것으로 분류되는 행동, 그래서 금지해야 할 행동이 무엇인가를 말해주는 규칙이다. 다시 말하면 정의롭지 못하다고 인정되는 행동방식을 제거시키는 것이다. 차별 없이 일반적으로 적용되는 금지적 성격의 추상적인 행동규칙이다. 이런 행동규칙을 통해 보호된 영역이 자유의 영역이다.[2] 이런 행동규칙들은 문화적 진화의 선물이라는 것을 이미 앞에서 설명했다. 이 행동규칙의 법적 표현이 나중에 설명할 '법의 지배'이다. 중요한 것은 법 아래에서의 자유이다. 어느 한 개인의 자유를 모두에게 동일한 자유가 도달될 때까지 제한하는 것이 법이다. 이런 법의 집행은 강제를 수반한다. 따라서 강제 그 자체는 부정적으로 판단할 수 없다. 자의적인 강제만이 부정적인 강제이다.

인간에 의한 자의적인 강제와 행동제한이 없는 상태로서의 자유 개념은 하이에크의 자유 개념의 소극적 측면이다. 그는 이와 더불어 자유 개념을 적극적으로 규정하고 있다.

적극적 측면이란 소극적 의미의 자유가 허용될 경우 개개인들에게 그 자유가 주는 혜택을 의미한다. 즉, 자유는 누구나 자신의 지식을 자신의 목적을 위해 사용할 수 있는 상태이다. 이런 개념을 하이에크는

---

2 하이에크(Hayek, 1980: 148)는 이렇게 말하고 있다. "훌륭한 울타리는 훌륭한 이웃을 만든다. 왜냐하면 이 울타리가 갈등을 해소시켜 주기 때문이다."

자신의 3부작 『법·입법 그리고 자유』의 제1권에서 상세히 설명하고 있다(Hayek, 1971: 83). 자유의 영역 내에서는 누구나 자신의 목적을 위해서 지식을 사용할 수 있다. 이런 목적은 이타적인 목적일 수도 있고 이기적인 목적일 수도 있다. 자신의 목적을 추구할 수 있는 자유는 이기적인 인간에게는 물론 이타적인 인간에게도 똑같이 중요하다.

하이에크는 자신의 저서 『자유의 헌법』에서 이런 적극적 측면을 자유는 "자신의 결의와 계획에 따라 행동할 가능성"을 의미한다고 표현하고 있다(Hayek, 1971: 15).

흥미로운 것은 자유의 적극적인 측면과 '사적 영역'의 개념이다. 자유는 불가침의 영역의 존재를, 국가의 권력이 침해해서도 안 되는 영역 그리고 그 어떤 사람도 침해할 수 없는 영역의 존재를 전제한다. 이런 사적 영역은 계약의 자유의 존재를 전제하는 사유재산의 이용권과 그 처분권으로 구성되어 있다. 재산권은 사적 영역의 확립을 위해 필수이다. 그리고 사적 영역은 타인들의 의견과 행동방식에 대한 관용 그리고 도덕과 강제적인 법의 구분을 전제한다. 이런 사적 영역은 보호영역, 즉 어느 누구도 침범할 수 없는 영역이다. 그 영역은 일반적, 보편적인 법의 틀을 통해 확립된다. 그 영역 내에서 무슨 일을 하든 그리고 그 영역을 어느 정도로 채우든 그것은 전적으로 개인의 문제이다.

그래서 사적 영역은 자유의 영역이다. 자율적인 영역이라고 보아도 무방하다. 따라서 개인적 자유는 일반적인 행동규칙을 통해 강제를 최소화하는 것을 표현할 뿐만 아니라 자신의 생각대로 삶을 구성할 개인의 자율성을 표현한다.

우리가 하이에크의 자유 개념을 종합한다면 차이틀러(Zeitler, 1995: 94)가 설명하고 있듯이 다음과 같이 네 가지 권리로 표현할 수 있다.

• 개인들은 공동체구성원으로서 법적으로 보호받는 위치에 있다. 누구나 똑같이 사적 영역 또는 보호영역을 확립하기 때문이다. 이런 보호받는 인간은 노예와 구분된다.

• 누구나 자의적인 체포나 구금으로부터 보호받을 권리가 있다.

• 방해받지 않고 원하는 바대로 일을 할 권리가 있다. 직업을 선택할 권리를 말한다. 원하는 바대로 행동할 권리가 있다.

• 사유재산권을 가지고 있다. 자유와 사유재산제는 불가분의 관계에 있다. 그런데 중요한 것은 사적 소유가 금지되어서는 안 된다는 점이다. 사람들이 실제로 재산을 가지고 있느냐의 문제는 중요하지 않다.[3]

하이에크에게 사유재산제는 매우 중요하다. 이 중요성을 강조하기 위해 그는 17세기 영국의 스코틀랜드 계몽주의 전통을 확립하는 데 기여한 액튼 경(Lord Acton)을 인용하여 "사유재산제도를 싫어하는 사람은 자유의 제1요소를 결여한 것"이라고 말하고 있다. 특히 이 맥락에서 하이에크는 빅토리아 시대 영국의 법철학자인 메인(Henry Maine)을 인용하는데(Hayek, 1971: 169), 이 인용문은 대단히 중요해 보인다.

"어느 누구도 사유재산권을 공격하면서 동시에 자신이 문명을 높이 평가한다고 말할 수 없다. 양자의 역사는 분리할 수 없다."

액튼과 메인의 주장은 우리에 매우 중요한 시사점을 주고 있다. 잠시 뒤에서 논의하겠지만 경제적 자유를 무시하고 언론의 자유, 사상

---

3 이때의 사적 소유를 자산이나 소득을 의미하는 좁은 의미로 사용한다. 그러나 하이에크는 넓은 의미로도 사용하고 있다.

의 자유 등과 같은 정신적 자유만을 중시하는 사회주의는 자유의 개념
을 제대로 파악하지 못하고 있다는 것을 입증한다. 더구나 사유재산권
이 인류의 문명과 함께하고 있다는 것은 자유시장경제를 '문명의 상징'
이라고 보아도 무방하다는 것을 말해준다.

영국의 정치철학자 그레이(Gray, 1986/1995: 66~67)는 개인들이 자
율성을 갖기 위해서는 실제로 재산을 소유하고 있어야 한다고 주장한
다. 그러나 반드시 그럴 필요가 없다. 강제가 없는 자유는 실제로 재산
이 없다고 해도 향유할 수 있다. 중요한 것은 재산의 습득을 제한하거나
금지하지만 않으면 된다.

2) 개인의 자유와 강제

하이에크는 그의 『자유의 헌법』에서 자유를 '강제'가 없는 상태로
규정하고 있다(Hayek, 1971: 26). 강제는 정의롭지 못한 행동이기 때문
에 정의로운 행동규칙을 통해 금지해야 할 대상이다. 자유를 이와 같이
정의할 경우 강제란 무엇인가 하는 문제가 제기된다. 하이에크는 강제
를 다음과 같이 정의하고 있다. 즉, X가 자신의 목적을 달성하기 위해서
Y의 상황을 조종·통제할 경우, Y는 X가 원하는 것을 행하지 않으면
Y에게 더 나쁜 결과가 초래되고, 따라서 이 결과를 피하기 위해서는
어쩔 수 없이 X가 원하는 것을 하지 않으면 안 되는 상태이다. 따라서
이러한 상황에서는 Y는 자신의 일관된 계획에 따라 행동할 수 없고,
오히려 X의 목적에 봉사하게 된다(Hayek, 1971: 27).

하이에크는 강제를 악으로 간주하고 있다. 그는 그 이유를 칸트(I.
Kant)처럼 개체의 자율성에서 찾고 있다. 즉, 강제는 생각하고 평가하
는 인격체로서의 개인을 부정하고 타인들을 자신의 목적을 위한 노골

적인 도구로 만들기 때문이다(Hayek, 1971: 28). 또한 그것은 개개인들이 각자 자신들의 목적을 추구하기 위해 자신들의 지식을 이용하지 못하게 만든다.

그러나 강제를 전적으로 피할 수 없을 것이다. 강제를 막기 위해서는 강제가 필요하다. 따라서 여기에서 중요한 문제가 제기된다. 언제 강제가 정당화될 수 있는가? 이 문제는 국가이론 및 질서 이론이 해결해야 할 핵심적인 문제이다. 예컨대 칸트는 자유에 대한 침해를 막기 위해 강제가 행사되는 한 그 강제는 정당화될 수 있다고 말하고 있다.

하이에크는 그의 『자유의 헌법』에서 국가의 정당한 강제는 타인의 재산이나 생명과 신체 및 인격에 대해 물리적인 폭력을 행사하거나 행사하겠다고 위협하는 행위를 금지하기 위한 강제이다. 하이에크는 사기와 기만도 사회구조적으로 강제와 동일한 의미를 가지고 있다고 본다.4 기만과 사기, 강제를 금지하기 위해서 정부가 강제를 행사하는 것은 정당하다. 즉, 타인들이 어느 한 사람이 자신이 원하는 것을 하지 못하도록 방해하거나 제한하는 행동을 막기 위한 국가의 강제는 정당하다.

하이에크는 다음과 같은 사례도 강제에 해당한다고 주장한다. 첫째, 심각한 불황상태에 빠져 있는 경제상황에서 노동자를 해고하는 행위(Hayek, 1971: 165), 둘째, 오아시스 우물의 독점상태에서 독점가가 공급을 거부하는 행위(Hayek, 1971: 165), 셋째, 위급한 상태에 처해

---

4 "어떤 사람을 기만자가 원하는 것을 행하도록 그의 데이터를 조작하면, 속은 사람은 기만자의 도구가 되며 자신의 목적을 달성하지 못하고 타인의 목적에 봉사하게 된다. 따라서 사기나 기만행위도 강제와 똑같이 강제적 속성에 대해 역시 의문의 여지가 없다"(Hayek, 1971: 172).

있는 환자에 대해 의사가 의료서비스의 제공을 거부하는 행위이다 (Hayek, 1967: 350; 1981a: 59).

그러나 많은 비판가들이 지적하는 바와 같이5 이런 행위는 개인적 자유나 보호영역을 침해하는 행위는 아니다. 이런 의미에서 그것은 '비공격적인 행위'이다. 이런 행위까지도 강제행위로 간주하는 경우, 하이에크가 주장하는 자유 개념은 타인들을 위해 적극적으로 무엇인가를 해야 할 것은 요구하는 '적극적 자유'를 의미한다.

비공격적 행위까지도 금지하는 국가의 강제를 정당한 강제라고 한다면 어려운 처지에 있는 사람을 도와주어야 한다는 의미의 적극적인 의무가 발생된다.6 이것은 하이에크의 자유론의 내적 균열임에는 틀림이 없다.7

자유사회가 존립하고 안정을 유지할 수 있고 시민들이 자유주의에 대해 신뢰를 갖기 위해서는 극단적인 상황에서 적극적 의무를 부과하는 것이 옳다고 말할 수 있다. 자유사회를 위해서는 오로지 폭력의 행사 및 폭력을 행사하겠다는 위협과 같은 행위와 사기나 기만행위만을 억제하는 것만으로는 충분하지 않을 것이기 때문이다.

그런데 오아시스의 예 및 심장마비와 같은 위급상황에서의 계약의

---

5 중요한 문헌의 예를 들면 하모위(Hamowy, 1991: 95~110), 라스바드(Rothbard, 1975: 43~50), 슈미트헨(Schmidtchen, 1987) 등이 있다.

6 이것은 소극적 자유의 개념 및 '보호영역'의 개념과 이로부터 도출되는 소극적 의무, 즉 타인들에게 특정의 행동을 해서는 안 된다는 의미의 의무 개념과 충돌한다.

7 하이에크를 비판하는 라스바드(Rothbard, 1975)는 위기상황에서 타인들을 도와주지 않는 것, 즉 계약의 거부(오아시스의 예 및 심장마비와 같은 위급상황에서의 계약의 거부)는 도덕적으로나 심미적으로는 비판받을 수 있지만 그러나 그것을 강제행위라고 볼 수 없다고 주장한다.

거부 금지는 공해에서 조난당했을 때 지나가던 배가 조난당한 사람들을 구출할 수 있을 경우 구출할 의무를 부과하는 제도와 유사하다. 조난 구조의무는 코먼 로에서 발전된 제도이다. 하이에크도 이런 제도를 인정하고 있다.[8] 이런 제도를 의료문제에도 적용할 수 있는지는 확실하지 않다.

그러나 현행법에서 의료거부는 처벌의 대상으로 규정하고 있다. 오아시스의 경우에도 코먼 로 전통의 적극적인 의무를 적용하는 것이 타당한지는 확실하지 않다. 이 두 가지는 인정한다고 해도 불황기의 해고 억제는 인정하기가 곤란하다. 그것은 노동시장의 경직성을 초래하여 오히려 경기침체의 극복을 방해한다. 노동자들의 고용에도 장기적으로 부정적인 영향을 미친다.

어쨌든 하이에크는 국가의 정당한 강제를 다음과 같이 열거하고 있다. 타인들에 대한 강제행위, 기만행위, 타인들의 행동을 방해하거나 막는 행위, 그리고 위급환자 진료거부 행위를 금지하기 위한 국가의 강제이다.

더불어 하이에크는 국가의 불가피한 강제를 말하고 있다. 그것은 과세권과 국방의무로서 강제적 병역의무이다(Hayek, 1972). 중요한 것은 국가의 강제는 항상 예측가능해야 한다는 것이다. 예측가능하지 않다면 병역기간을 대비하거나 조세를 대비해 계획을 세울 수 없다. 이는 개인들의 삶을 불안하게 만든다. 비단 조세와 병역의무에서만 그런 것이 아니다. 정부의 모든 강제권에도 해당된다. 강제권이 예측불

---

8 위기상황에서 적극적인 의무를 규정하는 규칙으로서 코먼 로에서 생겨난 것은 공해상에서의 조난자 구조의무 규정이다. 이에 관해서는 하이에크(Hayek, 1981a: 59) 참조.

가능하다면 우리의 안정된 삶에 파괴적으로 작용한다.

3) 도덕적 압력과 강제: 하이에크, 노스, 밀

국가의 강제와 관련하여 두 가지를 언급할 필요가 있다. 하나는 애덤 스미스의 '절제(temperance)의 도덕'에 대한 법적 문제이다. 다른 하나는 도덕적 압력과 강제의 문제이다(밀, 1992: 제3장).

첫 번째는 성인의 욕구충족이 다른 성인들에게 부정적인 영향을 미치는 경우이다. 예를 들면 동성애, 매춘, 음주, 포르노, 흡연 등이 그것이다. 이런 것을 막기 위한 국가의 강제가 정당한가? 하이에크는 강제의 최소화를 목적으로 하는 국가라면 동성애가 아무리 대다수에게 혐오스럽다고 해도 동성애 금지는 강제해야 할 대상이 아니라고 말하고 있다. 사적 영역에서 이루어지는 행위의 도덕성은 국가의 강제대상이 될 수 없음을 분명히 말하고 있다(Hayek, 1971: 175 주석 18).9

하이에크는 자유사회는 타인의 사적 영역에 직접 영향을 미치지 않는 행위의 경우에는 국가의 강제가 아니라 그런 행동을 조종하고 안내하는 규칙의 자발적 준수에 의존한다고 주장한다(Hayek, 1971: 175). 사회적 메커니즘에 맡기자는 것이다. 그의 '비공식 처벌 메커니즘'(North, 1991)을 통해 사적 영역에서 자율적으로 적절히 규제된다는 것을 의미한다.

그 메커니즘을 간단히 설명하면, 욕구충족에 무절제한 사람은 신뢰

---

9 이런 행위는 불법행위(tort)도 아니다. 전통적인 불법행위에서는 행동의 자유를 허용하지만 피해가 고의나 과실에서 생겨날 경우 그 피해를 보상해야 한다. 미리 행동을 막는 것이 아니다. 다만 타인들에 대한 주의의무만을 정해놓는다.

성도 떨어지고 사회적 평판도 좋지 않다. 따라서 지나친 탐닉에 대한 사회적인 비난과 부인에 의해 절제의 미덕이 촉진되고 사회적으로 확립된다.10 즉, 사회적 비난이 절제규칙에 복종시키기 위한 처벌 메커니즘이다.11

하이에크는 다양한 논거를 제시하면서 이런 도덕을 집행하려는 국가의 강제를 강력히 반대하고 있다(Hayek, 1971: 175~175).

• 국가가 도덕적 목표를 직접 충족시키려고 하는 것은 퇴보이며 철학적, 관료적 오만이다. 오직 사회만이 그것을 할 수 있기 때문이다.
• 미덕을 행하라고 강제하는 것은 악덕을 행하라고 강제하는 것만큼이나 불합리한 것이다.
• 의도적으로 악을 행하고자 하는 인간보다 도덕적 악을 없애기 위해서 강제를 행사하려는 사람들이 더 큰 피해와 불행을 초래했다.

하이에크는 도덕의 문제를 국가의 문제와 동일시하는 원칙은 전체주의라고 말한다. 도덕적 문제에 대한 국가의 강제는 자기 소유, 재산권 그리고 계약의 자유를 억압하기 때문이다. 이런 억압에 의해서 '정의'도 훼손된다.12 그에게 사적 영역은 국가에 의한 강제행위의 대상이

---

10 지나치게 탐닉하고 방종하면 사람들이 용납하지 않고 그들의 비난의 대상이 된다. 사람들은 그런 쾌락의 추구를 체통이 없는 조잡한 행동이라고 깔본다.

11 물론 도덕적 압력은 사적 영역 안에서 적용되는 절제의 규칙과 관련된 것만은 아니다. 그것은 소유권 존중, 약속의 존중, 정직성, 성실성 등과 같은 타인들의 재산과 생명을 침해하는 행동을 금지하는 행동규칙들과도 관련되어 있다.

12 우리가 말하는 정의란 국가는 물론 어느 누구도 자기소유와 재산권 그리고 계약의 자유를 침해해서는 안 된다는 것이다.

아니다. 그것은 사회를 통한 도덕적 압력(비공식 처벌 메커니즘)의 대상이다. 이런 비공식 메커니즘이 강력하게 작용했던 시기가 150년 전 영국의 빅토리아 시대였다. 이미 잘 알려져 있듯이 국가의 강제가 가장 적었던 시기였고, 엄격한 도덕적 분위기가 사회를 지배했다.

그런데 이때 이런 도덕에 대한 사회적 압력을 강력히 비판하고 나선 사람이 있었다. 그가 존 스튜어트 밀이었다. 그는 자신의 『자유론(On Liberty)』에서 도덕적 준칙과 관습에 대한 복종을 위해서 대중의 찬성 또는 반대는 개인들에게 압력을 행사하는 것이고 이런 도덕적 압력을 강제라고 보았다(밀, 1992: 제3장). 즉, 밀은 국가의 강제나 사회적 압력을 동일하게 본 것이다. 다시 말하면 관행이나 관습, 도덕규칙, 전통, 규범 등과 같이 자생적으로 형성되어 국가의 개입이 없이도 잘 준수하는 행동규칙들에 대한 예속도 강제로 해석했다.

하이에크는 밀의 이런 시각을 강력히 반대하고 있다. 관행, 규범 등과 같은 비공식 규칙들은 자유를 심각하게 제한하는 것이 아니다. 오히려 그들도 개인들의 사회적 삶을 촉진시키는 데 법률만큼 중요하고 필수적인 기능을 가지고 있다. 이런 행동규칙들의 존재로 인해 타인들의 행동에 대한 불확실성이 줄어든다. 최소한의 행위의 일관성을 보여주기 때문에 인간의 관계 형성에 도움을 줄 뿐만 아니라 개인들의 노력을 방해하기보다는 지원해 준다.

그런 비공식 행동규칙들은 의식적 그리고 초의식적 관습을 위한 기반이 될 뿐만 아니라 그들은 나중에는 변형되기는 하지만 법규칙의 기반이 된다(Hayek, 1971: 177). 오늘날 대부분의 서방국가들이 가지고 있는 사법(private law)의 원천은 바로 이런 비공식 규칙들이다(North, 1991).

요컨대 자유를 제한한다는 이유로 비공식 규칙으로서 전통과 관습,

규범들을 무시하는 밀은 스코틀랜드 전통의 인물은 결코 아니다. 그는 구성주의적 합리주의의 전통을 확립한 인물이다. 그리고 이 전통의 법학적 표현으로서 법실증주의 전통을 확립한 인물이다.

4) 개인적 자유와 상이한 자유 개념들

개인적 자유의 개념이 원래의 자유 개념인 것 같지만 그것이 유일한 것은 아니다. 자유 개념과 이에 해당되는 정의는 다양하게 존재하고 있다. 하이에크는 상이하게 정의된 자유 개념을 모두 통합시킬 수 있는 상위 개념적인 일반적 자유 개념은 존재하지 않는다는 점을 지적하고 있다.

인간이 '원하는 것이면 모든 것을 할 수 있는 상태' 또는 '소망을 실현하는 데 가로막는 장애물이 존재하지 않는 상태'를 표현하기 위해 자유라는 용어를 사용하는 것은 널리 알려져 있다(Steit, 1983: 149). 그 개념들은 볼테르(Voltaire) 및 러셀(B. Russel)이 제시한 자유 개념이다. 이러한 개념에 따르면 인간은 권력을 가지고 있으면 원하는 것을 무엇이든 할 수 있을 것이다.

따라서 이 개념은 권력, 즉 사물을 지배할 수 있는 권력은 물론 인간을 지배할 수 있는 권력[13]과 자유를 동일시하고 있다고 볼 수 있다. 특히 전자의 의미, 즉 상황을 지배할 수 있는 권력이라는 의미에서 인간은 자신의 모든 욕망들을 충족시킬 수 있는 권력을 가지고 있을 경우, 그는 자유롭다(Hoppmann, 1988: 149; Streit, 1983: 138).

---

13 이러한 권력의 구별에 관해서는 하이에크(Hayek, 1971: 163; 1981b: 114) 참조. 호프만(Hoppmann, 1977)은 경쟁적 권력과 경쟁제한적 권력으로 구분하고 있다.

따라서 완전한 자유는 전지전능을 의미한다. 이러한 자유사상을 여러 가지 국면에 적용하여 무수히 많은 자유 개념들을 구별하고 있다. 하이에크는 이들을 세 가지로 구별하여 비판하고 있다. 내적인 자유, 정치적 자유 및 적극적 자유가 그것이다.

(1) 내적인 자유

'주관적인 자유'라고도 불리는 내적인 자유에 따르면, 어느 한 개인은 그가 당연히 해야 할 것을 할 경우에만 자유롭다. 그가 당연히 해야 할 것이란 충동이나 또는 순간적인 상황에 의해 결정된 것이 아니라 이성에 의해 결정된 것을 의미한다(Hayek, 1971: 20). 단순히 자신의 판단에 의해 행동한다고 해서 그가 자유로운 것은 아니다. 따라서 강제가 존재하지 않는 상황은 내적인 자유를 행사하기 위한 하나의 조건이 될 수 있지만 완전한 조건은 아니다. 타인들의 강제가 없어야 할 뿐만 아니라 그가 감정이나 열정으로부터도 해방되어야 한다.

이러한 자유 개념은 인간의 행동을 이성과 열정(및 욕망)으로 구분하는 데에서 출발한다.[14] 이러한 구별은 높은 차원의 자아(self)와 낮은 차원의 자아의 구별과 동일하다(Hayek, 1971: 20; Barry, 1989: 203). 또한 이러한 구분은 행위의 내용에 대한 구분이다. 이성의 역할(높은 자아의 역할)은 열정(및 욕망), 즉 낮은 자아를 억제하는 데 있다. 열정이 지배하면 인간은 진정으로 자신이 원하는 바를 하지 못한다. 따라서 그는 자유롭지 못하다. 높은 자아를 실현하는 것이 자유롭다.[15]

---

14 예컨대 플라톤은 이성(reason), 열정(spirit) 및 욕망(appetite)을 각기 구별하고 있다.

15 이러한 자유 개념에 입각하여 사회이론을 개발한 대표적인 인물은 루소 및

이러한 자유 개념은 전체주의적인 정치적 수단으로 전락될 위험성을 가지고 있다. 무엇이 보다 높은 자아인가의 문제를 해결하기 어렵다. 강제가 없는 상황으로서의 자유 개념에 입각한 사회질서는 '좋은' 삶이 무엇인가를 개개인들이 각자 알기 위한 전제조건이다. 좋은 삶은 사전적으로 그리고 '객관적으로' 주어진 것이 아니라 개개인들의 사회적 과정 속에서 비로소 찾아내진다. 다시 말하면 이러한 사회에서 좋은 삶이 무엇인가를 각 개개인들이 찾아내는 '발견적 절차'가 이루어진다.

내적 자유라는 의미의 자유 개념에 내재되어 있는 또 다른 문제점은 그것이 인간과 인간의 관계와 관련되어 있는 것이 아니라는 점이다. 자유란 이러한 관계 속에서만 의미가 있을 뿐이다. 내적 자유란 따라서 사실상 자유가 아니다.

(2) 정치적 자유

하이에크는 개인적 자유와 정치적 자유를 대비시키고 있다. 정치적 자유에 따르면 인간은 집단적인 혹은 정부의 의사결정에 참여하는 경우에 자유롭다는 것이다(Hayek, 1971: 18). 정부 정책에 대해 투표할 수 있거나 참여할 수 있느냐가 자유의 기준이다.[16] 주권재민을 최고의 가치로 간주하는 정치철학자들, 특히 루소가 이러한 자유 개념을 채택하고 있다.

정치적 참여를 자유로 규정하는 개념은 민주주의를 자유로 규정하는 개념과 동일하다. 그렇기 때문에 민주화는 자유화이고 자유화는

마르쿠제이다. 이에 관해서는 배리(Barry, 1989: 204~205) 참조.

16 "대통령은 내손으로!" 이것을 자유의 상징으로 간주하는 사상이 바로 정치적 자유의 특징을 이룬다.

민주주의로 간주한다. 그러나 하이에크는 민주주의와 자유를 엄격히 구분하고 있다. 민주주의는 예컨대 법의 원천에 대한 문제와 관련이 있는 데 반해, 개인적 자유는 법의 내용과 관련이 있다. 정치적 자유(민주주의)는 개인적 자유를 완전히 제거시킬 수 있다.[17] 반면에 선거에 참여하지 않아도 개인적 자유를 누릴 수 있다.[18]

벌린(I. Berlin)도 투표권과 자유의 관계에 관해 상세히 설명하고 있다. 하이에크와 똑같이 그도 역시 이 두 가지 개념은 결코 유사하지 않을 뿐만 아니라 정치적 자유는 개인적 자유를 부정할 수 있다고 주장하고 있다. 사람들은 소망스럽다고 하는 것을 자유라고 이름 붙이는 것 같다. 정치참여는 좋지만 이것이 없으면 나쁠지도 모른다. 그렇다고 이를 자유라고 말하는 것은 옳지 않다. 이 두 개념의 차이는, 정치적 자유는 내가 누구에 의해서 지배되느냐에 대한 대답이고, 개인적 자유는 내가 얼마만큼 지배되느냐에 대한 대답이다(Berlin, 1970).[19]

따라서 정치적 자유, 즉 민주주의와 개인적 자유는 서로 갈등관계에 있다. 이 갈등관계를 해소하여 자유사회가 유지될 수 있기 위해서는 어떠한 제도적 장치가 필요한가 하는 매우 흥미로운 문제에 관해서는 나중에 설명하고자 한다. 다만 여기에서 확인할 바는 정치적 자유를 최고의 가치로 간주할 경우 ─ 프랑스 계몽주의 사상이 그렇듯이 ─ 그것은 '규칙에 구속되지 않은' 무제한적 민주주의를 초래한다. 이러한

---

17 예를 들면 히틀러는 선거에 의해 수상이 되었다.

18 예를 들면 스위스의 여자들은 투표권이 없다고 하더라도 개인적 자유를 향유한다.

19 이것은 자유는 법의 내용을, 민주주의는 법의 원천을 말한다는 하이에크의 구분과 동일하다.

민주주의는, 예컨대 입법자에 의해 제정된 '법'은 그것이 무엇이든 법으로 간주한다.

이러한 법의 이해는 국가의 행동은 어떠한 원칙에도 예속되지 않는다. 개인적 자유를 확립해야 할 일반적 행동규칙을 위반하고, 또한 이를 파괴하여 제거시키는 결과가 초래된다. 정치적 의사결정의 결과가 아닌 모든 제도들은 '비민주주의적'인 것이고, 따라서 모두 제거시켜야 할 대상들인 것이다.

(3) 자유와 복지후생

하이에크는 현대적인 적극적 자유와 개인적 자유를 대비시키고 있다. 앞에서 설명한 두 가지 고전적인 적극적 자유 개념과는 달리 현대적인 적극적 자유 개념은 자유와 부(후생)를 동일시하는 개념이다. 이 개념의 시각에 의하면 경제적 자유는 '실질적(material)' 자유이고, 이 자유는 자원의 처분 가능성, 예컨대 소득, 부 및 자산의 수준에서 생겨난다는 것이다. 다시 말하면 경제적, 실질적 자유는 후생에서 생겨난다는 것이다.

하이에크에 의하면 이러한 자유 개념은 부의 분배를 요구하는 정치적 프로그램을 뒷받침하기 위해 이용될 수 있고, 또한 사회주의와 밀접한 관련성을 가지고 있다(Hayek, 1971: 24). 그러나 자유와 후생은 동일한 것이 아니라 대부분의 사람들이 높이 평가하고 또한 갖고 싶어하는 서로 다른 것이다. 이 두 가지는 그 자체 독자적인 가치를 가지고 있다.

농부들은 비록 가난하지만, 그들이 강제 노동을 하지 않는다면 자유를 향유하고 있다. 독재자의 하수인이나 절대 권력자의 사령관은 호화스러운 저택에서 살고 있고, 강력한 권력을 가지고 있지만 그늘은 독재자나 절대 권력자의 자의적인 행동에 눈치를 살펴야 하고, 이들의 기분을 맞춰줘야 한다면 그들은 부자유스럽다.

이와 같이 인간은 가난하지만 자유로울 수 있고, 또한 부유하지만 부자유스러울 수 있다. 따라서 부와 자유를 동일시하는 것은 옳지 못하다. 그렇기 때문에 인간 간의 부와 소득의 격차에 대한 문제는 개인적 자유의 확립에 대한 문제와는 완전히 다른 문제이다. 소득 격차에 영향을 미치기 위한 경제정책적인 조치들이 개인적 자유의 확립과 어떻게 갈등관계에 있는가는 나중에 다루기로 하고, 다만 우리가 여기에서 확인해야 할 점은 소득 격차를 감소시키기 위한 경제정책들은 자유의 이념에 의해서는 정당화될 수 없고, 오히려 이와 갈등관계에 있다는 것이다.

이상과 같이 우리는 개인적 자유와는 다른 자유 개념을 설명했다. 이 대안적 개념들은 자유를 권력 및 후생과 동일시하고 있다. 자유를 이와 같이 파악한다면 인간이 자신의 희망을 관철하는 데 장애가 되는 모든 것들을 제거시켜야 할 것이다. 또한 일반적 추상적인 행동규칙도 역시 자유와 적대적인 것으로 간주하고, 자유를 확립하는 행동규칙 속에 내포되어 있는 금지를 자유의 제한으로 간주할 것이다.

개인적 자유 개념과는 다른 자유 개념들이 일반적으로 인정되어 확산된다면, 국가가 '어떠한 제한도 없이' 행동하기 위해 자유라는 매력적인 용어를 이용할 것이다. 그 결과 국가는 '일반적, 보편적인 원칙'을 무시하고 또한 개인적 자유를 보장해야 하는 원칙을 위반하고, 이를 파괴하거나 혹은 제거시킬 것이다.

이로써 '자유'라는 이름으로 개인적 자유를 확립하기 위한 기초가 제거될 것이다. 이에 따라 자생적 질서의 기초가 파괴되고 개개인들의 '합리적인' 행동가능성이 감소할 것이다. 왜냐하면 자생적 행동질서는 합리적 행동가능성을 결정하는 중요한 요소이기 때문이다.

2. 경제적 자유와 정신적 자유의 관계

하이에크의 자유와 관련하여 우리가 제기하는 문제는 다음과 같이 세 가지이다. 첫째, 하이에크에게 자유주의는 경제적 자유만을 의미하는가? 둘째, 왜 하이에크가 경제적 자유를 중요시하는가? 마지막으로 행동의 자유와 정신적 자유의 관계를 하이에크는 어떻게 파악하고 있는가?

1) 경제적 자유와 행동의 자유

흔히 사람들은 하이에크의 자유주의를 '경제적 자유주의'라고 말한다. 이것은 시장자유주의를 의미한다. 정말로 그런가? 그의 1921년 첫 저서 『감각적 질서』에서 1988년 마지막 저서 『치명적 자만』에 이르기까지의 수많은 저서와 논문을 전부 경제적 자유와 시장경제를 옹호하기 위한 것들이라고 평가해야 할 것인가? 강제가 없는 상태라는 그의 소극적 의미의 자유 개념은 오로지 경제적 자유만을 의미하는가?

그렇지는 않다. 그는 행동의 자유라는 넓은 의미의 자유 개념의 한 부분으로 경제적 자유를 파악하고 있다. 경제적 자유란 자생적 질서의 개념을 경제 분야에 적용한 것이다. 행동의 자유란 움직일 자유, 즉, 목적을 실현하기 위해 움직일 자유를 말한다. 환경변화에 적응하려는 자유, 또는 새로운 것이 등장하는 환경변화를 자신에게 유리하게 형성하고자 하는 사유이나. 이런 행동의 사유에서 행동은 상업석 노는

비상업적 행동 전부를 포함한다(Hayek, 1971: 45).[20]

행동의 자유를 적용할 수 있는 부문의 대표적인 예는 하이에크가 중요시하는 독립부문의 활동이다. '비영리조직'이 비상업적인 활동을 위한 대표적인 조직이다. 예를 들면 독립부문으로서 할 수 있는 역할은 일자리 찾아주기, 가난의 해소, 의료시설 운영, 환자 돌보기, 청소년 범죄 예방, 빈민굴의 개선, 장학사업, 마약퇴치, 연구지원 등과 같은 것들이다(Hayek, 1981: 76~79).

이런 독립부문은 에치오니 등을 중심으로 하는 공동체주의가 중시하는 부문이다.[21] 그 밖에도 독립부문이 활동할 수 있는 영역은 매우 다양하다. 공동체주의자들이 중시하는 이러한 독립부문의 활동은 이익단체의 역할과는 차이가 있다. 이익단체는 기본적으로 자기 몫을 차지하기 위한 이른바 분배목적을 둔 상업적 연립이기 때문이다.

독립부문은 바로 상업적 영역과 정부의 공공부문의 중간에 있는 제3의 부문인 것이다.[22] 그리고 그런 독립부문은 어떤 이념을 가지고 이와 부합하는 방향으로 입법이나 경제정책에 영향을 미치고자 뜻을

---

20 그의 행동의 자유는 사소한 일을 행하는 일까지도 포함한다. 교역과 생산은 물론 옷 입고 먹고, 집안을 정리하는 것, 이런 행동의 자유도 사소한 것 같지만 문명의 과정에 대단히 큰 기여를 한다.

21 이런 제3섹터를 강조하여 공동체주의를 구성한 학자가 에치오니(A. Etzioni)이다. 그는 1993년 저서 『공동체주의 정신(The Spirit of Communitariauism)』에서 소규모 공동체의 사회적 역할을 매우 중시하고 있다.

22 이런 독립부문의 중요성을 무시하고 호모 이코노미쿠스를 중심으로 하여 이론을 전개한 패러다임을 하이에크는 '가짜 개인주의'라고 비판하고 있다. 이런 가짜 개인주의는 이기적이고 목적합리적 인간을 전제한 이론이다. 이웃, 가족 그리고 종교공동체와 같은 제1차 집단의 중요성을 간과하고 인간의 역사성과 문화적 요인을 무시한 이론이다(Hayek, 1952/1976b).

둔 단체와는 성격이 완전히 다른 자선단체이다. 제3의 부문에의 참여를 통해 시민들은 연대감과 소속감을 얻을 수 있고, 소외를 해소할 수 있는 것이다. 그리고 이러한 적극적인 참여는 공동체적 책임감의 형태로서 사회적인 덕성으로 이해될 수 있다. 독립부문은 국가로부터의 독립이다. 독립부문은 국가와 독립적으로 일종의 공공재를 산출하는 역할을 한다.

어쨌든, 하이에크의 경제적 자유는 시장자유만을 의미하지 않는다. 그에게 자유란 모든 행동을 전부 포괄하는 행동과 관련된 자유이다. 그런데 흔히 경제적 자유라고 말할 경우 오로지 생산자 자유만을 의미하는 것으로 이해하고 있다. 이런 이해를 기초로 하여 고전적 자유주의를 비판하고 있다. 즉, 고전적 자유주의는 원칙적으로는 누구나 경제적 자유를 가지고 있지만 사실상 그런 자유는 생산수단을 가진 생산자 또는 기업인과 같이 소수파의 자유일 뿐이지 생산수단이 없는 사람들에게는 경제적 자유란 의미가 없다고 비판한다. 경제적 자유란 가진 자만을 위한 자유라는 것이다.

하이에크는 이러한 비판은 잘못이라고 지적하고 있다. 그런 비판은 누구나 경제적 자유권을 직접 행사하지 못하고 생산수단의 소유자만이 그런 권리를 행사한다고 해도 그 행사로부터 수많은 사람들도 편익을 얻는다는 사실을 간과하고 있다는 것이다. 예를 들면 기업의 생산 활동의 자유는 일자리 창출과 소득의 향상 그리고 상품공급의 증가를 야기하고 이런 편익은 생산수단을 갖지 못한 사람들에게 주는 중요한 편익이다. 출판의 자유도 소수가 행사하지만 그런 행사는 수많은 사람들에게 편익을 가져다준다. 학문의 자유도 마찬가지이다. 소수가 학문의 자유를 행사한다. 그러나 학문의 자유권 행사의 결과로서 새로운 과학기술의 발견, 의료기술의 발전은 모든 사람들에게 이익을 가져다준다.

경제적 자유를 순전히 생산자와 기업인의 자유라고 해도 그런 자유의 행사는 소수만이 행사할 수 있는 출판의 자유나 학문의 자유와 똑같이 보편적인 편익을 야기한다. 따라서 반드시 내가 그 자유를 이용할 경우에만 자유의 편익을 얻는 것이 아니다. 다른 사람이 이용한다고 해도 그것이 나에게 유익하다.

그러나 경제적 자유를 순전히 기업인의 자유 또는 생산자의 자유로만 제한할 수 없다. 소비의 자유, 직업선택의 자유도 경제적 자유의 중요한 구성요소이다. 더구나 우리가 주목하는 것은 생산자 자유는 소비자를 위한 자유라는 것이다. 경제의 궁극적 목적, 기업의 궁극적 목적은 소비자의 이익을 위한 것이다.

경제적 자유 이외에도 언론의 자유, 사상의 자유 그리고 출판의 자유와 결사의 자유 등 수많은 자유가 있다. 하이에크는 이런 자유를 결코 등한시하지 않는다.

하이에크는 정신적 자유로서 의견의 자유를 언급하면서 정신적 자유를 설명하고 있다. 즉, 의견의 자유는 인간 상호간에 의견을 교환하는 과정을 촉진시킴으로써 더 많은 지식이 발생되고 이로써 사회적인 문제를 더 잘 해결할 수 있다는 확신, 이런 확신에서 자유주의가 기원했다는 것이다. 정신적 자유에 의해 확립된 지식의 확대와 지식의 향상, 그리고 이로써 개인들이 자신의 목적을 달성할 수 있는 힘의 증대는 자유주의자들이 가장 기대한 것이었다. 그는 『노예의 길』의 제11장 '진리의 종언'에서 정신적 자유의 중요성을 이렇게 설명하고 있다 (Hayek, 1981: 208).[23]

23 하이에크는 이 인용문에 이어서 이렇게 말하고 있다. "이런 지식의 성장과정의 본질은 과정의 결과를 아무도 예측할 수 없다는 것, 어떤 견해가 이런 지식의

"서로 다른 의견을 가진 사람, 서로 다른 지식을 가진 사람들의 상호 작용은 정신적 삶의 본질을 구성한다. 우리의 지식의 성장은 그런 다양성에 기초를 둔 사회적 과정이다. 우리의 이성적 지식(Vernunftwissen)의 성장은 다양성에 기반을 둔 사회적 과정이다."

하이에크는 지식의 사회적 성장 과정을 통해서 개인들의 이성이 성장한다는 것을 강조하고 있다. 요컨대, 정신적 자유는 개인들이 사회적 과정을 통해 학습하고 경험을 축적할 수 있는 터전이다. 이것이 없이는 인간이성의 개발이 이루어질 수 없다.

그런데 하이에크가 주목하는 것은 인간 정신이 사회적 과정으로서 지식의 성장과정을 계획하거나 조직할 경우이다. 이것이 가능한가? 그에게 그런 시도는 불가능하고 그 자체 모순이다. 그것이 모순인 이유는 인간 정신이 자신의 성장을 비로소 가능하게 해준 사회적 과정을 감시하려고 하기 때문이다. 그럼에도 정신적 자유를 억압하여 지식의 성장과정으로서 사회적 과정을 억압하려고 한다면 이런 시도는 오로지 지식의 성장을 가로막고 조만간 정신적인 정지상태와 결국에는 정신의 황폐를 초래할 뿐이다.

우리가 확인하는 것은 자유주의가 물질적인 증대만을 강조한다는 주장, 물질적 증대를 위해 경제적 자유만을 강조한다는 주장, 이런 주장은 전부 옳은 주장이 아니라는 것이다. 다른 자유주의자들은 물론 하이에크도 히틀러 시대와 무솔리니, 스탈린 시대를 경험했고 그리고

성장과정을 촉진할 수 있고 어떤 다른 견해가 그렇게 할 수 없는가를 알 수 없다는 것이다. 간단히 말해서 그 성장과정을 억압하지 않고서는 그 어떤 견해도 그 성장과정을 지배할 수 없다는 것이다."

특히 구소련이나 동유럽의 사회주의에서의 언론, 출판, 의견의 자유와 사고의 자유와 같은 정신적 자유의 억압을 체험했다. 이런 체험을 한 자유주의자들이 어떻게 정신적 자유를 무시한단 말인가?

하이에크는 『자본주의냐 사회주의냐』에서 자유는 도덕적 향상을 위해서도 필요하고 과학기술의 향상을 위해서도 필요하다는 것을 강조하고 있다(민경국 편역, 1989: 142~144). 자유는 어떤 특정의 영역만을 강조할 수 없다는 것을 하이에크는 반복적으로 주장하고 있다.

하이에크는 법의 지배 그리고 사유재산권과 나란히 언론의 자유를 비롯하여 출판, 연립 그리고 교육의 자유와 종교, 양심의 자유를 자유주의의 가장 중요한 원칙이라고 보고 있다.

그럼에도 불구하고 하이에크는 경제적 자유를 그 어떤 자유보다도 강조하고 있다. 그 이유는 무엇인가?

2) 경제적 자유를 강조하는 이유

하이에크가 경제적 자유, 보다 정확하게 말해서 행동의 자유를 강조하는 것은 여러 가지 이유가 있다. 그가 경제학자이기 때문에 경제적 자유를 중시했다고도 볼 수 있다. 그러나 이것은 사소한 이유일 뿐이다. 그 이유는 세 가지로 나누어볼 수 있다. 첫째, 20세기에 들어 경제적 자유가 강력하게 침해되어 그 어떤 자유보다도 위태롭다고 여겼기 때문이다. 둘째, 경제적 자유는 다른 자유의 보루이기 때문이다. 셋째, 좌파지식인들이 지적 자유와는 달리 행동의 자유(경제적 자유)의 가치를 무시하거나 심지어 의심하기까지 했기 때문이다. 그런 지식인들의 전통을 1970년대 이후 꾸준히 전수한 인물이 롤즈(J. Rawls)와 드워킨(R. Dworkin) 같은 좌파학자이다. 좌파들이 경제적 자유를 무시하는 풍조의 원천은 마르크스 사상이다. 경제가 모든 사회구조를 만드는 기반이기 때문에, 상부구조로서의 사상과 제도, 도덕에까지 부정적인 영향을 미친다고 보았기 때문이다. 경제적 자유를 모든 사회악의 근원으로 보는 관점에서 경제적 자유를 제한해야 한다는 것은 논리적이다. 사유 재산권은 자유의 원천이기 때문에, 마르크스가 자본주의의 혁명의 제일 순위를 사유재산철폐로 본 것은 당연하다.

하이에크는 이런 지식인들과 대립각을 세우고 경제적 자유의 중요성을 강조했다. 그는 1967년 자신의 논문「지식인과 사회주의(Intellectuals and Socialism)」에서 지식인들의 반자유시장적 태도가 경제적 자유에 미치는 부정적 결과를 상세히 기술하고 있다.24 그에 의하면 지식인들의 친사회주의 성향과 경제적 자유에 대한 적대감은 결국 개인의 자유의 손실을 야기한다.

(1) 가장 위태롭게 된 자유로서의 경제적 자유

하이에크가 경제적 자유를 강조한 가장 중요한 이유는 국가권력이 경제부문에 깊숙이 개입함으로써 개인의 자유가 그 어떤 부문보다도 위태롭게 되었다는 것을 목격했기 때문이다. 위태롭게 된 요인은 시기적으로 다르다. 1950년대를 기준으로 본다면 그 이전에는 사회주의 계획경제와 복지국가의 확장으로 인해 경제적 자유가 위태롭게 되었다. 이 시기 서방국가에서는 케인스주의와 신고전파의 시장실패이론이 정신세계와 정치세계를 지배했다. 동유럽에서는 계획경제이론이 지배하고 있었다.

---

24 이 논문은 하이에크의 논문집(Hayek, 1967)에 수록되어 있다.

개인의 자유가 경제부문에서 위태롭게 되어 결국 국가의 계획경제와 복지국가는 인간을 노예로 만든다는 것을 역설한 책이 1944년 그의 저서『노예의 길』이다. 그리고 이런 노예의 길 대신에 '자유의 길'을 제시한 책이 1961년『자유의 헌법』이다. 개인의 자유의 억압을 초래한 정부의 개입 형태는 다양하다. 대표적인 예를 들면 다음과 같다.

• 정부가 기업인으로 행세하여 기업을 규제하고 기업의 경영을 간섭한다.
• 노동을 보호하기 위해서 노동의 자유계약을 제한한다.
• 누진세를 증대시켜 개인의 재산권을 침해한다. 개인의 소득과 재산의 사용을 정부가 박탈해 간다.
• 복지국가의 확장을 통해 의료의 선택과 개인들의 연금계획을 억제한다.
• 가격규제를 통한 판매와 매매의 자유를 제약한다.

그런데 1950년대 이후에는 국가가 경제에 개입하여 개인의 자유를 위태롭게 하는 요인이 달라졌다. 그 요인은 '무제한적 민주주의'이다(이 문제는 제6장에서 자세히 다룰 것이다). 현대의 민주국가에서 민주주의는 단순한 투표 메커니즘이 아니라 수많은 이익단체들이 정부로 하여금 자신들에게 유리한 정책을 만들도록 정치에 강력한 영향력을 행사하는 경로가 되었다. 압력단체로서 이익단체들의 그룹이기주의가 국가를 경유하여 경제적 자유를 심각하게 유린하는 것을 하이에크를 비롯하여 자유주의자들이 목격했다. 그 대표적인 예가 경제에 대한 노동조합의 강력한 영향력의 증대이다.

하이에크는 서구사회의 전통으로서 입법, 사법 그리고 행정으로의 삼권분립은 실패했다고 선언하고 있다. 그 근본적인 이유는 의회와 정부가 지속적으로 연립하기 때문이다. 그 연립을 통해 행정에 대한 의회의 통제력이 소멸되었다. 의회가 입법기능과 정부의 통제기능이라는 상반된 기능을 동시에 가지고 있기 때문이다.

하이에크가 이런 정치적 현상을 반영하여 쓴 것이 1973~1979년의 3부작 『법·입법 그리고 자유』이다. 그리고 이런 시기에 등장한 새로운 패러다임이 뷰캐넌과 털록 등 버지니아학파가 개발한 공공선택론이다. 그리고 이런 민주주의를 극복하고 경제적 자유를 비롯하여 모든 영역의 자유를 보호하기 위한 헌법적 장치를 고안하기 시작한 것은 1980년대 이후이다. 이를 위한 패러다임이 '헌법경제론'이다. 이 패러다임에서는 이익단체와 같은 그룹이기주의의 정치적 영향을 막고 또 이권추구 동기나 행동을 막기 위해 효과적인 헌법장치는 무엇인가를 규명한다.

이와 같이 경제부분에서 개인의 자유가 그 어떤 부문보다도 위태롭게 되었기 때문에 하이에크나 그 밖의 자유주의자들이 행동의 자유의 주요 구성요소로서 경제적 자유를 강조했던 것이다. 그들이 경제적 자유를 강조한 것은 그들이 경제적 자유가 다른 어떤 자유보다 중요하다고 여겼기 때문이 아니었다. 우리가 확인하고자 하는 것은 자유주의는 경제적 자유만을 중시한다고 주장하는 해석은 전적으로 오해에서 비롯되었다는 것이다.

(2) 경제적 자유는 다른 자유의 보루

경제적 자유를 강조하는 이유는 또 있다. 즉, 경제적 자유는 다른 자유를 활성화하기 위한 기반이라는 이유다. 하이에크는 경제적 자유가 다른 자유의 수단적 역할을 한다는 점에서 경제적 자유의 중요성을 찾고 있다. 경제석 자유와 관련하어 중요한 것이 화폐, 즉 돈이다.

사람들은 돈의 존재 때문에 사회가 타락하고 있다고 주장한다. 그러나 하이에크는 돈의 중요성을 강조하고 있다. 그는 돈(금전적인 동기)의 사회적 기능을, 즉 돈이 자유를 신장하는 데 얼마나 중요한가를 설명하고 있다.

만약에 모든 보수를 돈으로 제공하는 대신에 공적인 명예나 특권, 또는 타인을 지배할 수 있는 권력의 자리 또는 더 좋은 집이나 음식, 여행의 기회나 교육받을 기회 등의 형태로 제공한다면 이런 것들을 받는 사람들은 더 이상 선택할 수 없고 그 보수를 마련하는 사람이 보수의 크기와 형태를 결정해야 할 것이다.

그러나 돈이 존재함으로써 돈으로 보수를 받는 사람들은 돈을 가지고 선택할 여지가 대단히 클 뿐만 아니라 그 보수의 크기와 형태는 시장경제의 자유로운 과정을 통해 형성된다. 보수는 내가 타인들에게 기여한 가치만큼 받는다. 그런데 그런 가치는 그 어떤 정신도 정할 수 없고 시장의 수많은 요인들에 의해 결정된다. 따라서 자생적으로 형성된 돈은 개인의 자유를 증진하고 이를 보호해 준다. 화폐는 인간이 지금까지 발견해 낸 가장 위대한 자유의 수단 가운데 하나이다(Hayek, 1944/1982: 121).

하이에크는 경제적 자유가 다른 자유의 보루라는 것을 보여주기 위해서 다양한 예를 들고 있다. 특히 우리가 주목하는 것은 사유재산권을 기반으로 하는 시장사회 또는 경쟁사회는 과도한 국가권력을 막기 위한 보루로서 작용한다는 것이다. 만약 국가가 인쇄와 언론매체의 독점적 소유자라고 한다면 언론·출판의 자유는 아무런 쓸모가 없다. 자유로운 매체의 반향이 없이는 의견의 자유와 시위의 자유가 미치는 영향과 효과는 대폭 감소한다. 수송수단이 국가에 의해 독점된다면 거주이전의 자유 또는 주거선택의 자유는 있을 수 없다. 필요한 공간을

국가가 할당할 권한을 가지고 있다면 집회의 자유는 있을 수 없다.[25]

하이에크는『노예의 길』의 제7장 '경제통제와 전체주의'에서 경제적 부자유가 다른 자유에 얼마나 큰 영향을 미치는가를 상세히 설명하고 있다. 외환거래에 대한 국가통제는 개인들의 일상적인 삶에 깊숙이 개입하는 결과를 초래한다. 외환통제는 여행할 자유, 외국신문이나 잡지, 서적을 구입할 자유를 억압한다. 외국과 접촉할 모든 공적 수단을 차단하는 결과를 초래하는 것이다. 이러한 수단의 배분은 정권의 코드와 일치하는 사람에게만 허용하고 정권을 반대하는 사람은 갖지 못한다. 결국 외환통제는 정치적 여론을 통제하기 위한 수단이 된다. 조세를 통한 경제적 자유의 제한도 궁극적으로 정치적 여론의 통제를 야기한다(Hayek, 1944/1982: 119~134, 특히 124 각주 2). 예를 들면 기업들이 자유주의를 지향하는 언론매체나 또는 시민단체를 지원하는 경우 그런 지원을 막기 위해 세무사찰을 감행하여 기업인들의 정치적 선호의 표현을 억압한다.

정부는 다양한 방법으로 경제적 자유를 억압하는데 이런 경제적 자유의 억압을 정치적으로 이용한다. 따라서 경제적 자유가 적으면 적을수록 국가가 다른 자유를 억압할 수 있는 여지가 그만큼 커진다.

하이에크는 계획경제가 경제적 자유만을 억제하는 것이 아니라 경제적 자유의 억제는 결국 전체주의를 초래한다는 것을 보여줌으로써 경제적 자유의 중요성을 역설하고 있다. 그는 사회적인 목표를 달성하기 위해 경제적 자유에 개입하는 국가는 개인의 자유권 전체를 위태롭게 한다는 것을 보여주려고 노력했다. "부(富)의 생산을 통제하는 것은

---

25 하이에크의 논문을 편집, 번역한 민경국 편역(1989: 143) 참조.

인간생활 그 자체를 통제하는 길"이라는 보여주려고 했다(Hayek, 1944/ 1982: 119). 그에 의하면 경제적 자유는 돈 버는 자유라는 의미 이상을 가지고 있다. 그것은 국가의 전지전능의 횡포를 막기 위한 대항력으로 서 작용한다는 것이다.

우리가 확인하는 것은 경제적 자유는 국가권력을 억제하는 기능을 행사하고 이로써 정치적 자유와 정신적 자유를 보호하는 역할을 한다 는 것이다. 20세기 정치발전에서 우리가 얻은 가장 큰 교훈은 국가가 물질적 삶의 조종을 거처 정신적 삶까지도 지배하는 광범위한 힘을 얻게 되었다는 사실이다.

3) 정신적 자유와 좌파의 치명적 오류

하이에크를 비롯한 자유주의자들이 경제적 자유를 중시한 이유가 또 있다. 좌파지식인의 편향된 시각 때문이다. 좌파는 경제적 자유보다 정신적 자유를 중시한다. 좌파에게는 경제적 자유는 저주받아야 할 자유이다. 이런 주장의 대표적인 인물이 존 롤즈이다. 그는 1971년 저서『정의론(A Theory of Justice)』에서 언론의 자유, 사고의 자유, 양심 의 자유 등과 같은 정신적 자유는 경제적 자유가 없이도 확립될 수 있다고 주장했다. 그러나 좌파지식인들의 이런 입장은 이해하기 어려 운 점이 있다.

좌파지식인들은 의견의 자유에 대한 국가의 개입, 사고의 자유와 언론의 자유에 대한 국가의 개입을 강력히 방어한다. 다시 말하면 그들 은 자신들의 지식 생산에 대한 국가 개입을 강력히 반대하고 있다. 자신들의 활동영역에 대한 국가 개입은 철저히 반대하면서 자신들의 선호와 지식에 따라 사회를 운용하기 위해 경제적 자유에 대한 간섭을 촉구하고 있다. 다시 말하면 다른 사람들의 활동영역은 통제해야 한다는 것이다. 좌파지식인들은 자신들의 활동은 정신적인 활동이기 때문에 고귀하고 다른 사람들의 활동은 물질적 차원, 또는 행동의 차원이기 때문에 정신적 차원보다 낮다는 것이다. 이런 입장에서 경제에 대한 간섭을 다양한 방법으로 제시했다.

하이에크가 경제적 자유를 강조하는 것은 이런 좌파의 편향을 시정하기 위한 것이다. '당신의 자유가 중요하다면 다른 사람의 자유도 중요하다'는 것을 설파하려는 것이 그의 주된 관심이다. 하이에크가 법의 지배 원칙을 중시한 것도 같은 맥락이다. 좌파들은 정신적 자유의 차별적인 허용을 엄격히 반대하는 데 반해 경제적 자유에서는 그런 차별적인 정책을 선하고 정의로운 것처럼 취급했다. 그렇기 때문에 하이에크는 경제와 관련된 법의 지배 원칙을 강조했다.

(1) 정신적 자유와 행동의 자유의 등가관계

하이에크가 경제적 자유, 그리고 경제적 자유를 포괄하는 행동의 자유를 중시한 이유는 지적인 자유와 행동의 자유 사이에는 등가관계가 존재하기 때문이다. 둘 사이에 등가관계가 성립하는 이유는 경제(행동)적 자유가 없이는 정신적 자유도 없기 때문이다. 정신은 인간행동의 목표와 관련되어 있고, 행동은 이런 목표를 달성하기 위한 수단과 관련되어 있다.

따라서 정신적 자유와 행동의 자유의 관계는 목표와 수단의 관계와 동일하다. 목표의 실현 여부는 필요한 수단의 이용 가능성에 좌우된다. 수단을 이용할 수 있는 힘이 되는 모든 경제조치들은 동시에 목표를 다룰 힘이 된다. 이런 이유 때문에 경제적 자유의 제한은 의견의 자유, 신앙의 자유, 언론의 자유와 같은 정신적 자유의 제한을 초래한다는

것은 외환통제, 출판과 인쇄의 국가독점의 예를 들어 이미 앞에서 설명했다.26

정신적 자유는 이런 자유의 가치들을 위한 시장경제적인 틀에 좌우된다는 것, 인간이 자유롭게 행동할 경우에만이 정신적 자유의 가치가 존속할 수 있다는 것이다. 따라서 자유의 중요성은 자유를 통해 가능하게 된 활동의 고상한 성격(정신적 활동과 육체적 활동)에 좌우되어서는 안 된다. 행동의 자유는 사소한 일을 행하는 경우라고 해도 사고의 자유와 같은 정신적 자유 못지않게 중요하다.

(2) 사고와 행동의 상호작용

좌파지식인들은 행동의 자유를 무시해 버리고 정신적 자유만을 강조하고 있는데 하이에크는 이런 좌파의 태도를 건물의 꼭대기 부분을 건물 전부라고 여기는 것과 마찬가지라고 비판한다(Hayek, 1971: 43). 이런 비판을 위한 기초로서 하이에크는 사고와 행동을 나누고 있다. 그리고 이 두 가지 과정은 불가분의 관계가 있기 때문에 연구의 자유, 신앙의 자유, 언론과 토론의 자유와 같은 정신적 자유(사고의 자유)와 무엇인가를 행할 자유(행동의 자유)가 분리될 수 없다는 것을 보여주려고 노력하고 있다. 이 맥락에서 하이에크는 이렇게 말하고 있다(Hayek, 1971: 44).

"지적인 과정은 이미 형성된 아이디어들을 정교화하고 선별하고 나쁜 것을 제거하는 과정일 뿐이다. 새로운 아이디어의 흐름은 행동, 흔히

---

26 이에 관해서는 프리드만(M. Friedman)의 『자본주의와 자유』(1990) 제1장 '경제적 자유와 정치적 자유의 관계'를 참조하라. 하이에크의 사상과 매우 흡사하다.

비합리적인 행동과 물질적인 사건들이 서로 충돌하는 영역에서 대부분 생겨난다. 그런데 만약 자유가 지적 영역에만 국한된다면 새로운 아이디어의 흐름은 메말라버린다."

이 문장에서 우리가 주목하는 것은 행동의 자유는 지적인 영역에서 다루어지는 아이디어들의 생성 원천이라는 것이다. 개인의 행동과 물질적 현상이 충돌하면 그의 행동의 결과를 경험할 수 있다. 그리고 그 결과가 예상한 기대와 어긋나면 개인들은 새로운 문제를 경험한다. 행동하는 과정 속에서 얻어지는 경험의 축적이 새로운 아이디어의 산출 기반이다.

그리고 아이디어에 따라 행동하고 행동결과를 경험하고 그 경험들의 기반으로 하여 아이디어를 재창출하는 과정에서 우리의 이성이 개발된다. 요컨대 행동과 사고의 상호작용과정에서 우리의 이성이 개발된다. 좌파는 이런 상호작용 대신에 정신적 과정을 지나치게 중시했다. 행동이 없는 생각은 공허할 뿐이다.

정신적 자유를 중시하는 롤즈의 사상은 "인간은 생각한다, 고로 존재한다"는, 존재의 원인을 사고에서 찾는 데카르트 사상의 연장이다. 다시 말하면 인간이성을 통해 사회질서가 만들어지고 또 인위적으로 만들어야 한다는 사상이다. 인류의 발전은 인간의 의식적 사고로부터 생겨난다고 보기 때문에 정신적 자유를 중시하고 행동의 자유, 경제적 자유를 경시한다.

3. 자유와 개인적 책임

책임 개념은 하이에크의 자유 개념에서 중요한 역할을 한다. 그렇기 때문에 그의 저서 『자유의 헌법』의 제5장 제목이 '책임과 자유'이다. 특히 주목하는 것은 자유와 책임은 불가분의 관계에 있다는 점이다. 자유란 인간이 선택의 기회는 물론 선택의 부담도 가지고 있다는 것을 의미한다. 자유란 자신이 행동의 결과에 대한 책임을 지고 있고 그런 결과에 대한 칭찬과 비난을 받는다는 것을 의미한다(Hayek, 1971: 89).

자유와 책임의 두 개념은 동전의 양면이다. 자유의 존재와 책임의 존재는 상호 의존적이다. 자유가 없이는 책임이 있을 수 없고 책임이 없이는 자유가 있을 수 없다(Zeitler, 1995: 102). 강제에 의한 행동에 대해서는 책임을 질 수 없다. 타인들에게 미친 피해에 대해 책임을 지지 않으면 그들의 자유란 존재할 수 없다.

따라서 책임의 역할을 충분히 이해할 경우에 비로소 하이에크의 자유의 개념을 완전히 이해할 수 있다. 하이에크에게 책임이란 개인적 책임이다. 책임지는 것은 개인이라는 뜻이다. 집단은 책임을 질 수 없다. 사회가 책임진다는 말은 성립될 수 없는 말이다. 사회는 행동하고 말하는 실체가 아니기 때문이다.

개인적 책임과 관련된 문제는 다음과 같이 세 가지로 분류할 수 있을 것이다. 첫째, 개인적 책임이란 무엇인가의 문제이다. 둘째, 책임의 주체는 누구인가 그리고 셋째, 책임은 어떤 범위여야 하는가의 문제이다.

이 세 가지 문제 영역 가운데 첫 번째 문제영역, 즉 개인적 책임이란 무엇인가의 문제가 가장 복잡하다. 하이에크는 이 문제 영역을 네 가지 각도에서 분석하고 있다. 첫째, 그 개념은 자기 자신의 삶에 대한 책임이다. 둘째, 법적 개념으로서 개인적 책임을 다루고 있다. 셋째, 도덕적인 측면에서 그리고 마지막으로 교육적 기능에서 개인적 책임을 다루고 있다. 이 교육적 기능부터 설명하면서 하이에크의 책임이론을 정립하고자 한다.

1) 개인적 책임의 교육적 기능

왜 개인적 책임이어야 하는가? 개인에게 자신의 행동의 결과에 대한 책임을 부과해야 하는 정당한 이유가 무엇인가? 하이에크는 이 문제에 대한 해답을 개인적 책임 원리의 교육적 기능에서 찾고 있다. 개인적 책임의 원칙이 의도하는 목적은 사람들의 자유로운 의사결정을 이끌고 또 그들의 행동을 보다 더 합리적으로 만들기 위한 것이다(Hayek, 1971: 94~96).

개인들이 잘못을 저지를 경우 이에 대해 책임을 진다는 것을 미리 알게 되면 그들은 조심스럽게 그리고 신중하게 행동한다. 그 책임은 법적 책임이든 도덕적 책임이든 관계가 없다. 법적 책임의 경우에는 국가의 처벌을 받을 것이다. 도덕적 책임의 경우에는 타인들의 비난을 받거나 파문을 당할 것이다. 또한 자신의 웰빙에 대해 스스로 책임질 경우에는 경제적 실패를 스스로 감당해야 한다.

이와 같이 개인적 책임 원칙이 적용되어 책임을 의식하게 만들면 그렇지 않을 경우에 취하게 될 장래의 행동에 영향을 미치고 또 그런 행동을 변경할 것이다. 다시 말하면 개인적 책임 원칙은 개인들의 장래의 행동에 영향을 미치도록 그리고 이를 변경하도록 하기 위한 것이다.

이런 책임 원칙은 대단히 중요한 사회적 기능을 행사한다. 그것은 개인들에게 일종의 압박으로 작용한다. 첫째, 이런 압박을 받은 개인들은 타인들의 재산이나 신체 그리고 자유를 침해하지 않도록 그들 자신의 행동결과를 철저히 생각하지 않을 수 없다. 그렇지 않으면 법적인 처벌을 받거나 아니면 파문이나 '왕따'를 당한다. 책임 원칙은 따라서 사람들에게 타인들에 대한 존중심을 강화하는 역할을 한다. 그 결과, 국가의 강제가 줄어든다. 그리고 자유를 누릴 수 있는 여지가 커진다. 그렇기 때문에 개인의 책임 윤리는 국가의 강제로부터 개인의 자유를 보호하는 이념으로서 자유주의의 근본이다. 타인들에 대한 존중심의 도덕은 개인의 책임의 윤리로 구현된다.

둘째, 책임 원칙은 개인들로 하여금 자신들의 삶의 목표와 계획을 신중하게 만들게 한다. 실패의 결과는 전적으로 스스로 책임을 져야 하기 때문이다. 투자의 성패에 대해 스스로 책임진다면 신중하게 투자 분야 선정이 이루어질 것이다. 그렇지 않고 그 책임을 다른 데로 돌릴 수 있다면 멋대로 투자하고 멋대로 삶의 계획을 세운다. 요컨대 책임 원칙은 스스로를 존중하게 만드는 역할을 한다.[27]

다시 한 번 책임 원칙을 요약한다면 그것은 교육적 기능을 통해 인간을 보다 합리적으로 만드는 데 목적이 있다고 볼 수 있다. 개인의 책임의 궁극적인 목적은 아리스토텔레스의 행복론이 말해주고 있듯이 '인간의 번영(human flourishing)'에 있는 것이다(Rasmussen, 1991).

---

27 하이에크에 의하면 스스로에 대한 책임 원칙이 준수될 경우 복지국가의 필요성이 줄어든다. 그러나 이런 주장의 배후에는 다음과 같은 전제가 있다. 즉, 책임 원칙이 지배하지 않는다면, 다시 말해 개인이 실패에 대해 책임을 질 수 없다면 국가가 책임져야 한다는 것이 그것이다. 그러나 책임 원칙이 존재하지 않는다면, 왜 국가가 개인의 실패에 대해 책임져야 하는가의 문제가 제기된다. 하이에크는 일종의 사회권적 기본권을 전제하고 있다고 보아야 할 것이다. 그러나 이것은 잘못된 전제이다.

그런데 인간 번영을 위한 기본적 덕성은 합리성이다. 이런 합리성은 자신의 행동결과에 대한 책임을 질 경우에만이 가능하다. 개인적 책임은 합리성을 제고하고 합리성은 인간의 번영을 가져다준다(Rowley, 1998: 410). 그런 번영은 자기 자신의 번영뿐만 아니라 타인들의 번영에도 기여한다.

2) 자신의 삶에 대한 책임

자신의 삶에 대해 스스로 책임을 져야 한다. 나의 삶은 타인이나 국가에 의존하는 것이 아니다. 그러나 20세기 복지국가의 등장으로 이런 책임의식이 소멸되었다. 하이에크는 스스로를 책임지는 인간을 강조한다. 이런 인간은 자신의 업적에 대한 자신감을 가진 인간이다. 독립심을 가진 인간, 자신의 성공과 실패에 대해 스스로 책임지는 인간이다. 이런 인간이 자유를 누릴 수 있는 자격을 가진 인간이다.

그러나 실패에 대해 책임지는 것을 두려워하는 인간이 있다. 책임에 대한 공포심은 자유에 대한 공포심을 야기한다. "자유는 책임을 의미한다. 이것이 대부분의 사람들이 자유를 두려워하는 이유이다"라는 버나드 쇼(B. Shaw)의 말은 자유사회를 뒤흔드는 요소를 지목한 적절한 표현이다. 그들은 그런 공포심에서 의존할 대상을 찾는다. 그 대상이 예를 들면 국가이다. 국가를 후견인 또는 보호자로 여긴다. 이런 사람들은 자신의 인격을 강화하지 못한다.

자신의 인격을 강화하고 자신의 삶을 적극적으로 개척할 수 있기 위해서는 스스로 책임지는 정신이 중요하다. 그러나 일부에서는 성공한 사람에게만 자기 책임 원칙을 적용하고 실패한 사람에게는 그런 원칙을 적용힐 수 없다고 주징한다. 자기 책임 원칙은 가진 자의 원칙일 뿐, 빈자의 원칙이 될 수 없다는 주장도 있다. 그러나 하이에크는 이런 주장을 전적으로 반대한다. 성공뿐만 아니라 실패와 운명에 대해서도 책임지겠다는 믿음, 이런 믿음만이 장차 성공을 위한 기본적인 전제조건이라는 것을 강조한다(Hayek, 1971: 101~102).

좌파지식인들은 개인의 실패를 자신의 책임이 아니라 사회의 책임으로 돌린다. 가난은 자기 책임이 아니라 사회의 책임이라는 것이다. 그러나 개인에게 좋지 못한 결과를 초래한 모든 탓을 사회로 돌릴 경우, 개인적인 인격이란 존재할 수 없다. 그리고 모두 외부의 탓으로 돌릴 경우 사람들로부터 자신들의 장래의 성공에 대한 기대를 박탈하는 것이다. 나의 성공이 전적으로 타인들에 좌우된다면 어떻게 나의 성공을 나 스스로가 기대할 수 있단 말인가?

자신의 실패를 타인이나 환경 탓으로 돌릴수록 그는 더욱 의기소침해지고 운명론에 빠져버린다. 그리고 자신의 능력이나 노력, 재주를 비효율적으로, 때로는 무책임하게 이용한다. 모든 성공은 자신의 탓(자신의 능력, 노력 그리고 재능의 탓)이라는 확신은 엄밀한 의미에서 옳지 않다고 하더라도 이런 확신은 교육적으로 매우 훌륭하다. 즉, 이런 확신을 가질수록 사람들은 능력과 재주의 개발에 힘을 쓰고, 실패도 자신의 탓이라고 확신하면 신중과 열정으로 삶을 개척한다.

3) 법적 책임과 도덕적 책임

하이에크에게 개인적 책임은 자기 자신에 대한 책임만을 의미하는 것이 아니다. 개인들의 행동이 타인들에게 미치는 결과에 대한 책임도 있다(Hayek, 1971: 95). 이런 책임을 하이에크는 법적 책임과 도덕적 책임으로 구분하고 있다.

법적 책임은 개인들이 자신의 행동이 타인들에게 미친 결과에 대해 법적으로 책임을 지는 것을 의미한다. 행동결과로서 생겨난 피해가 의도적인 것이든 의도하지 않은 것이든 그것은 관계가 없다. 그런데 이런 개인적 책임 개념을 희석시키고 상대화하려는 노력이 있다. 예를 들면 어떤 사람이 범죄를 범했을 경우, 그 책임을 사회적 요인 또는 특정의 환경적 요인에 돌리고, 범법자도 이런 요인의 희생자로 바꾸려는 노력이 그것이다. 여기에 자주 동원되는 것이 빈곤, 차별, 실업, 정신질병 등이다. 그들은 범법자를 처벌하는 것이 아니라 범법자의 정신을 치료하고 범법자를 달래고 순화하려고 한다.

이런 주장을 확대하면 좋은 사회에서 좋은 인간이 형성되기 때문에 좋은 사회질서를 만들어야 한다는 주장으로 이어진다. 자본주의 체제는 이기적인 인간을 만들기 때문에 사유재산제도를 철폐하면 이타적인 인간으로 인성이 변화될 수 있다는 주장이 도출되는 것이다.

이런 식의 사고방식은 인간은 본질적으로 선량한데, 강도, 폭동, 강간 같은 범죄들은 사회구조로 인해 야기된 것으로 본다. 비난의 대상이 범죄자가 아니라 사회이다. 18세기 영국의 유명한 평등주의 사상가 고드윈(W. Godwin), 프랑스의 계몽주의자 콩도어세(A. N. Condorcet)가 보았던 것처럼(Sowell, 1987: 146~151) 죄인들이 범죄의 개별적인 원인이라기보다는 사회적 환경이 원인이고 죄인은 이런 사회적 환경의 희생자인 것이다. 이런 식으로 보면 형벌은 소용이 없다. 형벌을 냉혈적인 횡포라고 본다. 범죄인은 교정을 필요로 할 뿐이다.[28]

그러나 하이에크는 이런 노력에 대해 강력히 반발한다. 개인적 책임

---

[28] 이런 사상은 외적 유인보다 내적 성향을 중시하는 프랑스 계몽주의 전통에서 나온 것이다.

을 이런 식으로 상대화하거나 또는 희석시키는 것은 근본적인 오류이기 때문이다. 범죄를 저지른 것은 당사자이지 그 어느 누구도 아니다. 인간은 타인의 이익이나 감정 또는 생명보다 자신의 이익이나 자아를 우위에 놓기 마련이다. 그러니까 범죄를 범하기 마련이다. 누구나 범죄를 저지를 개연성은 얼마든지 있다.

따라서 하이에크는 범죄예방의 차원에서 형벌을 강조한다. 범죄는 치료의 대상이 아니라 속죄해야 할 대상, 보복의 대상, 협박의 대상이다. 그는 『자유의 헌법』에서 이렇게 말하고 있다(Hayek, 1971: 89).

"치료하는 것이 처벌하는 것보다 더 좋다는 원칙, 잘못은 있지만 죄는 없다는 원칙, 이런 원칙에 따라 구성되는 사회에서 민주주의는 유지될 수 없다. 인간이 자유롭고 평등하다면, 잘못을 저지르면 치료받도록 의료원에 보낼 것이 아니라 법원에 보내야 한다."

이와 같이 하이에크는 개인적 책임을 법적 개념으로 파악하고 있다. 이런 하이에크의 생각은 스코틀랜드 계몽주의 전통의 진화론적 합리주의 사상과 그 맥을 함께 하고 있다. 예를 들면 애덤 스미스는 형벌의 부과는 범죄자가 지불해야 할 대가로 여긴다(Smith, 1976).

하이에크는 법적 책임과 나란히 도덕적 책임으로서 개인적 책임의 중요성도 강조하고 있다. 개인이 잘못을 저지르는 경우 도덕적인 책임도 있다는 것이다. 도덕적 책임에서 중요한 것은 칭찬과 비난이다. 모든 사람들은 자신들의 행동의 결과에 대해 불특정 다수나 또는 특정의 다수로부터 비난이나 칭찬에 노출되어 있다. 이것은 내적 제도 또는 비공식 제도의 위반에 대한 상벌 메커니즘이다.

전통이나 인습 또는 관행과 같이 자생적으로 형성된 도덕규칙은 자유사회에서 매우 중요한 비중을 차지하고 있다. 자유사회는 다른 어떤 사회보다도 더 많은 것을 요구한다. 법적 책임만을 요구하는 것이 아니다. 그 이상의 책임을 지니고 있다. 도덕적 책임이 그것이다. 이것은 인간의 자유로운 결정을 안내하는 역할을 한다.

사람들은 법적인 처벌을 두려워할 필요 없이 자생적으로 형성된 행동규칙들을 위반할 수 있다. 그러나 그들이 위반하면 타인들이 그들을 도덕적으로 비난할 것이다. 따라서 그들이 관행이나 관습 또는 풍습과 도덕적 매너를 위반하려면 타인들의 도덕적 비난과 파문을 감당해야 한다.

인습, 관행, 좋은 매너, 호의 등과 같은 행동규칙으로 표현되는 도덕적 책임은 자유사회의 존립을 위해서 매우 중요한 역할을 한다. 법 없이도 질서를 유지하는 기능이 그것이다. 국가의 강제나 처벌이 없이도 사회질서가 유지될 수 있는 것이 바로 이런 자생적 규칙으로 표현되는 도덕적 책임이다.

우리가 주목하는 것은 이런 자생적 규칙의 존재를 자유의 제한으로 여기는 사람들이 있다. 이것은 도덕적 책임을 무시하는 결과를 초래한다. 그 대표적인 인물이 존 스튜어트 밀이다. 그는 도덕규칙이나 관습 등과 같이 자생적으로 형성되는 행동규칙들을 자유의 제한으로 취급하고 있다. 이런 입장은 가짜 개인주의에서 비롯된 것이다.

4) 개인적 책임의 주체

이는 어떤 인간에게 책임 원칙을 적용할 수 있는가의 문제이다. 오로지 자유인(自由人)만이 책임을 진다. 타인들의 강제에 의한 행동결과에 대해서는 책임질 수 없다. 하이에크에게 자유인이라는 소선 이외에도 책임의 주체의 조건이 또 있다. 이 조건은 왜 개인적 책임인가의 문제에 관한 하이에크의 해답에서 찾을 수 있다.

앞에서 보았듯이 그 해답은 교육적 기능이다. 책임을 부여하는 이유는 미래 행동에 미치리라고 기대되는 효과 때문이다. 책임 원칙은 장래의 유사한 상황에서 무엇을 고려해야 할 것인가를 가르치기 위한 것이다.

따라서 책임 주체의 조건, 즉 누구에게 책임 원칙을 적용해야 하는가의 대답은 경험으로부터 배울 수 있는, 그래서 합리적인 행동을 할 수 있는 인간이다. 이런 사람에게만이 책임 원칙의 교육적 기능이 효과적이다(Hayek, 1971: 95).

이런 이성적 인간과 자유와 책임의 관계는 이렇다. 즉, 이성적 인간이라고 여기기 때문에 자유를 허용한다면, 자신의 행동의 결과에 대해 책임지게 함으로써 이성적 인간으로서 행동하도록 해야 한다. 따라서 책임 원칙은 인간의 합리적 행위능력을 전제로 하며 또 사람이 책임 때문에 보다 더 합리적으로 행동하기를 겨냥한다.

이런 하이에크의 책임론은 그가 주장하는 인간이성의 한계와 어떤 관련이 있는가? 인간이성의 한계란 이성은 인간행동을 결정하는 데 '조그마한 역할'밖에 하지 못한다는 것을 말한다. 그렇다면 책임론은 이런 이성의 한계와 충돌하는 것이 아닌가? 책임론의 목표는 이런 조그마한 것에서 될 수 있는 대로 많은 것을 만들려는 것에 있기 때문에 이성의 한계와 그리고 책임론은 충돌하지 않는다고 보고 있다.

요컨대 인간이성의 한계를 인정하고 그 한계 내에서 이성을 최대로 이용하도록 하자는 것이 개인적 책임론의 목적이다. 그러니까 책임론의 목적과 인간의성의 한계 사이에는 충돌이 있을 수 없다.

책임을 지울 수 없는 인간이 있다. 유아, 백치와 정신병자가 그 부류이다. 자유와 책임의 보완성은 사람은 경험에서 배우고 그런 경험에서 얻은 지식을 이용해서 행동할 수 있는 능력이 있음을 전제한다. 그렇기 때문에 충분히 배우지 못한 유아, 배울 능력이 없는 백치와 정신병자에게는 자유와 책임의 원칙을 적용할 수 없다. 알코올 중독자 또는 도벽(盜癖)을 가진 인간에게도 책임 원칙이 적용될 수 없다. 도벽이나 알코올 중독자는 자신들의 행동의 결과에 대해 잘 알고 있지만 행동을 변경시킬 능력이 없기 때문이다(Hayek, 1971: 96). 그래서 이들에게도 책임 원칙의 교육적 기능이 작동될 수 없다.

이런 책임 원칙의 기반은 우리가 개별적으로 무슨 일이 일어나는가를 잘 알고 있다는 인식이 아니라 그런 원칙은 합리적으로 또는 신중하게 행동하도록 독려하는 효과가 있다는 인식에 기초를 둔 것이다. 따라서 사회가 다른 사람들의 마음속을 드려다 볼 수 있는 능력이 없기 때문에 강제에 의존하지 않고서도 우리의 삶에 질서를 부여하기 위해 개발된 제도이다.

따라서 우리가 공동체의 일원이 된다는 것은 한편으로는 자유인이지만 그러나 다른 한편 책임의식이 뒤따른다. 공동체 구성원 신분은 권리와 의무를 동시에 지니는 지위이다.

마지막으로 짚고 넘어갈 점이 하나가 있다. '자유의 의지'와 '결정주의'의 논쟁이다(Hayek, 1971: 90~91). 이 두 가지는 모두 자기 책임 윤리의 존재이유를 부정한다. 자유의 의지는 제멋대로 행동한다는 것을 의미한다. 그렇다면 책임 원칙도 아무런 의미가 없다. 책임 원칙은 보다 합리적인 행동을 유도하기 위한 것이다. 자유의 의지 때문에 이런 행동이 유도될 수 없다. 결정주의의 경우, 그 어떤 사정과도 관계없이 행동이 이미 정해진 것이라고 한다면 책임 원칙은 어떤 행동의 변화를 야기할 수 없다.

5) 개인적 책임과 사회적 책임

하이에크가 개탄하는 것은 현대사회에서 개인의 책임 영역이 너무 확장되고 자신의 행위의 실제적인 결과에 대해 책임질 수 없게 된 바람에 책임의식이 약화되었다는 점이다(Hayek, 1971: 102). 그의 주장의 전반부는 사회적 책임의 등장을 의미한다. 책임 영역이 확대되었다는 것은 '사회적 책임'이라는 새로운 개념의 등장으로 인해29 자신의 행동결과와는 아무런 관련이 없는 문제까지도 개인에게 책임이 전가되었다는 것을 말한다. 하이에크의 주장의 후반부는 개인이 책임질 것을 국가가 빼앗아갔다는 것을 의미한다. 이 두 가지는 모두 국가주의 및 복지국가의 등장과 밀접한 관련을 가지고 있다.

서로 은밀한 개인적 관계에서 책임 영역은 중요하지 않다. 가족관계가 그런 영역에 해당된다. 책임 영역이 문제가 되는 것은 법적, 정치적 영역이다. 여기서는 책임 영역이 분명해야 한다. 개인이 책임질 영역은 자신의 사적 영역이다. 이 영역은 일반적, 추상적인 비인격적 규칙, 즉 정의로운 행동규칙에 의해 정해진다. 개인적 책임은 개인 자신의 인격에 대한 책임 그리고 자신의 행동에 대한 책임이다.

그런데 이런 개인적 책임과 사회적 책임은 분명히 구분되어야 한다. 이윤을 통한 사회공헌과 같은 기업의 사회적 책임에서 드러나듯이 사회적 책임은 자신의 행동에 대한 책임이 아니다. 책임범위가 자신의 행동과 관련이 없는 범위까지 확대된 것이다. 책임 영역은 오로지 개인들이 판단할 수 있는 상황에만 관련될 수 있다. 그 책임은 명확해야

---

29 사회적 책임 개념은 구성주의적 합리주의의 소산이다(Hayek, 1971: 81~84).

할 뿐만 아니라 제한되어 있어야 한다. 불분명하고 무제한적인 책임은 의미가 없다.30

예를 들면 개인들에게 물가인상에 대한 책임을 묻는다든가, 부동산 시장의 가격인상을 개인들의 책임으로 돌리는 것, 이런 것은 책임의 소재도 불명확하고 책임의 한계도 없다. 이런 책임을 개인들에게 부과한다면 그들은 어떤 행동이 처벌받을 행동인가, 어떤 행동이 무책임한 행동인가, 그리고 어디까지 책임을 져야 하는가를 알 수가 없다.

특히 우리가 주목하는 것은 책임 영역은 개인들의 지적 능력은 물론 도덕적, 감정적 능력에도 적합해야 한다. 자신의 행동결과에 대해 예측할 수 없는 영역에까지 책임을 전가하는 예는, 빈곤의 문제는 부자의 행동의 책임이라는 책임론이다. 어떤 부자의 어떤 행동이 가난을 초래하는가를 확인하기가 불가능하다. 이런 책임론은 도덕적, 감정적 능력에도 적합하지 않다.31

책임 영역도 불명확하고 책임한계도 없고 지적 능력과 도덕적 능력에도 적합하지 않은 책임은 우리가 모든 것에 책임이 있다는 식의 책임이다. 이것은 우리가 어떤 것에도 책임이 없다는 것과 동일하다.

---

30 개인의 책임 영역과 관련하여 하이에크는 이렇게 말하고 있다(Hayek, 1971: 103). "책임윤리가 효과적이기 위해서는 그것이 개인이 상이한 과제의 비중을 결정하기 위해서 개인이 자신의 구체적인 지식에 의존할 수 있고, 그의 도덕적 원칙을 그가 아는 환경조건에 적용시킬 수 있고 또 해악을 자발적으로 최소화할 수 있는 방식으로 제한되어야 한다."

31 '사회적 양심'도 사회적 책임만큼 지식을 요구한다. 사회적 양심이란 자신의 행동이 타인들에게 미칠 행위의 구체적인 결과를 알고 있다는 전제에서 생겨난 개념이다. 이는 우리의 행위가 사회적 과정에 대한 완전한 이해에 의해 인도되어야 하고 상황의 구체적 사리에 대한 의식적 평가를 통해 사회적 선이라는 예측가능한 결과를 낳는 것이 목표이어야 한다는 점을 말한다(Hayek, 1971: 82~83).

우리가 주목하는 것은 책임은 개인의 책임만이 있을 뿐이지 집단의 책임이란 존재하지 않는다는 것이다. 모두가 '내 탓이요' 하는 것은 아무도 책임이 없다는 말과 동일하다. 모든 사람의 소유는 누구의 소유도 아니듯이 모든 이의 책임은 누구의 책임도 아니다(Hayek, 1971: 102). 또한 개인적 책임만이 자유와도 양립한다. 이 맥락에서 하이에크는 이렇게 말하고 있다(Hayek, 1971: 102).

> "자유사회가 요구하는 것은 이렇다. 즉, 개인의 책임은 그가 판단할
> 수 있는 범위에 국한되어야 한다는 것이다. 개인은 자신의 예측범위
> 안에 있는 것만을 자신의 행동에서 고려하기 때문이다. 특히 개인은
> 오로지 자신의 행동에 대해서만 책임이 있다는 것은 요구한다. 개인은
> 자신과 똑같이 자유로운 다른 사람들에 대한 책임이 없다."

물론 자유사회에서 개인은 타인들에 대한 책임을 지는 경우가 있는데 이 맥락에서 하이에크는 구체적인 이타주의 그리고 보편적인, 그래서 국가의 강제가 필요한 이타주의를 구분한다. 구체적인 이타주의란 다음과 같은 인적 범위에 해당되는 사람들에게 행하는 이타주의이다. 즉, 우리는 사람들 가운에 어떤 사람들의 사정을 잘 아는 경우가 있다. 우리는 선택을 통해서 또는 특수한 사정이나 특정의 계기를 통해서 이런 사람들과 유대감을 갖는다. 그들은 우리의 삶의 범위 내에 있는 사람들이다. 가족, 친지, 이웃, 친구나 또는 우리가 알 수 있는 삶의 환경에 있는 사람들이다. 이런 사람들에 대한 책임을 지는 경우, 이런 경우가 구체적인 이타심이다. 하이에크는 이런 이타심을 매우 중요하게 여긴다. 그리고 이런 이타심이야말로 인간 인성의 중요한 국면이라고 보고 있다. 인간은 이런 사람들의 웰빙 증진을 자신의 과제로 만드는

것, 이런 사람들에 대해 자발적으로 책임지는 것, 이것은 매우 훌륭하고 고귀한 일로 여긴다.

그러나 아무도 다른 모든 사람들을 보살필 수 없다. 우리가 부담할 수 있는 책임은 항상 구체적이거나 우리가 구체적으로 사정을 잘 아는 사람들, 아니면 특수 조건으로 인해 우리와 인연을 맺게 된 사람, 이런 사람에 대해서만이 책임을 질 수 있다.

이것이 구체적인 이타주의이다(Hayek, 1971: 97~98). 이것은 도덕적, 감정적 능력에 있어서 매우 적합한 책임 원칙이다. 이런 책임은 법제화할 필요가 없다. 개인들이 자발적으로 짊어진다. 자유사회에서 이런 책임 원칙은 매우 중요하다.

하이에크의 주장은 애덤 스미스가 그의 저서 『도덕감정론』에서 주장한 것과 그 강도에서 서로 다르다. 스미스는 이타심은 사회의 유지를 위해 중요하기는 하지만 그것은 건물의 장식품에 해당한다고 주장했다. 없어도 된다는 말이다. 그러나 하이에크는 대단히 필요한 것으로 여기고 있다(민경국, 2007).

우리는 절친한 사람들의 운명에 대해 진정한 관심을 기울일 수 있을 뿐만 아니라 그들이 도움을 필요로 할 때 어떻게 도와야 하는지를 잘 안다. 애덤 스미스의 동감적 상상, '역지사지'가 가능하다(Smith, 1976). 추상적이 아니라 구체적으로 타인들의 입장을 알고 있고 또 그들의 입장을 구체적으로 바꾸어 동감적 감정을 가질 수 있다.

그러나 우리는 세상에 수천, 수백만 명의 불쌍한 사람들이 존재한다는 사실을 알고 있지만 그들 각자의 개별적인 사정을 알지 못하는 경우 그 불쌍한 사람들에 대해서는 친구나 친지의 불행에 대해 갖는 감정을 가질 수 없다. 아무리 그들의 불쌍함에 마음이 흔들릴지라도 수많은 고생하는 사람늘에 관한 추상적인 지식은 우리의 일상생활의 활동을 안내하지 못한다. 우리는 우리의 삶의 범위에 있는 사람들의 불행을 느끼는 방식과 똑같은 방식으로 불행하다는 것은 알지만 개별 사정을 알지 못하는 수천, 수백만의 불행을 느낄 수 없다(Hayek, 1971: 103). 우리가 이타심이 부족해서 그런 것이 아니다. 우리의 인지능력의 한계 때문이다. 보편적 이타주의는 그래서 허구이다.32

그럼에도 불구하고 국가는 이런 이타심을 공동체, 우리나라 또는 우리의 세계에 존재하는 도움을 필요로 하는 불쌍한 사람들 모두에 대해 '사회적 책임'을 강요한다. 그런 사회적 책임의 강요는 진정으로 우리가 책임질 행동을 희석시킨다. 그 결과는 책임의식의 약화이다. 오늘날 복지국가의 등장으로 생겨나는 도덕의 붕괴를 하이에크는 분명히 말하고 있다. 그리고 하이에크가 강조하고 있듯이, 국가와 국가의 관료들이 사회적 책임에 대한 자신들의 관점을 이런 관점을 갖지 않은 사회의 구성원들에게 강제로 부과할 권리는 없다.

우리가 마지막으로 주목하는 것은 하이에크의 철학적 기반이 되고 있는 인간이성의 구조적 무지와 개인의 책임의 관계이다. 우리의 지식이 제한되어 있기 때문에 우리의 이타심도 제한되어 있다. 그리고 사회적 책임이 아니라 개인적 책임일 수밖에 없는 이유도 우리의 지식의 제한성 때문이다. 우리가 알 수 없는 영역은 우리가 책임을 질 수가 없다.

---

32 하이에크는 이 맥락에서 다음과 같이 말하고 있다(Hayek, 1971: 103). "우리가 유용하고 효율적이고자 한다면 우리의 목적은 우리의 정신과 우리의 동정심의 한계 내로 한정되어야 하고 또 적용되어야 할 것이다. 우리 공동체, 우리나라, 우리의 세계에 존재하는 도움을 필요로 하는 불쌍한 사람들 모두에 대한 사회적 책임을 끝없이 환기하는 것은 우리가 행동할 의무가 있는 경우와 책임이 없는 경우의 구분이 사라질 때까지 계속 우리의 감정을 희석시키는 효과를 낳는다."

도덕주의자들은 인간은 좁은 소아(小我)를 버리고 대아(大我)를 추구하라고 요구한다. 누구나 자신을 전체 공동체의 맥락에서 보고 자신의 삶의 목적을 정하라고 요구한다. 애국하라고 요구한다. 사회에 헌신하라고 요구한다. 이런 요구는 공동체주의 도덕주의자들의 주장이다. 그러나 이런 주장이 허망한 이유는 그것이 인간의 인지능력의 한계로 인해 가능하지 않기 때문이다.

6) 자유인을 위한 교육

실패는 타인이나 환경의 탓이니까 개인이 책임져서는 안 된다고 학생들에게 가르치는 학자가 있다고 가정하자. 문제는 이런 식으로 교육받은 학생들이다. 이런 교육을 받은 학생들은 신중한 행동도 하지 않을 것이다. 실패는 내 책임이 아니므로 타인들에 전가해 버린다. 학생들은 책임감을 모르는 사람으로 육성된다. 이런 교육을 받은 사람들은 범죄를 저질러도 자기 책임이 아니라고 주장하면서 죄의식도 갖지 않을 것이다. 또한 실패는 전적으로 남의 탓, 환경의 탓이기 때문에 의기소침해할 것이다. 열심히 노력한들, 성공과 실패는 내 힘에 달려 있는 것이 아니라고 믿기 때문이다. 그에게는 자포자기가 최선의 전략이다(Hayek, 1971: 101~102). 자신의 능력도 그리고 자신의 재주도 개선하려고 노력하지 않을 것이다.

자기 책임을 강조하는 교육이 진정한 자유를 위한 교육이다. 이런 교육을 받은 사람은 신중한 행동의 중요성을 인식할 것이다. 실패했다고 해도 그 책임은 자신에게 있다고 믿기 때문에 그는 결코 좌절하지 않고 더욱 분발할 의욕을 갖는다. 흔히 사람들은 자신의 운명에 대해 책임진다는 믿음은 성공한 자의 믿음, 가진 자의 믿음이라고 주장하는 사람들이 있다. 그러나 그들은 인과관계를 오해하고 있다. 스스로 책임 지겠다는 믿음 때문에 성공한 것이지 성공했기 때문에 그런 믿음을 갖는 것이 아니다. 그리고 그런 믿음을 가진 사람이 성공과 실패는 남의 탓이라고 여기는 사람보다 성공률이 높다(Hayek, 1971: 101). 자유를 위한 첫 번째 교육은 내 운명은 내가 책임진다는 믿음이다.

자유를 위한 교육의 두 번째는 자유사회에서 능력과 재주만 있다고 해서 그 용도가 보장된 것이 아니라는 점이다. 능력과 재주만 있으면 이를 적합하게 이용하는 것은 타인들의 책임이라는 믿음을 버려야 한다. 나의 능력과 재주를 개발하는 일만이 나의 책임이 아니라, 그 재주와 기술의 적절한 이용을 찾는 것도 내 책임이다. 이것은 나 자신에 대한 개인적 책임의 한도는 무한정이라는 것을 의미한다. 자유사회에서는 동일한 노력을 해서 동일한 전문기술과 지식을 습득한 두 사람 가운데 한 사람은 성공하고 다른 사람은 실패하는 경우를 연상해야 한다. 나의 능력이나 재주가 타인들에 의해 발견될 때까지 기다리는 것은 자유사회에서는 마땅한 행동이 아니다. 약삭빠르게 용도를 찾아야 한다.33 개인을 선전하고 마케팅하는 이유가 바로 이 때문이다.

자유사회에서 운이 작용하는 것도 사실이다. 그러나 순수한 운이란 없다. 운을 기회로 만드는 것이 중요하다. 똑같이 좋은 환경에 태어난 두 사람 가운데 한 사람은 성공하고 다른 사람은 실패하는 이유가 그 때문이다.

---

33 상황을 잘 이용하고 약삭빠르게 행동하는 것을 나쁘게 보는 시각은 조직의 위계질서를 연상하는 반자유주의의 생각이다(Hayek, 1971: 100).

4. 왜 자유가 최고의 가치인가?

20세기 인류가 잃어버린 것은 자유였다. 하이에크는 이런 잃어버린 자유를 되찾기 위해 부단히 노력했다. 자유를 잃어버린 것은 자유의 소중함을 몰랐기 때문이었다. 하이에크는 자유가 소중한 이유를 찾아 사람들의 마음속에 각인시키려고 노력했다.

왜 자유가 중요한가? 왜 자유주의가 고귀하고 그 존재가치는 무엇인가? 그것이 어떤 사회적 유용성을 가져다주기 때문인가 아니면 그것은 그 자체를 위해 고귀하고 중요한가?

하이에크의 사상에 관한 연구문헌에서는 이에 대해 상이하게 해석하고 있다. 자유가 중요한 이유를 자유가 주는 편익에서 찾고 있다고 해석하는 사람이 있는 한편, 어떤 사람은 그가 도덕적 이유 때문에 자유를 중시한다고 해석하는 사람도 있다. 후자의 주창자는 배리(Barry, 1979: 67) 및 쿠카타스(Kukathas, 1992: 131~142)이다. 또 다른 해석자들은, 하이에크는 자유가 물질적 번영을 가져오기 때문에 높이 평가하고 있다고 주장하고 있다. 이러한 해석의 대표자로서 윌헬름(Wilhelm, 1972: 172)과 그레이(Gray, 1986: 60)를 들 수 있다.

그러나 이런 하이에크 해석은 완전한 해석으로 볼 수 없다. 우리는 여기에서 하이에크의 자유주의 옹호론을 네 가지로 분류하여 설명하고자 한다. 이 네 가지는 서로 보완적이다.

- 윤리적 옹호론
- 인식론적 옹호론
- 결과론적 옹호론
- 진화론적 옹호론

1) 윤리적 옹호론

하이에크는 도덕적인 이유 때문에 자유란 그 자체로 가치가 있다고 믿고 있다. 『노예의 길』에서 그는 개인주의에 대해 다음과 같이 쓰고 있다(Hayek, 1944/1982: 33).

"기독교와 고전시대의 철학에 기초하여 …… 개발된 개인주의는 인간으로서의 개체에 대한 존중을 그 특징으로 한다."

인간의 존엄성은 오로지 인간이라는 것 자체로부터 유래한다. 하이에크는 역시 『노예의 길』에서 법의 지배 원칙을 옹호하면서 이것은 "개인의 양도 불가능한 권리의 인정, 인간의 불가침적인 권리의 인정"을 의미한다고 말하고 있다(Hayek, 1944/1982: 112).

하이에크의 저서 『노예의 길』의 제목이 보여주고 있듯이 집단주의 및 계획경제 그리고 좀 더 포괄적으로 말한다면 법의 지배 원칙을 위반하는 모든 입법정책 및 경제정책은 개인들을 정치적 목적을 달성하기 위한 수단으로 간주한다. 그것들은 인간을 '노예'로 만드는 정책이다. 그는 액튼 경(Lord Acton)을 인용하여, "자유는 보다 높은 어떠한 정치적 목적을 위한 수단도 아니다. 그것은 그 자체 최고의 정치적 목적이다"라고 말하고 있다.

『자유의 헌법』에서도 역시 자유를 최고의 가치로 간주하고 이것을 다른 가치들의 원천으로 여기고 있다(Hayek, 1971: 7).[34] 뿐만 아니라

---

34 그는 여기서 오든(W. H. Auden)을 인용하고 있다. "자유는 하나의 가치가 아니라 가치의 기초이다." 또한 베이(C. Bay)를 인용하여, "자유는 다른 가치들이 융

여기에서 칸트적인 의미로 다음과 같이 쓰고 있다(Hayek, 1971: 98).

"누구나 각자 자신의 가치를 가지고 있다는 것을 인정하지 않는 사회
는 인간의 존엄성을 존중할 줄 모르며 진정한 자유를 알지 못한다."

자유를 인간의 존엄성과 연결하고 있다. 인간의 존엄성을 지키기
위한 것이 자유이다. 자유가 없는 곳에는 인간의 존엄성도 없다. 하이에
크는 『법·입법 그리고 자유』의 제2권인 『사회정의의 허구』에서 개인
적 자유는 "윤리적인 이유 때문에 그 자체로서 소망스러운" 것으로
간주하고 있다(Hayek, 1981a: 103).[35] 자유가 도구적인 이유 때문에
중요한 것이 아니라 그 자체 소중하다는 것이다.

2) 인식론적 옹호론

하이에크가 자유주의를 옹호하는 두 번째 전략은 인식론적 입장이
다. 이미 앞에서 설명한 바와 같이 그의 사회철학적 출발점은 인간이성
의 한계 또는 인간이성의 구조적인 무지라는 가정이다. 배리(Barry,
1979)가 명확하게 지적하고 있듯이, 하이에크는 자신의 사회철학을
홉스나 벤담처럼 인간에 관한 어떤 관념에 기초하여 개발하지 않고
있다. 그 대신 그는 '인간이성의 한계'라는 인식론적 가정에서 출발하
고 있다. 이러한 가정은 홉스나 벤담 등의 철학이 전제하고 있는 인간관
으로서 이기적인 인간관과 대비된다.

성하게 자라나기 위한 토양이다"라고 말한다.
[35] 강제와 관련하여 자유의 윤리적 가치를 설명하고 있다.

18세기 정치철학자들은 인간의 행동동기(이타심 또는 이기심)를 기반으로 하여 사회철학을 개발했다. 그리고 이런 행동동기를 인간사회의 추진력으로 간주했다. 하이에크는 인간의 이러한 행동에 대해 부인하지는 않지만 그러나 오로지 이러한 행동동기만 존재한다는 주장에 대해서는 강력하게 비판하고 있다.

　그러나 하이에크에게서 인간의 행동동기는 그것이 이기적이든 자선적이든 사회질서에 대해 중요하지 않을 뿐만 아니라, 그것은 사회철학의 기초가 될 수 없다. 그에게 중요한 것은 인간이성의 한계이다. 인간이 제아무리 자선적인 동기를 가지고 있다고 하더라도, 그 동기를 발휘하는 데에는 알려진 제한된 인간그룹 내에서만 가능하다. 이러한 제한된 인간그룹을 넘어서게 되면 누가 무엇을 원하고, 이 원하는 바를 어떻게 실현할 것인가에 관해 알 수 없다.

　이기적인 동기에 의해서만 행동하는 인간이든 또는 그 중간에 있는 동기에 의해 행동하는 인간이든, 이들에게 불변적인 것은 그들의 이성의 '구조적인 무지'라는 사실이다. 이러한 무지는 현대인이든 원시인이든 중세시대의 인간이든 시대를 불문하고 모든 인간에게 공통적이다. 또한 그것은 학자이든 노동자이든 정치가이든 철학자이든 관료이든 또는 기업가이든 자본가이든 모든 인간에게 공통적이다.

　하이에크는 모든 것을 가변적인 것으로 간주하고 오로지 인간이성의 한계 또는 인간이성의 구조적인 무지만을 불변적인 것으로 간주하고 있다. 이것은 앞에서 언급한 바와 같이 생물학적으로 조건화된 것이다. 인간의 구조적인 무지라는 가정은 경험적 의미뿐만 아니라 도덕적인 의미도 가지고 있다.

　첫째, 인간이성의 구조적인 무지를 고려한다면 개개인들의 행동이 결과에 의해 유도되도록 해야 하느냐 아니면 그것이 미치는 전반적인 영향을 충분히 알고 있다고 전제되는 가상적인 어느 한 정신에게나 적절하다고 보이는 것에 의해 이들의 행위가 유도되도록 해야 하느냐 하는 문제가 제기된다. 둘째, 인간이성의 구조적인 무지는 과학의 겸손을 요구한다. 과학이 얼마나 사회를 파악할 수 있고, 사회를 조종하고 통제할 수 있느냐의 문제에서 과학은 겸손해야 한다는 점이다. 셋째, 과학은 모든 개개인들이 각자 자신의 삶의 터전을 마련하기 위해 갈고 닦은 지식, 이들이 각자 가지고 있는 주관적인 지식을 존중해야 한다는 점이다. 넷째, 인간이성의 구조적인 무지는 자유의 존재 이유와 관련이 있다. 이 관련성을 설명하고자 한다.

자유와 인간이성의 한계와의 관계에 관해 하이에크는 『자유의 헌법』에서 다음과 같이 말하고 있다(Hayek, 1971: 33).

"······ 개인의 자유는 ······ 우리 모두의 불가피한 무지를 인정하는 것을 기반으로 한다. 만약 전지전능한 인간이 있다고 한다면 자유의 존재 의미가 없다."

하이에크는 이 주제를 이미 그의 『노예의 길』에서 정립하고 있으며 (Hayek, 1944/1982: 85~86), 이 주제의 인식론적 기반은 그가 21세 때에 집필한 저서 『감각적 질서』이다. 시장질서의 존재가치도 역시 이러한 인식론에서 비롯한 것으로 설명하고 있다. 인간이성의 구조적인 무지와 자유사회의 존재가치의 관계를 강조하고 있는 학자들 중에서 특히 하이에크가 직접 인용하고 있는 마이트랜드(F. W. Maitland)는 다음과 같이 말하고 있다(Hayek, 1971: 38 각주 10).

"(사유를 옹호하는: 필자) 가장 강력한 논거는 무지, 필연적인 무지를 기초로 하고 있는 논거이다."

이러한 구조적인 무지 때문에 행동규칙이 존재할 가치가 있고, 또한
자유도 존재할 가치가 있다(Hayek, 1981a: 23~26). 하이에크에게 사회
적 문제는 어떤 정신이든 그것이 겨우 한 부분만을 파악할 수밖에
없는 복잡한 환경 속에서 인간이 어떻게 행동할 것인가를 아는 데
있다. 이런 지식의 문제의 관점에서 하이에크는 사회구조와 시장경제
를 바라본다.

하이에크에 따르면 전지전능한 인간이 존재하는 세계에서는 정의가
필요 없고, 자유도 필요 없다. 이런 인식론적 전통에서 자유주의를
정당화하고 사회질서를 설명하려는 것이 스코틀랜드 계몽주의 철학이
다. 그러나 신고전파의 후생경제학을 비롯하여 케인스주의는 사회적
문제를 지식의 문제로 보지 않고 자원배분의 효율성이나 분배정의로
이해하고 있다. 이런 전통이 프랑스 계몽주의 전통이다.

하이에크가 자유를 이와 같은 자원배분 이론적 시각에서 파악하지
않고, 지식이론적 시각에서 파악하고 있다는 점은 그의 사회철학의
핵심적인 특징이다.

인간이성의 구조적 무지에 관한 그의 철학적 주제는 두 가지로 구분
될 수 있다. 첫째, 사회에서 지식이 어떤 형태로 존재하고 있는가?
둘째, 인간정신이 이 지식을 어떻게 알게 되는가? 이 두 가지 문제에
대한 해답에서 왜 자유가 중요한가의 문제에 대한 해답이 도출된다.

(1) 인간이성의 한계와 시장경제의 역할

지식의 존재 형태를 설명하기 위해 우리가 관찰자의 입장에 서서
사회를 망루에서 내려다본다고 가정하자. 사회의 구성원들은 제각기

자신의 주관적인 지식을 가지고 있을 것이다. 이들이 가지고 있는 지식이란 이들이 자신들의 세계에 관해 생각하고 있는 지식일 것이다. 이들이 가진 지식은 각자 자신들의 사회화 과정(socialization process)에서 터득한 지식일 것이다. 따라서 그들이 각자 가지고 있는 지식은 상이할 것이다. 동일한 대상이라고 하더라도 이에 관해 그들은 서로 다른 생각을 가지고 있을 것이다.

그들이 가지고 있는 지식은 또한 시시각각으로 변동하는, 즉 특정의 시간 및 장소와 관련된 구체적인 상황에 관한 지식을 비롯하여 가치관 및 원인과 결과에 관한 지식을 포함하고 있을 것이다. 이는 삶의 현장에서 습득한 지식이다. 이러한 지식들을 사람마다 서로 다르게 가지고 있을 것이다. 따라서 관찰자가 볼 때 사회의 지식 전체는 그가 알지 못하는 무수히 많은 사람들, 무수히 많은 시간적, 장소적 상황들 사이에, 요컨대 '도처에' 흩어져 분산되어 존재한다. 하이에크의 '지식의 분산'은 이런 뜻이다. 어느 한 사회의 지식 전체는 도처에 마치 파편 조각처럼 흩어져 있다.

이러한 지식들은 언어로 표현할 수조차도 없는 '암묵적(implicit)' 지식, 언어로 표현할 수는 있으되 계량화가 불가능한 지식,36 계량화할 수 있는 지식으로 구성되어 있다. 그런데 인간의 삶에서 특히 중요하고, 지식의 대부분을 차지하고 있는 것이 암묵적 지식이다. 계량화가 가능한 것은 인간 삶에서 그리 중요하지도 않고 인간이 가지고 있는 지식 중 극히 일부분에 속한다.

이것이 바로 지식이 사회에 존재하고 있는 존재형태이다. 관찰자인

---

36 이러한 지식은 모두 질적인(qualitative) 지식이다.

학자나 정치가 또는 관료가 사회에 대해 특정의 구체적인 목표를 세워 놓고 이를 달성하기 위해서는 또는 사회가 장차 어떻게 될 것인가를 구체적으로 예측하거나 사회의 특정 현상의 원인을 구체적으로 설명하기 위해서는 이상의 모든 지식을 전부 알고 있어야 한다.

그러나 하이에크의 기본적인 주제는, 도처에 흩어져 있는 알려져 있지 않은 지식들을 한군데로 모아 조직할 수 있는 능력을 가진 정신이란 존재하지 않는다는 것이다. 컴퓨터에 의해서도 이것은 불가능하다.[37] 이런 불가능성은 사회주의 계획경제의 몰락이 입증해 준다.

하이에크는 그의 은사였던 미제스와 함께, 지식의 문제 때문에 사회주의 계획경제는 비효율적이 아니라 불가능하다는 것을 역설했다. 그런데 우리가 주목하는 것은 이러한 불가능성은 개인의 자유의 존재의미와 불가분의 관계를 가지고 있다는 것이다.

정부엘리트가 이런 지식을 전부 수집하여 집단적으로 사용할 수 없다면 그 지식을 현장 사람들이 제각기 이용하도록 내버려 두는 것이 합리적이다. 다시 말하면 그들이 각자 자신들이 가지고 있는 지식을 자신들의 목적을 위해 사용할 자유를 허용하는 것이 합리적이다. 여기에 자유의 존재가치가 있다.

다시 말하면 우리가 개개인들, 그들의 목표, 그들이 가지고 있는 지식 파편들을 아는 것이 불가능하다면 누가 어떤 방법으로 어떤 지식을 사용하는지에 관계없이 개인들 모두에게 행동의 자유를 허용하는 수밖에는 다른 방도가 없을 것이다.

이러한 개인적인 자유에서 자유로운 교환관계가 생성한다. 이러한

---

37 컴퓨터에 의해 '필요한' 자료들을 처리하여 사회를 조종·통제할 수 있고 따라서 유토피아를 달성할 수 있다는 사상을 '컴퓨토피아(computopia)'라고 부른다.

관계를 기초로 하는 시장경제질서가 수행하는 역할이 있다. 각처에 분산되어 존재하는 현장지식, 그 어떤 정신도 이를 전부 수집하여 가공할 수 없는 현장지식을 필요한 모든 사람들에게 전달하는 기능이 그것이다. 이것이 자유시장에서 자생적으로 형성되는 가격과 행동규칙이다. 이 두 가지 현상이 알지 못하는 낯선 사람들이 가지고 있는 알려져 있지 않은 지식단편들을 수집하여 이들을 유용하게 사용할 수 있는 알려져 있지 않은 사람들에게 전달한다. 이로써 '지식의 사용의 문제'가 해결된다(Hayek, 1952/1976b: 103~121).

이것이 인간이성의 구조적 무지와 자유의 존재가치 간의 관계를 지식의 사회적 존재 형태와 관련하여 설명한 내용이다.

(2) 인간이성의 한계와 자유

개개인들이 어떻게 지식을 습득하고, 그 지식의 성격은 무엇인가와 관련하여 인간이성의 구조적 무지와 자유의 관계를 살펴보자.

이미 제1장에서 자세히 설명한 바와 같이 인간이 세계를 관찰하고 이를 평가할 때, 그는 모든 구체적인 상황들이나 사실들을 고려하지 않는다. 그는 추려내는 작업을 한다(Hayek, 1952/1976b: 142~144). 다시 말하면 어느 한 상황 중에서 관련 있는 것으로 간주되는 어떤 국면들만을 추려낸다. 이런 추려내기란 근원적으로 인간의 의도적인 선택에 의해서 이루어지는 것이 아니라 자기 자신에 의해서는 통제할 수 없는 메커니즘에 의해 이루어진다(Hayek, 1967: 34; 1978b: 35).

이러한 추려내기 메커니즘은 생물학적 영역에 근거한 것이다. 이것은 또한 왜 우리의 이성을 과대평가해서는 안 되는가를 분명히 하고 있다. 인간은 자신의 환경을 중추신경계(두뇌)에 의해 해석되는 감각적 인상을 통해서 인지한다. 이러한 해석은 일차적으로 개체의 생존을 목표로 한 것이다. 그것은 주관적인 성격을 가지고 있다. 따라서 그것은 불완전한 것이다. 이러한 불완전성은 앞에서 설명한 바와 같이 신경 연결 시스템이 중추신경계 속에서 창출하는 감각적 질서, 즉 인지도구 (해석도구)의 불완전성에 기인한 것이다.[38]

이상과 같은 이유 때문에 감각적 인상들 및 인간의 인식은 불완전하고, 결코 어느 한 복잡한 상황 전체를 파악할 수 없을 뿐만 아니라 그 지식은 주관적이고 틀릴 수 있다.

만약 어느 한 정신이 다른 정신들의 분류행위 또는 인식의 옳고 그름을 판단할 수 있는 능력을 가지고 있다면, 그가 이를 수정하거나 보완할 수 있을 것이다. 이러한 정신을 전제로 한 이론이 신고전파의 가격이론 및 후생경제학이다. 이런 경제학에서는 관찰하는 경제학자가 완전한 정보를 가지고 있다고 전제하고 실제의 시장참여자들의 정보수준을 그 이상적인 정보수준과 비교하여 이들의 정보결핍을 진단한다 (Streit, 1989: 183~200). 하이에크는 이러한 접근법을 '지식의 오만' 또는 '지식의 허세'라고 부르고 있다.

이와 같이 전지전능한 인간이 존재하는 경우, 그가 현실의 인간의 지식의 불완전성을 치유해 주기 때문에 그들 스스로가 자신들의 지식을 테스트하고 실험할 필요가 없을 것이다. 그들은 완전한 정보를 가지고 있다고 허세를 부리는 학자의 조언만을 따르면 된다. 이러한 조언을 받아 의사결정을 내리는 인간에 관한 모형을 기초로 하여 전개된 이론이 '합리적 기대 이론'이다. 이 이론에서는 전지전능한 인간과 현실적인 인간의 구분이 존재하지 않는다. 애로우(K. E. Arrow) 및 스티글러(G.

---

38 이 질서는 중추신경계의 신경질서 또는 신경적 감각적 질서를 의미한다.

Stigler) 전통의 정보경제학에서는 행위자들이 불완전한 정보를 가지고 있다고 전제하고 동시에 이들이 최적의 정보 마련 규칙을 작성한다.

이러한 규칙을 작성하기 위해서는 사실상 완전한 정보를 전제로 해야 한다. 지식의 문제를 의사결정논리의 문제로 전락시킨 이 정보경제학은 모순된 내용의 경제학이다.

데카르트와 프랑스 계몽주의의 후손인 합리주의 사상에 기초를 두고 있는 이들 이론과는 달리, 전지전능한 인간이 존재하지 않는다면 행위자 스스로가 자신의 지식의 옳고 그름을 실험하는 수밖에 달리 방도가 없다. 뿐만 아니라, 행위자 자신이 필요로 하는 지식을 공급해 주는 전지전능한 인간이 존재하지 않는 한, 행위자 스스로가 몸소 지식을 습득하고 습득된 지식을 테스트하고 실험하는 수밖에 없다. 이를 위해서는 모든 개개인들에게 자유를 허용하는 수밖에는 어떤 다른 방도가 없다.

이러한 행동의 자유에서 인간은 지금까지 알지 못했던 또는 이용하지 못했던 사실들을 찾아내는 절차가 발생한다. 이 절차를 '발견적 절차'라고 부른다. 이것은 지식의 전달 메커니즘과 함께 자유사회의 중요한 기능이다. 이들이 없이는 이성도 개발될 수 없고 인류 문명의 발전도 있을 수 없다. 이들이야말로 자유의 중요한 결과이다.

3) 결과론적 옹호론

자유가 중요한 이유를 인간의 존엄성 때문이라거나, 인간이성의 한계에 따른 필연적인 결과라고 주장한다고 해서, 자유주의에 대한 이러한 옹호론이 충분하다고 말하기는 어렵다. 우리가 이와는 다르게 생각하는 사람들을 설득하여 이들이 자유주의에 대해 애착과 호감을 갖도

록 하기 위해서는 자유주의가 어떤 유익한 결과를 가져오는지를 보여
주어야 한다. 이러한 과제가 결과론적(consequentialism) 옹호론의 과제
이다(Vaubel, 1987: 22).

자유가 우리에게 어떤 편익(benefits)을 가져다주는가 하는 문제는
자유에 대한 효과 분석의 문제이다. 이러한 분석이 우리의 이성의 한계
에 비추어볼 때 어느 정도 가능하냐 하는 중요한 문제가 제기된다.
이러한 문제의 해답이 이미 앞에서 설명한 바 있는 하이에크의 '원리의
설명' 또는 '패턴예측'이다. 이에 따라 하이에크의 결과론적인 옹호론
을 재구성하고자 한다. 하이에크는『자유의 헌법』제2장 '자유문명의
창조적 힘'과 그리고 특히 제3장 '발전의 기본적 사실'에서 자유의
도출된 가치로서 발전(progress)을 들고 있다. 그는 발전을 두 가지 의미
로 사용하고 있다.

첫째가 경제성장이다. 이것은 생활수준의 향상을 뜻한다. 이러한
의미에서 경제성장은 자유에서 도출된 가치이다. 자유는 경제적 번영
을 가져다준다. 이것은 이미 역사적으로 확립된 주제이다. 자유를 보장
하는 시장경제가 발전한 나라일수록 경제적 번영을 향유하고 있다.
이 경제적 번영과 자유의 관계는 캐나다의 프레이저 연구소(Fraser
Institute)가 발표하는 자유지수에 의해 이미 통계적으로도 확립된 것이
다. 하이에크는 자신의 마지막 저서『치명적 기만』에서 시장경제의
생성과 그리고 경제적 번영의 관계를 설명하고 있다. 서구 사회의 발전
의 원동력이 시장경제의 발전이었다는 것이다.

둘째로 경제적 번영과 함께 자유가 가져다주는 것은 인간지성의
발전과 지식의 발전이다. 자유는 방대한 지식의 축적을 가져다준다.
이런 발전과정에서 새로운 가능성뿐만 아니라 새로운 가치와 희망이
생성된다. 그리고 새로운 영역, 미지의 영역으로 우리를 이끄는 것이

자유이다.

요컨대 발전은 알지 못했던 세계로의 돌진을 의미한다. 지식의 발전과 과학의 발전 그리고 모든 새로운 것의 발전이 생겨난다. 자유로운 사회질서에서만이 인간이 자신의 이성을 개발할 수 있다. 자신의 불완전한 지식을 개선하고 새로운 지식을 습득할 수 있다. 이런 이성과 지식의 축적은 복잡한 우리의 환경에 적응하는 데 중요한 역할을 한다.

하이에크의 자유의 옹호론에서 우리가 주목해야 할 것은 하이에크는 자유의 정당성을 설명하기 위해 경제적 번영을 크게 강조하지 않는다는 점이다. 그가 강조하는 것은 모든 부분에서 새로운 지식의 개발과 이로 인한 인간의 지적 개발, 정신적 개발이다. 인류 문명화의 길잡이가 자유라는 것이다.

4) 진화론적 옹호론

하이에크는 자유의 존재가치를 진화 이론에 의해서도 설명하고 있다. 자유를 보장하는 행동규칙들은 문화적인 선별과정에서 형성되었다는 것이다. 각종 행동규칙들의 경쟁과정에서 자유를 보장하는 행동규칙들이 형성되어 확산, 보유되었다는 것이다.

따라서 개인적 자유란 인간의 창조물이 아니라 '보이지 않는 손'에 의해 형성된 것으로 볼 수 있다. 그의 문화적 진화 이론이 완벽하다고 볼 수는 없다고 하더라도 자유를 보장하는 행동규칙, 예컨대 소유권법이나 계약법 등은 인간에 의해 의도적으로 형성된 것이 결코 아니라는 것을 보여주고 있다. 이들은 문화적 진화의 산물이다. 문화적 진화의 산물로서 일반적인 행동규칙들 및 이에 따른 자유의 고귀함은 문화적 진화의 특성에서 찾을 수 있다.

(1) 이들은 시대가 시도하는 완만한 시험(test)에서 선별되었고 수세대의 경험을 구현한 것이다(Hayek, 1969: 237). 이들은 장구한 실험을 통해 발견되어진 것이다. 이러한 시행과 착오과정에서 어느 한 살아 있는 인간에게 알려진 것보다 훨씬 더 많은 경험들이 축적되어 있다.

(2) 문명의 성장은 지식의 성장이다(Hayek, 1971: 33). 문화적 진화란 지식의 성장과정이다. 이 지식은 과거의 경험에 기초하여 무수히 많은 세대들이 겪었던 환경에 대한 모든 적응들을 의미한다.

(3) 문화적 진화는 '집단적인' 학습과정이다. 이때 '집단적'이라는 말은 지식과 경험이 인간의 두뇌 속에 보유되는 것이 아니라, 개개인들이 그 의미를 알지 못해도 수용하는 문화적 전통 속에, 그리고 왜 기능하는지를 모르면서도 이용할 줄 아는 문화적 산물 속에 보유된다는 것을 의미한다(Vanberg, 1994a: 18).

이러한 진화적 과정의 특성 때문에 이 과정의 산물은 권위를 가지고 있다. 이 과정의 산물이 언어의 등장이고 또한 자유를 보장하는 행동규칙들, 자생적 질서의 기초가 되는 행동규칙들이다. 이들 속에는 어느 한 살아 있는 정신(두뇌)이 가질 수 없는 지혜가 숨어 있는 것이다. 그렇기 때문에 이들은 우리에게 헤아리기 어려울 정도로 신비스럽게 보인다.

이상과 같이 하이에크는 자유를 '문명의 공예품'이고, 문명은 문화적 진화의 선물로 간주하고 있다(민경국 편역, 1989: 24). 이러한 공예품에 의해 소규모 그룹의 원시사회의 쇠사슬에서 해방되었다는 것이다.

5) 분석결과

하이에크는 다양한 방법으로 자유를 정당화시키고 있다. 그러나 다스쿱타(Dasgupta, 1983: 299~218, 특히 214~215)는 개인주의의 가치는 '전적으로 도구적'이라고 말하면서 하이에크는 자유를 '도구적인 고려에 기초하여' 정당화시키고 있다고 주장하고 있다.

이러한 주장은 전적으로 틀린 말은 아니다. 그러나 하이에크는 자유를 오로지 수단적 가치로만 여기지 않고 있다. 오히려 그는 자유를 그 자체 가치가 있는 것으로 간주하고 있다. 비록 그가 자유의 가치를 수단적 성격에 의해 정당화시키고 있다고 하더라도, 공리주의처럼 효용이나 쾌락 또는 행복이나 또는 그 밖에 어떤 구체적인 종말상황이나 목적을 달성하기 위한 수단으로는 간주하지는 않는다. 그에게 자유가 가치가 있는 이유는 자유의 조건 그 자체가 소망스럽기 때문이다.

배리는 하이에크가 자유를 그 자체 가치가 있는 것으로 평가하고 있다고 해석하면서도 그가 개체의 존엄성과 개체의 가치에 대해 별로 큰 관심을 갖고 있지 않다고 비판하고 있다. 그러나 이러한 비판도 타당하지 않다. 하이에크는 개인의 존엄성과 가치를 인정하지 않는 사회는 자유를 알지 못하는 사회라고 말하고 있다.

하이에크가 자신의 문헌에서 논의하고 있는 자유에 관한 여러 가지 옹호론들은 제각기 중요한 의미를 가지고 있지만, 인식론적 옹호론을 가장 강력한 옹호론으로 생각할 수 있다. 인식론적 옹호론이 그의 사상의 특징이다. 왜냐하면 그의 사상의 특징은 인식론적 가정, 즉 인간이성의 한계이기 때문이다. 이런 가정으로부터 자생적 질서 이론을 개발하고 계획의 불가능성을 정립하고 있다.

제5장_ 하이에크의 자유주의 사상과
법의 지배 이론

하이에크 사상의 핵심은 법의 지배(the Rule of Law)이다. 그는 이 문제를 1942년『노예의 길』에서 언급하기 시작하다가 1960년『자유의 헌법』에서 집중적으로 다루었다. 그리고 이어서 1973~1979년 그의 3부작『법·입법 그리고 자유』에서 다시 상세히 다루고 있다.

　법의 지배 사상은 자유주의의 정치적 이상이다. 그것은 정부가 어떻게 통치를 해야 하는가의 문제와 관련되어 있다. 한마디로 말한다면, 흄이 말하듯이 그것은 '법에 의한 통치'를 말한다. 그런데 중요한 것은 법의 개념이다. 어떤 법을 가지고 통치하는가의 문제가 법치주의 사상과 밀접한 관련을 가지고 있다. 하이에크는 1960년 저서『자유의 헌법』에서 이렇게 말하고 있다(Hayek, 1971: 187).

　"입법부가 정한 법이면 무엇이든, 이런 법 아래에서 정부가 내리는 명령은 무엇이든, 이를 법이라고 부르는 것, 이런 것만큼 웃기는 코미디는 없다. 이런 것은 무법적으로 공권력을 행사하는 것이다."

의회가 정한 법은 무엇이든 법이라고 한다면 그것은 법이 없는 것과 다름이 없다. 이런 '형식적 법' 아래에서는 인간이 권력자의 자의적인 권력행사에 예속되고 이로써 개인들이 자신의 지식을 가지고 자신의 목적을 달성할 수 없다. 다수가 정한 정부라고 해서 그런 정부가 펼치는 모든 경제정책이 정당하다고 믿는 것만큼 위험한 것은 없다.

법의 지배의 정치적 이상이 추구하는 가치는 개인적 자유이다. 국가의 자의적인 권력행사로부터 개인의 재산, 생명 그리고 자유를 보호하는 것이 법치주의의 최고 목표이다. 법치주의와 관련하여 하이에크가 제기하는 문제는 세 가지이다.

① 어떤 조건을 갖춘 법이 자유의 법인가의 문제이다. 하이에크와 함께 도덕철학적 개념을 적용한다면, '정의로운 행동규칙' 또는 정의의 규칙으로 인정받기 위해서 법이 갖추어야 할 조건은 무엇인가의 문제이다.[1]

② 법의 지배와 관련하여 제기되는 두 번째 문제는 법의 원천에 관한 문제이다. 이 문제는 노모스(nomos)와 테시스(thesis)의 문제, 또는 법을 만드는 것(law-making)과 법을 발견하는 것(law-finding)과 관련된 문제이다.

③ 법의 지배와 관련된 세 번째 문제는 어떤 정치제도가 개인의

---

1 법의 지배는 따라서 '메타법적 규칙(metagesetzliche Regel)'이라고 볼 수 있다. 이것은 법이라고 시인하거나 법이 아니라고 부인하는 규칙이다(Hayek, 1971: 264, 266).

자유를 효과적으로 실현할 수 있고 따라서 법의 지배 원칙이 효과적으로 달성할 수 있는가의 문제이다. 예를 들면 삼권분립의 문제가 이에 속한다.

이 세 가지 문제는 어느 한 나라가 물질적, 비물질적 번영을 위해서 해결해야 할 필수적인 문제이다. 그리고 이 세 가지 문제는 모든 법의 지배 이론이 인식해야 할 대상이라고 볼 수 있다. 이 세 가지 문제와 관련된 하이에크의 사상을 설명하기 위해서 우리가 주목하고자 하는 것은 다음 세 가지이다. 첫째, 법의 지배의 이상(理想)에서 법이 갖추어야 할 조건은 무엇인가의 문제이다. 둘째, 법의 지배의 정치적 이상이 왜 중요한가의 문제이다. 셋째, 그 정치적 이상에서 수행해야 할 국가의 역할은 무엇인가의 문제이다.

하이에크는 이런 세 가지 문제를 다루면서 법의 지배의 역사적 뿌리를 설명하고 있다. 우리는 법의 지배 사상을 이해하기 위해 하이에크의 역사적 설명을 재구성할 것이다. 그리고 하이에크가 제안하고 있는 법치국가의 역할을 분석할 것이다.

1. 법이란 무엇인가?

법의 지배와 관련해서 우리가 주목하는 것은 법의 지배라고 말할 때의 법의 개념이다. 그것은 어떤 법을 의미하는가? 그리고 그런 법을 어떻게 인식할 수 있는가? 이 두 가지 문제를 중심으로 법의 지배와 관련된 법 개념을 설명할 것이다.

1) 정의의 규칙으로서 법규범

그가 '법의 지배'라고 말할 때 그것은 특정의 법 개념과 관련되어 있다. 법이 자유의 보호막으로 기능하고 평화와 번영을 가져다주려면 법의 지배를 의미하는 국가, 즉 실질적 법치국가는 '정의로운 행동의 일반적인 규칙(general rules of just conduct)', 즉 흄과 스미스의 '정의의 규칙(rules of justice)'을 집행하는 데에만 공권력을 행사해야 한다.

국가공권력의 행사가 무제한이 아니다. 아무것이나 법이라고 해서 국가가 공표하고 집행하는 것도 아니다. 중요한 것은 정의의 규칙으로서의 법규범이다.

역사적으로 이런 자유의 원칙은 기본권, 인권 그리고 권력분립의 형태로 구현되었다. 이런 법규범의 성격은 무엇인가? 하이에크는 『자유의 헌법』에서 이렇게 말하고 있다(Hayek, 1971: 210).

"이상적인 형태의 법은 불특정 다수의 사람에게 예외 없이 적용되는 명령이다. 그것은 특수한 장소와 특수한 시점을 그리고 사람들의 개별적인 사정을 고려하지 않고 언제나 어디에서나 등장하는 조건에만 관련된 명령이다."

하이에크는 정의의 규칙이 되기 위해서 갖추어야 할 조건을 제시한다(Hayek, 1971: 264, 266).

"모든 시민들에게는 물론 국가에게도 동일하게 적용되는 행동규칙이다. 그들은 일반적이고 추상적이다. 그렇기 때문에 그들은 특정 사람이나 특정 장소 또는 특정 시점을 고려하지 않는다. 그들이 특정인들에게 어떤 효과를 발생할 것인지도 예측할 수 없다. 그런 행동규칙들은 인간의 상호간 그리고 인간과 국가의 관계에만 해당되는 규칙이지 사적 영역과는 관계가 없다."

하이에크는 실질적 의미의 법치국가의 법, 노모스를 의미하는 법 개념을 도덕철학적 개념을 이용하여 정의하고 있다. '정의의 규칙'이 그것이다(Hayek, 1981a: 31~44, 58~62). 정의의 규칙은 다음과 같은 특성을 가지고 있다.

① 그것은 모든 사람들에게 예외 없이 보편적으로 적용되는 행동규칙이다. 이런 의미에서 일반적이다. 개인들의 특정한 사정이나 특수한 장소와 시점을 고려하지 않는다.
② 이것은 목적이나 동기를 내포하고 있지 않은, 그래서 탈목적적인 행동규칙이다. 이런 의미에서 추상적이다. 이런 행동규칙들은 대부분 특정의 행동을 금지하는 내용을 가지고 있다.

이런 조건을 법규칙에 적용한 것이 법의 지배 원칙에 해당되는 법이다. 따라서 법의 지배 원칙이란 도덕철학적으로 해석하면 정의의 규칙에 따라 지배해야 한다는 것을 의미한다. 법의 지배에 대한 하이에크의 이런 이해는 유명한 법철학자 풀러(L. Fuller)가 그의 저서『법의 도덕성(Morality of Law)』(1964)에서 법의 지배 원칙을 '의무의 도덕(morality of duty)'이라고 말했던 것과 일맥상통한다.

하이에크는『자유의 헌법』에서 이런 정의의 규칙의 특성을 법과 연관시켜 법이 갖추어야 할 세 가지 조건을 상세히 설명하고 있다. 첫째, 법의 일반성 조건, 둘째, 법의 추상성 조건, 마지막으로 법의

확실성 조건이다. 이것은 어떤 법이 좋은 법인가를 판정하기 위한 규칙이라고 볼 수 있다.2

(1) 법의 일반성 조건

일반성 조건이란 법규칙은 개인과 사적 조직은 물론 국가도 예외 없이 똑같이 적용되어야 한다는 조건이다. 이러한 행동규칙의 조건은 차별금지원칙과 동일하다. 특히 국가도 예외 없이 적용되어야 한다는 의미는 국가권력의 제한에 초점을 맞추는 '헌법주의'와도 밀접한 관련을 갖고 있다. 국가라는 조직도 사적 조직이나 개인과 똑같이 사회의 한 구성요소라는 것을 의미한다. 국가는 법 위에 존재해서는 안 된다는 것이다.3

(2) 법의 추상성 조건

추상성 조건은 법이 달성하고자 하는 구체적인 목표나 동기를 내포하지 않는다는 조건이다. 그것은 특정의 행동국면을 금지할 뿐이다. 행동규칙의 이러한 조건이 중요한 이유가 있다. 첫째, 목적지향적인 행동은 시시각각으로 변동하고, 따라서 사회질서의 형성을 위해서는

---

2 하이에크(Hayek, 1980: 182)는 하트(H. L. A. Hart)를 인용하면서 '인정규칙(rule of recognation)'이라고 말하고 있다.

3 법적용의 일반성은 차별금지이다. 그러나 하이에크는 대상의 성격 때문에 차별금지원칙을 적용할 수 없는 경우에는 이 중 다수결 원칙을 적용할 것을 제안하고 있다. 즉, 차별적 적용이 필요한 경우에는 대상 그룹의 내부와 외부에서 다수의 지지를 받아야 한다는 것이다. 이에 관해서는 하이에크(Hayek, 1971: 186) 참조. 이러한 원칙의 적용은 소수에게 관심이 있는 특혜들을 정당화시켜 줄 가능성을 강화시켜 준다. 이러한 비판에 관해서는 하모위(Hamowy, 1991: 102~103) 참조.

중요한 것이 아니기 때문이다. 둘째, 사회구성원들이 추구하는 목적은 매우 다양하다. 따라서 수많은 행동목표의 우선순위를 정하는 것이 불가능하기 때문이다.

추상성 조건은 법률은 모든 사람들의 특수한 이해관계, 다시 말하면 취향, 삶의 이상(理想)에 관해 중립적이어야 한다는 것을 의미한다. 모든 이해관계를 고려하기가 불가능하기 때문이다. 또한 이러한 조건은 법규범은 목적과 독립적이어야 한다는 것을 의미한다.

특정의 구체적인 알려진 목적과 결부된 법은 사회질서를 이 목적을 달성하기 위한 수단으로 간주하는 법이다. 대표적인 예가 공법이다. 이러한 법은 '처분적 법률(Maßnahmengesetz)'이다. 추상적 성격을 갖고 있는 법률들은 시간적, 장소적 및 인적인 특수한 상황을 고려하지 않고 (추상화시키고), 특정의 행동국면을 금지한다. 이러한 법률은 '당연금지 (per se Verbot)'의 성격을 가지고 있다. 금지되어 있지 않은 행동들은 열려 있다. 이러한 성격의 행동규칙은 따라서 목적과 동기에 대해 중립적이라고 볼 수 있다.

(3) 법의 확실성 조건

행동규칙은 '확실'해야 한다. 확실성 조건을 갖추고 있을 경우에만 이 개개인들은 타인들의 기대를 형성할 수 있다. 행동규칙은 그 적용에 있어서 소급적이어서는 안 된다는 원칙도 이러한 조건에 포함된다.

법률이 확실성을 갖기 위해서는 다음과 같은 조건을 충족해야 한다. 법률에 의해 금지되는 행동은 당사자들이 알 수 있고 확인할 수 있는 상황에만 좌우되어야 한다. 개개인들의 의사결정 영역은 그의 행동으로부터 생겨나는 예측가능하지 않은 결과에 좌우되도록 구획될 수 없다. 법률이 이러해야만 법적 주체들이 무엇에 의해 책임질 수 있는가가 분명해진다.

법률은 당사자들이 알 수 있고 확인할 수 있는 상황과 관련되어야 한다는 확실성 조건은 개개인들이 그들의 행동에서 "알 수 있고 또한 영향을 미칠 수 있는 직접적이고 가까운 결과에 의해 인도되어야 한 다"(Barry, 1979: 9)는 것을 의미한다.

따라서 이 조건은 개개인들의 행동이 전체로서 사회에 대해 갖는 의미를 완전히 이해할 수 있는 능력을 소유하고 있는 것으로 가정되는 어떤 정신에게나 적합하게 보이는 것을 행하도록 개개인이 유도해야 한다는 철학적 입장을 반대하는 조건이다.

이런 특성을 가진 행동규칙으로서의 법 개념과 관련하여 우리가 주목하고자 하는 것은 그런 행동규칙은 하이에크의 자유주의 사상의 핵심이 되고 있는 자생적 질서와 밀접한 관련이 있다는 점이다. 즉, 자생적 질서의 기초가 되는 법 개념이라는 것이다.

자생적 질서는 개개인들이 자율성을 가지고 있고 자신의 목적을 위해서 자신의 지식을 이용할 수 있는 질서이다. 그들에게는 기본적으로 어떤 공동의 목적이 없다. 이런 질서의 기초가 되는 법규법이 노모스 (nomos)이다.

그렇기 때문에 하이에크는 영국의 정치철학자 오크쇼트(M. Oake-shott)에 의존하여 자생적 질서를 '노모스가 지배하는 사회(nomocratic society)'라고 말하고 있다(Hayek, 1969). 노모스에 해당되는 것이 '사법 (private law)'이다.

그런데 우리가 주목하는 것은 테시스(thesis)이다. 이것은 자생적 질서와 상반되는 질서로서 조직질서(Organization)의 기초가 되는 행동규칙이다. 그것은 명령이나 지시처럼 구성원들에게 특정의 행동을 지시하고 지정하는 역할을 한다. 구성원들의 특정의 공동목표를 달성하기 위해서 그들의 행동을 조정하기 위한 행동규칙이다. 이런 행동규칙은 항상 특정의 동기와 목표를 내포하고 있다. 또한 보편적으로 적용되는 것이 아니라 차별적이다(Hayek, 1971: 184~186). 즉, 공동의 목적을 달성하기 위해 구성원들에게 부과된 과제에 따라서 서로 다른 규칙이 적용된다.

그런데 이런 조직규칙이 국가와 관련되어 적용될 경우 그것은 테시스가 된다. '공법(public law)'이 이에 해당된다. 공법은 결코 정의의 규칙이 아니다. 인위적으로 만든 법일 뿐만 아니라 특정의 목적과 결부된 법이다. 또 다른 형태는 규제법이다. 그것은 특정의 알려진 공동의 목적을 위해서 경제주체들과 시민들의 행동을 조종하기 위한 법이다. 이것이 형식적 의미의 법이다. 시장 과정의 결과를 수정하거나 개선하거나 바꾸기 위해 도입되는 법들, 하이에크는 이런 법을 '처분적 법률'이라고 부르는데(Hayek, 1980), 이런 법은 자유와 대립되는 법이다.

2) 자생적 법으로서 발견된 법규범

하이에크의 법사상에서 두 번째 법 개념은 라트나팔라(Ratnapala, 1988)가 상세히 설명하고 있는데, 그것은 법의 진화와 관련되어 있다.4 하이에크의 법사상에서 법의 생성과 관련하여 주목해야 할 것은 항상 두 가지 사실에서 출발하고 있다는 것이다. 하나는 인류학적 사실이다.

---

4 하이에크의 법의 진화 이론은 합리주의적 자연법론이나 법실증주의 이론과는 달리 의도적으로, 즉 입법을 통해 만들지 않은 법들이 존재하고 있고 이들이 사회질서의 형성에 매우 중요한 역할을 한다는 것을 보여주는 데 목적이 있다.

다른 하나는 첫 번째 사실에서 도출된 것인데, 법은 만드는 것이 아니라 발견되는 것이라는 사실이다. 이 두 가지 사실이 하이에크의 법의 진화 사상의 특징이다.

법과 관련하여 하이에크에게는 근본적인 인류학적 사실이 있는데 그 하나는 언제나 법이 있었다고 하는 점이다. 그는 "지켜지도록 강제되는 행동규칙이라는 의미의 법(law)은 사회만큼이나 오래되었다는 사실은 의심의 여지가 없다"고 말하고 있다(Hayek, 1980: 105). 다른 하나는 최근까지만 해도 의도적인 법제정은 보편적인 것이 아니었다는 것이다. 그는 "법은 법제정보다 오래된 것이다"라고 말하고 있다(Hayek, 1980: 106).

하이에크의 주장을 뒷받침하는 이는 인류학자 말리노브스키(B. K. Malinowski)이다. 잘 알려져 있듯이 그는 법원, 정부, 법령을 갖고 있지 않다고 해서 원시사회에서는 법이 존재하지 않았다고 생각하는 것은 잘못이라고 말하고 있다.5 흄의 주장은 하이에크의 주장을 선명하고 강력하게 지원하고 있다(Hayek, 1980: 210 주석 5).

> "인간은 정부 없이도 소규모의 미개한 사회를 유지시키는 것이 가능했다고 하더라도, 정의 없이는 다시 말하면, 소유의 안정성, 동의에 의한 소유권의 이전 및 약속의 이행과 같은 기본적인 법의 준수가 없이는 어떠한 사회도 유지될 수 없다. 이것들은 정부가 존재하기 이전에 존재한다."

---

5 그는 자민족 중심주의적(ethnocentric) 법실증주의 사상을 비판한다. 법실증주의는 고대사회의 행동규칙에 '법'이라는 이름을 붙여주는 데에 매우 인색하다.

하이에크는 인간이 수백만 년 동안 공동의 행동규칙들에 의해 통합된 그룹 속에서 살면서 이들을 표현하는 데 필요한 이성과 언어가 개발되었다고 말한다(Hayek, 1980: 74). 또한 행동규칙들을 가르치고 집행하는 데에 이성과 언어를 사용했다고도 말한다.

하이에크가 강조하는 것은 또 있다. 즉, 인류역사 전체의 맥락에서 볼 때, 법을 제정하는 것은 통상적인 일이 아니었다는 것이다. 의도적인 법제정은 상대적으로 최근의 활동이라고 강조한다. 함무라비(Hamu-rabi)나 솔론(Solon) 같은 유명한 '법제정자'로 기록된 사람들6은 새로운 법을 창출하려 했던 것이 아니라, 오직 기존의 법만을 확인하려고 했다 (Hayek, 1980: 116, 212 주석 19).

라트나팔라(Ratnapala, 1993)가 강조하고 있듯이, 지배자들은 법을 만들거나 법을 임의로 고치는 것이 아니라, 법에 들어 있는 부패된 요소들을 제거하여 법을 깨끗하게 만드는 것이었다. 이것은 법들의 일관성, 합제성의 유지를 위한 노력이라고 볼 수 있다.

흄이 자연법의 3원칙이라고 말하던 소유의 안정성, 동의에 의한 소유권의 이전 및 약속의 이행과 같은 기본적인 법규칙들도 입법자의 산물이 아니라 자생적으로 형성되어 사람들이 지키던 규칙들이다. 이런 규칙들은 나중에 법률가들이 발견하여 언어로 표현하고 문자로 표현했던 것이다.

하이에크는 법을 만들어야 한다고 믿었던 것은 최근부터라고 말하면서 그 시점을 2세기 이후 '유스티니아누스 법(Justinian Code)'의 제정 때라고 보고 그때부터 법제정이 본격화되었다고 말한다(Hayek, 1971).

---

6 그 밖에도 우르남무(Urnammu), 리쿠르구스(Lykurgus) 및 로마의 12동표(銅表) 의 제정자들을 들고 있다.

하이에크의 법이론은 현대적인 인류학과 그 이전의 법사학파와 연계되어 있다. 그의 지적인 계보는 스코틀랜드 계몽주의에 의해 영향을 받은, 특히 헤르더(J. H. Herder), 사비니(F. C. Savigny), 훔볼트(W. v. Humboldt) 그리고 그 이후의 오스트리아 경제학파의 창시자인 멩거(C. Menger)의 법이론이다. 그들은 인위적 법으로서 테시스와 자생적 법으로서 노모스를 분명히 구분했다(Hayek, 1980: 39; Witt, 1994: 174~189).

이런 사상에 힘입어 하이에크도 법의 원천을 신이나 인간의 합리성에서 찾은 것이 아니라 인간의 역동적인 상호작용의 결과로서 생겨나는 현상으로 파악한다.7 법은 만들어진 것(law-making)이 아니라 발견되는(law-discovering) 것이다. 법을 발견하는 절차가 코먼 로 과정, 즉 법관의 법의 형성과정이다.

간단히 요약하여 말한다면, 하이에크의 진화 이론적 법이론의 기본적인 가설은 첫째, 개인들끼리의 분쟁을 해결하기 위해 사회의 암묵적인 행동규칙 및 과거의 판결에 의존하여 이루어지는 법관들의 법적인 추론으로부터 법규칙들이 개선되고 보완되어 사법질서가 발전되어 간다는 것이다. 둘째, 법이 진화적 과정, 즉 법에 대한 의견의 불일치로

---

7 고대 및 중세사상은 이러한 사실을 잘 알지 못했다. 법을 제정하는 신비한 존재를 가정했다. 이 존재는 전설적인 왕이나 영웅 및 예언자들이었다. 그러나 이들이 법을 제정하는 것으로 여기지는 않았다. 오히려 최종 법제정자는 신(God) 자신으로 간주되었다. 이들이 신과 매우 가깝기 때문에 법이 이들 인격체에게 계시되었다고 믿었다. 그러나 스코틀랜드 계몽주의자들은 이런 생각에서 벗어났다. 그들은 신의 섭리와 같은 초인간적인 계획이나 또는 합리주의적 자연법 사상처럼 외부로부터 주어진 어떤 객관적인 도덕적 규범 또는 후생경제학처럼 사회적 후생함수나 배분적 효율성, 또는 법실증주의처럼 어떤 구체적인 입법자의 의지에서 찾는 것이 아니었다. 인간의 상호작용 속에서 법이 저절로 형성된다고 믿었다.

인해 발생하는 개별사건들을 지속적으로 해결해 가는 과정을 통해 생성되기 때문에 그것은 특정의 성격을 가지고 있다는 것이다. 추상성, 일반성 그리고 확실성과 아울러 법규칙들끼리의 양립성이 그것이다.[8]

하이에크가 코먼 로 전통을 중시하는 이유는 그것이 제정법보다 훨씬 더 자유를 보장할 뿐만 아니라 법을 제정하는 데 따르는 불가피한 지식의 문제에 더 잘 적응할 수 있기 때문이다. 그러나 그는 '법관의 법'의 한계도 인정하고 있다(제4장 4절 참조). 그 한계를 극복하기 위해 그는 이상적인 모델을 구상하고 있다(제6장 참조).

이제는 하이에크가 의미하는 실질적 법의 개념의 원천에 관한 그의 역사적 관점을 재구성하고자 한다. 법을 제정하는 것이 아니라 법을 발견하려는 역사적 노력을 중심으로 재구성할 것이다.[9]

3) 실질적 법 개념의 기원

하이에크는 『자유의 헌법』 제11장 "법의 지배의 원천"에서 노모스의 법 전통을 역사적으로 추적하려고 노력했다. 고대 그리스와 로마에서부터 17~18세기 영국의 코먼 로와 현대에 이르기까지의 역사를 더듬고 있다. 노모스의 법사상을 체계화하기 위해서이다.

---

8 그러나 몇 가지 예외가 있다. 소극적, 금지적 성격을 가진 규칙이 아니라 적극적인 의무를 규정한 법규칙의 예를 들면 가족법상으로 양친에 대한 자녀의 의무, 공해상에서 조난당한 사람을 목격했을 때 구조할 의무 등이 있다. 이에 관해서는 하이에크(Hayek, 1981a: 59) 참조. 그 밖에도 앞에서 설명한 바와 같이 하이에크는 위급환자의 진료 등을 들고 있다.

9 이러한 재구성에 차이틀러(Zeitler, 1995)는 많은 힌트를 주었다.

(1) 고대 그리스-로마

실질적 의미의 법 개념이 법 앞에서의 평등, 법 아래에서의 자유 등으로 구현되어 법의 차별적 적용을 반대했던 때가 고대 로마와 그리스 시대였다(Hayek, 1971: 199~205).

특히 주목하는 것은 이런 실질적 법은 합의에 의해 변경시킬 수도 없었고 새로운 법으로 바꿀 수도 없었다. 즉, 실질적 법은 입법자의 자의적인 변경의 대상이 될 수 없었다. 이와 같이 실질적 법과 실질적 법치국가는 입법자의 자의적인 권력을 효과적으로 제한하는 역할을 했다(Hayek, 1971: 205~207; 1980: 117).

하이에크가 특히 주목하는 것은 로마법이다. 로마법은 더 생생하게 그리고 발전된 형태로 노모스의 두 가지 요소를 모두 내포하고 있기 때문이다. 첫째, 법은 내용에서나 적용에서 특권이나 차별이 없어야 한다는 원칙을 분명하게 구현하고 있다. 둘째, 영국의 코먼 로와 똑같은 과정 속에서 점진적으로 진화해 간다는 사상을 구현하고 있다.

로마시대에서 가장 유명한 것은 솔론의 법을 모방하여 만든 12표법(表法)이다.10 이것은 관습법의 발전과 아주 흡사한 과정을 통해 점진적으로 형성된 개인주의적 사법(私法)질서의 출발점이었다.11 지배자들이 법을 제정하는 경우에도, 그들은 법을 만들거나 법을 임의로 고치는

---

10 12표법은 로마 최초의 성문법으로 10명의 위원이 임명되어 종래의 관습법을 정리, 12개의 동판에 기록하여 광장에 공시한 것이었다. 그 내용은 개인의 권리, 사유권 등을 보장하고 귀족에 의한 법의 독점을 타파하여 평민의 권리를 신장하는 것이었다. 결국 평민도 귀족과 같은 법의 적용을 받음으로써 법적 보호를 받을 수 있게 된 것이다.

11 솔론의 법을 의도적으로 모방해서 만든 유명한 12표법은 로마의 자유의 기초가 되었다. 그 안에 들어 있는 중요한 내용은 법 적용의 특권 폐지이다.

것이 아니라 법에 들어 있는 부패된 요소들을 제거하여 법을 깨끗하게 만드는 것이었다.

지배자들이 판결을 내려야 할 경우에도, 새로운 법을 도입하지 않으면 안 된다고 해도, 그들은 기존의 법 시스템 및 이 시스템의 목적인 행동질서의 유지라는 테두리를 벗어나지 않았다(Hayek, 1971: 205; 1980: 112).

그러나 2세기부터 국가사회주의가 진전되어 갔다. 법은 발견된다는 로마법적 사고가 중지되고 법은 제정되어야 한다는 제정법 사상이 형성되었는데 그 최고절정이 유스티니아누스 법이다. 이것이 나중에 제정법 중심의 대륙법적 사고를 규정했다(Hayek, 1971: 205, 207).

솔론의 법과 유스티니아누스 법은 법사상의 양대 산맥을 형성한다. 전자는 진화된 법 또는 코먼 로의 사상적 기원이다. 법은 발견된다는 생각이 형성된 것이다. 반면에 후자는 제정법의 기원이라고 해석할 수 있다.

그러나 제정법 사상은 법의 타락을 가져오는 데 결정적인 역할을 했다. 코먼 로 사상이야말로 실질적 법의 발전에 기여했다. 하이에크가 강조하는 것도 이 두 가지 사이의 차이이다.

(2) 중세

비록 중세에는 일반적 조건으로서의 자유에 대해서는 알지 못했지만 그럼에도 법의 우위 사상이 영국의 코먼 로 사상의 발전에 미친 영향은 대단하다(Hayek, 1971: 195). 로마법적 전통이 계승되고 있었다. 이런 중세적 사상은 국가는 법을 창출할 수 없고 법을 제거할 수 없을 뿐만 아니라 법을 위반해서도 안 된다는 사상이다. 마치 자연의 법칙처럼 법은 국가에게 주어진 그 무엇이다.[12]

왕이나 인간의 권위가 할 수 있는 것은 오로지 이미 존재하고 있는 법을 선포하거나 발견하는 것이다. 기껏해야 남용하는 것만을 교정하는 것이지 법을 제정하는 것이 아니라는 것이다.

중세 초기 수세기 동안 이런 생각이 지배했지만 중세 후기를 거치면서 사상이 달라지기 시작했다. 유스티니아누스 법 정신이 창궐하기 시작했다. 이제는 더 이상 법은 발견되는 것이 아니라 만들어져야 한다는 인위적인 입법사상이 수용되었다. 하이에크는 이런 입법의 발명이 인류에게 화약의 발명보다 더 큰 영향을 미쳤다고 믿고 있다(Hayek, 1971: 197~198).

입법의 발명은 모든 법은 주권자의 명령이라는 주장을 전제한다. 이것은 모든 법이 왕이나 절대주의자 또는 정당하게 구성된 인민의 대표기구에서 나온다는 주장이다. 이는 절대왕정이나 프랑스 혁명의 민주주의 이데올로기로 인해 꽃을 피우기 시작했다.

중세 후기에 영국에서도 마찬가지였다. 인위적인 법제정 사상이 수용되어 의회가 종전의 '법 발견기구(law finding body)'에서 '법 제정기구(law creating body)'로 발전했다. 15~16세기 대륙과 영국에서는 입법을 자유를 보장하는 것이 아니라 인위적인 정책 수단으로 사용했다.

그러나 17세기 영국에서는 새로운 출발점이 형성되었다. 정치적 투쟁에서 정부권력은 제한되어야 한다는 새로운 생각이 형성되기 시작한 것이다. '자유헌법(constitutio libertatis)'이라고도 부르는 1215년의

---

12 자연의 법칙은 인간이 만든 것이 아니라 인간에게 주어져 있는 것이다. 자연의 법칙(law)과 인간의 법(law)의 어원이 동일한 것은 우연이 아니다. 국가가 법을 만든다는 것은 신을 모독하는 것이라고 보았다. 법을 창출할 수 있는 것은 오로지 신뿐이라고 믿었기 때문이다.

대헌장(Magna Carta)에서부터 과거 영국의 교리들 그리고 중세 전기의 위대한 문서들이 현대적인 발전에 매우 중요한 의미를 갖기 시작했다. 코먼 로의 전통이 되살아났다.

(3) 17~18세기 영국

영국의 특징은 코먼 로 사상이었다. 법원의 재판을 안내하는 법을 지배한 것은 코먼 로였다. 영국인들이 오늘날 누리고 있는 자유와 번영은 코먼 로의 결과이다. 로마의 초기 경제적 자유가 확장되면서 로마가 번창하던 그런 과거를 재현한 것이 영국이다.

코먼 로란 어떤 정신의 의지와 독립적으로 존재하는 법이다. 이것은 동시에 독립적인 법원의 자의적인 판결을 막고 그 판결을 구속한다. 우리가 확인하고 지나갈 것은 코먼 로의 법은 정치적으로 독립적인 법원들의 판결을 통해 형성된다는 것이다. 법원의 법 형성과정은 사회에 존재하고 있는 행동규칙들을 말로 표현하는 과정이다.13

뿐만 아니라 법관은 선례로서 과거의 판결에도 적극적으로 의존한다. 그러나 영국에도 이런 전통의 단절이 나타났다. 법을 발견하는 것이 아니라 법을 창출하는 의회의 등장 때문이었다(Hayek, 1971: 198).

4) 법 개념의 타락

역사는 실질적 법의 발전으로 이어지지 못했다. 20세기 초에는 히틀러와 무솔리니가 실질적 법을 타락시켰다 그리고 뒤이어 사회주의

---

13 하이에크는 코먼 로를 노모스, 진화적인 법, 사법(私法), 민법 또는 법관에 의해 만들어진 법이라고 말하고 있다.

계획경제가 이를 타락시키기 시작했다. 그리고 복지국가가 역시 법을 타락시켰다. 하이에크는 법의 타락과정을 『자유의 헌법』의 제16장, '법의 타락'에서 상세히 다루고 있다(Hayek, 1971: 299~317). 규제법과 같이 특정의 정치적 목적을 달성하기 위해 차별적이고 목적과 의도가 들어 있는 법들, 시장경제의 분배적 결과를 수정하기 위한 처분적 정책, 토지거래를 억제하거나 복지정책의 바탕이 되는 법은 원래 법이라고 부를 수 없다. 그럼에도 불구하고 그런 것조차도 법이라고 부르고 있다고 개탄하고 있다.

실질적 법에 대한 반동이 일어난 곳은 특히 독일이다. 사회입법 (Sozialgesetzgebung)을 통해서 노모스를 파괴했다. 법실증주의의 등장, 공산주의의 등장, 그리고 사회주의의 등장으로 인해 정의의 규칙으로서의 노모스가 아니라 테시스가 지배하기 시작했다. 법 개념은 점점 더 깊이 타락되어 갔다. 그 타락 때문에 차별적이고 특정의 정치적 목표를 위해 만들어진 것까지도 법이라고 불렸다.

그런데 흥미로운 것은 이런 타락을 가져온 이유는 무엇인가의 문제이다. 하이에크는 그 이유로서 네 가지를 들고 있다. 하나는 구성주의적 합리주의 사상이다. 이 사상에 따르면 사회질서가 합리적이기 위해서는 질서가 어떤 특정의 구체적인 분배목적, 또는 자원배분 목적을 달성할 수 있도록 구성되어야 한다. 따라서 법도 국가가 달성하고자 하는 구체적인 사회적 목표를 달성하기 위한 수단으로 여긴다. 그렇기 때문에 테시스는 항상 그 구성원들이 공동으로 달성하고자 하는 공동의 목적을 내포하고 있다. 테시스는 언제나 결과(목적)지향적이다. 그 목적은 정치적으로 정해진다. 대표적인 예는 후생경제학에 기초를 둔 법들이다.

그러나 노모스는 공동의 집단적인 목표를 달성하기 위한 법이 아니라 개개인들이 각자 자신들의 개별적인 목표들을 추구하기 위해 각자 자신들의 지식을 이용할 수 있는 기틀을 마련하는 데 취지가 있다. 노모스는 이런 의미에서 '절차적인 규칙'이라고 불러도 된다. 서로 다른 개인들의 목표와 계획들이 자생적으로 조정되기 위한 절차를 기술하는 규칙이다. 이것은 그 절차를 통해서 생겨나는 결과와는 독립적이다.

노모스와 테시스를 구분하지 못하고 법의 타락을 가져온 두 번째 이유로서 프랑스 계몽주의의 전통에 따른 '주권재민 사상'과 법실증주의의 연결이다. 법의 타락을 가져온 법실증주의는 자연법의 중요성을 부정한다. 그 대신 모든 것을 실정법, 즉 인간에 의해 의도적으로 만든 법에 따라 배열한다. 법의 내용에 대해서는 묻지 않는다. 법과 입법의 구분이 없어진 것이다. 실질적 법이냐 형식적 법이냐의 구분이 중요한 것이 아니라 법의 생성의 형태가 중요하다.

의회에서 정한 것이면 그것이 무엇이든 법으로 간주한다. 이 문제는 민주주의 정치제도와 노모스의 관계에 관한 문제이다. 법을 제정하는 데 어떤 구속도 없는 집단적인 의사결정과정에서는 개인의 권리를 보장하는 것이 아니라 오히려 지배자들의 특수한 목적에 봉사하는 법, 테시스가 형성된다(Hayek, 1980: 169~173). 복지국가의 등장도 오늘날의 의회민주주의에 부여된 입법권의 결과로 간주하고 있다.

그 결과는 자유의 상실이다. 민주정부는 어떤 구속도 받지 않는다. 권력이 무제한이다. 복지국가의 등장도 오늘날 민주주의에 부여된 입법권의 결과로 간주하고 있다. 민주주의의 무제한적인 입법권으로 말미암아 사법(私法) 영역이 침식당하고 이로써 개인적 자유가 심각하게 위태롭게 되었다는 것이다.

하이에크는 민주주의의 이러한 실패를 민주주의의 구성의 실패로 보고 실패를 제거하기 위해서 이상적인 헌법모델을 제시하고 있다.

하이에크는 테시스와 노모스의 구별을 흐리게 만든 세 번째 이유를 법학계에서 찾고 있다. 법학계를 지배한 공법학자들 때문이라고 한다. 공법학자들은 법체계의 자생적 성장에 관해 관심도 없을 뿐만 아니라 또한 이에 관해 별로 경험하지도 못하고 오로지 입법에 관한 지식만을 가지고 있다는 것이다.

하이에크에 의하면 공법학자들의 견해의 지배를 촉진시켜 준 것이 기계론적인 그리고 과학주의에 사로잡힌 주류경제학이다. 이 주류경제학은 테시스만 알고 있을 뿐 노모스를 알지 못하기 때문이다.

마지막으로 법의 타락을 가져온 것은 20세기 서구사회의 정치적 마인드를 지배한 복지국가 사상에서 비롯된 입법 때문이다. 이것은 사회정의라는 이름의 재분배 정책이다. 이는 목적과 독립적인 정의의 규칙, 또는 사법규칙을 유린한 것이다. 사회정의의 추구는 정부가 특정 그룹에 유리한 특정의 분배결과를 확보하기 위해 시민과 재산을 행정의 대상으로 만든다.

대표적인 예는 특정 그룹에게 높은 임금을 보장하기 위한 입법, 소규모 농민이나 또는 농민 전체의 소득을 보장하기 위한 입법, 도시빈곤층의 주거개선을 위한 입법 등이 사회적 입법이다. 이런 입법은 '정의의 규칙'으로는 달성될 수 없다.

이런 법의 사회화, 사회입법은 노모스를 파괴하고 동일한 규칙하에서 모두가 동등해야 한다는 원칙을 위반하는 것이다. 이것은 법을 타락시키는 것이다(Hayek, 1980). 이것은 법의 지배를 사람의 지배로 만드는 것이다.

2. 법의 지배의 중요성

하이에크는 법의 지배의 중요성을 강력히 설파하고 있다. 그 중요성은 사실상 자유의 중요성과도 대부분 일치된다. 왜냐하면 '법의 지배 원칙'의 기본적 취지는 법에 의해 개인적 자유를 보호하려는 데 있기 때문이다.

1) 법의 지배와 지식의 문제

법의 지배 원칙을 인식론적으로 해석한다면 그것은 인간이성의 구조적 무지에 대한 적응방법이라고 볼 수 있다. 전지전능한 인간이 사는 세계에서는 법의 지배 원칙이 불필요하다. 정책의 구체적인 결과를 예측하고, 개별상황에 관한 지식을 완전히 가지고 있다면 시장경제의 분배결과 또는 자원배분 결과를 수정할 수 있고, 개개인들의 구체적인 상황과 사정을 일일이 고려하여 정책을 추진할 수 있기 때문이다. 그러나 법의 지배에 따른 법의 발견과 법의 적응은 달성하고자 하는 구체적인 상황을 고려하지 않는다. 법의 지배 원칙에 입각한 정책은 일종의 규칙에 따르는 정책과 같은 맥락이다.

따라서 법의 지배 원칙은 하이에크의 '규칙에 따르는 행동'과 동일한 의미를 가지고 있다고 볼 수 있다. 규칙에 따르는 행동은 시시각각으로 변동하는 구체적인 상황을 배제하는(추려내고 추상하는) 행동이다. 인간이 이런 행동을 하는 이유는 인간이성의 한계, 우리의 인식 능력의 한계 때문이다.

특정의 행동의 결과에 대한 구체적인 예측이 불가능하기 때문에 인간은 규칙에 따라 행동한다. 인간의 구조적 무지에 대한 적응방법이 규칙에 따르는 행동이다. 법의 지배 원칙도 인간의 구조적 무지에 대한 적응 방법이다.

이런 지식의 문제를 정의의 규칙이 될 수 있는 법의 조건과 연결하여 설명하는 것이 매우 중요하다. 즉, 법의 일반성 조건, 법의 추상성 조건 그리고 법의 확실성 조건이 그것이다.

(1) 법의 일반성 조건

일반성 조건이 중요한 이유가 있다. 인식론적 이유 때문이다. 국가가 차별금지원칙을 위반해 소유권을 차별적으로 허용할 경우, 누가 이 권리를 최선으로 사용할 수 있는가의 문제를 해결해야 할 것이다. 그러나 이 문제의 해결은 가능하지 않다. 왜냐하면 허용 여부를 판단하는 국가기관의 담당자들은 이러한 지식을 갖고 있지 않기 때문이다.

이미 앞에서 본 바와 같이 사회의 전체 지식을 어느 한 정신에 의해 한군데로 모아 놓는다는 것은 불가능하다. 그렇게 할 수 있는 지식은 오로지 교과서에 수록될 수 있는 과학적 지식뿐이다.[14] 현장지식은 어떤 방식으로도 전부 수집하기가 불가능하다.

모든 인간은 시간적, 장소적 및 인적인 특수한 상황에 관한 현장지식을 사용한다. 이 지식은 사회에 존재하고 있는, 그러나 어느 누구에게도 전부 알려져 있지 않은 전체 지식의 일부이다. 이 무수히 많은 알려져 있지 않은 지식조각들을 한군데로 뭉쳐 놓을 수는 없다.

이러한 종류의 지식은 경제적 및 사회적으로 매우 중요하다. 국가가 권리에 대한 차별적인 허용 여부를 판단하기 위해서는 이러한 지식도

---

14 이 지식도 사실은 제한적이다.

필요하고, 특히 이 판단이 성공하기 위해서는 이러한 지식 전체가 불가피하다.15 그러나 전부 이를 수집하여 정부가 이용하는 것은 불가능하다. 그 불가능성은 기술적인 불가능성이 아니라 원천적으로 불가능하다. 특히 현장지식은 암묵적 지식이 대부분이기 때문이다.

따라서 이러한 종류의 지식과 관련된 문제 때문에 차별하지 않고 행동 권리를 평등하게 허용해야 한다.16

(2) 법의 추상성 조건

처분적 법률처럼 법률이 시간적, 장소적 및 인적인 구체적 상황을 고려할 경우, 앞에서 언급한 차별성과 마찬가지로 동일한 지식의 문제에 봉착한다. 법률을 구체적인 목적을 달성하기 위한 수단으로 간주하는 구성주의적 합리주의 사상에 따라 원인(법률)과 결과(효과)에 관한 확실한 지식을 가지고 있어야 한다. 법률이 미치는 구체적인 효과를 정확하게 계산하기 위해 필요한 '확실한' 지식이란 존재하지도 않고 설사 존재한다고 하더라도 이 지식은 각처에 흩어져 있기 때문에 어느 한 정신에 의해 한군데로 모아 놓을 수 없다. 따라서 법률은 어쩔 수 없이 당연금지적 성격을 갖고 있어야 한다.

(3) 법의 확실성 조건

확실성 조건도 역시 인간이성의 한계에 의해 정당화될 수 있다. 제한된 지식 때문에 인간들로부터 전체로서의 사회에 대한 도덕적

---

15 이러한 판단은 진화적 내지 자발적 선별이 아니라 '인위적인 선별'이다.
16 예컨대 어떤 기업에게는 시장진입을 허용하고 다른 어떤 기업에게는 허용하지 않는 법은 이 일반성의 원칙에 위배된다.

의무를 기대할 수 없다. 인간의 자선주의 동기가 부족하기 때문이 아니라 이 의무가 무엇인가를 결코 알 수 없기 때문이다. 이러한 시각에서 본다면 기업의 '사회적 책임'은 인간의 인지능력을 초월하는 책임이다. 하이에크는 지식의 문제와 관련하여 사회적 양심의 개념을 비판하고 있다. 이 개념은 개인들이 자신의 행동이 타인들에게 미치는 구체적인 결과를 알고 있다는 것을, 그리고 인간의 행위는 어떤 규칙에 따르는 것이 아니라 구체적인 결과에 따라 안내되고 있다는 것을 전제한 개념이다.

2) 법의 지배와 지식의 축적

정의의 규칙으로서 법규칙은 국가의 자의적인 공권력으로부터 개인들을 보호해 준다. 즉, 국가 강제의 자의적 행사를 막아준다. 따라서 국가의 행동이 예측가능하다. 국가가 기분이 내키는 대로 멋대로 경제에 개입한다면, 경제주체들은 불안정하다. 언제 어떤 식으로 국가가 경제에 개입할 것인지를 알 수 없기 때문이다.

그러나 정부가 법의 지배 원칙의 의해 재량권이 억제될 경우, 개인들이나 그룹들 간 또는 개인과 그룹 간의 자발적인 협조와 그들의 공존을 가능하게 한다. 정의의 법규칙들은 개개인들이 자신들의 목적을 추구하기 위해 자신들의 지식을 발견하고 이용하고 습득하기 위한 범위를 정한다.

정의의 규칙으로서의 법규칙은 개개인들의 '보호영역'을 설정함으로써 타인들의 침해를 막는다. 이 보호영역 내에서 개인들은 자신들의 인지능력에 기초하여 자신들의 목적을 추구한다. 그러한 법은 추상적인 성격을 가지고 있기 때문에 모든 개개인들이 다양한 목적들을 추구할 수 있게 하고 또한 이들의 조정을 가능케 한다.

그리고 특히 노모스는 특정의 사회적 과정의 결과를 만들기 위한 법규칙이 아니다. 지식의 문제 때문에 그것이 불가능하다. 우리의 구조적인 무지에 대한 적응이 법의 지배 원칙이다. 오로지 노모스를 통해서만이 사회 속에 분산되어 있는 지식을 조정할 수 있다. 목적과 결부된 행동규칙들, 즉 테시스는 이런 기능이 불가능하다. 하이에크는 이렇게 말하고 있다(Hayek, 1969: 54).

"구체적인 사실에 관한 우리의 지식이 제한되어 있기 때문에 우리는 추상적인 행동규칙에 예속되어 우리의 행동을 조정하는 수밖에 없다. 지식의 제한 때문에 우리는 우연히 알게 된 제한된 개별적인 요인들을 기반으로 하여 매번 의사결정을 내릴 수 없다."

정의의 규칙에 의해 안내되는 자생적 질서에서는 개개인들에게 이런 분산된 지식의 사용이 가능하다. 그들 각자가 가진 현장지식을 이용할 수 있을 뿐만 아니라 타인들이 가진 현장지식까지도 누구나 이용할 수 있다. 가격기구가 분산된 지식을 모아 필요한 모든 사람들에게 전달한다. 더구나 정의의 규칙들, 그리고 이들의 테두리 내에서 형성되는 수많은 행동규칙들이 개인들의 행동에 관한 예측을 가능하게 한다.

법의 지배 원칙에서 벗어나는 입법정책은 정부가 특정의 구체적인 목적을 추구하기 위한 수단이다. 정부의 규제법이 그런 입법정책의 결과다. 시장 과정의 결과를 수정하거나 개선하거나 바꾸기 위해 도입되는 법들이다. 이런 규제법은 개인의 자유를 보호하기 위한 법이 아니라 자유를 침해하는 법이다.

이런 법은 자생적 질서를 조직질서로 전환시킨다. 그 구성원들이 정부가 정한 목표를 위한 수단이다. 따라서 이러한 정부규제에서는 개인들이 각자 가지고 있는 지식을 자유로이 사용할 수 없다. 정부에서 계획과 규제를 담당한 관료나 전문가의 지식에 예속된다. 그러나 그런 예속은 개인들의 파멸을 초래한다. 왜냐하면 전문가의 지식은 질적으로나 양적으로 자유사회에서 유통되는 지식과 비교할 수 없을 정도로 열악하기 때문이다. 법에 의한 지배야말로 엉터리 전문가와 관료들의 지식에 예속되지 않는 유일한 방법이다.

3) 이권추구 행동의 억제

법의 지배 원칙을 충족하는 법규칙은 인간그룹이나 개인들이 타인들에게 행사하는 강제, 사기와 기만을 막아준다. 왜냐하면 이런 법규칙은 강제와 같은 행동을 금지하는 데 그 목적이 있고 또 이런 정의로운 행동규칙을 집행하는 데만 국가의 강제가 허용되기 때문이다.

더구나 법의 지배 원칙에 저촉되는 기존의 법규칙은 개폐되기 때문에 개인의 자유 영역이 확대된다. 그리고 지금까지 법의 지배 원칙에 저촉되는 처분적 법의 집행에 적용되었던 국가의 강제권이 감소된다.

정의로운 행동규칙은 개인들의 사적 영역을 확립해 주기 때문에 이 영역 내에서 개인들은 자유롭다. 그들은 자신의 목적을 위해 자신이 가진 지식을 마음껏 활용할 수 있다.

정의로운 법규칙은 국가가 펼치는 모든 특혜나 차별을 배제한다. 이로써 평등을 확립해 준다. 다시 말하면 정의의 법규칙들은 공정한 게임규칙이다. 모든 개인들에게 동일한 행동반경을 제공한다. 실질적인 법치국가는 그래서 공정하다.

실실석 의미의 법치주의는 차별을 금지하고 모든 사람들에게 똑같이 적용되기 때문에 이권을 추구할 동기가 생기지 않는다. 특혜를 받거나 인·허가를 받기 위한 부패도 없다. 규제의 혜택을 받기 위해 정치적 영향력을 행사할 어떤 동기도 발생하지 않는다. 차별적인 법, 특혜성을 가진 법의 경우에는 유리한 방향으로 규제가 작성되도록 또는 불리한 방향으로 규제가 작성되도록 정치적 영향력을 행사하려는 동기가 매우 크다. 그러나 실질적 의미의 법치국가적 법의 작성이나 그 집행에서는 이런 동기가 약화된다.

4) 자유와 질서의 조화

자유와 질서의 관계를 보자. 일반적으로 질서를 위해서는 자유를 포기해야 하고 자유를 위해서는 질서를 포기해야 한다고 주장하고 있다. 이러한 주장은 홉스를 비롯한 구성주의적 합리주의 전통에서 나온 것이다.[17]

공리주의도 자유와 질서는 서로 부합되는 것이 아니라, 서로 갈등하고 있다고 주장하고 있다. 마르크스도 역시 개인적 자유는 무질서를 초래하고 질서를 위해서는 자유를 억제해야 한다고 주장했다. 이러한 주장들의 공통점은 사회의 자생적 질서의 존재를 무시하고 사회를 특정의 공동의 목적을 달성하기 위한 수단으로 여긴다는 것이다.

그러나 우리가 질서를 자생적 질서로 이해할 경우, 자유와 질서는

---

[17] 예컨대, 이러한 주장은 뷰캐넌에서 찾을 있다. 그의 저서 『자유의 한계: 아나키와 국가의 중간에서(Limits of Liberty: Between Anarchy and State)』에서 보여주고 있듯이 질서를 자유의 희생으로 파악하고 있다. 그의 '자유세(liberty tax)'가 이를 말해주고 있다(Buchanan, 1975: Cap. 7). 이에 관한 논의에 관해서는 민경국(1993a: 202~203) 참조.

서로 양립한다.[18] 그러나 처분적 법률을 기반으로 하는 조직질서, 다시 말하면 형식적 법치국가에서는 자유와 질서는 서로 양립하지도 않고 자유와 법도 서로 양립하지도 않는다. 왜냐하면 처분적 법률은 자유를 제한하는 강제이기 때문이다.

따라서 법의 지배의 기능은 자유와 질서의 조합을 가능하게 하는 역할이라고 볼 수 있다. 이 양립성이 가장 잘 구현된 것들 중 하나가 시장질서이다. 시장의 자생적 질서의 기초는 개인적 자유이다. 이런 자유를 보장해 주는 것이 사법(private law)이다.

5) 법과 자유

법과 자유와의 관계에 관한 정치철학에서 두 가지 상이한 전통이 있다(Hayek, 1971: 186~187). 첫째, 모든 법은 자유의 제한이라고 생각하는 전통이다. 이 전통이 구성주의적 합리주의 전통이다. 이러한 전통은 프랑스 사상가들을 비롯하여 홉스, 벤담 등에 의해 확립되었고, 또한 오늘날의 법실증주의에 의해 계승된 전통이다. 법과 자유의 관계에 관한 그들의 공통된 생각은 다음과 같이 표현된다(Hayek, 1980: 206 주석 17).[19]

"자유의 완전한 실현은 사실상 법을 완전히 철폐시키는 것 이외에는 아무것도 아니다. …… 법과 자유는 서로 대립 관계에 있다."

---

18 이러한 양립성 관계에 관한 로크의 사상을 간략히 설명한 부분은 퍼스펠트(1990: 47) 참조.

19 그는 살베르(Salvaire, 1932: 65)에서 인용하고 있다.

벤담은 모든 법은 자유를 제한하기 때문에 그것은 악이라고 말하고 있다. 그러나 구성주의적 합리주의와는 전혀 다른 전통은 법은 자유의 필요하고도 본질적인 조건이라고 생각하는 전통이다. 하이에크가 계승하고 있는 이 전통에 따르면 자유와 법은 분리시켜서는 존재할 수 없다.

이러한 전통은 고대 그리스인들 및 키케로(Cicero)로부터 중세를 거쳐 로크, 흄 및 칸트 그리고 스코틀랜드 도덕철학자들과 같은 고전적 자유주의자들에 의해 확립되어 19세기 및 20세기의 다양한 미국 정치가들에게로 전승되었다(Hayek, 1980: 76). 이런 전통에 따라 하이에크는 "법은 개인의 자유를 위한 질서이다"라고 말하고 있다.[20]

이미 잘 알려져 있듯이 칸트는 "인간은 사람에게 예속되지 않고 법에만 예속될 필요가 있을 경우에 자유롭다"고 말하고 있다. 그는 법이란 개인의 자유를 침해하는 것이 아니라 이를 보호하는 보호장벽이라고 주장한 영국의 정치사상가 로크를 비롯한 고전적 자유주의 사상가들의 전통을 이어받고 있다. 하이에크는 벤담 전통의 법철학을 전적으로 부정하고 있다. 그 대신 법이란 평화와 질서를 보장해 주고, 특히 자유를 보장해 준다는 스코틀랜드 계몽주의 전통을 계승하고 있다. 하이에크는 로크를 인용하여 다음과 같이 말하고 있다(Hayek, 1971: 195).

"법의 목적은 자유를 폐지하거나 제한하는 것이 아니라 그것을 보존

---

20 하이에크는 웹스터(Daniel Webster)를 인용하여 다음과 같이 쓰고 있다. "자유는 법의 창조물이다. 그것은 권리를 침해하는 허가된 방종과는 전혀 다르다"(Hayek, 1980: 206 주석 15).

하고 증진하기 위한 것이다. 법이 없으면 자유도 없기 때문이다. 자유란 흔히 말하듯이 모든 사람이 자기가 원하는 것은 뭐든지 다 할 수 있는 자유가 아니다. 다른 모든 사람들의 변덕이 그에게 횡포를 부린다면 도대체 누가 자유로울 수 있겠는가?"

따라서 자유와 정의의 규칙으로서 법규칙은 서로 양립하는 관계이다. 자유와 법의 양립성을 보장하는 것이 법의 지배이다.

3. 법치주의의 역사적 전개과정

하이에크가 중시하는 법의 지배 이상은 일거에 등장한 것은 아니다. 수세기 동안 진화해 온 것이다. 어느 때는 법의 특성을 중심으로 법의 지배 원칙이 해석되기도 했고 이런 자유의 법을 실현하기 위한 제도의 발전을 모색하기도 했다.

하이에크는 『자유의 헌법』에서 기원전 4~5세기의 고대 그리스에까지 거슬러 올라가 법의 지배 사상의 기원을 찾고 있으면서 현대에 이르기까지 그 발전사를 정립하고 있다(Hayek, 1971: 199~204). 그는 법의 지배가 자유의 보호를 위해 얼마나 중요한가를 이런 역사적 전개 과정을 통해 보여주려고 노력했다.

이런 하이에크의 노력을 재구성하는 데 차이틀러(Zeitler, 1995)가 많은 힌트를 주었다. 그를 동반하여 하이에크의 노력을 재구성한다.

1) 그리스 시대

하이에크는 고대 그리스에서 오늘날의 법의 지배 원칙의 기원을 찾고 있다. 하이에크가 당시 사용하던 개념을 자신의 저서『자유의 헌법』에서 열거하고 있는데 이들을 정리하면 다음과 같다(Hayek, 1971: 201~203).

- 귀족과 하층민 모두에게 공정한 법
- 모든 종류의 사람들에 대한 법률의 평등
- 법 앞에서의 평등
- 알려진 규칙에 따라 법률적 방식으로 지배되고 있다는 확신
- 인간이 아닌 법에 의한 통치

그리스 아테네 시대에 통용되었던 이런 개념들은 법치주의의 핵심을 말해준다. 즉, 법은 차별적이어서는 안 된다는 절차적 평등과 법의 확실성 등이 그것이다.

그리스 시대에 정치질서의 가장 아름다운 것은 민주주의가 아니라, 차별적인 내용이 없는 법의 평등으로 여겼다는 것도 주목할 만하다. 법이 아니라 대중이 지배하고, 법이 아니라 다수결 투표에 의해 결정되는 통치를 비판했던 것도 고대 그리스 시대였다(Hayek, 1971: 203).

그 비판의 장본인은 아리스토텔레스이다. 그는 자신의『정치학 (Politics)』에서 인간의 지배가 아니라 법의 지배를 말하고 있다. 그는 일반적, 보편적 규범의 의미에서 법의 최고 가치와 자유의 존재는 밀접한 관계가 있다는 것을 말하고 있다.

법 앞에 평등은 국가로부터 사적 영역을 보호하기 위한 것, 그리고

정부가 법 아래에 있지 않을 때에는 자유로운 국가란 존재하지 않는다는 것, 이런 중요한 원리를 하이에크는 아리스토텔레스에게서 확인하고 있다. 아테네에서는 법을 변동시키고 자의적인 정치적 조치를 펼치는 인민의회의 권력은 이 권력의 상위에 있는 법에 의해 제한되었다.

2) 로마 공화정 시대

법의 지배와 법 아래에서의 자유의 현대적인 이념에 각별한 영향을 미친 것은 특히 로마 공화정 시대이다. 하이에크는 자신의 1942년 저서 『노예의 길』과 그리고 1961년 저서 『자유의 헌법』에서 그런 영향을 미친 인물로서 키케로를 들고 있다. 키케로는 사실상 현대적인 의미의 법의 지배 사상을 정립한 최초의 인물이라고 보아도 무방하다 (Hayek, 1971: 206~207; 1944/1982: 8).

근대 자유주의의 최대 권위자답게 그는 법과 자유 사이에는 갈등이 없으며 자유는 법의 특정한 속성, 즉 일반성과 확실성 그리고 행정관료들의 재량을 막기 위해 그들에게 부과하는 제한에 좌우된다는 것을 분명히 인식한 인물이다. 자유는 법의 특수한 속성, 즉 일반성과 확실성 그리고 집권자의 재량권의 제한에 의존한다는 것도 키케로가 보여주었다.

로마시대는 앞에서 설명했지만 전반기에는 법의 진화 사상이, 후반기에는 법의 제정법 사상이 등장했다. 흥미로운 것은 관습법적 기반 위에서 사법의 발달과 경제적 자유의 확장으로 경제가 발전되었고 국력이 신장되었다는 것이다(Hayek, 1971: 206). 그러나 2세기부터 국가사회주의가 진전되어 갔다. 경제생활에 대한 통제가 강화되면서 법 앞에서의 평등을 통해 보호되었던 사유가 파괴되었다(Hayek, 1971:

207). 그 결과 경제가 퇴보의 길을 걸었다.

그러나 하이에크가 관심을 기울이고 있던 것은 중세다. 중세에서는 로마의 자유의 전통이 계속되었다. 스콜라 철학자들, 특히 토마스 아퀴나스, 이탈리아 르네상스의 도시국가들, 이들이 로마법적 전통과 법의 지배 전통을 계속 이어나갔다.

그러나 중세 후기에는 절대주의가 등장하여 이런 법의 지배 전통이 깨져버리고 그 대신에 국가가 경제생활에 대한 통제를 강화함에 따라 엄격한 법이 약화되었다. 입법은 개인의 자유를 보호하는 데 그 목적이 있다는 로마법적 정신이 사라지고 이제는 군주가 법보다 높이 서 있다는 '유스티니아누스 법전'이 대륙에서 모델로 이용되었다.

영국도 15~16세기 대륙과 똑같이 이런 모델로부터 결정적으로 영향을 받았다. 그러나 대륙에서 이 전통이 지속되는 동안 영국은 중세 전기의 전통과 로마법적 전통을 부활시킬 수 있었다. 그 결과, 영국은 근대적 자유의 성장을 주도할 수 있었다.

하이에크가 고대 그리스와 고대 로마 그리고 중세에서 법의 지배 사상을 규명하려는 의도도 '현대적 자유는 17세기 영국에서 시작되었다'는 자신의 지론을 강화하기 위한 것이었다.

3) 17~18세기 영국

하이에크가 입증하듯이, 영국에서 법의 지배와 자유의 보호의 전통이 확립될 수 있었던 계기는 경제정책을 둘러싼 의회와 왕 사이의 갈등이었고, 자유는 이들 갈등의 산물이다. 그 갈등의 대표적인 예를 들면 다음과 같다(Hayek, 1971: 207~208).

- 산업을 독점하려는 왕의 시도(찰스 1세의 석탄산업의 국유화)
- 생산에 대한 통제와 이에 따른 특권(예를 들면 갑에게 금지된 일을 을에게는 허용하는 것)
- 다른 지역에 건물 짓는 것은 허용하고 런던에 건물을 짓는 것을 규제
- 밀로 녹말을 만드는 것을 금지

이런 경제문제와 관련하여 발생한 왕과 의회의 대립과 갈등 속에서 법 아래에서의 자유가 형성되었다. 이런 대립에서 법원의 역할이 중요했다. 거래나 또는 교통수단 등, 사업의 독점권을 어느 한 회사나 개인에게만 부여하고 다른 사람들을 배제하는 것은 위법이라는 판결을 내렸다. 그런 특정 물품을 배타적으로 생산할 권리는 관습법과 신민의 자유에 위반한다고 판결했다. 이런 판결은 왕과 대립하던 의회의 주무기가 되었다.

17세기 영국에서 쟁점이 되고 있었던 문제는 국가권력의 '자의성'을 막는 것이다. 이때 자주 강조되고 있는 것은 미리 정한 법이 없으면 어떠한 처벌도 있어서는 안 된다는 것, 모든 법은 미래에 적용되어야지 소급되어서는 안 된다는 것, 모든 관료의 자의적인 행동은 법에 의해 엄격히 제한해야 한다는 것 등이다(Hayek, 1971: 209).

이런 원칙의 실현을 위해서 권력분립의 원리와 성문화된 헌법이라는 두 가지 개념이 등장했다.

법치를 뜻하는 법은 일반적, 추상적 법규칙의 성격, 법 앞에서의 평등을 의미한다. 이것은 궁극적으로 개인의 자유를 보호하려는 것이었다. 이런 이념의 이상(理想)을 확보하기 위한 수단은 성문화된 헌법과 삼권분립이라는 생각도 서서히 확산되어 갔다.

법의 지배 이상은 1688년 명예혁명 후에 영국의 지배적인 이념이 되었다. 이런 이상과 명예혁명을 포괄적, 철학적으로 가장 잘 작성한 인물이 로크였다. 통치철학에 대한 폭넓은 식견을 보여준 로크가 하이에크의 관심을 끄는 것은 그가 자신의 저서『정부에 관한 두 가지 논문(Two Treatises on Government)』에서 상세히 논의한 원칙이다. 정부의 권력은 제한되어야 한다는 원칙이 그것이다(Hayek, 1971: 296~298).

당시 로크가 관심을 기울였던 문제는 누가 권력을 행사하든지, 그 권력이 자의적으로 행사되는 것을 어떻게 방지할 수 있는가의 문제였다. 즉, 그에게 문제가 되었던 것은 권력의 원천이 아니라 권력의 내용이었다.

로크의 문헌에서 권력의 억제와 관련된 개념들을 보면 그가 법의 지배를 얼마나 중시했는가를 짐작하게 한다(Locke, 1946: 63~69).[21]

- 불규칙하고 불확실한 권력 행사
- 즉흥적이고 자의적인 법령
- 권력의 길들이기
- 행정 권력을 가진 사람들의 재량권

로크는 모든 자의적인 권력을 억제할 필요성을 강조하기는 했지만 그러나 별다른 방지책을 제시하지는 못했다(Hayek, 1971: 214). 그럼에도 오늘날 '권력의 길들이기'라고 부르는 그의 목적은 자유를 위한 헌법적 이념의 전통이 되었다. 즉, 우리가 입법부를 선거하고 권한을

---

21 이 문구들은 전부 하이에크(Hayek, 1971: 212~214)에서 재인용한 것이다.

부여하는 목적은 법과 규칙을 세워서 권력을 제한하고 사회의 모든 사람들의 지배를 억제하여 재산을 보호하려는 것이다.[22] 로크는 이렇게 말하고 있다(Locke, 1946: 64).

"한 나라의 입법권과 최고 권력을 가진 사람은 누구나 즉흥적인 법이 아니라 국민들에게 공표되고 알려진, 확립된 법을 통해 지배해야 한다. 공평하고 청렴한 재판관들은 이러한 법에 의해 분쟁을 해결해야 한다."

하나의 이상이 여론에 의해 수용되고 정책적으로 실현되기까지는 아주 멀고 험난한 길을 걸어야 한다. 법치주의도 예외가 아니다. 18세기 초반에 법치의 이상은 실천으로 스며들기 시작했다. 17세기 영국인들이 쟁취하려고 노력했던 것들, 예를 들면 사법부의 독립, 입법부의 자의적인 행동을 막는 제반 규정들이 서서히 확립되어 갔다. 그리고 권력분립의 원칙도 재확인되었다. 법이 없으면 위법도 없다는 경구의 확립, 법원은 정부의 특수목적을 다루는 것이 아니라 일반적인 행동규칙(정의의 규칙)을 다루고, 정부의 정책은 법원에서는 어떤 논거가 될 수 없다는 원칙 등이 실현된 것도 이 시기였다.

자유의 정신이 확립되면서 법의 지배의 이상적인 원칙에 따라 개혁이 점진적으로 이루어지고 있었다.[23] 그러나 18세기 내내 영국헌법의 가장 중요한 핵심이었지만 그 실현이 지지부진했던 것이 있었는데,

---

22 우리가 주목하는 것은 로크에게 재산이란 대단히 포괄적인 의미를 가지고 있다. 그것은 생명, 자유 그리고 소유까지 포함하고 있다.

23 그러나 사회의 다른 이면에는 법 앞에서의 평등을 이상한 눈초리로 바라보는 계층이 있었다. 빈곤층이 그런 시각이었다.

그것이 바로 삼권분립 원칙이었다.

하이에크는 18세기에 법의 지배의 발전에 가장 큰 기여한 인물로서 흄, 블랙스톤(W. Blackstone), 그리고 페일리(W. Paley) 등을 들고 있다. 그들은 끊임없이 정부의 재량권의 위험성을 지적하면서 법의 지배 원칙을 역설했다.

흄은 영국의 역사를 '의지(will)의 통치'에서 '법의 통치'로의 진화라고 보면서 영국인들은 자유와 평화를 보장하는 법의 지배 원리24를 정립한 조상들에게 감사해야 한다고 역설했다.25 그가 위험스럽게 본 것은 정부의 재량권이었다. 이것을 자유의 파괴를 야기하는 의지의 통치라고 여겼다.

애덤 스미스를 비롯하여 당시 사람들이 가장 두려워했던 것이 군주의 재량권이었다. 그들에게 중요한 것은 따라서 엄격한 삼권분립, 그리고 법의 개념이었다. 어느 한쪽에 권력이 집중되거나 또는 삼권이 담합하거나 삼권 중 어느 두 개 권력이 연립할 경우 자유는 파괴된다고 보았다.

그런 사람들 가운데 특히 주목할 사람은 블랙스톤이다. 그는 사법부

---

24 하이에크가 1969년 『프라이브르크 대학 연구논문집(Freiburger Studien)』의 흄에 관한 논문에서 법의 지배와 관련하여 다음과 같이 말하고 있다(Hayek, 1969: 240~241). "일반적인 질서가 형성되려면 엄격한 그리고 일반적 법을 보편적으로 적용해야 한다. 질서가 유지되려면 어떤 제한된 목적이나 결과가 아니라 이런 법이 규칙의 적용을 조종해야 한다. 개인이나 공동체의 특수이익을 고려하거나 개인의 공로를 고려하면 질서의 유지라는 목적은 수포로 돌아간다." 흄은 자신의 저서 『인성론(A Treatise of Human Nature)』 제2부에서 법의 지배 이상을 가장 포괄적으로 다루고 있다.

25 페일리가 이런 주장을 한 것은 그의 『영국의 역사(The History of England)』에서였다.

의 독립을 국민의 자유의 보루라고 여겼다. 사법부가 입법부와 결탁하면 국민의 생명과 자유 및 재산은 자의적인 재판관의 수중에 들어가고 그 판결은 근본적인 법원칙이 아니라 자신의 견해에 좌우된다. 그에게 법이란 일시적이고 갑작스러운 상부명령이 아니라, '영속적이고 보편적이고 그리고 변동 없는' 것이다(Hayek, 1971: 218). 자주 변동하고 차별적인 법은 법이 될 수 없다는 것을 강조한 말이다.

법치의 원리를 설명하려는 노력은 멈추지 않았다. 하이에크는 『도덕과 정치철학의 원리(The Moral and Political Philosophy)』(1785)의 저자였던 페일리에 주목하고 있다. 그가 생각한 것은 어떻게 하면 정의의 규칙에 해당되는 법, 즉 추상적이고 보편적인(차별 없는) 법을 확보할 수 있는가의 문제였다. 그는 권력분립에서 그 가능성을 찾았다. 입법과 사법이 동일한 사람 또는 조직체에 통합되어 있을 경우, 특수한 동기와 특수한 목표를 위한 특별법이 만들어질 우려가 있다. 분리되면 법이 누구에게 영향을 미칠지 예측할 수 없는 보편적인 법, 즉 목적과 동기를 고려하지 않은 법이 생성된다.

18세기 말, 자유의 원칙의 발전을 위한 영국의 공헌은 마감되기 시작했다. 19세기에 들어와 자유의 전통을 지속하려는 노력이 있었지만[26] 영국의 자유의 혁명에 저항하려는 세력이 강력하게 등장했다. 정치적으로는 휘그주의('Whig')를 대체하고 토리주의('Tory')가 등장했다. 급진주의 철학과 프랑스 전통의 합리주의가 지배하기 시작했다. 하이에크가 말하는 '구성주의적 합리주의'의 등장이었다. 벤담과 그의 공리주의자들은 프랑스의 혁명에 영향을 받아 중세 이후로 꾸준히

---

26 매컬로치(R. MacCulloch), 시니어(N. W. Senior) 등 스미스의 전통에 따른 경제학자들, 그리고 법학에서는 매콜리(Macauly)를 들을 수 있다.

발전해 온 영국의 법의 지배의 정신을 파괴하기 시작했다. 법과 제도 전체를 합리주의 원칙에 의해 다시 만들려는 욕망이 영국사회에 스며들었다. 정치적 자유가 개인의 자유를 대신했다. 법의 지배는 더 이상 소망스러운 비전이 되지 못하고 다수의 의지가 법의 지배를 대신했다.

대중이 지배하고, 법이 아니라 다수결 투표에 의해 결정되는 통치, 아리스토텔레스가 비판했던 통치를 회복시키는 노력이 창궐하기 시작했다. 의지의 통치에서 법의 통치로의 진화라고 흄이 말한 영국역사가 법의 통치에서 의지의 통치로 퇴화되어 가고 있었다. 의회는 무제한적이며 더 이상 제한할 수도 없는 권한을 위임받았다.

4) 미국의 헌법주의

흥미롭게도 몰락해 가는 법치주의 이상은 미국에서 다시 살아났다. 재생과정을 하이에크는 『자유의 헌법』의 제12장 '헌법주의에 대한 미국의 기여'에서 상세히 다루고 있다(Hayek, 1971: 211~244). 그는 영국은 자유사상의 원천으로 그리고 미국을 자유사상의 실현의 장소로 여기고 있다.

영국의 법의 지배 사상을 재생하는 역할을 했던 것은 영국에서 미국으로 이주한 식민지 사람들이었다. 그들은 영국과 대륙의 고전적인 철학을 바탕으로 하여 법치주의를 실현하려고 했다.

그들은 의회와 대항하여 권리를 관철시킬 수 없는 이유를 성문헌법이 없기 때문이라고 생각했다. 이것은 그들이 자기들의 모국에서 얻은 교훈이었다. 의회의 권력과 정부의 권력을 제한하는 성문화된 헌법, 고정된 헌법이야말로 자유로운 정부에 필수적이라고 믿었다. 그들의 이런 믿음을 현대적인 의미로 본다면 '헌법주의(Constitutionalism)'이라고 볼 수 있다(Buchanan, 2003).

이런 헌법주의에서 삼권분립이 핵심적인 역할을 한다. 권력분립과 그 과제의 할당을 정하는 헌법적 조항 이외에도 헌법주의에서 중시하는 것은 실체적인 규칙(원칙)이 들어 있어야 한다는 것이다. 이 규칙이 헌법의 일반원칙으로서 입법행위를 조종하고 안내하는 역할을 한다(Hayek, 1971: 225).

그 일반원칙은 법규칙이 충족해야 할 조건을 말해준다. 이런 헌법의 일반원칙과 구체적인 입법의 관계를 하이에크는 특수 사례에 대한 법의 적용과 일반법의 관계와 비유하고 있다. 구체적인 사례를 정할 때 재판관이 일반법에 의해 제한 받는 것과 마찬가지로 특정의 법의 입법은 헌법이라는 좀 더 일반적인 원칙에 의해 제한된다. 따라서 헌법주의는 모든 권력은 헌법의 일반원칙에 따라 행사되어야 한다는 것을 말한다. 이와 같은 헌법은 법의 지배의 효율성을 제고한다. 하이에크는 미국헌법을 '자유의 헌법'이라고 부르는데 그 이유는 다섯 가지이다.

- 자의적인 강제로부터 개인을 보호하고 있다.
- 국가권력의 제한을 위한 효과적인 수단으로서 연방주의 원칙을 도입하고 있다.
- 개인의 권리를 보장하고 있다.
- 사법심사제
- 듀 프로세스('due process')

이런 '자유의 헌법' 정신은 영국과 유럽 대륙에서 수세기 동안 진화해 온 것인데, 미국 건국의 아버지들(Founding Fathers)이 이런 진화적 선물을 미국헌법에 수용한 것이나.

그러나 미국의 헌법주의는 1937년을 전후하여 급속도로 위험에 빠지기 시작했다. 최고법원이 만장일치로 국가부흥계획법을 부결한 것을 계기로 행정부와 사법부가 심한 갈등에 빠졌다. 헌법을 수호하려는 최고법원의 노력은 잠시 후퇴하기는 했지만 이런 갈등은 오히려 자유의 헌법에 대한 미국적 전통을 재확인하는 결과를 가져왔다는 것이 하이에크의 1937년 갈등의 해석이다(Hayek, 1971: 242~243). 당시 상원의 법사위원회는 그 갈등에 관한 보고서를 통해 사법부가 입법부를 통제하여 자유와 인권을 수호하려는 전통적인 역할을 재천명했다.

법사위원회의 보고서 내용 가운데 가장 흥미로운 것은 입법의 즉각적인 채택이 아무리 유익하다고 해도 이것보다 훨씬 더 중요한 것은 미국 헌정체제의 보호라는 것이다.27 이런 보호역할을 수행한 것이 최고법원이었고 또 정치와 여론에 흔들리지 말고 개인의 권리와 자유를 수호해야 할 것을 천명하고 있다. 루즈벨트 대통령이 사법부에 간섭한 것은 가장 큰 실패였다는 것이 일반적인 평가다.

어쨌든 하이에크는 정부의 권력을 제한해야 한다는 미국의 헌법주의는 불완전하기는 하지만 그래도 성공한 것으로 취급하고 있다. 입법부를 일반적 규칙에 의해 제한해야 한다는 헌법주의는 미국에서 확립되었다고 선언하고 있다. 이런 진단을 내린 시기는 1960년『자유의

---

27 행정부와 사법부의 갈등과 관련된 당시 상원 법사위원회의 보고서에서 다음과 같이 천명했다. 즉, 특정의 입법의 즉각적인 채택이 아무리 유익하다고 해도 이것보다는 미국 헌정체제의 보호가 훨씬 더 중요하다는 것, 인간에 의한 통치와 지배보다 법에 의한 통치와 지배의 존속 등 미국헌법의 기본원칙을 재천명한 것이다. 그리고 법원이 정치에 흔들린다면 법원은 결국 군중들의 냉정과 숙고를 혐오하는 군중의 열정에 예속되고 그때그때의 여론에 굴복하게 된다는 내용이었다(Hayek, 1971: 243).

헌법』을 쓸 당시였다.

그러나 10여 년이 지난 1970년대 초부터 이런 생각은 변하기 시작했다. 1973~1979년 그의 3부작『법·입법 그리고 자유』에서 하이에크는 삼권분립은 실패했다고 선언하고 있다(Hayek, 1973). 그 근본 원인은 입법부에 권력이 집중되었기 때문이라고 한다(Hayek, 1981b). 하이에크는 '헌법실패'를 말하고 있다. 이런 진단은 뷰캐넌과 일치한다. 그도 1978년 미국은 '헌법적 혼란'에 빠져 있다고 진단하고 있다(Buchanan, 1978). 하이에크는 헌법실패를 치유하기 위해 이상적인 헌법모델을 제안하고 있다.28 이제 하이에크는 법의 지배와 관련된 유럽대륙의 모습을 어떻게 보고 있는가를 보자.

5) 유럽 대륙

유럽 국가는 앵글로색슨 국가와는 달리 18세기 중엽까지 200년간 절대통치가 자유의 전통을 파괴했다. 절대통치의 유산은 강력하게 집중된 행정기구였다. 전문적인 행정가가 사회를 지배했다.29 하이에크는 프랑스와 독일을 중심으로 대륙의 법치주의의 발전을 설명하고 있다.

하이에크는 대륙의 법치주의 발전을 개인의 권리보장과 권력분립원칙 그리고 법의 지배의 확립을 목표로 했던 1789년 인권선언의 승리에

---

28 뷰캐넌도 헌법을 개정할 것을 요구하고 있다(민경국, 1995).
29 물론 유럽의 행정가들은 다른 지역의 정부보다 국민의 복지와 필요에 더 큰 관심을 가지고 일을 했던 것은 사실이다. 부정부패나 또는 이권추구 행위도 비교적 적었다.

서 찾고 있다. 그러나 유감스럽게도 이런 이상을 지속시키는 데 실패하고야 만다. 실패의 원인은 프랑스 혁명의 주권재민 사상 때문이었다. 법의 지배 사상은 힘을 잃고 그 대신 주권재민 사상이 지배했다. 법의 지배가 힘을 잃은 이유는 '민주주의 실현은 권력의 자의적인 이용을 막아 줄 것'이라는 믿음 때문이었다.[30]

프랑스는 미국혁명이 중시했던 헌법주의, 즉 입법권을 제한하는 헌법의 중요성을 배우지 못했다. 설상가상으로 법 앞에 평등이라는 법치의 원칙은 권리의 평등 대신에 재산의 평등을 요구하는 사회주의 선구자들 때문에 애초부터 위협을 받았다.

프랑스에서 진기한 것은 권력분립은 행정부의 권력을 강화하는 데 기여했다는 점이다. 사법부로부터 행정기구를 보호하는 데 권력분립을 이용했다. 그 결과 국가권력이 제한되기보다 오히려 강화되었다. 19세기 거의 대부분은 이런 과정 속에서도 행정기구의 자의적 행위에 맞서 시민들을 보호하기 위한 제도의 발전이 있었다. 그것이 영국인들이 보고 놀라워했던 참사원 제도였다.

이 제도에 해당되는 것이 독일의 행정재판이다. 당시 독일에서는 행정부에 대한 민주적 통제에 대해 대단히 비관적이었다. 이런 이유와 행정활동의 독특한 특성 때문에 독일에서 발전한 것이 독립적인 행정재판 제도였다.

어떻게 법의 지배 정신이 독일에서 이런 제도의 발전을 가져오게 했는가? 하이에크는 이 과정을 설명하고 있다. 18세기 독일은 법에

---

30 "이제 모든 권력은 국민의 손안에 들어 왔기 때문에 이 권력의 남용을 막을 안전장치가 더 이상 불필요하게 되었다. 민주주의의 실현은 권력의 자의적인 이용을 자동적으로 막아주기 때문이다"(Hayek, 1971: 249).

의한 통치를 위한 운동이 활발했다. 법률과 행정원리는 거의 자유주의 였다. 이런 자유주의 발전에 기여한 인물로서 하이에크는 칸트를 들고 있다. 법의 지배의 근저에 있는 기본 사상을 일반적인 윤리학의 분야로 확장했다는 것, 이것을 하이에크는 칸트의 업적이라고 보고 있다. 칸트 에게 도덕의 일반 원리는 '지상명령(categorical imperative)'인데[31] 이것 은 자유로운 개인을 안내하는 모든 규칙들은 일반적, 추상적이어야 한다는 것을 말한다. 일반성과 추상성은 법이 갖추어야 할 조건이다 (Hayek, 1971: 252).

따라서 칸트의 윤리학과 관련시킨다면 그의 지상명령은 법의 발전 을 위한 토대의 준비에서 매우 중요한 개념이다.

칸트로부터 강력한 영향을 받은 인물이 홈볼트(K. W. v. Humboldt) 이다. 그는 미리 정한 일반성, 보편성을 가진 법규칙을 실시하는 경우에 한해서만 강제권을 행사할 수 있다는 것을 역설했다(Hayek, 1971: 253). 홈볼트는 그런 법을 강제하는 것이 국가의 유일하게 정당한 기능이라 고 보았다. 그러나 그는 국가의 비강제적 활동, 극빈자 보호정책 또는 공공재화의 생산과 같은 업무는 정당한 활동이 아닌가의 문제를 남겨 놓았다.

흥미로운 것은 프러시아의 발전이다. 프러시아는 프리드리히 II세 때 사법(私法)을 성문화한다(1751년).[32] 행정부를 효과적으로 통제하는 방법, 즉 법의 지배의 효과적인 실현은 법전화라고 믿었기 때문이다.[33]

---

31 이것은 "인간은 항상 '네가 하는 일이 보편적인 입법이 되도록 하라'는 격률에 따라 행동해야 한다"는 준칙이다(Hayek, 1971: 252).

32 프리드리히 II세의 이런 법전화의 직접적인 영향을 받은 것은 1800~1810년의 나폴레옹 법전이다.

이런 법전화를 통해서 달성하고자 하는 것은 법의 확실성이다. 그러나 하이에크는 성문화가 코먼 로 전통과 같이 판례법 제도에서보다 효과적으로 법의 확실성에 도달할 수 있는지에 대해서 의심하고 있다.

그리고 특히 성문화되었다고 해서 법관들이 법의 판결에서 완전히 법조문에 의존하여 판결할 수도 없다(Hayek, 1971: 254, 271). 그들은 선례나 또는 정의감과 같은 것들에 의존한다. 그리고 특히 법적 사고(Rechtsdenken)의 근저에는 암묵적인 규칙이 작용하고 있다는 것이다. 하이에크는 성문법전화에 대해 큰 기대를 걸지 않았다.

하이에크는 18세기 프러시아의 법의 지배 실현에서 가장 두드러진 분야로서 공공행정 분야를 들고 있다. 프랑스에서는 권력분립을 이용하여 행정부가 사법부로부터 독립하는 계기가 되었지만, 프러시아에서는 오히려 행정부의 활동이 사법부의 심사의 대상이 되었다는 것이다. 시민의 재산권에 대한 모든 행정 권력의 행사는 사법심사의 대상이 되어야 한다는 이념의 형성이었다. 행정기관과 사적 개인들 사이의 모든 분쟁은 보통법원의 판결에 따르도록 하는 법제정(1798년)에까지 발전했다(Hayek, 1971: 259). 이것은 독일의 자유주의와 법치국가의 발전에 대단히 중요한 역사적 사건이다.

헌법에 의해 정부를 제한하고 법원을 통해서 모든 행정부의 활동을 제한하는 것, 이것은 19세기 초 자유주의 운동의 핵심적인 목표가 되었다. 그런데 흥미로운 것은 개인들과 행정기관의 분쟁에 대한 사법부의 재판제도 대신에 행정에 관한 전문가로 구성된 독립된 행정법원을 창설했다는 것이다. 이것이 법치국가의 한 부분으로 확립되었다.

---

33 법전화는 법의 지배의 요소로서 '확실성'을 달성하기 위한 것이다. 칸트의 '지상명령'을 지키는 법과 함께 법전화는 완전한 법의 지배의 실현이라고 믿었다.

그러나 유럽의 이런 노력에서 빠진 것은 입법부를 제한하는 헌법의 결핍이다. 입법을 제한하는 장치가 없는 한, 그런 법의 지배는 미완성의 법의 지배이다. 하이에크가 이상적인 헌법모델을 보여주려고 한 것도 유럽사회의 법의 지배의 결함 때문이다.

4. 자유사회, 국가와 공법

법의 지배를 실현하는 경우 그런 사회를 우리는 자유사회라고 부른다. 우리가 주목하는 것은 하이에크가 자유사회에서 국가가 수행할 역할을 어떻게 구상하고 있는가의 문제이다. 이 문제는 사법과 공법의 관계에 관한 문제와도 밀접한 관련을 가지고 있다. 하이에크는 이 두 가지 법에 대해 대단히 민감하다. 왜냐하면 현대국가에서 공법이 사법 영역을 침해하여 공법이 사법을 유린하고 있다고 진단하기 때문이다. 사법과 공법 그리고 국가의 관제의 3각 관계를 살펴보자.

1) 사회와 국가의 관계

사회와 국가는 어떠한 관계가 있는가? 헤겔의 집단주의 전통이 보여주는 것처럼(Hayek, 1981a: 71~72) 국가와 사회는 구분의 필요가 없는가? 하이에크는 국가와 사회를 엄격히 구분하고 있다. 이 구분의 문제를 이해하기 위해서는 사회의 속성과 국가의 속성을 이해해야 한다.

하이에크에게 사회는 자생적 질서이다. 사회질서는 개인들끼리의 관계, 개인들과 이들이 자진해서 만든 조직들과의 관계, 그리고 이 조직들끼리의 관계들이 사생적으로 성장한 그물이다. 이러한 의미에서 사회는 결코 행동하거나 판단하거나 희망하는 신비로운 실체는 아니다(Hayek, 1981b: 192; Kirsch, 1983: 15).[34]

국가는 조직이다. 그것은 어느 한 영토 내에 있는 인간을 하나의 정부 아래로 조직한 조직이다(Hayek, 1981b: 191; 1980: 71). 국가를 의인화하여 파악하려는 사상에 따라 흔히 해석하고 있는 것처럼, 그것은 결코 신비스러운 실체가 아니라 매우 구체적인 인간조직일 뿐이다. 그런데 그것은 자신의 기능을 수행하기 위해 조직화된 기구를 필요로 한다. 이 기구를 정부(Regierung, Government)라고 부른다. 이와 같이 사회와 국가는 성격적으로 완전히 다르다. 엄격히 구분해야 할 이유가 이 때문이다.

성격의 차이를 좀 더 설명하면, 사회는 자생적으로 형성되지만 국가는 인위적으로 만든 것이다. 모든 조직이 그렇듯이 국가조직도 구성원들이 달성해야 할 공동의 구체적인 목적을 가지고 있다. 그러나 사회는 구성원들 전체가 추구할 공동의 목적이 없다.

우리가 주목하는 것은 국가와 사회는 어떤 관계가 있는가의 문제이다. 자생적 질서로서 사회는 개인만이 아니라 가족, 기업, 종교집단, 학교, 이익단체, 시민단체 등 자발적으로 또는 자연적으로 형성된 수많은 조직들을 포함하고 있다. 그런데 자생적 질서는 어떤 특수한 조직을 필요로 한다. 무엇 때문에 이런 조직이 필요한가?

앞에서 설명한 바와 같이 자생적 질서로서 사회는 그 기반이 되는 정의의 규칙을 필요로 한다. 이런 정의의 규칙을 변형하고 변화된 환경에 적응시키기고 이런 규칙의 준수를 집행할 필요가 있다. 이런 과제를

---

34 이러한 실체로 파악하는 것은 사회주의이다.

수행하기 위해서 조직이 필요하다. 이 조직이 국가이다. 그리고 이 조직은 또 다른 과제가 있다. 시민들에게 또 다른 서비스를 제공하는 과제다. 정부의 봉사기능이다. 그런데 우리가 주목하는 것은 하이에크에서 그 두 가지 국가의 과제가 엄격히 구분되고 있다는 것이다.

첫째, 정의의 규칙의 공표와 집행은 강제기능이다. 이것이 법치국가의 기능이다. 국가의 강제는 오로지 정의의 규칙, 법의 지배의 원칙을 충족하는 법규칙의 공표와 집행에 필요한 경우에만 행사되어야 한다. 개인의 재산, 자유 그리고 신체를 보호하는 국가 고유의 기능이다.

그러나 봉사기능의 행사에서는 국가는 강제를 행사할 수 없다. 하이에크가 강조하는 것은 국가의 강제권은 이런 봉사기능에까지 확대해서는 안 된다는 것이다.

둘째, 강제기능을 행사하는 정부는 게임규칙의 심판자로서 그리고 집행자로서 독점적인 역할을 행사할 수 있다. 그러나 국가의 봉사기능은 그 성격이 완전히 다르다. 서비스 기능을 행사하기 위해서는 정부에게 독점적인 위치를 허용할 필요가 없다. 봉사기능은 게임규칙의 심판 기능과는 달리 게임에 직접 참여하는 기능이다. 정부는 다른 민간조직들 또는 시민들과 똑같은 게임 참가자이다.

셋째, 시민들과의 관련성에서도 강제기능과 봉사기능은 서로 다르다. 모든 시민들은 정부가 강제기능에서 집행하는 정의의 규칙들에 반드시 예속되어 있다. 이런 강제기능을 영토 내에서는 회피할 방도가 없다. 항의(voice)는 할 수 있다고 해도 정부의 강제로부터 탈출(exit)할 수는 없다.

그러나 그들은 정부의 봉사기능에서는 강제기능에서만큼 정부의 권위에 예속되어 있지 않다. 그도 그럴 것이 정부의 봉사기능이 마음에 들지 않으면 민간집단이 제공하는 서비스를 수요하면 되기 때문이다.

그런데 국가의 봉사기능에서 개인들은 강제기능에서 만큼 정부의 권위에 덜 예속되어 있는 것은 사실이라고 해도 봉사기능이 국가의 강제와 완전히 독립적인 것은 아니다. 왜냐하면 이런 역할을 수행하기 위해서는 물질적 그리고 인적 자원이 필요하고 이런 물질적 자원의 조달은 조세형태의 강제와 결부되어 있기 때문이다.

하이에크에게서는 사회가 국가를 필요로 하는 것이지 국가가 자신의 목적을 위해서 사회를 필요로 하는 것이 아니다. 사회가 국가를 필요로 하는 이유는 국가에게 특정의 과제를 부여하기 위해서다. 이제 흥미로운 것은 사회가 국가에게 부여하는 구체적인 과제는 무엇인가의 문제이다.

2) 국가의 강제기능과 봉사기능

국가가 강제기능과 봉사기능을 효과적으로 수행할 수 있는 정부조직을 가질 수 있기 위해서는 무엇보다도 공법이 필요하다. 그런 공법은 정부기관을 조직하는 조직규칙으로서 그리고 정부기관의 권력을 제한하는 제한규칙으로서 매우 중요하다. 그런데 우리가 주목하는 것은 하이에크가 구분하는 국가의 강제기능과 봉사기능의 구체적인 내용이다. 강제기능은 보호국가의 과제이고 봉사기능은 생산국가의 과제를 의미한다. 보호국가적 강제기능은 실질적 법치국가의 기능과 동일하다. 그는 이 과제를 다음과 같이 설명하고 있다.

(1) 보호국가적 강제기능

① 국가는 정의의 규칙을 집행해야 한다. 우리가 정부라고 부르는 조직은 이러한 행동규칙의 준수를 확립하기 위해 필수불가결하다

(Hayek, 1980: 71).

② 정의의 규칙을 의미하는 법규칙의 목적은 개개인들의 '보호영역' 을 확정하여 다양한 개개인들의 행동들이 충돌하는 것을 될 수 있는 대로 막는 데 있다. 그러나 이러한 경계선을 효과적으로 긋는 데에 여러 가지 문제들이 제기된다. 우리가 이들에 대한 모든 해답을 단번에 찾는다는 것은 매우 어려운 문제이다(Hayek, 1980: 149). 따라서 행동규 칙들은 언제나 불완전하다. 현대사회는 역동적이고, 또한 이에 따라 사회적, 기술적인 변화도 역동적이다. 이러한 역동적인 변화에 대해 기존의 규칙체계를 개선·보완해야 한다(Hayek, 1980: 150). 이러한 과 제는 입법부나 사법부의 과제이다.

③ 국가는 경쟁질서 정책적인 과제를 가지고 있다. 시장참여자들이 다른 시장참여자들에게 강제를 행사하는 경우나 잠재적인 시장진입을 방해하는 경우, 국가는 이러한 행위를 막아서 자유로운 경쟁을 확립할 과제를 가지고 있다(Hayek, 1969: 124; 1981b: 110~120).

④ 외적을 막기 위한 국방과 조세는 국가의 강제기능에 속한다. 강제적인 병역의무에서 중요한 것은 특수한 경우를 제외하고는 면제가 있어서는 안 된다는 것이다.

(2) 생산국가적 봉사기능

① 정보의 공급에 의해 민주주의 정치질서에의 참여 및 법의 준수를 개선시킨다(Hayek, 1969: 89). 시장이 비록 정보전달을 위한 가장 효과 적인 수단이라고 하더라도, 특정한 종류의 정보에 대한 진입을 자유롭 게 하는 것이 시장기능을 더욱 원활하게 할 수 있다. 그 밖에 통계의 공급, 도량형의 제정 등도 정부의 서비스 기능에 속한다.

② 사회정책, 시상 언저리에 있는 소수파 그룹에 대한 소득보장은

하이에크에게 중요한 국가의 과제이다. 그에 의하면 전통적인 가족연대가 연약해지고 이로써 가족에 의한 보험 장치가 약해졌기 때문에, 이러한 소득보장을 국가가 담당해야 한다고 한다(Hayek, 1971: 361~386; 1981b: 82~84). 그러나 이러한 제도는 꼭 필요한 사람들만을 보호하기 위한 것이어야 한다. 그렇지 않으면 사회보장제도는 스스로 소멸된다(Hayek, 1981b: 83). 소년가장으로서 스스로 교육을 받을 수 없는 경우, 부모가 자녀를 교육시킬 능력이 없는 경우에 교육의 재정적 지원을 국가의 과제로 들 수 있다(Hayek, 1981b: 90). 이런 서비스에 필요한 재정은 비례세 제도를 통해서 실현된다. 국가의 보호대상자는 두 부류로 나눌 수 있다. 그 하나가 신체불구자, 노약자, 소년소녀가장 등과 같이 일할 능력이 없는 사람들이다. 두 번째 그룹은 극빈자이다. 일할 능력은 가지고 있지만 일자리가 없는 자들이다. 이들을 구출할 때 조심해야 할 것이 있다. 일하는 것보다 정부가 주는 생활자금이 더 크다고 한다면 일할 인센티브가 상실된다.

③ 대가를 지불할 의욕이 없는 사람을 그 이용으로부터 배제시킬 수 없고, 따라서 무임승차 문제를 극복할 수 없기 때문에 시장에서 공급될 수 없는 재화를 국가가 공급할 과제를 가지고 있다. 하이에크가 열거하고 있는 이러한 공공재화들 중에는 도로뿐만 아니라 극장이나 스포츠 운동장까지 포함되어 있다. 이런 것은 지방정부에 맡길 과제이다. 그렇지 않으면 특정의 그룹이나 특정의 지역사람들을 위해 전체 시민들이나 일부시민들을 희생하는 결과를 초래한다.

하이에크는 사회발전을 위해 국가를 불기피한 것이라고 보고 있다. 그에게 국가의 과제는 노직(R. Nozick)의 최소국가의 과제보다는 많다. 재산의 보호와 안전을 위해서 정의의 규칙을 집행하는 과제는 법치국가적 과제, 즉 보호과제이다. 이것은 고전적인 공공재화의 산출이다.

우리가 주목하는 것은 서비스 기능이다. 이 문제는 두 가지 문제와 결부되어 있다. 서비스 기능의 확인 문제이다. 그리고 이런 서비스의 공급을 위한 재정문제이다. 따라서 이 문제를 좀 더 자세히 설명할 필요가 있다.

3) 국가의 서비스 기능의 문제

시민들에게 대단히 소망스러운 국가의 서비스는 무엇인가? 이를 어떻게 찾아내는가? 전체로서의 공동체의 욕구를 어떻게 확인할 수 있는가? 하이에크는 이 문제를 민주적 표결과정을 통해서 확인해 내고자 한다.

그러나 민주적 정치과정이 그렇게 낙관적일 수 없다는 것은 하이에크 자신도 잘 알고 있다. 예를 들면 공항건설이나 또는 행정수도 건설은 특정지역에 유리한 건설임에도 공동체 전체의 욕구라고 하여 다수의 지지를 얻을 수 있다. 하이에크의 서비스 기능의 범위는 정치적으로 남용될 위험이 상존한다.

봉사가능을 위한 물적 자원의 동원 문제도 있다. 누가 재정을 부담하는가? 그것은 납세자이다. 그런데 국가가 공급하는 서비스의 대부분은 어떤 사람들은 좋아하고 다른 사람들은 싫어한다. 아니면 전혀 무관심한 사람들도 있다. 선호가 대단히 이질적이라는 것이다. 그렇지만 이들 모두에게 강제로 조세를 부과한다. 하이에크는 과세를 통한 자금조달을 제외하고는 정부의 서비스 활동은 강제를 수반하지 않는다고 주장한다. 그러나 이런 주장은 위험한 주장이다. 왜냐하면 자금조달 측면을 간과할 우려 때문이나.

정부의 서비스 그 자체는 좋은 것이다. 다리를 놔주고 공항을 건설하고 기업도시를 건설하는 그런 행동 자체는 대부분의 시민들에게 편익을 줄 것이라고 믿기 때문이다. 그러나 문제는 자금조달이다. 일단 서비스공급이라는 명분으로 세금을 거두어들이면 정부는 자신이 필요한 모든 강제를 적용한 것이나 다름이 없다. 이런 강제를 용납할 수 있는 예외적인 강제라고 말한다면 자유주의자가 무엇을 반대할 것인가? 정부가 하는 일 전부를 인정하는 결과가 수반된다.

따라서 정부가 요구하는 권위를 제한된 규모의 자원을 통제하는 데 엄격히 제한하지 않으면 봉사기능을 명분으로 정부의 권위와 봉사기능은 확대되고 반면에 원래 정의의 규칙에 의해 보호받을 사적 영역은 축소된다. 이를 엄격히 통제하지 않으면 개인들이 개별적으로 또는 사적 조직에서 보호국가에 의해 집행되는 정의의 규칙의 테두리 내에서 자유로이 사용할 자원의 규모가 줄어든다.

극단적인 경우 정부가 사회의 모든 인적 그리고 물적 자원을 요구한다면 그것은 전체주의나 다름이 없다. 이런 경우에는 국가와 사회의 구분이 의미가 없다. 따라서 중요한 것은 정부가 통제할 수 있는 자원의 몫이다. 하이에크는 조세헌법을 말하고 있다. 그는 비례세 제도를 강조한다. 그러나 이 조세도 서비스 활동을 제한하는 데 효과적이지 못하다. 세율을 높일 수도 있기 때문이다. 그래서 지출의 규모를 제한할 것을 강조하는 자유주의자도 있다.

마지막으로 부언하고자 하는 것은 '국가경영'이라는 말의 사용이다. 흔히 사람들은 정부가 나라를 경영한다는 의미로 '국가경영'이라는 말을 사용한다. 국가경영전략이라는 말도 사용한다. 하이에크는 그 말은 사회의 자생적 질서를 정부가 경영하는 조직으로 이해하는 잘못된 발상에서 나온 말이라고 주장한다(Hayek, 1980). 이런 말은 사회주의 계획경제에서나 타당한 말이다. 사회를 마치 기업처럼 여기는 사고방식이다.

4) 사법과 공법

그런데 국가가 이런 역할을 하기 위해서는 공법이 필요하다. 여기에서 공법과 사법을 비교하는 것이 마땅한 것 같다. 이미 앞에서 설명한 바와 같이 하이에크는 두 가지 종류의 법을 구분한다. 그 하나는 노모스이다. 사법(private law)이 이에 속한다. 이것은 그가 사회라고 부르는 자생적 질서(cosmos)의 기반이 되는 행동규칙이다. 그런데 조직(taxis)으로서 특수한 것이 있는데 이것이 국가 또는 정부라고 부르는 조직이다. 이런 조직의 기반이 노모스와 대비하여 테시스이다. 이것은 조직규칙인데 이에 속하는 것이 공법이다.

사회적 코스모스로서 자생적 질서는 서로 다른 개인들이 서로 다른 목적을 추구하는 데 '유용한' 질서이다. 이러한 질서의 대표적인 예가 시장질서이다. 시장질서는 개개인들이 자신들의 목적과 지식을 기초로 하여 자신들의 계획들을 상호간 조정하는 절차이다. 그것은 앞에서 설명한 바와 같이 열린 시스템, 스스로 통제하고 스스로 조직하는 시스템이다. 복잡한 시스템으로서 시장질서는 어느 한 특정의 구체적인 목적에 기여하는 것이 아니라 다양한 목적들을 추구하는 데 기여한다.

이와 같은 성격의 자생적 질서가 생성되기 위해서는 추상적인, 즉 구체적인 목적과 동기를 고려하지 않고 특정의 행동국면을 당연히 금지하는 행동규칙들이 존재해야 한다. 다시 말하면 장래의 불특정 다수의 사례에 적용될 수 있는 행동규칙들이 존재해야 한다. 이러한 행동규칙들은 노녁규칙, 종교규칙, 단순한 전통, 법규칙 능이다.

하이에크는 이러한 행동규칙들은 문화적 진화의 결과로 파악하고 있다. 특히 법관의 법, 노모스라고 부르는 법규칙들이 사법을 구성한다. 그것은 소유권 규칙 및 자산의 습득과 양도를 위한 조건을 규정하는 규칙들이다. 사적 소유로 인해 개개인들은 자신들의 목적을 달성하기 위해 수단들을 이용할 수 있다.

법은 개개인들의 '보호영역'을 설정함으로써, 수단의 사용에 대한 타인들의 침해를 막는다. 이 보호영역 내에서 개개인들은 자신들의 인지능력에 기초하여 자신들의 목적을 추구한다. 그러한 법은 추상적인 성격을 가지고 있기 때문에 모든 개개인들이 다양한 목적들을 추구할 수 있게 하고 또한 이들의 조정을 가능케 한다. 이러한 사법들은 시장 시스템의 진화와 함께 장기적인 역사적 과정에서 형성된 것으로 간주하고 있다. 이러한 과정에서 법관이 중요한 역할을 했다는 것이다. 이들은 법관들이 분쟁을 해결하는 과정에서 자발적으로 형성된 것으로 간주하고 있다.

사법(私法)의 '목적'은 어떤 특수한 알려진 이해관계를 달성하기 위한 수단이 아니다. 다시 말하면 사법은 편의주의와는 관계가 없다.[35] 그것은 오로지 인간의 갈등을 막고 법의 불확실성을 제거하여 인간의 협동과 공동생활을 가능케 하는 데 그 취지가 있을 뿐이다(Hayek, 1981b: 61).[36] 사법은 다양한 개개인들의 목적달성에 기여하는 다목적 수단으로서 기능하고 따라서 그것은 일반성, 추상성, 확실성과 내재적인 양립성을 가지고 있다.

---

35 편의주의는 목적효용(end-utility)과 관계가 있다. 이와 밀접한 관련성을 가진 것이 공리주의이다.

36 이러한 의미에서 사법은 수단효용(means-utility)과 관계가 있다.

그러나 조직은 특정의 알려진 목적(이해관계)을 가지고 있고, 이 목적을 달성하기 위한 것이 조직법, 즉 공법이다. 따라서 그것은 편의를 위한 법이다. 그것은 이해관계를 절충하기 위한 법이다.[37] 그러한 법은 인위적으로 만든 제정된 법이다. 공법은 공법에 적용되는 구성원들이 달성하고자 하는 공동의 목표가 있다. 법원은 공정한 판정을 위한 목표, 검찰은 범죄를 찾는 역할 등이 그것이다. 행정부 각 부처도 제각기 공동의 목표를 할당받는다. 이때 할당하는 것이 예를 들면 공법으로서의 헌법이나 정부조직법이다. 이런 법은 사법과는 전적으로 다른 성격을 가지고 있다.

이와 같이 하이에크는 노모스로서 그리고 법관의 법으로서의 사법을 그 발생 및 법의 목적과 관련하여 공법과 비교하고 있다. 사법은 문화적 진화의 산물인 반면에 공법은 인위적 산물이다. 사법은 다목적 수단이다. 그것은 자생적인 사회질서의 유지를 그 목적으로 하고 있다. 이에 반해 공법의 목적은 모든 조직의 규칙들과 마찬가지로 알려진 특정의 정부목적을 달성하는 데 있다.

이와 같이 자생적 질서의 기초가 되고 있는 사법규칙의 성격은 '일반적인 정의의 규칙'의 성격을 가지고 있다. 하이에크의 법철학에서 정의의 법규칙의 대표적인 예가 사법규칙이다. 그러나 조직규칙으로서의 공법은 정의의 규칙에 속하지 않는다. 사법규칙은 자유를 보장하는 행동규칙에 속한다. 따라서 공법이 자발적 질서와 양립할 수 있기 위해서는 공법과 사법이 어떠한 관계가 있어야 하는 문제가 제기될 수 있다. 자유사회에 공법이 필요 없는 것이 아니다. 반드시 필요하다.

---

37 이러한 법은 목석효용과 관계가 있다.

그런데 하이에크가 강조하는 것은 성격이 완전히 다른 이 두 가지 법을 혼돈해서는 안 된다는 점이다. 현대국가에서 그런 혼돈으로 자유를 잃게 되었다고 한다. 이 문제는 나중에 설명하기로 하고 이제는 공법은 어떤 것들이 있는가를 설명하고자 한다.

5) 법치국가와 공법질서

정부와 국가는 조직이다. 이에 반해 사회는 자생적 질서이다. 이 두 가지는 그들이 각각 전제하고 있는 행동규칙의 성격에 의해서도 구분된다. 하이에크는 사회의 자생적 질서의 기반이 되는 정의의 규칙은 기본적으로 형법을 포함하는 사법과 일치한다고 보고 있다. 이런 법의 특징은 탈목적적이다.

그러나 정부조직을 결정하는 행동규칙을 공법이라고 부르는데 이것은 국가의 특수 목적과 결부되어 있다. 하이에크는 이런 공법의 범주에 속하는 법제들을 다루고 있다. 헌법, 재정법 그리고 행정법 등이 그것이다. 그의 논의의 초점은 공법은 사법과는 다른 성격의 법이라는 것을 보여주는 것이다.

(1) 헌법

헌법은 특수한 권위를 부여하고 다른 법보다 더 큰 존중을 받는 법이기는 하지만 공법의 범주에 속하는 대표적인 규칙들이다. 헌법은 정부권력의 배분과 그 권력의 제한과 관련된 규칙, 정부의 조직과 그리고 정부의 여러 부분에 대한 권력배분을 다루는 규칙들로 구성되어 있다.

헌법규칙은 두 가지 종류의 규칙들로 구성되어 있다. 국가와 정부의 내적인 조직과 관련된 조직규칙이 그 하나이다. 의사결정을 하고 활동하는 조직의 내부를 구성하는 규칙이다. 이것이 순수한 조직규칙(organizational rule)이다. 다른 하나는 정부의 권한을 제한하는 규칙, 정부조직의 활동을 제한하는 규칙이다. 이것은 조직의 의사결정 범위와 행동을 제한하는 규칙이다. 이것은 행동제한 규칙(limiting rule)이다(Hayek, 1980; Vanberg, 1989).

조직규칙으로서 첫 번째 범주에 속하는 헌법규칙은 정부의 권한에 속해 있는 자원들을 어떤 방법으로 관리되어야 할 것인가를 결정한다. 그들은 다양한 문제들을 결정하기 위한 의사결정 절차, 대표자들의 선출·지명 방법을 규정한다. 그들은 명령의 순위를 정하고 서로 다른 관료나 대표자들의 책임 영역 및 재량권의 범위 등을 규정한다.

이와는 달리 정부의 활동을 제한하는 제한규칙은 조직으로서 국가가 어떻게 활동할 수 있는가의 문제보다는 그것이 조직으로서 무엇을 해도 좋은가의 문제를 다룬다. 이것은 정부의 권위의 한계를 설정한다. 예를 들면 그것은 국가에 의해 관리될 수 있는 자원의 몫을 규정한다(재정헌법). 또는 정부의 기관을 통해 국가가 수행해도 좋은 의사결정 범위 및 행동 범위를 설정한다.

헌법으로서의 제한규칙은 '정부 실패' 또는 '민주주의 실패'라는 문제를 해결하기 위한 방법으로서 하이에크를 비롯하여 자유주의자들이 각별한 관심을 갖고 있는 대상이다. 제한규칙은 주인-대리인 문제를 해결하기 위해서도 필요한 규칙이다.

흥미로운 것은 공법의 두 가지 요소, 즉 조직규칙과 그리고 제한규칙의 구분과 관련된 판베르크의 해석이다. 그는 1994년 자신의 저서 『경제학에서 규칙과 선택(Rules and Choice in Economics)』에서 이 두 가지 규칙과 관련하여 민주주의와 자유주의를 구분하고 있다. 하이에크가 지적하고 있는 바와 같이(Hayek, 1980) 민주주의의 이상은 정부기관의 권력을 누가 통제하는가의 문제와 관련되어 있다. 이것은 정부의 조직규칙을 통해서 해결한다. 투표방법, 대표자 선출방법, 의사결정 방법과 관련된 규칙이다.

이에 반해 자유주의의 이상은 권력의 제한에 초점을 맞춘다. 정부의 제한규칙은 정부의 권력을 효과적으로 제한하고 억제하는 방법의 문제를 다룬다. 이 두 가지를 분명히 구분해야 한다. 하이에크는 현대 민주주의에서 제도적인 결함을 진단하고 있는데, 그에 의하면 그 결함은 정부를 제한하는 효과적인 규칙이 없다는 것이다(Hayek, 1981b). '무제한적 민주주의(unlimited democracy)'라는 것이다.

(2) 행정법

공법의 대표적인 것이 행정법이다. 행정법은 그 적용대상에 따라 다양한 의미로 사용된다. 첫째로 행정법은 다양한 정부기관들의 활동을 규정한다. 그것은 다양한 정부행위자들(관리)에게 할당된 인적 및 물적 수단(자원)을 어떻게 사용해야 할 것인가를 결정하는 규정이다. 이것은 조직규칙이다.

둘째로 행정법 가운데 조직으로서 국가의 '시민'들에게 정부가 공급하는 다양한 서비스의 이용(예: 공원의 이용, 도로 이용)을 규제하는 것들이 있다. 도로나 공공장소에서의 행동은 개인적인 영역을 할당해서는 규제될 수 없다. 다시 말하면 배타적 권리를 할당할 수 없다. 편의를 고려해서 규칙을 제정하는 수밖에 없다. 이러한 규칙을 제정할 때 유의해야 할 점은 모든 사람들에게 똑같이 적용할 수 있는 규정이어야 한다. 다시 말하면 차별을 두어서는 안 된다. 즉, 모든 사람들이 똑같이 공공시설을 사용하도록 해야 한다는 점에서 정의로워야 한다.

셋째로 행정법은 '사적 영역'을 설정하는 일반적인 행동규칙을 보충한다. 이것이 위임입법 또는 행정입법이다(Hayek, 1980: 185). 중요한 것은 행정입법도 나중에 자세히 설명할 입법제도로서 '입법의회'의 입법권을 제한하는 것과 동일하게 억제되어야 한다는 점이다.[38]

넷째로 개인들과 그들의 재산을 지배하는 행정 권력을 기술하기 위해 행정법을 사용하는 경우가 있다. 이때의 행정 권력이란 정의로운 행동규칙으로 구성되어 있는 것이 아니라 특정의 예측이 가능한 결과를 지향한다. 따라서 그것은 재량과 차별을 특징으로 한다. 이러한 의미의 행정법은 법 아래에서의 자유 개념과 충돌한다(Hayek, 1980).

하이에크는 이러한 행정 권력에 행정법이라고 부르는 것을 반대하고 있다. 그러면서 그는 정부는 극단적인 확실한 상황을 제외하고는 사법주체들에 대한 재량적인 권력을 가질 수 없고 또한 정부는 사적 시민과 똑같이 '일반적인' 법[39]과 정상적인 법원의 관할에 예속되어야 한다고 주장하고 있다(Hayek, 1980: 185).

하이에크가 행정법이라고 부르기에 적합하지 못하다고 생각하는 위와 같은 성격의 행정법의 예는 상품의 서비스의 가격 및 수량 통제 등이다. 이런 것들은 시장질서에 개입하는 정책들을 의미한다(Hayek, 1971: 293). 이런 정책은 모두 법의 지배 원칙을 위반하는 정책일 뿐만 아니라 사법을 유린하는 정책이다.

생산기술이나 건축의 규제를 비롯하여 건강이나 안전의 확립과 관

---

[38] 사용자의 안전과 건강을 보호하기 위한 조치들, 예컨대 백화점, 공장, 극장과 같은 공공장소의 이용과 관련된 규칙(Hayek, 1980: 186).

[39] 이것은 코먼 로이든 또는 제정법이든 관계없이 일반적, 추상적인 행동규칙을 의미한나.

련된 법들 그리고 노동안전법도 행정법이라는 의미로 해석될 수 없고 따라서 정의로운 행동규칙에 속한다(Hayek, 1981b: 158; 1971: 290).

(3) 재정법

재정법은 공법의 세 번째 유형이다. 그것은 특수한 결과, 특정의 목표를 달성하는 데 취지를 가지고 있는 법이다. 이런 점에서 그것은 특정 결과와 관계없이 적용되는 사법과 다르다. 재정입법은 정치적 법이지 '사법적인 법(juridical law, Rechtsgesetze)'은 아니다(Hayek, 1971: 183).

하이에크는 재정입법과 관련하여 두 가지 측면을 구분하고 있다. 정부의 재정지출 측면과 조세수입 측면, 즉 재정부담 측면이 그것이다. 입법부가 행정부에게 재정지출을 허용하는 경우, 그것은 정의로운 행동규칙을 제정하는 것이 아니라 특정 목표를 달성하도록 행정부에게 지시하는 것을 의미한다.[40] 지출예산에는 정부가 할당받은 수단의 이용목적과 이용절차와 관련된 지시들로 구성되어 있다. 정부가 다른 모든 조직들과 똑같이 정의로운 행동규칙을 위반하지 않으면서 특정의 목적을 달성하려고 할 경우, 그것은 결코 잘못은 아니다.

그러나 중요한 것은 조세수입 측면이다. 조세수입 측면은 총수입에 관한 결정과 조세부담의 분배에 관한 결정으로 구분될 수 있다. 조세수입 규모에 관한 결정은 특수한 사정에 의해 좌우되는 특수한 결정이다. 그러나 조세부담의 분배는 정의의 문제를 제기한다. 이 부담의 분배는 결정된 지출의 특정규모와 관계없이 적용되는 일반적인 정의의 규칙에

---

40 지출에 관한 한 국가예산은 정의로운 행동규칙은 전혀 포함되어 있지 않다.

의해 제한되어야 한다. 이 행동규칙은 지출을 결정하는 사람에 의해서는 변동될 수 없어야 하고, 따라서 이것은 그에게 주어진 여건이 되어야 한다.

따라서 누가 조세부담을 짊어져야 할 것인가를 결정해 놓고, 이러한 결정을 주어진 것으로 간주하고 이 결정의 범위 내에서 지출을 결정하는 것이 국가의 모든 강제는 정의로운 행동규칙의 집행에 국한시켜야 한다는 법의 지배로서의 기본원칙에 합당하다는 것이다(Hayek, 1971: 183).

이상과 같이 사법과 공법은 그 성격에 있어서 완전히 다르다. 그렇다고 해서 공법이 자유와 충돌하는 것은 아니다. 사법의 테두리 내에서 국가가 자신의 과제를 수행하기 위해 필요한 공법은 자유와 저촉되는 것은 아니다. 테시스에 대한 노모스의 우위성이 확립될 때, 공법이라고 말할 때의 '법'은 자유와 양립한다.

6) 사법과 공법의 언어적 혼란

앞에서 설명한 바와 같이 사법과 공법은 그 성격상 완전히 서로 다른 개념이다. 사법은 개개인들의 행동은 물론 정부를 비롯한 민간 조직들의 행동을 제한한다. 공법은 특정의 정부조직들이 수행할 특정의 목적과 이를 달성하기 위해 필요한 행동들을 규정한다. 그것은 시장 경제에 대한 규제와 계획의 바탕이 되는 처분적 법률, 복지국가를 위한 사회입법과 똑같이 테시스에 속한다. 따라서 그것은 진정한 의미의 법은 아니다. 왜냐하면 법은 자유를 보장하는 경우에만이 법이기 때문이다. 특수한 목적을 달성하기 위한 법은 원래 법이 아니다.

이와 같이 사법과 공법은 그 성격상 완전히 다름에도 불구하고 다

표 5.1 사법과 공법의 비교

사법	공법
가치합리성	목적합리성
진화적 생성	의도적 생성
의견(opinion)	의지(will)
일반성	차별성
정의	편의주의
절차지향적	결과지향적
소극적	적극적
사법(司法)적	정치적
자생적 질서	조직

같이 '법'이라고 부르고 있다. 이로써 노모스와 테시스의 구분이 흐려졌다. 완전히 서로 다른 성격을 가진 두 가지 행동규칙을 모두 '법'이라고 부르게 된 이유는 무엇인가? 그 근본적인 이유는 프랑스 계몽주의 전통의 구성주의적 합리주의 사상의 영향 때문이다.

이 사상은 기본적으로 계획사상이다. 인간이성은 완전하기 때문에 사회질서를 목적합리적으로 계획하고 설계할 수 있고 이런 설계를 집행할 수 있는 능력을 가지고 있다는 사상이다.

이 사상의 오류를 파악하기 위해서 우리가 주목하는 것은 인간행동의 특성이다. 즉, 인간행동은 두 가지 국면을 가지고 있다. 목적과 결부된 국면과 가치와 결부된 국면이 그것이다. 하이에크가 상세히 설명하고 있듯이 전자는 '의지(will)'를, 후자는 '의견(opinion)'을 전제로 한다. 의지는 어떤 구체적인 목적과 결부되어 있다(Hayek, 1981a: 28~31; 1969).

반면에 의견은 특정의 행동양식들이 옳으냐 아니면 그르냐에 관한 것이다. 의견은 특정의 상황에서 구체적인 목적과 투입될 방법을 선택할 때 인간을 조종하는 가치이다. 목적과 결부된 행동은 가치와 결부된

행동을 전제로 한다. 이 후자의 행동이 얼마나 중요한가는 흄이 입증한
다(Hayek, 1969: 217 주석 10).

"인간은 자신의 이해관계에 상당한 정도로 지배받고 있다고 하더라도
이해관계 그 자체와 모든 인간사들은 전적으로 의견에 의해 지배받는다."

그러나 구성주의적 합리주의자들은 여기에서 두 가지 오류를 범하
고 있다.[41] 첫 번째 오류는 두 가지 행동국면을 구분하지 못했다는
점이다. 두 번째는 목적과 결부된 행동국면을, 따라서 의지만을 일방적
으로 강조하고 가치와 결부된 행동국면을 무시해 버렸다는 점이다
(Hayek, 1969: 218). 이 두 가지 오류는 경제이론, 법이론 및 정치이론에
막대한 영향을 미쳤다.

주류경제학은 가치와 결부된 행동국면을 무시하고, 오로지 목적과
결부된 행동국면만을 강조함으로써[42] 시장질서의 자생적 성격(자생적
질서)을 무시하고, 오히려 시장질서를 조직으로 파악하고 있다. 이러한
시각으로부터 경제는 공법의 테두리 내에 있는 조직으로서 관리·조종
되어야 한다는 정책적인 결론을 도출하고 있다.

그런 오류를 지닌 구성주의적 합리주의 때문에 법학에서는 테시스
와 노모스의 구별을 흐리게 만들었다. 그리고 구성주의의 미신은 법체
계의 자생적인 성장에 관해 관심도 없고 또한 이에 관해 별로 경험하지

---

[41] 스코틀랜드의 계몽주의 철학자들은 두 가지 행동국면을 분명히 구분했고, 특
히 가치와 결부된 행동과 '의견'의 중요성을 집요하게 강조했다.

[42] 이러한 전통을 이어 받아 형성된 것이 리카디안 경제학(Ricardian Economics)이
고, 주류경제학이다.

도 않은 공법학자들, 오로지 입법에 관한 지식만을 가진 공법학자들이 학계나 법조계 및 그 밖의 공공정책 분야를 지배하게 만들었다.

이러한 지배를 더욱 강화시켜 주는 데 매우 큰 기여를 한 것이 자연과학을 맹신하고 이를 모방해야 한다는 신념, 즉 과학주의에 사로잡힌 주류경제학이다. 이 주류경제학은 테시스만 알고 있을 뿐 노모스를 알지 못한다.

정치이론에서는 모든 법은 인간정신에 의해 창출될 수 있고, 창출되어야 한다는 구성주의적 합리주의 사상의 정치적 귀결 중 하나인[43]규범적인 '주권재민 사상'을 등장시키는 데 기여했다.[44] 이 등장의 결과가 바로 의회민주주의 국가에서 하나의 입법기관이 성격에 있어서 완선히 서로 다른 노모스와 테시스를 제정하는 권력을 부여받았다는 점이다.

따라서 노모스와 테시스 모두가 하나의 동일한 권위에서 생겨나게 되었다. 즉, 입법기관이 이 두 가지를 만들어내고 있기 때문에 입법기관에 의해 만들어내는 것이면, 그것이 무엇이든 '법'이라고 부르게 되었다(Hayek, 1969: 117; 1981a: 154). 주권재민 사상은 의견과 의지를 구분하지 못하고, 또한 의견은 '단순한 의견'일 뿐 그것은 불확정적인 것의 전형이자, 합리적인 논의를 위해서는 부적합한 것으로 간주해 버리고 오로지 의지만을 강조하게 되어(Hayek, 1969: 217) 노모스에 대해 테시스가 우위를 확보하게 되었다.

이상과 같이 우리는 완전히 서로 다른 성격의 노모스와 테시스를

---

43 누구에 의해 창출되어야 하느냐 하는 창출주체를 주권재민 사상은 집단적인 '국민'으로 간주하고 있다.

44 주권재민 사상은 법의 내용을 중시하지 않고 오로지 법의 원천만을 중시한다.

모두 '법'이라고 부르게 된 언어적 혼란의 요인과 아울러 노모스에 대해 테시스가 우위성을 확보하게 된 — 하이에크는 현대사회를 이렇게 진단하고 있다 — 이유를 설명했다.

하이에크는 구성주의적 합리주의 사상에 입각하여 형성된 의회민주주의 제도의 결함을 의회의 권력집중에서 찾고 있다. 이러한 집중을 피하여 노모스로서의 사법의 우위성을 확립하고 이로써 자유로운 인간의 사회를 보호하려 하고 있다. 그의 이러한 의도의 표현이 그의 헌법주의(Constitutionalism) 구상이다. 이 문제는 나중에 자세히 설명하기로 하고 이제는 테시스의 우위성으로 인해 생겨날 결과를 설명하고자 한다.

7) 자유와 언어적 혼란

언어는 세계에 관한 특정의 시각을 포함하고 있을 뿐만 아니라 그것은 인간의 인식에 중요한 영향을 미친다. 그것은 이론적 및 사고의 디딤돌이라는 것 이외에도 특정의 정치적 귀결을 갖고 있다.[45] 말은 행동의 길잡이이기 때문이다.

이와 같은 언어의 중요성 때문에 하이에크에게 있어서 언어의 분석은 말장난이 아니라 정치철학의 중요한 과제이다. 하이에크는 "말이 그 의미를 상실하면 개개인들은 자신들의 자유를 상실한다"는 공자를 인용하고 있다(Hayek, 1981b: 186; 1988: 106).

---

[45] 단어들 및 이들 속에 구현되어 있는 이론들은 매우 중요하다. 우리가 잘못된 이론 속에 깔려 있는 언어로 말을 할 경우 우리는 오류를 발생시키고 또한 그 오류를 영속시킨다. 하이에크(Hayek, 1988: 107) 참조.

언어가 더럽혀지면 언어가 길잡이 역할을 제대로 할 수가 없다는 것이다. 결국 우리를 노예의 길로 인도해 주느냐 아니면 자유의 길로 인도해 주느냐 하는 것은 언어의 남용, 이에 비롯하여 생겨난 잘못된 신념의 남용과 사회에 대한 오해 여부에 달려 있다는 것이다. 언어의 애매성, 언어의 혼란을 하이에크는 여러 장소에서 언급하고 있다. 예를 들면 그는 『치명적 자만』에서 더럽혀진 언어의 예를 들고 있다. '사회' 라는 애매한 말이 붙어 있는 수많은 단어들을 들고 있다. 사회적 계산, 사회정의, 사회민주주의, 사회적 책임, 사회적 권리 등이 그것이다. 서로 다른 말을 혼용하는 경우도 빈번하다. 전형적인 것이 민주와 자유의 혼용이다.

우리가 여기에서 주목하는 것은 사법과 공법에서 법이라는 용어의 혼용이다. 이러한 혼용 내지 남용은 중대한 정치적 결과를 초래한다.

하이에크는 테시스와 노모스를 구별하지 않고 아무렇게나 '법'이라는 용어를 사용할 경우, 테시스가 점차 노모스를 파괴하고, 이로써 자생적 질서가 전체주의적인 조직으로 대체될 위험성을 경고한다. 만약에 테시스가 노모스와 동등한 것으로 간주된다면, 혹은 이들을 엄격히 구별하지 않는다면, 입법부에 의해 제정된 모든 것을, 그것이 무엇이든 관계없이, 법이라고 간주할 것이다. 입법부의 결정이 이미 존재하고 있는 정의의 규칙들과 갈등할 경우, 그 결정이 자생적으로 형성된 정의의 규칙들을 밀어낼 것이다.

왜냐하면 구성주의적 합리주의 사상에 따르면 자생적으로 생겨난 법이 만들어진 것보다 열등한 것이고, 또한 그것은 주권재민 사상에 따라 정통성을 갖고 있지 않기 때문이다. 따라서 정의의 규칙들은 조직 규칙에 의해 대체될 것이다. 그 결과 열린사회가 폐쇄된 사회로 전환된다(Hayek, 1980: 188).

사법이 공법으로 전환하고 이로써 열린사회가 폐쇄된 사회, 따라서 사회의 자생적 질서가 조직으로 전환하는 데 결정적인 역할을 하는 것이 정부가 어떤 특정의 목표를 달성하려고 노력하는 경우이다. 특정의 목표란 시장결과를 수정하기 위한 분배목표 또는 자원배분 목표를 들 수 있다. 케인지안 정책목표 또는 후생경제학의 목표에서 도출된 목표들이 이에 속한다.

하이에크는 특히 '분배적' 목표를 들어 사법이 공법으로 전환하는 과정을 예시하고 있다. 모든 분배목표는 평등을 실현하기 위한 정책적 노력이다. 이런 노력의 입법이 '사회적' 입법이다. 사회정의 또는 분배적 정의를 달성하기 위한 입법이다. 사회정의란 특정의 그룹에게 특정의 소득수준을 확립하기 위한 노력이다. 이러한 '사회적' 목적은 목적과 관계없는 정의의 규칙(혹은 사법규칙)에 의해서는 달성될 수 없고, 특정 그룹의 인간에게 특정의 것을 지시하는 규칙, 즉 목적에 좌우되는 조직규칙에 의해서만 달성될 수 있다(Hayek, 1980: 190).46

이러한 맥락과 밀접한 관련성을 가진 것이 주택시장에 대한 정부의 개입, 토지시장에 대한 정부의 개입이다. '사회정책적' 의도를 갖고 개입하는 이러한 정책들은 모두 사법주체들을 관료의 재량에 예속시키는 정책들이다.47 요컨대 노모스를 테시스로 대체시키는 것은 종말상황(ene-state)을 달성하기 위한 모든 노력이다.

---

46 이러한 맥락에서 국민 연금제도를 비롯한 의료보험제도 등을 논할 수 있을 것이다.

47 이 밖에도 독과점규제 정책으로 취하고 있는 각종 규제들이 있다. 예컨대 우리나라의 독과점규제법 조항들 중에서 특히 제7조 3항.

5. 법의 지배와 분배정의

20세기 정치적으로 가장 인기가 있었던 슬로건은 사회정의 또는 분배정의였다. 분배정의는 대중으로부터 매우 큰 인기를 끌고 있는 정의 개념이다. 그렇기 때문에 하이에크는 1970년대 이후에는 이 주제의 분석에 많은 노력을 할애했던 것이다. 사회정의란 사회는 개인들 및 그룹들을 정의롭게 대우해야 하고 이를 위해서는 소득과 재산의 분배와 관련하여 정의로운 분배적 패턴이 있어야 한다는 것을 요구하는 정치적 슬로건이다(Hayek, 1981a: 94).

이러한 슬로건은 대중적 인기를 끌고 있는 것이 사실이다. 학생들, 도덕을 설교하는 교사나 학자들은 사회정의를 요구해야 양심적인 사람으로 인정받는다. 분배를 반대하는 사람은 차가운 가슴을 가진 비양심적인 사람으로 취급당한다.

카톨릭 성직자들까지도 사회정의를 요구한다. 이런 사회정의가 현세에서 인류를 구제할 수 있는 중요한 도덕이라고 여기고 있다. 심지어 독재정부나 권위주의 정부까지도 사회정의를 주요 목표로 선포했다. 정권의 정당성을 확보하기 위해서다(Hayek, 1981a: 97).

사회정의에 대한 의무는 이제는 선한 인간을 구별해 내는 기준이 되어버렸다. 그것은 또한 도덕적 양심을 가지고 있다는 표시가 되어버렸다. 이와 같이 사회정의가 인기가 있고 광범위하게 확산되어 있다고 해서 그것이 정말로 정의롭고 의미 있는 정의라고 볼 수 있는가?

그러나 하이에크는 이런 사회정의를 강력히 비판했다. 거의 모든 지식인들이 사회정의를 요구할 때 그는 사회정의는 정의가 아니라 부의(不義)라고 비판했다. 하이에크의 분배정의에 대한 이런 비판은, 거의 모든 지식인들이 사회주의는 효율적이고 번영을 기약할 수 있는 도덕적인 질서라고 주장할 때 하이에크는 사회주의는 불가능하고 그것은 멸망한다고 주장했던 것과 흡사하다. 하이에크는 어떻게 분배정의를 비판하고 있는가? 이 문제를 파악하기 위해서 하이에크가 말하는 정의의 개념을 설명할 필요가 있다.

1) 하이에크의 정의의 개념

정의란 하이에크에서 오로지 인간행동과 관련되어 있다. 인간의 상호작용의 결과로서 형성되는 분배결과는 정의롭거나 정의롭지 않다고 말할 수 없다는 것이다. 그는 정의를 오로지 인간행동과 관련된 것으로 파악하기 때문에, 그의 정의의 원칙은 정의롭지 못한 행동을 제거하는 제도 또는 절차와 관련되어 있다. 절차적 정의를 중시한다.

이 절차를 규정하는 것이 하이에크가 도덕철학적 개념을 빌려 사용하는 '정의로운 행동의 일반적 규칙(general rule of just conduct)'이다. 애덤 스미스의 '정의의 규칙'을 말한다. 이것은 노모스를 의미한다. 이것은 개인의 보호영역을 설정하는 행동규칙이다. 정의의 규칙으로서 하이에크는 흄의 자연법의 세 가지 원칙을 들고 있다. 즉, 소유의 안정, 합의에 의한 소유의 이전, 약속의 이행이 그것이다(Hayek, 1981a: 64; 1969: 232~248). 또는 계약의 자유, 소유의 불가침 및 과실(過失)에 의해 타인에게 발생된 피해에 대한 보상의 의무48와 관련된 행동규칙이다.

이런 정의의 규칙은 정의롭지 못한 행동을 제거하는 역할을 한다.

---

48 하이에크는 이를 존스(Jones, 1940: 114)에서 인용하고 있다. 하이에크(Hayek, 1981a: 64, 217 주석 23) 참조.

정의롭지 못한 행동은 타인의 자유와 재산 그리고 생명을 침해하는 행동이다. 그렇기 때문에 하이에크는 『치명적 자만』에서 로크를 인용하여 소유가 없는 곳에는 정의도 없다고 말하고 있다(Hayek, 1988). 소유의 이념은 무엇을 할 수 있는 권리, 다시 말하면 소유와 관련되어 있는 이용권, 처분권 또는 용익권 등 행동권리이고 이 권리를 침해하는 것은 정의롭지 못한 행동이기 때문이다.

이런 정의가 존재했던 곳에서는 번영이 가능했다. 영국과 네덜란드가 그랬다. 로크의 소유의 개인주의는 소유의 정의가 지배했던 이 나라들의 번영을 분석하여 얻은 인식이었다. 18세기 다른 도덕론자들이 소유의 채택과 이와 관련된 정의의 규칙이 문화의 시작이었음을 보여주었다. 흄이 그랬고 애덤 스미스가 그랬다. 노모스만이 정의와 관련되어 있을 뿐 목적과 관련되어 있는 테시스는 정의와 전혀 관계가 없다. 오히려 테시스는 정의의 규칙의 위반이다.

이러한 정의관은 열린사회, 즉 자생적 사회질서의 정의관이다. 하이에크는 이러한 정의관에 입각하여 간섭주의 내지 결과지향적인 정의를 의미하는 사회정의의 문제를 다루고 있다.

하이에크에 의하면 자생적 사회질서, 즉 자유사회에서는 사회정의란 첫째, 의미가 없고, 둘째, 사회정의에 따른 분배적 패턴의 형성은 부도덕하고 정의롭지 못하며, 사회정의를 실현하려는 노력은 법치주의와 상충하고 따라서 그것은 '노예의 길'이라는 것이다.

셋째, 사회정의의 실현은 문명의 발전을 자극시켜 준 무수히 많은 가치들을 파괴시킬 뿐, 소규모 그룹의 전통으로부터 유래한, 그러나 자유로운 거대한 사회에서는 의미 없게 되어버린 원시사회에 대한 낭만적인 향수만을 충족시켜 준다는 것이다. 우리는 이러한 하이에크의 주제를 설명하고자 한다.

2) 사회정의의 원시적 사고

사회정의에 대한 하이에크의 첫 번째 비판은 자신의 정의관과 사회관, 즉 사회의 성격에 관한 이론으로서의 사회의 자생적 질서관(觀)으로부터 비롯된 것이다. 앞에서 언급한 바와 같이 그는 정의란 오로지 행동에만 관련시키고 있다.49 그에 의하면 정의롭다거나 혹은 정의롭지 않다거나 하는 표현은 책임 있는 주체가 존재하는 경우에만 의미가 있다는 것이다. 그러한 주체만이 의도적으로 행동할 줄 알고, 또한 그러한 주체에게만이 무엇을 행하거나 행하지 말도록 요구할 수 있는 것이다.50

이와 같이 정의를 파악하다면, 사회정의 또는 분배정의라고 말하기 위해서는 분배하는 행위를 한(또는 하는) 책임 있는 주체가 전제되어야 한다. 그렇다면 이것은 분배정의에서 전제하고 있는 이 주체(분배하는 주체)는 무엇인가? 그것은 '사회'이다. 그러나 사회란 단순히 하나의 과정일 뿐 소득을 분배하는, 생각하고 판단하는 실체는 아니다. 따라서 분배정의라는 개념은 원시적인, 미성숙된 사고로부터 생겨난 의인화된 개념이다(Hayek, 1988: 54, 93; 1981b: 192). 그것은 집단주의적 개념이다.

만약 시장질서(카탈락시)에서 개개인들의 소득 및 재산구조를 결정하는 어느 한 개인이나 그룹이 존재한다면 우리는 그 개인이나 그룹에게 정의롭게 분배(행동)하라고 요구할 수 있을 것이다. 그러나 시장의

---

49 따라서 정의란 노모스와 같은 법의 문제이다.

50 어느 한 사태에 대해 책임질 사람이 없고 어느 누구도 그 사태를 변경할 수 없는 경우에는 정의 또는 부정의라는 표현을 적용할 수 없다. 이때에는 좋거나 나쁘거나 또는 아름답다거나 하는 표현을 쓸 수 있다.

자생적 질서에서는 그런 개인이나 그룹이 존재하지 않는다. 시장 시스템은 시장참여자들이 자신들의 지식과 목적을 기초로 한 자신들의 행동을 조정하는 절차이다. 개인들 각자의 행동의 성공은 그들 각자가 자신들의 계획을 실현할 수 있느냐, 그렇다면 얼마나 실현할 수 있느냐에 의해 좌우된다.

개개인들이 계획을 수행하는 과정 속에 형성되는 개개인들의 소득수준의 결과는 행운과 그들의 노력 및 재치와 능력에 의해 좌우된다(Hayek, 1969: 119). 소득은 결코 어떤 권위에 의해 할당되는 것이 아니라 카탈락시의 범위 내에서 형성된다. 그렇기 때문에 개개인들의 소득구조를 하이에크는 '소득분배'라고 부르지 않고 '소득분포'라고 부르고 있다.[51]

이와 같이 소득분포가 어떠한 인간행동에 의해서도 의도적으로 야기된 것이 아니다. 그것은 '인간행동의 결과이지 인간계획의 결과'는 아니다. 정의 개념을 오로지 인간행동에만 적용하는 것이 의미가 있다면, 의도적으로 또는 목적의식적으로 형성된 것이 아닌 소득구조를 정의롭거나 정의롭지 않다고 평가할 수 없다. 이러한 표현은 사용될 수 없고 또한 그 표현은 내용이 없다(Hayek, 1977: 23~38; 1981a: 95, 101).

인간에 의해 창출되는 소득분배라는 의미의 사회정의라는 개념은 질서로서 조직질서만이 존재하고 있다는 가정을 전제로 한 것이다. 인간의 사회질서는 인간에 의해 의도적으로 만들어진 것이라는 구성주의적 합리주의를 전제로 한 것이다. 사회정의라는 개념은 '자생적 질

---

51 소득분배라고 말할 경우 분배하는 책임 있는 주체가 연상되기 때문이다. '소득분포'라는 개념은 원래 미제스로부터 기원한다(Mises, 1940/1980: 700).

서'의 존재를 알지 못한다.

자생적 질서의 소득분포는 정의로운 것도 아니고 정의롭지 않은 것도 아니다. 그것은 정의와 관련하여 중립적이다. 이러한 맥락은 자연과 마찬가지이다. 자연을 정의의 관점에서 판단하는 것은 터무니없다.

하이에크의 이러한 시각을 노직(R. Nozick)의 관점과 비교한다면, 노직은 정의로운 행동규칙의 테두리 내에서 형성되는 소득분포를 정의롭다고 말하고 있다. 이러한 노직의 관점은 뷰캐넌(J. M. Buchanan)의 관점과 일치한다. 이 두 학자는 소득분포의 결과를 정의의 관점에서 평가하고 있다. 시장 과정의 분배결과에 대한 이들의 평가는 장단점을 가지고 있다. 분배의 결과를 그 어떤 방법으로도 재분배할 명분이 없다는 점이다. 왜냐하면 시장에서 얻은 결과는 내가 소유하는 것이 정의롭기 때문이다.

그러나 하이에크의 주장은 재분배의 요구에 매우 취약적이다. 왜냐하면 시장에서 획득한 소득은 노력이나 능력 이외에도 우연의 결과라고 보기 때문이다. 우연의 결과는 소유할 자격이 없다는 주장에 마땅한 대응논리를 찾아야 한다. 이런 우연의 분배라는 문제 때문에 롤즈와 같은 평등분배론자들이 등장할 빌미를 주었던 것이다. 하이에크는 그 대신 이런 분배가 가져올 결과에 초점을 맞추어 분배의 평등론자들에게 대응하고 있다.

노직-뷰캐넌 접근의 단점은 질서에는 두 가지 종류, 즉 조직과 자생적 질서가 있다는 사실 및 정의는 오로지 인간행동 또는 인간행동을 조종하는 행동규칙에만 적용될 수 있는 개념이라는 사실을 무시하고 있다는 점이다. 이를 무시하고 시장 과정의 결과까지도 정의의 도덕적 원칙을 적용하고 있다.

3) 사회정의의 불의성과 부도덕성

사회정의는 자생적 질서에서는 의미가 없다는 주장 이외에도 하이에크는 사회정의를 실현하려는 노력은 사실상 정의로운 행동이 아니고, 부도덕하다고 주장하고 있다. 우리가 카탈락시로서의 시장 시스템의 테두리 내에서 사회정의를 실현하려고 할 경우, 특정의 인간이나 인간그룹들에게 시장에서 결정되지 않는 소득이라는 편익을 주어야 할 것이다. 이 편익은 바로 '시장소득'이 아니라 '정치적 소득'이다. 이것은 사실상 특혜이다. 따라서 정부는 특정의 개인들 또는 인간그룹들을 다른 개인들 또는 인간그룹들과는 다르게 취급해야 할 것이다. 이것은 정의로운 행동이 아니다(Hayek, 1981a: 94~95).

또한 우리가 사회정의를 실현하기 위해서는 사회적 코스모스를 광범위한 탁시스로 전환시켜야 할 것이고, 따라서 노모스를 테시스로 대체시켜야 할 것이다. 코스모스의 존재가치 중의 하나는 개개인들이 자신들의 목적을 위해 지식을 이용할 수 있다는 점이다. 다시 말하면 알지 못했던 사실의 발견, 사용되지 않은 사실의 발견이라는 의미의 '발견적 절차'가 시장 시스템의 테두리 내에서 이루어진다(Hayek, 1981a: 102~103). 사회정의의 실현을 위한 탁시스로의 전환은 개인들이 자신들의 목적을 위해 자신들의 지식을 이용하는 것을 방해하고, 그들의 정신을 정부의 정치가나 관료들의 정신에 예속시킨다.

이러한 코스모스가 탁시스로 전환된다면, 개개인들은 자신들의 목적을 위해 자신들의 지식을 이용할 수 없다. 노모스를 테시스로 대체시킨다면, 인간의 자율성과 존엄성이 상실된다. 따라서 사회정의의 실현을 위한 노력은 부도덕한 것이다. 이러한 부도덕성은 다른 차원에서도 찾아질 수 있다. 즉, 책임윤리의 파괴이다.

자유사회가 유지되기 위해서는 개개인들은 자신의 행동에 대해 스스로 책임을 져야 한다는 책임윤리가 필수불가결하다. 이러한 윤리의 파괴는 부도덕한 윤리이다. 뿐만 아니라 모든 인간을 테시스에 예속시킴으로써 개인들 각자가 타인들의 권리를 존중하고 그들의 존엄성을 존중하는 그러한 심성이 파괴된다. 그런데 이 심성이야말로 자유로운 사회의 안정과 유지를 위해 필수불가결하다(Hayek, 1977). 그런 심성의 파괴는 사회의 안정과 유지에 막중한 피해를 야기한다.

4) 분배정의의 목표설정의 불가능성

앞에서는 분배적 목표를 세울 수 있고 이 목표를 달성할 수 있다는 가정에서 출발했다. 이제 이 가정 자체가 가지고 있는 문제를 설명하고자 한다. 현대사회와 같이 복잡한 사회에서 분명한 분배적 목표를 작성하기가 불가능하다. 그 불가능성은 첫째, 분배대상의 다양성에 기인한다. 소득, 자산, 여가 등 무엇을 분배대상으로 할 것이냐의 문제에 객관적인 대답이 없다. 둘째, 소득을 분배대상으로 한다면, 연간 소득, 월급 또는 시간당 분배대상으로 할 것이냐 하는 문제를 해결하기가 매우 어렵다.

이러한 기술적인 문제 이외에도 특히 중요한 근본적인 문제는 세 번째 문제이다. 즉, 모든 다양한 상품들의 상대적 가치를 결정할 수 있는 규칙이 존재하지 않는다는 점이다(Hayek, 1981a: 108~109). 예컨대 전기공은 농부, 의사, 배우 또는 교사와 비교하여 얼마를 받아야 하는가?

이러한 상대적인 가치는 시장 과정의 '발견적 절차'에 의해 비로소 발견된다. 우리는 사회적으로 그 상대적인 가치를 결정할 수 없다.

그것은 우리가 전부 알 수도 없고, 확인할 수도 없는 사실들에 의해 결정된다. 상대적 가치를 결정할 수 있기 위해서는 어느 누구도 집적시킬 수 없는, 시간과 장소에 관한 구체적인 상황에 관한 지식을 필요로 한다.

게다가 이러한 지식은 사전적으로 알려져 있지도 않고, 시장 과정을 통해서 비로소 생겨나고 각처에 흩어지게 된다. 그렇기 때문에 상대적 가치를 결정할 규칙을 세울 수 없고 또한 분배적인 목표를 세울 수도 없다. 또한 그러한 목표를 실시할 수 없다.

5) 사회정의와 소규모 사회

사회정의는 소규모 그룹의 도덕적 감정에서 유래된 것이다. 소규모 그룹은 이미 앞에서 설명한 바와 같이 개인들이 서로를 알고 있는 사회이다. 이러한 사회의 도덕적 감정은 '연대'이다. 이것은 구성원들은 각자 그 그룹의 다른 구성원들에 대해 적극적인 의무를 지니고 있고, 이들의 욕구에 자신의 행동을 적응시켜야 한다는 원칙이다. 이러한 원칙은 원시사회의 질서원칙이었다. 300만~400만 년 동안 인류는 이러한 도덕적 감정 속에서 살아왔다. 그렇기 때문에 소규모 그룹의 도덕적 감정은 인간의 본능에 고착되어 있다.

이러한 소규모 그룹에서는 각 구성원들은 다른 구성원들의 욕구와 상황을 알 수 있었고, 따라서 그들의 행동을 다른 구성원들의 욕구와 상황에 적응시킬 수 있었다. 그러나 거대한 사회, 열린사회에서는 상황이 전적으로 다르다. 이러한 사회의 도덕규범은 '정직성 규범체계'이다. 이러한 사회에서 인간이 살아가는 방법은 원시적인 소규모의 닫힌 사회, 즉 자연적 질서에서 그들이 살았던 방법과는 완전히 다르다.

그들은 '연대 규범체계' 대신에 계약의 충실성을 인정하고, 타인들의 소유를 존중하며, 타인들에게 가한 피해에 대해서 그리고 자신의 행위에 대해서 스스로 책임을 지며, 또한 타인들의 노력과 실적을 높이 평가하는 도덕적 심성 속에서 생활한다. 이러한 도덕적 심성은 시장질서의 안정과 그 유지를 위해 불가분의 요소이다.

그들은 원시사회에서처럼 추장이나 지도자의 명령에 따라 사는 것이 아니라, 위와 같은 도덕규범 체계 속에서, 즉 추상적인 행동규칙 속에서 스스로 자신의 목적을 설정하고 자신의 지식을 이용하면서 그리고 스스로 책임지면서 생활한다. 이러한 도덕체계를 기초로 하는 거대한 자생적 질서 속에서 인간은 알고 있는 타인들의 알려진 욕구와 상황에 자신들의 행동을 적응하는 것이 아니라, 알려져 있지 않은 사람들의 알려져 있지 않은 욕구와 상황에 적응한다. 이러한 적응에 필요한 지식은 앞에서 언급한 바와 같이 다양한 추상적인 행동규칙들과 가격체계에 의해 전달된다.

이와 같은 거대한 열린사회에 소규모의 폐쇄된 사회의 도덕규범으로부터 기원한 사회정의를 실현시키려는 노력은 원시사회로의 회귀를 의미하고, 따라서 그것은 시장질서 및 거대한 사회의 기초가 되는 도덕규범을 파괴시킬 뿐, 필연적으로 실패할 운명에 처해 있다(Hayek, 1981a: 194~198).

사실상 사회정의는 본능적인 감정을 충족시키기 위한 그룹들, 예컨대 가정, 친지, 취미그룹, 동창생그룹, 지연적 그룹들 또는 그 밖의 종교그룹이나 사회단체 등과 같이 특정의 공동목표를 달성하기 위한 조직들 내에서만 적용될 수 있다. 그러나 이러한 조직들, 결사, 클럽 또는 그룹의 자발적인 형성은 오로지 자유로운 사회에서만이 가능하다. 인간은 이러한 소규모 그룹, 즉 자연적 질서에 소속되기를 희망한다. 그리고 스스로 선택한 친구들과 반려자들에 대한 적극적인 의무와 책임을 흔쾌히 담당하려고 한다. 이러한 가능성은 자유사회에서만 존재할 뿐이다. 인간은 자유사회에서 이와 같이 소규모 그룹에 자진하여 소속되고, 이로써 자신의 원시적인 본능을 충족한다.

이러한 도덕적인 책임을 법으로 정하여 강제시키려는 것이 사회정의의 핵심이다. 이러한 법은 차별적인 법이고, 일반적인 정의로운 행동규칙은 아니다. 따라서 그것은 '법 아래에서의 자유의 시스템'과 정면충돌한다(Hayek, 1981a: 124). 뿐만 아니라 자유로운 사회의 도덕적 품성은 물론 사회정의의 기초가 되는, 그리고 소규모 사회의 기초가 되는 연대모럴까지도 파괴시킨다. 요컨대 사회정의는 자신을 기초로 하는 도덕적 품성을 파괴하고 스스로의 기반을 붕괴시킨다.

이상과 같이 우리는 사회정의라는 개념의 허구성을 주장하는 하이에크의 입장을 설명했다. 그의 입장을 수락한다면, 우리는 사회정의에 대한 의무는 거대한 그리고 열린사회에서는 선한 인간의 징표도 결코 아니고 도덕적 양심의 잣대도 결코 아니라는 것을 알 수 있다. 그것은 소규모 사회에서나 적용될 의무일 뿐이다.

어떤 도덕주의자들은 사회정의에 입각한 사회국가 또는 복지국가를 문명의 척도로 간주하고 있다. 그들은 이러한 국가를 '문명화된 국가'라고 부른다. 그러나 이러한 국가는 오히려 원시국가일 뿐 문명화된 국가가 결코 아니다. 이러한 국가는 목적이 지배하는 사회의 국가일 뿐 '법이 지배하는' 사회의 국가가 아니다. 문명화된 국가란 실질적 의미의 법치국가, 즉 일반적인 정의로운 행동규칙에 의해 지배되는 사회이다. 사회정의에 입각한 입법, 즉 사회입법은 사법을 공법으로 전환시키는 중요한 방법이다(Hayek, 1980: 188~191; 1981a: 122~123). 그것은 사법사회를 공법사회로 전환시키고 사회를 조직으로서의 국가로 만드는(사회의 국가화를 위한) 중요한 수단이다.

6) 시장질서와 법치국가적 원칙

하이에크는 평등 그 자체를 반대하는 것은 아니다. 그러나 평등이라고 말할 때 두 가지 종류의 평등을 엄격히 구분해야 한다. 법 앞에서의 평등과 실질적 평등이 그것이다. 흔히 형식적 평등이라고 부르는 전자는 자유주의 전통에 따라 개인들 또는 인간그룹들을 차별하는 것을 막음으로써 개인의 자유를 확립해야 한다는 것을 요구한다. 그것은 출신, 성별 또는 인종이나 소득의 격차 등에 따른 차별대우를 해서는 안 된다는 것을 의미한다. 따라서 그것은 모든 사람에 대해 동등한 권리를 요구한다. 그것은 모든 사람들이 타인들은 물론 국가의 침해로부터 법적으로 똑같이 보호받아야 한다는 것을 의미한다(Streit, 1983: 140).[52]

이러한 형식적 평등을 하이에크는 법의 지배 원칙 또는 법치국가 원칙으로 간주하고 있다. 시장질서는 이러한 법치국가적 원칙에 따라 지배되는 자생적 사회질서의 경제적 국면이다. 이러한 원칙이 지배될 때 시장참여자들은 자신들의 목적을 위해 자신들의 지식을 자유로이 이용할 수 있다.

실질적 평등이란 사회적 평등, 경제학적으로 보면 소득 또는 재산의 평등을 요구한다. 우리가 실질적 평등을 달성하기 위해, 여성의 고용을 할당하거나 농촌 출신의 대학 지원자들의 합격비율을 할당하는 것은

---

[52] 그것은 국가 시민직 신분의 평등을 의미한다.

법치국가의 원칙을 위반하는 것이다. 어떤 형태이든 사회적 신분을 동일하게 하거나 또는 소득·재산의 분배적 정의를 실현하려는 모든 노력은 개인의 자유와 정부의 자의적인 권력의 억제를 위한 필수적 조건으로서 수세기 동안 자유주의자들이 요구해 왔던 장치를 점차 파괴시킨다(Hayek, 1971: 87).

사회정의의 이름으로 실질적 평등을 달성하기 위해 취해지는 가격통제,53 즉 서민들의 생활을 안정시키기 위해 취해지는 모든 형태의 가격통제는 시장의 '발견적 절차'를 마멸시키고, 가격의 기능을 마멸시켜 시장질서를 명령경제로 전환시키는 첩경이다. 그것은 '노예로의 길'이다. 이러한 정책은 법의 지배 원칙 또는 법치국가적 원칙과 배반되는 정책이다. 자유로운 인간의 사회를 위한 정책이 아니다. 더구나 이러한 가격통제는 장기적으로 수요자와 공급자 모두에게 이롭게 작용하지 않는다. 모두에게 해롭다.

7) 시장질서의 소득의 불평등과 발전

진화적인 경제에서 시장에 의한 탐색과정 및 '발견적 절차'는 소득의 불평을 야기키기는 것은 지극히 당연하다. 사회정의를 주장하는 많은 사람들은 물질적인 소유의 불평등을 정의롭지 않은 것으로 생각하고 정부가 평등을 확립해야 한다거나 또는 최소한 이 불평등을 감소시켜야 한다고 주장하고 있다. 앞에서 논의한 바와 같이 시장 과정의 소득구조를 정의롭지 않다고 믿는 것은 시장질서에는 재화를 분배하는 어떤

---

53 물가 안정 목표를 위한 가격통제도 마찬가지이다.

실체가 있고, 이 실체의 결정에 의해 어느 한 사람에게는 더 많이, 다른 사람에게는 더 적게 재화가 분배되고 있다는 원시적인 사고에 기인한 것이다.

물론 분배하는 사람이 있다면, 그에게 정의를 요구는 것은 가능하다. 그리고 평등 분배는 적절한 출발점이 될 것이다. 그런데 불평등한 분배가 생겨나면 그에게 평등하게 분배하거나 평등한 분배는 효율성의 감소를 초래하기 때문에 예컨대 롤즈(J. Rawls)의 의미의 차등원칙에 따라 분배할 것을 요구할 수 있을 것이다. 그러나 시장은 생각하고 판단하는 인격체가 아니다. 따라서 어떠한 형태의 정의의 원칙에 따라 시장 과정의 결과를 파악하는 것은 옳지 않다. 그것은 마치 정의의 잣대를 가지고 자연을 정의롭거나 정의롭지 않다고 판단하는 것과 마찬가지이다.

시장 과정에서 형성되는 소득분포의 격차, 평등주의자들의 말을 빌리면 시장 과정의 소득의 불평등이 어떠한 역할을 하는가? 소득불평등이 나쁘다고만 말할 수 있는가? 하이에크는 소득불평등이야말로 물질적인 발전은 물론 빈곤의 감소에도 기여한다고 주장하고 있다. 예컨대 어느 한 새로운 재화가 개발되었다고 가정하자. 처음에 시장에 공급되는 새로운 재화는 일반적으로 비싸다. 따라서 그 재화는 어쩔 수 없이 소수의 돈 있는 소비자들에게만 공급될 수밖에 없을 것이다. 이들이야말로 그 신상품을 비싼 값으로 테스트할 수 있는 사람들이다. 이러한 테스트를 거쳐 시간이 경과함에 따라, 우리는 그 상품을 값싸게 그리고 보다 나은 품질로 공급하는 방법을 배울 수 있고, 또한 이로써 싼 값으로 그리고 광범위한 소비계층에 공급할 수 있다(Hayek, 1971: 55).

이와 같이 소득의 불평등은 특히 상품의 생명주기 중54 신상품 개발과 테스트 과정 단계에서 중요한 역할을 한다. 이 단계야말로 혁신단계이고, 또한 시장의 역동성을 촉진시키는 출발점이다. 이러한 단계의 중요성은 첨단제품, 예를 들면 컴퓨터에서 쉽사리 파악될 수 있을 것이다.

이와 같이 불평등은 시장질서의 건설적인 요소이자 동시에 '발전'의 원동력이다. 불평등을 감소시키는 노력은 발전을 중단시키려는 노력이다(Hayek, 1971: 56). 이것은 시장을 우리나라의 독점규제및공정거래에관한법률 제1조에 나타나 있는 바와 같이 주류경제학이 의미하는 '균형'으로 만들 경우, 발전을 정체시키는 논리와 동일하다. 불평등을 평등으로, 불균형을 균형으로 만들려는 모든 노력은 앞에서 논의한 바와 같이 '발견적 절차'로서의 시장 과정을 억제시키려는 노력이고, 또한 그것은 복잡한 외부환경에 대한 시장의 적응 능력의 감소를 초래하는 노력이기도 하다.

어느 한 시점에서 우리가 의도적인 소득분배를 통해 소득격차를 감소시킬 수는 있을 것이다. 그러나 이러한 노력은 장기적으로 물질적인 발전을 저해할 뿐만 아니라, 그것은 모든 사람들에게도 해가 된다. 그러한 노력은 지속적으로 증가하는 인구를 먹여 살릴 수 있기는 고사하고 기존의 인구들 중 빈곤한 계층을 영구적으로 먹여 살릴 수조차 없게 만든다. 따라서 시장의 소득불평등이야말로 장기적으로 늘어나는 인구를 먹여 살릴 수 있는 유일한 방법이다.

원시사회의 모럴을 열린사회에 적용할 경우, 그것은 인구는 물론이거나 생활수준도 원시사회의 상태로 되돌려 놓는다. 사적 소유의 모럴, 정직성, 약속이행 등과 같은 도덕에 기초를 두고 있는 시장경제야말로 원시사회에서는 상상할 수조차 없는 수십억의 인구를 먹여 살리는

---

54 생명주기는 테스트 단계, 확산 단계, 성숙 단계, 정체 및 사양 단계로 구분될 수 있다.

질서이다(Hayek, 1983a: 164~192).

8) 시장질서와 소득구조의 형성원리

앞에서 논의한 바와 같이 시장질서는 스스로 조정되는 질서이자 스스로 통제되는 질서이다. 이러한 질서는 무조건적으로 형성되는 것이 아니라 일반적인 정의로운 행동규칙 체계가 존재하고 있어야 한다. 이러한 행동규칙 체계가 전제되어 있을 때 시장 시스템은 스스로 통제되고 조정된다. 또한 그것은 알려져 있지 않은, 또는 아직 사용되지 못한 사실들을 발견하는 '발견적 절차'로서 기능한다.

일반적인 정의로운 행동규칙을 전제하고 있음으로써 시장 시스템은 복잡한 현상이 된다. 따라서 시장 시스템의 소득 형성과정의 결과를 구체적으로 예측하는 것은 불가능하다. 그것은 실제적 및 절대적으로 불가능하다. 결과를 예측하기 위해서는 이 결과를 결정하는 모든 요소들에 관한 지식을 가지고 있어야 한다. 그러나 이러한 지식은 '발견적 절차'에 의해 비로소 발견된다. 게다가 이러한 지식은 실용적 지식으로서, 다시 말하면 장사하는 지식, 사업하는 지식으로서 각처에 흩어져 있고, 그 어느 누구에 의해서도 어느 한 장소로 모아 놓을 수조차 없는 지식이다.[55] 우리는 다만 개인들의 소득을 결정하는 원리만을 말할 수 있을 뿐이다.

시장에서 결정되는 개인들의 소득은 서비스를 제공하는 이들의 주관적인 공로(merit, desert) 그 자체에 의해 결정되는 것이 아니라, 그 서비스

---

[55] 실천적 지식은 개인적 지식이다. 이 지식은 시간적, 장소적 그리고 인적으로 관련되어 있는 지식이다. 언어로도 표현할 수 없는 지식이 대부분이다.

가 타인들에게 주는 가치에 의해 결정된다(Hayek, 1981a: 104). 어느 한 사람의 활동이 쉽든 어렵든, 그것은 중요하지 않다. 시장은 그러한 활동이 타인들에게 어떤 중요성을 갖느냐 하는 것만을 고려할 뿐이다. 예컨대 어느 한 활동에 대해 한 사람은 천재적인 재능을 가지고 있고, 다른 한 사람은 온갖 훈련과 노력에 의해 그와 동일한 질을 가진 활동을 한다면 시장은 그들의 활동을 천재적 재능 자체나 또는 훈련과 노력 그 자체, 즉 개인적인 공로를 고려하지 않는다. 그들의 활동이 타인들에게 주는 가치만을 평가할 뿐이다(Hayek, 1971: 113~121).

따라서 하이에크가 주장하는 바와 같이, 노동가치 이론이 전제하고 있듯이, 노임과 가격이 개개인들의 과거의 활동에 대한 대가라고 생각하는 것은 크나큰 잘못이다(Hayek, 1981a: 104; 1981b: 228~229). '서태지와 아이들'이 인기를 끌었던 것은 그들의 재능이나 그들의 노력 그 자체가 아니라, 그들의 노래나 노랫말 또는 그들의 춤이 다른 사람들에게 공감을 주었기 때문이었다.[56]

시장 시스템의 개인적인 소득구조의 특징이 이와 같다면 공로원칙을 기초로 하는 소득분배를 달성하려 한다면, 누군가가 개개인들의 공로를 평가할 수 있어야 할 것이다(Hayek, 1971: 118). 그러나 이를 평가할 수 있는 인간이성은 존재하지 않는다. 그럼에도 불구하고 평가한 결과를 실시한다면 가격기능은 파괴되고 '스스로 생성하고', '스스로 유지되며', '스스로 조직되는' 시장질서가 파괴된다.

시장질서에서 개인적인 소득구조를 결정하는 요인들을 하이에크는 다음과 같이 열거하고 있다. 재주, 선천적인 재능, 노력 및 우연성

---

56 이와 유사한 예로서 하이에크는 에베레스트 산의 정복과 달 착륙에 대한 평가를 들고 있다. 이에 관해서는 하이에크(Hayek, 1981b: 104) 참조.

(Hayek, 1981a: 105).57

따라서 개개인들의 소득은 그들 각자에 의해 통제할 수 없는 요인에 의해서 결정된다고 볼 수 있다(Hayek, 1981a: 105). 이러한 요인과 관련하여 우리는 두 가지 극단적인 사회를 상정할 수 있다. 오로지 우연성에 의해서만 소득이 결정되는 사회를 상정하자. 이러한 사회에서는 사회구성원들이 모두 허무주의에 빠질 것이다.

그러나 또 다른 극단적인 사회를 가상하자. 개개인들의 소득결정이 오로지 자기 탓으로만 돌려야만 하는 사회에서는 실패한 자는 견디기 힘들 것이다. 왜냐하면 이러한 사회에서 실패한 자는 실패를 오로지 자기 탓으로만 돌려, 이를 감수해야 하고 타인들은 그에 대해 '실패해도 싸지!'라는 식으로 실패한 것이 지극히 마땅하다고 말할 것이다. 이러한 사회는 예컨대 구체적인 개인적 공로와 성공 사이에 1 : 1 대응관계가 있는 사회이다. 이러한 사회에서는 실패한 사람들은 파문당한 사람처럼 창피해서 견디지 못할 것이다.58

또는 이 극단적인 사회는 인과응보와 같은 일종의 결정주의 사회로도 해석될 수 있다. 이러한 사회의 구성원들은 숙명론에 빠질 것이다.

9) 우연과 기업가 정신

그러나 시장질서는 하이에크가 언급하고 있는 요인들, 즉 노력과

---

57 따라서 이러한 결정요인으로부터 개인들의 소득은 공로나 필요와 반드시 일치되지 않는다는 사실을 확인해 낼 수 있을 것이다.

58 철저히 결과지향적 정의를 실현하는 사회가 이런 사회이다. 노동가치론이나 한계생산력론들과 같이 공로원칙이나 또는 욕구원칙에 따라 구성된 사회질서가 대표적인 예이다.

능력 그리고 우연성에 의해 결정되기 때문에 인간이 수동적인 허무주의나 숙명론에 빠지지도 않고, 또한 실패한 사람도 자신의 실패를 우연성에 돌림으로써 위안을 찾을 수 있고, 타인들도 그를 이런 식으로 위로할 수 있다.

그런데 우리가 주목하는 것은 시장경제에서 순수한 우연이란 존재하지 않는다는 것이다. 우연을 기회로 만드는 것, 이것이 중요하다. 객관적으로 좋은 환경을 만난 것은 우연일 수 있다. 좋은 가정에서 좋은 지방에서 그리고 좋은 나라에서 태어난 것, 이것은 우연이다. 그러나 이 우연 그 자체는 의미가 없다. 이런 우연의 만남을 자신의 기회로 만드는 것, 이것이 중요하다. 기회로 만들지 않는 우연은 우리에게 아무것도 주지 못한다. 그래서 그런 우연은 아무런 쓸모가 없다. 우연을 기회로 만드는 것이 사람들의 정신적 태도를 기술하기 위해 고안된 개념이 있다. 그것이 기업가 정신이다.

시장 시스템에서 형성되는 소득(또는 가격, 노임)은 개인들에게 장차 무엇을 해야 할 것인가를 구체적으로 말해주지 않는다. 가격기구의 정보는 이를 말해주지 않는다. 앞에서 자세히 설명했듯이 가격기구의 정보는 추상적이다(Hayek, 1981a: 104; 1981b: 228~229). 만약 구체적인 정보를 제공한다면 시장 시스템은 기계적으로 작용할 것이고 그것은 위의 두 번째 예에 해당되는 사회일 것이다. 그러나 시장 시스템에서 가격신호가 주는 정보, 즉 유인체계는 추상적이고, 따라서 성공과 실패의 요인을 구체적으로 말해주지 않는다.

시장 시스템에서 개개인들의 노력의 결과는 그들의 노력이 최대의 분발에도 불구하고, 그리고 그들이 알 수 없는 이유 때문에, 그들이 기대했던 것보다는 덜 성공적이었거나 더 성공적이었거나 등 성공의 정도를 보여줄 뿐이다. 개인들 스스로가 그 원인을 규명해 내려고 노력해야 한다. 그들이 그 원인을 해석해야 한다.

시장질서의 메커니즘이야말로 우리의 인생살이 그 자체를 보여준다. 우리가 삶의 목표를 분명히 알거나 또는 왜 우리가 사는가를 분명히 안다면, 우리는 사실상 살아가려고 노력하지 않을 것이다. 하나님의 실체를 완전히 안다면 종교가 소멸될 것이다. 알듯 모를듯하기 때문에, 우리는 살아가고 있고, 혹은 종교를 믿는다. 그렇기 때문에 우리는 삶에 대한 애착과 종교에 대한 애착을 갖는다. 알듯 모를듯한 곳에 언제나 인간의 호기심이 발동한다.

10) 자유주의와 구빈정책

이상과 같이 하이에크가 자생적 사회질서 및 그 경제적 표현인 시장질서에 사회정의를 적용하는 것을 반대한다고 해서 국가가 어떤 형태의 사회정책이든 불문하고, 모든 사회정책을 반대하는 것이 아니다.[59] 그러면 자유사회에서 '정당한' 사회정책은 어떤 것인가? 하이에크의 사상에서 빈곤을 타파하기 위한 정책은 자유의 정책이다. 경제활동의 자유와 그리고 시장경제의 발달은 최선의 구빈정책이다. 일자리확대와 소득의 상승 때문이다.

그러나 시장질서에 참여하지 못하고 그 언저리(주변)에 있는 불행한 소수파가 있다. 정신적 또는 신체적 불구자로서 노동능력을 상실한 자, 소년 또는 소녀 가장과 같은 무의탁자, 노동시장에 참여했지만 충분한 소득을 획득하지 못하는 사람, 무의탁 노약자 등이 그런 부류다.

---

59 사회정책이라고 말할 때 접두사 또는 형용사 사회라는 표현은 Gesellschaft 또는 Societal이 아니라 Sozial을 의미한다. 사회정책은 일종의 '복지정책'을 의미한다.

하이에크에 의하면 스스로를 부양할 수 없는 이들 소수파에게 먹고 지낼 수 있는 정도의 소득을 보장해야 한다는 것이다(Hayek, 1980: 189; 1981a: 122~123). 이러한 정책을 위해서는 조세수입이 필요할 것이다. 하이에크에 의하면 이러한 공동의 목적을 위한 비용에 기여할 의무의 부과는 이러한 일반적인 정의로운 행동규칙에 예속한다는 것이다(Hayek, 1980: 189~190).

그는 국가의 이러한 정책적인 제도의 도입을 첫째, 도덕적인 이유와 둘째, 보험적인 이유로 설명하고 있다(Hayek, 1980: 189). 제아무리 풍요로운 사회라고 하더라도 사회구성원들 가운데 최소한 세끼 밥을 먹지 못할 정도로 가난한 사람들이 있다면 그런 사회는 '좋은' 사회라고 볼 수 없다.[60] 또한 누구나 또는 누구의 자녀든 위와 같은 극단적인 불행을 당할 위험성은 항상 존재하고 있다. 인간은 소극적인 덕성 이외에도 최소한의 적극적인 덕성을[61] 가지고 있다면, 위와 같은 소수파들에 대한 정부의 활동을 시인할 것이다.

또한 인간이 완전히 이기적이라고 하더라도 보험적인 이유에서 그러한 정부활동을 시인할 것이다. 그러나 지금까지 어떠한 정부도 이러한 정책을 일관되게 추진하지 못했고, 또한 그렇게 추진할 의욕을 가진 정부도 거의 없다.

오히려 정부는 재집권을 위한 목적으로 득표활동에 유리한 '처분적 정책'과 같은 차별적 정책, 특혜정책에 치중했다(민경국, 1993). 복지국가의 이름으로 모든 사회구성원들을 하나의 복지제도 속에 가두어두는 정책, 예컨대 국민연금 제도, 국민의료보험 정책에 치중하려고 한다.

---

60 정의라는 말을 사용할 수 없다. '좋은' 또는 '나쁜'이라는 표현이 적절하다.
61 이러한 구분에 관해서는 스미스(Smith, 1979: 262~264) 참조.

이러한 제도는 국가에 의해 지배되는 통일적인 조직이다. 이러한 조직 속에 사회구성원들을 강제로 묶어놓는다. 이런 '사회보장제도'는 강제 보험뿐만 아니라 강제구성원 자격을 의미한다.

흥미롭게도 그런 강제성은, 통일적 조직이 보다 효율적이고 또한 행정기술적으로 보다 간편하고 경제적이라는 이유로, 정당화되고 있다 (Hayek, 1971: 363).62 그러나 이런 정당성은 근거가 없다. 국가주도의 사회보험이 얼마나 비효율적인가는 이미 잘 알려져 있다. 효율성을 달성하는 데 필요한 지식을 정부는 가지고 있지 않다. 그리고 정부는 효율성을 달성하려는 인센티브도 없다. 그리고 국가주도의 보험제도는 독점과 마찬가지이다. 따라서 사적인 보험회사의 생성이 억제되고 보험시장의 자발적 형성이 가능하지 않다.

사회원칙 대신에 개인원칙을 실현하기 위해서는 보험시장이 필요하다. 국가의 과제는 제1차적으로 보험의 개인원칙을 실현하기 위한 제도적 틀을 형성하는 데 있다. 이러한 과제가 실질적 의미의 법치국가의 과제이다. 다시 말하면 보험시장의 형성에 기초가 되는 일반적인 정의로운 행동규칙의 형성이 바로 법치국가의 과제이다(Hayek, 1971: 361~365).63

자동차 보험과 마찬가지로 보험시장에서 공급되는 보험을 수요하도록 수요자들을 '강제'할 수 있다. 왜냐하면 어느 한 개인이 보험을 수요하지 않음으로써 장차에 노출될 위험부담을 다른 사회구성원들에

---

62 그러나 이러한 정당화 노력은 옳지 않다. 개인적 위험을 사회화시킴으로써 위험에 대비하는 자금이 주인 없는 물건이고, 따라서 그것이 낭비될 것이기 때문이다. 후생국가는 스스로 망한다는 논리가 바로 이것이다.

63 보험시장의 형성에 기본이 되는 법은 민법의 계속이다.

표 5.2 법치국가와 사회국가의 비교

법치국가	사회국가
개인원칙	사회-연대원칙
거대한 사회의 도덕	원시사회의 도덕
열린사회	폐쇄된 사회

게 전가시킬 것이기 때문이다(Hayek, 1971: 362). 물론 어떤 보험회사를 택할 것인가, 어떤 형태의 보험에 가입할 것인가 하는 결정은 완전히 개개인들의 손에 달려 있어야 한다.

이와 같이 사회정의 또는 복지국가라는 이름으로 어느 누구나 항상 노출될 위험에 대한 대비책을 사회화(국가화)하려는 사회보장 대신에 개인원칙에 따른 사적 보험을 위한 시장질서 정책이 실질적 의미의 법치국가적 정책이다. 이 개인원칙을 적용할 수 없는 소수파 인간그룹 을 국가가 보호해야 한다. 이러한 원칙이 바로 보완원칙(Subsidiary Principle)이다.[64]

---

[64] 보완원칙이란 우선적으로 최하단위에 맡기고, 이 최하단위가 할 수 없는 경우 에는 그 다음 단위, 그 다음 단위가 하지 못하는 것은 그 다음 단위가 수행하는 원칙을 말한다. 이러한 원칙은 기독교 원리로부터 유래된 것이다.

제6장_ 하이에크의
자유를 위한 헌법주의

하이에크에게 '좋은' 사회질서란 경제성장이나 공학적 개념인 효율성, 사회적 정의(분배적 정의), 또는 사회적 후생함수의 극대화 등을 보장하는 사회가 아니다. 그는 이러한 '배분이론적 입장'에서 좋은 사회를 규정하지 않는다.

그 대신 하이에크는 좋은 사회를 그의 '인식론적 입장'에 기초하여 규정하고 있다. 즉, '개개인들이 각자 자신들의 목적을 추구하기 위해 자신들의 지식을 자유로이 이용할 수 있는 사회'가 그에게 좋은 사회이다. 이 좋은 사회가 자유사회이다. 효율성 또는 경제적 번영 등은 이런 지식의 자유로운 이용에서 자동적으로 나오는 결과이다.

자유사회는 포퍼(K. R. Popper)의 열린사회(open society)이다. 왜냐하면 그것은 모든 개개인들에게 공동으로 달성하려는 구체적인 목표나 목표순위의 존재를 전제하지 않고, 오히려 다양한 개인들이 각자 가진 목표들의 존재를 전제로 하고 있기 때문이다. 그것은 서로 다른 개인들의 목표들, 다원적인 목표들을 위한 다목적 수단이기 때문이다(Hayek, 1981a: 30).

또한 자유사회는 애덤 스미스(A. Smith)의 거대한 사회(great society) 이다. 왜냐하면 이러한 사회 속에서 인간은 소규모 단위로 그룹을 지어 살던 과거와는 달리 그들이 서로 알지도 못하면서 협력과 분업이 가능한 영역으로까지 확대시키기 때문이다(Hayek, 1981a: 17, 27; 1969: 111; 1988: 25). 그러한 사회는 아는 사람들끼리의 분업에서 지역적 분업을 거쳐 국제적 분업으로까지 확장되어진 사회이기 때문이다. 이러한 의미에서 하이에크는 '확장된 질서(extended order)'라는 용어를 사용하고 있다(Hayek, 1988: 29, 38).

이 자유사회는 사회의 자생적 질서이다. 왜냐하면 인간의 상호작용 및 그들의 행동이 자생적으로 조정되어 예측가능한 관계들이 형성되기 때문이다.[1] 외부의 간섭에 의한 행동조정이 아니라 구성원들이 각자 자신들의 목표를 추구하는 과정에서 그들의 목표와 계획들이 의도하지 않게 조정되기 때문이다.

자유사회는 무수히 많은 독립적인 의사결정 중심을 가지고 있다. 그렇기 때문에 그것은 폴라니의 다중심적 질서이다(Polanyi, 1951: 159; Hayek, 1969: 38; 1981a: 206, 238). 이러한 질서에서 인간이 원시 부족사회나 또는 '조직(taxis)'처럼 공동의 목표를 통해 연결되어 있는 것이 아니라 오직 공동의 정의의 규칙에 의해 연결되어 있다. 이러한 의미에서 자유사회는 법이 지배하는(노모스가 지배하는; nomocratic) 사회이지 목적이 지배하는(teleocratic) 사회가 아니다(Hayek, 1969: 111; 1981a: 31).

---

1 이때 질서는 행동질서를 의미한다.

하이에크의 문화적 진화론의 규범적 의미에서 핵심적인 역할을 하는 일반적인 정의로운 행동규칙, 즉 정의의 규칙의 법적 표현이 '법의 지배 원칙'이다. 이러한 행동규칙들은 하나의 '체계'를 형성하여, 하이에크가 그 어느 것과도 맞바꿀 수 없는 최고의 사회적 가치로 인정하고 있는 자유, 그리고 이에 따른 자유사회를 형성하는 데 기여한다.

그는 이런 자유주의의 규범적 입장에서 민주주의를 비판하면서 자유사회에 걸맞은 민주주의 제도를 제안하고 있다. 이러한 제안의 과학철학적 입장은 앞에서 설명한 바와 같이 '패턴예측' 또는 '원리의 설명'이다. 이러한 입장을 기초로 하여 자유사회라는 가치와 민주주의라는 가치 사이의 양립성 여부를 테스트하고 있다.

하이에크의 주요 주제는 현대사회에 정착되어 있는 민주주의 정치질서는 자유를 보장할 수 없고, 따라서 민주주의는 자유주의와 양립할 수 없다는 것이다. 이러한 주제를 기초로 하여 그는 자유주의와 양립할 수 있는 민주주의를 도출하고 있다.

하이에크의 이러한 사상은 양립성 문제를 넘어서 또 다른 실천적인 의미를 내포하고 있다. 즉, 그는 시장경제질서로의 체제전환 정책 또는 과거의 간섭주의에서 벗어나, 시장경제질서를 보다 견고하게 정착시키기 위한 개혁정책을 민주주의 정치제도에 의해 수행할 수 있느냐 하는 문제를 해결하려고 애쓰고 있다. 따라서 여기에서는 자유주의와 민주주의의 관계에 관한 하이에크의 주제를 설명하고, 이어서 자유주의에 걸맞은 민주주의를 확립하기 위한 제도적 장치 및 이에 따른 그의 이상적인 헌법 모형을 설명하고자 한다.

1. 자유주의와 민주주의: 법과 정치

자유주의와 민주주의는 일치하는가, 아니면 민주주의가 자유주의보다 우선하는가, 또는 자유주의가 민주주의보다 우선하는가? 어떤 사람들은 자유주의와 민주주의는 일치되는 것으로 간주하고 이를 혼용하여 사용하고 있다.[2] 또 어떤 사람들은 민주주의를 자유주의보다 우선하는 것으로 간주하고 있다.[3] 따라서 제1절에서는 하이에크가 자유주의와 민주주의를 각기 어떻게 이해하고 있는가를 다루고자 한다. 이를 위해서 그가 최고의 가치로 여기고 있는 개인적 자유에 관해 간단히 설명하고자 한다.

1) 자유의 이상: 실질적 법치국가

하이에크의 자유 개념은 규칙과 결부된 자유이다. 구성주의적 합리주의자들이 주장하는 것처럼 자유를 방임과 같이 어떠한 행동제한도 없는 상태로 이해한다면 인간의 평화로운 공존이란 있을 수 없다. 아나키와 혼란을 피하기 위해서는 개개인들의 특정의 행동국면들이 제한되어야 한다.

이러한 행동국면의 제한은 여러 가지 방법으로 이루어질 수 있을 것이다. 탁월한 물리적 힘에서 생겨나는 지배 권력을 통해서 개인들의

---

2 대표적인 예를 들면 윤석범이다. 그는 다음과 같이 쓰고 있다(윤석범, 1990: 3~19). "자유스러운 시장에서의 거래는 재론할 필요도 없이 자유스러운 …… 처분을 전제로 하기 때문에 …… 경제적 자유, 즉 경제민주화가 요구되기도 하는 것이다."
3 이러한 사상의 대표자는 역시 명령이론적 법실증주의자들, 사회계약론자들이다.

행동을 제한할 수 있다. 신의 섭리에서 생겨나는 지배권력 또는 주권재민 사상에서 비롯한 바와 같이 다수의 위탁에서 생겨나는 지배 권력을 통해서도 개인의 행동을 억제할 수 있다. 이들은 모두 출처에 따라 서로 다르기는 하지만 개인들이 지배자의 '의지'와 '자의'에 예속된다는 점에서는 공통적이다.

그러나 자유주의의 기본적인 신념은 어떤 형태의 '의지'나 '자의'이든 이를 피하기 위해서는 개개인들이나 기타 인간그룹들에게 적용되는 기본원칙은 권력을 쥐고 있는 자들에게도 똑같이 적용되어야 한다. 다시 말하면 개개인들의 자유는 타인들이나 그룹들의 자의적인 행동뿐만 아니라 지배자의 그러한 행동을 제한할 경우에만 가능하다.

국가의 지배는 강제행사를 전제로 한다. 그러나 그러한 강제행사는 무제한적이어서는 안 된다. 모든 강제는 부도덕하기 때문이다. 이 세상에서 가장 부도덕한 것은 강제이다. 이와 동일한 것이 사기와 기만이다. 그러나 국가의 강제는 필요하다. 때문에 '정당한' 강제행사만이 허용되어야 한다.

그러면 어떠한 강제행사가 정당한가? 자유주의는 하이에크가 누누이 강조하는 '일반적인 정의로운 행동규칙', 축약하여 정의의 규칙을 확립하고 이를 준수시키기 위한 목적으로 국가의 강제가 행사될 경우에만, 그 강제행사를 정당한 것으로 취급한다. 이런 정의의 규칙은 결코 특정의 분배적 또는 배분적 결과를 만들기 위한 법이 아니다. 그것은 자유를 보장하기 위한 법규칙이다.

따라서 결과지향적인 모든 법들, 즉 '사회정의'의 실현을 위한 법률, 처분적 법률 등 시장경제에 대한 규제와 계획을 위해 입법한 법규칙들을 집행하는 데 적용되는 국가의 강제는 하이에크적 시각에서 볼 때 정당한 강제가 아니다.

강제를 행사하는 국가도 개인들이나 인간그룹들과 똑같이 정의의 법규칙을 지켜야 한다. 왜냐하면 사회의 자생적 질서에서 국가도 다른 민간 조직이나 시민들과 나란히 질서를 구성하는 요소들 중 하나의 요소이며 다른 요소들과 똑같은 위치에 있기 때문이다. 예컨대 경쟁법의 적용에서 국영기업을 제외시킨다거나, 수도물의 독점을 위해 음료수 공급을 위한 민간기업의 시장진입을 억제하는 것은 자유주의와 양립되지 않는다.

'법의 지배 원칙' 또는 '법 아래에서의 통치'라고 말할 때 법은 그것이 무슨 내용을 갖든 관계없이 모든 법을 의미하는 것이 아니라 오로지 일반적인 정의로운 행동규칙, 정의의 규칙의 성격을 가진 법만을 의미한다. 이러한 법 아래에서의 통치를 '실질적 법치국가'라고 부른다. 이러한 법은 민법과 형법으로 구성되어 있는 사법이고, 공법은 배제된다. 그렇다고 자유로운 인간의 사회에서 공법은 있어서는 안 되는 것이 아니다. 국가의 서비스 기능으로서 공공재화의 생산과 공급은 국가의 중요한 과제이다. 이를 위해서는 정부조직 및 이를 위한 공법이 필요하다. 또한 국가의 정당한 강제행사를 위해서는 정부조직이 필요하다. 이를 위해서도 공법이 필요하다. 그러나 이러한 공법은 반드시 사법의 테두리 내에 존재해야 한다.

위에서 간단히 요약한 자유의 이상에서 알 수 있듯이 자유주의란 법의 내용에 관한 이론이라고 볼 수 있다(Hayek, 1971: 125). 따라서 하이에크의 진화론적 자유주의는 정치가 지향해야 할 지침으로서 기능한다. 그것은 국가의 목표와 과제 및 이들을 달성하기 위한 방법, 다시 말하면 국가의 정당한 강제행사는 무엇이고, 비강제적 과제로서 서비스 기능은 무엇인가를 설명하는 규범적인 이론이다(Hayek, 1971: 127).

하이에크는 여기에서 자유주의를 민주주의와 엄격히 구분하고 있다.

그에 의하면 민주주의란 법의 내용에 관한 이론이 아니라 법의 원천에 관한 이론이라는 것이다. 다시 말하면 그것은 법으로서 통용되어져야 할 것, 즉 실효성을 가진 법은 무엇인가를 결정하는 절차에 관한 원칙이라는 것이다(Hayek, 1971: 126).

따라서 슘페터(Schumpeter, 1950: 384)의 말을 빌리면 민주주의란 "정치적 방법, 즉 정치적인(입법과 행정에서의) 의사결정에 도달하기 위한 일종의 제도적인 질서 ……"이다. 민주주의의 이상은 정부를 어떻게 조직하는 것이 효과적인가의 문제를 다룬다. 그것은 조직규칙의 문제를 다룬다. 즉, 다양한 문제들에 관한 의사결정을 내리는 절차, 어떻게 대표자를 선출하거나 지명하는가의 문제를 정한다. 민주주의는 국가의 목표나 과제에 관해 어떠한 명제도 제시하지 않는다. 다만 이를 정하는 절차만을 말할 뿐이다.[4]

이와는 전적으로 다른 것이 자유주의 이상이다. 그것은 권력을 제한하는 문제를 다룬다. 그 목표는 자유이다.

민주주의는 다수가 인정하는 것이면 그것이 무엇이든 법으로 인정한다. 그러나 자유주의는 다수가 인정하는 법이라고 하더라도 그것이 정의의 규칙의 성격, 즉 '자유를 보장하는 법'이 아니면 법으로 인정하지 않는다. 이것이 일반성, 추상성 그리고 확실성의 조건이다. 따라서 자유주의는 민주주의의 실적능력을 판단하기 위한 기준으로서, 다시 말하면 민주주의의 방향지침으로서 기능한다.

이러한 시각에서부터 하이에크는 두 가지 종류의 민주주의, 즉 무제한적 민주주의와 제한적 민주주의를 구분하고, 이러한 구분을 기초로

---

4 민주주의란 용어를 정부조직 이외의 다른 조직, 예를 들면 교육, 군대, 의료, 상거래 제도 등에 적용하는 것은 의미가 없다(Hayek, 1981a: 19~20).

하여 자유주의와 양립하는 민주주의를 도출하고 있다(Hoy, 1984: 93~
95). 따라서 우선 무제한적 민주주의를 설명하고 이어서 제한적 민주주
의를 살펴보겠다.

2) 프랑스 계몽주의와 무제한적 민주주의

무제한적 민주주의는 다수가 원한다는 사실 자체가 이를 좋은 것으
로 간주할 충분한 이유가 된다는 사상이다. 다수가 원하는 것의 내용을
전혀 묻지 않는다. 다수가 인정하는 모든 법은 그 내용이 무엇이든
정의로운 법으로 간주된다. 따라서 의회민주주의에서 입법부가 제정한
것이면 그것이 무엇이든 법으로 간주한다.

법이란 무엇인가에 대해 '법을 정하는 곳에서 정한 것이 법이다'라고
답하기 때문에 그런 법 개념은 동어반복일 뿐이다. 그리고 이런 법
개념으로부터 도출된 모든 상태는 자유의 상태로 취급된다. 그러니까
민주주의 이상론자들은 여기에서 자유주의와 민주주의는 동일하다는
결론을 도출한다.

민주주의론자들은 이러한 민주주의의 이해에 따라, 될 수 있는 대로
민주주의 절차를 두 가지 방향으로 확대시키려 한다(Hayek, 1971:
127~128).5 첫째, 선거권자들의 범위의 확대, 둘째, 민주주의적 절차에
의해 결정할 대상들의 확대이다. 이러한 확대의 결과는 자유인들에게

---

5 첫 번째의 예를 들면 예컨대 선거연령의 확대, 여자들에게 선거권을 부여하는
것, 두 번째의 예를 들면 노임을 얼마로 정할 것인가, 투자를 얼마로 할 것인가,
무엇을 생산할 것인가, 누구에게 분배할 것인가 등 모든 사항을 집단적인 의사결정
의 대상으로 하는 것이다.

필수적인 개인의 사적 영역 또는 '보호영역' 대신 공공영역 또는 집단적인 영역의 확대이다. 특히 두 번째와 관련된 이념이 바로 사회주의의 변형된 '사회민주주의'이다. 모든 문제를 집단적 의사결정의 대상으로 여긴다. 이런 이념에게는 사유재산의 신성함은 당치도 않다. 사유재산의 신성함은 사유재산의 사용과 처분은 집단적 의사결정의 대상이 될 수 없다는 것을 의미하기 때문이다.

이와 같은 무제한적 민주주의는 다수가 원하는 것이면 무엇이든 이를 실시하기 위한 정부의 강제는 정당한 것이다. 다시 말하면 국가의 과제의 정당성을 내용에 의해 파악하지 않고 다수의 의지로 결정한다. 이것은 법의 정당성을 내용에 의해 규정하는 것이 아니라, 다수의 의지에 의해 규정하는 것과 똑같다. 법관들은 원칙적으로 독립적이지만 그들의 판결은 의회가 제정하고 의회가 필요한 경우에는 언제나 변경시킬 수 있는 법을 기초로 하여 이루어진다.

법의 전통은 의회에 의해 철회될 때까지만 실효성을 가지고 있을 뿐이다. 따라서 법은 독자적인 힘을 가지고 있지 않고 오로지 의회의 손바닥 위에 있다.

따라서 무제한적 민주주의에서는 의회의 행동을 구속할 수 있는 메커니즘이 없이 그것은 무제한적 권력을 가지고 있다. 이러한 의회민주주의의 근원을 하이에크는 프랑스의 합리주의적 계몽주의에서 찾고 있다.

이 계몽주의가 가지고 있었던 초미의 관심은 국가권력의 제한에 있었던 것이 아니라 국가권력의 원천에 있었다. 신이 의도한 왕의 절대적인 지배 권력에 의한 정통성을 국민의 의지의 절대성에 의한 정통성으로 대체시키고자 했다. 국민의 의지는 의회의 다수의 의지를 통해 수렴되는 것으로 여겼다(Hayek, 1971: 43). 이것이 주권재민 사상이다.

주권재민 사상은 개인적 자유를 보호하기 위해서는 정치적 권력의 원천으로서 단 하나의 지배자나 또는 소수의 손을 다수의 지배 또는 다수의 손으로 대체시켜야 한다는 사상이다(Hayek, 1969: 71). 그렇기 때문에 주권재민 사상은 정치권력을 제한할 필요가 없었다. 이러한 사상은 의회에게 전권을 맡겨야 한다는 '의회의 자유' 사상과 일치된다 (Hayek, 1981b: 184).

하이에크는 이런 견해는 옳지 못하다고 주장하고 있다. 그에 의하면 민주적으로 선택된 의회에 대해 어떠한 제한도 가하지 않는다면, 다수의 독재가 가능하고, 이러한 독재는 일인독재나 소수의 독재만큼 위험하다는 것이다(Hayek, 1971: 127~128, 130 주석 7; 1981b: 17; 1978: 153). 하이에크는 주권재민 사상에 기초를 둔 무제한적 민주주의를 구성주의적 합리주의의 후손으로 간주하고 있다. 이에 따르면 첫째, 그것은 다수가 원하는 것이라면 그것이 무엇이든 다수의 손에 의해 이를 달성할 수 있는 능력을 가지고 있는 '계획할 수 있는 이성'을 전제하고 있다. 다시 말하면 모든 법과 사회제도들은 다수의 손에 의해 고안되어야 하고 또한 고안될 수 있다는 것이다(Hayek, 1969: 82; 1971: 46; 1980: 106; 1981a: 56).6

둘째, 주권재민 사상은 옳고 그름에 관한 사회구성원들의 '의견 (opinion)'과 어떤 알려진 구체적인 목적들을 달성하겠다는 '의지(will)' 를 구분하지 못하고 오히려 다수의 의지를 강조하고 있다(Hayek, 1969: 217; 1977:10). 전자가 법의 기초가 되어야 함에도 불구하고 이들을 구분하지 않고 있기 때문에 이미 앞에서 언급한 바와 같이 사법과

---

6 그 대표적인 예가 사회계약론, 합리주의적 자연법 사상이다. 이에 관해서는 하이에크(Hayek, 1971: 129; 1980: 24~26) 참조.

공법을 구분하지 않고, 또한 다수의 의지를 강조함으로써 사회질서를 '목적이 지배하는 사회'로 만들려고 한다.

모든 법은 다수의 의지의 산물이고, 또한 그런 산물이어야 한다는 사상은 그렇지 않은 법들, 즉 진화적으로 형성된 법들을 비롯하여 모든 행동규칙들은 비민주적인 것으로 간주한다.

하이에크에게 다수의 의지란 존재하지 않는다. 다원적인 사회에서 다수의 의견과는 달리 구체적인 목표들 또는 이들의 순위에 관련한 다수의 합의, 즉 다수의 의지를 달성한다는 것은 불가능하다(Hayek, 1981a: 20; 1969: 68~70).

하이에크는 현대 민주주의를 무제한적 민주주의라고 규정하고 있다. 무제한적 민주주의는 정부의 무제한적 권력과 일치된다. 이러한 민주주의는 자유주의와 양립하지 않는다.

3) 스코틀랜드 계몽주의와 제한적 민주주의

전통적인 규범적 민주주의 이론의 창시자들이 제안한 주권재민 사상은 인간의 부자유한 상태는 일인 정부나 소수파 정부에 기인한 것이고, 따라서 국민이라는 집합의 '의지'로 대체시키만 하면 자유를 확보할 수 있으리라고 믿었다. 이러한 믿음으로부터 정부권력을 도출했던 것이다. 그러나 국가의 최고 권력은 무제한적이어야 한다는 논리적 필연성은 존재하지 않는다.

따라서 하이에크는 국가의 강제를 제한하는 메커니즘을 구상하고 있다. 이것이 바로 자생적 질서의 형성을 가능하게 하는 정의의 규칙, 즉 하이에크가 자주 사용하는 말로서 일반적인 정의로운 행동규칙이다. 정부의 강제는 이러한 행동규칙에 대한 복종을 창출할 목적을 위해서만 허용되어야 한다는 원칙, 이 법의 지배 원칙은 자의적인 강제가 없는 상태를 위한, 따라서 자유를 위한 중요한 조건이다. 이러한 원칙이 사회에서 인간의 평화로운 공존을 가능하게 할 뿐만 아니라 정부권력을 행사하는 사람들의 평화로운 교체(정권교체)를 가능하게 한다(Hayek, 1969: 58; 1981b: 20).

제한적 민주주의는 민주적 의사결정과정에서 생성된 것이면 무엇이든, 이를 '정의로운 행동규칙'으로 간주하지 않는다. 그것은 앞에서 언급한 바와 같이 일반적인 정의로운 행동규칙의 성격을 가지고 있을 경우에 정의로운 행동규칙으로 인정된다. 따라서 제한적 민주주의는 오로지 일반적인 정의로운 행동규칙이라는 의미의 법을 제정하고 기존의 법을 이러한 의미의 법으로 개선하는 과제를 가지고 있다.

따라서 제한적 민주주의는 평화와 질서의 유지, 즉 사회의 자생적 질서를 유지하는 데 필요한 공동의 의사결정 절차이다. 다시 말하면 제한적 민주주의는 오로지 노모스만을, 즉 자유를 보장하는 법만을 다룬다(Hayek, 1981a: 21~22). 그렇기 때문에 제한적 민주주의는 정의에 관한 '다수의 의견'과 관련되어 있다.

무제한적 민주주의는 실증주의적 법이론을 그 기초로 하고 있다(Hayek, 1981b: 22~23). 제한적 민주주의는 다수의 의지를 제한하는 데 초점을 맞춘다. 따라서 그것은 가치합리성을 전제로 한다. 이와 같은 제한적 민주주의의 기능은 개개인들의 행동에서 중요한 역할을 하는 가치합리성의 기능과 동일한 맥락이다. 그렇기 때문에 제한적 민주주의는 진화적으로 형성된, 그리고 사회의 자생적 질서의 기초가 되는 모든 행동규칙들을 존중한다.

다수의 의지를 중시하는 무제한적 민주주의에서 국가의 자의성은 민주적 절차에 의해 해결되는 것으로 본다. 그러나 자유주의에서 자의

성이란 사실상 정의의 규칙에 예속되어 있지 않은 어떤 특정의 의지에 의해 결정되는 행동을 가리킨다(Hayek, 1981b: 23).

그렇다고 제한적 민주주의는 오로지 가치합리성만을, 다시 말하면 정의의 규칙만을 다루고, 다수의 의지에 기초를 둔 의사결정을 무시하는 것은 아니다. 이 후자의 의사결정의 대상이 되는 것이 국가의 봉사기능을 행하는 생산국가의 과제이다. 이 과제는 가치합리성에 기초를 둔 의사결정의 테두리 내에서 이루어지는 의사결정에 의해 수행된다. 제한적 민주주의는 보호국가의 과제를 해결하기 위한 의사결정 절차이다.

하이에크는 이러한 제한적 민주주의 근원을 스코틀랜드 계몽주의에서 찾고 있다. 이것은 프랑스 계몽주의와는 달리 국가권력의 원천을 찾는 데 관심이 있었던 것이 아니라 국가권력의 내용 또는 제한에 있었다.

다시 말하면 국가의 과제의 내용, 법의 내용이 초미의 관심이었다. 그렇기 때문에 자연히 권력분립이 중시되었다. 물론 프랑스 계몽주의도 권력분립을 경시한 것은 아니다. 그러나 그 사상은 의회에게 국가의 최고 권력을 허용했고 다른 모든 권력은 이 권력에서 나와야 하는 것으로 여겼다. 이러한 원리는 몽테스키외(Montesquieu)에서도 마찬가지이다.

4) 자유주의와 헌법주의

국가권력의 원천이 아니라 국가권력의 내용 및 이에 따른 국가권력의 제한에 초점을 맞추어야 한다는 원리가 '헌법주의(Constitutionalism)'이다. 스코틀랜드 계몽주의가 현대적인 헌법주의의 출발점이다. 이 헌법주의에 따르면 왕과 그의 정부(행정부), 그리고 의회와 사법부의

표 6.1 두 가지 종류의 민주주의

제한적 민주주의	무제한적 민주주의
국가의 제한적 강제	국가의 무제한적 강제
다수의 의견	다수의 의지
법이 지배하는 사회	목적이 지배하는 사회
법의 우위성	정치의 우위성
자생적 사회질서	조직
자유주의	비자유주의
진화론적 자유주의	구성주의적 합리주의

권력분립이 중심된 내용이다. 특히 중요한 것은 사법부가 진화 과정에서 형성된 코먼 로에 기초하여 분쟁을 해결한다는 점이다.

이러한 시스템에서 행정부의 권력은 이중적으로 제한되었다. 그것은 한편으로는 전통적인 법과 다른 한편으로는 의회에서 제정된 법에 의해 예속되었다. 의회는 전통적인 법, 즉 노모스에 의해 제한을 받았다. 의회는 이 전통적인 법을 주어진 것으로, 변경시킬 수 없는 것으로 간주했다. 이 법은 하이에크의 의미의 '정의로운 일반적 행동규칙', 즉 '정의의 규칙'이었다.

이러한 전통적인 법의 테두리 내에서 의회는 행정부에게 예산과 조세를 승인하는 과제를 담당했다. 이것이 의회의 주요과제였다. 이러한 전통이 프랑스 계몽주의 전통에 의해 밀려나고 무제한적 민주주의가 금세기까지 지구촌을 지배하고 있다.

하이에크는 스코틀랜드 계몽주의 사회철학을 재생시켜, 제도적인 교훈을 도출하려 하고 있다. 이로써 그는 200년 동안이나 잃어버렸던 기본가치, 즉 제한적 민주주의를 되찾으려고 하고 있다.

그는 이러한 입장에 입각하여, 현대 민주주의를 비판하고, 이 비판을 기초로 하여 제한적 민주주의를 위한 헌법모델을 구상하고 있다. 이 모델을 설명하기에 앞서 우선 현대 민주주의에 대한 그의 비판점을 재구성하고자 한다.

2. 개인의 자유와 현대 민주주의에 대한 비판

하이에크는 민주주의를 제한적 민주주의와 무제한적 민주주의로 구분하고, 이러한 구분에 준하여 현대 민주주의를 분석하고 있다. 그는 윌헴(Wollheim, 1962: 72)이 자신의 논문 「민주주의 이론의 패러독스(A Paradox in the Theory of Democracy)」에서 말하고 있듯이 현대 민주주의를 무제한적 민주주의로 규정하면서 이를 무법적이고, 부패하고, 약하며, 비민주적이라고 비판하고 있다.

이러한 비판은 신정치경제학의 민주주의 경제이론, 이권추구 이론에서 정립된 시각과 일치한다(민경국, 1993b). 신정치경제학의 정립에 매우 큰 기여를 한 학자들 중에서 특히 뷰캐넌은 그의 방법론과 결론에서는 하이에크와 많은 차이점을 가지고 있지만, 현대 민주주의를 보는 시각에서는 하이에크와 일치한다. 하이에크는 오늘날의 민주주의를 무제한적 민주주의로 규정하는 대신에 뷰캐넌은 '헌법적 혼란 상태'로 규정하고 있다.

이들은 오스트리아학파의 미제스처럼 사적 권력보다도 국가권력을 더욱 더 두려워하는 학자들이다. 현대 민주주의에 대한 하이에크의 비판은 비판 자체로서의 의미 이상을 가지고 있다. 그는 이 비판을 기초로 하여 무제한적 민주주의를 억제하기 위한 헌법주의 원리를 제안하고 있다. 먼저 오늘날의 민주주의가 무제한적 민주주의로 변화된 이유에 관한 하이에크의 논거들 및 무제한적 민주주의의 결과에 관한 그의 논점들을 체계화시키고자 한다.

1) 현대 민주주의의 구조적 오류

현대 민주주의는 의회민주주의이다. 의회의 구성원들은 정당들의 정치적 경쟁을 통해 '국민'에 의해 선출된다. 이들은 원칙적으로 국민의 다수의 의지를 구현하는 것으로 가정한다. 의회의 구성원들은 두 가지 과제를 동시에 수행하고 있다. 법을 제정·개선하는 과제(입법과제)와 행정부를 통제하는 과제(정부과제)가 그것이다. 전자는 뷰캐넌의 용어를 빌리면 보호국가적 과제, 후자는 생산국가적 과제라고 볼 수 있다(민경국, 1993a). 이러한 의회민주주의와 스코틀랜드 계몽주의 전통의 민주주의를 비교한다면 다음과 같은 특징을 가지고 있다.

(1) 원래 스코틀랜드 계몽주의 전통의 제한적 민주주의하에서 법은 코먼 로와 같이 진화적 과정에 맡기고 의회는 법 전통의 테두리 내에서 오로지 행정부를 통제하는 기능만을 행사했다. 그러나 오늘날 입법부라고 부르는 의회는 완전히 서로 다른 성격을 가진 두 가지 과제를 동시에 가지고 있다.

오늘날의 이러한 의회제도의 역할은 하이에크가 설명하고 있는 원시 부족사회의 추장이나 지도자의 역할과 동일하다(Hayek, 1980: 111). 추장이나 지도자는 특정의 목적을 달성하기 위해 필요한 행동을 명령하는 과제와 주어진 행동규칙을 가르치거나 실시하고, 경우에 따라서는 새로운 행동규칙을 언어로 표현하여 일종의 법으로 승화시키는 과제7를 가지고 있었다.

그러나 제한적 민주주의에서는 이 과제가 엄격히 분리되어 서로 다른 국가조직에 의해 수행되고 있었다. 따라서 국가권력의 분립이라는 시각에서 볼 때 오늘날의 의회제도는 문명의 후퇴이다.

(2) 스코틀랜드 계몽주의에서 의회는 전통적인 법(노모스)에 의해 엄격히 제한을 받는다. 그러나 오늘날의 의회는 어떠한 제한도 받지 않는다. 헌법 그 자체도 다수의 의지에 의해 변동될 수 있다. 오늘날의 의회는 '정의의 규칙'까지도 필요한 경우에는 언제나, 다시 말하면 다수의 의지가 원한다면 알려진 목적을 달성하기 위한 법, 테시스로 대체시킬 수 있다.

국민의 다수의 의지 및 의회의 다수의 의지는 어떤 것에도 제한을 받시 않는다. 그들의 권력은 무제한적이다. 의회에서 결정한 것은 무엇이든 법으로 간주된다. 정의의 규칙이라는 의미의 법과 처분적 정책의 구분이 없다. 노모스와 테시스의 구분이 없다. 하이에크는 오늘날의 입법단체에 관해 다음과 같이 말하고 있다(Hayek, 1981b: 18).

"오늘날 입법부를 입법부라고 부르는 것은 그것이 법을 제정하기 때문이 아니라, 오히려 법을 법이라고 부르는 것은 그 결정의 내용이나 형태가 어떠하든 법이 입법부에서 생겨나기 때문이다."

이러한 권력을 강화시키는 데 기여한 사상체계는 앞에서 설명한 바와 같이 구성주의적 합리주의 철학에 바탕을 두고 있는 프랑스 계몽

---

7 전자의 과제는 전쟁이나 수렵 또는 다른 장소로 이동하는 경우에 필요한 과제로서 오늘날의 생산국가적 과제에 해당된다. 후자는 입법과제로서 보호국가적 과제에 해당된다.

주의 철학자 루소의 주권재민 사상을 비롯하여 법실증주의 그리고 주류경제학(리카디안 경제학)이다. 이들은 노모스와 테시스의 중요한 차이점을 무색하게 만들고, 법은 오로지 알려진 목적을 달성하기 위한 수단이라는 사상을 대변하고 있다.

또한 그들은 사회적 관계, 즉 모든 사회제도들은 다수의 의지가 원하는 바대로 만들어낼 수 있으며 모든 사회적 과정도 역시 다수가 원하는 방향으로 계획하여 조종·통제할 수도 있다는 '지식의 오만' 또는 '이성의 오만'을 전제하고 있다. 이러한 사상을 통해 민주적으로 선출된 의회(정부)의 권력이 정당화되었고 또한 강화되었다.

이상과 같이 오늘날의 민주주의를 무제한적 민주주의로 규정한다면 이러한 민주주의의 결과는 무엇인가? 이 문제를 분석하고자 한다.

2) 무제한적 민주주의와 부패민주주의

이익단체는 특수한 목적을 달성하기 위한 인간의 조직이다. 그것은 자생적 질서의 구성요소이다. 농민단체, 노동조합, 사용자단체, 변호사 협회, 의사협회, 의료협회 등 무수히 많다. 이들은 개인적 자유(결사의 자유)의 산물이다. 이익단체의 조직은 혼자서는 관철시킬 수 없는 목적을 달성하기 위한 수단이다. 이러한 의미에서 그것은 매우 합목적적이다. 이익단체는 원시적 본능인 연대 모럴에 의해 뒷받침된다. 연대모럴은 그룹충성심이다. 따라서 공공이익의 증진을 목표로 하여 행동하는 것이 아니라 모든 조직이 그렇듯이 알려진 자신의 목적을 추구한다. 여기에서 그룹이기주의자가 등장한다(Hayek, 1981b: 124~129).

하이에크는 두려운 것은 개별 기업이나 개별 노동자, 또는 개별 변호사 등과 같이 개별이기주의가 아니라 그룹이기주의라고 말하고 있다. 개개인들의 이기주의는 사회의 자생적 질서의 유지에 기여하는 데 반해, 폐쇄된 그룹의 이기주의 또는 폐쇄된 그룹이 되려고 하는 그룹 구성원들의 소망은 항상 '거대한 사회'의 구성원들의 일반적인 이익에 반한다(Hayek, 1981b: 126).8

조직화된 그룹의 이기주의 행사에서 비롯된 사회적 피해는 무제한 적 민주주의에서 더욱 더 선명하게 드러난다.9 하이에크에 의하면 무제 한적 민주주의의 정부는 법(노모스)에 의해 제한받지 않는 권력을 가지 고 있기 때문에, 이러한 권력을 부정하게 행사하고 또 그렇게 행사할 수밖에 없다고 한다(Hayek, 1969: 66; 1981b: 25). 이러한 주제를 이익단 체와 관련하여 설명하고 있다.

정부는 재집권하기 위해 다른 정당들과 경쟁을 한다. 재집권을 위해 서는 정부는 다수의 유권자 그룹들의 지지를 받아야 할 것이다. 정치적 과정을 통해 조직화된 이익단체들은 자신들을 위한 편익을 얻으려고 노력한다. 이러한 편익은 다른 이익단체들 또는 유권자 그룹들에게는 언제나 피해의 형태를 갖게 마련이다. 정치가 또는 정당들은 이익단체 들의 요구가 부당하다고 하더라도 이 요구를 거절할 수 없다.

왜냐하면 이들의 지지를 받지 못하면 집권하는 데 필요한 다수의 지지를 형성하지 못하기 때문이다. 소규모의 조직화된 그룹들도 다수 의 형성을 방해하겠다고 위협함으로써 정당이나 정치가들은 이들의 요구를 거부할 수 없을 것이다.

---

8 그렇기 때문에 조직화된 그룹의 행동은 개개인들의 행동보다도 더 많이 제한되 어야 한다.

9 이익단체의 정치적 영향에 관해서는 민경국(1993a: 128~130; 1993b: 288~ 291) 참조.

이와 같이 정치가나 정당의 운명이 그룹들의 지지에 달려 있고, 또한 민주주의에 어떤 제한이 없기 때문에 정부는 어쩔 수 없이 이들의 요구에 응하지 않을 수 없다. 정부가 이들의 요구에 응하는 것은 그 요구가 정의롭기 때문이 아니라, 그들이 정치가나 정당의 장래를 위태롭게 하는 데 충분한 정치적 힘을 행사할 수 있기 때문이다(Hayek, 1981b: 24~25).

따라서 하이에크는 이러한 민주주의를 부패된 민주주의 또는 뇌물 민주주의라고 부르고 있다(Hayek, 1981b: 25, 27, 195). 정부는 강력한 이익단체들에게 특혜나 특수한 보조금, 또는 차별적인 입법형태로 지불하는 대가로 이들로부터 지지를 얻어낸다. 무제한적 민주주의는 정부권력을 제한하는 장치가 없기 때문에 이익단체들도 그들의 요구의 내용에 있어서나 규모와 종류에 있어서 무제한적이다(Hayek, 1981b, 25). 그들의 요구는 현재의 소득수준을 유지하거나 또는 장래의 보다 높은 소득수준을 확보하는 내용이다. 따라서 그들의 요구는 대부분 독점적 위치를 확립하는 데 그 취지가 있다.[10] 이러한 목적을 위한 이익단체들의 경쟁은 결국 정치적 소득(political income)을 얻기 위한 경쟁이라고 볼 수 있다(Hayek, 1981b: 28, 131, 203).

고전적인 다위니즘의 창시자인 트루먼(D. B. Truman)은 이러한 경쟁은 사회적 균형을 야기하고 그 경쟁의 결과는 정의롭다고 주장한다. 이러한 주장을 계승하고 있는 다위니스트는 갈브레이드(Galbraith, 1959) 및 미르달(Myradal, 1956)이다(Hayek, 1981b: 132). 이들은 트루먼과는 달리 이익단체들의 정치적 경쟁에서 생겨나는 효과의 부정적인

---

10 대표적인 예가 변호사 수의 확대를 반대하는 변호사협회, 의사 수의 확대를 반대하는 의료협회 등이다.

측면을 인정하기는 하지만, 이런 측면은 모든 이해관계들이 조직화되어 있지 않기 때문에 생겨나는 과도기적 현상으로 파악하고, 이들이 모두 조직화된다면 그 결함들은 치유될 수 있다고 본다.

하이에크는 이러한 주장에 대해 두 가지로 반응하고 있다. 첫째, 모든 이해관계들이 조직될 수 있는 것이 아니라는 점, 둘째, 설사 이들 모두가 조직화된다고 하더라도 이익단체들의 정치적 영향력의 결과로 나타나는 정부의 정책은 정의롭지 않다는 것이다.

하이에크는 모든 그룹들은 조직화될 수 없다는 주제를 설명하기 위해 올슨(M. Olson)의 집단행동 이론에 의존하고 있다. 이미 잘 알려져 있듯이 올슨은 공동의 관심사를 가진 사람들은 조직화된 그룹들에 의해 위협을 받고 피해를 당하기 때문에 정치적 소득을 확립하기 위한 투쟁에 참여하기 위해 그들도 조직을 형성한다는 순박한 다원주의 이론을 분석·비판하고 있다.[11]

올슨에 의하면 공동의 관심사를 갖고 있다고 해서 이를 증진시키기 위해 개개인들이 반드시 조직을 형성하는 것이 아니라는 것이다. 조직을 형성하기 위해서는 다음과 같은 세 가지 조건 중 어느 하나가 충족되어야 한다는 것이다. 첫째, 그룹의 규모가 작아야 한다. 둘째, 강제가 적용되어야 한다(부정적인 유인물). 셋째, 조직구성원들이 각자 배타적으로 이용할 수 있는 긍정적인 유인물이 공급되어야 한다(Hayek, 1981b: 134~135; Hoy, 1984: 99).

이와 같이 정상적인 조건하에서는 자진해서 개개인들이 조직을 형성할 수 없기 때문에 언제나 비조직화된 이해관계들이 존재하기 마련

---

11 올슨의 집단행동론에 관해서는 민경국(1993a: 261~272), 하이에크와 관련하여 올슨의 이론을 설명하고 있는 문헌은 호이(Hoy, 1984: 99~100) 참조.

이다. 대표적인 예로서 하이에크는 소비자, 납세자, 노인, 부녀자들을 들고 있다(Hayek, 1981b: 134). 소비자로서 이익단체를 조직하지 못하는 대표적인 그룹은 법률서비스의 수요자들, 의료서비스의 수요자들 등이다. 조직화된 그룹보다도 비조직화된 그룹에 속하는 이들이 주민 전체 중에서 대부분을 차지한다. 하이에크는 조직화된 그룹과 관련하여 다음과 같이 말하고 있다(Hayek, 1981b: 132).

> "현대사회의 진정한 착취자는 이기적인 자본가, 기업들이나 개별인
> 간이 아니라 집단적 행동의 도덕적인 지원과 그룹충성심으로부터 권력
> 을 도출하는 조직이다."

기존의 사회제도들이 조직화된 이익단체에게 유리한 방향으로 형성된 이유는 이와 같이 무제한적인 민주주의 소산이다. 무제한적 민주주의로 말미암아 강력한 이익단체는 사회의 자생적 질서를 형성하는 보이지 않는 힘, 즉 시장권력을 지배하는 의도적인 힘을 획득하게 되었다. 하이에크는 이를 우리사회의 진정한 불의(不義)의 주요원인이자, 동시에 우리의 사회구조 및 경제구조, 즉 진화적 과정이 왜곡하게 된 주요원인으로 간주하고 있다(Hayek, 1981b: 132).

우리는 하이에크의 이러한 주장을 결코 간과할 수 없다. 왜냐하면 강력한 이익단체가 존재하고 있는 곳에서는 어디에서나 사회구조가 완전히 이익단체에게 유리한 방향으로 형성되어 있음을 충분히 목격할 수 있기 때문이다.

대표적인 예가 법률서비스 시장과 의료서비스 시장이다. 이들은 진정한 의미의 시장이 아니다. 의료협회, 변호사협회의 정치적 영향력은 매우 강력하다. 이들은 각자 자신의 분야와 관련된 정부조직까지도

인적으로 지배하고 있고, 심지어 교육정책에까지도 강력한 영향력을 행사하고 있다. 따라서 이들은 법률서비스 및 의료서비스의 수요자들을 착취하고 있을 뿐만 아니라 동시에 교육 수요자들까지도 착취하고 있다고 말해도 과장된 것이 아닌 듯하다.

공동의 이해관계의 존재는 소규모그룹을 제외하고는, 그와 같은 이해관계의 포괄적인 조직을 자발적으로 형성하지 않기 때문에, 정부가 그와 같은 그룹들의 모든 구성원들을 조직하려는 노력을 적극적으로 지원하거나, 그러한 조직을 만들기 위해 강제하거나 차별하는 것을 최소한 묵인했다. 정부의 이러한 지원이나 묵인도 역시 그러한 그룹의 지지를 받아 다수를 형성하기 위한 무제한적 민주주의의 독특한 전략이다.

그렇다고 정부가 모든 그룹들의 조직화 노력을 지원하는 것은 불가능하다. 이 지원도 역시 선별적이다. 언제나 비조직화된 그룹들이 존재하기 마련이다. 따라서 정부에 의해 지원을 받는 특정의 그룹들의 조직은 조직화되어 있지 않은 그룹들과 조직될 수 없는 그룹들에 대한 지속적인 착취를 야기한다. 언제나 착취의 대상이 되는 그룹은 원천적으로 조직할 수 없는 그룹들이다.12 노인들, 납세자들이 그 대표적인 그룹이다.

하이에크는 『집단행동의 논리(The Logic of Collective Actions)』의 저자이자 이 책의 독일어판 서문까지 써줄 정도로 자신에게 감명을 주었던 올슨(Olson, 1968/1971)과 같이 이 그룹들은 조직화된 그룹들의 권력에 의해 언제나 고통을 당하고 있다고 주장한다(Hayek, 1981b: 134).

---

12 소비자, 납세자, 부녀자, 노인, 의료서비스의 수요자 법률서비스의 수요자들은 이익단체를 조직하기 어려운 계층이다.

논의를 더욱 진전시키기 위해서 우리가 일단 모든 이해관계의 그룹들이 제각기 조직되어 있다고 가정하자. 그렇다면 이 조직된 그룹들의 상호관계의 결과가 정의로운 사회질서가 될 것인가? 이 문제에 대한 하이에크의 대답은 무조건적으로 부정적이다.

그 이유를 하이에크는 조직화된 그룹들의 기본적인 목적에서 찾고 있다. 그들은 자신들의 일정한 소득수준을 유지하려 한다는 것이다. 이를 위해서는 가격을 통제하고 공급을 조절해야 할 것이다. 공급의 조절은 조직구성원들의 수효의 조절이다. 이러한 노력은 구조변동을 차단하고, 폐쇄된 자기세계를 구축하려는 것을 의미한다. 이것은 거대한 사회, 열린사회의 구성원들, 즉 자생적 사회질서의 구성원들의 진정한 이익과 상충되는 것이다(Hayek, 1981b: 126, 195).

그렇기 때문에 하이에크에게 무서운 것은 자본가나 기업가의 이기주의가 아니라 조직화된 그룹의 이기주의이다(Hayek, 1981b: 124, 132). 따라서 하이에크는 대항력(countervailing power)에 의해 조직화된 그룹의 권력을 통제할 경우, 생명력이 있는 사회질서가 이루어질 수 있다는 갈브레이드의 주제를 수용할 수 없다(Hayek, 1981b: 133).

하이에크에게 중요한 문제는 그룹들이 조직되어야 한다는 것이 아니라, 현대 민주주의가 정의의 규칙이라는 의미의 법 아래 있지 않고 특정 그룹들에게 차별적인 입법이나 처분적 법에 의해 특혜를 부여할 수 있는 무제한적 권력을 가지고 있다는 점이다.

또한 그에게 중요한 것은 대항력의 형성에 의해 조직화된 그룹들이 상호간 통제하는 것이 아니라, 이들의 행동을 제한하기 위한 정의로운 행동규칙을 개발해야 한다는 점이다. 그는 무제한적 국가권력으로부터 그리고 그룹의 압력으로부터 개인을 보호하는 것을 가장 중시한다(Hayek, 1981b: 133).

이와 같이 정부가 특혜를 허용하지 않고 오로지 정의의 규칙의 특성을 가진 법의 개발, 즉 노모스의 개발과 이를 집행하는 데 그 권력을 행사한다면, 정치적으로 특혜를 얻어내려는 공동의 이해관계를 가진 사람들이 조직을 형성하려는 유인물이 제거된다. 어느 한 조직화된 그룹이 특혜를 얻는 데 성공하면 다른 그룹도 이에 지지 않고 특혜를 얻기 위해 조직을 강화하거나, 경우에 따라서는 조직을 형성한다. 이로써 전체 사회가 조직화된 그룹들의 정치적 투쟁에 빠지고, 결국 피해보는 것은 비조직화된 그룹들이다. 이들은 마치 고래싸움에 새우의 등이 터지는 꼴이 되고 만다.

3) 무제한적 민주주의와 다수의 의지의 허구

하이에크는 무제한적 민주주의에서 다수의 지배 또는 다수의 의지라고 할 때 다수 또는 다수의 의지란 허구적이라고 말하고 있다(Hayek, 1981b: 26; 민경국 편역, 1989: 158). 그는 어떻게 이러한 명제를 설명하고 있는가?

정당들이 의회의 의석을 둘러싸고 경쟁한다. 이 경쟁에서 승리하기 위해 그들은 정치적 프로그램을 제공한다. 무제한적 민주주의에서 정당들은 개별그룹들에게 제각기 특수한 편익을 가져다주는 프로그램을 제공할 수 있다. 개별 유권자 그룹들도 자신들에게 유익한 결과를 가져오는 프로그램을 제공하는 정당을 선택할 수 있고, 또한 특수한 편익을 허용하지 않으면 지지하지 않겠다고 위협할 수 있다. 그룹들 각자가 정당들에게 요구하거나, 정당들이 다수의 의석을 차지하려고 그룹들 각각에게 허용하는 특수한 편익들은 시민들의 다수가 정의롭다고 간주하는 것이 아니라, 이것들은 다수의 의석을 차지하기 위해 또는 다수가 다수로서 계속 집권하기 위해 소수파들 각각에게 양보한 것이다.

예컨대 어느 한 정당이 A그룹에게는 a라는 프로그램을 제공하고, B그룹에게는 b라는 프로그램, C그룹에게는 c라는 프로그램을 제공하여 다수의 정당이 되었다고 가정하자(예컨대 52%의 의석을 차지했다고 하자). 이들은 모두 처분적 법률의 성격을 가진 법률로 구현하는 프로그램들이다. 이 프로그램들은 제각기 각 그룹에게 특수한 편익을 제공하는 프로그램이다. a라는 특혜는 B그룹과 C그룹 및 사회의 다른 그룹들, 즉 시민들 다수가 정의롭다고 생각하는 특혜가 아니라 오로지 그것은 이 정당이 다수가 되기 위해 각 그룹에게 준 뇌물 또는 투표의 값일 뿐이다.

다시 말하면 이 정당이 다수가 된 것은 정치적 결탁의 결과이다. 따라서 다수당이라고 할 때 그 다수는 내용적인 다수가 아니라 단순한 숫자적 다수일 뿐이다. 그 정당이 제공한 프로그램들(위의 예에서 a, b, c)은 모두 시민들 다수가 반대하는 그런 프로그램들일 수 있다.13 따라서 다수당이 되었거나 또는 다수의 지지를 받고 대통령이 되었다고 말할 때 그 때의 다수는 진정한 다수가 아니라 형식적인 다수일 뿐이다.

따라서 무제한적 민주주의에서의 국가권력은 진정한 합의에서나 또는 다수에서 나온 것이 아니라 거래행위 또는 정치적 결탁에 의해 다수의 지지를 매수해서 얻은 권력일 뿐이다. 다수의 의지란 정치적 결탁에서 또는 협상에서 생겨난 것일 뿐이다.14 그것은 특정의 그룹을

13 특수한 처분들, 즉 처분적 법률들에 대한 합의를 얻는다는 것은 불가능하다. 이에 관해서는 하이에크(Hayek, 1969: 68~69; 1981b: 33~37) 참조.

14 그렇기 때문에 하이에크는 신정치경제학의 인식결과와 일치하여 협상민주주

희생시켜 다수를 구성하는 데 필요한 그룹들을 지원하는 합의에 지나지 않는다.

정치란 특수한 이익들(특정의 그룹들)과 이루어지는 일련의 거래들에 의해 규정된다. 따라서 무제한적 민주주의에서 다수의 의석을 받은 정당이라고 하더라도 그 정당에게 어떠한 도덕적인 의미를 부여할 수 없다.

'법 아래에 있는 정부'와 법이 없는 정부의 근본적인 차이점은 법 없는 민주주의는 그 내용이 무엇이든 다수를 구성하는 데 필요하기만 하면 특정의 그룹들을 지원할 수 있다는 점이다.

다른 한편 특정의 그룹들도 정부에게 무엇이든 요구할 수 있다. 그들의 요구를 억제할 어떠한 메커니즘도 존재하지 않기 때문이다.

4) 무제한적 민주주의와 약한 정부

하이에크는 현대 민주주의 정부를 매우 연약한 정부라고 믿고 있다. 그에 의하면 민주주의가 법 아래에 있지 않으면, 그것은 필연적으로 약한 정부가 된다는 것이다. 하이에크의 이러한 주장은 겉으로 보기에는 매우 모순되게 들린다. 왜냐하면 무제한적 민주주의 정부는 글자 그대로 무제한적 권력을 가지고 있다면, 그것은 그 정부는 그만큼 강하다는 의미를 내포하고 있기 때문이다.

약한 정부란 다수의 의석을 확보하지 못한 정부를 의미하는 것이 아니다. 다수의 의석을 확보했다고 하더라도, 그러한 정부는 다수를

의라는 말을 쓰고 있다(Hayek, 1981b: 138).

유지·확보하는 데 필요한 개별 그룹들의 저항이나 압력을 이겨낼 수 있는 능력이 없는 정부를 의미한다(Hayek, 1981b: 27).

정치가들 또는 정당의 운명은 특수이익을 요구하는 그룹들의 지지에 달려 있다. 따라서 정부는 지지의 다수를 확보하고 유지하기 위해서는 이들이 요구하는 특수한 이익을 증진시켜 주는 등, 이들이 원하는 바대로 행동해야 한다. 자신을 지지하던 그룹들 중 어느 한 그룹이 그 지지를 거부하면 정부는 다수로서 유지될 수 없다. 여기에서 다수를 구성하는 특정 그룹들의 모든 요구들을 충족시켜야 할 정치적인 필연성이 생겨난다(Hayek, 1981b: 27). 따라서 정부는 다수의 지지를 확보하는 데 필요한 특정 그룹들 각각에 대해서는 매우 약하다. 그러나 이에 필요하지 않은 그룹들의 저항에 대해서는 매우 강하다. 무제한적 민주주의 정부는 약자에게는 강하고 강자에게는 매우 약하다(Hayek, 1981b: 27).

다수를 구성하는 그룹들이 그때그때마다 변할 수 있고, 또한 이들의 요구도 그때그때마다 변하기 때문에, 내용적 다수에 예속되어 있는 것이 아니라 단순한 숫자적 다수에 예속되어 있는 정부는 일관된 행동을 취할 수 없다. 따라서 정부정책은 마치 술에 취한 사람이 운전하는 자동차처럼 비틀거린다.

이와 같이 다수의 지지에 필요한 특정 그룹들에게 정부가 예속되어 있기 때문에 하이에크는 이러한 정부를 '축구공'에 비유하고 있다. 그에 의하면 민주주의 정부는 다수의 지지를 확보하기 위해서는 반드시 충족시켜야 할 모든 특수이익들의 축구공과 같다는 것이다(Hayek, 1981b: 138~139, 177). 하이에크의 이러한 경고는 프라이브르크학파의 견해와 일치된다. 오이켄(Eucken, 1952/1991)은 국가가 이익단체의 '먹이'가 될 위험성을 지적하고 있다.[15]

신정치경제학의 인식결과와 일치하는 하이에크의 이러한 주제는 다음과 같은 두 가지 의미를 가지고 있다. 첫째, 무제한적 민주주의하에서의 정부는 필연적으로 약한 정부일 수밖에 없다면, 그러한 정부는 개혁 및 체제전환 정책을 일관되게 추진할 수 없을 것이다. 왜냐하면 이를 추진하기 위해서는 강한 정부가 필요하기 때문이다.

둘째, 무제한적 민주주의의 대표적인 표현인 '의회의 자유'라는 슬로건은 국민 대표자들의 다수를 다양한 그룹들의 서로 다른 요구들의 협상을 통해 만들게 하는 슬로건일 뿐이다. 이 슬로건에 따른 정부는 필연적으로 약한 정부일 뿐이다. 따라서 의회에게 모든 것을 일임해야 한다는 '의회의 자유'는 이상적인 민주주의가 될 수 없다(Hayek, 1981b: 183~185).

의회의 자유라는 이상(理想)은 결국 협상민주주의나 정치적 결탁을 초래하고 정부를 이익단체의 노예로 만든다. 하이에크는 이러한 현상들을 막을 수 있는 유일한 방법을 제한적인 민주주의 제도에서 찾고 있다. 정부의 행동을 제한할 수 있는 메커니즘이 필요하다는 것이다. 이러한 메커니즘이 바로 '헌법주의'이다.

5) 무제한적 민주주의와 소수에 의한 지배

하이에크는 오늘날과 같은 무제한적 민주주의는 결코 민주적이 아니라고 말하고 있다. 국가권력이 다수를 기초로 하고 있다고 하더라도, 실제에 있어서는 그 권력이 소수에 기반을 두고 있다는 것이다. 그는

---

15 뵘은 자유로운 사회의 재봉건주의화를 말하고 있다(Böhm, 1958/1980: 258).

현대 민주주의를 개별적인 정부정책을 다수가 결정하는 것이 아니라 소수가 결정하는 의사결정체계라고 말하고 있다(Hayek, 1981b: 17, 25, 184).

하이에크의 이러한 주제를 다음과 같이 설명할 수 있을 것이다. 즉, 정당들이 다수에 의한 지지를 받기 위해서는 지지해 줄 다수를 구성하기에 중요하고, 따라서 정치적 관계를 변동시킬 수 있는 힘을 가진 특정 그룹들(농민들, 노동조합에 대한 법적인 특혜, 중소상인들에 대한 법적 특혜)에게 특별한 편익을 약속해야 할 것이다(Hayek, 1981b: 25).

정당들이 다수가 되기 위해서는 그룹들의 지지를 받아야 한다. 이 그룹들 각각은 사실상 사회구성원들 전체와 비교할 때 소규모 그룹이다. 그들은 자신들의 요구가 정당하거나 또는 합당하다는 것을 사회구성원들의 다수에게 설득시켜 이 요구를 관철시키는 것이 아니다. 그들은 자신들의 요구가 관철되지 않으면 정당들에게 지지하지 않겠다고 위협하여 이 요구를 관철시킨다(Hayek, 1981b: 25). 앞에서 설명한 바와 같이 이러한 위협에 대해서 재집권을 노리는 정부나 또는 정권교체를 목표로 하는 야당도 매우 약하다.

따라서 이러한 설명에서 우리는 하이에크의 주제를 도출할 수 있다. 즉, 개별적인 입법이나 그 밖의 개별적인 정부정책은 사회구성원들의 다수에 의해 결정되는 것이 아니라 소수에 의해 결정된다. 그의 이러한 주제는 앞에서 설명한 '다수의 의지의 허구'라는 주제와 일치되는 주제이다. 따라서 민주주의에서 국가권력은 다수에 기초를 두어야 한다는 규범적인 민주주의 이론은 현실과 부합되지 않는다.

민주주의의 소수의 지배라는 하이에크의 주제는 예컨대 달(R. A. Dahl)의 주제와 일견 일치된다고 볼 수 있다. 그에 의하면 민주주의에서 다수가 특수한 정부정책을 결정하지 않고, 소수가 결정한다는 것이다.

그러나 그는 한발자국 앞서서 하이에크의 주제와는 다른 주제를 제기하고 있다. 즉, 소수가 정책을 결정하기는 하지만 이 소수가 무제한적으로 결정하는 것이 아니라 그 결정은 유권자들 다수에 의해 설정된 가치들 내에서 이루어진다는 것이다(Dahl, 1956: 132~133).16

하이에크는 달의 이 주제를 문제시하고 있다. 하이에크에 의하면 무제한적 권력을 가진 의회제도에서는 사회의 자생적 질서의 유지에 필요한 일반적인 원칙을 관철시키는 것이 불가능하다는 것이다. 왜냐하면 이러한 제도 아래에서는 의회의 다수가 계속 다수로서 존속할 수 있으려면, 그 다수는 다양한 그룹들의 지지를 구매해야 하고, 이를 위해서는 그들에게 특별한 편익을 제공할 수 있는 일을 해야 하기 때문이라고 한다(Hayek, 1981b: 17). 그 결과 의회에서 제정되는 법률들은 처분적 법률, 즉 공법적 성격을 가진 법률들이라는 것이다(Hayek, 1969: 68; 1981b: 33).

어떠한 행동규칙에도 예속되어 있지 않고 무제한적 권력을 가지고 있는 의회의 구성원들을 선발하는 제도 아래에서는 개별 그룹들에게 특수한 편익을 제공하는 대신에 이들로부터 지지를 받음으로써만 의회의 다수가 형성될 수 있는 것이다. 하이에크의 이러한 시각에서 볼 때, 달이 말하는 '유권자들 다수에 의해 설정된 가치들'까지도 무제한적 민주주의에서는 제거될 것이다.

제한적 민주주의 아래에서만이 달이 말하는 이 가치들이 형성·유지될 수 있다. 이 가치들을 하이에크의 의미로 해석한다면 그들은 목적과 결부되어 있지 않은 정의의 규칙, 즉 노모스를 의미한다. 달의 주제는

---

16 하이에크와 관련된 비교에 관해서는 호이(Hoy, 1984: 102~103) 참조.

무제한적 민주주의에서는 타당하지 않다.

노모스의 제정 및 그 개선을 하이에크는 나중에 자세히 설명하겠지만 제한적 민주주의제도하에서의 입법의회에 맡길 것을 제안하고 있다. 노모스, 즉 실질적 법을 제정하는 과제를 가진 입법의회의 구성원들을 선출하는 경우와 무제한적 민주주의제도에서 의회구성원들을 선출하는 경우를 엄격히 구분하고 있다. 그에 의하면 후자의 경우에만 다수의 지지를 매수하기 위한 거래행위가 지배한다는 것이다. 이것은 소수의 지배이고 비민주적이라고 한다. 그 대신 제한적 민주주의만이 다수의 지배이고 또한 진정한 민주주의라는 것이다.

부패민주주의, 소수의 지배, 투표거래 등과 같은 무제한적 민주주의의 전형적인 결과로서 구현된 것을 하이에크는 '사회정의'에 입각한 사회복지국가로 간주하고 있다. 이제 이를 설명하고자 한다.

6) 무제한적 민주주의와 복지국가

앞에서 설명한 바와 같이 하이에크는 거대한, 열린사회, 즉 시장관계를 통해 통합되는 자유사회에서 사회정의를 실현하려는 노력을 다음과 같이 네 가지로 비판하고 있다. 첫째, 그것은 내용이 없고, 둘째, 목표설정이 불가능하고, 셋째, 그것은 사실상 부도덕하며, 넷째, 원시사회와 같이 소규모 사회의 모럴이다. 그것이 이러한 문제점을 가지고 있음에도 불구하고, 고도의 도덕적인 감정으로 인정되고 있는 것은 분명한 사실이다. 그러면 무제한적 민주주의와 사회정의는 어떤 관련성을 가지고 있는가?

하이에크는 그 내용이 무엇이든 사회정의의 실현을 위한 국가를 '복지국가'로 규정한다. 이러한 국가는 개별 시민들을 대신하여 경제적 및 사회정책적인 책임을 지고 있는 국가이다. 이 책임은 사회적인 안정(사회보험), 필요원칙에 따른 분배 또는 소득격차의 감소 등과 같은 노력으로 구현된다(Zohlnhöfer, 1989: 270) 이것은 사회적 형평정책과 동일하다. 이에 반해 법치국가의 사회정책적 과제는 노령, 실업 또는 질병과 같은 삶의 일반적인 위험성으로부터 시민들이 스스로를 보호하도록 강제하고,17 스스로를 보호할 수 없는 사람들을 국가가 보호하는 데 있다.

하이에크는 복지국가를 무제한적 민주주의의 필연적 결과로 간주하고 있다. 시장경제질서의 기초는 경쟁이다. 이것은 '발견적 절차'이다. 이러한 절차는 시장경제질서의 역동적인 진화를 가능하게 하는 요인이다. 이러한 역동적인 진화는 구조변동으로 표현된다. 이 구조변동에 의해 시민들의 소득수준, 고용기회 등 사회경제적인 지위가 위태롭게 된다. 이러한 위험성 이외에도 인간은 이 역동적인 사회변화 속에서 다양한 위험성에 노출되어 있다. 예컨대 사고 위험, 직업병 또는 그 밖의 질병 등이 그것이다. 개개인들은 이러한 위험성을 막을 수 있는 도움을 사회의 어느 곳에서도 얻지 못한다.

그렇기 때문에 한편으로는 그들은 이러한 도움을 국가로부터 얻어내려고 한다. 그들은 정부에게 이러한 도움을 요구한다. 다른 한편 정부는 권력을 계속 장악하기 위해서는 다수를 구성하는 데 필요한 특정 그룹들의 이러한 요구를 수용해야 할 것이다. 정부는 이 특정 그룹들에게 주민들 다수가 옳다고 여기는 것을 주는 것이 아니라, 이들이 스스로 받아 마땅하다고 믿는 것을 준다. 이것이 바로 다수가 다수로서 항상

---

17 자동차 보험과 같이 강제적으로 어느 한 사적 보험에 가입하도록 국가가 강제할 수 있다(Hayek, 1971: 362).

권력을 갖는 데 대한 반대급부이다. 이와 같이 하이에크는 사회복지국가의 생성을 정치적 과정의 민주화의 결과로 간주하고 있다.

강력한 인간그룹들은 사회정의라는 이름으로 자신들의 요구를 관철시키려고 노력하고, 또한 정부도 역시 사회정의라는 이름으로 이들의 요구를 수용한다. 하이에크는 이와 같이 사회정의라는 도덕적 감정의 실현을 민주주의라는 기계의 산물로 간주하고 있다. 애초에는 내용이 없던 사회정의라는 개념이 이와 같이 다수의 지지를 확보하려는 정부와 다수를 형성하는 데 강력한 영향을 미치는 조직화된 그룹들 및 그 밖의 인간그룹들의 상호작용에 의해 비로소 규정된다.

이와 같이 그 내용이 무엇이든 사회정의를 실현하려는 의무를 지닌 사회복지국가의 형성을 무제한적 민주주의, 즉 민주주의의 실패에서 찾으려는 하이에크의 노력은 자유주의 지향적인 신정치경제학의 인식과 일치된다(민경국, 1993b: 292~297). 특히 뷰캐넌은 정당들의 정치적 경쟁은 복지정책의 규모의 증대를 야기하고, 이로써 국가의 비대화의 요인으로써 작용한다는 것을 설명하려하고 있다(민경국, 1993a: 144~151, 304~312).

뷰캐넌과 함께 하이에크는 현대의 복지국가의 등장을 자유사회에 대한 위험들 중 가장 위험스러운 위협으로 간주하고 있다. 이들은 모두 무제한적 민주주의, 즉 민주주의를 억제시킬 헌법의 결함에서 그 원인을 찾고 있다.

현대적인 복지국가의 등장에 결정적인 영향을 미친 또 다른 요소는 지식인들이다. 이들은 사회정의를 주장하는 사람들을 그리고 이를 실천하려는 정치가들을 도덕적으로 우위에 있는 인물로 정당화시키려 했고, 재분배를 실천하는 정부를 도덕적인 우위성을 가진 정부로 간주했다. 이들은 사회정의의 이름으로 소득수준의 확보를 요구하는 이익단체들을 지원하기도 한다. 이런 방식으로 지식인들은 무제한적 민주주의의 의사형성과정에 영향을 미쳐 특정의 그룹들의 특정의 이익들이 관철되는데 지원을 했다.

7) 무제한적 민주주의와 신조합주의

사회정의를 창출하기 위한 노력에 의해 형성된 복지국가의 등장과 나란히 1960년대 이후 등장하기 시작한 것이 신조합주의이다. 신조합주의 제도는 거대한 이익단체들끼리의 합의에 의해 사회를 조종·통제하기 위한 제도이다. 이 제도에 관해서는 많은 학자들, 예컨대 진덕규(1988) 및 임혁백(1994) 등이 상세히 설명하고 있기 때문에 이 글에서는 재론하지 않고자 한다. 다만 지적하고자 하는 바는 이 제도는 무제한적 민주주의의 소산이라고 하는 점이다(Hayek, 1981b: 29, 131). 이 제도는 거대한 이익단체들의 정치적 압력에 의해 얻어낸 전리품이다. 이 제도의 도입에 지적인 지지를 해준 사상은 구성주의적 합리주의의 충실한 후손으로 간주되는 케인스주의이다.

신조합주의에 의한 사회적 통제는 자생적 사회질서를 위한 법규칙을 타락시키고 이 질서를 목적이 지배하는 사회로 만드는 결과를 초래한다(민경국, 1993a). 신조합주의는 거대한 이익단체들이 조직화될 수 없는 또는 조직화되어 있지 않은 그룹들을 착취하는 제도이다.[18] 신조합주의는 일반적인 정의로운 행동규칙의 개발과 그 집행을 방해하는 제도이다.

---

18 유사한 비판에 관해서는 하이에크(Hayek, 1981b: 131~132) 참조.

우리가 해야 할 유일한 것은 조직화된 그룹들의 행동을 제한할 정의
로운 행동규칙을 개발하는 것이다. 중요한 문제는 어떻게 우리가 그룹
의 압력으로부터 개개인들을 보호할 수 있는가 하는 문제이다(Hayek,
1981b: 133). 이러한 문제의 해결책에 주목할 경우에만 자생적 사회질
서의 중요한 요소인 다양한 조직들이 열린 거대한 사회를 폐쇄된 소규
모 사회로 전환시키는 방향으로 행동하지 않는다.

신조합주의는 이러한 문제의 해결에 초점을 맞추지 않고, 거대한
이익단체들의 욕구를 충족시키는 방법에 초점을 맞추고 있다. 이러한
제도에 참여하는 이익단체들은 오로지 자신들의 상대적인 위치들을
유지시키려고 한다. 그 결과 경제구조 전체가 경직되고 왜곡될 뿐이다.
이것은 열린사회가 될 수 없다. '지식의 오만'을 전제로 하고 신조합주
의는 인간의 이성을 시장의 '발견적 절차'보다 더 우월한 것으로 간주
한다(민경국, 1993b: 305).

8) 무제한적 민주주의와 제도적 개혁 및 전환정책

우리는 앞에서 무제한적 민주주의는 필연적으로 약한 정부를 야기
한다는 점을 보았다. 이러한 정부는 인간그룹들 또는 거대한 이익단체
들에 예속되어 있다는 것이다. 이들의 지지가 없이는 정부는 지탱할
수 없다. 우리는 하이에크의 이러한 주제로부터 오늘날 동유럽 각국에
서 추진하고 있는 전환정책 또는 그 밖의 나라에서 추진하고 있는
개혁정책의 추진가능성에 관한 명제를 도출할 수 있을 것이다. 우선
동유럽 각국에서 추진하고 있는 전환정책을 분석해 보고자 한다. 이
지역에서는 민주주의를 도입하면서 동시에 시장경제질서로의 전환을
추진하고 있다. 이것이 가능하냐 하는 문제가 제기된다.

동유럽 국가에서 민주주의 정치제도는 시장경제제도보다 훨씬 더 쉽게 그리고 성공적으로 도입되었다. 그 이유를 무엇보다도 민주주의 정치질서는 시장경제질서와 비교할 때 상대적으로 덜 복잡한 현상이라는 사실에서 찾을 수 있다. 하이에크가 시장질서는 매우 복잡한 현상에 속한다고 반복적으로 주장하는 것은 결코 우연이 아니다.

그러나 문제는 여기에서부터 생겨나고 있다. 민주주의 정부는 수시로 변동하는 다수를 기초로 한다. 정부가 권력을 쥐고 있으려면 자신을 지지해 줄 그룹들을 유익하게 하는 일을 해야 한다. 전환정책은 자원의 처분권과 사회경제적인 위치의 재분배와 밀접히 관련되어 있다. 사적 자율성과 긴밀한 관계에 있는 사유화로 인해 다양한 그룹들의 사회적 지위가 전보다 나빠지면 그들은 차기 선거에서 사유화에 대해 비판적 태도를 취하고 있는 정당들을 지지하려고 할 것이다.

차기 선거에 영향을 미칠 수 있는 또 다른 요인은 첫째로 구조변동이다. 이것은 체제전환과정에서 필연적으로 생겨난다. 이로 인해 격심한 생활고에 시달리는 사람들이 있을 것이다. 둘째로 체제전환의 실패로 인해 역시 격심한 생활고에 직면해 있는 사람들도 있을 것이다. 이러한 생활고가 극복될 희망이 희박하게 보이거나 또는 이것이 장기화될 때 체제전환에 대해 비판적 입장을 취하고 있는 정당들이 현 정부를 비판하고, 이 모든 어려움이 체제전환 자체에서 있다는 것을 이론적으로 정립하여 생활고에 시달리는 사람들을 설득시키려고 할 것이다. 이들도 역시 차기 선거에서 개혁 지향적인 현 정부를 지지하지 않을 수도 있다.

이러한 극단적인 예가 보여주는 것은 민주주의 정부는 시장경제질 서로의 일관된 전환정책을 추진하기가 매우 어렵다는 점이다. 이러한 예측은 다음과 같은 상황을 염두에 둘 때에도 가능하다. 즉, 체제전환에 처해 있는 사회의 구성원들은 복잡한 심리적 상태에 젖어 있다. 부분적으로는 과거에 대한 향수, 한편으로는 미래의 질서(사회적 시장경제)가 가져다줄 것에 대한 막연한 불안감과 희망의 교차, 현재에 직면한 생활의 어려움에서 오는 심리적 압박감 등이다. 만감(萬感)이 교차하는 이런 상태에서 어떤 정당이 시장경제 체제로의 전환 대신에 예컨대 사회민주주의 체제와 같은 사회복지국가를 정당프로그램으로 제시할 경우, 선거에서 승리할 확률이 높을 것이다.

이와 같이 민주주의 정치질서는 시장경제로의 전환정책을 추진하기가 매우 어렵다. 이것은 민주주의는 시장질서의 양립하지 않는다는 것을 말해준다. 오늘날 동유럽 국가에서 일관된 체제전환 정책을 추진하지 못하고 있는 이유를 그들이 무제한적 민주주의 질서로의 전환에서 찾을 수 있다.

자유로운 사회질서 및 시장경제질서를 더욱 공고히 하거나 또는 과거의 권위주의 사회에서 자유로운 사회질서로의 개혁을 추진하는 경우도 마찬가지이다. 무제한적 민주주의는 자유로운 사회질서와 양립하지 않고, 자유로운 사회질서의 개혁을 보장하지 않는다. 무제한적 민주주의는 사회질서를 사회복지국가에서 자유로운 사회로 전환시킬 수 있는 가능성을 항상 가지고 있는 것은 아니다. 그러나 그것은 사회질서를 자유로운 사회에서 사회복지국가로 전환시킬 가능성을 항상 가지고 있다.

9) 분석결과

하이에크의 진화론적 자유주의 시각에서 자유를 최고의 가치로 간주하면서 자유를 보장하는 행동규칙으로서 정의의 규칙을 강조하고 있다. 이러한 행동규칙의 성격을 가진 법들은 바로 열린, 거대한, 자생적 사회질서의 기능역량을 보장한다.

그러나 이러한 법들은 무제한적 민주주의에 의해서는 형성될 수 없다. 오히려 무제한적 민주주의는 사회정의 또는 이를 실현하기 위한 사회복지국가를 발생시키고 공법과 같이 결과지향적인 법들(처분적 법)을 생성시킨다. 이러한 무제한적 민주주의에서 국가권력은 그때그때의 다수를 기초로 하고 있다. 따라서 정부가 계속 집권할 수 있기 위해서는 필요한 특정의 그룹들을 유리하게 해야 할 필요성이 생겨난다. 그러나 국가권력이 이 그룹들에게 주어야만 하는 것은 사회구성원의 다수가 옳다고 여기는 그런 것이 아니라, 개별그룹들이 요구해야 마땅하다고 스스로 믿는 것이다. 이것이 다수가 다수로서 존속하는 것에 대한 대가(代價)이다. 이러한 대가는 바로 처분적 법의 형태로 구현된다. 따라서 하이에크에 의하면 무제한적 민주주의에서 정부권력은 매수되고 있는 것으로 취급된다는 것이다. 그룹들이 이 정부권력을 매수하려고 경쟁을 한다는 것이다. 이러한 경쟁은 분배투쟁이나 다름없다.

개별적인 조직화된 그룹들은 민주주의적 국가권력에 압력을 가하여 민주주의 국가를 부패시킨다. 이러한 현상은 무제한적 민주주의에서 국가에게 자생적 사회질서에 대한 직접적인 개입권이 주어졌기 때문에도 발생한다.

무제한적 민주주의에서 특정의 대규모 그룹들의 모든 요구를 충족시키지 않으면 안 될 정치적 필연성은 자생적 사회질서의 기초가 되는 모든 도덕들은 물론 사법의 존재를 파괴시키고 열린사회를 폐쇄된 사회로, 거대한 사회를 소규모 사회로, 자생적 사회질서를 조직질서로 전환시킨다.

이러한 전환은 사법사회의 공법사회로의 전환을 의미한다. 이것은 무제한적 민주주의는 약한 정부와 불가분의 관계를 가지고 있기 때문에 자생적 사회질서로의 개혁이나 체제전환의 가능성을 감소시켜 준다는 것을 의미한다.

3. 제한적 민주주의와 헌법주의

우리는 제2절에서 무제한적 민주주의는 자유로운 인간의 사회를 유지시키지 못한다는 하이에크의 주제를 설명했다. 이것은 무제한적 민주주의에서는 열린사회의 기초가 되는 정의의 규칙이라는 의미의 법(노모스)이 형성될 수 없다는 것을 의미한다.

또한 하이에크의 주제는 무제한적 민주주의는 자유로운 인간의 사회와 양립될 수 없다는 것을 의미한다. 이러한 주제는 문화적 진화의 실패를 의미한다고 볼 수 있다.

왜냐하면 현대 민주주의에서는 정의의 규칙으로서의 법의 진화를 막고 있을 뿐만 아니라 이로 인해 행동질서의 자발적 형성이 방해받고 있기 때문이다. 문화적 진화의 이러한 실패요인은 외생적 요인이라고 볼 수 있다. 이러한 요인은 앞에서 언급한 바와 같이 '죄수의 딜레마' 및 법관의 법(코먼 로)의 진화적 실패와 구분되는 요인이다.

이러한 내생적 요인에서 생겨나는 문화적 진화의 실패와 외생적 요인에서 생겨나는 이러한 실패를 동시에 치유할 수 있기 위해서는 어떠한 조건이 필요한가? 다시 말하면 무제한적 민주주의를 억제시키고 이로써 인간의 자유를 보장하는 제한적 민주주의를 창출할 수 있는 메커니즘은 무엇인가? 이 문제를 달리 표현한다면, 그것은 정부권력을

어떻게 제한해야 하는가 하는 문제이다. 제3절의 목적은 이 문제에
대한 하이에크의 해답을 분석하는 데 있다.

1) 헌법주의의 의의: 법체계와 헌법의 관계

하이에크는 현대 민주주의가 무제한적이라고 규정하고 있다. 개인
들 및 인간그룹들이 자신들의 목적을 추구하기 위해 자신들의 지식을
이용할 수 있는 자유를 보장하기 위해서는 정부의 권력을 제한해야
한다는 것이다. 그에게 있어서 무서운 것은 사적 권력이 아니라 정부권
력이다. 정부가 무제한적 권력을 갖고 있으면 민주주의는 부패하고
정의롭지 못하고 부도덕하다. 정부는 점잖지 못하다. 정치와 경제의
유착, 언론과 정치의 유착 등 모든 병리적 현상은 무제한적 민주주의에
서 비롯된 것이다.

하이에크가 현대 민주주의를 부패하고 법이 없으며 약하고 비민주
적이라고 비판할 경우, 그는 그 책임을 정치가들에게 돌리지 않는다.
민주주의의 이러한 특질을 민주주의의 필연적인 결과로 간주하지도
않는다. 그 대신에 그는 정부의 권력을 제한하는 정치가 없기 때문에
생겨나는 것으로 간주한다.

정치가들, 관료들 및 이익단체들 기타 인간이 자기 자신의 관심을
관철한다고 하더라도 '보이지 않는 손'에 의해 모든 사람들에게 유익한
결과를 가져올 수 있는 장치가 존재하지 않기 때문으로 돌리고 있다.

그렇기 때문에 그는 국가권력을 제한할 장치가 중요하다는 것을
강조하고 있다. 그는 이 장치를 국가헌법으로 간주하고, 헌법이 중요하
다는 의미에서 '헌법주의'라고 말하고 있다.[19] 헌법의 본래의 취지는
정부의 권력을 제한하고 지배자들도 피지배자들과 똑같이 법에 따르도

록 하는 데 있다. 헌법이란 정부행동을 효과적으로 제한하는 과정이다(Wheare, 1960: 202; Fredrich, 1941: 131). 따라서 모든 '헌법주의적 정부'란 권력이 제한된 정부를 의미할 수밖에 없다.

헌법주의란 정부의 법적 제한이다(Hayek, 1971: 225). 그것은 자의적인 지배의 반명제(反命題)이고 헌법주의의 반대는 독재정부, '의견'에 의한 통치가 아니라 '의지'에 의한 통치이다. 흄의 말을 빌린다면 의지의 통치가 아니라 법의 통치이다.

절대군주가 붕괴되고 무제한적인 민주주의가 등장하기까지 모든 정부의 권력을 제한하는 것이 헌법주의적 정부의 최대목적이었다. 자의적인 권력행사를 막기 위해 관철시켰던 원칙이 권력분립 원칙, 법의 지배 원칙, 법 아래에 있는 정부, 공법과 사법의 구분, 사법절차에 관한 규칙이었다(Hayek, 1981b: 139; 1971: 225~240). 특히 스코틀랜드 계몽주의에 의해 확립된 개개인들에 대한 국가의 강제를 허용하고 이를 제한하는 조건을 규정하는 데 있었다.

따라서 여기에서 강조할 바는 헌법주의에 담겨져 있는 취지를 이해하기 위해서는 법에 대한 이해를 필요로 한다는 점이다. 이를 설명하고자 한다.

(1) 권력분립, 법의 지배, 공법과 사법의 분리 등 위대한 자유주의 원리들을 검토하면, 헌법의 취지는 법의 지배 원칙의 보호이자 그 계속이라는 사실에 있다는 것을 알 수 있다. 헌법은 인간이 평화롭게 그리고

---

19 하이에크는 이렇게 말하고 있다(Hayek, 1980: 13). "헌법주의란 제한적 정부권력을 의미한다." 역시 유사한 표현을 쓰고 있는 인물은 뷰캐넌(Buchanan, 1977: 11, 287, 293)이다. 그도 역시 하이에크와 동일한 생각을 가지고 있다.

자유롭게 공존할 수 있는 조건을 마련하는 데 중요한 취지가 있다. 질서 이론적으로 설명한다면 열린(포퍼), 거대한(스미스) 그리고 자생적 (하이에크) 사회질서를 유지하고 보호하는 데 그 목적을 가지고 있다.

이러한 모든 취지에서 볼 때 결국 헌법주의는 도출된 개념이다. 따라서 그것은 법의 지배 원칙 및 자생적 사회질서라는 개념과 분리시켜 이해하려고 할 경우에는 어떠한 의미도 없다. 자생적 사회질서 또는 질서의 자발적 형성이라는 개념 그리고 자생적 사회질서의 형성을 가능케 하고 개인의 자유를 보장하는 법의 지배 원칙을 알지 못하는 모든 사상체계들에게는 헌법주의란 의미가 없을 것이다(Reynold, 1993: 79~95, 80~81).

(2) 앞에서 언급한 자유의 헌법의 의미를 결정하는 가장 중요한 표현은 '법'이라는 표현이다(Hayek, 1981b: 139; Reynold, 1993: 81). 이 표현의 내용이 변하면 위에서 말한 위대한 자유주의 원칙들의 의미가 완전히 상실된다.

이러한 상실에 기여한 것이 법실증주의를 비롯하여 구성주의적 실용주의, 주류경제학 및 이를 기초로 하는 후생경제학 그리고 후생경제학적 법경제학과 같이 법을 특정의 알려진 결과를 얻기 위한 합목적적인 것으로 간주하는 모든 법이론 및 이런 법이론을 뒷받침하고 있는 과학철학 등이다.

요컨대 자생적 사회질서의 존재를 무시하는 사상체계들은 정부의 권력을 제한하려는 헌법주의를 무시한다. 이들은 모두 정부에게 무제한적 권력을 허용한다. 이러한 입장은 프랑스 계몽주의의 산물이었고 이러한 계몽주의가 스코틀랜드 계몽주의를 밀어내고 지구촌의 지적 세계를 지배했고, 그 최고 절정이 전체주의 국가였다는 사실은 역사적으로 정립된 사실이다(민경국, 1993a: 37~57, 특히 46~47).

우리는 흔히 계층적으로 생각하는 본능적인 버릇 때문에 법과 법적 제도들을 헌법으로부터 도출하는 것처럼 생각하기 쉽다. 헌법은 논리적으로 이들보다 앞에 있고 또한 이들은 헌법을 전제하고 있는 것처럼 생각하기 쉽다. 이런 식으로 생각하는 전형적인 인물이 롤즈이다. 그러나 사실은 그렇지가 않다. 헌법은 인간사회에서 2차적인 것이다. 그것은 보다 보편적이고 근원적인 법 자체에 대해 보조역할을 할 뿐이다 (Reynold, 1993: 80).

법은 헌법에 앞서 있는 제도이다. 사회가 이미 존재하고 있는 법을 보호하려고 할 상황에서 헌법이 생겨나는 것이 일반적이다. 관료들, 정치가들 및 강력한 이익단체들이 사적인 이익을 위해서 위협적으로 법을 이용하려고 할 때 이를 막기 위해서 헌법이 생겨난다.

따라서 하이에크는 헌법을 이미 존재하고 있는 법체계의 실시를 조직하기 위해 이 법체계 위에 설치된 상부구조라고 생각하고 있다 (Hayek, 1981b: 23, 237). 법체계는 공법에 속하는 헌법보다 더 근원적이고, 또한 그것은 헌법에 앞서 존재하는 제도이기 때문에 헌법주의는 법을 이해하지 않으면 안 된다.

이상과 같이 정부권력을 제한하여 개인들 및 인간그룹들이 평화적으로 자유스럽게 공존할 수 있는 헌법의 내용을 하이에크는 어떻게 구상하고 있는가? 이 문제가 앞으로 해결되어야 할 문제이다.

2) 자유주의의 헌법내용

하이에크는 개인이든 그룹이든 또는(그리고 특히) 국가이든 이들로부터 연유하는 모든 자의적인 강제로부터 개인들의 자유를 보호하기 위해 적절하다고 생각하는 헌법을 기술하고 있다. 그는 1963년 독일의 상공회의소 100주년 기념 강연논문 「법과 경제적 자유(Gesetze und Öhonomische Freiheit)」(Hayek, 1969: 47~55)에서 처음으로 이상적인 헌법에 관해 언급했고, 이어서 1964년 독일 사르브류켄 대학교의 초청 강연논문 「다수의 견해와 현대 민주주의(Meinung der Mehrheit und Moderne Demokratie)」(Hayek, 1977)에서 이 이상적인 헌법을 좀 더 상세히 개발했다.

그 후 그는 이를 1976년 시드니 대학교의 공공문제 연구소 초청강연 '민주주의가 가는 방향'에서 종전보다 더 구체화시키고 있다. 그의 생각을 최종으로 작성한 것은 그의 『법·입법 그리고 자유』의 제3권 『자유사회의 헌법』이다.[20] 이와 같이 수차에 걸쳐 그는 이상적인 헌법을 생각했기 때문에 그는 이를 매우 상세히 개발하고 있다.

자유사회의 기초가 되는 원칙들이 암묵적으로 인정되고 지켜진다면 헌법이 반드시 성문헌법일 필요는 없다. 이 원칙들이 지켜지지 않는 곳에서는 이들을 성문헌법의 대상으로 만드는 것이 유익하다. 이러한 경우 이상적인 헌법모델은 가치가 있다. 왜냐하면 그것은 이 원칙들을 분명하게 명시해 주기 때문이다.

앞에서 설명한 바와 같이 헌법의 목적은 개인의 자유를 보호하고 자생적 질서를 유지하는 데 있다. 헌법은 형식적인 법, 즉 공법에 속한다. 그것은 완전히 조직규칙으로 구성되어 있고 정의의 규칙이라는

---

20 이 책은 1979년 영문판으로 출간되었다. 헌법모델은 영문판(Hayek, 1979: 105 ~127), 독일어판(Hayek, 1981b: 145~172) 참조. 여기에서는 독일어판을 기초로 하여 인용했다.

의미의 실질적인 법을 포함하지 않는다. 이러한 성격의 헌법은 세 가지 종류로 구성되어 있다. 첫째, 기본조항, 둘째, 권력분립, 셋째, 지방분권이다.

(1) 기본조항

헌법의 내용을 구성하는 기본조항은 무엇이 자유를 보장하는 정의로운 행동규칙이라는 의미의 법이 될 수 있는가 하는 규정이다. 이 규정은 일종의 법의 인식규칙이나 다름없다. 이 기본조항은 오로지 실질적인 법이 될 수 있는 행동규칙의 특성만을 내포해야 한다. 따라서 그것은 이 행동규칙들은 개개인들의 사적 영역을 정의하고 보호하기 위한 것이라는 것을 표현해야 한다. 또한 그것은 인간은 법에 따르지 아니하고는 국가는 물론 어느 누구로부터도 특정의 일을 행하거나 행하지 못하도록 강제되어서는 안 된다는 것을 표현해야 한다.

이상과 같이 기본조항은 행동규칙 그 자체를 규정하지 않고, 실질적 의미의 법이 되어야 할 조건만을 명시한다. 따라서 기본조항으로부터는 어떠한 법도 도출할 수 없다(Hayek, 1980: 180~182).[21] 왜냐하면 헌법은 앞에서 언급한 바와 같이 법의 유지를 보장하는 데 취지가 있기 때문이다. 뿐만 아니라 기본조항은 정부의 기능을 정의하는 데 취지가 있는 것이 아니라 정부의 강제권의 한계만을 규정하는 데 그 취지가 있기 때문이다.

특히 우리가 주목하는 것은 이 기본조항이 정부의 권력을 제한하는 근본적인 제한규칙(limiting rule)에 해당된다는 점이다.

---

[21] 롤즈(Rawls, 1971)의 헌법은 실체적인 정의의 기준을 포함하고 있고, 따라서 이 기준에서 법을 도출한다.

헌법은 국가권력을 배분하고 이 권력을 제한한다. 그러나 이 권력들을 어떻게 이용해야 하느냐를 적극적으로 규정하지 않고, 그 권력행사의 한계만을 규정한다. 그러면 어떤 권력을 누구에게 배분하는가? 이 문제는 제학규칙과 대비되는 조직규칙(organization rule)과 관련된 문제이다. 어떻게 국가조직을 구성하는가의 문제이다.

(2) 국가권력의 구조

국가권력의 구조는 개인적 자유와 자생적 질서를 보호하기 위한 두 번째의 보호수단 또는 보호조치들이다. 이 보호조치들은 엄격한 권력분립으로 구성되어 있고 또한 계층적으로 형성되어 있다.

① 헌법제정의회: 헌법에게 법적 효력을 부여하기 위한 의회이다. 하이에크는 이 의회에 관해 자세히 설명하지 않고 있다. 왜냐하면 그에게 있어서 헌법의 생성 그 자체가 중요한 것이 아니라 헌법의 내용이기 때문이다.

② 입법의회: 이것은 정의로운 행동규칙을 정식화하는 과제를 가지고 있다. 이 과제는 실질적 의미의 법을 제정하고 개발하는 과제이다. 이 입법의회의 권력은 오로지 정의로운 행동규칙이 갖추어야 할 일반적인 특징들을 규정한 기본조항에 의해서만 제한된다. 이 특징들이란 이미 앞에서 설명한 바와 같이 일반성, 추상성, 확실성, 즉 법의 지배원칙과 보편화 가능성이다.

③ 정부의회: 이 기관은 집행기관인 행정부로서의 정부를 조직하고 정부의 목적을 심의·결정하며 이 목적을 달성하기 위한 적절한 조치들을 결정한다. 정부의회는 헌법규칙과 입법의회에서 제정된 정의로운 행동규칙에 의해 제한된다.

물론 행정부로서의 정부도 역시 이 두 가지에 의해 제한된다. 따라서 정부권력은 법 아래에 있다. 하이에크가 네 번째 권력구조로 간주하고 있는 정부는 이 정부의회의 집행기관이다. 이 정부는 정부의회의 결정에도 예속되어 있음은 당연하다.22 행정관료 기관은 헌법에 의해 설치된 권력구조의 다섯 번째 기관이다.

④ 사법기관: 재판 권력은 정부기관에 속하는 법무부에 예속되지 않고 상설조직으로서 별도의 위원회에 예속되어야 한다. 이 위원회는 과거의 입법회의의 구성원들로 구성될 수 있다.

또 다른 사법기관으로서 경우에 따라서는 헌법재판소가 필요할 수 있다. 그것은 입법의회와 정부의회의 권한분쟁을 해결하는 과제를 가지고 있다. 특히 입법의회와 사법기관의 분리는 중요하다.

입법기능과 사법기능이 분리됨으로써 의회는 법을 제정할 때 법이 적용되는 당사자들을 알지 못하기 때문에 법이 특정의 인간이나 그룹들에게 특혜를 부여할 수 없게 된다. 입법의회는 헌법에 의해 구속되지만 사법기관은 헌법과 입법의회에서 제정된 법에 의해 구속된다(Hayek, 1971: 225~226).23 사법기관은 법의 진화에도 기여한다. 이로써 이들 모두는 자유로운 인간의 열린사회의 유지에 기여한다.

(3) 지방분권

하이에크는 헌법모델을 설명할 때 오로지 지방분권주의를 암시하고만 있을 뿐 헌법모델에 통합시키지는 않고 있다. 그러나 그는 자신의

---

22 따라서 정부는 헌법규칙, 입법의회가 규정한 정의로운 행동규칙 및 정부의회가 규정한 처분적 법 또는 공법에 속하는 형식적 법에 의해 삼중으로 예속된다.

23 법관의 기능에 관해서는 하이에크(Hayek, 1980: 133~166) 참조.

헌법모델이 중앙집권주의보다는 지방분권주의에 적합하다고 시사함으로써 사실상 지방분권주의를 그의 이상적인 헌법모델에 통합시킬 수 있을 것이다(Hayek, 1981b: 71~72, 150~151, 181~183, 197~199; 1971: 233~235, 433~435). 지방정부의 과제는 헌법과 중앙의 입법의회에 의해 제정된 정의로운 행동규칙 및 중앙의 정부의회에 의해 제정된 처분적 법률에 의해 예속된다.

이상과 같이 우리는 하이에크의 이상적인 헌법모델의 구조를 설명했다. 이 구조에서 가장 눈에 띄는 것은 의회의 권력분립이다. 이 분립에 관해 좀 더 자세히 설명하고자 한다.

3) 의회의 권력분립: 입법의회와 정부의회

하이에크는 입법의회와 정부의회를 엄격히 구분하고 있다. 입법의회를 과거 그리스의 제도를, 그리고 특히 과거의 영국적 모델을 본받아 '노모테타에(Nomothetae)'라고 부르고 있다. 이 입법의회는 오로지 정의로운 행동규칙만을 다룬다(예: 상법, 형법, 과세방법, 위생 및 안전규제, 경쟁법, 환경법, 생산 및 건축규제, 회사법, 노동보호법 등; Hayek, 1981b: 158).

이러한 과제는 모두 보호국가적 과제로서 강제행사가 정당화될 수 있다(국가의 강제적 과제). 그러나 정부의회는 정부를 조직하고 정부의 활동목적 및 이 목적을 달성하기 위한 수단의 문제를 다루고자 한다. 이들은 사법주체들을 강제할 수 없는 과제, 즉 생산국가적 과제이다(국가의 비강제적 과제).

하이에크가 이와 같이 입법의회와 정부의회를 엄격히 구분한 배경은 앞에서 설명한 바와 같이 현대 민주주의에서 이 두 가지 과제를 하나의 의회에 집중시킨 결과, 의회가 처분적 법률의 제정에 집중하여 점차 사법질서가 밀려나고 공법질서가 지배하게 되었다는 역사적 사실이다. 의회는 사회의 자생적 질서를 개선하고 이를 보호하는 대신 이를 목적이 지배하는 사회로 만들었다는 것이다.

정당이나 정치가의 집권 또는 재집권 여부가 이익단체들의 단기적인 이해관계의 충족 여부에 의해 결정되고 따라서 문화적으로 성장된 가치를 밀어냈다는 것이다. 요컨대 목적합리성이 지배하고, 성격상 장기적인 가치합리성이 무시되었다는 것이다.

그러나 현대 민주주의의 의회 제도를 입법의회와 정부의회로 분리시켜 입법의회에게는 헌법에 따라 정의의 규칙을 개선하고 새로이 도입하는 과제를 맡기고, 정부의회에게는 헌법과 입법의회의 법의 테두리 내에서 정부업무를 맡김으로써 무제한적 민주주의를 제한시킬수 있다는 것이다(이지순, 1995: 122~152). 입법의회는 정의에 관한 의견을 대변하고, 편파적인 이해관계를 대변하지 않는 이상, 파당들이나 정당들의 정치적 영향력을 회피할 수 있도록 조직되어야 한다는 것이다.

어떻게 입법의회를 구성할 수 있는가? 하이에크는 이 문제와 관련하여 매우 상세히 설명하고 있다. 이 글에서는 기본적인 요소들만을 설명하고자 한다. 첫째, 입법의회는 이익단체나 정부·정당의 편파적인 이해관계로부터 완전히 독립적이어야 한다는 점이다. 둘째, 입법의회는 연속성과 안정성을 가지고 있어야 한다. 셋째, 앞에서 열거한 법의 제정 및 개선은 고도의 능력을 요구한다. 넷째, 입법의회의 구성원들이 책임 있게 정의의 규칙을 다룰 수 있는 유인체가 있어야 한다.

① 입법의회가 정당정책이나 정부의회 그리고 정당과 정부로부터의 완전한 독립성을 유지하기 위해 정부의회의 구성원이었거나 정당의 당직을 가졌던 인물은 입법의회의 구성원이 될 자격을 주어서는 안 된다(Hayek, 1981b: 117).

② 입법의회의 연속성과 안정성을 위해 구성원의 임기를 15년으로 하고 매년 15분의 1을 교체한다. 그리고 재임을 금지시킨다(Hayek, 1977: 19; 민경국 편역, 1989: 164).

③ 입법은 정치와 다르기 때문에 입법의회의 구성원은 원칙을 중시하는 인물이어야 한다. 사회로부터 신뢰와 존경을 받는 인물이어야 한다(Hayek, 1981b: 156~157; 1969: 204). 뿐만 아니라 입법은 고도의 능력을 요하고 많은 사회적 경험이 필요하기 때문에, 입법의회의 구성원의 선거권 및 피선거권은 45세로 한다. 45세가 된 남녀는 자기 동년배에서 입법의회 구성원을 선출할 선거권과 15년 임기의 구성원에 입후보할 자격을 갖는다(민경국 편역, 1989: 164~165).[24]

④ 정부나 정당 및 이익단체들로부터 어떠한 영향도 받지 않고 오로지 정의로운 행동규칙만을 다룰 수 있도록 입법의회 구성원들을 유인하기 위한 체계로서 하이에크는 여러 가지 방법을 제안하고 있다. 임기 만료 후에는 법원의 명예법관으로 임용하고, 은퇴 후에는 연금을 지불한다(Hayek, 1981b: 156). 독립상설기관인 사법위원회의 구성원이 될 자격을 부여한다. 입법의회의 구성원들의 보수는 20대 최고급 관료 보수의 평균보수보다 높이 책정하고 이를 헌법에 명문화시켜야 한다(Hayek, 1981b: 157).

---

24 하이에크는 성실하고 근면한 그리고 믿음직스럽고 현명한 인물임을 강조하고 있다.

이상과 같이 간단히 기술된 입법의회제도에서 특히 중요한 것은 유인체계와 인물선택이라고 볼 수 있다. 이와 관련된 하이에크의 제안이 충분히 기능할 것이냐 하는 문제는 여러 가지 각도에서 분석될 수 있을 것이다(민경국, 1986).

하이에크는 정부의회를 오늘날 의회의 구성방법과 똑같이 정당들의 정치적 경쟁에 의해 구성할 것을 제안하고 있다. 이러한 정치적 경쟁을 통해 다수 의석을 차지한 정당이 행정부로서의 정부를 구성할 수 있을 것이다(의원내각제). 또는 대통령을 별도로 선출하여 그로 하여금 정부를 구성하게 할 수도 있을 것이다(대통령중심제). 의원내각제이든 대통령중심제이든, 그것은 하이에크에게 있어서 중요하지 않다. 중요한 것은 정부권력(의원내각제의 정부권력, 대통령중심제의 정부권력)을 제한해야 한다는 것이다.

정부의회는 생산국가적 과제를 담당한다. 이 과제의 수행은 앞에서 설명한 바와 같이 헌법과 입법의회에서 제정된 법의 테두리 내에서 이루어져야 한다.

4) 헌법의 기본조항과 '기본권 목록'

우리는 부패되고, 연약하여 그리고 정의롭지 못한 현대 민주주의를 치유하기 위한 하이에크의 개혁제안들의 핵심요소를 설명했다. 다시 말하면 무제한적 민주주의를 제한적 민주주의로 전환하여 인간이 평화를 누리며 자유롭게 공존할 수 있는 열린, 거대한 그리고 자발적인 사회질서의 유지에 기여하기 위한 개혁안을 설명했다. 그의 개혁안의 핵심은 권력분립이다. 그에 의하면 몽테스키외(Montesquieu)를 비롯하여 헌법창안자들이 개개인들의 자유를 보장하기 위해 도입한 삼권분립

(입법, 사법, 행정)은 실패했다는 것이다(Hayek, 1980: 13).

왜냐하면 오늘날의 입법부에 권력이 집중되었기 때문이라는 것이다 (Hayek, 1980: 13). 따라서 그의 권력분립의 핵심은 오늘날의 입법부가 가지고 있는 두 가지 과제, 즉 법 제정권과 그리고 특수한 정부정책들에 대한 결정권 가운데 법 제정권을 분리시켜 이를 새로운 입법의회에게 부여하는 데 있다.

이로써 특수한 정부정책을 결정하는 정부의회의 전환을 헌법과 그리고 입법의회에서 제정되는 실질적 의미의 법(노모스)에 의해 억제시킬 수 있다는 것이다. 이익단체나 정당들, 정부나 정부의회로부터 완전히 독립적인 입법의회는 헌법에만 구속을 받는다. 입법의회의 권력은 오로지 정의로운 행동규칙이 갖추어야 할 일반적인 특징들(일반성, 추상성, 확실성, 보편성)을 규정한 헌법조항에 의해서만 제한된다.

하이에크의 헌법은 롤즈(J. Rawls)의 헌법이나 또는 현대국가의 헌법과 특히 다음과 같은 점에서 큰 차이가 있다. 즉, 롤즈나 현대국가의 헌법에서는 기본권을 열거하고 있는 데 반해, 하이에크의 헌법에서는 기본권이나 기본적인 자유들을 열거하고 있지 않은 점이다.

하이에크는 이러한 기본권을 열거하는 것을 다음과 같은 두 가지 이유에서 적절하지 않다고 주장하고 있다(Hayek, 1971: 280~281; 1969: 52~53).

① 기본권이나 혹은 기본적인 자유를 열거하는 것은 변동하는 사회에서는 오로지 불완전할 뿐이다.

② 기본권을 열거할 경우, 열거되지 않은 권리들은 보호할 가치가 없는 것으로 해석할 우려가 있다.

첫 번째와 관련하여 하이에크는 고전적인 출판의 자유, 신체의 자유, 거주이전의 자유를 들고 있다. 라디오 및 TV 등과 같은 전자매체 시대에서는 정보자유의 문제는 더 이상 출판의 자유의 문제가 아니라고 주장한다. 인간행동을 조작하기 위해 약품이나 심리적 기술이 이용되는 시대에서는 어느 한 개인의 신체에 대한 지배는 더 이상 물리적인 제한으로부터의 보호문제가 아니라는 것이다.

두 번째와 관련하여 하이에크는 헌법에 기본권을 열거하여 이를 법적으로 보장하려는 노력은 원래 헌법주의가 제시하는 개인적 자유에 대한 보장의 일부에 지나지 않고, 따라서 자유에 대한 입법적인 침해를 막을 수 없다고 말하고 있다.

하이에크의 이러한 주장은 우리의 경험에도 부합된다. 현대사회의 모든 헌법은 표현에 있어서는 다를지라도 모든 법은 '일반적'이어야 한다는 것을 요구하고 있다. 이런 조항은 입법부에서 제정된 법은 그것이 무엇이든 법이라는 동의어 반복적인 법 개념과는 달리 실질적 의미의 법치국가적 법, 즉 자유를 보장하는 법만이 법이라는 것을 선언하는 조항이다. 이 조항은 하이에크의 헌법의 '기본조항'과 동일한 내용으로 이해될 수 있다.[25]

그러나 우리가 이 조항의 적용대상이 되고 있는 헌법의 기본권 목록을 보면 경제적 자유권이 빠져 있는 것을 발견할 수 있다. 경제부문은 이 조항으로부터 제외된 것이다. 따라서 예컨대 독일 헌법재판소는 독일의 기본법은 경제정책적으로 중립적이라는 판결을 내렸다(Hopp-

---

25 독일의 여성 법학자인 크뤼거(H. Krüger)는 이 조항을 "진정한, 그러나 지금까지 오해되었던 법치국가의 초석" 또는 "…… 법치국가의 원천이라고 부를 수 있는 규범"이라고 격찬했다(Hayek, 1969: 52 참조).

mann, 1988: 369). 그렇기 때문에 입법부와 행정부는 경제부문에서 무제한적으로 권력을 행사할 수 있게 되었다.

이와 같이 기본권의 목록을 열거할 경우, 열거되지 않은 자유권을 경시할 우려가 있고, 또한 그 목록이라는 것도 불완전하기 때문에 헌법에 기본권 목록은 법치국가의 진정한 본질이 될 수가 없다. 따라서 우리가 필요로 하는 것은 각별히 보호되어야 할 기본권 목록이 아니라 이 목록보다 더 근원적이고 근본적인 것은 다음과 같은 기본권이다. 이 맥락에서 하이에크는 이렇게 말하고 있다(Hayek, 1969: 53).

"모든 국가시민들, 국가와 국가기관들에게 똑같이 실효성을 가진 일반적, 추상적인 정의의 원칙으로부터 생기는 그러한 사례에서 그리고 그러한 방법으로만이 강제가 행사되어야 한다."

이러한 기본권은 바로 하이에크의 헌법의 '기본조항'의 또 다른 해석이다.

5) 제한적 민주주의와 강한 정부

일반적으로 지식인들은 국가의 경제정책 및 입법정책들에 대해 비판하면서 어떤 구체적인 조치들을 취하지 말고 그 대안으로 어떤 다른 정책을 취해야 한다고 주장한다. 그러나 현대 민주주의가 구조적으로 잘못돼 있다면 그러한 주장은 '소귀에 경 읽는 격'이 되어버리고 만다. 정치가들이나 이익단체들 또는 관료들이 부도덕하거나 나쁘기 때문에 그런 것은 아니다. 그들이 제아무리 선하다고 하더라도 민주주의제도 자체 내에 잘못이 있다면 애덤 스미스의 '보이지 않는 손'이 작용하지 않는다.

따라서 하이에크는 현대 민주주의의 부도덕성을 정치가들이나 이익단체들 및 관료들의 탓으로 돌리지 않는다(Hayek, 1981b: 184; 민경국 편역, 1989: 166). 그에게 있어서 중요한 것은 민주주의 구조 자체의 개혁이다. 이러한 구조 자체를 변동시키지 않는다면 자유사회를 확고히 하고, 보다 믿음직스럽게 하기 위한 어떠한 개혁정책도 의미가 없다.

이러한 관점에서 볼 때 헌법주의를 위한 하이에크의 개혁안은 매우 가치가 있다. 자유사회의 기초가 되는 원칙들을 일관되게 관철시켜 열린사회, 거대한 사회 및 자생적 질서를 확립·유지시키기 위해서는 민주주의를 억제시켜야 할 것이다.

대통령중심제를 내각책임제로 전환시킬 경우 정부의 무제한적 권력을 억제시킬 수 있다고 주장하는 사람들이 있다. 그러나 우리가 하이에크의 시각에서 볼 때 이러한 주장은 반쯤 틀린 것이 아니라 완전히 틀린 주장이다. 대통령중심제와 똑같이 내각책임제도 정부의 무제한적 권력을 제한할 어떠한 메커니즘도 존재하지 않는다.[26]

호이(Hoy, 1984: 115)는 "헌법주의적 정부는 자의적인 정부와 비교할 때 항상 약한 정부"라고 말한 매킬웨인(McIlwain, 1947)을 인용하여 하이에크는 약한 국가를 주장하는 대표적인 인물이라고 말하고 있다. 그러나 이러한 주장은 타당하지 않다.

국가가 이익단체들이나 그 밖의 인간그룹들의 단기적이고 편파적인 이해관계에 이끌려 다니는 국가가 과연 강한 국가란 말인가? 일반적인 원칙을 우선시하고 이 원칙에 따라 행동하는 국가, 단기적이고 변덕스

---

26 하이에크가 비판의 대상으로 채용하고 있는 현대 민주주의는 내각책임제뿐만 아니라 대통령중심제이다.

러운 여론에 좌우되지 않고 일반원칙에 따라 법을 제정하고 개선하는 입법자들을 가진 국가야말로 강한 국가일 것이다. 하이에크는 이렇게 말하고 있다(Hayek, 1981b: 59).

> "현재의 민주주의 정치질서는 야만인들을 출산시키고 말았다. 우리
> 가 야만인들에게 권력을 주었기 때문이 아니라 우리가 그 권력을 행동규
> 칙에 의한 제한으로부터 해방시켰기 때문이다. 이로써 우리는 그러한
> 권력을 넘겨받은 사람이 누구라고 하더라도 불가피한 효과를 발생시키
> 고 있다."

우리가 고양이한테 생선가게를 맡긴 탓이 아니라 우리가 고양이가 지켜야 할 행동규칙으로부터 이 고양이를 해방시키고 생선가게를 맡긴 탓이다.

헌법주의는 따라서 문화인을 창출시키는 중요한 요소들이다. 원시인들을 문명인으로 만든 것이 시장질서의 기초가 되는 도덕률이듯이 말이다.

그러나 하이에크에게 있어서도 문제는 남아 있다. 어떻게 기존의 무제한적 민주주의를 제한적 민주주의로 개혁할 수 있느냐? 앞에서 이미 설명했듯이 하이에크는 헌법의 생성에 관해서는 그리 큰 비중을 두고 있지 않다. 그의 관심은 헌법의 내용이다. 그는 현대 민주주의 국가들이 자신의 헌법모델을 수용해야 한다고 강력하게 주장하지 않는다. 그는 이러한 개혁안의 적용 가능한 국가의 예를 들고 있기는 하지만 (Hayek, 1986: 233) 결국 그는 문화적 진화 과정에 맡기고 있다. 그는 이렇게 말하고 있다(민경국 편역, 1989: 167).

"어떤 나라가 이 개혁안을 실현하여 이성적인 정부를 갖게 되고 이로써 경제가 보다 잘 기능하게 되면 그 나라는 다른 나라보다 우위를 확보하게 될 것이다. 그러면 다른 나라들도 곧바로 이 나라를 모방할 것이다."

6) 헌법적 상부구조와 문화적 공진화

지금까지 우리는 자유주의 사회의 주변질서, 즉 헌법을 다루었다. 국가권력을 어떻게 제한할 것인가를 설명했다. 그러나 행동규칙들도 변경되어야 한다. 어떻게 자유사회에서 이들이 변동될 수 있는가?

하이에크의 헌법의 구성요소가 되고 있는 기본조항에서 말하고 있는 일반원칙에 의해서는 구체적으로 행동규칙을 규정할 수 없다. 또한 하이에크는 이렇게 할 수 있는 '적극적인 기준'을 제안하지도 않고, 또 실제로 '인간이성의 한계' 때문에 우리는 '적극적인 기준'을 제안할 수도 없다. 그렇게 하려고 하는 학자나 인간이 있다면 그들은 '지식의 오만'을 자행하는 것이다. 뷰캐넌은 그렇게 하려는 노력을 '도덕적 오만(Arrogance moral)'이라고 부르고 있다(Buchanan, 1975: 6). 쿠카타스(Ch. Kukathas)가 하이에크에게서 적극적인 기준을 찾아내려 하고 있는데 이러한 노력은 헛된 노력이다.

하이에크의 '기본조항'이 말해주는 것은 구체적인 행동규칙들은 자유를 보장하는 행동규칙의 성격, 즉 일반성, 추상성, 확실성 및 보편성을 가지고 있어야 한다는 점이다. 이것은 이미 앞에서 설명한 바와 같이 '소극적 기준'이다.

이러한 점에서 하이에크는 오로지 과정에만 초점을 맞추는 뷰캐넌과 다르다. 후자는 합의만 되면 그 결과가 무엇이든 정의롭다고 말하고 있다.27 그러나 전자는 입법의회에서 합의를 본다고 하더라도 그 결과가 이 소극적 기준과 양립해야 한다고 말하고 있다.28

이러한 소극적인 기준에 합당한 행동규칙들은 따라서 내용적으로 서로 다를 것이다. 특히 중요한 것은 이들 중 어떤 것들은 자생적 질서의 유지에 더 '적합한' 또는 '합목적적인' 것들이 있을 수 있고 어떤 다른 것들은 덜 적합하거나 덜 합목적적일 수 있을 것이라는 점이다. 따라서 적합한 행동규칙을 찾아내고 적합하지 않은 행동규칙을 걸러내는 과정이 필요하다. 이러한 과정은 '발견적 절차'이다. 이 '발견적 절차'의 틀이 바로 상부구조로서의 헌법적 틀이다.

이러한 발견적 절차는 입법의회, 법관들 그리고 학자들을 비롯하여 대중들의 상호작용관계에 의해 이루어진다. 이 발견적 절차는 법의 진화 과정, 즉 문화적 진화 과정에 해당된다. 이것은 자유로운 의견형성 과정으로 해석될 수 있다. 이 자유로운 의견형성과정은 의견들의 진화 과정이다.

모든 진화 과정이 그렇듯이 의견형성과정도 열린 절차이다. 그렇기 때문에 어떤 소수의 의견이 성공할 것인지 장차 다수의 의견이 어떤 특정의 의견들로 구성될 것인지를 어느 누구도 예측할 수 없다.

사회질서가 자신의 외부세계의 변동에 대해 반드시 적응할 필요성이 있는지 아니면 어떤 방향으로 적응할 것인지를 우리는 예측할 수 없다. 이러한 문제에 대한 해답은 비로소 자유로운 의사형성과정을 통해 국가기관에게 알려진다.

이와 같은 과정에서 발견되는 '적절한 행동규칙'의 도입에 의해 자

---

27 이때 합의는 만장일치를 의미한다.
28 이때 합의는 다수의 합의이지 반드시 만장일치는 아니다.

생적 사회질서 및 내적 제도 그리고 행동질서가 진화한다.[29] 이러한 진화 과정에서 역시 법의 변동의 필요성이 제기된다. 이와 같이 법질서의 진화와 자생적 사회질서(행동질서)의 진화가 상호간 영향을 주고 받는다.

이러한 두 가지 차원의 진화의 상호작용을 공진화(coevolution)라고 불러도 무방하다. 따라서 헌법은 바로 공진화가 이루어질 수 있는 기틀이라고 부를 수 있다.

7) 분석결과

하이에크는 법의 판단기준으로서 적극적인 기준을 제시하지 않고, 법이 될 수 없는 것이 무엇인가 하는 소극적인 기준만을 제시하고 있다. 그는 법의 구체적인 내용을 사회적 절차에 위임하고 있다. 이 절차가 바로 헌법이다. 이것은 자발적인 사회질서에 적합한 법을 찾아내는 '발견적 절차'에 관한 공법적 성격의 규정이다. 법을 발견하는 절차는 입법의회, 사법판결 및 시민들의 상호작용과정이다.[30]

이러한 상호작용과정은 또한 법질서의 진화 과정이라고도 말할 수 있다. 이러한 법질서의 진화 과정은 헌법적 테두리 내에서 이루어진다. 이러한 법질서의 진화는 행동질서라는 의미의 사회의 자생적 질서의 진화에 기여한다.

---

29 시장질서의 내적 제도는 관습, 관행 또는 컨벤션, 그 밖의 제도들을 의미한다. 이것은 '스스로 창출되는 법'이다.

30 입법의회의 입법과정은 공공선택론 또는 신정치경제학의 전통적인 방법에 의해서는 설명될 수 없는 과정이다.

이러한 진화는 다시 법의 발견적 절차인 법질서의 진화에 영향을 미친다. 따라서 여기에서 자생적 질서와 법질서와 '공진화'가 이루어진다. 이러한 공진화가 이루어질 수 있는 틀이 바로 헌법이다.

다시 말하면 공법으로서의 헌법은 공진화를 위한 상부구조로서 기능한다. 하이에크는 이 상부구조의 인위적인 형성에 의해 문화적 진화의 실패를 치유하려 하고 있다.

하이에크가 한편으로는 진화적 과정을 가지고 있으면서 다른 한편으로는 제도적인 개혁을 제안하고 있는 것을 판베르크(Vanberg, 1981: 35)는 하이에크 사상의 모순이라고 비판하고 있다.[31] 그러나 이러한 비판은 타당하지 않다. 왜냐하면 정부의 조직규칙으로서의 공법은 하이에크에 있어서 의도적인 선택의 대상이기 때문이다. 공법에 속하는 헌법도 역시 하이에크에 있어서 의도적인 선택의 대상이다. 따라서 제도적 개혁을 위한 하이에크의 헌법적 제안은 그의 사상체계와 철저히 양립한다.

그는 이러한 헌법적 틀에 의해 문화적 진화의 실패를 해결하고자 한다. 이미 앞에서 언급한 바와 같이 그는 문화적 진화의 실패요인을 다음과 같은 세 가지 차원에서 찾고 있다.

① 사적 영역: 사적 영역의 강제행사에 의한 경쟁의 자유의 침해 및 이로 인한 내적인 제도로서의 거래관행과 거래관습이 약자에 불리한 방향으로 형성된다. 오이켄(W. Eucken)이 각별한 관심을 가지고 있었던 이러한 제도의 형성을 막기 위해서는 사적 영역에서 자유로운

---

31 이러한 유사한 비판에 대해서는 로랜드(Rowland, 1987: 4)를 참조.

경쟁이 이루어질 수 있는, 다시 말하면 자유로운 인간의 사회를 위한 장치가 필요하다.

② 법관의 법: 이러한 장치를 제공하는 것이 법관들이다. 그러나 사법적 판결을 통한 법의 진화도 실패한다. 그렇기 때문에 하이에크는 법의 생성과 변동을 위한 또 다른 절차가 필요하다. 이러한 절차 중의 하나가 민주주의 정치질서이다.

③ 민주주의 실패: 그러나 민주주의에 의해 자생적 질서를 유지하기가 어렵다. 현대의 민주주의 정치제도는 오히려 문화적 진화의 외생적 실패요인으로 간주되고 있다.

이와 같이 문화적 진화의 실패요인을 근절하고 자발적인 사회질서, 즉 자유로운 인간의 사회를 확립하고 유지하기 위한 틀로서 하이에크는 이상적인 헌법을 제안하고 있다. 이러한 헌법적 테두리는 자생적 사회질서에 '적합한' 행동규칙을 찾아내는 또는 적합하지 않은 행동규칙을 걸러내어 제거시키는 '발견적 절차'가 이루어지기 위한 테두리, 즉 상부구조이다. 적합한 행동규칙이 발견되어 이를 도입함으로써 이 행동규칙의 테두리 내에서 또 다른 '발견적 절차'가 이루어진다(예컨대 시장 시스템의 경쟁과정). 이 발견적 절차에 의해 자발적 행동질서 내에서 적합한 행동패턴(새로운 관행과 관습 또는 그 밖의 내적 제도)이 자생적으로 탐색되고 발견해 낸다.

이상에서 확인할 수 있는 것은 기존의 사회에서 자생적 사회질서, 즉 자유로운 인간을 위한 사회질서에 적합한 하이에크의 헌법모형의 도입이 중요하다는 점이다. 좀 더 일반적으로 표현한다면 헌법적 개혁이 중요하다. 그러나 모든 개혁과 똑같이 헌법적 개혁도 쉬운 것은 아니다. 새로운 제도의 도입을 위해서는 이 제도와 불가분의 관계에 있는 인간의 심성체계 또는 정신이다. 이 정신이 뒷받침해 줄 경우에 비로소 제도의 도입과 그 제도의 성공이 가능하다.

이러한 의미에서 볼 때 '제도가 중요하다(institution does matter)'고 강조하는 제도주의는 전적으로 옳은 것이 아니다. 그러나 정신 ― 인간성이라고 불러도 무방하다 ― 은 제도처럼 임의로 도입하거나 제거시킬 수 있는 것은 아니다. 인간성의 변동 또는 개혁(인성개혁)은 쉬운 일이 결코 아니다. 역사적으로 인성을 개혁하려는 노력이 있었지만 번번이 실패하고야 말았다.

따라서 하이에크는 자신의 헌법모델에 준하여 현실을 개혁해야 한다고 주장하지 않는다. 인성이 이를 뒷받침하지 못하면 성공할 수 없기 때문이다. 그는 자유로운 인간의 사회를 위해서라면 자신의 헌법모델이 적합하다는 것을 호소하고, 이로써 자유주의에 대한 개개인들의 이해를 촉진시켜 인성을 변화시키는 데 기여하려고 할 따름이다.

제7장_ 하이에크의
자유주의 사상이 주는 교훈

우리는 제1장에서 제6장까지 하이에크의 '자유주의 사회철학'을 인식론적 입장에서 재구성했다. 이제는 그의 철학체계의 핵심적 요체를 요약하면서 그것이 우리에게 주는 이론적-실천적 교훈을 여섯 가지로 분류하여 정립하고자 한다.

　하이에크는 자유주의 사회의 원리를 개인의 권리나 이상적인 인간형 또는 합리적인 도덕적 기초로부터 도출하지 않는다. 그는 이러한 분석 대신에 자유주의 원리를 직접 인간과 사회에 관한 이론, 즉 진화이론을 기초로 하여 설명하고 이를 정당화시키고 있다. 이어서 하이에크는 자유로운 사회에 대한 간섭주의의 문제를 다루고 또한 자유로운 사회의 확립을 위한 헌법장치들을 제안하고 있다. 그렇기 때문에 자유주의 정치철학은 사회이론이 없는 정치철학이라는 일반적인 비판은 하이에크의 사회철학에는 해당되지 않는다(Kukathas, 1992: 85).

　이상의 내용을 달리 표현한다면 시장 시스템의 기능원리를 전혀 분석하지 않은 채, 윤리나 법 및 도덕을 생각하는 것은 난센스라는 점이 하이에크의 사회철학의 기본적인 출발점인 것 같다. 인간의 심성과 사회에 관한 이론이 없이 법을 생각할 수 없고 윤리를 그리고 도덕을 생각할 수 없다. 하이에크는 이러한 전통에 입각하여 법과 질서, 사회와 인간 그리고 국가와 경제를 분석하고 있다.

경험적, 이론적 및 규범적, 실천적인 부분을 포괄하는 하이에크의 자유주의 사상은 다음과 같은 세 가지 기둥에 의해 떠받혀지고 있다.

- 인간이성의 구조적인 무지
- 자생적 질서
- 규칙에 의해 조종되는 인간행동과 사고

이 세 가지 구성요소들은 모두 하이에크 자신이 개발한 인식론에 의해 설명되고 해석된다. 이들이 그의 패러다임을 구성하는, 따라서 그의 사회철학을 다른 사회철학체계들과 구분시켜 주는 요소들이다.

이 요소들은 동시에 그의 규범적 및 실천적인 원칙들을 정당화시켜 주고 그의 사회철학과 대비되는 다른 사회철학의 규범적 및 실천적 원칙들을 비판하기 위한 기초를 제공한다. 이 세 가지 요소들을 간단히 요약하면서 그의 사회철학이 주는 이론적 교훈을 정립하고자 한다.

(1) 인간이성의 구조적 무지

인간의 행동동기를 이기적인 것으로 간주하고, 이러한 행동동기에서 사회철학을 도출하는 것이 일반적이다. 그러한 대표적인 예가 홉스 전통의 사회철학이다. 따라서 이러한 전통은 인간의 행동동기가 정말로 이기적이냐 아니냐 하는 요란한 논쟁을 촉발시켰던 것은 당연하다고 볼 수 있다. 그러나 논쟁의 요란함에 비해서 우리가 얻었던 것은 그리 크지 못했던 것 같다.

하이에크에게 있어서 인성을 행동동기에서 찾는 것이 아니라 인간 이성의 구조적 무지에서 찾고 있다는 점 그리고 이로부터 그의 사회이론의 명제를 도출하고 있는 점이야말로 그의 사회철학의 독특한 국면이 아닐 수 없다.

하이에크는 로렌츠(K. Lorenz)와 똑같이 인간의 삶의 문제를 지식습득의 문제로 간주하고 있다.[1] 그들은 개인적 수준에 있어서나 사회적 수준에 있어서나 인간문제를 희소한 자원의 배분문제로 파악하는 것이 아니라 지식의 문제로 간주하고 있다.[2]

인간지식은 주관이며, 진화적 성격을 가지고 있고 또한 선별적이라는 사실을 설명하려고 한 것이 진화적 인식론에 관한 하이에크의 저서『감각적 질서』의 매력적인 대상이었다. 칸트나 포퍼처럼 인지를 끊임없는 이론형성으로 간주하고 있는 그는 인간지식의 선별성, 오류가능성, 국지적 성격은 구조적이고 따라서 이것이 인간의 천성 그 자체라고 말하고 있다. 하이에크의 이러한 시각은 매우 광범위한 사회철학적 의미를 가지고 있다.

① 경제학에 국한하여 우선 그 의미를 설명한다면, 주류경제학에서는 기본적으로 지식을 설명이 필요 없는 것으로 생각한다. 행위자들의 불완전한 정보에서 출발하는 모델들(정보경제학 및 합리적인 기대 이론)까지도 모형을 구성하는 경제학자가 이들의 정보결핍을 확인할 수

---

1 로렌츠에 관해서는 예컨대 리들(Riedl, 1987: 47~57) 참조.
2 이것이 바로 주류경제학과 신고전파 경제학을 구분하는 중요한 기준이다.

있을 정도로 완전한 지식을 가지고 있는 것으로 간주한다. 하이에크는 이와 같이 '위에서부터 아래로'의 분석을 '지식의 오만'이라고 부르고 있다. 이러한 분석은 의사결정 논리 및 과학주의이다.

이에 반해 하이에크는 '밑에서 위로'의 분석을 강조하고 있다. 이에 따른다면 사회적 현상에 관한 분석은 학자가 알고 있는 지식에서 출발해서는 안 되고 행위주체들이 알고 있다고 스스로 믿는 여건에서 출발해야 할 것이다.

② 목적합리적 행동과 가치합리적 행동: 하이에크는 인간의 이성은 이상과 같이 구조적인 무지를 특징으로 하기 때문에 인간은 오로지 목적합리적으로만 행동할 수 없고, 오히려 인간행동은 규칙에 의해 유도된다는 점을 강조하고 있다. 이 규칙 자체들은 의도적인 선택을 필요로 하는 범위를 제한시켜 주기 때문에 구조적인 무지에서 생겨나는 부담을 감소시켜 주는 기능을 한다.

가치를 반영하는 이러한 규칙들은 추구하고자 하는 목적들과 투입될 행동을 평가하는 기능을 한다. 인간은 구조적인 무지에도 불구하고 이러한 규칙들 때문에 비로소 목적합리적인 행동을 할 수 있다.

규칙에 의해 인도되는 행동은 개인적 수준에 뿐만 아니라 타인들과의 상호작용과정의 수준, 즉 사회적 맥락에서도 마찬가지이다. 개개인이 타인들의 행동에서 규칙성을 인지하지 못하고 이들의 행동에 대한 기대를 이 규칙성에 의해 뒷받침하지 못하면 그는 이들과 상호작용을 할 수 없다. 사회적 맥락에서 규칙지향적인 행동은 자생적 질서의 형성을 위한 없어서는 안 될 조건이다.

(2) 사회의 자생적 질서

하이에크는 사회질서에 대한 서구사상을 오랫동안 지배해 왔던 이분법적 사고방법을 극복하고, 자유로운 사회질서의 표현인 자생적 사회질서의 존재를 강조하고 있다. 이것은 조직(인위적) 질서 및 자연적(본능적) 질서와 대비되는 제3의 질서이다. 이 질서는 '인간행동의 결과이지 인간계획의 결과'가 아닌 질서이다. 인간이성의 한계를 알지 못하거나 또는 이를 무시하는 모든 사회철학은 자생적 사회질서의 존재를 알지 못하거나 무시해 버린다. 이론적 및 정책적인 중요한 의미를 가지고 있는 이러한 질서의 특징은 다음과 같다.

① 지식의 이용과 시장의 자생적 질서: 자생적 사회질서 및 그 경제적 국면인 시장질서는 각처에 흩어져 있는, 그 어느 누구도 전부 한곳에 모아 놓을 수 없는 지식, 즉 장사하는 지식, 일상적으로 개개인들이 자신의 삶을 영위하고 자신의 삶은 개척하고 개선하는 데 필요한 지식의 이용을 가능하게 하는 질서이다.

② 자생적 사회질서와 발견적 절차: 인간이성의 한계를 고려할 때 다음과 같은 문제가 제기된다.

- 어떻게 개개인들이 주관적인 지식을 습득하고 가공하는가?
- 주관적인 지식이 어떻게 통제되는가?
- 지식의 오류가 어떻게 처리되는가?

이러한 문제를 하이에크는 자생적 사회질서의 기능원리에 속하는 '발견적 절차' 개념에 의해 해결하고 있다. 발견적 절차란 진화 과정과 다름이 없다. 그것은 혁신과정, 선별과정, 확산과정 및 새로운 문제의 등장과정과 같은 하부과정들의 상호작용과정이다. 이러한 과정에서 알려져 있지 않은 지식과 아직 사용되지 않은 지식들이 발견된다.

③ 균형과 과정: 지식의 불완전성을 고려한다면 사회(또는 시장)를 균형으로 파악할 수 없고, 과정으로 파악할 수밖에 없다. 사회적 과정을 조정과 탈조종의 연속으로 파악하고 있다.[3] 하이에크에게 있어서 균형 분석은 아무런 의미가 없다. 왜냐하면 균형은 허구적이기 때문이다.

하이에크의 이러한 생각은 신과학에서 말하는 '혼돈으로부터의 질서' 또는 '균형으로부터 멀리 떨어져 있는 질서'와 동일한 생각이다.

(3) 규칙에 의해 인도되는 행동

하이에크의 진화론적 자유주의 철학을 이해하기 위해서, 또는 사회 질서를 이해하기 위해서는 빼놓을 수 없는 것이 일반적으로 인정된 추상적인 행동규칙, 즉 시스템과 관련된 제도들이다. 이들은 경쟁을 통제하고 행동들을 조정하기 위한 수단이다.

① 사회의 자생적 질서와 행동규칙: 자생적 행동질서의 생성을 가능케 하는 행동규칙들은 일반적 추상적인 성격을 가지고 있다. 그들은 불특정 다수의 사례에 적용되는 행동규칙들이다. 그들은 어떤 알려진 구체적인 목적을 고려하지 않고, 특정의 행동국면만을 금지한다. 따라서 그들은 개개인들이 스스로 정한 목적을 추구하기 위해 자신들의 주관적인 지식의 사용을 가능하게 한다. 이러한 행동규칙들은 따라서 공동의 목표를 달성하기 위한 수단으로 간주하는 조직의 기초가 되는 조직규칙과 다르다.

② 행동규칙의 사회적 기능: 이상과 같은 성격을 가진 행동규칙들은

---

3 균형이란 모든 행동들과 계획들이 완전히 조정되어 있는 상태이다.

타인들의 행동에 대한 믿을 만한 기대의 형성을 가능하게 한다. 이로써 인간이 구조적인 무지에도 불구하고 사회적 과정에서 성공적으로 자신들의 목적을 달성할 수 있다. 행동규칙들은 시장 과정에서 형성되는 가격과 똑같이 정보를 제공하는 기능을 행사한다.

③ 행동규칙의 생성과 문화적 진화: 하이에크는 자생적 질서의 기초가 되는 행동규칙을 문화적 진화의 산물로 해석하고 있다. 그는 법은 입법보다 더 오래되었음을 반복적으로 강조하고 있다. 하이에크가 행동규칙의 생성을 설명하기 위해 제안한 문화적 진화 이론이 문제가 있다고는 하더라도 '인간행동의 결과이기는 하지만 인간계획의 결과'가 아닌 행동규칙들이 존재하고 있고, 이들이 사회질서의 형성에 매우 큰 기여를 하고 있다는 것은 부정할 수 없는 사실이다. 특히 시장경제질서는 인간의 고안의 결과가 아니라 문화적 진화의 선물이라는 점도 엄연한 사실이다.

이와 같이 하이에크는 진화적 인식론을 기초로 하여 인간이성의 한계를 강조하고 사회문화적 진화의 힘에 대해 매우 긍정적인 태도를 가지고 있다. 그렇다고 그가 완전히 진화력을 신봉하는 진화 낙관주의에 빠져 있는 것은 아니다. 또한 그가 인간이성의 구조적 무지를 강조한다고 하더라도 문화적 진화의 실패에 대해 수동적인 태도를 취해야 한다고 주장하지는 않는다. 그러면 우리가 자유로운 사회질서를 유지하고 확립하기 위해서는 어떻게 해야 할 것인가?

이 문제에 대한 하이에크의 명제가 그의 사회철학의 규범적, 실천적 명제이다. 그의 명제는 인간이성이 제한되어 있기는 하지만 이 제한된 이성을 가지고 기존의 사회질서의 문제들을 밝혀내고 이들을 점진적으로 개선해 가야 한다는 것이다. 이때 중요한 것이 하이에크의 '복잡한 현상의 이론'이다. 인간이성이 제한되어 있다고 하더라도 그런 이성은 최소한 '패턴예측'과 '원리의 설명'은 가능하다. 이들은 모두 '소극적' 설명과 예측이다. 이를 통해 문제들을 찾아내고 사회제도를 개선한다.

(4) 법의 지배 원칙

① 우리는 법규범이나 어느 한 분야의 모든 제도를 완전히 바꿀 수 있는 지적인 능력을 가지고 있지 못하다. 언어로 표현된 법규칙 체계의 개선은 항상 존재하고 있는 질서의 개선에 초점을 맞출 수밖에 없다. 우리는 완전히 새롭게 바꿀 수는 없다. 개혁은 현재 있는 것에서 출발해야 한다. 이와 같이 하이에크는 어떤 사회이든 그 사회가 현재 가지고 있는 전통적인 문화적 가치들을 매우 중시하고 있다.

인간에 의해 의도적으로 형성된 행동규칙들이 어느 정도까지 서로 양립하는가, 그리고 이들이 문화적으로, 유전적으로 전수된 행동패턴들과 양립하는가를 이 '패턴예측'이나, '원리의 설명' 형식으로 분석해야 한다. 이러한 분석은 논리적인 분석이 아니라 이들로부터 생겨나는 행동들이 서로 충돌하느냐의 여부에 관한 분석이다.[4]

② 법의 지배 원칙: 도입될 행동규칙은 일반적, 추상적 및 확실성을 가진 그런 성격을 가지고 있어야 한다. 이러한 성격은 개인의 자유의 확립을 위한 것이다. 법의 인지규칙으로서의 법의 지배 원칙도 역시 지식이론적 입장에 의해 정당화된다. 앞에서 언급한 내재적 비판과

---

[4] 우리가 인간행동을 거의 일생동안 인도하는 모든 것을 '가치'라고 부른다면 개개인들이 지키는 행동규칙들은 그들이 준수하는 가치표현이다. 따라서 행동규칙 체계의 분석은 특정의 행동질서가 생겨나는 가치 기초들의 분석과 마찬가지이다 (Hoppmann, 1988: 131, 383).

함께 법의 지배 원칙에 따른 입법정책은 법은 편의주의에 따라서는
안 된다는 것이다. 다목적 수단으로서의 자생적 사회질서 및 시장질서
의 유지를 위해서는 법은 목적과 결부되어서는 안 된다는 것이다.

③ 행동규칙의 체계: 기존의 행동규칙을 판단할 때, 의심의 여지없이
지키는 기존의 다른 행동규칙들과 독립적으로 판단해서는 안 된다.
마찬가지로 기존의 행동규칙체계에 간섭하기 위해 의도적으로 형성될
행동규칙을 판단할 때에도 기존의 행동규칙체계와 독립적으로 판단해
서는 안 된다. 왜냐하면 이 개별적인 행동규칙들은 다른 행동규칙들과
의 맥락 속에서만 항상 작용하기 때문이다. 이들이 다른 기존의 행동규
칙들과 적절하게 조합되어 있을 경우에만 질서를 형성하는 기능을
갖게 된다(Hayek, 1969: 144~169; Hoppmann, 1988: 383).

하이에크의 이상과 같은 경제정책 원리는 자유주의의 독일적 표현
인 '질서자유주의' 원리이다. 그는 규칙의 변동은 어느 한 질서의 유지
에 필요한 것으로서 생성되었고 그리고 이성에 의해 알아낼 수 있는
원칙에 의해 조종되어야 한다는 것을 강조하면서 알려진 구체적인
목적에 좌우되어서는 안 된다는 점을 강조하고 있다(Hayek, 1980: 83).

④ 하이에크는 다음과 같은 방법에 의한 경제정책을 항상 경고하고
있다.

• 개개인들의 노력에서 자발적으로 생성되는 질서에 집단적인 목표
를 설정하여 이 자생적 질서를 통제하려는 노력.
• 경제정책 담당자나 학자들과 같은 관찰자들이 위에서 내려다보는
것과 같은 태도를 취하고 시장경제와 같은 사회의 자생적 질서를 조직
질서처럼 취급하려는 노력.
• 의도적으로 형성된 행동규칙과 자발적으로 형성되는 행동규칙의

관계를 진지하게 여기지 않고, 목적과 독립적인 사법규칙의 적용영역을 제한하거나 또는 공법에 의해 이를 대체하려는 노력.

이러한 모든 노력들은 바로 주류경제학의 경제정책적 행동패턴에 속하는 노력이다. 그리고 사회정의와 복지국가 사상에 따른 소득·재산의 재분배 정책도 그런 정책과 한통속이다. 이러한 정책들은 인간이성의 한계를 도외시할 뿐만 아니라, 사회의 자생적 질서와도 양립할 수 없는 정책이다. 다시 말하면 이러한 정책들은 앞에서 언급한 하이에크의 기준과 양립하는 정책이 아니다.

하이에크는 자유경제질서의 확립을 위한 이러한 정치적 원칙과 함께 국가가 담당해야 할 과제를 논의하고 있다. 이것이 법치국가적 교훈이다.

⑤ 실질적 법치국가: 사회의 자생적 질서의 한 구성요소이고, 또한 조직질서인 국가의 기능을 하이에크는 보호국가적 기능(강제기능)과 생산국가적 기능(봉사기능)으로 구분한다. 전자는 강제와 결부되어 있는 데 반해 후자는 비강제적, 그래서 봉사 기능이다. 국가의 강제는 '정의의 규칙'의 실시와 집행에 국한되어 있다.

이러한 국가가 실질적 법치국가로 간주된다. 이 국가기능은 '스스로 질서가 생성할 수 있는' 조건을 마련하는 기능이다. 자생적 사회질서에 관한 이론에서 도출된 이러한 과제의 수행은 목적합리성 또는 편의주의에 의해 좌우되어서는 안 된다는 것이다.

하이에크는 사회의 자생적 질서가 더 잘 기능하기 위한 조치로서 생산국가적 과제를 제안하고 있다. 이러한 과제는 '효율성'을 달성할 과제이다. 이러한 의미에서 그것은 경제적이다. 그러나 이 과제도 자생적 사회질서 내지 카탈락시의 시장질서를 어떤 특정의 방향으로 조종하려고 의도해서는 안 된다.

국가의 과제는 일차적으로 인간 및 인간그룹들이 이들의 상호작용으로부터 결과하는 사회가 어떤 모습을 취하게 되든지 관계없이 이들 각자의 목표를 추구할 수 있는 틀을 확립하고 이를 유지하는 데 있다. 국가의 권력을 이러한 과제의 수행에 한정하기 위해서 하이에크는 헌법주의의 정치제도를 제안하고 있다.

(5) 헌법주의와 이상적인 헌법

헌법주의는 국가의 권력을 제한해야 한다는 의미이다. 이러한 제한을 위해 하이에크는 이상적인 헌법모형을 구상하고 있다. 그의 헌법의 내용에서 우리가 얻을 수 있는 교훈을 두 가지로 구분할 수 있다. 첫째, 법의 지배 원칙을 현대사회의 헌법과는 달리 경제 분야에까지 확대시키려고 하고 있다는 점이다. 이로써 국가가 자의적으로 경제에 개입하는 것을 헌법에 의해 방지하려 하고 있다.

둘째, 현대국가에서 일반적으로 적용되고 있는 삼권분립제도를 개선하고자 하는 점이다. 하이에크는 그 개선책으로 현재의 의회의 권력을 분립시킬 것을 제안하고 있다. 입법의회와 정부의회가 그것이다. 전자는 '정의의 규칙'이라는 의미의 법을 제정·개선하는 과제를 가지고 있는 반면에 후자는 비강제적 과제로서 생산국가적 과제를 갖고 있다.

하이에크의 이러한 헌법구조는 자유를 보장하는 정의로운 행동규칙의 진화가 이루어지기 위한 기틀이다. 이러한 행동규칙의 진화와 함께 자생적 사회질서의 내적 제도 및 행동질서가 진화한다. 따라서 헌법은 이러한 공진화를 위한 상부구조이다.

매디슨(J. Madison)의 헌법사상과도 유사한 점을 가지고 있는(Rowland, 1987: 31~34) 하이에크의 헌법사상의 주제는 자유로운 인간의 사회를 위해서는 대통령중심제냐 또는 내각책임제냐 하는 논쟁은 의미없고 자유를 보장하는 행동규칙을 확립하기 위한 의회제도가 필요함을 의미한다.

이상과 같이 하이에크가 구상하고 있는 자유주의 사상의 세 가지 기둥이 되고 있는 요소, 즉 인간이성의 구조적 무지, 사회의 자생적 질서 그리고 규칙에 의해 조종되는 행동과 사고는 바로 인간과 그리고 사회의 성격을 말해주고 있다.

이러한 이론은 다양한 정치적 원칙들이 제대로 기능할 것인가를 검증하기 위한 수단이다. 하이에크의 자생적 질서를 전제로 할 경우, 무수히 많은 정치적 원칙들, 예컨대 공리주의 및 후생경제학이 제공하는 후생함수와 배분적 효율성을 비롯하여 매킨타이어(MacIntyre, 1981; 황경식, 1993: 419~475)의 공동체주의 그리고 사회계약론의 정치적 원칙들은 기능하지 못하는 것으로 판명되어 배제된다.

하이에크의 사회철학은 자유주의의 원리를 호모 이코노미쿠스(homo oeconomicus)에 의해 설명할 필요도 없고 또한 그래서도 안 된다는 것을 말해주고 있다. 오히려 자유주의 사회철학은 인성과 사회에 관한 견고한 이론에 의해 뒷받침해야 한다는 것을 말해주고 있다.

이미 스코틀랜드의 도덕철학자 애덤 스미스가 이러한 방법으로 자유로운 인간의 사회원리를 정립하기는 했지만 그는 하이에크와 다른 방법을 택했다. 스미스는 '도덕감정론'에서 출발했던 반면에, 하이에크는 진화적 인식론에 속하는 '감각적 질서'에서 출발한 것이다. 이러한 차이에도 불구하고 하이에크는 스코틀랜드 계몽주의 전통을 계승하고 있다고 볼 수 있다. 이러한 전통에 의해 그는 프랑스의 계몽주의의 다양한 변이체적인 정치적 원칙들을 배격하고 있다.

사회적 과정에 관한 이해가 없이 철학적으로 정치적 원칙을 작성하는 것은 결코 쉽지 않을 뿐만 아니라, 작성했다고 해도 그것이 실제로 사회질서의 유지에 기여할 것인지는 사회이론이 없이는 알 수가 없다.

하이에크의 사회이론은 어느 한 새로운 제도의 도입 또는 개혁안들이 자유로운 사회의 유지에 기여할 수 있는가 하는 문제에 대해 보다 확실한 해답을 제공할 수 있다. 이러한 해답을 제공할 때 특히 하이에크의 과학철학의 한 요소인 '복잡한 현상의 이론'이 매우 중요한 역할을 한다. 이 이론의 핵심적인 개념이 '원리의 설명'과 '패턴예측'이다. 여기에서 자유로운 인간의 사회와 과학의 관계에 관한 하이에크의 중요한 교훈을 설명하고자 한다.

자유사회와 자유경제가 유지되기 위해서는 어떤 권리나 행동이 채용될 수 없는가를 패턴예측을 통해 말해줄 수 있다. 우리는 오로지 패턴예측밖에는 달리 예측할 수 없다. 패턴예측은 금지적 성격을 가진 예측, 즉 발생할 사건이 아니라 발생되지 않을 사건에 대한 예측이다. 우리는 개별적 사건을 예측할 수 있는 능력을 가지고 있지 않다. 하이에크는 기존의 사회질서를 개선하는 데 과학적 지식으로서 '원리의 설명' 또는 '패턴예측'을 기초로 할 것을 제안하고 있다.

① 과학주의: 과학은 구체적으로 예측해야 하고 또한 구체적으로 상세히 설명해야 한다는 주장은 '과학주의'이다. 이러한 주장은 진화적 시스템의 과정(즉, 사회적 과정)을 파악하는 데 있어서 우리의 인식능력의 한계를 모르는 데에서 생겨난 주장이다. 이것은 우리의 이성을 과장하고 과학의 오만을 자행하는 주장이다. 과학의 오만과 이성의 과장에서 비롯하여 형성된 것이 주류경제학이다.[5] 이것은 계획이론과 전혀 다름이 없다.

② 과학지식의 오만과 과장: 학자의 오만과 과장은 자유주의와 결코 양립되지 않는다. 그것은 진화적 과정 속에서 형성되는 복잡한 현상으로서의 자생적 사회질서와 양립되지 않는다. 구성주의적 합리주의 전통을 계승하고 있는 모든 종류의 사회철학은 인간이성의 한계를 무시하거나 경시하고 있다. 이를 무시하고 경시하여 작성한 이념은 유토피아에 지나지 않는다.

인간이성의 한계 및 구조적인 무지는 개인들뿐만 아니라 학자나 정치가나 관료 모두에게 공통적이다. 그럼에도 불구하고 구성주의적 합리주의 철학자들은 모든 것을 잘 알고 있고, 자신들이 알고 있는 지식을 가지고 사회를 구성할 수 있다고 자만하는 자들이다.6 이들에게는 개인적 자유란 불필요하다. 그들은 진정한 자유의 가치를 알지 못한다.

③ 보통사람의 지식에 대한 존중: 자유의 존재가치는 인간이성의 구조적인 무지에 기인한 것이다. 시장의 존재가치도 마찬가지이다. 마찬가지로 자유주의는 과학의 겸손을 요구한다.7 엘리트라고 자칭하는 케인스나 철인정치를 요구하는 플라톤이나 존 스튜어트 밀, 농부나 노동자나 기업가나 자본가나 교수 모두 자신의 이성은 구조적으로 무지하다는 사실에 있어서 동일하다.

즉, 과학자는 겸손해야 하고 비과학적 지식, 즉 과학자의 관찰대상이 되고 있는 기업가들, 자본가들, 노동자들, 농부들 등, 모든 개인들이

---

5 오늘날 우리 대학에서 가르치는 경제학 교과서들 모두가 이에 속한다.

6 케인스의 이러한 자만심을 표현한 글로서 정운찬(1996: 14~15) 참조.

7 케인스의 생애는 '자유를 위한 여정'(정운찬, 1996: 14 참조)이 아니라 자유를 파괴하는 여정이었다.

일상적으로 자신들의 삶을 위해 갈고 닦아 온 지식들을 존중해야 한다는 것이 하이에크의 진화론적 자유주의 사회철학의 교훈이다. 이 지식들이야말로 '보이지 않는 손'에 의해 질서를 형성하고, 모든 사람들에게 유익한 결과를 가져온다.

이상과 같이 하이에크가 우리에게 주는 교훈은 우리 한국사회가 자유로운 한국 사람들의 사회를 확립하고 유지하는 데 필요한 이론적, 실천적인 중요한 교훈이다. 그것은 자유사회의 발전원리이다. 그의 이론은 특정의 문화와 관계없이 실천할 수 있는 이론이다. 왜냐하면 그가 전제한 인간상, 즉 구조적인 무지를 특징으로 하는 것이 인간이라는 그의 전제, 이것은 한국인에게도 옳은 가정이다. 보편적 가정으로부터 보편적 이념과 이론을 개발하려고 한 것이 하이에크였다.

하이에크가 강력히 반대했던 사회주의가 몰락했다. 마찬가지로 그가 반대했던 서구의 복지국가도 무너지고 있다. 모든 규제와 간섭은 실패의 운명에 있다. '치명적 자만(fatal conceit)'에서 비롯된 것이었다. 지적 자만의 결과는 치명적이다.

인간이성은 거대한 열린사회의 미래를 계획하고 조종할 수 있는 능력이 없다. 인간이성에는 치료할 수 없는 불변적인 한계가 있기 때문이다. 따라서 미래를 자생적인 진화에 맡기는 수밖에 없다.

다시 말하면 우리가 갈 길은 '자유의 길(the Road to Freedom)'뿐이다. 인류의 번영과 평화로운 공존, 수십억의 인구에게 이런 공존을 가능하게 하는 것은 자유이다. 그래서 자유는 고귀한 가치이다. 인류의 역사에서 우리가 가장 고맙게 생각해야 할 것은 자유의 발견, 자유사회의 구성 원리의 발견이다.

참고문헌

공병호. 1995. 『한국경제의 권력이동』. 창해.

김균. 「하이에크의 시장 및 제도론」. 한국사회경제학회 제10회 학술대회 연구논
　　문집.

김일중. 1995. 『규제와 재산권 법경제학적 시각으로 본 정부 3부의 역할』. 한국경제
　　연구원.

김정호·김경환·하영원. 1994. 『시장현상과 대중경제지식』. 한국경제연구원.

맥기, 브라이언(B. Magee). 1983. 『칼 포퍼: 그의 과학철학과 사회철학.』. 이명현
　　옮김. 문학과지성사.

민경국. 1987. 「독일의 경쟁정책의 변동과정」. 제18차 국제경제학회 심포지엄
　　논문집.

＿＿＿. 1993a. 『헌법경제론: 진화론적 자유주의 시각에서 본 계약론적 헌법주의』.
　　강원대학교출판부.

＿＿＿. 1993b. 『신정치경제학: 정치 및 관료시스템의 기능원리』. 석정출판사.

＿＿＿. 1994a. 「사회적 시장경제와 헌법적 현실」. 《경쟁법연구》. 경제법학회.

＿＿＿. 1994b. 「하이에크와 오이켄의 질서 정책적 이념」. 《사회비평》, 12호.

＿＿＿. 1996. 『진화냐 창조냐』. 자유기업원.

＿＿＿. 1997. 『하이에크 이야기 I, II』. 자유기업원.

＿＿＿. 2003. 『자유주의와 시장경제』. 위즈비즈.

＿＿＿. 2007. 『자유주의의 지혜』. 아카넷.

민경국 편역. 1989. 『자본주의냐 사회주의냐』. 문예출판사.

밀, 존 스튜어트(J. S. Mill). 1992. 『자유론』. 김형철 옮김. 서광사.

박세일. 1993. 『법경제학』. 박영사.

＿＿＿. 1995. 「하이에크에 있어서 법과 경제」. 조순 외 공저. 『하이에크 연구』.
　　민음사.

박영은·배한식·남경희·방영은·박홍기. 1993. 『현대사회의 이념적 기초』. 한국정
　　신문화연구원.

설헌영. 1990. 「분배 정의와 마르크스주의」. 《철학》, 제33집.

스미스, 애덤(A. Smith). 1996. 『도덕감정론』. 민경국·박세일 옮김. 비봉출판사.

신중섭. 1992. 『포퍼와 현대의 과학철학』. 서광사.

안석교. 1995. 「하이에크에 있어서 질서의 유형과 경제체제」. 조순 외 공저. 『하이
　에크 연구』. 민음사.

오히어, 앤서니(A. O'Hear). 1995. 『현대의 과학철학 입문』. 신중섭 옮김. 서광사.

올슨, 맨서(M. Olson). 1987. 『집단행동의 논리』. 윤여덕 옮김. 청림출판.

윤석범. 1990. 「한국경제와 시장경제 질서」. 『한국경제와 시장』. 한림대학교 한림
　경제연구소.

이영환·소병희. 1994. 「Friedrich von Hayek에 있어 개인주의 사상과 시장질서」.
　≪경제학연구≫, 제41집 3호.

이준구. 1987. 「분배적 정의론과 한국의 소득분배」. 한국경제학회 1987년 정기학
　술대회 논문집.

이지순. 1995. 「하이에크의 정치 경제사상」. 조순 외 공저. 『하이에크 연구』. 민
　음사.

임혁백. 1994. 『시장·국가·민주주의: 한국민주화와 정치경제이론』. 나남출판.

이병훈. 1974. 『생물학사: 선사시대에서 1970년까지』. 전파과학사.

임일섭. 2000. 『행동규칙과 자생적 질서』. 자유기업원.

정운찬. 1996. 「케인스혁명 아직도 계속 되고 있다」. ≪한경비즈니스≫, 23호.

조순 외. 1995. 『하이에크 연구』. 민음사.

진덕규. 1988. 『현대정치사회학이론』. 삼영사.

최종고. 1985. 『법사상사』. 박영사.

커즈너, 이스라엘(I. M. Kirzner). 1995. 『경쟁과 기업가 정신』. 이성순 옮김. 한국경
　제연구원.

테일러, 올리버(O. Taylor). 1965. 『경제사상사』. 김두희 옮김. 수도문화사.

퍼스펠트, 라파엘(D. R. Fusfeld). 1990. 『경제학사 입문』(중판). 정연주·장상환
　옮김. 비봉출판사.

프리고진·스텐저스(Prigogine and Stensers). 1993. 『혼돈으로부터의 질서: 인간과
　자연의 새로운 대화』. 신국조 옮김. 고려원미디어.

프리드만, 밀튼(M. Friedman). 1990. 『자본주의와 자유』. 최정표 옮김. 형설출판사.

＿＿＿. 2006. 『노예의 길』. 김이석 옮김. 나남출판.

황경식. 1993. 「자유주의와 공동체주의」. 차인석 외 공저. 『사회철학대계 제2권』. 민음사.

Ackerman, B. A. 1984. *Reconstructing American Law*. Cambridge.

Albert, H. 1977. "Individuelles Handeln und soziale Steuerung." in H. Lenk (Hrsg.). *Handlungstheorien interdisziplinär IV*. München.

Alchian, A. 1977. *Economic Forces at Work*. Indiana.

Aranson, P. H. 1986. "Economic Efficiency and the Common Law: A Critical Survey." in Graf v. Schulenburg(ed.). *Law and Economicsand the Economics of Regulation*. Boston.

Aristoteles. *Nichomatische Ethick*.

Ashby, W. R. 1960. *Design for a Brain*, I. Aufl. London.

_____. 1962. "Principles of Self-Organizing Systems." in H. Foerster and G. Zopf(Hrg.). *Principle of Self-Organization*. Oxford.

_____. 1974. *Einführung in die Kyberetik*. Frankfurt.

Böhm, F. 1966. "Privatrechtsordnung." in Ordo, Bd. 17.

Böhm, S. 2/1989. "Hayek on Knowledge, Equilibrium and Prices: Context and Impact." in *Wirtschaftspolitische Blätter*.

Barry. N. P. 1979. *Hayek's Social and Economic Philosophy*. London.

_____. 1982. "The Traditions of Spontaneous Order." *Literature of Liberty*, Vol. V.

_____. 1989. *An Introduction to Modern Political Theory*, 2ed. London.

Bateson, G. 1967. "Cybernetic Explanation." *American Behavioral Scientist*.

Benson, B. L. 1967. *The Spontaneous Evolution of Commercial Law*.

Berlin, I. 1970. *Four Essays on Liberty*. Oxford.

Bertalanffy, L. v. 1968. *Organismic Psychology and System Theory*. Barre.

Bouillon, H. 1991. *Ordnung, Evolution und Erkenntnis*. Tübingen 1.

Buchanan, J. M. 1975. *Limits of Liberty: Between Anarchy and State*. Chicago.

_____. 1977. "Law and the Invisible Hand." in B. Siegan(ed.). *The Economics of Interaction of the Law*. Lexington.

_____. 1978. *Freedom in Constitutional Contract*. Texas.

_____. 1979. *What Should Economics Do?* Indianapolis.

Campbell, D. J. 1966. "Pattern Matching as an Essential in Distal Knowing." in K. R. Hammond(Hrsg.). *The Psychology of Egon Brunswick*. New York.

_____. 1983. "The Two Distinct Routes beyond Kin Selection to Ultra sociality." in D. Bridgeman(ed.). *The Nature of Prosocial Development*. New York.

Chomsky, N. 1968. *Language and Mind*. New York.

Clark, A. 1993. *Sensory Quality*. Oxford.

Coase, R. H. 1937. "The Nature of the Firm." in *Economica* 4.

Dahl, R. A. 1956. *A Preface to Democratic Theory*. Chicago.

Dasgupta, P. 1983. "Utility, Information and Rights." in A. K. Sen and B. Williams(ed.). *Utilitarianism and Beyond*. Cambridge.

Dawkins, R. 1976. *The Selfish Gene*. New York.

Diamond, F. A. *Hayek on Constructivism and Ethics*. in J. C. Wood and R. N. Woods. a.a.O.

Dobzhansky, Th, F. J. Ayala, G. L. Stebbins, and J. W. Valentine. 1977. *Evolution*. San Francisco.

Edelmann, G. L. 1987. *Neural Darwinism: The Theory of Neural Group Selection*. New York.

Eibl-Eibesfeldt. 1986. *Die Biologie des menschlichen Verhaltens*. München.

Engls, E. M. 1989. *Erkenntnis als Anpassung?: Eine Studie zur Evolutionären Erkenntnistheorie*. Frankfurt.

Eucken, W. 1952/1991. *Grundsätze der Wistschaftspolitik*. Tübingen.

Evans-Prichard, E. E. 1954. *Social Anthropology*. London.

Fredrich C. J. 1941. *Constitutional Government and Democracy*. Boston.

Fuller, L. 1964. *Morality of Law*. New York.

Furubotn, E. G. and S. Pejovich(ed.). 1974. *The Economics of Property Rights*. Cambridge.

Galbraith, J. K. 1959. *Gesellschaft im Uberfluss*. München.

Gauthier, D. 1986. *Morals by Agreement*. Oxford.

Gehlen, A. 1961. *Anthropologische Forschung*. Hamburg.

_____. 1964. *Urmensch und Spätkultur*, 2. Aufl. Frankfurt.

Graf, H. G. 1978. *Muster: Voraussagen und Erklärungen des Prinzipsbei F. A. v. Hayek*. Tübingen.

Gray, J. 1986. *Hayek on Liberty*. Oxford.

_____. 1986/1995. *Liberalism*. Buckingham.

Halbweis, W. 1984. *Politische Okonomie*. Freiburg.

Hamowy, R. 1991. "Law and the Liberal Society: F. A. Hayek's Constitution of Liberty." in C. h. Wood and R. N. Woods(ed.). *Friedrich, A. Hayek: Critical Assessments*. Vol. Ⅲ, London.

Hart, H. L. 1991. *A The Concept of Law*. Oxford.

Hayek, F. A. 1952/1976a. *The Sensory Order: An Inquiry into the Foundations of the theoretical Psychology*. London.

_____. 1952/1976b. *Individualismus und Wirtschaftliche Ordnung*. Salzburg.

_____. 1959/1979. *Mißbrauch und Verfall der Vernunft*. Salzburg.

_____. 1967. *Studies in Philosophy, Politics and Economics*. London.

_____. 1969. *Freiburger Studien*. Tübingen.

_____. 1971. *Die Verfassung der Freiheit*. Tübingen.

_____. 1972. *Theorie komplexer Phänomene*. Tübingen.

_____. 1975. "Die Anmaßung von Wissen." in *Ordo*, 26.

_____. 1977. *Demokratie, Gerechtigkeit und Sozialismus*. Tübingen.

_____. 1978a. *Denationalization of Money*. London.

_____. 1978b. *New Studies in Philosophy, Politics, Economics and the History of Ideas*. London.

_____. 1979. *Drei Quelle Menschlicher Werte*. Tübingen.

_____. 1982a. "Sitte Ordnung und Nahrung." 기이셴(Gießen) 대학교 논문.

_____. 1982b. "The Sensory Order after 25Years." in Cognition and Symbolic Process, Bd 2. hrsg. von Water B. Weiner and David S. Palermo, a.a.O.

_____. 1944/1982. Der Weg zur Knechtschaft. München. (영문판: *The Road to Serfdom*)

_____. 1983a. "Die überschätzte Vernunft." in R. J. Riedl and F. Kreuzer(eds.).

Evolution und Menschenbild. Hamburg.

_____. 1983b. "Knowledge." *Evolution and Society.* London.

_____. 1987a. "The Rules of Morality are not the Conclusions of Our Reason." G. Radnitzky(ed.). *Centripetal Forces in Sciences.* New York.

_____. 1987b. "Individual and Collective Aims." in S. Mendus and D. Edwards(ed.). *On Toleration.* Oxford.

_____. 1988. *The Fatal Conceit: Errors of Socialism.* Oxford.

_____. *Recht, Gesetzgebung und Freiheit,* Bd. I : *Regeln und Ordnung.* 1980; Bd. II : *Illusion der Sozialen Gerechtigkeit.* 1981a; Bd. III : *Die Verfassung freier Menschen.* 1981b. München.

Heiner, R. A. 1983. "The Orign of Predictable Behavior." in *American Economic Review,* Vol. 73.

Hejl, P. 1982. *Sozialwissenschaft als Theorie selbstreferentieller Systeme.* Frankfurt.

_____. 1985. *Konstruktion der sozialen Wirklichkeit.* Siegen.

Herdzina, K. 1983. *Wettbewerbspolitik,* 4. Aufl. Tübingen.

Herrmann-Pillath, C. 1992. "The Brain, Its Sensory Order, and the Evolutionary Concept of Mind: Or Hayek's Contribution to Evolutionary Epistemology." in *Journal of Social and Evolutionary Systems,* Vol. 15, No. 2.

Hirschleifer, J. 1990. "Privacy: Its Origin, Function, and Future." in *The Journal of Legal Studies,* Vol. 9.

Hoppmann, E. 1967. "Wettbewerb als Norm der Wettbewerbspolitik." in *Ordo* Bd. ⅩⅧ.

_____. 1977. *Marktmacht und Wettbewerb.* Tübingen.

_____. 1988. *Wirtschaftsordnung und Wettbewerb.* Baden-Baden.

Hoy, C. M. 1984. *A Philosophy of Individual Freedom.* London.

Hutchison, T. W. 1981. *The Politics and Philosophy of Economics.* London.

Jantsch, E. 1979. *Selbstorganisation des Universums.* München.

Jones, J. W. 1940. *Historical Introduction to the Theory of Law.* Oxford.

Kiwit, D. 1994. "Zur Leistungsfähigkeit neoklassich orientievter Transaktionskostenansätze." in *Ordo,* Vol. 45.

Kirsch, G. 1983. *Neue Politische Ökonomie*. Düsseldorf.

Kirzner, I. M. 1978. *Competition and Entrepreneurship*. Chicago. (독일어판: *Wettbewerb und Unternehmertum*. Tübingen)

_____. 1979. *Perception, Opportunity and Propit, Studies in the Theory of Entrepreneurship*. Chicago.

Kley, R. 1994. *Hayek's Social and Political Thought*. Oxford.

Kukathas, Ch. 1992. *Hayek and modern Liberlism*. Oxford.

_____. 2000. "Does Speak to Asia?" *Independent Review*, Vol. 4, No. 3.

Lachmann, L. 1977. *Capital. Expectations and Market Process*. Cansas City.

Lasswell, H and Kaplan, A. 1950. *Power and Society*. New Haven.

Locke, J. 1946. *The Second Treatise of Civil Government*, J. W. Gough(ed.). Oxford.

Lorenz, K. 1943. *Die angeborenen Formen möglicher Erfahrung*. Zeitschrift für Tierpsychologie.

Loy, C. 1988. *Masktsystem und Gleichgewichtstendenz*. Tübingen. Erklärung in: Albert.

Lucas, J. R. 1979. "Liberty, Morality and Justice." in R. L. Cunningham(ed.). *Liberty and the Rule of Law*. London.

Macedo, S. 1999. "Hayek's Liberal Legacy." *Cato Journal*, Vol. 19. No. 2.

MacIntyre, A. 1981. *After Virtue*.

Malinowski, B. K. 1926. *Crime and Custom in Savage Society*.

McIlwain, C. H. 1947. *Constitutionalism: Ancient and Modern*. New York.

Mestmäcker, E. -J. 1985. *Regelbildung und Rechtsschutz in marktwirtschaftlichen Ordnungen*. Tübingen.

Mises, L. 1940/1980. *Nationalökonomie: Theorie des Handelns und Wirtschaftens*. München.

Myrdal, G. 1956. *An International Economy*. New York.

Nell-Breuning, O. v. 1968. *Baugesetz der Gesellschaft*. Freiburg.

Nishiyama, Ch. 1994. "Introduction to The Essence of Hayek." Ch. Nishiyama and K. Leube(ed.). *The Essence of Hayek*. Stanford.

North, D. C. 1988. *The Rise and Decline of the Western World*. Chicago.

_____. 1991. *Institution, Institutional Change and Economic Performance*. Chicago.

Nozick, R. 1972. *Anarchy, State and Utopia*. Oxford.

Olson, M. 1968/1971. *Die Logik des Kollektiven Handelns*. Tübingen.

Polanyi, M. 1948. "Planning and Spontaneous Order." in *manchester School*, 16.

_____. 1951. *The Logic of Liberty*. London.

_____. 1966. *The Tacit Dimension*. New York.

Popper, K. 1971. *Logik der Forschung*, 4. Aufl. Tübingen.

_____. 1972. *Conjecture and Refutation: The Growth of Scientific Knowledge*. London.

_____. 1973. *Objektive Erkenntnis, Ein evolutionärer Entwurf*. Hamburg.

Powell, B. 2004. "State Development Planning: Did it Create an East Asian Miracle?" *Independent Institute Working Paper*, No. 54.

Radnitzky, G. 1987a. "An Economic Theory of the Civilization and Its Policy Implications: Hayek's Account Generalized." in *Ordo*, Vol. 38.

_____. 1987b. "Erkenntnistheoretische Probleme im Licht von Evolutionstheorie und Ökonomie." in R. Riedl and F. M. Wuketits(Hrsg.). *Die Evolutionäre Erkenntistheorie*. Hamburg.

Rasmussen, D. and D. Den Uyl. 1991. *Liberty and Nature: An Aristotelian Defence of Liberal Order La Salle*, Ill.

Rawls, J. 1971. *A Theory of Justice*. Oxford.

Ratnapala, S. 1993. "The Trident Case and the Evolutionary Theory of F. A. Hayek." in *Oxford Journal of Legal Studies*.

Reynolds, N. B. 1993. "The Ethical Foundations of Constitutional Order." in *Constitutional Political Economy*, Vol. 4, No. 1.

Riedl, R. 1975. *Die Ordnung des Lebendigen: Systembedingungen der Evolution*. Hamburg.

_____. 1987. "Leben als kenntnisgewinnender Prozeß fei KonradLorenz." in R. Riedl(Hrsg.). *Entwicklung Evolutionären Erkenntnistheorie*. Wien.

Rizzo, M. J. 1985. "Rules versus Cost-Benefit Anslysis in the Common Law." in *Cato Journal*, Vol. 4. No. 3.

Röpke, J. 1948. *Die Gesellschaftskrise der Gegenwart* 5. Aufl.

_____. 1977. *Strategie der Innovation*. Tübingen.

_____. 1978. *Wettbewerbspolitik als Aufgabe*. Baden-Baden.

_____. 1980. "Zur Stabilität und Evolution Marktwistschaftlicher Systemeaus klassischer Sicht." in *Zur Theorie Marktwirtschaftlicher Ordnungen*. Tübingen.

_____. 1987. "Hayek on Liberty and Rule of Law: The Road to Serfdom Revisited." in S. Pejovich(ed.). *Socialism: Institutional, Philosophical and Economic Issues*. Dordrecht.

Roth, G. 1995. *Das Gehirn und Seine Wirklichkeit: Kognitive Neurobiologie und ihre philosophischen Konsequenzen*, 2. Aufl. Frankfurt.

Rothbard, M. N. 1975. "F. A. Hayek and the Concept of Coercion." in *Ordo*.

Rowland, B. M. 1987. *Ordered Liberty and the Constitutional Framework: Political Thought of Fredirich A. Hayek*. Connecticut.

Rowley. Ch. 1998. "On the Nature of Civil Society." in *The Independent Review*, Vol. II, No. 3. Winter.

Ryle. G. 1949. *The Concept of Mind*. London.

Salvaire, J. 1932. *Autorite et Liberte*(Montpellier).

Schmidchen, D. 1987. "Hayek on Liberty and Rule of Law." in S. Pejovich(ed.). *Socialism: Institutional, Philosophical and Economic Issues*. Dortrecht.

_____. 1990. "Neoclassical and Austrian Theory of Economic Policy: Differences in Constitutional Policies." in A. Bosch(Hrsg.). *General Equilibrium or Market Process*. Tübingen.

Schumpeter, J. A. 1950. *Kapitalismus, Sozialisumus und Demokratie*, 6. Aufl. Tübingen.

Smith, A. 1976. *The Theory of Moral Sentiments*. in D. D. Raphael, A. L. Macfie(ed.). Oxford.

Sowell, Th. 1987. *A Conflict of Visions*. Chicago.

Stebbing, L. S. 1933. *A Modern Introduction to Logic*. London.

Steiner, H. 1977. "The Structure of a Set of Compassible Rights." in *Journal of Philosophy*, 74.

Stigler, G. 1971. "The Economics of Information," in D. Lamberton(ed.). *Economics of Information and Knowledge.* Harmondsworth.

Streißler, E. 1980 "Einleitung." in E. Streißler and Ch. Watrin. *Zur Theoriemarktwirtschaftlicher Ordnungen.* Tübingen.

Streit, M. E. 1983. *Theorie der Wirtschaftspolitik.* Düsseldorf.

_____. 1992. "Wissen, Wettbewerb und Wistchaftsordnung." in *Ordo.* Bd. 43.

_____. 1995. *Ortsbestimmung der Ordnungsökonomik.* Jena.

_____ and G. Wegner. 1989. "Wissensmangel, Wettbewerb und Wettbewers-folgen - Transaktionskosten aus evolutionscher Sicht." in *Ordo*, Bd. 40.

Sugden, R. 1989. "Spontaneous Order." in *Journal of Economic Perspectives*, Vol. 3. No. 4.

_____. 1986. "The Economics of Rights." *Cooperation and Welfare.* Oxford.

_____. 1993. "Normative Judgement and Spontaneous Order; The Contractanian Element in Hayek's Thought." in *Constitutional Political Economy*, Vol. 4. No. 3.

Theodorides, J. *Historie de la Biologie.*

Ullmann-Margalit, E. 1978. "Invisible Hand Explantion." in *Synthese*, 39.

Vanberg, V. 1981. *Liberaler Evolutionismus oder vertragstheoretischer Konstitutiona: lismus? Zum Problem institutioneller Reformen bei F. A. von Hayek und J. M. Buchanan.* Tübingen.

_____. 1984a. "Evolution und Soziale Ordnung." in H. Albert(hrsg.). *Ökonomisches Denken und Soziale Ordnung.* Tübingen.

_____. 1984b. "Unsichtbare-Hand Erklärung und Soziale Norm." in H. Todt (ed.). *Normgeleitetes Verhalten in der Sozialwissenschaft.* Berlin.

_____. 1986. "Spontaneous Market Order and Social Rules: A Critical Examination of F. A. Hayek's Theory of Cultural Evolution." *Economics and Philosophy*, 2(April).

_____. 1988. "Rules and Choice in Economics and Sociology." in *Jahrbuch für Neue Politische Ökonomie.* Bd 7.

_____. 1989. "Hayek as a Constitutional Political Economist." in *Wirtschaftspolitische Blätter.* Vo. 36, No. 2.

_____. 1994a. Kulturelle Evolution und die Gestaltung von Regeln. Tübingen.

_____. 1994b. *Rules and Choice in Economics*. London.

Vollmer, G. 1983. *Evolutionäre Erkenntnistheorie*. Stuttgart.

_____. 1987. "Was Evolutionstheorie nicht ist." in R. Riedl and F. M. Wukettits(Hrsg.). *Die Evolutionäre Erkenntnistheorie: Bedingungen, Lösungen, Kontroversen*. Berlin.

Wächterhäuser, G. 1987. "Light and Life: On the Nutritional Origins of Sensory Perception." in G. Radnitzky and W. W. Bartley. *Theory of Rationality and Sociology of Knowledge*, La Salle.

Waal, F. 1982. *de Chimpanzee Politics*. London.

Wangenheim, G. v. 1995. *Die Evolution von Recht: Eine ökonomische Untersuchung Ursachen und Wirkungen häufigkeitsabhängigen Verhaltens in der staatlichen Rechtsfortbildung*. Tübingen.

Watkins, J. W. N. 1972. "Idealtypen und historische Erklärung." in H. Albert(Hrg.). *Theorie und Realität*, 2. Aufl. Tübingen.

_____. 1978. *Freiheit und Entscheidung*. Tübingen.

Weaver, W. 1967. "Wissenschaft und Komplexität." in *Ordo* Ⅹ Ⅷ.

Weber, M. 1923/1952. "Wirtschaft und Gesellschaft." 5. Aufl. Tübingen.

Weimer, W. B. 1982. "Hayek's Approach to the Problems of Complex Phenomena. An Introduction to the Theoretical Psychology of 'the Sensory Order'." in W. B. Weimer and D. S. Palermo(eds.). *Cognition and the Symbolic Processes*. Bd. 2, New Jersey.

Wheare, K. C. 1960. *Modern Constitutions*. Oxford.

Wilhelm, 1972. "The Political Thought of Friedrich A. Hayek." in *Political Studies*, Vol. 20, No. 2.

Williamson, O. E. 1975. *Markets and Hierarchies: Analysis and Anti-Trust Implications*. New York.

Wilson, O. E. 1975. *Sociobiology: The New Synthesis*. Cambridge.

Witt, U. 1987. *Individualistische Grundlagen der Evolutorischen Ökonomik*, Tübingen.

_____. 1994. "The Theory of Social Evolution." in J. Birner and R. V. Zijp(ed.).

Hayek, Coordination and Evolurion. London.

Wolleheim, R. 1962. "A Paradox in the theory of democracy." in P. Laslett and W. G. Runciman(eds.). *Philosophy, Politics and Society*. Oxford.

Wood, J. C. and R. N. Woods(ed.). 1991. "Friedrich A. Hayek." *Critical Assessments*, Vol. I~III. London.

Zeitler, Ch. 1995. *Spontane Ordnung und Recht*, Berlin.

Zeleny, M. 1980. "Autopoiesis, A Paradigma lost?" in M. Zeleny(Hrsg.). *Autopoiesis, Disspactive Structures and Spontaneous Social Order*. Boulder.

Zohlnhöfer, W. 1989. "Von der Sozialen Marktwirtschaft zum Minimalstaat? Zur politischen Ökonomie des Wohlfahrts-staates." in *Ordo* Bd. 40.

하이에크 연보

하이에크는 1899년 5월 8일 오스트리아 비엔나의 가톨릭 집안에서 태어나 1992년 3월 23일 독일 프라이브르크에서 세상을 떠났다. 그는 60여 년 동안 왕성한 연구와 집필활동 그리고 교수생활을 통해 자유주의 사회철학을 정립했다. 그가 남겨 놓은 저서는 1921년에 쓴(그러나 30년 뒤에 발간한) 『감각적 질서(The Sensory Order)』에서부터 그를 세계적으로 유명하게 만든 1944년 『노예의 길(The Road to Serfdom)』을 거쳐, 마지막 저서 1988년 『치명적 자만(The Fatal Conceit)』에 이르기까지 50여 권이나 된다. 그리고 30여 종의 소책자와 270여 편의 주옥같은 연구논문을 남겨놓았다. 그가 남긴 이런 기념비적인 저술들은 대부분 20여 개국의 언어로도 번역되었다.

그의 학문적 업적은 자본론과 경기변동론부터 시작된다. 이 연구에서 그는 케인스와 정면 대립각을 세웠다. 그러나 그는 이 연구 분야에 머물러 있지 않았다. 사회주의 이론과 그리고 자본주의 경쟁이론을 거쳐 정치철학과 이념사의 중요한 문제에 이르기까지 모든 학문적 영역에 기념비적인 업적을 남겼다. 방법론과 인식론에 관한 연구도 빼놓을 수 없다. 이것은 그의 사상의 근원적인 기반이 되고 있다.

하이에크에 의하면 물리학자라면 오로지 물리학만 연구해도 일급 물리학자가 될 수 있고 학회에서 존경받는 인물이 될 수 있다. 그러나 경제학은 다르다. 경제학만 하는 사람은 결코 훌륭한 경제학자가 될 수 없다. 그런 경제학자는 오히려 화근이 되거나 아니면 대단히 위험한 인물이 된다고 여겼다.

광범위한 학제적인 학술활동을 통해 그는 자유의 철학을 정립하고 이를 설파하는 데 주력했다. 그는 인류문명의 원천은 자유라고 주장하는 진화적 합리주의 전통의 자유의 이론가였다. 동시에 그는 데카르트, 홉스, 벤담, 밀, 마르크스, 케인스, 롤즈의 구성주의적 합리주의에 대한 탁월한 비판가였다. 이런 합리주의를 그는 '지식의 자만'이라고 했다.

그의 생애는 그 어떤 인물보다도 단조롭다. 단조롭다는 말은 학문과 교육 그리고 집필에만 몰두하고 정계나 그 밖의 다른 활동이 없었다는 의미이다. 그럼에도 그의 정치적 영향은 대단히 컸다. 오늘날 모든 나라에서 펼치고 있는 자유의 길로 향한 개혁은 하이에크의 사상에 힘입은 것이다.

▷ 1899년 5월 8일 가톨릭 집안에서 태어났다. 학문적 가문이었다. 그의 두 형은 물리학자와 화학자였다. 아버지도 처음에는 의사였다가 나중에는 식물학자가 되었다. 그의 조부는 비엔나 대학의 조류학 교수였다. 하이에크 자신을 제외하고는 집안이 모두 자연과학과 관련이 깊었다. 그러나 그의 외가는 달랐다. 그의 외조부는 인스부르크 대학의 공법학 교수였다. 오스트리아의 유명한 철학자 비트겐슈타인(Ludwig Josef Wittgenstein, 1889~1951)과도 외사촌간이다. 사회과학과 사회철학에 대한 하이에크의 관심은 외가로부터 생겨난 것인지는 모른다. 그러나 분명한 것은 그의 가족으로부터 배운 것이라기보다는 학교교육을 통해서 습득한 것이다.

▷ 1917~1918년에는 오스트리아 군대의 포병장교로 활동하면서 전쟁의 참혹성과 전쟁에 의한 문명의 파괴를 직접 체험했다.

▷ 전쟁이 끝나고 군대를 마친 후 비엔나 대학 법학부에 입학했다. 이 시기에 그는 오스트리안 학파를 창시한 칼 멩거(C. Menger)를 비롯하여 프리드리히 비저(F. Wieser)를 만났다. 이것이 하이에크가 오스트리아 경제학파의 사상을 확대하고 심화하는 계기가 되었다. 그는 당시에 법실증주의의 대표자로 유명했던 한스 켈젠(H. Kelsen)의 강의도 들었다. 그러나 켈젠의 법사상은 나중에 하이에크의 비판의 중심된 대상이 되었다. 당시에 하이에크에게 영향을 미친 것은 인식론, 과학철학 그리고 물리학자들의 저술이었다. 특히 그에게 강력한 영향을 미친 인물은 누구보다도, 당시 오스트리아의 물리학자이자 심리학자 그리고 과학철학자였던 사회주의자 에른스트 마하(E. Mach, 1838~1916)였다. 그의 심리학 사상의 오류 때문에 하이에크가 심리학에 관심을 갖게 되었고, 이것이 『감각적 질서』를 쓰게 된 계기가 되었다.

▷ 1921년 법학 공부를 마치고 박사학위 과정에 입학했다. 1923년에 법학으로 박사학위를 취득했다. 이 기간 동안 그는 오스트리아 정부의 전쟁부채 청산청(淸算廳)에서 일을 했다. 채무청산청장은 유명한 루트비히 미제스(L. v. Mises)였다. 미제스는 이미 비엔나 대학을 마친 유능한 경제학자였다. 하이에크는 미제스와 긴밀한 학문적 접촉을 가질 수 있었고, 특히 이런 접촉은 하이에크에게 대단히 유익했다. 그가 사회주의 성향에서 자유주의자로 전향하는 결정적인 계기였기 때문이다.

▷ 법학 공부를 마친 후에 심리학을 공부할 것인가 아니면 경제학을

전공할 것인가를 심각하게 고민하고 있었다. 이런 과정에서 1921~
1922년간 집필한 것이 1952년에 비로소 발간된 이론심리학 저서 『감
각적 질서』이다. 이 책을 쓰게 된 동기는 당시 사회주의 심리학으로
유명한 마하의 사상과 그리고 자극-반응 공식의 행동주의 심리학에
대한 불만이었다. 이 책은 사회과학방법론은 물론 시장경제의 경쟁,
법과 제도, 도덕의 생성과 기능에 관한 이론 그리고 자유론의 기반이
된다.

▷ 1923년부터 하이에크는 '사설세미나'에 참석했다. 이 사설세미나를
개설한 인물은 미제스였다. 그는 비엔나 상공회의소의 자기 사무실에
서 세미나를 개설했다. 미제스의 사설세미나는 당시 대단히 유명했다.
여기에 참여한 인물은 하이에크 이외에도 유명한 경제학자 그리고
사회철학자들이었다. 국제무역과 관련된 기회비용론을 개발한 하베를
러(G. Haberler), 오스트리아 시장경제론을 개발한 매클럽(F. Machlup),
그리고 게임이론을 개발한 모르겐스테른(O. Morgenstern) 등 경제학자
들이 참석했다. 당시 사회철학자로 유명했던 쉬츠(A. Schuetz), 카우프
만(F. Kaufmann), 그리고 역사철학자 푀겔린(E. Voegelin)과 사학자 헤르
츠펠트(M. Herzfeld) 등도 참석했다. 미제스의 사설세미나는 오랫동안
지속되었다. 미제스는 미국으로 망명하기 직전까지 이를 운영했다.
그는 이 사설세미나를 통해서 오스트리아학파 경제학을 정립했다. 이
세미나가 하이에크에게 미친 영향은 대단히 크다. 경제학에 대한 그의
지평을 넓히는 데 결정적인 역할을 한 것이 미제스 세미나였다. 그가
대학 시절에 가졌던 친사회주의를 탈피하고 자유주의로 전향할 수
있었던 것도 전적으로 미제스의 덕택이 아닐 수 없다.

▷ 1923~1924년 록펠러 장학금을 받고 뉴욕 대학에서 공부를 계속했다. 그는 당시 법학자로 유명했던 젠크스(J. W. Jenks)의 조교로 일했다. 이 기간 동안에 미국의 연방은행의 통화문제를 공부하기도 했다.

▷ 1927년 하이에크는 미제스와 함께 오스트리아 경기변동연구소(Oesterreichisches Konjunkturforschungsinstitut)를 설립했다. 이것이 미제스와의 세 번째 인연이었다. 비저(F. Wieser)를 비롯하여 당시의 유명한 독일 경제학자들이 그렇듯이 미제스도 경기변동론에 각별한 관심을 가지고 있었다. 경기변동으로 가장 큰 피해를 본 것이 독일과 오스트리아 등 유럽사회였기 때문이다. 하이에크도 경기변동연구소에서 일하면서 경기변동의 원인에 관한 연구에 몰두했다. 그 결과가 1929년에 발간된 『화폐이론과 경기변동론(Geldtheorie und Konjunkturtheorie)』이다.

▷ 1929년에는 비엔나 대학에서 경제학으로 교수자격을 획득했다. 그의 지도교수는 당시 비엔나 대학 교수, 프리드리히 비저였다. 교수자격을 획득하기 위한 학위논문은 「저축의 모순이 있는가?(Gibt es einen Widersinn des Sparens?)」였다. 이 학위논문은 절약하는 것은 경제성장에 피해를 준다는 '절약의 모순'과 대립각을 세운 논문이었다. 당시 '절약의 모순'을 믿고 있었던 학계에 신선한 충격을 주었다. 그 논문은 대단히 큰 호응을 받고 그 학문적 공로도 인정받았다. 그의 학문적 전도가 서서히 잡혀가기 시작했던 것이다.

▷ 그의 학위논문의 성과는 현실로 나타나기 시작했다. 1931년 겨울, 네 개의 주제를 강의할 것을 런던 경제대학으로부터 요청받았는데 이것도 그의 교수자격 논문 덕택이었다. 당시 그를 초빙교수로 초청한

인물은 런던 경제대학의 로빈스(L. Robbins) 교수였다. 로빈스 교수는 옥스퍼드 대학의 케인스와 학문적 적대감을 가지고 있었다. 하이에크의 강의는 성공적이었다. 그는 곧바로 초빙교수 신분에서 교수로 채용되었다. 1938년에는 영국 시민권까지 얻었다.

▷ 1930년대 하이에크는 케인스의 거시경제학적 고용이론과 화폐이론에 관해 그와 논쟁을 벌였다. 다른 한편으로는 당시 런던 대학에 재직하고 있었던 랑게(O. Lange) 그리고 런너(A. Lerner)와는 사회주의적 경제계산의 가능성과 그리고 중앙집권적인 계획경제의 성공전망에 관해 논쟁을 벌였다. 하이에크는 당시 지식이론을 개발하고 이를 기반으로 하여 사유재산권이 없는 사회주의에서 경제 계산은 불가능하다는 것, 그리고 계획경제는 실패하고야 만다는 것을 주장했다.

1930년대 하이에크는 미제스에 이어서 그리고 미제스의 연구결과를 토대로 하여 사회주의를 비판하는 주요 비판자였다. 이런 논쟁과 비판의 결과는 1952년에 발간된 『개인주의와 경제질서(Individualism and Economic Order)』에 수록되어 있다.

▷ 하이에크를 세계적인 학자로 만든 것은 1944년에 발간된 『노예의 길』이었다. 1930년대 이후 서구 사회는 사회주의가 지배했다. 자유주의와 시장경제는 모든 악의 원천으로 여기고 이런 체제를 극복하거나 수정해야 한다는 여론이 지배하고 있었던 시기였다. 그러나 일각에서는 사회주의로 경도된 사회에 대해 우려하는 목소리도 점증하고 있었다. 이런 시기에 사회주의는 '노예의 길'이라는 것을 엄정한 필치와 논리로 입증하려고 했다. 이 책은 성공적이었다. 특히 미국에서 베스트셀러였다.

특히 이 책은 하이에크가 경기변동론이나 또는 화폐이론과 같은 좁은 의미의 경제학 대신에 넓은 의미의 경제학으로, 요컨대 사회철학으로 학문적 지평을 넓히는 계기였다.

▷ 전쟁기간 동안 하이에크는 유명한 저서『과학의 반혁명(Counter-Revolution of Science)』(1942)을 발간했다. 그는 이 저서에서 데카르트부터 현대적인 신고전파 후생경제학과 사회주의에 이르기까지의 구성주의적 합리주의를 비판했다.『노예의 길』은 정치사상에 관한 저서인 데 반해『과학의 반혁명』은 인식론적 그리고 방법론적 저서이다.

▷ 사회주의 사상에 비하여 열세에 있었던 자유주의 사상을 전 세계적으로 확산하고 그 열세를 극복하려는 움직임이 있었다. 그것이 1947년에 하이에크가 스위스의 몽페르린에서 창립한 몽페르린 소사이어티(Mont Pelerin Society)이다. 그 설립 취지는 고전적 자유주의를 현대적 상황에 적합하게 개발하고 자유사회의 확립에 기여하는 데 있었다. 이 학회는 단순히 경제학자의 모임이 아니었다. 학제적이었다. 자유주의에 동조하는 경제학자뿐만 아니라 자유주의 지식인들과 정치인들의 모임이었다. 이 학회는 국제적인 사회과학 학회이다. 하이에크는 세상을 떠날 때까지 명예회장이었다. 이 학회는 오늘날에도 변함없이 세계적으로 자유주의 사상을 발전시키고 유지하는 데 중요한 기여를 하고 있다. 학술발표회도 매년 개최하고 있다.

▷ 하이에크의 삶에 새로운 전환을 가져온 것은 1949년 12월이다. 그는 런던 경제대학을 떠났다. 1950년 봄 학기부터 아칸사스(Arkansas) 대학에서 강의 초빙을 받았다. 같은 해 10월에는 시카고 대학의 사회과

학 교수(Professor of Social and Moral Sciences)로 채용되었다. 이곳에서 12년간 재직하는 동안 그는 미국의 쟁쟁한 자유주의자들과 인적 학문적 교분을 쌓았다. 프리드만(M. Friedman), 나이트(F. Knight), 디렉터(A. Director) 등이 그들이다. 그리고 나중에는 스티글러(G. Stigler)와도 학문적 교분을 쌓았다.

▷ 1960년, 하이에크의 60회 생일날에는 그의 가장 방대한 저서 『자유의 헌법(Liberty of Constitution)』을 발간했다. 그는 이 책에서 자유경제와 자유사회를 위한 윤리적, 인류학적 그리고 경제적 기반을 개발했다. 영국의 대처 전 수상이 영국의 개혁을 위한 지적 영감과 개혁의 방향을 정립하는 데 기여한 것도 이 책이다.

▷ 12년간 시카고 대학에서 연구와 교육활동을 마친 후에 63세의 나이로 독일 프라이브르크 대학에서 1962년부터 1968년 은퇴할 때까지 교수로 봉직했다. 하이에크가 이 기간에 쓴 기념비적인 논문은 「발견적 절차로서의 경쟁(Wettbewerb als Entdeckungsverfahren)」(1968)이다. 이 논문은 지식이론적으로 경쟁을 보는 관점을 설명한 것이다. 이런 관점은 전통적인 시각과는 전혀 다르다. 수많이 인용되고 있는 논문이다. 이밖에도 16편의 논문을 썼다. 이 논문들은 모두 논문집, 『프라이브르크 대학 연구논문집(Freiburger Studien)』(1969)에 수록되어 있다. 이 시기의 대부분의 논문들은 세 권으로 발간된 『법·입법 그리고 자유(Law, Legislation and Liberty)』의 사전 작업이라고 보아도 무방하다. 세 권 중 제1권 『규칙과 질서(Rules and Order)』는 1973년(한글판 제목은 『신자유주의와 법』), 제2권 『사회정의의 허구(The Mirage of Social Justice)』는 1975년, 그리고 제3권 『자유인의 정치질서(Political Order for a Free

People)』는 1978년에 발간되었다. 이 세 권의 책을 통해 하이에크는 자신의 자유주의 사상을 집대성하고 있다. 이 책은 그의 자유주의 사상이 가장 무르익고 완숙한 단계에서 쓴 책이다. 그렇기 때문에 그의 사상의 최고 절정이라고 보아도 무방하다.

▷ 프라이브르크 대학에서 은퇴한 1968년 하이에크는 살츠부르크 대학의 객원교수로 부임했다. 이 시기에 쓴 책이 『화폐의 탈국유화(The Denationalization of Money)』(1978)이다. 화폐발행을 민영화해야만 화폐가치의 안정을 이룰 수 있다는 것이 그의 주장의 핵심이었다. 하이에크는 살츠부르크에서 2년 정도 머물러 있었다.

▷ 1970년대 초, 자신의 조국 오스트리아 비엔나로 돌아왔다. 그러나 오스트리아는 하이에크를 환영하지 않았다. 부르는 사람도 없어서 외로운 나날을 보냈다. 연구 의욕도 없었고 집필 계획을 세우기는 했지만 집필이 더디었다. 건강이 극도로 나빠지고 우울증에 빠지기도 했다. 이런 어려움 속에서도 이 시기에 발표한 책이 『법·입법 그리고 자유』의 제1권 『규칙과 질서』이다.

▷ 그러나 하이에크에게 행운이 찾아왔다. 1974년 노벨경제학상 수상이다. 아이러니컬하게도 그는 자신이 '지식의 자만' 또는 '노예의 길'이라고 비판했던 사회주의의 경제학자이면서 스웨덴의 경제체제를 사회주의로 개혁하는 데 앞장섰던 뮈르달(G. Myrdal)과 공동으로 수상했다. 그러나 우리가 주목해야 할 것은 하이에크는 뮈르달과는 달리 결코 '보잘것없는' 노벨상 수상자가 아니라 '위대한' 수상자였다는 것이다. 그를 인용하는 빈도수가 폭발적으로 증가하는 것, 그를 추종하는 연구

자들이 급증하는 것이 그 증거이다. 영미와 유럽 국가들은 물론 동유럽 국가들 그리고 남미 국가들까지도 '하이에크학회'를 조직하여 운영하고 있다. 하이에크는 학문적으로 잊혀지지 않는, 그래서 위대한 노벨경제학상 수상자이다. 오늘날 뮈르달을 인용하는 학자의 수는 극히 드물다. 인용한다고 해도 비판의 대상으로서 뮈르달을 인용할 뿐이다. 노벨경제학상이라는 행운을 얻은 하이에크는 앓던 병도 씻은 듯이 나았다. 연구 의욕도 전처럼 왕성해졌다. 강연과 집필로 분주했다. 『법·입법 그리고 자유』 제2권과 제3권도 집필 완료하여 발간했다.

▷ 1977년에는 독일 프라이브르크 대학으로 되돌아왔다. 하이에크는 오스트리아보다도 독일에서 높은 평가를 받았다. 프라이브르크 대학에서 강의를 하면서 바쁜 여생을 보냈다. 그는 독일정부는 물론 영국정부에게도 직간접적으로 경제정책에 관한 자문활동도 열심히 했다.

▷ 자유사상의 개발과 영국의 성공적인 개혁에 기여한 공로로 1985년에는 영국에서 명예훈장(Companion of Honour)을 받았다. 영국 보수당을 이끌면서 영국을 변화시키는 데 성공했던 대처가 하이에크의 90세 생일에 축하편지도 보냈다. 이 편지에서 대처 수상은 "당신의 작업과 사상이 우리에게 준 지도력과 영감은 절대적으로 결정적이었으며, 우리는 당신에게 큰 빚을 지고 있습니다"라고 말했다.

▷ 뿐만 아니라 1980년대에 미국의 변화를 주도했던 레이건 대통령은 미국이 자유를 수호하는 데 하이에크 교수의 사상적 기여를 치하하면서 1991년 자유메달(Presidential Medal of Freedom)을 수여했다.

▷ 1988년 하이에크의 마지막 저서 『치명적 자만』이 출판되었다. 이 책은 1978년 프라이브르크 대학에 돌아와 한 학기 동안 강의한 내용을 살츠부르크 대학의 로이베(K. Leube) 교수가 편집하여 책으로 묶은 것이다. 유토피아를 꿈꾸는 사회주의는 치명적으로 기만을 하고 있다는 내용이다. 사회주의는 지적으로 허세를 부리면서 그리고 도덕적으로 위선을 부리면서 우리를 노예의 길로 안내하고 하고 있다는 것이다.

▷ 1992년 3월 23일 하이에크는 93세로 세상을 떠났다. 1989년, 그가 세상을 떠나기 전에 구소련과 동유럽의 사회주의가 무너졌다. 그는 당시에 프라이브르크 대학의 병상에 누워 있었다. 병상을 지키고 있었던 아들이 "아버지, 저것 봐요, 베를린 장벽이 무너지고 있어요!"라고 말했을 때 하이에크가 한 말은 극적이다. "거봐! 내가 뭐랬어!" 하이에크는 일생동안 사회주의는 비효율적이 아니라 원천적으로 불가능하다고, 그것은 결국 무너지고야 만다고 설파했다. 그런 사회주의가 하이에크가 보는 앞에서 무너지고 말았다.

▷ 하이에크는 여론이나 인기에 전혀 영합하지 않았다. 그의 필치는 무서울 정도로 엄정했다. 일생동안 오로지 학문과 교육과 계몽에만 종사했다. 그는 결코 어떤 정당에도 가입하지 않았고 정치활동도 없었다. 정당이나 정치활동을 통해서는 사회를 개혁할 수 없다고 믿었기 때문이다. 그 대신 시민들에 대한 계몽이 중요하다고 여겼다.

런던의 유명한 경제문제연구소(Institute of Economic Affairs)는 하이에크의 권고로 세워진 싱크 탱크(Think Tank)이다. 자유주의 사상을 계몽하고 자유주의 공공정책을 작성하는 싱크 탱크이다. 이 연구소는 대처 수상의 개혁프로그램을 작성하고 시민들에게 개혁의 필요성을 설파하여 개혁을 실천하는 데 중요한 역할을 했다. 이 연구소의 설립자는 공군 장교출신 앤서니 피셔(A. Fisher)였다. 1940년대 영국사회가 좌경화되어 갈 때 이를 막기 위해 그는 정치를 할 생각을 가지고 하이에크를 찾아갔다. 하이에크는 정계에 들어가는 대신에 싱크 탱크를 만들어 시민들과 정치인들을 계몽하라고 조언을 했다. 정치가는 생존을 위해서는 불가피하게 여론에 영합해야 하는데, 영합해서는 개혁을 할 수 없다는 이유에서였다. 이 조언에 따라 피셔가 설립한 것이 오늘날 세계적으로 유명한 싱크 탱크가 된 런던 경제문제연구소이다. 오늘날 영국은 물론 미국, 캐나다에 수많은 싱크 탱크가 있다. 케이토 연구소(Cato Institute), 프레이저 연구소(Fraser Institute), 헤리티지 재단 등 대부분의 싱크 탱크는 하이에크의 조언에 따라 설립한 런던 경제문제연구소를 모방한 것이다.

하이에크는 학문에만 기념비적인 족적을 남긴 것이 아니다. 그의 영향은 정치에도 강력하게 미쳤다. 영미나 서구의 개혁의 정당성과 방향을 제시했다. 그 뿐만 아니라 그는 냉전시대에는 좌파의 물결을 차단하는 데 결정적인 기여를 했다. 그리고 구소련과 동유럽 국가가 시장경제로 개혁하기 위한 길을 닦아놓았다.

▷ 하이에크는 지금 자신의 고향 비엔나에 영원히 잠들었다. 영국의 《이코노미스트(The Economist)》가 일컫듯이 그는 "20세기 자유주의의 가장 위대한 대변자"였다. 그는 죽었지만 그의 아이디어는 살아서 인류를 구원하고 있다.

찾아보기

지은이 **민경국**

서울대학교 문리과 대학을 졸업하고 독일 프라이브르크 대학에서 경제학 석사, 박사학위를 취득했다. 한국하이에크학회 초대회장, 한독경상학회 부회장을 역임했다.
현재 제도 및 경제학회 편집위원장, 비교경제학회 이사이며, 강원대학교 경제무역학부 교수로 재직 중이다.

한울아카데미 921

하이에크, 자유의 길
하이에크의 자유주의 사상 연구

ⓒ 민경국, 2007

지은이 | 민경국
펴낸이 | 김종수
펴낸곳 | 한울엠플러스(주)

초판 1쇄 발행 | 2007년 2월 20일
초판 4쇄 발행 | 2019년 10월 30일

주소 | 10881 경기도 파주시 광인사길 153 한울시소빌딩 3층
전화 | 031-955-0655
팩스 | 031-955-0656
홈페이지 | www.hanulmplus.kr
등록번호 | 제406-2015-000143호

Printed in Korea.
ISBN 978-89-460-6827-8 93320